新闻与传播学译丛

人际传播教程

（第十二版）

The Interpersonal
Communication Book （Twelfth Edition）

［美］ 约瑟夫·A·德维托 (Joseph A. DeVito) 著

余瑞祥 汪潇 程国静 张妍 译

中国人民大学出版社
·北京·

"新闻与传播学译丛·国外经典教材系列"
出版说明

"新闻与传播学译丛·国外经典教材系列"丛书，精选了欧美著名的新闻传播学院长期使用的经典教材，其中大部分教材都经过多次修订、再版，不断更新，滋养了几代学人，影响极大。因此，本套丛书在最大程度上体现了现代新闻与传播学教育的权威性、全面性、时代性以及前沿性。

在我们生活于其中的这个"地球村"，信息传播技术飞速发展，日新月异，传媒在人们的社会生活中已经并将继续占据极其重要的地位。中国新闻与传播业在技术层面上用极短的时间走完了西方几近成熟的新闻传播界上百年走过的路程。然而，中国的新闻与传播学教育和研究仍然存在诸多盲点。要建立世界一流的大学，不仅在硬件上与国际接轨，而且在软件、教育上与国际接轨，已成为我们迫切的时代任务。

有鉴于此，本套丛书书目与我国新闻传播学专业所开设的必修课、选修课相配套，特别适合新闻与传播学专业教学使用。如传播学引进了《大众传播效果研究的里程碑》，新闻采访学引进了《创造性的采访》、《全能记者必备》，编辑学引进了《编辑的艺术》等等。

本套丛书最大的特点就是具有极大的可操作性。不仅具备逻辑严密、深入浅出的理论表述、论证，还列举了大量案例、图片、图表，对理论的学习和实践的指导非常详尽、具体、可行。其中多数教材还在章后附有关键词、思考题、练习题、相关参考资料等，便于读者的巩固和提高。因此，本丛书也适用于对新闻从业人员的培训和进修。

需要说明的是，丛书在翻译的过程中提及的原版图书中的教学光盘、教学网站等辅助资料由于版权等原因，在翻译版中无法向读者提供，敬请读者谅解。

为了满足广大新闻与传播学师生阅读原汁原味的国外经典教材的迫切愿望，中国人民大学出版社还选取了丛书中最重要和最常用的几种进行原文影印，收入"新闻传播学英文原版教材系列"中，读者可以相互对照阅读，相信收获会更多。

中国人民大学出版社

　　非常高兴和荣幸被邀请为《人际传播教程》（第十二版）中文版作序。我希望本书能为你带来两个主要方面的收获。

　　首先，我希望你对如何交流有更深刻的理解，能够依据本书讨论的原理和理论决定做什么，不做什么。这些原理和理论广泛深入地讨论了诸如自我、文化、认知、倾听、语言和非语言信息、关系、冲突和权力等与人际传播相关的课题。当然这些讨论只是介绍性的，我不能将人际传播的所有内容都放到一本书里。不过，你可以根据本书提供的线索，通过其他途径在这一有趣的领域里继续学习。

　　其次，我希望你能提升自己的人际交流效率。本书提供了大量的指导人际交流的建议和指南，无论是在工作和社会关系中，还是与朋友、爱人和家庭成员交流，无论是作为说话者（作者）还是作为听众（读者），这些建议和指南将使你的交流更有效率，更加真诚，更有满足感。

　　如果你能有以上两个方面的收获，那将是本书的成功，也是我的期待。

约瑟夫·A·德维托

2010 年 4 月 21 日

2008 年春，我接触到《人际传播教程》第十版的影印版（北京大学出版社 2007 年版），觉得新鲜有趣，就通过电子邮件向作者表达了译成中文的愿望。约瑟夫·A·德维托教授欣然同意，并让人给我寄来了第十二版。本书就是根据这个版本译出的。值此中文版公开出版之际，谨向德维托教授表示衷心的感谢！

一

本书开篇讲了学习人际传播的理论价值和实用价值。但我想强调的是，学习人际传播知识对于中国的青年学生尤其重要。理由很简单，我们的学生缺乏这方面的系统训练，很少有学校开设人际传播课程。

中国有条古训：讷于言，敏于行。通常的理解是，言论不及行动重要。但是，彼此独立的个体能够互相认识，互相理解，互相关心，互相爱护，主要是通过"言"实现的。当然，路遥知马力，日久见人心。只是在一个急剧变革的时代，相知花费的时间太久，可能意味着机会的永远丧失。人际传播就是个体之间的信息交流，包括表达和反应两个方面。许多学生在这方面存在的主要问题是，表达只图自己的痛快，反应只顾自己的体验。相反，本书的作者强调他人倾向（other orientation），表达要顾及他人的反应，反应要理解他人的体验，也就是要移情（empathy）。现实生活中，为什么有人讨人喜欢，有人遭人厌烦；为什么领导和同伴欣赏别人而不是欣赏你。诸如此类的困惑，都可以在本书中找到答案或者启示。

中国文化本来十分看重人际关系。但现在的许多青年学生却将人际关系与学问和本领对立起来，"拉关系"、"搞关系"、"靠关系"等否定性的表述反映了这种倾向。现实生活中，许多成绩好、业务棒的青年人际关系紧张，不讨人喜欢，空有一身本事却不被社会所重用，满腹牢骚和埋怨，于国家和个人都是损失。在本书作者看来，良好的人际关系是成就事业的必要条件，也是个人幸福感的源泉。无论如何，人是社会的动物，做事离不开他人的帮助和合作，个体的尊严和荣誉完全出自于他人的评价。而和谐健康的人际关系要靠有效道德的人际传播形成和维护。现在建设和谐社会，当然包括和谐的人际关系。德维托教授主张学习人际传播是人文教育的必修课，如同一个受教育者必须知晓地理、历史、科学和数学一样。这是很有见地的。

二

传播学是20世纪80年代初传入中国的，当时的信息接收者主要是一批新闻学者，再加上中国高等教育的明显职业倾向，免不了要问接受一门新学问将来干什么。因此，国内学术界比较注重大众传播，传播学理所当然地和新闻学并在一起，社会上也普遍认为传播学教育是服务于大众媒介产业的。问题是，每个人与大众媒介的距离或近或远，但每个人都需要人际传播。所以，德维托认为学习人际传播的必要性是没有职业区别的。事实上，人际传播比大众传播更古老也更普遍，西方对人际传播的研究也很深入。譬如，经典的五大传播学原理就是以人际传播为背景的：一个人没法不传播，传播包括内容信息和关系信息，信息形式有数字式和类比式，互动行为有对称的和互补的，传播过程是可以断句的等。显然，引进西方的人际传播知识体系，对于完善国内传播学的学科建设是非常必要的。

在美国，传播学的应用范围十分广泛，几乎所有的人际互动领域都需要传播学知识，如医疗、教育、家庭、营销、管理、组织、公关等等，相应地有服务于不同职业领域的传播学。如果将传播学局限于大众媒介，对于传播学的推广和应用是非常不利的。即使是就职于大众媒介，人际传播知识也是不可或缺的。信息的采集和生产过程，媒介内部的把关过程，主要是人际传播的互动过程。同样一个事件，不同的记者采集的信息是不一样的。这里，人际传播能力的差异就是一个非常重要的因素。而且，随着媒介技术的进步尤其是视频技术的发展，大众传播的信息形态也越来越个人化。譬如，一个对身体语言及其视觉反应没有自觉性的摄影师很难生产出令人满意的视觉信息。由此看来，人际传播知识不仅是普遍的人文素养，也是普遍的职业技能，更是大众媒介从业人员的专业基础。

三

德维托教授的《人际传播教程》经过了12版的锤炼，应该说是比较成熟的。从内容看，视野比较开阔，理论比较前沿，体系比较完整，适用性比较强。从材料看，本书是地道的美国货，展示了美国人丰富鲜活的为人处世图景，对于我们认识美国文化，比较中美文化差异是重要的参考。从形式看，该书版面语言丰富，每章开篇生动有趣，结尾留有余味，正文与专栏相得益彰，方便课堂互动，富有启发性。教材虽然不是什么重大的科研成果，却能影响一代人甚至几代人。美国学者精心锤炼教材的经验值得我们学习借鉴。

当然，尽信书不如无书。这本书提供了大量的指导人际传播的理论和技巧。然而，适用于美国文化的原理和指南不一定适用于中国文化。正如作者强调的那样，文化的包容性并不意味着我们一定要赞同或接受所有的文化实践，这些是阅读本书时应该注意的。

四

本书的翻译工作由余瑞祥主持。初译稿的提供者分别是：

目录及前言：程国静

第一部分　人际传播导论：张妍、程国静

第二部分　人际信息：程国静

第三部分　人际关系：汪潇

汪潇对全部译稿进行了第一次修改，喻继军副教授对目录、前言、第一、二部分译稿进行了第二次修改。余瑞祥对全部译稿进行了最后修改并统稿成书。

翻译也是一种传播，从一种语言信号系统解读出意义，再用另一种语言信号系统编码。这个过程中的信息遗漏和歪曲是难以避免的。限于译者的语言能力和专业水平，本书的错漏会更多，欢迎读者批评指正。

感谢中国人民大学出版社选择我翻译《人际传播教程》（第十二版）！

感谢责任编辑为本书付出的智慧和辛劳！

感谢中国地质大学研究生院对人际传播课程建设的支持！

余瑞祥

rxyu@cug.edu.cn

2010 年 4 月 29 日

简明目录

目录

第二部分　人际信息

第三部分 人际关系

专栏目录

学习人际理论与研究专栏

人际传播伦理专栏

掌握人际技巧专栏

前 言 >>>>>>

Foreword

人际传播教程

非常荣幸《人际传播教程》第十二版问世。每一次修订都使我能够更准确地反映该领域的新进展，改进和完善对人际传播的表述。我尽最大的努力让本书的内容清晰、有趣、富有感染力，并且与时俱进。

新版的《人际传播教程》一如既往地深入详尽地探讨了人际传播，既包括理论与研究的阐述，也注重实践技能的介绍。本书的哲学基础仍然是"选择的观念"。选择是人际传播的核心。在人际传播活动的每个环节，作为说话者、听众乃至传播研究者，都面临着选择，这些选择会影响到你的信息和关系的效率。本书为人际传播提供了广泛而又适用的选择以及支持这些选择的理论依据。通过阅读本书，你将学会如何做出更缜密、更理性、更有效的传播选择。

 正文

第十二版继承了以前版本被认可的良好结构，同时也有一些显著的改进。

第一部分"人际传播导论"用四章介绍了构成各种形式人际传播和人际关系基础的基本概念。

- 第1章"人际传播基础"，讨论了人际传播的性质和它的重要性，以及人际传播的基本概念和原则。
- 第2章"文化和人际传播"，从多个方面分析了文化在人际传播中的中心地位，阐述了文化在人际传播中的重要性，解释了文化视角的重要性及其意义，解释了文化差异是如何产生的，研讨了跨文化传播的性质和原则。
- 第3章"人际传播中的认知和自我"，讨论了自我的几个基本维度（自我概念、自我意识和自尊），认知活动的本质和原则，印象的形成及印象的管理。
- 第4章"人际传播中的倾听"，探讨了倾听在人际传播中的重要性、倾听过程、倾听障碍、文化和性别在倾听中所扮演的角色以及有效倾听的形式。

第二部分"人际信息"同样包括四章内容。它涵盖了语言信息和非语言信息的多个方面，探讨了情感信息，并且综合这些信息讨论了会话信息。

- 第5章"语言信息"，集中讨论了语言信息系统，明确了语言信息的主要原则，并提供了如何使语言信息更准确、更有逻辑、更有效的指导。
- 第6章"非语言信息"，包括非语言信息的主要渠道以及对非语言传播功能的研究，考察了文化对非语言传播的广泛影响。
- 第7章"情感信息"，这一章是第十二版新增的内容，探讨了情感和情感信息的基本原理、情感交流的主要障碍、情感表达和回应情感表达的技巧。
- 第8章"会话信息"，综合以上信息材料考察了会话过程，然后考察了如何开展会话、如何管理会话、自我透露的性质和地位、组织传播、如何避免和修复会话问题等。

第三部分"人际关系"包括五章内容，介绍了人际关系的本质及其发展阶段、人际关系的主要类型、冲突和权力的核心概念。

- 第9章"人际关系：阶段和理论"，介绍了人际关系的特征、人际关系经历的阶段，以及解释人际关系如何运行的主要理论。
- 第10章"人际关系：产生与恶化"，介绍了人际关系发展的各个阶段，以及与每个阶段相关的研究和理论。人际关系发展阶段包括：关系产生、关系维持、关系恶化、关系修复、关系解除。
- 第11章"人际关系的类型：友谊、爱情、家庭和职场"，讨论了人际关系的几种主要类型，尤其是人际传播在形成和保持这些人际关系中所扮演的角色。
- 第12章"人际冲突和冲突管理"，涵盖了人际冲突的原理，以及解决和管理冲突所要经历的步骤，介绍了有效解决冲突的策略。
- 第13章"人际权力和影响"，包括权力和影响力原理；关系权力、人的权力、信息权力；权力的滥用（以性骚扰和欺负为例）等。

特征

本书内容丰富，既可以让你学到人际传播的理论和研究方法，也可以使你掌握有效地进行人际传播的必要技能。

每章从截取的电影画面形象地引出本章讨论的话题。然后有一个相关段落介绍影片和将要讨论的话题之间的关系。另外，每章的开头都列有主要话题的清单。

每章的结尾包括五项内容：（1）内容提要，是该章内容的简要概括；（2）关键词，是在该章正文中使用过的关键词；（3）思考题，提供一系列相关的问题，用于结合正文中的材料进行思考，进而把该章的知识扩展到你生活和工作中的其他领域；（4）情境选择，一系列关于在人际传播活动中可能要面临的选择，这个内容可以帮助你理解文中的内容；（5）我的传播实验室，登录 www.mycommunicationlab.com/devito。这是一个非常容易登录的网址，它可以帮助你更好地理解本书各章节中的内容。

本书最后附有两个术语表：一个是关于人际传播概念的术语表，一个是关于人际传播技能的术语表。

人际传播中的"阴暗面"

关于人际传播阴暗面的研究和理论正在持续增加。这个版本指出了各种人际领域中的阴暗面和潜在的阴暗面。例如，不怀好意的传播（第1章）；运用印象管理进行欺骗（第3章）；思想和语言上的误导（第4章）；旨在伤害的批评和否定（性别歧视、异性恋主义、种族歧视、年龄歧视等），用于欺骗的语言信息（第5章）；不良情绪和暴力（第7章）；滥用别人的自我透露（第8章）；关系的消极作用（第9章）；嫉妒（第10章）；关系暴力（第11章）；无效的冲突策略如语言攻击（第12章）；性骚扰和欺负（第13章）等。

流行的误解

许多章节澄清了关于传播不同方面的流行误解。关于传播的普遍误解包括：将传播中的文化等同于种族；强烈的自尊心产生学术成就；倾听（listening）就是听（hearing）；词汇决定意义；直接表达自己的情感总是比间接好；自我透露总是必要的好事情；要始终保护关系；爱可以战胜一切；冲突是有害的；在冲突中总是有人输，有人赢；权力是不好的；人人都是平等的。

职场中的交流和关系

本版仍然在不同章节讨论了工作中的人际交流。这反映了工作中的人际交流正在变得越来越重要，也是为了满足同学们了解商业世界中人际交流作用的强烈愿望。比如，相关章节讨论了工作中的爱情关系、师徒关系、争论、闲话、关系网以及组织传播等。

文化和人际传播

随着我们对文化及其与人际传播之间关系认识的深入，人际传播的教材和课程必须讨论文化。在本书的早期版本中，文化只是理解人际传播的一个基本概念，现在变成用整整一章（第2章）研究文化。第2章涵盖了文化和人际传播之间的关系、文化差异的类型和跨文化交流的有效途径等。除了独立成章外，全书强调文化在人际传播的各个方面都是十分重要的。下面是一些重要的讨论：

- 语境的文化维度、对称关系和互补关系中的文化、调整原则的文化、伦理问题中的文化等（第1章）
- 文化在形成自我概念、正确认知、内隐人格理论、自我服务偏见和不确定性中的作用等（第3章）
- 倾听、文化和性别（第4章）
- 礼貌、坦率、自信的文化和性别差异；语言和倾听中的文化认同、性别歧视、同性恋歧视、种族歧视、年龄歧视等（第5章）
- 文化和姿势、文化和面部表情、文化和眼神交流、文化和颜色、文化和肢体接触、文化和副语言、文化和沉默、文化和时间的关系等（第6章）
- 文化对情感的影响、作为情感交流障碍的文化习俗（第7章）
- 会话原理、文化和性别、文化和表达、文化对自我透露的影响（第8章）
- 文化对关系的影响（第9章）
- 文化和关系阶段（第10章）
- 友谊中的文化差异、爱情中的文化差异、文化与家庭（第11章）
- 文化对冲突和冲突管理的影响（第12章）
- 权力的文化维度（第13章）

我们也可以从文化视角看待残障人士。本版用四个特殊表格，为正常人士和残障人士之间的交流提出了建议。第1章的表1—2，主要用于视力有缺陷的人士和正常人士之间的交流；第2章的表2—1，主要用于患有脑瘫或坐轮椅的人士和正常人士之间的交流；第4章的表4—1，用于听力有障碍的人士和正常人士之间的交流；第8章的表8—1，用于有语言障碍的人士和正常人士之间的交流。

技术

这一版本继续将"面对面的交流"和"运用技术的交流"合并讨论，这种表述虽然有用但并不完全准确。今天各种传播方法和媒介是互相混合使用的，很难说清楚哪些是技术，哪些不是。简单地说，各种形式的人际互动，包括面对面、电话、社交网站、博客、即时信息、电子邮件等，都是重要的，因此都需要关注。需要强调的是，研究当代的任何人际互动和关系应该考虑不同媒介之间的差异。

获取技术支持的另一个途径是及时获得经常更新的电子辅助材料。请登录网址 www. pearsonhighered. com/devito，这个网址上的内容是经常更新的。

此外，在传播博客中也可以找到技术材料，网址是：http：//tcbdevito. blogspot. com，或者是本书的网址：www. pearsonhighered. com/devito。欢迎访问。

自我测试

贯穿全书的21个自我测试，可以帮助大家理解本书的内容。标题为"自我测试专栏"，这些问题包含了诸如你的文化信仰和价值观、你的自信心、你的语言攻击性和好辩性、你是什么样的恋人、你的人际权力等内容。这些自我测试约有一半常用于人际传播研究之中，另外一半则是为了突出和预览本书的内容。每一个自我测试都包含了两个部分："你做得怎么样？"和"你会怎样做？"。前一个部分有计分指导，后一部分则是通过自我测试反映出来的问题，促使你考虑下一步应该怎么做。完整的自我测试清单参见专栏目录。

理论/研究和技巧

每章有两个并列的专栏，讨论重要的人际传播理论和研究以及必要的技巧。每章的"学习人际理论与研究专栏"，介绍了人际传播特殊领域的一些理论和研究。虽然整本书都在探讨人际理论与研究，但这个专栏重点强调了一些特殊的理论，以帮助读者理解这些理论，并运用于自己的传播实践。与此并列的专栏突出了有效人际交流的必要技巧，每个"掌握人际技巧专栏"讨论了可以使你提高传播效率的重要方法。这两个专栏的详细清单参见专栏目录。

请教学者专栏

每章都有一个问答形式的"请教学者专栏"，强调了理论研究与实践技巧的紧密联系。应邀作答的学者是具有国内或者国际声望的理论家和研究人员，他们中的许多人为新版本修订了自己的作品。他们回答了学生关于人际传播的具有代表性的问题。你会发现这些回答既有挑战性也有实用性。"请教学者专栏"及其著名作者的完整清单参见专栏目录。

人际传播伦理

每章都有"人际传播伦理专栏"，简要讨论了与相关章节内容相联系的伦理问题。这些问题涉及文化和伦理、伦理性倾听、动机诉求、闲话、撒谎、人际沉默、自我透露中涉及的道德责任问题等。"人际传播伦理专栏"的清单参见专栏目录。

课堂讨论

相对于其他教材简单的图片说明而言，本书如同以前的版本一样，提供了实质性的图片说明，称之为视点（ViewPoints）①，以提供话题激发课堂讨论。

互动

当然，一个印在纸上的课本没有真正的互动。但是，新版本提供了大量的使你置身其中的内容，以及鼓励你积极参与和激发你讨论的丰富材料。

■ 情境选择。每一章的末尾提供了一些进退两难的人际困境，让你思考如何应对。

■ 自我测试。本书中的"自我测试专栏"为你提供了根据所学内容考察自己传播行为的机会。

■ "人际传播伦理专栏"、"学习人际理论与研究专栏"、"掌握人际技巧专栏"等专栏都包含有促使你消化所学内容的问题。

■ 课堂讨论。图片说明同样促使你积极参与考察本书中的某些内容。

总的变化和每一章的变化

在新版本中，除了在"自我测试专栏"、"请教学者专栏"、"人际传播伦理专栏"、"学习人际理论与研究专栏"、"掌握人际技巧专栏"等专栏中增加了一些新内容外，还增加了许多新的概念和原则、新的研究发现、新的例子和新的插图。

首先，总的变化如下：

1. 每一章的开头都是新的。

2. 上一版的第3章和第4章被合并为一章（人际传播中的认知和自我）。

3. 上一版的第6、7、8章讨论语言信息和非语言信息，在新版中被合并为两章，语言信息和非语言信息各为一章。

4. 新增一章讨论情感传播，列为第7章，归入第二部分（人际信息）之中。

5. 全书都采用了新的研究成果。

6. 上一版中的边缘内容自我询问栏目，在新版中被放到每章末尾部分的"情境选择"部分，你必须面对情境作出传播决定。

7. 上一版演讲中的人际传播在新版中被删除，部分精华内容被归入思考题。

8. 关于人际传播误解的讨论在新版中得到了扩充和强调。

9. 在新版中增加了"关键词"部分。

10. 人际传播中不同形式的阴暗面在新版中得到了强调。

每一章的主要变化如下：

■ 第1章（基础）。把学习人际传播的意义分为理论价值和实用价值。从六个方面分析了人际传播的

---

① ViewPoints 是书中图片的文字说明，直译为观点或视点。考虑到这部分内容主要是课堂互动的材料，所以翻译为"课堂讨论"，并分章编号以方便查阅。——译者注

性质（相互依赖、关系性质、连续性、语言信息和非语言信息、不同的形式、效果的多样性）。同时，更新了传播的形式（以电脑为媒介的传播和面对面的传播）；提供了说明人际传播系列的新数据，扩充了有意识传播的讨论。

■ 第2章（文化）。在考察文化差异方面，新增了15个自我测试题（你的文化倾向是什么？）；增加了模糊倾向和明确倾向文化的讨论；民族优越感及配套的测试题（以前是在语言信息一章），现在出现在文化这一章。

■ 第3章（自我和认知）。这一章整合了上一版的第3章（自我）和第4章（认知）；关于自尊的讨论得到了扩充，并新增了配套的自我测试；对自我认可的内容也进行了扩充，关于"我要"、"我能"、"我会"的陈述添加了进来；新增了表情管理的内容，增加了在人际传播过程中表情管理的目标和策略。

■ 第4章（倾听）。"倾听的益处"这部分内容在新版中得到了扩充；对整章的内容结构进行了调整，比如，"自我测试"出现在本章的开头，以讨论倾听的类型；新增了倾听障碍；扩充和更新了倾听中因性别差异产生的区别。

■ 第5章（语言信息）。新版本章的内容包括了第十一版中第6章和第7章的许多内容；关于礼貌的讨论现在被分为积极面子和消极面子的讨论、明示意义和暗示意义的讨论、排除性信息和包容性信息的讨论，以及网络上的礼貌；关于性别歧视、同性恋歧视、种族歧视和年龄歧视的讨论都得到了扩充，新版本对这些问题的讨论都是从个人层面和制度化表现来进行的；关于语言信息指南，新版本中有一个总结性的表格；关于元语言的讨论也得到了扩充。

■ 第6章（非语言信息）。关于非语言信息的误解；非语言印象的形成；新增了通过非语言表达增加吸引力的表格；扩充了亲密技巧专栏，包括通过语言和非语言手段增强亲密性；扩充了文化多样性在非语言传播中的作用。

■ 第7章（情感信息）。本章是新增的，主要讨论情感信息，包括情感和情感信息原理、情感交流障碍、表达情感的技巧、回应他人情感表达的技巧。

■ 第8章（会话信息）。关于自我透露的讨论被放在会话信息之中（在上一版是在第3章），并被冠以"表白性会话：自我透露"的标题；在这一章中还讨论了组织信息，包括正式传播（向上传播、向下传播、水平传播），以及非正式传播（葡萄藤以及"人际传播伦理专栏"中有关"闲话"的探讨）。

■ 第9章（人际关系：阶段和理论）。新增了人际关系发展中有关挑逗的讨论；扩展了关于恋爱、友谊、家庭中的人际关系规则理论的讨论。

■ 第10章（人际关系：产生与恶化）。关于人际关系特权的讨论；关于人际关系恶化原因的讨论；扩展了"关系中的交流"（图10—1），以囊括本书讨论的所有理论；新增了关系解除原因的讨论；扩充关于移情的讨论（掌握人际技巧专栏）；扩充了关于嫉妒的讨论（学习人际理论与研究专栏）。

■ 第11章（关系的种类）。更新和扩充了友谊、爱情、家庭、职场关系的技术范围；对两地分居的考虑；扩充了伴侣类型；增加了对关系暴力的讨论（关系暴力是什么、关系暴力的影响、怎样处理关系暴力、关于关系暴力的自我测试）。

■ 第12章（冲突）。澄清了人际冲突的性质；对冲突的误解；增加了由10个题目组成的语言挑衅自我测试。

■ 第13章（人际权力）。增加了权力的原理（权力可以被分享、权力可以产生特权）；调整了权力运用的论述结构：即关系中的权力、个人权力、信息权力；关于骚扰的其他类型是新增的（表13—2）；增加了人际权力的自我测试；增加了一个"掌握人际技巧专栏"，讨论获取顺从策略。

■ 传播博客

本书作者开了一个博客（http：//tcbdevito.blogspot.com）。这个网址给那些教授人际传播基础课程和公共演讲课程的人们提供了一个论坛。本书作者会经常发帖更新本书的内容，并和网友分享教学经验。

 ## 致谢

许多研究人员回答了我电话提出的各种问题，他们的解答出现在本书富有特色的"请教学者专栏"中。我因此欠下了一大笔人情。没有你们的合作、善意和支持，本书显然不会有现在的特色。我感谢你们（以出现顺序为序）：

Sherwyn P. Morreale，科罗拉多大学科罗拉多斯普林斯分校

Molefi Kete Asante，天普大学

Linda C. Lederman，亚利桑那州立大学

Deborah Borisoff，纽约大学

Teresa L. Thompson，戴顿大学

Kelly A. Rocca，圣约翰大学

Elizabeth M. Perse，特拉华大学

Susan B. Barnes，罗彻斯特理工学院

Barbara Montgomery，科罗拉多州立大学普韦布洛分校

Shirlee A. Levin，南马里兰学院

Anita L. Vangelisti，得克萨斯大学

Carolyn M. Anderson，阿克伦大学

John Daly，得克萨斯大学

我也要向那些仔细审阅过先前版本的专家表达我的感激。你们的意见促进了本书的极大改进。我非常感激，谢谢你们：

Narrisra Maria Punyanunt-Carter，得克萨斯理工大学

Robert N. St. Clair，路易斯维尔大学

Ee Lin Lee，西华盛顿大学

Nathan Miczo，西伊利诺伊大学

Elaine Zelley，拉塞尔大学

另外，我还要向 Allyn & Bacon 的工作人员表达我的感激，尤其是执行主编 Jeanne Zalesky、开发编辑 Hilary Jackson、印刷编辑 Jay Howland、项目编辑 Tom Conville，以及图片研究员 Kate Cebik，他们为本书作出了重要贡献。感谢他们让我和这本书看上去更好！

约瑟夫·A·德维托

jadevito@earthlink.net

www.pearsonhighered.com/devito

http：//tcbdevito.blogspot.com

第一部分

人际传播导论

第 **1** 章
人际传播基础

为什么学习人际传播　　　　　　　人际传播的要素
人际传播的性质　　　　　　　　　人际传播的原理

《量子危机》

在 007 系列影片《量子危机》中大显神通的詹姆斯·邦德，是一位典型的英雄：他温文尔雅、精于世故，不管是温馨浪漫还是危机四伏都能游刃有余。本章的重点是阐述成为一名能力卓越的人际交流者究竟意味着什么，而接下来的几章则将继续为你提供获取这些成功的人际交流技能的方法。

本章介绍了人际传播的研究情况，揭示了它的重要性，同时也考察了这一独特传播形式的性质、要素及其基本原则。

第一节　为什么学习人际传播

本书开始时，大家可以提出这样的问题："我可以从中得到什么?""为什么我要学习人际传播?"正如其他有价值的学习一样，我们在学习过程中能得到两个方面的收益：理论价值和实用价值。

一、理论价值

人际传播是人们每天都要做的事情：
- 和同事交谈
- 赞美他人或者回应他人的赞美
- 结交新朋友
- 约会
- 即时交流
- 保持和修复关系
- 断绝关系
- 求职
- 辅导
- 劝说领导

理解这些传播行为是人文教育的必修课。正如一个受教育者必须知晓地理、历史、科学和数学一样，你需要知道什么是人际传播、怎样进行人际传播以及为什么要进行人际传播。人际传播是普遍的生活方式，它的重要性正与日俱增。

如果你算算每天花在人际传播活动上的时间，你会发现它占据了你生活的主体部分。学习几乎全面反映人性的人际传播理论，是人的全面发展教育不可或缺的修炼。如果不了解人际传播的相关知识，就无法真正理解人际互动和人际关系。

二、实用价值

人际传播也是一门非常实用的艺术。个人生活、社会生活和职业生涯的成功相当程度上取决于人际传播的知识和技能。

例如，在一项对 1 001 名年满 18 周岁的人的调查中，53%的受访者认为缺乏有效的沟通是导致婚姻失败的主要原因，这远远超过了金钱因素（38%）和双方家庭的干扰（14%）（《美国人是怎样沟通的》，1999）。人际传播技能是本书的主题，我们以后会经常回到这个话题。

与此相似，人际交流的技能对于一个人职业生涯的成功非常重要。这个道理已被广泛证明。不久前,《华尔街日报》发表了一篇文章,文章标题是《怎样才能被雇用:我们问招聘人员,MBA 毕业生做错了什么?忽视他们的建议将后果自负》(Alsop, 2004)。这篇文章指出,在影响雇用决定的"非常重要"的 23 个因素中,89% 的招聘者都认为"人际交流技能"最重要。这是一个相当高的比例,远远超出了"对核心课程内容的掌握"(34%),或"为招聘所花费的投资金额"(33%)。

这些发现虽然有趣但并没有提供新的东西。在数以百计的研究中,人际传播技能长期以来被认为是促使职业成功最重要的因素(Morreale, Osborn & Pearson, 2000; Morreale & Pearson, 2008)。人际传播技能"给下个世纪的金融专业人士提供了关键的职业优势"(Messmer, 1999),在防止职场暴力中担任了重要角色(Parker, 2004),能减少医疗事故、改善医患关系(Sutcliffe, Lewton & Rosenthal, 2004; Smith, 2004),也是鉴别专业医生和实习医生的六个领域之一(Epstein & Hundert, 2002)。无论什么职业,人际传播技能都是重要的。

显然,人际传播技能对于人际关系和事业成功的意义重大。不论你的职业目标是什么,它们将帮助你成为人际关系中效率更高的伙伴和事业更成功的人士。

请教学者专栏

人际传播在 21 世纪的价值

我明白人际传播对于许多人有价值,但我不知道自己将来要做什么。我为什么要学习传播学?

一份对近期发表的 93 篇文章的分析表明,不管你做什么,沟通技能都是成功的关键因素。《纽约时报》专栏作家、畅销书作者弗里德曼在他最近出版的《世界是平的》一书中,谈到了大学生需要了解什么、需要做些什么来保障自己在 21 世纪取得成功。他在书中写道:

> 你要喜欢他人。你要善于与他人相处和互动。现实生活中,良好的人际传播技能始终是宝贵的财富,在一个平的世界中(通过先进的技术和传播方式,将来自不同背景的人史无前例地联系起来)更是如此。因此,虽然我不知道在现有的课程体系中如何传授这些知识,但最好是能有人把它弄明白。(p. 106)

事实上,答案很简单:我们每个人都需要学习如何进行诚实有效的交流。

更多信息 参见 T. L. Friedman, *The World Is Flat: A Brief History of the Twenty-first Century* (New York: Farrar, Straus & Giroux, 2006); and S. P. Morreale, and J. C. Pearson, "Why Communication Education Is Important: The Centrality of the Discipline in the 21st Century," *Communication Education 57* (2) (2008).

Sherwyn P. Morreale:丹佛大学博士,是科罗拉多大学科罗拉多斯普林斯分校传播学领域里的研究生指导教师。她是美国全国传播学会的前任副主席,教材的编撰者,也是传播能力的性质及其在美国社会中的作用这一领域公认的国家级专家。

理解人际传播理论和掌握人际传播技能同等重要（Greene & Burleson，2003）。你越了解人际传播，你关于什么能做什么不能做就有越多的见解和知识。在沟通策略中，如果你能掌握更多的技能，那么你在各种环境下游刃有余地进行交流的可能性就越大。概言之，你拥有的人际传播知识越丰富，掌握的沟通选择越多，那么你达到人际传播目的的可能性就越大。选择这一理念在本书讨论的许多原则和技能中都有体现。你甚至可以把这本教材和这门课程视为你增加人际传播选择的途径，学习完本教材和本课程后，你将获得比以往更多的人际传播选择。

作为一门富有启发性、令人兴奋和具有重要实用价值课程的前言，请通过以下自我测试来检测一下你对人际传播的设想。

✎ 自我测试专栏

你怎样看待人际传播？

下列每条陈述，你认为正确的，请标注"T"；不正确的，请标注"F"。

1. 好的传播者是天生的，不是后天形成的。（ ）
2. 你交流得越多，你在这方面将表现得越好。（ ）
3. 在人际传播过程中应该遵守的原则是：尽量让自己表现得开放、热情，积极提供帮助和支持。（ ）
4. 当和来自其他文化背景的人进行沟通时，应该忽视彼此之间的差异，要像对待和自己文化背景相同的人一样去对待对方。（ ）
5. 害怕去认识新人的行为是有害的，应该放弃这种行为和想法。（ ）
6. 当冲突出现时，意味着你们的关系陷入了困境。（ ）

你做得怎么样？ 如同你可能指出的那样，上述六个陈述都是错误的。当你阅读本书时，你不仅会发现这些想法为什么是错误的，而且你还会发现，如果当你认为这些想法是正确的时候，你将会陷入麻烦。

简单说，这些观点错误的原因是：（1）有效的沟通技能可以通过学习获得；虽然有人先天比较聪明或外向，但所有的人都可以提升沟通能力，成为更有效的沟通者。（2）沟通次数多不代表沟通能力强，沟通质量高才体现出一个人的沟通能力强。如果你在沟通过程中一直使用坏习惯，那么你的沟通效率会变得越来越差，而不是越来越好，所以学习和遵守有效沟通的原则就显得十分重要（J. O. Greene, 2003; Greene & Burleson, 2003）。（3）每个沟通环境都是独特的，所以适合某个场合的沟通形式不一定适合另一个场合。（4）该假定将使你陷入麻烦。因为来自不同文化背景的人们对同一个信息会有不同的理解；来自不同文化背景的人们，他们所遵循的用以判断人际传播中哪些是合适的、哪些是不合适的原则也不相同。（5）很多人在认识新人时都会紧张，特别是认识那些拥有权势的人们的时候。人们应该学会管理自己的恐惧，而不是消除恐惧。不管你有多恐惧，如果你能管理好自己的恐惧，那么你的沟通也会更加有效。（6）一切有意义的人际关系都会经历冲突；正在经历冲突的关系并不一定陷入麻烦，但若不能有效地处理冲突，就会有损人际关系。

你会怎么做？ 也许这是个好机会，让我们在假设的条件下去认真思考关于人际传播的技能，去思考我们作为人际传播者所面临的问题。比如，关于沟通，关于你本人作为传播者，你还有哪些其他的看法？这些看法是怎样影响你的人际传播活动的？

第二节　人际传播的性质

虽然我们整本书都在给人际传播下定义，但在本书的开头采用简单的定义是有效的。**人际传播**（interpersonal communication）是两人或者多人之间的语言和非语言互动。这个相对简单的定义揭示了人际传播的一系列特征。

一、人际传播发生在相互依赖的个人之间

人际传播是相互联系的个体之间的交流，交流的双方总是以某种形式相互联系着的，如儿子与父亲、雇主与雇员、一对姐妹、老师与学生、一对恋人、两个朋友，等等。尽管人际传播本质上是双向的（dyadic），即发生在两个人之间，但也时常扩展到小型的亲密团体比如家庭。不过，即使是在家庭中，交流也通常是双向的，比如母亲与孩子之间、父亲与母亲之间、女儿与儿子之间，等等。

互相交流的个体之间不仅是简单的"联系"，而且也是相互依赖的：一个人的行为会对另一个人产生影响，一个人的行为会导致另一个人的行为。比如，在一个家庭里，小孩如果招惹了警察，那么麻烦会波及他的父母和兄弟姐妹，甚至会波及整个大家庭，可能还会波及朋友和邻居。

二、人际传播和人际关系紧密相连

因为相互依赖性，人际传播与人际关系在本质上不可避免地具有关联性。人际关系引起人际传播，人际传播影响人际关系，也定义人际关系。发生在人际关系中的人际传播是实现人际关系的重要途径。这就是说，你进行人际传播的方式在很大程度上取决于你和另外一个人之间的关系。你和自己的人际传播老师的沟通方式就明显地不同于你和最好的朋友之间的沟通，你和兄弟沟通的方式也不同于你和邻居、同事、熟人之间的沟通。

但同时也要注意，你与他人之间的沟通和互动方式也会影响你和他人之间关系的发展。如果你和一个人以友好的方式互动，你很可能会和对方建立友谊；如果你经常传播憎恨和伤害的信息，那么你很可能会发展出对抗的关系；如果你对每个人表现出尊重和支持，那么你也有可能获得尊重和支持。这是人际传播最显而易见的作用。然而，仍然有一些人似乎不能明白他们所说的话和他们要建立（或破坏）的人际关系之间的联系。

三、人际传播存在于人际系列之中

如图 1—1 所示，人际传播存在于长长的从相对非个性化到相当个性化的人际系列中（Miller, 1978, 1990）。非个性化的一端，是陌生人之间的简单交流，如顾客和服务员之间。高度个性化的一端，是亲密伙伴之间的交流，如父子之间、情侣之间、好友之间等。

图1—1   人际系列

这是一种可能的人际系列（an inter-personal continuum）。不同的人可能有不同的排列。你也可以根据自己的人际关系尝试建立自己的人际系列。

非个性化传播和个性化传播的区别主要体现在以下几个方面（Miller, 1978）：

- 角色与个人信息。在非个性化的交流中，人们根据自己所扮演的角色来回应对方。服务员为顾客提供服务时，并不是把顾客当成特殊的个人，而仅仅是将其当作众多顾客中的一员；相应地，顾客的回应不是针对某个他或者她，而是针对一般的服务员。与此相反，具有亲密关系的两个人如父亲和儿子，他们的交流则是特殊的个体之间的互动，他们以个人信息为基础作出行为反应。

- 社会与个人规则。顾客与服务员之间的交流服从于约束顾客与服务员关系的社会规则。与此相反，父子之间的交流依据的是个人建立的规则。例如，他们称呼对方的方式，彼此触摸的方式，以及身体接触的亲密程度等，都是他们特有的沟通方式而不是社会制定的规则。

- 预期与解读。即使是非个性化的交流，也会产生一些使人有所期待的信息。例如，在开始上课的时候，你就可以预测班上其他同学的一些行为。你和同学们相处的时间越长，你对他们的了解越多，你预测的准确性就越高；更为重要的是，你至少能在某种程度上开始解读他们的行为。这就是说，你与同学之间从非个性化的关系发展成为高度个性化的关系，你预测和解读他人行为的能力也随之增强了。

- 社会信息与个人信息。非个性化传播和个性化传播的另一个重要区别是彼此交流的信息不同。比如，顾客和服务员彼此交流的信息对于他们来说是非个性化的，他们很少自我表白，很少情感流露。但在父子之间，他们的交流通常是高度个性化的、敞开心扉的、充满情感的。

▌ 四、人际传播包括语言和非语言信息

人际传播包括语言和非语言信息的交流。你使用的词语、你的面部表情、眼神接触、身体姿态等都传递着人际信息。同样，你通过自己的听觉和其他感官尤其是视觉和触觉来接收信息。甚至沉默也传递人际信息。正如你将在本课程中学到的那样，这些信息很大程度上取决于互动过程中的其他因素。你不会用和朋友交谈的方式去和教授或者父母交谈。

人际交流中最神秘的一点是，你所传递的信息中，非语言信息承载了90％的意义。事实上这也要看具体的场合。在某些场合，非语言信号确实传递了比语言信号更多的意义。而在另外的场合，语言信号则传递了更多的信息。当然，意义在更多情况下是由语言信号和非语言信号共同表达的。我们与其把注意力放在哪个渠道传播的信息更多，不如去关注语言信息和非语言信息共同作用的方式。

五、人际传播有不同的形式

人际传播通常是面对面的，如我们在课前和同学交谈、晚饭时和家人或者朋友交谈、与亲密的人互诉心声等。提到人际传播，人们头脑中出现的往往就是以上那些画面。但是，如今也有许多交谈是在网络上发生的。现在，在线交流，或者以计算机为媒介的交流（CMC）已经成为人们进行跨国人际交流的重要体验。在线交流对于个人、社会和成就职业具有重要的意义。

在线交流的形式各不相同，与面对面的交流有明显差异，表1—1列示了面对面交流同在线交流的共性和区别。

表1—1 　　　　　　　　　　　　　　　　面对面交流与在线交流

本书对面对面的交流与以计算机为媒介的交流进行了讨论、比较和对比。下表对这两种交流方式的特征进行了一个简单的比较。在你看来，两者之间还有哪些其他的区别？

人际传播的要素	面对面交流	在线交流
信息源（说话的机会、自我表达、印象管理）	你的视觉形象表明了你是谁；你的个人特征（性别、大致年龄、种族等）明显；接收者控制交流的顺序；掩饰困难。 你与人争取说话的机会和时间；你可以被打断。	你展示自己希望别人知道的东西；你愿意展示时，个人特征才是明显的；说话者控制展示的顺序；易于掩饰或者匿名。 一直是你自己的说话机会；说话时间无限制；你不能被打断。
接收者（数字、兴趣、第三方、印象形成）	你视阈中的一个或几个人。 接收者仅限于你有机会遇见的人；找到和自己兴趣相同的人很难，特别是在一个流动性很差的孤立社区。 你的信息可以被第三方无意听到或者复述，但并不是逐字逐句的、精确的。 印象基于接收者意识到的语言和非语言信息。	一个、几个、乃至你在聊天室、电子邮件地址、留言板上能见到的所有的人。 接收者实际上是没有限制的；你能更快、更容易地找到与自己兴趣相仿的人。 你的信息可以检索或者逐字逐句地转发给一个乃至成百上千个第三方（他们可能了解也可能不了解你）。 印象基于接收者读到的文本信息。
语境（物理、时间、社会心理、文化）	你们都在同一空间。 语境一旦产生就产生了；一旦你置身某种传播环境，你对语境几乎无法控制。 沟通是同步传播——信息的交换是同时的。	你和接收者处于自己的空间，在空间上是分离的。 当你想回应的时候，你更易于决定回应的时间。 可以是同步传播，如聊天室和即时信息传播；也可以是异步传播，如电子邮件和留言板，信息在不同的时间交流。
渠道	渠道是听觉＋视觉＋触觉。 双向渠道可进行即时交流。	主要通过文本视觉传播（尽管视频图像同时需要视觉和听觉）。 双向渠道，有时进行即时交流，有时延迟交流。
信息（语言/非语言信息、持久性、目的）	口语，以及姿势、眼神交流、空间、气味、语言暗示、触摸、衣着、发型以及其他非语言暗示。 除非有记录，语言是即时的；语言信号很快消失。 在语言中很少用缩略语。	尽管正在发生改变，在纯文本的交流中，多用书面语言。 除非被擦除，信息是永久的。 有限的非语言暗示，有些可以由词产生；有些则不能（如味道、触摸）。 使用很多缩略语。
前馈信息	交流的早期，通过语言和非语言信息表达。	在电子邮件中，通过标题和开头表达。

续前表

人际传播的要素	面对面交流	在线交流
反馈	通常是即时的，尽管可能被延迟；人们常预期即时性。	电子邮件、消息组等，反馈常被延迟；人们有时期待延迟。 在面对面聊天和即时通信中是可以马上收到反馈的。
目的与效果	所有的目的（学习、关系、影响、娱乐、帮助）都能实现。 所有的效果都能实现。 在面对面的交流中，一些目的更容易实现，比如喜爱或支持。	所有的目的（学习、关系、影响、娱乐、帮助）都能实现。 所有的效果都能实现。 在以计算机为媒介的交流中，一些目的更容易实现，比如信息。
噪音	语境中的噪音；表达、语音、语法错误。 物理、心理和语义噪音常有体现。	你周围的噪音，拼写和语法错误。 物理、心理和语义噪音常有体现。
道德与欺骗	虚假的现实描述较难但并非不可能；虚假的心理和社会描述要容易得多。 你撒谎时，那些非语言常有所表露。	虚假的现实描述和虚假的社会、心理描述相对较容易，尽管视频和音频的使用增加了其难度。 撒谎可能更容易。
能力（口头、书面、技术）	有效谈话的技能。 有助于交流控制、共鸣、其他目标的口头交流技能。	有效写作的技能。 有助于交流控制、共鸣、其他目标的书面交流技能。 有助于媒介利用的技术。

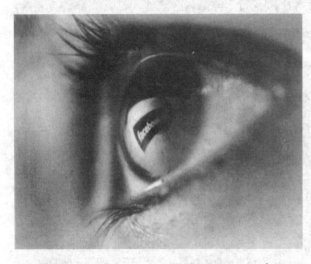

课堂讨论 1.1 博客和社交网站是人们面向公众表达他们自己的重要工具。你能够用传播的五种目的比较某个博客和某个社交网站的区别吗？你能够比较它们的内容信息和关系信息吗？

电子邮件仍然是最常用的网络传播手段。据估计，全世界每天发送的电子邮件接近 1 830 亿封，即一秒钟发送近 200 万封电子邮件（http：//email. about. comaccessed April 29，2008）。

电子邮件沟通是**异步传播**（asynchronous communication），这意味着它不是实时发生的。可能你今天发送电子邮件，接收者也许下周才看到，然后再花一周的时间来回复。相应地，实时沟通的自发性就会大部分消失。例如，你发邮件时很兴奋地讲述了某个话题，可是等对方回信时，你可能已经忘得差不多了。电子邮件事实上是不可消除的，这会产生重要的影响，对此我们稍后讨论。

网络上也有即时信息（IM）的**同步传播**（synchronous communication），它和电话相类似，都属于即时传播，所不同的是，电话是通过声音传播，而网上的即时交流主要是通过文本信息实现的。通过即时信息传播，你可以同时玩游戏、听音乐、发信息、开电话会议。在大学生们看来，即时信息传播的主要目的似乎是维持"社会联系"（Kindred & Roper，2004）。

在像"Facebook"和"Myspace"这样的聊天室和社交网络中，你也可以进行即时沟通。在 12 岁至 17 岁的美国青年中，约 55% 的人都使用社交网络。他们中的绝大多数人都在网络上刊登个人资料。他们的目的是和朋友保持联络、一起做计划、结交新朋友、谈情说爱（Lehart & Madden，2007）。聊天可以让你即时看到其他成员的信息，包括声音、照片和视频。

网络聊天和社交网站的一个优势是让你能和素未谋面的人进行沟通。因为很多这类网络组织是跨越国界的，在这个平台上可以展现不同的文化、不同的观点，或者其他沟通方式。这是一个进行跨文化传播的很好的平台。

六、人际传播有不同的效果

如同其他沟通方式一样，人际传播也会产生不同的效果和满意度。有些互动和人际关系会非常成功，而有些则是彻底的失败；有些传播活动带来欢乐，而有些则带来悲伤。不过，大部分的沟通是在这几种极端状态之间的。本课程及本书的部分目的就是要教会你如何更有效地进行人际传播，如何从中获得个人满足。请从这样的角度去理解：在你的交流生活中，每一次人际传播活动你都面临着**情境选择**（choice point）——你选择和谁沟通，选择说什么、不说什么，选择怎样去表达意思，等等。本课程的主要目标就是教你合理地做出选择，并且根据这些选择来进行人际传播。同样地，本课程也要教你一些技能，告诉你如何合理地执行你做出的选择。

第三节　人际传播的要素

图 1—2 展示的模型体现了人际传播的循环本质；双方同时开始传播信息，而不是按照线性规律从第一个人传到第二个人，再传回给第一个人后再传至第二个人，以此类推。这个模型中的每个概念都可以看作是人际传播世界的一个部分。在所有的人际传播中都包括：（1）信息源—接收者，（2）编码—解码，（3）信息，（4）渠道，（5）噪音，（6）语境，（7）伦理，（8）能力。

图 1—2　常见的人际传播模型

学习完人际传播的要素这一节后，你也可以建立自己的人际传播模型。在建立模型时要注意不要掉入线性思维的静态陷阱。要记住所有的要素都是互相联系和互相依赖的。模型建立后应该问自己，你的模型可以适用于人内传播、群体传播和大众传播吗？还有其他的要素可以加入你的模型吗？

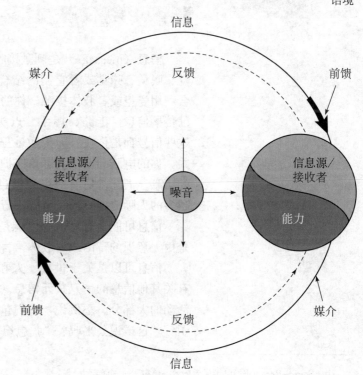

一、信息源—接收者

人际传播活动至少包括两个人。每个人都既具有信息源的功能（形成和传递信息），也具有接收者的功能（接受和理解信息）。**"信息源—接收者"**（source-receiver）[①] 这个词强调了个体在人际传播中承担着传播者和接收者的双重功能。

你是谁、你知道什么、你相信什么、你认为什么珍贵、你想要什么、别人告诉了你什么、你的态度是什么，这些都会影响你说什么、你怎么说，影响到你接收什么样的信息以及以何种方式接收这些信息。你正在交谈的对象以及你对这个人的看法也会极大地影响你人际传播的信息（Lau, Chiu & Hong，2001）。每个人都是独特的，所以每个人的沟通活动也是独特的。

二、编码—解码

编码指产生信息的行为，例如说和写就是产生信息的行为。解码指理解信息的行为，例如听和读就是解读信息的行为。通过声波（例如演讲的时候）或光波（例如写作的时候），你对你的观点和想法进行编码。把声波或者光波再翻译成观点和想法就是进行解码的过程。所以说话者和写作者是**编码者**（encoder），听众和读者是**解码者**（decoder）。**编码—解码**（encoding-decoding）的过程是编码行为和解码行为的结合体。要进行人际传播，就必须对信息进行编码和解码。例如，当父母和头戴耳机、蒙上眼睛的小孩进行谈话时，人际传播就无法发生，因为传递出去的信息并没有被接收。

三、信息

信息（message）是刺激接收者的信号，这种信号可以是听觉、视觉、触觉、嗅觉、味觉或者它们的结合体。你进行人际传播时，除了使用语言，也会利用姿势或者肢体接触。你的穿着在向他人传播信息的同时，也在向你自己传播信息。走路、握手、点头、摸头发、坐、笑、皱眉都在传播着信息。这些信号都是你在人际传播过程中传递的信息。同样，你的手机的颜色和款式，你的电脑的墙纸和屏幕保护的颜色，乃至电脑的样式都在传播着关于你的信息。人际传播有时可以通过电话、电脑、面对面的形式进行。现在越来越多的人际传播是通过电脑进行的。

信息可能是有意，也可能是无意的。它们也许是精心策划的结果，也许是由无意识的言语或者肢体语言和身体的气味泄露出来的。

信息可以是关于世界、人和事物或者其他信息的信号（Devito，2003a）。有关其他信息的信息是**元信息**（metamessages），它们占据了你日常人际传播活动的大部分。举例说，它们包括："你明白吗?""我说对了吗?""你说什么了?""这样说公平吗?""我想坦率地告诉你……""这不合逻辑。"元信息的两

---

① Source-Receiver 通常翻译为信源—信宿。——译者注

个特别重要的形式是反馈信息和前馈信息。

反馈信息

在人际传播过程中，人们在交换**反馈**（feedback）信息。反馈信息是传给说话者的对其说话内容的反应（Clement & Frandsen, 1976）。通过反馈信息，可以了解听众倾听的效果。根据反馈信息，说话者可以调整、强调、减弱甚至改变谈话的内容。

反馈信息可以来自你自己或他人。当你在和他人谈话的过程中传递信息时，你也听见了自己发出的信号。这就是说，你自己也接收了自己发出的反馈信息：你听到自己在说什么、感到自己在做什么、看到自己写了什么。除了自身的反馈信息，你也从他人那里得到反馈信息。这种反馈可以有多种形式，如皱眉、微笑、轻拍你的背部、说"对"或者"不"。有些反馈信息有时很容易辨认，有时则不然（Skinner, 2002）。有效地进行人际传播的艺术包括识别出反馈信息并根据反馈信息做出相应的调整。

课堂讨论 1. 2　　"关系反馈理论"认为，朋友关系或者恋人关系令人满意与否，可以通过反馈的特点来判断。令人满意的朋友或者恋人关系，其反馈是积极的、以他人为中心的、即时的、较少监视的和支持性的；而令人不满的关系，其反馈是消极的、以自己为中心的、非即时的、较多监视性的和挑剔的。在解释你自己家庭内部关系的时候，这个理论的有效性如何？

前馈信息

前馈（feedforward）信息是在你传递基本信息前就已经得到的信息（Richard, 1951），它在信息发出之前就揭示了信息的一些情况。一本书的前言、一个章节的开头、电影预告、杂志封面、演讲介绍等都是前馈信息。前馈信息具有很多功能，你可以使用前馈信息来表达你想开始谈话的愿望。比如跟对方说"嗨，我这个星期都没有见你了，过得怎么样？"你也可以在进入主题前，先用这样的方式来表达："你最好先坐好，因为下面要谈的事情会让你感到震惊的。"你还可以让听众先听完你要说的内容，然后再做出评价。

▎四、渠道

渠道（channel）是信息传播的媒介。它是连接信息源和接收者的桥梁。传播很少只通过一个渠道发生，而通常是同时通过两个、三个或者四个渠道进行。例如，在面对面的沟通中，你说话和倾听（有声听觉渠道），同时你也会发出姿势信息，接收视觉信息（姿势视觉渠道）；你会发散气味，同时也可以闻到其他人的气味（化学嗅觉渠道）。你通常会通过身体接触来进行沟通（皮肤触觉渠道）。另一种认识渠道的方式，是把渠道看作传播的工具，例如，面对面的沟通、电话、电子邮件、谈话小组、即时信息、新闻、电影、电视、广播、烟雾信号或者传真等。

请注意，渠道会对信息的形成产生不同的限制。例如，在网络沟通中，

你可以停下来去考虑选择合适的词或者短语，你可以随意缩短或延长停止的时间，而不必担心被打断或被反驳，因此你可以更容易地编辑自己的语言/信息。

如果你把"渠道"简单地理解为供两人交流的无障碍通道，那么你就错了。在实际情况中，"把关人"会让一些信息传递给接收者，但也会阻止另外一些信息的通过（Lewin，1947）。最著名的"把关人"就是媒体。它们让特定的信息在电视中播出或者在电影中放映，同时阻止其他的信息暴露在观众面前。"把关人"还包括报纸编辑、杂志、网站、出版社（Lewis，1995；Bodon，Power & Hickson，1999）。然而最重要的一种"把关"则体现在人际传播中。在你成长的过程中，父母会传播给你某些信息，他们同时也会保留其他一些信息不让你知晓（Fagan & Barnet，2003），这取决于你成长的文化环境。他们可能会告诉你圣诞老人和白雪公主的故事，而不会告诉你癌症或者互惠基金。当你长大上学之后，老师扮演着同样的角色。他们会告诉你一些特定的历史事件，同时回避另外一些历史事件。你的好朋友和恋人也是一样，她/他们会告诉你某些特定的事情，同时保留其他一些事情。例如，一位朋友可能不会告诉你即将到来的考试（这个考试你没有听说过），因为他/她希望你可以陪他/她去看电影而不是去学习；你的恋人会防止你见到他/她的前女/男友，以免你听到某些负面消息。遇到这类事情，你也同样会这么做。

当一个或者更多的渠道被破坏后，人际传播就会出现障碍。例如，当某人有视觉困难时，视觉渠道便被削弱了，那么他与人沟通时就必须进行适当的调整。通过表1—2，你可以了解那些视力正常的人士与视力有缺陷的人士之间，如何通过调整以更有效地进行人际传播活动。

五、噪音

严格地说，**噪音**（noise）是扭曲信息的干扰元素，它会妨碍接收者接收信息。一种极端的情况是，噪音可以完全阻止信息源发出的信息被接收者收到。接电话时，那些嗡嗡的噪音或线路干扰可以很容易地阻止听筒接收到完整的信息。另一种极端的情况是，由于完全没有噪音的干扰，发送的信息和接收到的信息完全一致。不过，大多数情况下，信息从发送到接收的过程中存在着噪音，这些噪音会曲解部分信息。

下面四种噪音是相关联的。识别这四种类型的噪音，并且在合适的时候去减少它们的影响十分重要。

- **物理噪音**　是说话者和倾听者的外部噪音。它会阻止信号或信息的传递。比如，汽车呼啸而过的声音、电脑发出的嗡嗡声、难以辨认的手写笔迹、难认和拼错的字、错误的语法和弹出式广告等等。
- **生理噪音**　是信息的发出者或接收者自身造成的阻碍信息和信号传递的元素。生理噪音包括视觉缺陷、失聪、失忆、口齿不清等。

表 1—2　　　　　　　　　　　　　　　　　人际交流技巧

视力有缺陷的人士和视力正常人士之间的交流

路易·布莱尔　　　　　海伦·凯勒　　　　　　雷·查尔斯　　　　　戴维·帕特森

　　每个人的视力情况不同，有的人完全失明，有的人只能看到一部分，还有些人的视力损伤是无法恢复的。90%的盲人都可以看到一点儿事物。但是，人们都有获取信息和进行交流的共同需求。下面的一些沟通技能，有助于改善视力正常的人士和视力有缺陷的人士之间的交流。

如果你视力良好，正在和视力有缺陷的人交谈：

1. 表明自己的身份。不要假设视力有缺陷的人能辨认出你的声音。
2. 面对着你的听众，这样他们更容易听到你的声音。不要大声喊叫。很多人虽然视力有缺陷，但听力并没有缺陷。用正常的音量和他说话。
3. 因为你的姿势、眼神和面部表情都不能被视力有缺陷者看到，请尽可能地用言语来表达你要交流的所有信息。
4. 用语言去提示谈话角色的转换。当你和视力有缺陷的人谈话的时候，不要依赖非语言提示去转换谈话的角色，相反，你可以说："你同意这个吗，乔治？"
5. 使用普通的词汇，谈论那些你和视力正常的人士谈论的话题。不要避免使用类似"看见"、"看到"、"瞎"这样的字眼，不要避免讨论新近播放的电视剧或者新车的样子，因为对所有人来说，这些都是再普通不过的话题。

若你是视力有缺陷的人，当你和视力正常的人士交流的时候：

1. 帮助视力正常的人满足你自己特殊的沟通需求。如果你想要人帮你读路标或者描述周围的环境，请开口向他们提出。
2. 和视力正常的人聊天时多点耐心。很多人在和视力有缺陷的人士交谈时，会因为害怕冒犯到他们而感到紧张。这时候，你要帮助他们轻松起来，因为这样也会让你更舒服。

资料来源：这些建议综合了以下资料：www.cincyblind.org，www.abwa.asn.au/，www.batchelor.edu.au/studying/communication（all accessed April 29, 2008）。

- **心理噪音**　是说话者和倾听者精神上的干扰元素，涉及想法、偏见、自我封闭、极端情绪主义。当你和自我封闭的人，或者和拒绝倾听任何他/她不相信的事情的人沟通时，会被心理噪音所困扰。
- **语义噪音**　是当说话者和倾听者有不同的意义空间时发生的干扰元素。例如，不同的语言和方言、不同的术语或者模糊抽象、复杂的短语都会轻易曲解意思。当医生使用医学术语而不加解释，或者当保险推销员说行话的时候，你常常可以听到这种噪音。

　　从上述例子中你可以看到，噪音会妨碍你或者他人接收完整的信息。

　　有一个十分有用的概念，可以帮助我们理解传播过程中的噪音及其重要性，那就是所谓的"信噪比"。在这个概念中，"信号"指你发现的有用信息，"噪音"指对你无用的信息。例如，包含了大量有用信息的邮件或者新闻，就属于高信号低噪音，而包含了很多无用信息的消息，则是低信号高噪音。

　　所有的传播活动中都有噪音。噪音是不能被完全消除的，但我们可以降低它的影响。让你的语言更精确，提高自己传递和接收非语言信息的能力，提高自己倾听和反馈的技能等，这些都是战胜噪音影响的方法。

六、语境

　　传播活动总是发生在一定的**语境**（context）之中的，语境会影响信息的内容和形式。有时，语境并不明显或具有侵入性；它看起来十分自然，以致被人

课堂讨论 1.3 一项研究表明，80%的青年女性认为，在考虑配偶时，善于表达情感的男性比经济收入高的男性更受欢迎（www.gallup.com，accessed June 27，2001）。如果你选择伴侣，在应该考虑的全部因素中，你认为什么因素最重要，是沟通能力吗？对于生活伴侣而言，什么特殊的传播技能是最重要的呢？

们所忽略，比如说背景音乐。但有些时候，语境明显地主导、抑制或刺激你说话的方式。例如，在葬礼、足球场、晚宴和摇滚音乐会上的沟通活动，就会因为语境的差异而明显不同。语境至少包括四个方面的内容，它们相互作用并且互相影响。

物理语境

物理语境是进行沟通活动的有形的与实际的环境。比如，房间、公园、走廊、会议室或家庭餐桌等。空间的大小、温度、出席的人数也属于物理语境的范畴。在杂志和报纸等印刷媒体中，语境包括新闻和故事在版面的位置。放在第 37 页的故事就没有在第 1、2 页上的故事重要。甚至同一则消息放在同一篇文章的不同位置也可以显示出差异。例如，《纽约时报》就曾因为把重要的订阅信息放在一篇文章的第 30 段而受过批评。同样，一份报纸的政治和社会立场也决定了报纸中文章的排版（Okrent，2005）。

时间语境

时间语境不仅包括一天中的某个时间或历史中的某个时刻，也包括一个特定信息在整个传播活动中所处的顺序。比如，同样一个有关疾病的笑话，你在一个朋友刚刚告知大家他的病情之后去讲，和你在听到一系列类似的笑话之后去讲，在接收者眼里，这是完全不同的。同样地，有些渠道允许同步传播，如面对面的交谈、聊天室或即时信息等，因为信息的传递和接收是同时进行的。而其他渠道则只能进行异步传播，如写信和电子邮件，因为信息的传递和接收不是同时进行的。

社会心理语境

社会心理语境包括参与者的地位关系、扮演的角色、团体和组织的名称、友情、仪式或场合的庄重程度等。

文化语境

文化包括人们的文化信仰和风俗。当你和来自不同的文化背景的人沟通时，也许你们各自都遵守不同的沟通规则。有时这会引起沟通的混乱、无意冒犯、错误的判断。同样地，在一些文化环境中让谈话对象感到舒适的沟通策略和技能，却会打扰甚至冒犯另一个文化背景的人。事实上，研究表明，在跨文化传播中，你漏掉的信息（接近 50%）要比在同种文化传播中漏掉的多得多（接近 25%）（Li，1999）。

七、伦理

因为沟通活动会产生结果，所以人际传播活动也涉及**伦理**（ethics）。每个沟通行为都有正确或错误的道德标准（cf.Jaksa & Pritchard，1994；Johannesen，2001）。人际传播方式的选择，不仅要考虑到效率和满意度，还要考虑到伦理。有些研究发现，跨文化传播在这方面也存在着一些相似点，例如，某些伦理标准几乎适用于所有的文化，比如讲真话、尊重人格、不要伤害无辜的人等（Christians & Traber，1997）。下面讨论了人际传播中的伦理问题。这些问题涉及道德原则的主观和客观方面、伦理方法、结果是否能证明方法的正确性、说话者和倾听者的伦理责任、撒谎、闲话及不道德的言论等。

人际传播伦理专栏

伦理问题

　　由于所有的人际传播都和伦理有关，所以本书各章都设立了讨论人际传播伦理的专栏。作为预习，下面提出了一些伦理问题。当你浏览这些问题的时候，请思考你自己的道德信念，想想你的这些道德信念是怎样影响你回答这些问题的。

　　1. 让你保守秘密的责任是什么？你能区分哪种情况下承诺保密是不道德的吗？请参看第 8 章。

　　2. 作为一名倾听者，你的道德责任是什么？请参看第 4 章。

　　3. 道德原则是主观的还是客观的？比如，撒谎是不道德的，那么是不是在所有的情况下撒谎都是不道德的呢？你的回答是否取决于相应的环境呢？请参看第 5 章。

　　4. 向你的伴侣透露个人隐私时，你的道德责任是什么？请参看第 9 章。

　　5. 遇到冲突和解决冲突时，解决的方式有道德和不道德之分吗？请参看第 12 章。

你会怎么做？

　　当你决定进入一段长期的恋爱关系，并不得不谈及自己的时候，从道德角度看，你会隐藏什么信息？哪些信息是你有责任要说出来的？

八、能力

　　你进行有效沟通的能力就是你的人际传播**能力**（competence）（Spitzberg & Cupach，1989；Wilson & Sabee，2003）。沟通能力衡量的是你在人际传播中的智力和外在表现水平（Almedia，2004）。比如说，你的沟通能力包括，你清楚地知道面临何种语境、面对哪些特定听众时，适合讨论哪些话题，不适合讨论哪些话题。沟通能力还包括你对于非语言行为的了解，比如，何种程度的肢体触摸是合适的，何种声调和音量是合适的，与对方保持何种身体距离是合适的。简言之，人际传播能力包括沟通者如何根据沟通的语境和对象，以及本文讨论的其他因素来调整自身的沟通方式。

课堂讨论 1.4　在讨论伦理的课堂上，辅导员可能会告诉你以下一些行为是道德的：（1）你心里认为是做好事的行为，（2）符合你的宗教信仰的行为，（3）符合社会法规的行为，（4）大多数人认为是道德的行为，（5）符合大多数人利益的行为。对于这些教导你是如何反应的，你会接受所有关于道德行为的教条吗，你会拒绝某一条吗，为什么？

　　学习人际传播的能力就像你学习如何使用刀叉吃饭一样——你要先观察别人，自己尝试，反复试验。有些人比别人学得好，你会发现和这些人谈话比较舒服、有趣。他们看上去知道应该说什么、怎么说以及什么时候说。

　　不足为奇的是，某种程度上，良好的人际传播能力与学

业和工作的成功之间存在着积极关系（Rubin & Graham，1988；Wertz，So-
renson & Heeren，1988）。大学生活、职业生涯都与人际传播能力息息相
关——开会，和同学、老师、同事交流；询问及回答问题；发布信息及辩
论——因此，人际传播能力的强弱与你学业和事业的成功是紧密相关的。人
际传播能力也让你发展和维持那些具有重要意义的友情、爱情、家庭关系和
工作关系。对于那些有较强人际传播能力的人来说，这些关系又有助于减轻
其自身的焦躁、沮丧和孤独（Spitzberg & Cupach，1989）。

具备人际传播技能是拥有人际传播能力的基本条件。本书中，我们主要
讨论人际传播技能。我们重点强调了一些技能。当你阅读这些技能时，要尝
试使其更加个性化；请思考如何使用这些技能，思考在什么情况下使用它们
有用、什么时候使用它们是没有用的。请尝试着去使用这些技能，并在必要
时修改和调整这些技能。

表1—3通过介绍人际传播学的主要的和相关的学术领域，以及人际传播
研究者、理论家和学生都很感兴趣的一些话题，给我们提供了了解人际传播
学的另一个角度。

表 1—3   **人际传播和人际关系的各个领域**

本表是识别"人际传播和人际关系"一些重要方面的指南，而非正式的概要。人际传播的六大领域不是独立的，而是相互作用和彼此交叉的。例如，人际交往是所有其他领域的部分内容，同样地，跨文化传播也可以存在于其他任何领域之中。相关的学术领域表明了传播学的核心研究领域与其他学术领域之间的密切关系。

一般领域及相关领域	所选话题
人际传播 两个人之间的沟通。 相关领域：心理学、教育学、语言学、辅导学。	效率特征，谈话进程，自我揭示，积极倾听，谈话中的语言和非语言信息，电子邮件，即时信息，社交网络。
健康传播 医生和病人，医生和大众之间的沟通。 相关领域：医学、心理学、辅导学、健康保健。	提高医患沟通效率，关于死亡、衰老等话题的沟通，咨询辅导，安全性行为指导。
家庭传播 核心家庭（父母和子女组成）和大家庭（三代以上同堂）中内部成员的沟通。 相关领域：社会学、心理学、家庭学、社会工作。	夫妻沟通，家庭权力，功能失调的家庭，家庭冲突，大家庭成员间的沟通，同性家庭和异性家庭，父母和子女间的沟通。
跨文化传播 不同国家、不同宗教、不同性别、代际成员间的沟通。 相关领域：人类学、社会学、文化研究、商业。	代际传播，男性与女性间的沟通，非洲裔—西班牙裔—亚洲裔—高加索人间的沟通，偏见与成见，跨文化传播的障碍，互联网和多元文化，种族主义，男性至上主义，年龄歧视。
商业和组织传播 组织内部成员间的沟通。 相关领域：商业、管理、公共关系、计算机科学。	面试策略，性骚扰，向上和向下的沟通，提高管理效能，提高成员士气，组织中的领导权，监督与网络，公共关系和广告。
社会和个人关系 发生在朋友及恋人等紧密关系间的沟通。 相关领域：心理学、社会学、人类学、家庭学。	关系的发展、保持、恶化、修复，关系中的性别和文化差异，增加亲密感，处理关系破裂问题，言语滥用和关系暴力。

第四节　人际传播的原理

明确了人际传播的性质和它的组成要素后，我们就可以来探究一下大部分人都会在其人际交往中用到的一些具体的原则和定理。人际传播专家鲍洛在其代表作《实用人际传播》一书中，对这些原则有详细的说明（1967；Watzlawick，1977，1978）。

■ 一、人际传播是交流信息的过程

相互交流信息说明人际传播是（1）一个过程，（2）这个过程中的因素是相互依赖的。请看图1—3，它形象地解释了信息相互交流的过程，并且把这个过程和如何进行人际传播的两个早期的观点进行了区别。

图1—3　人际传播中的交换观点

第一张图表示的是线性观点。主要是说话者说，倾听者听。中间的图表示的是相互作用的观点，说话者的角色和倾听者的角色在说话和倾听过程中相互转化：A说的时候B听，B说的时候A听。下面的图表明了交换的观点，每个人同时充当说话者的角色和倾听者的角色，当你在传递信息的时候，同时也接受了信息。

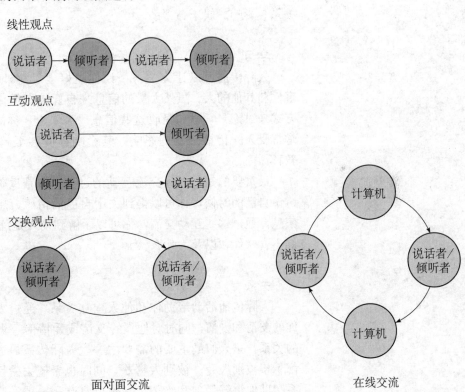

传播是一个循环的过程

人际传播是一个不断变化的过程。你、沟通对象和环境都在发生变化。有的变化很难被察觉，有的变化则是显而易见的，但它们总在变化。

一个人的信息可以刺激另一个人的信息，这又反过来对第一个人产生刺激，如此循环。循环过程中，每个人可同时被视为说话者、倾听者、动作发出者和反应者。人际传播是一个互动的过程。

因素相互依赖

在人际传播中，不仅个体是相互依赖的，传播活动中涉及的各种要素也是相互依赖的。传播活动中的每个元素都与其他元素及整个传播系统有密切联系。例如，没有信息接收者就谈不上有信息源，没有信息源就没有信息，没有接收者就不会有反馈。因为相互依赖，所以任何一个元素的变化都可以引起其他元素的变化，可谓牵一发而动全身。例如，你和同学正在谈论近期的一次考试，这时你的老师加入了讨论。这一变化就会引起其他因素的改变——可能你说话的内容会发生改变，也可能你说话的方式会改变。但不管是哪个元素发生改变，总会有其他元素跟着一起改变。

二、人际传播是有目的的活动

人际传播是有目的的活动，每个传播行为都有一个自己的目的，但更常见的情况是多目的的结合。归纳一下，人际传播主要有以下五个目的：学习、关系、影响、娱乐、帮助。

学习

人际传播可以让你学习，让你更好地了解外在的世界——客观的世界、事件和其他的人。虽然大量的信息来自媒体，但你还是可以通过人际沟通的方式来讨论、学习和吸收这些信息。事实上，你的一些信念、态度、价值观常常受人际传播活动的影响，其影响程度甚至超过了媒体乃至学校的正规教育。

最重要的是，人际交流互动的过程可以帮助你了解你自己。当你和他人讨论自己的时候，你可以得到关于自己的情感、想法和行为的有价值的反馈信息。通过这些互动交流，你可以了解到别人是怎样看待你的——谁喜欢你，谁不喜欢你，以及为什么。

关系

人际传播活动帮助你和他人建立关系。通过人际传播活动，你可以表达你的友情和爱情，同时对他人的友谊或爱情信息做出回应。建立和维持紧密的关系，是人们最重要的需要之一，人际传播最适合满足这种需要。每个人都希望被别人爱、被别人喜欢，同时也希望去爱别人、去喜欢别人。这些关系帮助你缓解孤独和绝望，帮你分享欢乐、提升欢乐的层次，让你对自己有更积极的评价。

影响

极有可能的是，你通过人际传播活动影响了他人的态度和行为。你可能希望对方去为一条特别的道路投票、去尝试新的减肥套餐、买一本新书、听一盘磁带、看一部电影、参加一个特别的课程、用一种特别的方式去思考，你也可能希望对方相信某些事情是正确的或者是错误的，希望他赞同某些观点——这份清单永无止境。人们可能把大部分的时间都花在了人际劝说上面。事实上，有些学者认为，所有的传播活动都具有劝说的性质，我们所有的传

播活动都带有一定的劝说目的。以下是一些例子（Canary，Cody &
Manusov，2000）：

- 个人展示目的：希望给别人留下你想留下的印象。
- 关系目的：希望可以建立满足你需要的关系。
- 工具目的：希望某人能为你做某事。

在以电脑为媒介的传播（CMC）中，一个新的学科即**计算机劝说学**
（captology）出现了。计算机劝说学所研究的，就是电脑技术和以电脑为媒介
的传播是如何实现其劝说目标的。网站、博客、即时信息都在许多问题上对
你进行劝说，例如，它劝说你投票给特定的候选人，给你提供管理财产的指
导方案，帮助你找到某种关系伴侣等等（http：//captology. stanford. edu/in-
dex. html，2008 年 4 月 29 日）。

学习人际理论与研究专栏

传播理论与研究

理论（theory）是关于事物如何运转的系统解释，比如地球引力、血液
循环、人际吸引或传播等。学者们一般将有研究发现支撑的、关于事物如
何运转和如何联系的系统知识称为理论。

你在本书中遇到的理论是解释传播行为的。比如，你以什么样的演讲
风格面对听众、关系恶化时如何交流、人们为什么以及怎样披露他们的隐
私等等。

尽管有这些价值，理论并不意味着绝对的真理。理论只具有一定程度
的准确性，只是一定程度上的真理。在自然科学（如物理和化学）中，理
论是相当准确的。在社会和行为科学（如传播学、社会学和心理学）中，
理论对事物的反应和预期就不那么准确。尽管如此，理论还是为人际关系
和人际传播提供了大量的真知灼见。

毫无疑问，人际传播理论会开发你的传播技能。比如，人际吸引理论
会引导你怎样使自己更具有吸引力；非语言传播理论会帮助你更准确地运
用和解读非语言行为。你知道的传播理论越多，你就越能够运用它们形成
自己的传播技能。

运用理论与研究

打开你心仪的电子资
料库，输入如下词条：
Quarterly Journal of Sp-
eech, Communication Mo-
nographs, Communication
Theory, 或 Journal of
Communication（或者浏
览你学习领域里的熟悉刊
物），你会惊奇地发现学
术研究和理论的范围如此
之广、程度如此之深。

娱乐

和朋友讨论这个周末的活动、谈论运动或者约会、讲故事或者说笑话，
或者进行一些仅仅是为了消磨时间的活动，这些都体现了娱乐的功能。娱
乐最重要的一个目的，就是远离繁琐的事务，调整你的行为和心态，让你
在紧张的环境中得到休息。在以电脑为媒介的传播活动中，最明显的娱乐
方式是多用户领域——多用户网络游戏。例如，当你在实时的虚拟环境中
和别人交流时，这个足够有趣的过程可以发展很多有用的能力，如看穿别
人的想法等（Tynes，2007）。一些形式的网络调情也可以被看成是娱乐
（Whitty，2003b）。

帮助

各种类型的医学治疗专家通过人际互动的方式来提供专业帮助。而人们在日常生活中往往也需要面对下面这些情况，比如，安慰刚刚失恋的朋友，建议同学选哪些课程，或者给同事一些工作上的帮助。甚至连六个月大的婴儿都可以区分来自他人的帮助性的行为和非帮助性的行为（Hamlin, Wynn & Bloom, 2007）。不足为怪的是，现在有很多支持和建议是通过电子邮件和聊天群提供的（Wright & Chung, 2001）。是否能成功地完成这些帮助活动，则取决于你的人际传播知识和技能。

人际传播活动的目的性也可以从另外两个角度去理解。第一，目的可以被看作参与人际传播的动机，即人际交流是为了满足你的需要，可能是为了满足对知识的需要，也可能是为了满足建立关系的需要。第二，目的也可以看作是你想要取得的效果。从这个角度来看，你参与人际传播活动，就是为了增加对自己和他人的了解，或对他人产生影响甚至施加更多的权力（参见图1—4）。

任何一种目的都可以服务于一种功能，这种功能或者是高尚的——正如下文所述——或者是卑劣的。例如，有时人际传播活动也会教授偏见和顽固，制造一些破坏性的关系，或是影响他人去做非法和不道德的事情。和我们通常对娱乐的看法——无害的、愉快的休闲时光——相反，有时娱乐也包括戏弄、取笑他人、开有关种族或者性的玩笑。对于那些无能的社会工作者、咨询顾问和临床医师来说，他们帮助别人的尝试有时甚至会导致令人啼笑皆非的错误。

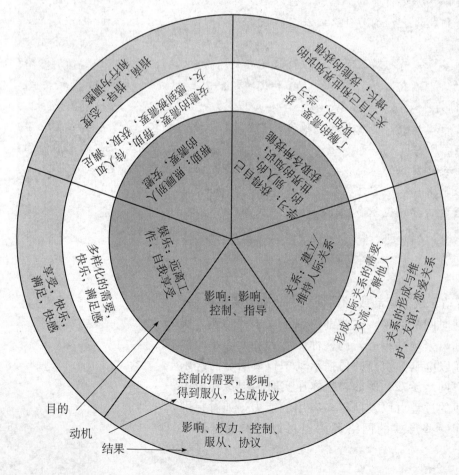

图1—4　人际传播的目的、动机和结果

该图表明了人际传播的几个原因。内圈包含人际传播的一般目的，中圈是人际传播的动机，外圈是人际传播希望达到的结果。一个类似的目的分类学来自对传播目的的研究（Graham, Barbato & Perse, 1993；Rubin & Martin, 1994）。

■ 三、人际传播有不确定性

一条语义不明确的信息是指有不止一种解释的信息。有时语义的**不确定性**（ambiguity），是由于人们使用了有歧义的词语。一些非正式的表达时间的词语就是很好的例子，如"马上"、"立刻"、"立即"、"快"、"慢"等。一些相似的词语很容易在不同的人那里产生不同的理解。这些词语的意义是含糊的。产生模糊信息的另一个更有趣的原因，就是语法含糊。用你自己的词语来重新组织和解释下面这些句子，你就可以感觉到这种含糊：

1. 猫的爪子里是什么？（What has the cat in its paws?）
2. 到邻居家串门会很无聊。（Visiting neighbors can be boring.）
3. 他们在炸鸡。（They are frying chickens.）

这些都是语义含糊的句子，每个句子都可以用至少两种方式进行解释或者改写。

1. 什么怪物的爪子里有猫？（What monster has the cat in its paws?）/猫手里抓着什么？（What is the cat holding in its paws?）
2. 去看邻居这件事很无聊。（To visit neighbors is boring.）/来访的邻居很无聊。（Neighbors who visit are boring.）
3. 他们在炸鸡。（Those people are frying chickens.）/它们是要炸的鸡。（Those chickens are for frying.）

虽然这些例子比较极端，而且分析语言是语言学家的工作，但我们仍可以说所有的人际传播中都存在着不同程度的模糊性，或者说所有的信息都具有某种程度的模糊性。当你要表达一个从未精确地表达过的想法的时候，当你要表达一个从未完整地表达过的想法时，或者说，当你要适当精确地去传递信息的时候——也就是足够让对方能清晰地理解你信息中的含义的时候，有时，你所传递的信息的精确程度要远低于你的预期。你想表达幽默感时，听众有时可能会"理解错"或者"感到被冒犯"；有的时候，听众会"误解你的情感信息"。模糊性是不可避免的，要确定自己的意思被他人准确理解，你可以这样问："你明白我的意思了吗？"这些附加说明能帮助别人明白你的意思，并减少不确定性。

与此相似，所有的关系都存在不确定性。请运用六级数字量表评价你自己的亲密关系。用"1"表示你完全不知该怎么答，"6"表示你能够完全准确地回答。

- 在这一关系中，你们彼此能说的是什么？不能说的是什么？
- 你们对对方的感觉彼此都一致吗？
- 你如何向对方描述这段关系？
- 这段关系的未来是什么？

很明显，你不能对这四个问题都用 6 来回答。你的伙伴很可能也是如此。我们这些问题改编自一个关系不确定性量表（Knoblock & Solomon，1999）。你对这些问题和其他类似问题的回答表明，你可能在以下这些方面经历着某种程度的不确定性：（1）制约你和你朋友之间关系的规范（第一个问题），（2）你和朋友看待这段关系的相似度（第二个问题），（3）对这段关系的定

掌握人际技巧专栏

有意识

有意识（mindfulness）是一种精神状态。在这种状态下，你能意识到为什么以某种特定的方式去进行沟通或思考。相反，缺少对自我思维和沟通方式的清醒认知，就是一种缺乏专注意识或者说是**无意识**（mindlessness）的表现（Langer，1989）。为了进一步掌握适当、有效的人际传播技能，你应该清醒地意识到自己所处的特定形势，意识到你自己有哪些选择，意识到为什么这种选择会比其他的选择要好（Langer，1989；Elmes & Gemmill，1990；Burgoon，Berger & Waldron，2000）。你可以通过阅读这本教材和学习人际传播课程，以促进自己人际传播意识的觉醒。学完这门课程以后，你将更具备人际互动的意识，这对你的人际交往活动将会非常有利（Carson，Carson，Gill & Baucom，2004；Sagula & Rice，2004）。

提高有意识的程度。要总体增强意识性，请尝试如下建议（Langer，1989）：

■ 分类和再分类。学习去观察事物、观察事件、观察人物并分类。比如，试着去想象自己预期的情人会承担的各种角色——孩子、父母、雇员、邻居、朋友、捐助者，等等。要避免在自己的记忆中对一个人只贴一个特殊的标签，否则，以后你就会发现自己很难去重新认识他/她。

■ 对新的观念和信息保持更开放的态度，即便它和你笃信的观念相冲突。新的信息将迫使你重新思考过时的思维方式，它将帮助你挑战那些人们长期持有却可能已经不合时宜了的信念和态度。请试着从不同的角度去看待自己和别人的行为，特别是那些和自己不同的人的行为。

■ 不能太依赖第一印象（Chanowitz & Langer，1981；Langer，1989）。把你的第一印象当作是一个不确定的假设，它们需要进一步的调查论证。要做好修改、拒绝或者接受第一印象的准备。

另外，在沟通中请注意几点特殊的建议（Burgoon，Berger & Waldron，2000）。为了增加在沟通中的专注意识，请问自己下面的几个问题：

■ 信息会被曲解吗？为了准确理解信息，你能做些什么？（比如，你可以用不同的方式解释或者重述信息，你也可以让别人重述信息。）

■ 有一个长期沟通的模式，其间冲突日益加剧，使沟通各方旧有的关系变得不公平了。这时，这个模式还是有效的吗？如果不是，你能怎么样去改变它呢？（例如，你可以拒绝回应，因此打破循环。）

■ 提醒自己是否已经了解了形势；要记住所有的传播形式都是不同的；想想怎样让自己的信息更好地适应特定的环境。（例如，可能你会在失落的朋友面前表现出积极，而在背叛你的人面前则表现得不那么积极。）

最重要的是三思而后行。尤其是在特别的场合（比如，当需要表达愤怒或者传递赞美的信息的时候），明智的做法是略作停顿后再有意识地去思考（Devito，2003b）。这样，你就有机会适当表现或者重新适当表现。

运用人际技巧

反思自己的有意识传播倾向和无意识传播倾向。在什么情况下你的交流是无意识的，哪些场合的交流是有意识的？你会对特定的人进行有意识传播而对另一部分人进行无意识传播吗？

义（第三个问题），（4）你们关系的未来（第四个问题）。

本书可以看作是减少不确定性或模糊性的有效工具。它可以帮助你适当减少不确定性，使你的意思尽可能明确。

四、人际传播可能是对称型的或者是互补型的

人际传播是对称型的或者是互补型的（Bateson，1972；Watzlawick，Beavin & Jackson，1967）。在**对称型关系**（symmetrical relationship）中，两个独立的个体像镜子一样互相反射对方的行为（Bateson，1972）。如果一方唠叨生气，另一方会有一样的回应；如果一方热情，另一方也热情；如果一方妒忌，另一方也会妒忌；如果一方表现得消极，另一方也是如此。这是一种平等的关系，强调的是尽量缩小双方存在的差异。

值得注意的是，在此类关系中也会出现问题。比如，有一对好斗的夫妻，男方的好斗性格或行为方式会激发女方的好斗反应，而女方的好斗反应又反过来增强了男方的好斗行为。随着这种循环持续加剧，超出了彼此所能承受的限度，这段关系也就破裂了。

在**互补型关系**（complementary relationship）中，两个独立的个体以不同的行为方式进行表现。一方的行为激励着另一方的互补行为。在这种关系中，双方的差异被最大化了。双方占据不同的位置，一方较高则一方较低，一方消极则一方积极，一强一弱。有时，文化会确立这种关系，例如老师和学生或者雇主和雇员之间就是互补关系。

婚姻关系的早期更多的是互补型的。在这段关系中，每一方都想让自己和对方变得更加完整。夫妻分手后，当其中有人另外建立了新的关系时，这些新关系就更像是对称型的，他们会各自对自己重新定义（Prosky，1992）。总体来说，研究结果表明，互补型夫妻比对称型夫妻更少一些婚姻内部的调整（Main & Oliver，1998；Holden，1991）。

五、人际传播包括内容信息和关系信息

信息可以指涉现实世界，比如，信息可以指涉你在现实生活中看到的事件或者客观事物。同时，信息也可以指涉人们交流时彼此间的关系。例如，法官可能对律师说："你立刻到办公室来见我。"这一简短的信息就既具备内容层面上的含义，也具备了关系层面上的含义。内容层面上的含义包含了法官所期待的回复（当然，律师会立刻去见法官）；关系层面的含义则说明了律师和法官之间的关系——这种关系的结果如何，以及他们是怎么处理这种关系下的交流活动的。尽管这只是一个简单的命令，却也反映出，在律师和法官之间存在着地位上的差别。只要设想一下律师对法官下命令的场景，这种差别就很明显了。这种场景是非常奇怪的、

课堂讨论 1.5　你认为什么样的不确定性对关系的稳定最具有破坏性，什么样的不确定性有利于巩固关系？男性和女性看待关系不确定性有什么不同？

很不正常的，因为它违反了律师和法官的正常关系。

在任何两个相互沟通的场景中，内容层面上的信息可能是同样的，但关系层面的信息却会不同；或者关系层面的信息是一样的，而内容层面的信息则不同。例如，法官可能对律师说："你最好马上来见我。"另一种情况是，法官对律师说："请你尽可能快一点来见我好吗？"在这两个例子中，内容层面的信息的实质和所期盼的回应几乎是完全一样的，但关系层面的信息却完全不同。第一个信息显示的是明显的主从关系，第二个信息显示的关系则更为平等，表现出了法官对律师的尊重。

与此相似，有时信息的内容层面是不同的但关系层面却完全相同。女儿可能这样和她的父母说话："我周末可以出去玩吗？"或者"我晚上能用车吗？"这两句话的内容信息完全不同，但关系信息是相同的。这两个问题都反映出了主从关系，在这种关系中，做事必须事前获得批准。

人们沟通中的很多问题，实际上都源于不能正确地区分**内容信息**（content dimension）和**关系信息**（relationship dimension）。例如，帕特和克里斯这对夫妻发生了争吵，其原因就是帕特计划周末和朋友出去学习，却没有提前征求克里斯的意见。事实上，也许他们都同意周末一起学习是一个正确的决定。所以，导致他们发生争执的，并不是信息的内容层面，而是信息的关系层面。克里斯希望帕特在制定周末计划的时候能征求她的意见，但是帕特没有这么做，因而也拒绝了对他们这种关系的定义。当夫妻中的一方去购物、制定用餐计划、请人来家里吃饭而没有事先征求对方意见的时候，类似的情况通常也会发生。尽管对方也会同意一方的决定，但由于关系层面的信息，他们仍然会发生争吵。

请看下面的例子：

对话	评论
男：我明天要去打保龄球。工厂的那帮家伙拉了一支队伍。	他的谈话集中在内容信息上，而忽视了关系信息。
女：为什么我们不能一起做什么事情呢？	她更看重的是关系信息，而忽略了内容信息。她表达了对他做决定的时候忽略她的感受的失望。
男：我们可以再找时间做任何事情啊。可明天他们就开始拉球队了。	他再一次地强调了信息的内容层面而忽视了信息的关系层面。

这个例子印证了如下研究结果：男人更看重信息的内容层面，而女人更关注信息的关系层面（cf. Pearson, West & Turner, 1995；Wood, 1994；Ivy & Backlund, 2000）。一旦你认识到了这个差异，你就能更关注不同性别之间的取向，从而可以更好地摆脱影响异性之间传播的那些潜在的障碍。下面基本是同一种情形，只是增加了一些敏感度。

对话	评论
男：工厂里的那帮家伙正在拉一个保龄球队。我很想去参加这个球队。如果我明天去参加球队，你觉得有问题吗？	虽然他也集中在内容信息上，但他同时也意识到了关系信息。他的话中同时包含了信息的两种层面。他问妻子去参加球队是否有问题，他这么问已经考虑了他和妻子之间的关系，他表达的是愿望而非决定。

续前表

对话	评论
女：听起来不错，但是我希望我们可以一起做点事。	她关注的是关系信息，但同时也注意到了他的内容信息。注意，她的回答并没有很强调自己对关系信息的关注。
男：你在约翰比萨店等我怎么样？活动结束后我们就可以在那里见面了。	他是从关系信息的角度回答她的，同时并没有放弃去加入保龄球队的愿望，他把两者很好地结合起来了。
女：听上去不错。我就喜欢吃比萨。	她同时回应了他的内容信息和关系信息，赞成他去参加保龄球队并且同意了他们的晚饭计划。

关于内容信息的争论相对容易处理。总体来说，你可以在书中找到答案，或者去询问别人到底发生了什么。核实争议的事实相对容易一些。不过，解决关系信息的争论就要困难得多，部分原因是你并没有意识到那是关于关系信息的争议。不过一旦你意识到这一点，你就可以采取适当措施，直达争议核心，直接解决争议。

六、人际传播是可以分解的系列活动

传播是连续的互动行为，没有明确的开头也没有明确的结尾。作为传播行为的参与者或观察者，你可以把这些连续性的传播活动分解成小块儿。你可以把一些因素标记为原因、刺激因素，而将另一些因素标记为结果、回应。

请看这样一个例子。一对夫妻在餐馆吃饭。丈夫在和另外一个女人调情，妻子在和姐姐用手机聊天。他们怒目相对，很显然在进行一场严重的非语言斗争。我们重新审视一下场景，丈夫可能看到妻子在讲电话，于是他才若无其事地开始调情。他这样做的唯一原因（据他说），是他对妻子煲电话粥很生气，因为他认为此时他们是应该在一起吃饭的。请注意，他是把自己的行为看作对妻子行为的回应。还是回到同一例子中，妻子会说，丈夫开始调情的时候，她才和姐姐通电话。他调情的时间越长，她通话的时间就越长。丈夫开始调情前，她根本不想给谁打电话。在她看来，丈夫的行为是刺激，她打电话则是回应，是他导致了她的行为。丈夫认为事件发生的顺序是讲电话引发调情，妻子则认为是丈夫的调情引发她通电话。

图 1—5 形象地表述了这个例子。同时研究结果证明，至少是在婚姻关系中，人们通常认定是他们伴侣的行为引发了冲突（Schutz, 1999）。

这种试图将传播活动分解成连续的"刺激—反应"环节的行为，可称为**断句**或**分解**（punctuation）（Watzlawick, Beavin & Jackson, 1967）。每个人都是出于便利，把一些事件的连续结果分解为刺激和反应环节。更多的情况是，正如上面丈夫和妻子的那个例子一样，人们的分解过程，都是从利己的角度或者是从维护自身形象的角度进行的。

了解另一个人是如何解释同一情境的，了解他或她是如何分解环节的，这是人际理解中至关重要的一步，这对达至移情（你可以感受到另外一个人的感受）也是十分必要的。在人际接触的各种情形中，尤其是在冲突中，你要试着去理解他人是怎么分解情境的。

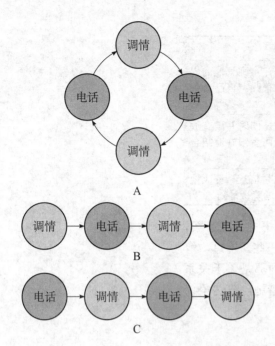

图1—5 断句与事件次序

图A表明实际发生的事件是连续的行为，既没有特殊的开头也没有特殊的结尾。每一个事件（打电话和调情）激发了另一个事件，但是并没有指出起因。

图B是妻子分解的事件。在她看来，事件的起因是丈夫的调情，而自己打电话的行为是由丈夫调情这一起因激发的。

图C是丈夫分解的事件。在他看来，事件的起因是妻子打电话，而自己调情的行为是由妻子打电话这一起因激发的。

当老板抱怨工人没有受过很好的培训、而工人抱怨老板不会领导的时候，请试着用文中的这个三步图，解释一下会发生什么。

七、人际传播不可避免，不可逆转，不可复制

人际传播活动是不能被避免的（不可避免），是不能被逆转的（不可逆转），是不能被复制的（不可复制）。请看每一个性质的简短说明及其含义。

不可避免

传播活动通常被视为是有意的、有目的的、有动机的。在很多例子中确实如此。但这里所讲的"**不可避免**"（inevitability）的原理，意思是虽然你不想参与传播活动，不愿意进行传播活动，但事实是你正在进行传播活动。例如，一个新聘的助理编辑正坐在桌子旁边，他/她面无表情，或者是望着窗外。虽然这个助理编辑自己会说他/她没有和经理进行人际传播活动，但是经理却可以从这个行为中解读出一系列信息——也许他/她缺乏工作兴趣，也许他/她感到无聊，或者他/她在为某事担忧。在很多情况下，哪怕助理编辑并没有想去传播信息，但是经理仍然接收到了来自他/她的信息。在一个互动情境中，所有的行为都是一种潜在的传播活动。你的任何行为都可以引发传播活动，只要对方赋予它信息的价值。另一方面，如果你的行为（比如，助理编辑看窗外的行为）没有被注意到，那么传播活动也就不会发生（Watzlawick, Beavin & Jackson, 1967；Motley, 1990a, 1990b；Bavelas, 1990；Beach, 1990）。

更进一步说，当你处在人际互动的环境中的时候，你的所有反应都具有潜在的信息价值。例如，你看到有人对你眨眼，你一定要做出某些反应。如果你没有公开地给予回应，那么缺乏回应本身也是一种传递信息的活动（假设它被其他人察觉到了）。

不可逆转

在一些系统中，程序是可以逆转的。例如，可以把水变成冰，也可以把

冰融化成水。只要你愿意，你可以不断重复这种水变成冰、冰化成水的过程。但是，有一些系统是不可逆转的。在这些系统中，整个过程是单向的，是不能逆转的。比如，你可以把葡萄变成酒，但是你不能逆转这个过程，把酒重新变成葡萄。

　　人际传播活动就是不可逆转的。这个**不可逆转**（irreversibility）的含义是，你传播出的信息保持着被传播出的状态，是不能被收回的。也许你想增强信息产生的效果，或者忽视乃至减轻信息产生的效果，可是一旦信息开始传递并被接收，那么传播活动就不可逆转了。在人际传播活动中，尤其是发生冲突时，你必须特别小心，一定不要说那些以后你想收回的话。同样地，在传播承诺信息诸如"我爱你"的时候，也必须谨慎，要尽量避免使自己日后处于尴尬的境地。

　　面对面的传播活动是转瞬即逝的。当你说完的时候，你说话的内容就已经被淡忘了。你的传播活动无迹可寻，但在那些偶然听到你讲话的人那里留下的印象有时是难以消除的。不过，在电脑传播中，信息是被写下的，可能还会被存下来、打印出来。面对面传播的信息和电脑网络传播的信息都可以被当作密件保存，或者公之于众。但是与面对面传播的信息相比，电脑网络信息的公布则更容易、更快捷。写下来的信息提供了详细的证据，可以表明你是何时传播这则信息以及你是怎样传播这则信息的。

　　由于电子信息常常是永久性的，所以在写电子邮件或者网上个人日记时要特别小心，特别要注意：

- 电子信息事实上是不可能被销毁的。虽然你认为你已经把信件或者网上文件删除掉了，但它还是会存在服务器和工作站上，聪明的黑客可以恢复它，复制它，并把它发给那些你不想给他们看这些东西的人。
- 电子信息很容易公布于众。你的博客和你参加的社交网站会把信息传递给任何人。你潜在的老板可能看到你对前任老板的抱怨，因此拒绝你的工作申请。实际上，雇用者经常在网上查看候选人相关的信息。
- 在传播中电子信息不受特殊保护。它们可以轻易地被他人引用，并用来反驳你。你将无法否认自己曾经说过的事情，因为那都是白纸黑字写在那里的。

不可复制

人际传播活动除了具有不可避免和不可逆转的性质外，还有**不可复制**（unrepeatability）的特点。原因非常简单，所有的人和所有的事情都在持续的变化之中，你不可能再回到当时的环境、想法、关系和行为情境之中。例如，你不可能再经历一次首次见到某个特定人物的情景，你也不可能复制曾经安慰一位伤心的朋友或者解决实际冲突的场景。同样地，你也应该知道，你永远也没有机会"重新"给人留下第一印象。

　　当然，你可以试着说"我很抱歉，我们可以再试一次吗？"，但是请注意，即使你这样说的时候，你也无法消除你已经留下的第一印象。相反，你只有努力表现，去中和（抵消）留给他人的第一印象（如果第一印象太糟糕的话）。你这么做的目的，就是去尝试创造积极的印象，以减轻第一印象的副作用（实际上也往往能达到这个目的）。

内容提要

各章内容提要按章节顺序编排，注意每章问题之间的内在联系，归纳各章的主要观点，有利于帮助读者复习所学内容。

本章介绍了人际传播的重要性、人际传播的性质、人们传播的基本要素及其基本原理。

第一节　为什么学习人际传播

1. 学习人际传播的理论价值在于更深入地理解自我、理解他人和人际关系。

2. 学习人际传播的实用价值在于完善自我、提高交流和发展人际关系的能力，以及提高工作效率。

第二节　人际传播的性质

3. 人际传播是两个或更多的相互依赖的个体之间的信息交流。

4. 人际传播与人际关系紧密联系。

5. 从相对疏远到相对亲密的人际关系中，都存在着人际传播。

6. 人际传播包括语言信息和非语言信息。

7. 人际传播产生和发展既可以通过面对面的交流实现，也可以通过在线交流实现。

8. 人际传播有不同的效果，可以非常低也可以非常高。

第三节　人际传播的要素

9. 信息源—接收者的概念强调在人际传播过程中信息的发送和接收是同步的。

10. 编码是指将意义植入语言符号和非语言符号之中；解码是指从接收到的符号中解读出意义。

11. 信息是刺激接收者的信号。关于信息的信息称为元信息。信息接收者对信息发送者做出的反应称为反馈信息。前馈信息是关于其他信息的开场白，提请受众以恰当的方式接受即将表达的信息。

12. 渠道是信息传播的媒介，犹如信息发送者和接收者之间的桥梁。例如，听和说是演讲的渠道，抚摸是身体接触的渠道。

13. 噪音是对传播过程的干扰，包括自然的、生理的、心理的和语义上的干扰。噪音会使信息失真。

14. 语境是指传播发生时的环境，包括物理环境、社会心理环境、时间环境以及文化环境。

15. 伦理是传播行为的道德规范。学习伦理能使行为合乎规范，举止优雅，而不是违背道德、举止恶劣。

16. 能力是指有效运用自身传播系统的知识和技能。

第四节　人际传播的原理

17. 人际传播是互相交换信息的过程，是正在发生的事情。在人际传播过程中，各种传播因素是相互依赖的，人际传播不断发生并经常变化，没有明确的开头和结尾，人际传播不是千篇一律的。

18. 人际传播是有目的活动。人际传播的五个目的是：学习、关系、影响、娱乐、帮助。

19. 人际传播具有不确定性。所有的信息都有潜在的含糊性。对于相同的信息，不同的人会解读出不同的意义。在所有的人际关系中都存在着不明确性。

20. 人际关系可能是对称型的，也可能是互补型的。人际间的互动可能产生相似或不同的行为模式。

21. 人际传播既包括内容层面的信息，也包括关系层面的信息。

22. 人际传播过程是可以断句（punctuate）或可以分解的。不同的人基于自己的立场将传播过程分解成不同的刺激—反应环节。

23. 人际传播是不可避免的、不可逆转的、不可重复的。在一个互动的环境中，不可能没有传播活动，已经传播的内容不可能撤销，也不可能完全重复一个特定的信息。

关键词

ambiguity 不确定性

asynchronous communication 异步传播

captology 计算机劝说学

channel 渠道

choice point 情境选择

competence 能力

complementary relationship 互补型关系

content dimension 内容信息

context 语境

decoder 解码者

encoder 编码者

encoding-decoding 编码—解码

ethics 伦理

feedback 反馈

feedforward 前馈

inevitability 不可避免（必然性）

interpersonal communication 人际传播

irreversibility 不可逆转

message 信息

metamessages 元信息

mindfulness 有意识

mindlessness 无意识

noise 噪音

punctuation 断句（分解）

relationship dimension 关系信息

source-receiver 信息源—接收者（信源—信宿）

symmetrical relationship 对称型关系

synchronous communication 同步传播

theory 理论

transactional perspective 互动视角

unrepeatability 不可重复性

 思考题

这些问题用于促进你对本章研讨的概念进行更深入的探索，鼓励你对这些问题进行更有个性的思考。

1. 你怎么解释下列这些词中所隐含的人际传播或者人际关系：跷跷板、棒球比赛、鲜花、滑冰、显微镜、电视情景喜剧、艺术作品、一本厚书、橡皮筋或者软件？

2. 你在本书中能发现哪种前馈信息？在一本教材中，你能发现哪些额外的前馈信息？在一次演讲中呢？

3. 在电视情景喜剧或者电视剧中，你认为哪些人物表现出了超凡的人际交流能力？哪些人表现的人际交流能力明显不足？

4. 你如何从对称型传播和互补型传播的角度描述你的人际关系？比如，你和对方的关系是从相似性的角度定义还是从相异性的角度定义？你们之间是平等的，还是一方超人一等的？你们是分享权力，还是一方独掌权力？

5. 你如何描述关系中的最佳模糊度？比如，你是想知道所有的事情，还是不想知道某些事情？

 情境选择

下列各题提供了一些简单的情境，供你做出　人际传播的选择。这些题目有助于结合自己的人际传播经历对教材中的材料做出更加个性化的理解。

1. 减少人际关系的模糊性。你和某人外出了几个月。你希望减少你们未来关系的模糊性，并希望知道对方会做出多大的承诺。但是你又不想惊吓到对方。请想想，你会说什么或者做什么去找到这个非常正当的问题的答案？

2. 加强相似性。你正在和一位自己很喜欢的人约会。但是你们两人几乎在一切事情上都不同，比如价值观、政治倾向、宗教信仰等等。事实上，你们几乎完全不同。可是你们两人彼此深爱对方。请想想，你们可以做些什么，既能加深你们的共同点，又不失去彼此不同所带给你们的兴奋？

3. 表达印象。现在有一个新的职位，你想得到它。你的顶头上司可能是最终决定者。请想想，你能做些什么去获得这个职位？

4. 减小负面影响。你给你和爱伦共同的好友埃莉写了一封关于爱伦的电子邮件（信中说到了一些你答应保密的关于爱伦的事情），可是无意中却发给了爱伦自己。请想想，你能做什么去纠正这个问题？什么是最佳选择？

5. 人际传播的不可逆性。偶然间，你在自己最好的朋友的现任恋人前提到他/她前任恋人的名字。从他们两人的表情，你看出，你朋友从没提过自己的前任恋人。请想想，你能说些什么，使你朋友摆脱你制造的这个麻烦？

 我的传播实验室

在每章结束时，从 www. mycommunication-lab. com 网站上下载大量的练习，这些练习将有助于你加深对这一章有关概念的理解，并有助于你把这些内容应用于自己的人际传播实践。

1. "人际传播模型"请你画一个人际传播的模型，以解释说明某个特定的人际传播场景。2. "怎样反馈"和3. "怎样给出前馈信息"提供了一些练习，以检验你可能遇到的各种反馈信息和前馈信息。4. "人际传播伦理"请你思考在各种人际传播中的伦理问题。5. "怎样应对矛盾的信息"研究了许多你所需要回应的关于相反意义的情形。6. "我喜欢"是一条帮助你在课堂上了解对方，并探索影响自己人际传播因素的破冰船。7. "公理的运用"和8. "人际传播分析"提供了许多机会，去检验怎样在各种实际的人际传播中运用各种"公理"。

第**2**章
文化和人际传播

文化	跨文化传播的原则
文化差异	

《我在伊朗长大》

　　在电影《我在伊朗长大》中，透过一位伊朗女孩玛嘉·莎塔琶（Marjane Satrapi）的视角，我们看到了文化的强大影响。我们看到了文化是怎样给人带来慰藉，又是怎样让人感到不快的；我们也看到了文化是怎样给人带来满足，又是怎样让人感到不满的。本章的核心内容是文化，以及文化在人际传播活动中所扮演的角色。

本章主要讨论人际传播中的一个基础概念，一个常常被误解的概念——文化。特别地，本章将重点阐述文化的本质、文化和人际传播之间的关系、文化之间的差异、文化差异是如何影响人际传播活动的，以及如何提高跨文化传播能力等。

作为前言，先介绍关于文化的两个一般观点——文化进化论和文化相对论。文化进化论（通常被称为社会达尔文主义）认为，人类是从早前的生活形态中逐步进化到现在的智人或者说现代人形态的，文化也是这样进化的。因此，一些文化可以被认定为是高级的，而另外一些文化则是初级的。不过，大部分当代学者都拒绝接受这个观点，因为这种基于个人价值判断和偏好对文化进行的区分，是没有科学根据的。

与之相反，文化相对论则认为，所有的文化都是不同的，但是没有哪一种文化劣于或者优于其他文化（Berry, Poortinga, Segall & Dasen, 1992; Mosteller, 2008）。如今，文化相对论已经被普遍接受。在这个观点的指导下，不同学术层面的现代教科书都吸收了大量文化方面的材料（Jandt, 2007）。尽管如此，正如下文所要说明的，这个观点并不强调你需要接受或者赞成所有的文化实践。

第一节　文化

文化（culture）（第 1 章已经简单介绍过）包括：（1）某个群体特有的生活方式，（2）文化是通过传播活动在代际间传承的，而不是通过基因遗传的。

（1）一个社会群体的文化包括该组织成员创造和发展的所有事物——他们的价值观、信仰、器物和语言；他们的行为方式和思维方式；他们的艺术、法律、宗教、传播理论、传播方式和传播态度等。

（2）文化是世代相传习得的，而不是通过基因遗传的。文化并不等同于种族或者国家。文化这个概念并不涉及皮肤的颜色或者眼睛的形状，因为这些是通过基因遗传而不是通过传播活动传承的。当然，由于特定族群的成员学习的是相似的信仰、态度和价值观，因此人们也可能谈论"西班牙文化"或"非洲裔美国人文化"。但是，有一点非常重要，那就是我们必须认识到，任何大的族群，特别是建立在民族或者种族基础上的族群，他们的内部也是存在着巨大的差异的。美国堪萨斯州的农民和华尔街的总裁可能都是德国裔美国人，但是他们在生活方式、信仰、态度上可能会有很大的不同。某种程度上，那些堪萨斯州的德国裔美国农民可能在价值观和态度上更接近中国的农民，而不是那些华尔街的金融家。

在日常会话中，英文中的 sex 和 gender 是被当成同义词使用的。但在关于文化的学术讨论中是有区别的。sex 指的是男性和女性的生理差异，是由基因决定的性别，是生物学意义上的性。而 gender 则是指"特定文化形成的关于阳性（masculinity）和阴性（femininity）的上层建筑"（Stewart, Cooper & Stewart, 2003）。gender 是产生于文化的性别，男孩和女孩在成长过程中，会从他们的文化中习得不同的态度、信念、价值观以及与人交流和相处的方式。

因此，sex 是基因遗传的而不是文化传承的性别，gender 则是作为文化变量的性别。这主要是因为文化使男孩子和女孩子有不同的态度、信念、价值观、与人交流和联系的方式等。所以，你的举止像一个男人或者像一个女人，部分原因在于你的文化告诉你男人应该怎么做，女人应该怎么做。当然，这并不否认生理因素在性别差异中所起的重要作用。事实上，研究成果在不断地向我们揭示我们曾以为已经完全掌握了的男女差异的生物学根源（McCroskey，1998）。

一、传承 、种族认同、同化

文化通过**传承**（enculturation）代代相传。你学习自己生于斯长于斯的文化的过程就叫做传承。本土文化的学习过程从你出生那一刻就开始了。父母、同龄人、学校、宗教机构、政府机构等都是文化传承的主要老师。

通过文化传承，你可以获得**种族认同感**（ethnic identity）。不必惊讶，对自身文化的坚定信仰和观念将成为你对抗来自其他文化歧视的强大盾牌（Chung & Ting-Toomey，1999；R. M. Lee，2005）。通过完成下面这些题目，可以测出你对自己所属文化的认同程度（Ting-Toomey，1981）。下面使用的是一个五级量表，其中，"1"代表"绝不同意"，"5"代表"非常同意"。请给出你对这些陈述真实性的评分：

____ 1. 我正在积极参加自己族群的活动。
____ 2. 我参加那些可以帮助我的族群成员的活动。
____ 3. 作为自己族群的一员，我觉得很正常。
____ 4. 我花时间来更多地了解自己的族群。
____ 5. 我很高兴成为所在族群中的一员。
____ 6. 我对自己的族群有一种强烈的归属感。
____ 7. 我经常通过和族群内其他成员的交流来学习我们族群的文化。

高分（比如 4 分或者 5 分）说明你对自己所属的文化的价值观和信仰有强烈的认同，低分（1 分或者 2 分）则说明你的认同程度较低。

正如你能想到的，你可以从不同途径获得种族认同感：与家人和朋友过民族节日，资助民族游行，吃民族食物；从学校那里学到自己的文化背景和族群背景；通过媒体和网络接触获得民族认同。如果你开始把自己的文化行为看作唯一正确的行为，或者认为其他的文化行为相对较差，那么种族认同就转变成了民族优越感。

另一个学习文化的过程叫做**同化**（acculturation）。在这一过程中，你会学到不同于自己原初文化的另一种文化的规则和标准。在同化的过程中，你的原初文化或本土文化会因为与一种新的、不同的文化的直接接触或者遭遇而被修改。例如，当移民定居美国以后，移民自身的文化就会受到美国本土文化的影响。渐渐地，东道国的价值观、行为方式和信念会越来越多地成为移民文化的一部分。同时，东道国的文化因为和移民文化的相互作用，也会发生变化。尽管如此，总体来说，来自他乡的移民文化会改变得更多一些。这是因为，东道国的人数要远远超过移民的人数，而且东道国的媒介大部分被东道国文化所主宰，反映着东道国文化的价值观和习俗（Kim，1988）。

外来的移民对新文化的接受程度取决于很多因素（Kim，1988）。那些来自与东道国文化相近的移民更容易被同化。与此类似，年纪越轻、受教育程度越高的人，他们被同化的速度也要比年纪较大、受教育程度较低的人快得多。此外，个体因素也非常重要。比如，那些具有冒险精神和开放思想的人，他们被同化的潜力更大。同样，那些在移民前就通过人际交往或者媒体了解了东道国文化的人，他们也更容易接受同化。

二、文化信仰和价值观

在继续探讨文化在传播活动中所扮演的角色之前，请根据自己的文化信仰和价值观完成下面的测试。通过这个测试，可以看出你的文化价值观和文化信仰是如何影响你的人际交往、你在小团体里的交流和你在公众场合的交流的——既包括你传递出去的信息，也包括你从他人那里接收到的信息。

自我测试专栏

你的文化信仰和价值观是什么？

关于下面的六个话题，分别有两种极端不同的文化态度。请表明你对每个话题的观点。如果你的观点和极端的想法非常接近，请选"1"或者"7"；如果你的想法和极端的想法很相似，请选"2"或者"6"；如果你的想法和极端的想法一般相似，请选"3"或者"5"；如果你的态度是中立的，请选"4"。

左	你的观点	右
男人和女人是平等的，在各个方面都要被赋予相同的权利。	男女平等 1 2 3 4 5 6 7	男女应该承担特殊的、不同的文化角色。
宗教是最终的行为规则，我们的行为必须遵循自己的宗教规则。	宗教信仰 1 2 3 4 5 6 7	宗教与其他的社会机构一样，并不因为仅仅是宗教就有特殊的道德准则和权力。
家庭是人们的首要责任，每个人都要对自己的家庭负责。	家庭观念 1 2 3 4 5 6 7	你的首要责任就是你自己；每个人只需要对自己负责。
现在努力工作，是为了更好的未来。	时间倾向 1 2 3 4 5 6 7	过好每一天，未来也许永远都不会到来。
做任何决定都必须首先考虑金钱。	金钱观念 1 2 3 4 5 6 7	相对于诸如选择关系和追求事业这样一些重大的人生抉择而言，金钱并不重要。
这个世界是公平的；善有善报，恶有恶报。	因果报应 1 2 3 4 5 6 7	世界是随机的；善不一定有善报，恶不一定有恶报。

你做得怎么样？ 如同本书和其他的研究成果所表明的，你的文化信仰和价值观不仅影响着你的人际传播活动，同时也在以下这些方面对你产生着影响：做出决定、对自己工作伙伴的评价、进行团队合作的方式、对他人的信任程度、怎样看待多样化在工作中的重要性，以及怎样看待女性在工作中的作用等（Stephens & Greer, 1995; Bochner & Hesketh, 1994）。例如，你对男女平等的认识可能会影响到你和异性的交流方式；你对家庭的观念也会影响你如何和家庭成员进行交往。

你会怎么做？ 这个测试的答案并没有错误或正确之分。我们做这个测试的目的，是让你自己去检测自己的文化价值观和信念，以促使你去思考这些文化价值观和信念是怎样影响你的人际传播活动的。回想一下你对以上自测题中六个话题的感受，试着就每一个话题至少找出一个特殊的例子，看看你对这个话题的态度是怎样影响自己的人际传播活动的。

三、文化融合

因为（1）人口结构的变化，（2）文化包容性的增强，（3）经济上的相互依赖，（4）传播技术的进步以及（5）特定的文化需要特殊的传播能力（一种文化中有效的传播方式可能并不适合于另外一种文化），不知道文化对传播的影响，就不可能进行有效的传播。

人口的变化

最大、最明显的人口结构变化可能发生在美国。美国的大部分人口一度是由欧洲裔构成的，但是这个国家现在却被大量的来自拉丁美洲、南美洲、非洲和亚洲的新移民所影响着。同样的显著变化也发生在大学校园里。这些变化带来了不同的人际传播习惯，人们需要理解和适应这些新的传播方式。

请教学者专栏

文化在人际传播中的重要性

文化好像贯穿了我所有的大学课程。但是我有些疑惑：在今天，文化和跨文化传播有那么重要吗？不管我将来从事什么职业，这些知识都对我有帮助吗？

全球化使这个世界变得越来越复杂，而不是越来越简单了。全球化为我们提供了很多和其他文化背景的人士在国内外进行交流的机会。跨文化传播不仅影响着我们的个人层面，也影响着我们的关系层面。人际传播的效果主要取决于我们自己的训练、知识和对其他文化的开放程度。我们可以声称自己已经为人际传播做好了准备。这就是个人层面的影响。在关系层面上，我们从以下几个维度去参与跨文化传播活动：辩护、会话、项目、商议、参与、表达、组织等。

掌握其他文化的知识是理解宏观世界的基础。你对其他文化的接受能力越强，你就越容易在竞争激烈的 21 世纪取得成功。开放和谦虚是你事业和人生中与他人进行有效人际传播的关键。

更多信息参见 Molefi Kete Asante, *Rhetoric, Race and Identity: The Architecton of Soul* (Amherst, MA: Prometheus Books, 2005) and Robert Shuter, "The Cultures of Rhetoric," in A. Gonzales and D. Tanno (eds.), *Rhetoric in Intercultural Contexts* (Thousand Oaks, CA: Sage, 2000), pp. 11–17.

Molefi Kete Asante：洛杉矶加利福尼亚大学博士，天普大学非洲裔美国人研究教授，《国际和跨文化传播手册》(*Handbook of International and Intercultural Communication*) 主编，Asante 还是国际与跨文化事务的国际顾问，有 60 本关于文化与传播的著作，其中包括《消除种族主义：美国的生存》(*Erasing Racism: The Survival of the American Nation*, Amherst, MA: Prometheus Books, 2003)。

文化差异的包容性

作为人，我们对不同文化的包容性越来越大。美国社会对于文化的态度，已经由主张吸收同化（即人们应该把母语文化、本土文化置之脑后而去适应新的文化）过渡到了重视文化的多样性（人们应该保留他们的本土文化），就好比是从一个"大熔炉"变成了一个"装满意大利面和沙拉酱的碗"。在"大熔炉"中，很多不同的文化被融合成为一种文化，而在"装满意大利面和沙拉酱的碗"中，虽然也有一些融合，却也保留了一些特殊的味道。在这个多样化的社会里，虽然有一些值得注意的例外情况浮出水面——如煽动仇恨、种族主义、性别歧视、憎恨同性恋、阶级斗争等，但是我们更关心的是表达正确的观点，最终发展出一个多种文化共存、相互促进的社会。这种与其他文化成员进行有效沟通的能力，常常可以转化为财富的增长、就业机会的增多以及升迁的可能。

经济和政治上的相互依赖

今天，大部分国家在经济上是相互依赖的。我们的经济生存能力取决于我们在不同文化间有效交流的能力。同样，政治上的长治久安很大程度上也是依赖于其他文化的。世界任何地区的政治动乱都会影响到我们自身的安全。比如，发生在南非、东欧、中东、亚洲等地的政治动荡，都影响着我们自身的安全。如今，跨文化传播和不同文化间的了解比以往任何时候都显得更为重要。

技术进步

技术的快速普及使跨文化传播不可避免地越来越容易。现在收看国外的新闻已经很稀松平常了。每晚你都可以看到在那些遥远的国家发生了什么事情，细节鲜明，就像你看到的发生在自己城市和州里的事情一样。互联网使跨文化传播简单得就像在电脑上写一张便条。现在，你可以轻松容易地用电子邮件和身处亚洲或者欧洲的人们进行交流，就像和在美国其他城市、其他州的人进行交流一样。

人际传播的文化特殊性

另外还有一个原因让我们觉得文化如此重要，那就是，人际传播的能力是有文化特殊性的，在一种文化中有效的沟通方式在另一种文化中可能就无效。比如，亚洲人常常会发现，他们学的那些价值观，即强调合作、给他人留面子、不要争强好胜、不要自负等等，一旦置身鼓励竞争和直言坦率的文化，就会成为自己的障碍（Cho, 2000）。再比如，美国公司的执行官会在会议前几分钟就进入正题，而日本企业的执行官要先花一些时间了解每个人的情况，然后再进入正题。因此，美国文化提醒我们开会时的交流原则是在会议的前五分钟就要进入正题；日本文化则提醒我们开会的时候，要到每个人都充分交流、感到彼此熟悉之后，再进入正题。另一个例子是，给一个亲密的朋友送生日礼物是应该得到相应的感激的。但是"耶和华见证人"（一个基督教组织，相信世界末日在即，只有其信徒才能免受惩罚）的信徒可能会对你的礼物皱起眉头，因为他们是不庆祝生日的（Dresser，2005）。所以没有哪条原则一定是正确的或者是错误的。在自身文化中有效的原则在其他的文化中可能会无效。

人际传播伦理专栏

文化与伦理

　　"9·11"事件披露出来的最使人震惊的一个事实是，阿富汗塔利班统治下的妇女的境遇：她们没有接受教育的权利，没有男性的陪护不能去公众场合，即使在公众场合出现也必须穿着长袍来掩饰整个身体。

　　纵观历史，很多在当时被认可的文化行为在今天看来都是不道德的。例如，把童男童女祭献给神，烧死宗教异端分子，把儿童送去参加宗教战争等等。时至今日，一些隐藏在当下不同文化中的行为仍然可能是不道德的。请看下面的例子：

■ 赛马和斗牛。赛马和斗牛会引起伤痛，甚至会导致马和牛的死亡。
■ 施行女性割礼。通过外科手术使女性生殖器发生改变，这样如果要发生性行为就要忍受剧烈的疼痛。这个办法可以让女性在婚前保持处女之身。
■ "女性应该服从自己丈夫意愿"的观念和行为。
■ 穿皮草——这有时意味着杀害野生动物；有时意味着专门豢养一些动物以供杀戮，用它们的皮毛牟取最大利益。

你会怎么做？

　　假定你与新来的同事就以上的某一个话题进行友好的交谈。你的同事认为，每种文化都有根据自己的信仰行事的权利。如果你有不同的文化信仰，又不愿意伤害你的同事，你该怎样表达符合自己道德准则的看法？

四、文化视角的意义

　　由于文化渗透在各种形式的传播活动之中，因此，如果你要了解传播活动的方式，掌握传播的技巧，你就必须了解文化的影响。正如本书表明的，文化影响到了各种形式的传播活动（Moon，1996；Jandt，2007）。在日常交谈中，文化会影响你对自己说话的内容，影响你和朋友、恋人以及家人进行交谈的方式（for example，Shibazaki & Brennan，1998）；文化还可以影响你在一个群体中的行为，影响你对群体和个人孰轻孰重的判定；文化还影响到你谈话的话题，影响你用于沟通信息和劝说别人的策略；此外，文化还会影响你如何去利用媒介，以及你对媒介的信任程度。

　　我们可以考察一下对于年龄的不同态度。如果你是在美国长大的，你很可能偏爱年轻人——你会认为年轻是好的，而年纪大就没那么好。这就是媒体每天都在灌输的一个观点。你还可能认为世界上所有的文化都是这样偏爱年轻人的。但这并不是事实。如果你假定如此，那么，在与不同文化背景的人交流时，你可能就会遇到麻烦。一个绝好的案例是，一个在中国的美国记者在报道中发表评论，说与他交谈的那位中国政府官员可能很年轻，对一件发生过的事件没什么印象。对此，大多数偏爱年轻的美国读者会认为这是一种称赞。而对那位中国政府官员来说，这个评论看起来却是一种侮辱，它的潜台词似乎是，这个政府官员太年轻了，不值得尊重（Smith，2002）。

在多样化的跨文化背景下，要进行有效的沟通，你就需要足够的文化理解力。无论是在工作上，还是在社会交往和个人生活中，人际传播活动的成功，很大程度上都取决于你怎样与不同文化背景的人进行有效的交流。每天，我们周围的媒体中都充斥着关于种族紧张、宗教争端、性别歧视等等事件的报道，这些都是由于跨文化传播活动失败而引起的系列问题。

我们强调文化，并不意味着你应该接受所有的文化实践行为，或者说，并不意味着在你的价值观和文化信仰中，所有的文化实践行为都必须一视同仁（Hatfield & Rapson，1996）。这也不意味着你必须接受或者遵从你自己文化中的所有行为。比如说，尽管你文化中的绝大多数人都能接受斗鸡这种行为，但是你仍然可以选择不接受。对这种行为的看法，你也不必和那些认为应该善待动物的人士一样。你可以拒绝资本主义，拒绝共产主义，或者拒绝社会主义，而不必考虑你是在哪种体制下成长的。当然，要反对自己的文化传统和价值观是很困难的。但重要的是，我们要认识到文化只是影响而不是决定我们的价值观和行为。常见的情况是，你的人格因素（比如，自信程度、是否开朗乐观等）的影响力要远远超过文化因素的影响（Hatfield & Rapson，1996）。

正如我们已经说过的，文化差异贯穿人际传播的所有领域——从简单的眼神交流到产生或者结束一段关系（Chang & Holt，1996）。文化甚至影响了你的快乐程度，因此也影响到你看待一则信息的积极程度和消极程度（Kirn，2005）。但是，我们的双眼不应该被这些文化差异所遮蔽。我们应该看到，即使在那些存在着巨大差异的文化之间，仍然存在着很多近似性。当我们讨论这些差异的时候，必须谨记这些只是程度问题，而不是"有"或者"无"的问题。例如，所有的文化都褒奖"诚实"这一品质，只是有的文化比其他文化更看重一些。另外，随着媒体的进步、技术的发展以及互联网的普及，它们对文化的影响越来越大，文化的改变以及某种程度的文化同化，正在增加着文化间的相似性。

第二节　文化差异

文化之间的差异体现在很多方面。从传播的角度看，首先映入人们脑海中的差异可能就是语言的不同。当然，从语言的使用和理解的角度来看，文化确实有很多的不同。事实上，"语言相对假设论"是跨文化传播理论中最流行的一种理论。这种理论认为，你的语言影响你的想法和行为，因为不同文化间的语言是不同的，所以人们的思维方式和行为方式也是不同的。

不过，随后的研究和理论并没有支持这些语言相对论者的极端的观点（Pinker，1994；Niemeier & Dirven，2000；Durst，2003）。目前人们支持的是一种做了很多修订的假设：你所使用的语言有助于你去突出你看到的内容和你谈话的方式。例如，如果你使用一种具有丰富色彩词汇的语言（英语就是一个很好的例子），那么，与那些来自色彩词汇较少的文化语境的人相比（一

些文化中只能区分光谱中的三四个部分），你更
易于强调或者谈及颜色的细微差别。这并不意
味着人们看待世界的方式不同，只是人们的语
言帮助他们聚焦在自然界的一些特殊变化上，
从而使他们更易于谈论这些变化。这也并不意
味着那些说着不同语言的人们注定会彼此误解。
翻译可以帮助我们了解某种外国语言中的很多
信息。通过这本书，我们可以学到很多的交流
技巧，帮助我们逾越文化差异的鸿沟，搭建起
不同文化间的沟通桥梁。

　　语言的差异并不是影响跨文化传播的唯一
因素。咱们来看一看这五个方面的区别：等级
文化、阳性文化和阴性文化、模糊倾向文化和
明确倾向文化、个体倾向文化和群体倾向文化、
高语境文化和低语境文化等（Gudykunst，
1991；Hall ＆ Hall，1987；Hofstede，1997）。
当你考察这些区别的时候，请注意，它们只是

课堂讨论 2.1　文化帝国主义理论认为，发达国家如北美和西欧
控制着文化产品尤其是媒介输入国的文化，这种控制还表现在美
国和英语统治着计算机交流。你认为来自于北美和西欧的媒介和
网络对世界上的本土文化有什么影响，你对这一趋势的评价是肯
定的吗？这一趋势对你的信仰和情感有什么影响，对其他文化
呢？

程度上的差异。这些特征并不是在一种文化中存在，而在另一种文化中不存
在。它们实际上是同时存在于多种文化之中的，只是表现程度不同。这就是
我们要集中讨论的：我们只讨论文化差异的程度而不是绝对的差异。
　　阅读下面的内容之前，请先做自我测试。这将帮助你认识到自己的文化
定位，有助于你从自己的角度来讨论这个问题。

自我测试专栏

你的文化倾向是什么？

　　在下列各题中，从 a 或者 b 中选择一个答案。如果 a 和 b 都不能准确地描述你的感受，那就选择一个
相对更接近你感受的答案。当你做这部分练习的时候，你会发现这些倾向不是"非此即彼"的，而是
"或多或少"的。

_____　1. 我喜欢在这样的组织里工作
　　　　a. 领导和员工之间没有太大区别。
　　　　b. 有一个明确的领导。

_____　2. 作为一个学生，我觉得
　　　　a. 挑战老师很舒服。
　　　　b. 挑战老师让我很不舒服。

_____　3. 在选择人生伴侣或者亲密朋友的时候，我觉得这样更好
　　　　a. 不一定来自和我同样的文化和阶层。
　　　　b. 来自我自己的文化和阶层。

_____　4. 下面的特征，我比较看中
　　　　a. 进取，物质成功，力量。
　　　　b. 谦虚，温和，生活质量。

　5. 面对冲突时，我会
　　　a. 直接面对冲突，找到战胜它的办法。
　　　b. 面对冲突，以求和解。
　6. 如果我是经理，我会强调
　　　a. 竞争力和进取心。
　　　b. 工人的满意度。
　7. 一般而言，我
　　　a. 对模糊和不确定感到舒服。
　　　b. 不能忍受模糊和不确定。
　8. 作为学生，我更满意这样的任务
　　　a. 有理解任务的自由度。
　　　b. 有明确的规定限制。
　9. 一般而言，接受一个从没有做过的新任务，我会感到
　　　a. 舒服。
　　　b. 不舒服。
　10. 我所认为的成功应该这样来衡量
　　　a. 取决于我是否超越别人。
　　　b. 我对组织的贡献。
　11. 我的英雄人物是
　　　a. 那些超出常人的人。
　　　b. 善于团队合作的人。
　12. 我更看重的价值观是
　　　a. 成就，刺激，享乐。
　　　b. 传统，善行，服从。
　13. 在商业行为中，我觉得这样舒服
　　　a. 信赖口头协议。
　　　b. 信赖书面协议。
　14. 如果我是经理，我希望
　　　a. 如果有正当理由，就当众训斥员工。
　　　b. 不管什么情况，只私下训斥员工。
　15. 在交流中，重要的是
　　　a. 礼貌而不是直率。
　　　b. 直率而不是礼貌。

你做得怎么样?

■ 1~3 题指向等级文化；答案 a 对低等级文化满意度较高，答案 b 对高等级文化的满意度较高。

■ 4~6 题指向阳性文化和阴性文化。答案 a 反映了阳性文化的倾向，答案 b 反映了阴性文化倾向。

■ 7~9 题指向模糊和不确定性。答案 a 表明你对模糊和不确定的容忍程度较高，答案 b 表明你对模糊和不确定的容忍程度较低。

■ 10~12 题指向个体倾向文化和群体倾向文化。答案 a 反映了个体倾向，答案 b 反映了群体倾向。

■ 13~15 题指向高语境文化和低语境文化。答案 a 反映了高语境文化，答案 b 反映了低语境文化。

你会怎么做? 要想掌握和改变自己的行为方式,第一步就是要了解文化在不同处境下对自己行为倾向的影响。这种了解会帮助你调整自己的行为,以适应特定的处境,实现更有效的交流。接下来的讨论将进一步阐述不同的文化倾向及其影响。

一、等级文化

在某些文化中,权力集中在少数人手里。掌握在这些少数人手里的权力和掌握在普通民众手里的权力有很大的不同。这种现象就叫做"高等级文化",比如墨西哥、巴西、印度、菲律宾等(Hofstede,1983,1997)。而在低等级文化中,权力更均衡地分布在公民的手中,比如丹麦、新西兰、瑞典、美国等。这些不同的等级文化以不同的方式影响着人际传播和人际关系。

不同群体之间的等级差距可以影响友谊和爱情(Anderson,1991)。在印度(高等级文化),友情和爱情只能在相同等级里发生;而在瑞典(低等级文化),一个人选择朋友和恋人,不是基于对方属于哪个阶级哪种文化,而是取决于那些更个人化的因素,如外表、人品和喜好等。

在低等级文化中,人们的平等意识很强,与此一致,人们的行为更自信。因此,人们在朋友、伴侣或者上级面前都表现得相当自信(Borden,1991)。但是在高等级文化中,当面的冲突和自信的表现都会被认为是负面的,尤其是在面对上级的时候(Morrison,Chen & Salgado,2004)。

在高等级文化中,人们要尊重权威,并且都想成为权威人士,从权威中获益,挑战权威并不受欢迎(Westwood,Tang & Kirkbride,1992;Bochner & Hesketh,1994)。例如,一个对亚洲青年(高等级文化)的调查显示,他们和父母商讨问题的难度,要远远超过高加索人(低等级文化)(Rhee,Chang & Rhee,2003)。在低等级文化中,人们对权威并不信任,认为权力是邪恶的,应该尽可能地加以限制。这两种对权力完全不同的态度,在教室里就可以看出来。在高等级文化中,老师和学生之间存在着强烈的等级差异,学生要表现得谦虚,有礼貌,充满敬意;而在低等级文化中,学生则需要展示自己的知识和能力、和老师一起讨论甚至挑战老师,有很多行为是高等级文化的人们完全不敢想象的。老师和学生家长的关系同样如此。在高等级文化中,家长们不愿意或明或暗地去质疑老师的决定。而在低等级文化中的老师看来,家长的这种行为可能在表明,他们不愿意参与或者对此没有兴趣(Gibbs,2005)。医生和患者之间的交流,也可以看出等级在不同文化中的区别:与低等级文化中的病人相比,高等级文化中的病人更不愿意挑战医生的看法,或者承认自己不懂医学术语。

高等级文化比低等级文化更依赖权力的象征。例如,"教授"、"主席"、"检察官"等等这些头衔,在高等级文化中就要比在低等级文化中重要得多。在正式的致词中,省略对方的头衔是严重的失礼行为。低等级文化则不太依赖权力的象征,即使你没有在别人姓名前加上头衔也不会引起严重的问题(Victor,1992)。但是,即使是在低等级文化中,当你把医生、警官、军官或者教授称作"女士"或者"先生"的时候,也会产生问题。

在美国，两个人可以很快从称呼头衔加姓（比如史密斯先生或者史密斯女士）过渡到直呼其名（帕特）。在低等级文化中，如果你很不正式，或者在没有和对方进行足够的交流前就直呼其名，并不会引起太大的麻烦。在高等级文化中，如果你太不正式——尤其是在那些地位、权力差别很大的人之间，那将是一种严重的失礼行为。必须再次说明，即使在最低等级的文化中，如果你把文学教授称作"帕特"，那也可能会产生问题。

因为互联网的诞生，不仅那些位高权重的人们可以获得信息，更大范围的受众也可以获取同样的信息了。因此，人们认为，等级差异，尤其是组织内部的等级差异会朝着更平等化的方向发展。不过，也有一些人认为这一情况不会发生，原因很简单，大多数组织中的等级结构运行良好，发挥着良好的效能，同时它也能鼓励职员们去攀爬更高等级的阶梯（Leavitt，2005）。

二、阳性文化和阴性文化

文化分类中一个很流行的方法，是把文化分为**阳性文化**（masculine culture）和**阴性文化**（feminine culture）（Hofstede，1997，1998，2000；Imwalle & Schillo，2004）。表示文化倾向的时候，人们使用"阳性"和"阴性"这两个词，并不是基于固有的刻板印象，而是反映了世界上相当数量的人们通常的设想。一些研究就是在"阳性"和"阴性"这两个术语下进行的。你也应该用这些词去搜索电子数据库。基于这些原因，我们这里也使用这些术语。虽然有一些跨文化理论家仍然继续使用"阳性"和"阴性"这两个术语，可是他们指出，这两个术语的同义词应该是"成就"（achievement）和"生活"（nurturance）（Lustig & Koester，2006）。

在明显的阳性文化中，人们认为男性是自信的、倾向于物质成功的、强壮的，而女性则是谦虚的、重视生活质量的、温柔的。在明显的阴性文化中，无论男性还是女性，人们都鼓励他们要谦虚、要保持生活的质量、要温和。10个阳性文化程度最高的国家依次是（得分从高到低）：日本、奥地利、委内瑞拉、意大利、瑞士、墨西哥、爱尔兰、牙买加、英国、德国。10个阴性文化程度最高的国家依次是（得分从高到低）：瑞典、挪威、荷兰、丹麦、哥斯达黎加、南斯拉夫、芬兰、智利、葡萄牙、泰国。在列出的53个阳性文化国家中，美国排名第15（Hofstede，1997）。

阳性文化强调成功，强调成员要适应社会，就是要自信，有进取心，更有竞争力。因此，阳性文化的成员更愿意直接面对冲突，更愿意以一种具有竞争性的斗争方式来解决分歧。他们强调"输—赢"战略。阴性文化强调生活质量，强调成员要适应社会，就是要谦逊，强调亲密的人际关系。因此，阴性文化的成员解决冲突时，更愿意进行协商和折中，他们喜欢寻找双赢的方法。所以，阴性文化的人失望感也相当低（Arrindell，Steptoe & Wardle，2003）。

组织也可以分为阳性的和阴性的。阳性组织强调竞争性和进取心。他们重视底线，根据员工对组织的贡献给予报酬。阴性组织不是那么强调竞争性和进取心。他们更强调工作的满意度，收入分配会照顾员工的基本需要。比如，尽管单身员工对组织的贡献要大，那些拥有较大家庭的员工，可能会比单身员工更容易获得加薪。

三、模糊倾向文化和明确倾向文化

在某些文化中，人们很少去避免不确定性，即使对接下来要发生什么并不清楚，他们也很少焦虑；但是，在另外一些文化中，人们极力避免不确定性，而且人们会因为不确定性而甚感焦虑。

模糊倾向文化

模糊倾向（high ambiguity）文化的成员不会对未知的情况感到害怕，不确定性已经成为他们生活的一部分。人们会坦然接受不确定事情的发生。那些低焦虑文化的国家和地区包括新加坡、牙买加、丹麦、瑞典、香港、爱尔兰、英国、马来西亚、印度、菲律宾和美国等。

因为模糊倾向文化中的人们对于模糊性和不确定性能应付自如，所以他们极少重视那些支配传播活动和人际关系的规则（Hofstede，1997；Lustig & Koester，2006）。持有这种倾向的人对不遵守大众规则的人会很宽容，甚至可能会鼓励去采取不同的方式和视角解决问题。

在教育方面，模糊倾向文化的学生更喜欢自由，他们更喜欢作业可以多点创造性、没有特定的时间表或者严格的字数限制。这些学生希望自己的创造能得到回报，同时他们也可以接受老师某些知识上的欠缺。

明确倾向文化

明确倾向（low ambiguity）文化的成员极力避免不确定性，对未知感到极大的焦虑。他们把不确定性视为威胁，认为不确定性是应该消除的。明确倾向文化的国家包括德国、葡萄牙、危地马拉、乌拉圭、比利时、萨尔瓦多、日本、南斯拉夫、秘鲁、法国、智利、西班牙和哥斯达黎加等（Hofstede，1997）。

明确倾向文化在交流中有很多明确的、不容动摇的原则。例如，来自明确倾向文化的学生喜欢做事组织严密、很少歧义；他们喜欢得到的指导目标明确、无微不至、有明确的时间表。如果你要他们写一篇题为"任何事情"的学期论文，那可能会引起恐慌了，因为这个题目不够清晰、不够准确。这些学生希望根据标准答案来判分，希望老师总能提供所有的答案（Hofstede，1997）。

四、个体倾向文化和群体倾向文化

文化的不同，也反映在是倡导个人主义的价值观还是集体主义的价值观上。个体倾向文化看中个人价值观，如权力、成就、享乐主义和感官刺激等。群体倾向文化更重视群体价值观，如善行、传统和服从等。最强调**个体倾向**（individualist orientation）文化的国家和地区依次是（从高到低）美国、澳大

课堂讨论 2.2　自由女神像基石上铭刻着犹太女诗人爱玛·拉扎露丝的诗《新巨人》，其中最后的五行诗句是：

Give me your tired, your poor,
Your huddled masses yearning to breathe free,
[The wretched refuse of your teeming shore,]
Send these, the homeless, tempest-tost, to me:
I lift my lamp beside the golden door!①

但在 1995 年，括号中的那一行诗被删除了。哈佛大学的动物学家斯蒂芬·杰伊·古尔德（Stephen Jay Gould）评论道，这一改动虽然比原诗短了，但更为成功和完整简洁。将移民称作"被遗弃的可怜人"（wretched refuse）有羞辱的味道。如果拉扎露丝在 1995 年写这首诗，她也不会用这种表述的。你支持删除这一行诗句吗？

利亚、英国、加拿大、荷兰、新西兰、意大利、比利时、丹麦、瑞典、法国和爱尔兰等。最强调**群体倾向**（collectivist orientation）文化的国家和地区依次是（从高到低）危地马拉、厄瓜多尔、巴拿马、委内瑞拉、哥伦比亚、印度尼西亚、巴基斯坦、哥斯达黎加、秘鲁、韩国和中国台湾等（Hofstede，1983，1997；Hatfield & Rapson，1996；Kapoor，Wolfe & Blue，1995）。大部分个体倾向文化的国家和地区都比较富有，群体倾向文化的国家和地区则比较贫困，但也有一些明显的例外。如得分居中的日本和中国香港，就比大多数个体倾向文化的国家和地区富有。

这两种文化之间，一个最主要的不同，就是个人目标优先还是群体目标优先。当然，个体倾向文化和群体倾向文化并不是互相排斥的，两者并不是一种非此即彼的关系，而是各有侧重。你可能同时具备这两种倾向。例如，你可能和自己篮球队的队友角逐"最佳得分手"或者"最有价值的选手奖"（强调个人倾向），同时，在一场比赛中，你也会为了全队的利益去拼搏（强调群体倾向）。在实践中，群体倾向和个体倾向将有助于你和你的球队分别达到各自的目标。但是，对大部分人和大部分文化来说，总有一个主导的倾向：在多数时候和多数情况下，人们有的是个体倾向（他们视自己是独立的），有的是群体倾向（他们视自己是与他人相互依赖的）（cf. Singelis，1994）。

在一些情况下，这两种倾向之间可能会产生冲突。比如，你在可以投篮的时候，是想自己得分以提高自己的成绩呢，还是把球传给处于更佳位置的队友让他得分，从而有利于整个球队呢？在你的日常会话中，当你称呼某人为球队队员（群体倾向文化）或者单个球员（个体倾向文化）的时候，你已经做了这种区分。

个体倾向文化（individualist culture）的成员主要对自己和可能即将组建的家庭负责，而**群体倾向文化**（collectivist culture）的成员则对整个组织负责。

在个体倾向的文化里，衡量成功的标准是你在多大程度上超越了你的同伴，你因为出众而自豪。你崇拜的英雄，正如媒体中所表现的，往往就是那些与众不同的、独一无二的人。在群体倾向的文化里，衡量成功的标准是你对整个组织的贡献，你因为能和这个组织融为一体而感到自豪。你的英雄往往是那些不太显眼的团队成员。不足为奇的是，个体倾向文化情境中的广告更

---

①　这五行诗句的参考译文如下：
贫困潦倒的人，
渴望自由的人，
被遗弃的可怜人，
无家可归的人，
我高举火炬照亮天堂。——译者注

强调个人爱好和个人利益，强调个人独立和个人成功；而群体倾向文化中的广告更强调团体的利益、家庭的完整以及组织的和谐等（Han & Shavitt，1994）。

个体倾向的文化中，你对自己的良知负责，你的职责更多的是个人的事情。在群体倾向的文化中，人们要对社会组织的规则负责，成功或失败的责任由组织所有的成员来共同承担。个体倾向的文化鼓励竞争，而群体倾向的文化鼓励合作。不足为奇，群体倾向文化中的人比那些个体倾向文化中的人更容易原谅他人的过错（Fu，Watkins & Hui，2004）。

在个体倾向的文化中，你可以去竞争领导者的位置，领导者和成员区别明显。在群体倾向的文化中，领导权是被分享和轮流执掌的，领导和成员的区别不明显。这些倾向也影响到了组织成员交流的方式和观念。比如，个体倾向文化的成员更喜欢清晰的、直接的交流方式，而群体倾向文化的人们更喜欢"留面子"、避免伤害他人或者给人以负面的评价（Kim & Sharkey，1995）。

在群体倾向的文化中，区分组织内外的人员是非常重要的。而在个体倾向的文化中，更鼓励成员的个性，上述区别就不是那么重要。

五、高语境文化和低语境文化

文化的另一个差异，反映在信息是清楚地传递出来的，还是通过语境或者人际交流隐含地传递出来的。在**高语境文化**（high-context culture）中，人们往往使用间接的、隐含的语言来沟通。比如，人们分享信息是通过以前的沟通、通过彼此的猜测、通过共同的经历来实现的。因此，所有的参与者都知道这些信息，但是这些信息并不是用语言的形式清晰地表达出来的。在**低语境文化**（low-context culture）中，大部分信息是通过语言信息传播的。正式的交易需要书面形式或者合同。

高语境文化是群体倾向文化（Gudykunst & Ting-Toomey，1988；Gudykunst & Kim，1992）。这种文化（如日本、阿拉伯、拉丁美洲、泰国、韩国、墨西哥等）重视人际关系和口头协议（Victor，1992）。低语境文化是个体倾向文化。这种文化（如德国、瑞典、挪威和美国等）不那么重视人际信息，而更强调明确的语言解释，在商业行为中重视书面的合同。

高语境文化的成员在重要的交易前，会花大量的时间去了解彼此的信息。由于这种预先的人际了解，大量的信息已经为成员所分享，因此，他们不需要去清晰地阐述信息。低语境文化中的成员则不会花那么多时间去彼此了解，因此并没有那些分享的信息。其结果是，对每一件事都要进行清晰的阐述。

高语境文化和低语境文化的区别，可以部分地用来说明上文讲到的美国商业团体和日本商业团体之间的区别。日本人在实际开始业务之前，花大量的时间去彼此熟悉，而美国人则很快进入正题。因为重要的信息不明确，所以日本人（和其他高语境文化的成员）希望尽可能多地彼此了解。比如，他们必须了解你，以便解读你的非语言信息（Sanders，Wiseman & Matz，1991）。而美国人之所以可以立刻进入正题，是因为所有重要的信息都将被清晰地阐述出来。

对高语境文化的成员而言，他们所省略掉的或者假设的信息其实是交流行为的一个重要组成部分。比如，人们高度重视沉默的价值（Basso，1972）。对低语境文化的成员而言，省略信息则会产生模糊性，但这种模糊性可以被直接而清晰的交流所消除。对高语境文化的成员来说，模糊性是可以避免的，但事实是，人际和社会的互动并不足以提供共享的信息（Gudykunst，1983）。

不理解这个简单的区别，就很容易造成不同文化间的误解。例如，低语境文化中常见的直率，在高语境文化中会被认为是麻木不仁、无礼和多余。反过来，低语境文化的交流方式是直接、开放和清晰的，在他们看来，不愿意采取这种交流方式的高语境文化的人们其语言和行为举止总是很模糊、阴险或者不诚实。

高语境文化的成员不情愿说不，因为他们害怕冒犯别人，让别人丢脸。所以，你必须学会识别：当日本执行官说"是"的时候，什么时候意味着"是"，什么时候意味着"不是"。这种差异并不体现在选用的具体词语上，而是体现在人们的用词方式之中。

高语境文化的成员同样不愿意质疑自己领导的判断。比如，在公司里，如果正在生产的某个产品有缺陷，工人一般是不情愿告诉管理层的（Gross，Turner & Cederholm，1987）。同样地，工人可能发现了管理层提议的生产流程中有某些问题，但他们绝不会去告诉他们的上级。那些在跨文化组织中工作的低语境文化背景的管理人员了解了这一点，才能保持警觉，去调查交流的缺失、特别是那些批判性的信息或者负面信息缺失的原因。

 第三节　跨文化传播的原则

理解文化在传播中的作用是了解人际语境中跨文化传播的重要基础。

讨论之前，想想下面的情形，你会怎么做：

- 当你一个人等公共汽车的时候，你会主动和来自不同文化背景的人聊天吗？
- 你会和来自不同文化背景的人有亲密的友情吗？
- 你会和来自不同文化背景的人有长期的恋爱关系吗？
- 你会认真地倾听来自不同文化背景的人谈话吗？
- 你对不同文化背景的人的信任度和对相同文化背景人的信任度是一致的吗？在其他方面你会平等地对待不同文化背景的人吗？

跨文化传播（intercultural communication）是指持有不同的文化信念、价值观或行为方式的人们之间的传播。图 2—1 中的模型说明了这个概念。圆圈代表的是交流者个体所属的文化，内圈代表的是交流者（接收者/信息源）。在这个模型中，每位传播者都代表着不同的文化。在有些情况下，传播者的文化差异相对较少，比如，多伦多人和纽约人。而在另一些情况下，这种文化的差异就很明显，比如婆罗洲人和德国人，或者英格兰人和尼日利亚人。

每条信息都来自特定的、具体的文化语境，语境影响着信息的内容和形式。你的交流状态很大程度上是你自己文化影响的结果。文化，伴随着传承和同化的过程，影响着你传播行为的各个方面。

图 2—1　跨文化传播模型

这个跨文化传播的模型表明，文化是任何传播活动的一部分。特别地，这个模型表明，你传递和接收的信息会受到你的文化信仰、价值观和态度的影响。请注意，这些圆圈有某种程度的交叉，这表明，不管两种文化的差距有多大，它们总有一些共性和相似性。

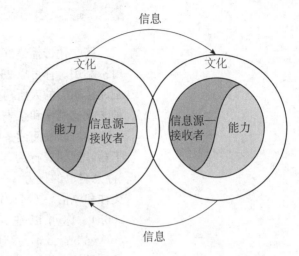

莫非定律（"任何会出错的事情最后都会出错"）特别适合跨文化传播的情况。当然，跨文化传播同样也会遇到本书探讨的其他传播方式所面临的那些障碍和问题。基于众多跨文化传播学者的研究成果，我们来考察一下解决跨文化传播特有的障碍和问题的一些指导原则（Barna，1997；Ruben，1985；Spitzberg，1991）。

掌握人际技巧专栏

文化包容性

文化包容性是意识到并且认同文化差异的态度和行为方式。文化包容性对于世界和平、经济增长和有效的国际交流等这样一些全球性的目标至关重要（Franklin Mizell，1995）。如果缺乏文化包容性，不同性别、不同种族、不同国家，以及不同情感倾向的人之间就很难有顺利的交流。所以，必须意识到自己和他人的文化差异。适用于欧洲裔美国人的交流技术不一定适用于亚洲裔美国人，适用于日本人的交流方式不一定适用于墨西哥人。近距离的接触在阿拉伯文化中非常普遍，但相对于美国和北欧而言就过于亲密甚至是一种侵扰。大多数美国人欢迎的同情心不一定适用于韩国人、日本人或者中国人。

增强文化包容性　本章介绍了提高跨文化交流效率的指导，这其中就包括增强文化包容性的建议：

■ 自我准备。认真学习文化对行为的影响。

■ 认识和面对跨文化交流的恐惧。

■ 认识自己与来自其他文化的人的区别。

■ 要认识到在同一文化群体内部同样存在着许多差别。

■ 要认识到意义的差别，同一词汇在不同文化背景的人之间很少有相同的意义。

■ 要了解他人的文化规则和习惯。

运用人际技巧

怎样提高自己的文化包容性？试着比较具有文化包容性和不具有文化包容性的场景会有什么不同的效果。试着识别能够增进文化包容性的情形。

一、自我教育

跨文化传播最好的准备就是学习其他文化。幸运的是，我们有很多资源可以利用。你可以去看一部真实地反映了某种文化观点的纪录片或者电影，去阅读不同的人所写的关于某种文化的材料（e.g.，Foster，2004），去浏览该种文化的网站和杂志，去和那种文化背景的人们交谈，到跨文化聊天室里聊天。你可以去阅读一些专为需要与不同文化背景的人进行交往的人士提供的书籍，例如《行为与禁忌——国际商务和休闲旅游指南》（Axtell，2007）、《注意自己的行为——国际礼仪指南》（Powell，2005）、《全球商务礼仪：国际交往和风俗》（Martin & Chaney，2008）、《国际商务中的文化》（Ferraro，2005）。你可以在 www.amazon.com 网站或者 Barnes and Noble 书店（www.bn.com）找到很多这样的书。

另外，你要准备认识并面对自己的恐惧。在有效的跨文化传播活动中，它们通常会成为拦路虎（Gudykunst，1994；Stephan & Stephan，1985；Shelton & Richeson，2005）。你会担心自尊受损，担心自己对跨文化传播活动的控制力，你会担心自己在交流过程中的舒适度。你会害怕说一些政治上不正确或者缺乏一定文化包容性的话，丢自己的脸。

你也会担心被其他文化的人利用。囿于自己的成见，你可能害怕别人对你撒谎，害怕别人在经济上欺骗你，害怕别人取笑你。你可能会害怕其他文化的人对你的消极回应。比如，你可能害怕他们不喜欢你的价值观或者想法，甚至你本人。相对的，你也可能害怕那些自己族群成员的负面反应。例如，他们可能并不赞同你处理这些文化差异的行为。

当然，某些害怕是合理的。但是，许多情况下，上述的很多担心都是没有根据的。你需要对其进行逻辑检验，仔细衡量其结果，才可以做出明智的交流选择。

二、减少不确定性

所有的传播活动都有不确定性和模糊性。文化差异越大，不确定性和模糊性就越大（Berger & Bradac，1982；Gudykunst，1989，1993）。跨文化传播中存在巨大的不确定性，人们需要花大量的时间和力气去减少它，从而进行有效的沟通。减少自己对他人的不确定性，不仅可以提升传播活动的有效性，还能增加你对他人的好感，增加交流的满意度（Neuliep & Grohskopf，2000；Douglas，1994）。在存在大量不确定性的情形下，有效的人际传播技巧显得尤为重要，比如积极倾听、认知检验、明确目标、寻求反馈等。

积极倾听（第4章）和认知检验技巧（第3章）可以帮助你修正认知的准确度，修改错误的认知。明确目标可以降低模糊性，减少发生误解的机会。例如，与讨论"忘记你上次的生日"（一个具体的事件）相比，一个关于"疏忽"（高度抽象概念）的对话更容易产生误解。

寻求反馈有助于你立刻更正可能产生的误解。去寻求反馈，以确定自己的信息是否表达清楚（"明白我的意思了吗？""你知道小家电放哪儿吗？"）。

同样，寻找反馈，也有助于你准确地理解他人的意思（"你是说你再也不会和他说话了吗？""你真的那么认为吗？"）。

虽然你总是面临错误认知和错误评价他人的危险，但在跨文化传播中，这种情况可能更严重。因此，尽量抵制自己迅速给他人下定论的本能吧。过早下判断，参照的信息太少。所以，保持修正观点的灵活性和主动意愿，是跨文化传播的基本技巧。

三、识别差异

课堂讨论 2.3　目前教育中争论的一个中心，在于是要教授进化论（人类是从早期的动物进化而来的），还是创世论（上帝创造了人类）。进化论已经为大量的科学证据所证实，并得到了大多数科学家的支持，因此，很多人主张课堂上应该教授进化论。但是，很多有影响的宗教领袖争辩说，创世论同样是一种可信的解释。他们还让一些出版人将进化论表述为一种理论，而将创世论表述为另一种理论（Lemonick，2005b）。对此，你怎么看？

在跨文化传播活动中，你需要识别自己和来自不同文化背景的人士之间的差异，识别同一文化群体内部存在的差异，识别意义的众多差异。

不同文化成员之间的差异

当你认为只有相似性而没有差异性的时候，跨文化传播中一个普遍的障碍就产生了。这在价值观、态度和信仰方面表现得尤为突出。你可能很容易接受不同的发型、衣着和食物。但是，如果你假定所有的人在基本的价值观和信念上都是一样的，那你就错了。当你认为只有相似性而忽视差异性的时候，你就不会注意到文化之间那些重要的区别，当你和他人交流时，你会让人感到：你的方式是正确的，别人的方式对你来说并不重要。例如，一个美国人邀请菲律宾同事吃饭，菲律宾人礼貌地拒绝了。美国人会感到很受伤，觉得菲律宾同事不太友好。而菲律宾人也会感到很受伤，觉得美国人的邀请不太真诚。在这里，似乎美国人和菲律宾人都在假设请人吃饭的习惯是一样的，可事实却是，他们的习惯是不同的。在菲律宾文化中，人们一般在受邀数次后才会接受邀请，而只邀请一次则会被认为是不真诚的邀请。

还有一个例子。一位美国大学生得知自己最喜爱的叔叔去世的消息。她紧咬嘴唇，站起身来，礼貌地为自己的离去向在一起共进晚餐的外国学生道歉。对此，俄罗斯同学会想："她真不友好。"意大利同学会想："她真虚伪。"巴西同学会想："她真冷漠。"对很多美国人而言，默默地承受身体或感情上的痛苦，避免向外宣泄感情，是勇敢的一种表现。对其他文化的成员而言，这样的沉默却被负面地理解为她不把他们当作能分担自己痛苦的朋友。在其他文化中，人们期待着向朋友表达自己真实的感受。

同一文化内部群体之间的差异

每个文化群体的内部，都存在着一些巨大的、重要的差异。美国人和美国人并不都相同，同样，印度尼西亚人和印度尼西亚人、希腊人和希腊人、墨西哥人和墨西哥人等等也不会都相同。当你忽视这些差异的时候，当你假定所有那些被贴着相同标签的人（这些标签或者是种族的，或者是国家的）都是一样的时候，你就犯下模式化的错误了。一个绝好的例子是"非洲裔美

学习人际理论与研究专栏

文化冲击

文化冲击就是你在一个完全不同于自己的文化环境中所经历的心理反应（Ward，Bochner & Furnham，2001；Wan，2004）。文化冲击是很正常的。大多数人进到一个新的、不同的文化中的时候，都会经历文化冲击。然而，文化冲击可能会是不快的、令人沮丧的。之所以如此，部分是因为你感到自己被疏远、引人注目，感到自己和其他人不一样。不熟悉新环境的规则和社会习惯，你就不能和他人进行有效的交流，你就会经常犯一些愚蠢的、严重的错误。经历文化冲击时，你可能不清楚一些基本的事情，例如，怎样向别人寻求帮助、怎样赞美他人、怎样发出或者接受宴会的邀请、是否提前或者推迟赴约等等。

文化冲击的发生有四个阶段（Oberg，1960）。这些阶段在检测遇到的新的、不同的困难的时候，非常有用。离家去上大学、与人合住，或者应征入伍等都可能产生文化冲击。

- 第一阶段：蜜月期。起先，身处新的文化，接触其中的人，让你着迷，甚至是陶醉。
- 第二阶段：危机期。这时，你自身的文化和新文化之间的差异产生了一些麻烦。挫败感和不适感开始突出。这个阶段中，你真正感受到了文化的冲击。
- 第三阶段：恢复期。在这个阶段，你获得了有效的交流技巧。你学习新环境中的语言和文化。同时，你的不适感渐渐消失。
- 第四阶段：调整期。在最后的这个阶段，你适应并且开始享受新的文化和新的经历。也许你仍要经历一些阶段性的困难和压力，但总体来说，这段经历是令人愉快的。

当人们在异国文化中生活一段时间，再回到自己原来的文化环境的时候，他们也会经历文化冲击。这是一种逆向的文化冲击（Jandt，2004）。比如，那些在农村或者经济欠发达地区工作的和平队的志愿者，当他们再回到拉斯维加斯或者贝弗利山庄的时候，他们也可能会经受文化冲击。经过长期航行的船员，当他们回到相对与世隔绝的农村老家，也可能经历文化冲击。不过，在这些例子中，人们的恢复期相对较短，不适感和挫败感也相对较少。

运用理论与研究

被推荐来应对文化冲击的方法有（1）密切自己和东道国的关系；（2）建立友谊帮助自己调整；（3）与东道主和其他文化背景的人互动；（4）寻求专业帮助以解决文化问题。

还有其他有效管理文化冲击的方法吗？

国人"这个词。这个词强调了非洲的统一性，强调了非洲人的后代，这和"亚洲裔美国人"、"欧洲裔美国人"类似。但是，和"德国裔美国人"或"日本裔美国人"这样的词比较，它就忽略了非洲大陆内部不同国家之间的巨大差异。更相似的词是"尼日利亚裔美国人"或"埃塞俄比亚裔美国人"。在每个文化内部，都存在着一些小的文化群体，它们彼此之间、它们和大的文化群体之间，都有很大的差异。

意义的差异

意义不是存在于语词之中，而是因人而异（这个理论，我们第 5 章会讨论到）。比如，对"妇女"这个词的含义，美国人和穆斯林的理解肯定不同；"宗教"对于一个皈依基督教的人和无神论者的含义显然迥异；中国的稻农和麦迪逊大道上的广告总监对"午餐"的理解是不同的。虽然使用相同的语词，但由于听众本身的文化背景不同，这些词语的意义也会有很大的差异。

意义的差异同样存在于非语言信息之中。比如，在一个穆斯林的眼中，一个用左手吃饭的美国人是下流的。穆斯林认为左手是排泄后做清洁用的，不能用左手吃东西和握手。所以，用左手吃东西或者握手都会被视为无礼和下流。

四、正视刻板印象

刻板印象会造成严重的交流问题，尤其是在人们没有意识到的情况下（Lyons & Kashima，2003）。刻板印象（stereotype）最初是一个印刷术语，指用来反复印刷同一个画面的模板。在社会学和心理学中，"**刻板印象**"（stereotype）是指对一群人的固定印象。从态度层面上说，每个人都有刻板印象——比如，对国家的印象、对宗教组织的印象或者对种族的印象，有时也可能是对罪犯、对老师、对水管工或者是对妓女的印象。想一想，你是不是对健美先生、异性、不同种族的人、信奉和你不同的宗教的人、硬毒品（hard drug）使用者、学校教授都有刻板印象呢？很可能你对他们中的部分或者全部有刻板印象。虽然我们经常认为刻板印象是负面的（比如，他们很懒、很脏、只想往上爬），可有时刻板印象也可能是正面的（他们很聪明、工作很勤奋、非常忠诚）。

如果你有这些固定的印象，那么，当你遇到某个特定群体的成员时，你可以主要地从这个群体成员的角度去看待他。起初，这可能会给你提供一些帮助。但是，如果你把这个组织成员的所有特征不经检验就放在这个人身上，则会引发问题。比如，当你遇到一位政客的时候，你掌握的政客的很多特征都可以放在他的身上。但如果你不知道他的身份，从他的行为中就很难看出他是政客。网络在线交流中，因为缺乏视觉和听觉支持，人们对自己网络在线交流的伙伴的印象的形成，往往更依赖刻板印象，也就不足为奇了（Jacobson，1999）。

课堂讨论 2.4　一些人认为，媒介对特定文化群体的描写会形成持久的刻板印象。例如，HBO 频道的系列片《黑道家族》给人的印象是：意大利裔美国人是黑手党，或者黑手党就是意大利人。你认为媒介是怎样描写你所属的文化群体的，这种描写产生了刻板印象吗？如果是，这种刻板印象总体说来是积极的还是消极的？

还有另一种形式的刻板印象：你沿着一条漆黑的道路开车，在停车标牌处停下。这时，一辆车很快地停在你的旁边，三个年轻人跳了出来，用手指敲你的窗户。这种情形可能有多种解释：也许他们需要帮助，也许他们是想问路，还有可能他们是想劫车。出于自我保护的刻板印象，你判断他们要劫车，于是你可能马上启动，把车开到一个忙碌的安全服务站。当然，你这样做也许躲过了劫车的危险，但同时也错过了帮助那些求助者的机会。

刻板印象会导致两个主要障碍。把一个人归到一个群体而且把这个人看成这个群体成员的倾向，会导致你认为这个人拥有的特定品质（通常是负面的）也是他所属的团体的特性。这样你就无法理解所有的人和群体多样化的特性。研究结果显示，和你的印象相反，那些经常使用电脑的人，既有男性也有女性，他们和那些不常使用电脑的人一样好交际、一样受欢迎、一样自信（Schott & Selwyn 2000）。

刻板印象还会导致你忽略个人独特的品质，因此，你就不能从自己遇到的人身上学到他的独特优点。

五、调整交流方式

跨文化传播（实际上所有的人际传播）只有在这种情况下才能发生，即一个人能明白对方的语言和非语言信息——也就是说，两个人共享同样的信号系统。因为没有两个人可以拥有意义完全相同的信号系统，所以，所有的人际传播活动特别是跨文化传播都需要调整。图2—2展现了文化差异与传播行为调整之间的关系。这种调整对于成功的交流是必不可少的。

父母和孩子不仅有不同的词汇，更重要的是，他们对一些共同使用的词语的理解也是不同的。人们在亲密关系中——不管是密友还是恋人，都意识到，要学会对方的信号，就必须花很长的时间，要有足够的耐心。如果你想明白另一个人的意思——比如他笑、他说"我爱你"、就琐事争吵、自我贬低的评价等，那就要先了解他们的信号系统。

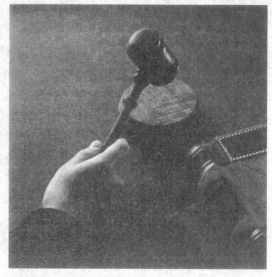

课堂讨论 2.5 假定你是一位法官，面临着下面的案例（*Time*，December 2，1993，p. 61）：一个中国移民在纽约因为妻子不忠而杀害了她。庭审中出现了"文化辩护"（cultural defense），认为妻子的不忠会羞辱一个男人以至于他不能控制自己的愤怒。这种文化辩护会影响你的判决吗？实际判决受到文化辩护的影响。人类学家提供证言说，在中国文化中，妻子通奸会导致被告走向犯罪。法官判处被告5年缓期徒刑。你怎样看待文化辩护，你接受哪些文化辩护又拒绝哪些文化辩护？

图2—2 文化差异与人际调整

该图显示，文化差异越大，传播行为需要调整的幅度也越大。请注意图形的中部以中国律师与墨西哥护士为例说明了文化差异与调整幅度之间的关系。请试着在图形的上方列举文化差异大并且传播行为调整幅度也大的人际关系；在图形的下方列举文化差异小并且传播行为调整幅度也小的人际关系。

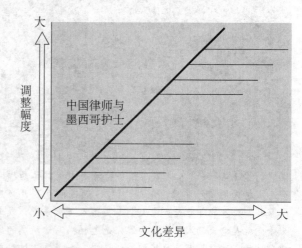

这一原则在跨文化交流中尤其重要。这主要是因为不同文化的人们使用不同的信号，或者用相同的信号表达不同的意思。对大多数美国人而言，目光交流意味着诚实和坦率。但是在日本和大多数西班牙文化中，如果同样的情形发生在年轻人和特别年长者之间，那将被视为冒犯和不敬。

人际传播艺术的部分内容就是去学习他人的信号——他们怎样使用信号，

这些信号的意思是什么。此外，你也要与他人共享自己的信号系统，以便他们能更好地理解你。尽管有些人可能知道你的沉默或者避免眼神交流意味什么，但还是有些人不知道。你不能期待别人在没有帮助的情况下，就能正确地对你的行为进行解码。

关于调整的一个有趣的理论是"交流适应理论"（communication accommodation theory）。这一理论认为，讲话者会根据观众的特点来调整自己的说话方式，从而获取更多的好处，诸如社会赞许和更好的交流效果（Giles，2008；Giles & Ogay，2007）。例如，研究表明，较之语速相差较大的人，语速相近的两个人彼此之间会更有吸引力（Buller，Lepoire，Aune & Eloy，1992）。此外，那些语言强度或者说服力与听众相似的说话者被认为可信度更高（Aune & Kikuchi，1993）。一个研究表明，那些沟通能力与室友相似、语言攻击性较小的人在室友间最受欢迎，也更有满足感（Martin & Anderson，1995）。人们甚至在电子邮件中也有顺应。研究表明，那些有礼貌暗示信息的电子邮件比没有这类信息的电子邮件能得到更多的礼貌回复（Bunz & Cambell，2004）。

在某些情形下，中间人可以来"安排"适应，以使两个不同群体间的交流更加容易。例如，在新西兰的中国移民中，很多祖父母只能说中文、只知道中国文化，但是他们的孙子和孙女们只会说英文、只了解新西兰文化。在这种情况下，孩子的父母（懂双方的语言和文化）就经常充当祖父母和孙子、孙女之间的中间人或者"掮客"，帮助他们调整，进行交流和沟通（Ng，He & Loong，2004）。

当你调整交流方式时，要意识到每一种文化都有特定的交流规则和交流习惯（Barna，1997；Ruben，1985；Spitzberg，1991）。这些规则表明了哪些行为是合适的，哪些不是合适的（Serewicz & Petronio，2007）。如果你想和人约会，在美国文化中，你要提前三四天告知对方；在一些亚洲文化中，你可能需要提前几周甚至几个月告知对方的父母。在美国文化中，当人们说"到我们家里来看我们吧"的时候，这只是一种友好的姿态，而不是特定的邀请。而对其他一些文化的成员来说，这种说明则足以使听众真的在方便的时候去拜访。有些文化中，人们说话时避免直接的眼神交流以示尊重，而某些文化则认为这样做是不感兴趣的表现。比如，如果一个年轻的美国女孩和一位年长的印度尼西亚老人谈话，她就应该避免眼神交流。在印度尼西亚人那里，这种情况下直接的眼神交流会被视为无礼。在一些南欧文化中，男人可以手挽手走路，而美国文化则认为这不合适。

在表 2—1 "健康人士和残疾人士之间的交流"中，列举了一些很好的关于文化规则的例子。

表 2—1	人际交流技巧

健康人士和残疾人士之间的交流

| 富兰克林·德拉诺·罗斯福 | 斯蒂芬·霍金 | 克里斯托弗·里夫 | 特雷弗·斯诺登 |

续前表

第1章提供了与视觉有缺陷的人士交流的方法，第4章会提供与听力有缺陷的人士交流的方法，第8章会提供与有语言障碍的人士交流的方法。现在我们来看看和一般残疾人士——比如坐轮椅的人士和脑瘫人士——交流的方法。这里提供的建议在美国是合适的，但不一定适用于其他的文化。例如，在美国大多数人接受"智力落后"这个词语，但在英国这个词语却被认为很无礼（Fernald，1995）。

如果你是健康人士：

1. 避免使用消极的词语来形容残疾人。如："那个残疾人"或者"残疾小孩"。使用强调人的语言，比如"那位残障人士"，去强调人而不要去突出他的残疾。不要把残疾人描述成不正常的。如果把健康人士视为正常的，那你就是把残疾人士视为不正常的。

2. 把轮椅、手杖、助步器、拐杖这些东西视为使用者个人的财产。不要把它们移走，它们是为残疾人士出行便利服务的。要避免靠在轮椅上，这种行为就像是靠在一个人的身上。

3. 如果和团队里其他的人握手了，请也和残疾人握手。比如，不要因为他的手有残疾就去避免和他握手。

4. 避免和第三方谈及残疾人。比如，"他拄着那副新拐杖，走得不是很好看吗？"直接把你的评价告诉他本人。

5. 不要认为残疾人士智力也受损了。不要说那些诸如"弱智"之类污辱人的话。要小心，不要对他以高人一等的口气说话。研究显示，很多人常常就是那样做的（Unger，2001）。

6. 如果你不确定如何交流，直接询问。比如，如果你不确定该怎样提供行走帮助，你可以这样问："你需要我帮你去餐厅吗？"更重要的是，请接受对方的反应。如果他/她说不，那就是不，你不要坚持。

7. 眼神交流的时候，保持相似的高度。比如，如果那人坐在轮椅上，你坐下或者蹲下以保持同样的视线水平，可能会很有帮助。

如果你是残疾人士：

1. 让别人知道怎样帮助你交流。比如，如果你想让某人说话大声，或者帮你推轮椅，直接告诉他。

2. 耐心和理解。很多人心怀善意，但是他们不知道如何表达或者表达什么。尽可能地让他们放松。

3. 说出你的感受。如果你感到别人有些不舒服，你可以跟他谈一点关于你残疾的事情，向他表明你并没有对此感到不适，告诉他你明白别人可能不知道你的感受。不过，你并没有教育公众的义务，所以不要认为这是你应该做或者必须做的事情。

资料来源：这些建议综合了以下资料：www.empowermentzone.com/etiquet.txt（the website for the National Center for Access Unlimited）、www.disabilityinfo.gov，www.drc.uga.edu，and www.ucpa.org/（all accessed April 30，2008）。

 自我测试专栏

你的民族优越感有多强？

下面的18个问题表明了你对自己文化的信念。请用1～5这五个数字来表明你对该陈述的同意度。其中：5=强烈同意，4=同意，3=不同意也不赞成，2=不同意，1=强烈不同意。

_____ 1. 大多数文化都比我所属的文化落后。

_____ 2. 我的文化是其他文化的楷模。

_____ 3. 其他文化的生活方式和我们的一样合理。

_____ 4. 其他的文化应该尽量和我的文化相似。

_____ 5. 我对其他文化的价值观和习惯不感兴趣。

_____ 6. 我的文化里的人可以从其他文化里的人那里学到很多。

_____ 7. 其他文化的大多数人并不知道什么是对他们有益的。

_____ 8. 我不太尊重其他文化的价值观和习惯。

_____ 9. 如果其他文化里的人像我们一样生活，他们会快乐得多。

_____ 10. 我所在文化的生活方式是最好的。

_____ 11. 其他文化的生活方式没有我的这么合理。

____ 12. 我对其他文化的价值观和习惯非常感兴趣。

____ 13. 我尊重其他文化的价值观和习惯。

____ 14. 我不会和不同文化的人合作。

____ 15. 我不信任不同文化的人。

____ 16. 我不喜欢和不同文化的人们交往。

____ 17. 其他文化尊重我们的文化是明智的。

____ 18. 当其他文化的人进入我们的文化时，通常表现得很奇怪、不正常。

你做得怎么样？ 这个测试为你提供了一个机会检测自己的文化信念，特别是那些导致民族优越感的信念。民族优越感比较低的人，第 3、6、12、13 题得分较高（4 分或者 5 分），其他题得分较低（1 分或者 2 分）。民族优越感较高的人，第 3、6、12、13 题得分较低，其他题得分较高。

你会怎么做？ 利用本测试，弄清楚自己的文化信念并对其进行符合逻辑的、客观的测试。问问自己，你的文化信念是建设性的、有助于实现自己的职业目标和社会目标，还是适得其反、只会阻碍你的进步？

六、减少民族优越感

在学习这个重要概念之前，请完成自我测试，检查一下自己的民族优越感。

正如你可能从测试中感受到的，**民族优越感**（ethnocentrism）是一种倾向。这种倾向认为自己民族文化的价值观、信念、行为方式比其他文化更积极、更符合逻辑、更自然。虽然这样的观念通常会得到一些负面的评价，但是它也有积极的方面。当某个组织遭到袭击，民族优越感可以产生凝聚力。人们也认为民族优越感是爱国主义的基础，有助于形成为组织的利益献身的意愿（Neuliep & McCroskey, 1997）。

但是民族优越感也会引发一些值得注意的问题。虽然研究结果并没有确切证实，但是有些迹象显示，它会让你在和那些来自不同文化中的人交流时遇到障碍。它还会使你对外来群体产生敌意，使你无法清楚地看到他们的视角、价值观和行为方式（Neuliep & McCroskey, 1997；Cashdan, 2001；Jorn, 2004）。

民族优越感以一种连续的形式存在（见表 2—2）。人们不会完全没有民族优越感，或者具有极端的民族优越感。人们更多的是处在这两个极端之间。当然，民族优越感的程度取决于你所在的群体。如果你是希腊裔美国人，当你和意大利裔美国人交往时，你的民族优越感就会较低，但当你和土耳其裔美国人或者日本裔美国人交往时，你的民族优越感就会较高。对我们来说，更重要的是要明白，民族优越感的程度（我们都具有某种程度的民族优越感）会影响我们的人际传播。

分类并不是一件错误的事情。事实上，它是一种处理复杂情况的非常有用的办法，它使思考变得更有条理。问题并不在于分类本身，而是怎么使用评价标签，怎么利用标签作为"合适"的地图来定位处于群体中的个体。

表 2—2   民族优越感系列

> 该表总结了民族优越感与传播行为之间的关系。在这个表中，民族优越感的程度分为五个等级，事实上，不同的人有不同的优越感。传播距离是指与民族优越感相联系的态度。传播行为是指特定民族优越感的主要传播行为特征。你能够运用这个表格确定自己的民族优越感吗？例如，你面对什么样的群体会产生较低、中等或者较高的优越感，是什么引起这些差别？这个表格来源于几位跨文化学者的研究成果（Lukens，1978；Gudykunst & Kim，1992；Gudykunst，1991）。

民族优越感程度	传播距离	传播行为
低 ↑ ↓ 高	平等	平等对待他人，平等地看待自己和他人的习惯和行为方式。
	包容	愿意拉近自己和他人的距离。
	冷漠	不关心他人，只愿意与自己相同的人互动。
	回避	避免或者有限的交流，尤其是避免与其他文化背景的人交流。
	歧视	对他人怀有敌意或者歧视，认为其他人的习惯和行为方式都不如自己。

 内容提要

本章探讨了文化的本质，定义了一些关键的概念和原理。并运用这些概念和原理解释了文化在人际传播中的作用。

第一节　文化

1. 文化是某个群体的成员特有的生活方式，包括价值观、信仰、器物和行为方式等，文化代代相传习得而成，与遗传没有必然联系。

2. 传承是指学习自己出生地的文化，种族认同就是信奉本土文化，同化是接受不同于本土文化的其他文化，也就是改变本土文化。

3. 个体的文化信仰和价值观会影响所有的传播方式，所以，研究传播问题需要充分注重文化。

4. 文化在今天之所以特别重要的原因是：人员往来频繁，文化差异的包容性与日俱增，经济全球化，使跨文化交流变得容易和方便的传播技术不断进步，以及在一种文化中有效的传播方式不一定适用于另一种文化等。

第二节　文化差异

5. 在等级文化中，权力集中在少数人手里，

拥有权力和没有权力的差别很大。在平等文化中，公民平等地享有权力。

6. 阳性文化视男性为强壮、进取、追逐成功的群体，视女性为温顺、循规蹈矩，重视生活品质的群体。阴性文化认为男女没有什么区别。

7. 不同程度的模糊性是文化的重要区别。

8. 群体倾向的文化强调个体目标服从于群体目标，个体倾向的文化强调个体目标高于群体目标。

9. 在高语境文化中，信息要在语境中理解，在低语境文化中，信息用语言明确地表达出来。

第三节　跨文化传播的原则

10. 跨文化传播是发生在具有不同文化背景的人之间的传播，包括不同的信仰、价值观和行为方式等。

11. 指导跨文化传播的原则包括：自我教育，减少不确定性，识别差异（包括自己与他人的差异、同一文化不同群体之间的差异、意义的差异等），克服成见，调整传播方式，减少民族优越感等。

关键词

acculturation 同化
collectivist culture 群体倾向文化
culture 文化
enculturation 传承
ethnic identity 种族认同感
ethnocentrism 民族优越感
high and low-context cultures 高语境文化和低语境文化
individualist and collectivist orientation 个体倾向

和群体倾向
individualist culture 个体倾向文化
intercultural communication 跨文化传播
low and high ambiguity tolerance 明确倾向和模糊倾向
masculine and feminine cultures 阳性文化和阴性文化
power distance 等级
stereotype 刻板印象

思考题

1. 在这个多元文化的时代，你怎样看待美国宪法第二条第一款？该款写道："无论何人，除生为合众国公民或在本宪法采用时，已是合众国公民者外，不得当选为总统。"

2. 人们认为，在美国，女性的群体文化倾向更强，更倾向于把自己看作是不独立的；而男性的个体文化倾向更强，更倾向于把自己看作独立的（Cross & Madson，1997）。你自己的经历支持这个观点吗？

3. 那些非正式的时间名词（比如，很快、早、一会儿、尽快）由于其模糊性，似乎产生了一些麻烦。不同的人们也经常赋予一些词语不同的意思。你怎么减少或者消除这些词语产生的模糊性？

4. 你更愿意帮助那些在种族、态度、外表上和你相近的人，特别是对那些与你同姓的人。比如，如果一封电子邮件（要求收件人完成对自己饮食习惯的调查表）的发信人与收件人同姓，那么收件人更愿意去满足该要求（Gueguen，2003）。你认为人们真的会这样吗？果真如此的话，为什么？你也这样吗？

5. 有人曾因为你与他的文化背景不同，而对你做出不实的判断吗？这令你感到困扰吗？

6. 一项研究发现，孤独的人比不孤独的人更愿意利用网络去获得情感的支持，而且，与那些不孤独的人相比，孤独的人对他们的网络关系更满意（Morahan-Martin & Schumacher，2003）。你怎样解释这些发现？

7. 思考一下，文化差异是怎样构成当今新闻中那些热烈争议的话题的基础的。下面就是这些话题的一个简短清单。你会怎样回答这些问题？你的文化态度、信仰和价值观是怎样影响你的回答的：

- 基督教科学派的父母拒绝给自己的孩子进行输血或者注射胰岛素以挽救他们的生命，他们应不应该被起诉？在一些州，比如康涅狄格州和亚利桑那州，在这个问题上赋予了基督教科学派的会员以特许权。这种特殊的做法是应该被所有的州采纳，还是应该被废除？

- 斗鸡应该被所有的州许可，还是应该宣告其因"残暴地对待动物"而非法？一些拉丁美洲裔美国人争辩说，斗鸡是他们文化的一部分，应该被允许。在美国的大多数地方，斗鸡是非法的。但是在五个州和波多黎各，它是合法的。

- 小学应该传授安全性行为的知识，还是应该把它作为家庭教育的一部分？

- 那些因为仇恨或者偏见而犯罪的罪犯应该得

　　到更严厉的判决吗？
- 安乐死应该合法化吗？

- 做出收养决定时，是否应该考虑收养孩子的父母和孩子的种族因素？

情境选择

　　1. 工作的时候，你讲了一个古老的笑话。可是后来却发现，人们在转述这个笑话，而且明显地违反了笑话中原有的礼貌和公正。请想想，你怎么说，才能把尴尬和对你与工作伙伴之间的潜在伤害降到最低？

　　2. 你接触了一个族群。他们在使用那些人们通常认为是冒犯他们的词语。为了融入他们，你也使用了这些词语。可是你发现，人们对你的非语言反馈相当负面。请想想，为了减少这种负面的影响，为了让这些人知道你并不是在通常意义上使用这些词语，你应该说些什么？

　　3. 迫于时间的压力，你的朋友请你为他的一个报告做一个统计分析。你的第一反应是答应他，因为在你的文化中，拒绝帮助一位认识了这么久的朋友是特别无礼的。同时，你也知道在美国的大学里，为他人做作业是不道德的。请你想想：你能说些什么，既能帮助朋友，又能避免卷入一

些欺骗性的、可能会受到严惩的事件？

　　4. 你最近在学校遇到的人邀请你去参加一个节日聚会。由于你有很多钱，而且也不了解其他人，你买了一件非常昂贵的礼物。当人们打开礼物的时候，你注意到人们带的礼物都很便宜——一张照片、一本书、一支香烛。马上到你的礼物了。在其他人看来，你的选择无疑非常奇怪。你能做些什么来减少自己的选择带来的不利影响呢？

　　5. 要更深入地了解高语境文化和低语境文化的区别，可以设想为那些准备到校园一个特定地方（比如餐厅）的不同的人们指路。其中，一个人了解校园，你可以断定他知道当地的一些地标（假设是高语境）；另一个是新来者，你不能断定他是否了解校园或者知道当地的地标（假设是低语境）。假设一位新来的人向你询问怎么从你在的地方去餐厅，你怎么说？

我的传播实验室

　　这些练习可以帮助你理解各种文化问题及其与人际传播之间的关系。

　　1. "随意组合"给出了一些跨文化的组合，请你考察这些组合会怎样影响传播。2. "文化信念"请你检测自己的文化信念。3. "文化与性别"考察了文化与性别的关系。4. "文化识别"让你

考察同学们及其他人表现出来的文化倾向。

　　5. "文化信仰之源"考察了各种文化观念的源头。

　　6. "面对跨文化障碍"展示了很多可能引发跨文化冲突的情形，考察你如何处理潜在的冲突或者解决冲突。

第3章

人际传播中的认知和自我

人际传播中的自我　　　　　　　印象的形成
人际传播中的认知　　　　　　　印象管理：目标和策略

《谍影重重》第三部《最后通牒》

电影《谍影重重》第三部《最后通牒》，乃至整个《谍影重重》三部曲的一个主题，就是寻找自我。贾森·波恩失去了记忆，不知道自己是谁，于是开始行动，去找自己是谁，做过什么。

在这点上，波恩和别人并无不同。我们都想更好地了解自己，这些知识也许对我们更有作用。这种自我认知，就是本章所要讨论的一个话题。

本章讨论两个相关联的主题——自我和认知。在了解了自我的本质（自我概念、自我意识、自尊）和认知的性质后，我们将探讨如何形成关于他人的印象，以及如何管理好自己留给他人的印象。

第一节 人际传播中的自我

现在让我们从自我的几个基本方面来展开讨论：自我概念（你看待自己的方式），自我意识（你对自己的洞察及了解）和自尊（你对自己的评价）。通过讨论，你可以发现你的交流方式和这些方面是如何相互影响的。

一、自我概念

毫无疑问，每个人都有一个自我形象，这就是你的自我概念。它包括你对自己的优点和缺点、能力和不足以及抱负和世界观的认识及感受（Black，1999）。自我概念至少来源于以下四个方面：（1）他人形成的并展示出来的有关你的形象，（2）你对自己与他人的比较，（3）文化习得，（4）你解读和评价自己的思想和行为的方式（见图3—1）。

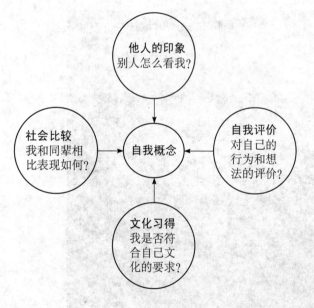

图3—1 自我概念的来源

这幅图显示了自我概念的四个来源：他人的印象、社会比较、文化习得、自我评价。当你阅读"自我概念"这一部分的时候，请想一想每个因素对你一生的影响。青春期前，哪个因素对你的影响最大？哪个因素对你现在影响最大？哪个因素对你今后的25年或者30年影响最大？

他人的印象

根据查理·赫顿·库利（1922）"镜中我"（looking-glass self）的概念，当你想了解自己有多友好或自信的时候，你可以通过他人对待你、回应你的方式，去看自己在他人心中的形象（Hensley，1996）。你尤其看重那些生活中对你特别重要的人对你的印象。例如，作为一个小孩，你首先看重父母然后是老师对自己的印象。成年后，你可能看重朋友、恋人和同事对自己的印象。如果这些重要的人物都高度评价你，那么从他们的行为中就可以看出他们对你的积极印象。反之，如果他们对你的评价不高，那么你就会看到消极的印象。

社会比较

另外一种获得自我概念的方法是把你自己和他人进行比较。当你想清楚地认识自己，想知道自己的成效如何或者竞争力有多强的时候，你可能会去参照自己的同龄人。例如，考试结束后，你通常想和同学进行比较，以了解自己在班里表现如何。如果你在棒球队，比较你和队友的击球率就很重要。当你把自己的击球率和同龄人比较时，你可以形成关于自己的额外印象。如果你想对自己的感觉好一些，你可以和比自己差的人进行比较；如果你想获得客观准确的评价，那么你可以与那些和自己差不多的同龄人进行比较。

文化习得

你的文化通过你的父母、老师、媒体等渠道慢慢向你灌输了一系列的信仰、价值观和态度——关于成功（你怎样定义、你怎样去获得成功）、信仰、种族、国籍；关于商业活动和个人生活中应该遵循的道德规范。你可以通过这些来进行自我评估。例如，获得你的文化中定义的成功，将有助于你形成积极的自我概念，而没达到你文化中定义的成功，则可能令你形成消极的自我概念（比如在 30 岁还没有找到稳定的伴侣）。

自我评价

正如别人对你的印象取决于你的行为，你也对自己的行为做出反应。你对自己的行为进行解读和评价。这些解读和评价有助于你形成自我概念。假设你认为说谎不对。如果你说谎了，那么你会用内化了的信念来评价这种行为。然后你会对自己的这种行为做出消极的反应。当你的行为和信念相矛盾时，你可能有罪恶感。相反，如果你指导一个学生并帮助她/他通过了考试，你可能会积极地评价这种行为，这种行为会让你感到满意和高兴，从而形成积极的自我形象。

二、自我意识

自我意识（self-awareness）就是对自己的了解程度。理解自我概念的形成是增强自我意识的重要方式。你越了解为什么那样看待自己，你就越了解自己是谁。通过"约哈里"模型，或者叫做"你的四个自我"来探讨自我意识，将会有更多的收获（Luft，1984）。

你的四个自我

"约哈里之窗"这一模型清楚地解释了自我意识。如图 3—2 所示，这一模型分为四个区域，或者叫四个象限。每个区域都代表了某个不同的自我。"约哈里之窗"强调，自我的各个部分不是彼此孤立的，而是一个相互影响的整体，各部分彼此依存。如同人际传播一样，这个自我模型是一个内部可以互动的整体。

- **开放的自我**。代表所有关于你的信息——行为、态度、感受、愿望、动机、想法。你和其他人都知道这些信息。这些信息的范围从你的名字、肤色、性别到你的年龄、宗教信仰和财务状况。开放的自我中开放的程度，取决于你所处的环境及交流对象。比如，面对那些让你感

	我知道的自我	我不知道的自我
被他人知道的自我	开放的自我 我和他人都知道 的自我	盲目的自我 我不知道但他人知道 的自我
他人不知道的自我	隐藏的自我 我知道但他人不知道 的自我	未知的自我 我和他人都不知道 的自我

图3—2　约哈里之窗

把这个模型看成代表你的自我。这个模型的总体大小固定不变，但各个部分可以从很小变得很大。如果一个区域变小了，那么其他一个或者几个区域就会变大；同样，如果一个区域变大了，那么其他一个或几个区域就一定会变小。例如，如果你披露一个自己的秘密，因此扩大了"开放的自我"区域，这就意味着"隐藏的自我"区域会缩小；而且，因为你主动披露了自己的信息，那么你"盲目的自我"区域也会变小（如果你披露个人的信息，使别人告诉了你他们知道而你自己并不知道的关于自己的信息）。当你和父母交流时，你的约哈里之窗会是什么样子？当你和朋友、同事交流时，你的约哈里之窗又会是什么样子？顺便说一下，"约哈里之窗"里的"约哈里"，源于最先提出这个模型的两位作者名字的合称。他们是 Joseph Luft 和 Harry Ingham。

资料来源：*Group Processes：An Introduction to Group Dynamic* by Joseph Luft, 1984, p. 60. 该书是由美国心理学者约瑟夫·卢夫特撰写的介绍组织动力学的一本书。

到舒服和支持你的人，你更愿意透露自己的信息，而在其他人面前你可能更喜欢封闭自己。

请教学者专栏

理解自言自语

我经常发现我关于自己的思考都比较消极。有时明明我可以做成一件事，我却告诉自己不行。我想这一定和我的自尊有关，但是我不太确定。你能给我讲讲，或者给我些建议吗？

你的陈述是一种消极的自言自语。它是人们内心自我交流的一种形式。这种传播活动是自我对自我的沟通。大多数人都会自言自语，有些是积极的，有些是消极的。

自言自语是一个人和自己生成关系的证据，也是组成自尊的一个重要部分。你要做的第一件事是花时间真正地去倾听自己，去了解自己自言自语的频率和消极程度。第二步是把消极的自言自语转化为积极的自言自语。你可以用对自己最好的朋友说话的方式来对自己说（或者只是想，不需要大声说出来）："你看上去真性感。"试着这样做一个星期，你会看到效果。花点时间和精力进行自言自语，就像呵护你很珍惜的一段感情一样。你可以从对自己说"是的，我可以做到"开始。

更多信息参见 L. C. Lederman, "Internal Muzak：An Exploration of Intrapersonal Communication," from *Information and Behavior*, reprinted in L. C. Lederman, D. Gibson, and M. Taylor (eds.), *Communication Theory：A Reader*, 2nd ed. (Dubuque, IA：Kendall Hunt, 2005).

Linda C. Lederman：罗格斯大学博士，是美国亚利桑那州立大学的传播学教授，她在该大学教授健康传播的课程。她的研究主要涉及传播的角色、人际传播、和传播有关的健康问题等。她最近和斯图尔特（Lea Stewart）合作出版了《改变大学生的饮酒文化》（*Changing the Culture of College Drinking*, Cresskill, NJ：Hampton Press, 2005).

- **盲目的自我**。代表他人知道而被你忽视的关于自己的信息。其中包括一些不太明显的习惯，比如你常说"你知道"；一些姿势，比如生气时挠鼻子；一些特点，比如明显的体味等等。这其中也可能包括一些很明显的东西，比如防护方式、斗争策略或者受压抑的经历。
- **隐藏的自我**。包括你向他人隐瞒的信息。无论是否与谈话内容有关，这是你在任何沟通过程中都不想透露的信息。过度暴露和完全隐藏是隐藏的自我的两个极端。过度暴露者什么都说。他们会说自己婚姻上的麻烦、小孩的困扰、财务状况和其他所有的事情。完全隐藏者则什么都不说，他们只谈别人，不谈自己。
- **未知的自我**。包括你和别人都不知道的关于自己的事实。它有时是经由特殊的试验环境带来的临时变化表现出来的，如催眠或者感觉丧失的时候。有时这些信息会通过某些个性投射测试或梦境透露出来。但更多的时候，这些未知的自我的发现，是因为你总在发现之前不了解的自己。例如当有人向你提问或发起挑战时，你会产生戒心；当你表扬别人时，你也希望得到别人的表扬。

自我意识的增强

有五个办法可以增强你的自我意识：

- **自我提问**。自我提问的一个方法是进行一个非正式的"我是谁"的测试 (Bugental & Zelen, 1950；Grace & Cramer, 2003)。在一张纸上写下"我是谁"这个标题，接着写 10、15 或者 20 次"我是……"，然后完成每个"我是……"的句子。不要只写那些积极的词语或者被社会接受的积极反应，应写下第一时间出现在你脑子里的那些词语。再拿出一张纸，把它分成两个部分，一个部分写上"优点"，一个部分写上"缺点"。尽快把这两个部分写满。以这两个测试作为基础，再拿出一张纸，写下"自我提升目标"这个标题，在 5 分钟之内，尽可能多地完成"我要提高……"这个句子。你在不停地变化，你的自我意识和目标也总在变化，所以你可以经常更新它们。

- **倾听他人**。正如他人看待你一样，你通过自我审视来了解自己。在大多数人际交往的场合，大家都会对你做出某种评价——你做了什么，你说了什么，你看上去怎么样。有些时候，这些评论很清晰，可是更多的时候，这些评论反映在人们怎么看待你、人们怎么谈论你、人们对你所说的哪些部分感兴趣。要密切关注这些语言和非语言信息。
- **积极寻找关于自己的信息**。积极寻找关于自己的信息以减少盲目的自我。你不需要这样明显地问别人："你对我的印象怎么样？""谈谈你对我的看

课堂讨论 3.1　你的文化背景对你在"我是谁"这个简单的测试中的反应有显著的影响。比如，在一项研究中，来自马来西亚（群体倾向文化）、澳大利亚和英国（个体倾向文化）的参加者完成了这项测试。与澳大利亚和英国的参加者相比，马来西亚的参加者的群体性的自我描述要多得多，而个体性的自我描述要少得多（Bochner, 1994；also see Radford, Mann, Ohta & Nakane, 1993）。如果你完成"我是谁"这个测试，你能区分哪些反应受自己文化倾向，特别是群体倾向—个体倾向的影响吗？其他文化因素对你的表达有影响吗？

法吧。"但你可以运用日常情境来获得关于自己的信息。"你认为我要求加薪时显得足够自信吗?""如果我邀请自己去赴宴,别人会觉得我前卫吗?"当然,你也不能总是去寻找这些信息,不然,你的朋友会很快去找其他的人交往。

- **发现不同的自我**。人际交往中,你遇到的每个人看待你的方式都不同,你在每个人眼中的印象都不一样。所有这些自我构成了真实的你,而且它们也会影响你对自我概念的定义,因为在日常人际交往中,它们会给你反馈。刚开始的时候,看看你的父母、老师和最好的朋友怎么看待你,看看公车上的陌生人、你的老板、邻居的孩子怎么看待你。这些经历会给你一些关于自我的有价值的新鲜看法。

- **增加开放的自我**。当你向他人展示自己,增加自我开放的程度时,你也在向自己展示自己。至少你可以更清晰地意识到那些隐藏的自我信息。当你讨论自己时,你可以发现之前遗漏的信息,别人的反馈信息也有助于你更清楚地了解自己。增加自我开放的程度能提高你和他人亲密对话的可能性,这又会进一步促进你对自我的了解。这个重要的过程也叫自我展示,我们会在第 8 章讨论它的优势和劣势。

三、自尊

自尊（self esteem）是对自我价值的评价。如果你有较高的自尊度,那么你对自己的评价就很高;如果你的自尊度较低,那么你会比较消极地看待自己。在进一步讨论这个话题之前,请先完成以下自测题,以检测你对自己自尊度的评价。

🖊 自我测试专栏

你的自尊如何?

如果下列陈述描述了你某些时候的状况,请标明 **T** 以示正确;如果下列陈述很少或者没有描述你的状况,请标明 **F** 以示错误。

_____ 1. 总的来说,我觉得我必须把所有的事情都做成功。

_____ 2. 一些熟人会经常批评我的想法和行为。

_____ 3. 我经常会做一些明知不会让自己满意的事情。

_____ 4. 回忆过去,我看失败的事情多,看成功的事情少;关注消极面多,关注积极面少。

_____ 5. 我很少努力去提高自己的个人和社交技巧。

你做得怎么样? 如果你的答案是 T,则说明你的一些想法阻碍着你去建立积极的自尊。如果你的答案是 F,则说明你的想法和自尊教练让你思考的内容一致。

你会怎么做? 以下讨论详述了这五个问题,并且阐明了为什么这五个问题会妨碍人们建立健康的自尊。所以本书是一个很好的开端。你也可以登录"全国自尊协会"（National Association for Self-Esteem）的网站:http://www.self-esteem-nase.org。在该网站上你可以找到很多检测和增加自尊的材料。

自尊的基本概念是，当你对于这些内容诸如自己是谁、你的能力如何等等自我感觉良好时，你会表现得更出色。当你认为自己像成功者时，你更可能表现得像成功者。相应地，当你认为自己是失败者时，你也更可能表现得像失败者。当你给学校最受欢迎的同学打电话找他/她约会时，如果你把自己想象得很成功很优秀，那么你也容易给对方留下好印象。相反，如果你总想着会忘记说什么，或者说一些傻话，那么你的表现也会很差。下面有五条帮你提高自尊的建议。这些建议和以上测试中的问题一一对应。

打消自我否定的观念

挑战**自我否定的想法**（self-destructive beliefs）——这是一些非建设性的想法，或者是会使你更难达成目标的那些想法（Einhorn，2006）。比如，以下就是一些自我否定的想法（Butler，1981）。

- 你坚信自己必须完美。这使你带着一些很高的、不现实的目标去做事，无论是在工作、学习还是在家庭生活中，任何不完美的事你都无法接受。
- 你认为自己必须坚强。这告诉你虚弱和伤感、怜悯、孤独等脆弱的情绪都是错误的。
- 你认为自己必须让他人快乐。你认为自己的价值建立在他人对你的评价之上。
- 你认为你必须加快进度。这使你强迫自己做事情时加快速度，总想在单位时间比常人做更多的事情。
- 你认为自己必须比他人承担更多责任。

这些想法确立了不现实的高标准，因此几乎总会导致失败。其结果，你会形成消极的自我形象，并认为自己总在失败。所以，用一些更建设性的想法取代这些自我否定的想法。比如，你可以说："我在许多事情上都成功了，但我不必事事都成功。""虽然被所有人喜爱很不错，但这并不是我快乐的必要条件。"

与乐观豁达的人为伍

心理学者卡尔·罗吉（1970）指出了乐观的人和悲观的人之间的明显区别。悲观的人士喜欢指责所有的事情，善于挑刺，而乐观的人士更为积极和乐观。最重要的是，乐观的人士经常奖励我们，善待我们，让我们自我感觉良好。为了提高自尊，我们要与这些乐观豁达的人相处，远离那些让我们感到悲观和消极的人。同时，你自己也要乐观豁达，这样才可以帮助他人建立自尊。

同情那些和自己相似的人似乎也可以提高你的自尊。例如，那些同情大型聋哑人社区中的聋哑人比没这样做的聋哑人拥有更高的自尊（Jambor & Elliot，2005）。与此相似，同情自己的文化族群也有助于建立自尊（McDonald，McCable，Yeh，Lau，Garland & Hough，2005）。

做会成功的事情

有些人像是自找失败。他们经常选择那些注定失败的项目，就因为这些项目是无法完成的。你应该避免这种情况，去选择那些容易成功的事情做。任何一个成功的经历都有助于你提高自尊。每一次成功也会让下一个成功来得更容易。如果项目真的失败了，你要意识到这并不意味着你是失败者。任何人都会经历失败。失败的确是发生在你身上，但失败不是你创造出来的，更不是你内在的一部分。更重要的是，这次失败并不意味着下次也会失败。你应该从失败中汲取经验教训。

回忆自己的成功经历

有些人会过分在意和夸大他们的失败，比如错过的机会、社交错误等。但有些人不把失败看得那么重要（Savitsky, Epley & Gilovich, 2001）。如果你的目的是改正这些错误，识别造成失败的原因，那么关注失败有一定的积极作用。但如果你只是集中在失败的事实本身，而没有任何改进计划，那将只会让自己过得更艰难，并抑制你自尊的提高。为了扭转这种回忆失败的倾向，你应该不断提醒自己过去成功的经历，无论是理性还是感性的成功都可以。想想自己为什么会成功，回味一下自己赢了篮球比赛、考试获得优秀成绩或者帮朋友度过个人危机时的感受。当你在回忆这些成功案例的时候，多想想是你的哪些品质让自己获得了成功。

课堂讨论 3.2　尽管从直觉上说，自尊是有价值的，但是它也不乏批评者（for example, Bushman & Baumeister, 1998; Baumeister, Bushman & Campell, 2000; Bower, 2001; Coover & Muphy, 2000; Hewitt, 1998; Epstein, 2005）。一些研究者争辩说，人们不必去期望高度的自尊，它无助于提高学业，不能导致成功，甚至可能导致反社会的（特别是攻击型的）行为。很有趣的是，人们发现，大量的罪犯和违法者都有很强的自尊心。与此相应的是，一些自尊心极低的人在一切方面都很成功（Owens, Styker & Goodman, 2002）。你觉得自尊的益处和麻烦是什么？

寻求肯定

肯定就是断言某事正确的一种陈述。讨论自我概念和自我意识时，"肯定"（affirmation）这个术语是关于自己的积极陈述，是对自己好的和积极方面的评价。人们常常建议，你应该经常提醒自己被他人肯定的方面——善行、优良品质、力量和美德，和朋友、爱人、家人之间的良好关系等等（Aronson, Cohen & Neil, 1998; Aronson, Wilson & Akert, 2007）。

一个检查自我肯定的有效方法，是使用含有"我是"、"我能"、"我将"这些词语的句子。

- **"我是"句型**。集中在你的自我印象上——你怎么看待自己，包括"我是值得交往的人"、"我是一个负责任的人"、"我懂得如何去爱"、"我是一个很好的团队成员"。
- **"我能"句型**。集中在你的能力上，包括"我拿得起放得下"、"我可以学着去做一个反应更积极的伙伴"、"适当时，我表现坚定"、"我可以控制自己的愤怒情绪"。
- **"我将"句型**。集中在你想要达到并可以达到的有用而适当的目标，包括"我可以战胜自己的罪恶感"、"我可以更有效地学习"、"我可以给予更多的支持"、"我只承担自己能承担的责任"。

这个建议背后的意义是，你和自己的沟通方式会影响你对自己的看法。如果你肯定自己——如果你对自己说自己是一个友好的人、自己可以成为一名领导者、自己可以在下次考试中会取得好成绩，那你会马上感觉自己充满了力量。

不过，一些研究者声称，这些自我肯定的方法虽然在一些帮助提升自我的书中十分流行，但是可能不太有效。这些批评者指出，如果你没有强烈的自尊，你就很难去相信你的自我肯定，因为从一开始你就对自己没有很高的认识（Paul，2001）。根据这个观点，"自我肯定"可以换成"他人肯定"。你可以更多地和积极的人士交流。这样，你会得到他人的积极反馈和肯定。这些研究者争辩说，这些"他人肯定"比自言自语更能帮助你提高自尊。

第二节　人际传播中的认知

认知（perception）是通过视觉、嗅觉、味觉、触觉和听觉等感官来认识事物、事件尤其是人的过程。认知是一个主动而非被动的过程。认知既来自于外部世界存在的事物，也来自你的经历、愿望、需求和爱憎。认知之所以在人际传播中十分重要，是因为认知直接影响了你在人际传播过程中的选择。你传递和接收的信息取决于你对世界的看法，取决于你对环境的判断，以及你如何看待自己，如何看待和你沟通的人。

人际认知是一个连续的过程，各个因素间彼此融合。为了便于讨论，我们可以把人际认知分为五个阶段：（1）通过感官接受某种形式的刺激；（2）以某种方式组织这些刺激；（3）解读和评价感知的事物；（4）把这些内容存在大脑里；（5）需要时，重新回忆这些内容。

学习人际理论与研究专栏

"因果报应"假说

很多人相信世界是公平的：善有善报，恶有恶报（Aronson，Wilson & Akert，2007；Hunt，2000）。换言之，你的付出决定你的收获。你可能会故意否定这种假说，但当你去评估一个人的时候，你可能会无意识地使用到这个假说。看下例：在某些特定文化中，一位妇女被强奸了（例如伊朗和也门），该文化中的许多人（当然不是全部）会认为她让她的家族蒙羞，应被施以严厉的惩罚甚至被处死。虽然你会说这很不公平，但有很多研究表明，在这个国家，事实上许多人都责备强奸的受害者，尤其当受害者是男性的时候。

世界是公平的信念会让我们产生认知误解，使我们在解释他人行为甚至是自己行为的时候，忽略环境因素的影响，而过分强调内在的主观因素。

运用理论与研究

运用你熟悉的搜索引擎，在心理学、社会学和传播学数据库中搜索"just world"，浏览相关的文章，谈谈你对这个问题的见解。

一、第一阶段：刺激

在第一阶段你的感官受到刺激——你听一张新 CD，见到朋友，闻到某人身上的香水味，品尝橘子，接到即时信息，感到了他人汗湿的手心。很自然，你不可能感知到所有的事物，你进行的是"有选择性的认知"，这个术语包括两个内容：选择性的关注和选择性的表露：

- **选择性关注**　你会关注满足你的需求和让你快乐的事情。例如，你上课走神的时候，你不会听到老师在说什么，除非他/她点到你的名字。你的选择性关注机制让你的注意力集中在你的名字上。
- **选择性表露**　选择性表露，是指你将自己暴露在那些肯定你的现存想法、有助于实现你的目标、给你带来某种满足感的人或者信息面前。例如，你买车以后，你更倾向关注你所买车的广告，因为这些信息告诉你，你做了一个正确的决定。同时，你会拒绝去看那些自己曾经考虑过、但是最终放弃了的车的广告，因为它告诉你做了一个错误的决定。

二、第二阶段：组织

在第二个阶段中，你会组织你的感官收到的信息。人们通过以下三种有趣的方式来组织接收到的信息：规则、模式和流程。让我们简单地考察一下这三种方式。

通过规则来组织信息

在利用**规则**（rules）来组织感知信息时，最常用的规则是"接近原则"，即把物理上接近的物体视为一个整体。因此，利用这个规则，你会倾向于把那些常常在一起的人、几个彼此迅速回应的信息看成一个整体。

另一个规则是相似规则，即人们把那些物理特性类似的物体视为一个整体。这个规则会让你把穿着类似的人归为一类。同样，你也会把那些从事同样工作、有着相同的宗教信仰、住在同一栋楼，或者操着同样口音的人分别归类。

与相似规则相反的是对比规则——当事物（如，两个人或两则信息）差异很大时，你会认定他们不属于一类；因为若把他们作为一个整体来看，他们的差距太大。如果在一个非正式场合，你是唯一穿着正式的燕尾服的人，那人们就不会认为你属于这个团体，因为你和他人区别太大了。

通过模式来组织信息

另外一种组织信息的方法是创建模式。模式是一种思维定式，用来组织每天接触到的众多信息（也包括那些已经储存在记忆中的信息）。第 2 章讨论的刻板印象就是一种特殊的模式。**模式**（schemata 是 schema 的复数）是关于对象的一般观念，可以是关于某类人（比如帕特和克里斯、日本人、浸信会教友、得克萨斯州人），关于自己（品质、能力、责任）和关于社会角色（警察、教授、亿万富翁）等的一般看法。

模式既可以来源于自己的亲身经历，也可以来源于电视、印刷读物等大众媒介甚至道听途说。比如，你可能有一个关于大学生运动员的模式——他们身体强壮、有进取心、学习成绩不太好、以自我为中心。你可能也会对不同信仰、不同种族和不同国家的人，对不同性别和不同情感倾向的人有相应的模式。凡是你所熟悉的群体，都会以某种形式的模式出现在你的脑海中。模式有助于将纷纭复杂的信息分门别类，使我们的认知更有条理。

通过流程来组织信息

流程（scripts）也是一种模式，但因为类型不同，所以称呼也不同。流程是关于行为、事件和程序的信息组织体。它是关于某些事件如何运行或展开的一般图景，也是控制事件及其次序的规则。例如，你可能有一个去餐厅吃饭的流程，这个流程包括如下一些行为：走进餐厅、就座、看菜单、点菜、吃饭、要求结账、给小费、买单、走出餐厅。同样的，你可能也有下面这些事情的流程，例如，怎样去洗衣房，怎样进行面试，怎样介绍人们认识，怎样要求约会等等。

如你所见，规则、模式和流程是简化我们理解、记忆及回顾人或事的捷径。它们可以帮助我们总结提炼，发现联系，从获得的信息中受益。如果你没有这些捷径可走，你就不得不分别逐一地对待每一个人、每一个角色。那将会使你的每次经历都成为一次新的经历，和以往的知识毫无关系。但这些捷径有时也会误导你，让你只记住那些与你的模式一致的事情（哪怕它们并没有发生），让你产生曲解，或者忘掉那些与自己的模式不一致的信息。

三、第三阶段：解读—评价

解读—评价（interpretation-evaluation）（之所以使用这个合成术语，是因为这两个阶段无法分离）阶段在很大程度上受你的经历、需求、信念、价值观、期望以及生理和心理状况等因素的影响。你的解读—评价同样受你的规则、模式、流程以及性别的影响。比如，人们发现，女性看待他人的角度要比男性更积极肯定（Winquist, Mohr & Kenny, 1998）。

例如，在一个会议上，有人把一个名叫本·威廉姆斯的大学橄榄球队员介绍给你。这时，你会运用自己头脑中已有的模式来判断他，你会认为本·威廉姆斯身体强壮，有进取心，学习成绩不太好，且以自我为中心。换言之，你会通过自己的模式去看待本·威廉姆斯，会基于你对大学运动员的模式去过滤他、评价他。与此相似，当你观察他人一系列的行为时（比如，在餐厅就餐），你会把这些事件和你脑海中已有的流程联系起来进行判断。你判断他人就餐行为合适与否的标准，就取决于你脑海中那些就餐行为与次序

课堂讨论 3.3　在对人或者事件做出评价的时候，我们一般是先考虑人或者事件，然后再做出评价。这似乎很符合逻辑。不过，一些研究者声称，在确定某个认知的积极或者消极价值之前，我们是不会真正思考的。这些研究者争辩说，所有的认知都有一个积极的或者消极的价值，这些评价往往是自动生成的，而不是思索的结果。刚一觉察到某个人、某个主意或者某件事，我们就赋予其一个或肯定或否定的价值判断（*New York Times*, August 8, 1995, pp.C1, C10）你对此怎么看？反驳这一观点的一个证据是完全中立地判断不同的事件、观点或者人物的能力。你能做到这一点吗？

的流程。

对其他文化群体的人进行判断时，常常是以种族为中心的。因为你对这些行为的模式和流程是建立在你自己的文化信念和经历上的，所以你会轻易地（但不适当地）将其用到其他文化背景的人身上。当其他文化成员的行为和你自己的流程一致时，你认为他们是正确的；反之，你就认为他们错了。这是一种典型的以种族为中心的思考方式。这种趋势很容易导致跨文化交流中的误解。

当你对其他文化的流程来自电视或者电影中的刻板印象的时候，就容易出现类似问题。例如，你可能从媒体的刻板印象中形成了对穆斯林的模式。如果你把它们运用在所有穆斯林的身上，就会发生误读和误解。

四、第四阶段：记忆

你的认知、你对认知的解读和评估都会被存入**记忆**（memory），它们被存储起来以备日后所需。比如，若你的记忆中存在高校运动员的模式，并且你记得本·威廉姆斯是校橄榄球队队员。那么本·威廉姆斯在你记忆中的认知标签就是：他很强壮、有进取心、学习成绩不太好、以自我为中心。虽然你没有亲眼看到本打球，没有感受到他的进取心，也不知道他的学习成绩或者心理状况，但你仍然可以存下关于本的记忆，同时也存下构成你"大学运动员"模式的那些特征。

假设你在不同的时间听说本·威廉姆斯西班牙语 I（通常这门课大家都能得到 A 或者 B）考试不及格；本的化学（通常是一门很难的课程）成绩得了 A；本转到哈佛大学去读理论物理专业了。你的模式就像是过滤器或者把关人。它们允许一些信息以非常客观的形式储存起来，就像你看到或者听到的那样，不过它们也可能曲解其他的信息或者阻止它们储存到你的记忆之中。因此，关于本·威廉姆斯的这三条信息会以不同的方式储存在你的记忆里。

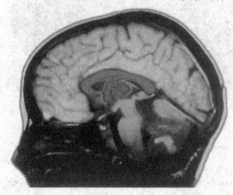

比如，当你听说本·威廉姆斯西班牙语 I 考试不及格时，因为这和你的模式相符，它完全符合你脑海中关于运动员的印象，所以你会立刻将这个信息存储到你的脑海中。正如此例，那些与你的模式相符的信息，会强化你的这一模式，并且使之更难以改变（Aronson, Wilson & Akert, 2007）。根据你的模式的强度，你可能会把"本·威廉姆斯其他的课程也很差"（虽然你并没有听说）这个印象存入记忆。当你知道本的化学成绩是 A 时，由于这和你的模式相冲突（这似乎并不正确），这条信息很容易被曲解或者遗忘。不过，本·威廉姆斯转到哈佛大学的信息则有些不同。这个信息也和你的模式相冲突。但是这个冲突太大了，使得你开始认真思考这件事情，甚至可能开始质疑自己的模式，或者把本看成是一个例外。无论哪种情况，你都会牢牢记住本·威廉姆斯转学到哈佛这件事。

五、第五阶段：回忆

回忆（recall）阶段包括你使用存储在记忆中的信息。假设在一段时间之后的某一天，你想取回有关本的信息，因为他是你和几个朋友讨论的话题。

正如在下一章我们讨论倾听时会看到的，记忆是不可再生的，你不会简单地去复制你看到或听到的信息。你把自己见到或者听到的信息重建为一个对你有意义的信息整体的时候，更加依赖模式和流程。你储存在记忆中的就是这些重建的信息。当你想要重新检索这个信息时，你的回忆也许会有一些不准确的地方：

- 你更倾向于回忆那些和你的模式一致的信息。事实上，你可能不是在回想那个特定的信息（比如关于本的信息），而是在回想你的模式（这个归要中包含关于大学运动员这个群体的信息，因此，也包括本的信息）。
- 你可能无法回想起与你的模式不一致的信息。因为你没有位置来存储这些信息，所以你很容易遗失或者遗忘它们。
- 但是，你可能回想起那些和你的模式存在巨大差异的信息，因为它们会迫使你思考（或者是重新思考）你的模式及其准确性；它们甚至可能会迫使你修改自己对大学生运动员的总体印象。

第三节　印象的形成

印象形成（impression formation）（有时也指人的认知）包括形成关于他人印象的一系列过程。每一个认知的过程都存在着某种隐患和潜在的危险。在浏览这些你认知他人的过程之前，我们先来测试一下你的认知策略。请完成下列自测题"你的人际认知有多准？"

自我测试专栏

你的人际认知有多准？

如果以下陈述通常或者一般是正确的（比较准确地描述了你的行为），请注明"T"；如果通常或者一般是错误的（没有准确地描述你的行为），请注明"F"。

1. 我对他人行为做出的预测总体上都是正确的。
2. 当我听说某人的一些事情的时候，我可以轻易地猜出我不知道的另一些事。
3. 我的期望常常建立在我的所见所闻上；换言之，我随后形成的认知结果往往和我最初的期望相吻合。
4. 我通常在见面的最初几分钟内就形成对他人的印象。
5. 总体而言，我发现我喜欢的人都有积极的品质，不喜欢的人都有消极的特点。
6. 我会把人们的态度和行为归因于他们最显著的生理和心理特征。

你做得怎么样？ 这个简短的测试的目的不是给你的认知能力打分，而是要提出本节即将讨论的一些问题。以上所有陈述都是关于认知过程的。这些认知过程人们常常使用，但又常给人们带来麻烦，让我们形成不准确的印象。这些问题包括了我们下面要讨论的：自我实现的预期（第 1 题），内隐人格理论（第 2 题），认知强化（第 3 题），首因—近因（第 4 题），一致性（第 5 题），第 6 题是关于过度归因。

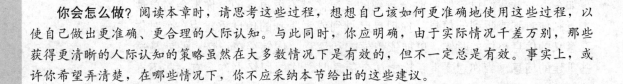

你会怎么做? 阅读本章时,请思考这些过程,想想自己该如何更准确地使用这些过程,以使自己做出更准确、更合理的人际认知。与此同时,你应明确,由于实际情况千差万别,那些获得更清晰的人际认知的策略虽然在大多数情况下是有效的,但不一定总是有效。事实上,或许你希望弄清楚,在哪些情况下,你不应采纳本节给出的这些建议。

一、印象形成的过程

从认知一个人到最终形成对他/她的评价或者解读,并不是一个简单的逻辑程序。相反,你的认知似乎要受到一系列过程的影响。下面我们来考察其中几种比较重要的过程:自我实现的预期、内隐人格理论、认知强化、首因—近因效应、一致性、归因。

自我实现的预期

自我实现的预期(self-fulfilling prophecy)是指:预期成为事实的原因在于你相信预期并且按照预期行事。换句话说,你相信自己模式的行为使你的模式成为事实,就是自我实现的预期。自我实现的预期发现在各种各样的情境中,如父母和孩子之间,各种教育情境和商务往来中(Merton,1957;Rosenthal,2002;Madon,Guyll & Spoth,2004;Tierney & Farmer,2004)。自我实现的预期有四个基本步骤:

1. 你对某个人或者某种情境做出预期或者构想出某个信念。例如,你预言帕特在人际交往中很友好。

2. 在你认为那个预言或者信念是正确的前提下,你对那个人或者那种情况做出相应的反应。例如,你会对帕特很友好。

3. 因为你在预言会成真的前提下行事,结果预言真的成为了事实。比如,因为你对帕特友好,所以帕特对你也很友好,你们的相处令人愉快。

4. 你观察某人或某种情境对你行为的回应,而这些回应强化了你自己的信念。比如,你感受到了帕特的友好,而这使你更坚定了自己"帕特为人友好"的信念。

自我实现的预期同样可以发生在自己身上。例如,假设你加入某个小组的活动,但你已经预计到这个小组的成员都不喜欢你。事实证明你的这个看法几乎总是对的;其他的成员看上去真的不喜欢你。你的所作所为可能会鼓励小组的成员消极地对待你。这样,你就实现了自我预期。

自我实现的预期是一个短路(short-circuit)的思维方式,它影响他人(或自己)的行为导致你预期的实现。结果,你看到的或许只是你预期的情形而不是事实(比如,你认为自己是一个失败者,更多的可能是自己的心理作用而不是真正的失败)。

内隐人格理论

每个人都具有这样的潜意识或者隐含的倾向,即认为个体的某些特征会与其他的特征相联系。请看看下列短句描述的情况。注意括号内的词语,你认为哪个词语能最好地完成各个句子：

> 卡罗精力旺盛，热情，而且（聪明，愚蠢）。
> 吉姆勇敢，傲慢，而且（外向，内向）。
> 乔伊聪明，活泼，而且（纤瘦，笨重）。
> 伊万很有吸引力，很聪明，而且（惹人喜欢，惹人讨厌）。
> 苏珊为人积极，开朗，而且（外向，害羞）。
> 安吉尔模样英俊，身材高挑，而且待人（友好，不友好）。

你根据内隐人格理论来判断哪些选择正确，哪些选择错误。**内隐人格理论**（implicit personality theory）是一套规则体系。这些规则体系告诉你哪些性格会互相匹配。内隐人格理论告诉你，如果一个人精力充沛且非常热心，那么他肯定聪明而不愚蠢——尽管没有符合逻辑的理由可以解释为什么愚蠢的人不能精力充沛而热心。

大量的文献认为内隐人格理论会导致晕轮效应（Halo effect）（Dion, Berscheid & Walster, 1972；Riggio, 1987）。如果你观察到某人具有一些积极的品质，那么你会推断他/她也拥有另外一些积极的品质。相反的晕轮效应也称"牛角"效应（"horns" effect），则是指：如果你知道某人有一些消极的品质，那么你会推断他还有另外一些消极品质。比如，你更倾向于认为那些有吸引力的人比那些无吸引力的人更加慷慨、更加敏感、更值得信任、更有趣。相反的晕轮效应会使你认为那些无吸引力的人很小气、不诚实、令人讨厌、不够光明正大（Katz，2003）。

对内隐人格理论应该采取谨慎和批判的态度，以免根据它推断出某人根本不存在的特征（Dweck，2005）。

认知强化

同时向富有和贫穷的小孩展示硬币的照片并让他们估计硬币的大小。那些贫困的小孩对硬币的估计比富有的孩子大得多。与此相似，饥饿的人与不饿的人相比，他们只需要很少的视觉线索就可以认知食物和关于食物的词汇。这个过程就叫做认知强化，它可以引导你去看那些你期望看到或者想看到的东西。在你眼中，那些你喜欢的人比你讨厌的人更加聪明、更好看。你会夸大或强调那些能满足自己需求的东西：口渴的人会看到水的幻景，缺乏性生活的人会产生性满足的幻象。

认知强化会引导你去感知你需要或者想要感知的东西，避免感知那些你不愿意感知的东西，而不是去感知那些实际存在的东西。例如，你或许不会感知到那些关系出现问题的信号，因为你只看到那些你想看到的事物。认知强化制造的另一个有趣的曲解现象是：你会认为某些行为表明他人喜欢你，仅仅就是因为你想被人喜欢。比如，在劝说策略中（像推销员），人们通常会用礼貌和友好的举止，因为这些行为举止

课堂讨论 3.4　种族资料搜集（一种警察把某种种族视为可能的犯罪嫌疑人的行为）已经广为报道并受到广泛的谴责，人们把它称为种族主义行为。2001 年 9 月 11 日世界贸易中心和五角大楼遭袭之后，许多人都认为，搜集穆斯林和其他具备"阿拉伯"特点的人的信息资料，是防范进一步的恐怖行为的必要措施。你怎么看待搜集种族、民族或者宗教的资料这种行为？

为大多数人所喜欢。

首因—近因

假设你要学习一门课程，但这门课程中，有一半内容很无趣，另一半内容却很有意思。学期末来临，你需要对该课程和老师进行评估。如果无趣的课程内容在前半学期，有意思的课程内容被安排在后半学期，你对课程和老师的评价会高吗？如果这个顺序是颠倒的，你又会如何评价呢？如果首先出现的事物带来的影响最大，那就是**首因效应**。如果是最后出现（或者是后来出现）的事物带来的影响最大，那就是**近因效应**。

关于**首因—近因**（primacy-recency）效应的经典研究显示，大学生对"聪明、勤奋、任性、苛刻、固执、嫉妒"的人的评价要比对"嫉妒、固执、苛刻、任性、勤奋、聪明"的人的评价更积极（Asch，1946）。注意，这些描述的词语都相同，只是顺序有所改变。很明显，我们倾向于用前面的信息来形成关于一个人的总体概念，然后再使用位于后面的信息让最初的印象更加具体。最初的信息有助于我们形成对某人的模式。一旦模式形成，我们就会抵制那些与该模式相冲突的信息。

首因—近因理论的一个实际意义是：你给他人留下的第一印象往往是最重要的，而且这个印象会很快形成（Sunnafrank & Ramirez，2004；Willis & Todorov，2006）。原因是他人形成的关于你的模式，会像一个过滤器一样，承认或者拒绝关于你的其他信息。如果第一印象或者模式是积极的，那么其他人：（1）更容易记住其他的积极信息，因为这些信息进一步确定了最初的积极印象或模式；（2）更容易忘记或曲解消极信息，因为它和最初的积极模式相矛盾；（3）会将模糊的信息解读为积极的信息。如果第一印象是积极的，那么通过以上三种方式的任何一种，你都能成功。

人们看重早期印象，并且根据第一印象来解读随后的信息，即使第一印象不一定准确、不一定典型，人们也会以此来形成整体印象。例如，如果你觉得应聘者很紧张是因为他很想得到这份工作，你就可能误解他人。类似的，为了不与已形成的第一印象相矛盾，你可能会曲解接下来的认知信息。例如，如果你对某人的第一印象很好，那么你就很难看到他的欺骗行为。

一致性

在认知或态度间维持平衡的取向就叫做一致性（McBroom & Reed，1992）。人们倾向于认为某些事物属于一类，某些事物不能聚集在一起。请基于直觉，把下面题目中你所期待的答案画出来。

1. 我倾向于我喜欢的人（喜欢，不喜欢）我。
2. 我倾向于我不喜欢的人（喜欢，不喜欢）我。
3. 我倾向于我的朋友（喜欢，不喜欢）我的朋友。
4. 我倾向于我的朋友（喜欢，不喜欢）我的敌人。
5. 我倾向于我的敌人（喜欢，不喜欢）我的朋友。
6. 我倾向于我的敌人（喜欢，不喜欢）我的敌人。

根据一致性理论，你的期望可能是这样的：你倾向于你喜欢的人也喜欢你（1），倾向于你不喜欢的人也不喜欢你（2）。你倾向于你的朋友喜欢你的朋友（3）和不喜欢你的敌人（4）。你会倾向于你的敌人不喜欢你的朋友（5）和喜欢你的敌人（6）。直觉上所有的这些期待都是令人满意的。

而且，你倾向于你喜欢的人具备你喜欢或羡慕的个性，你不倾向于你的敌人具备你喜欢或羡慕的个性。反之，你倾向于你喜欢的人不要有一些令人不快的个性，同时你倾向于你讨厌的人拥有令人不快的个性。

一致性可以让你忽视或者曲解那些和自己关于某个人整体印象不一致的信息。比如，你可能误解卡莉的不开心，因为在你的印象中她是"开心、自控能力好、容易满足的人"。

控制归因

研究表明，形成印象的另一种方式是控制**归因**（attribution）。例如，假设你邀请你的朋友戴斯曼晚上 7 点吃饭，但是他 9 点才到。想想你会如何应对以下这些理由：

理由 1："我实在无法离开沙滩，我真的很想把皮肤晒成棕色。"

理由 2："我开车来的时候，看到几个年轻人在抢劫一对老夫妻。我上前阻止并且把老夫妻送回家。因为他们受惊吓过度，所以我一直陪着直到他们的孩子回家。他家的电话坏了，我的手机电池也用光了，所以我没打电话告诉你我会晚到。"

理由 3："我遇到车祸被送到医院了。"

根据这些理由，你可能会把戴斯曼的行为归因为不同的动机。在第一和第二个理由中，你会认为他可以控制自己的行为，而在第三个理由中他无法控制行为。你对第一个理由有消极的反应（戴斯曼很自私并且考虑不周），你对第二个理由会有积极的反应（戴斯曼是个好人），而在第三个理由中，戴斯曼不能控制他的行为，所以你无法把他的行为归因于积极或消极范畴，并且你可能还会对他的遭遇感到抱歉。

在很多情况下，你会基于控制来做出相似的判断。思考一下，遇到以下情况时，你会如何回应：

- 多瑞斯的历史课期中考试不及格。
- 因为无法继续还贷，希尼的车被收回了。
- 玛姬的体重已经超重 150 磅了，她抱怨说自己感到情况很糟糕。
- 汤姆斯的妻子提出离婚，他感到很沮丧。

如果你觉得这些人无法控制发生在他们身上的事情的时候，你可能会同情这些人。例如，考试不公平、希尼因为雇主的偏见被炒鱿鱼、玛姬的胰腺有问题、汤姆斯的妻子因为有钱的贩毒者而离开他。但是，如果你觉得这些人可以控制那些事情的时候，比如多瑞斯去参加聚会而没有去学习、如果希尼赌博输光了工资、如果玛姬只吃垃圾食品并且拒绝运动、如果汤姆斯反复对自己妻子不忠导致他妻子放弃改变他的努力，你可能就不大会同情他们。

在认知尤其是评价他人的行为时，你通常会问自己：他们是否能控制自己的行为？通常，研究显示：如果你发现某人能控制消极行为时，你就不会喜欢他/她。如果你认为某人无法控制消极行为时，你可能会为他/她感到抱歉，而不是去责备他/她。

在你进行归因控制——或在其他原因（例如，谣言或者观察他人的行为）

的基础上归结动机时，要警惕一些潜在的错误：（1）自利性偏差，（2）过度归因偏差，（3）基本归因偏差。

- **自利性偏差**（self-serving bias）。把成绩归因于自己而拒绝承担消极后果的责任，即是自利性偏差行为。例如，你会更多地把积极结果（比如，考试中取得 A）归结于内部和可控制的因素——你的个性、智力或者勤奋。而你会把不好的结果（考试中得了 D）归因于外部和不可控制的因素——考试特别难，或者在考试前一天晚上你室友办的聚会弄到很晚才结束（Bernstein, Stephan & Davis, 1979；Duval & Silva, 2002）。
- **过度归因偏差**（overattribution）。你认识到某人的一两个明显特征后，就把这个人所做的事情全部归因于这一两个显著特征上。例如，如果一个人失明或者出生在富裕家庭，你就很容易把他所做的一切都归因于这些因素。也许你会说"亚历克斯吃得过多是因为他失明了"、"莉莲不负责任是因为她从来不需要为钱工作"。为避免过度归因偏差，你要意识到人们绝大部分的行为和人格特征是很多因素综合的结果。当你把事情只归结于单一原因时，你很可能总在犯错。
- **基本归因偏差**（fundamental attribution error）。当我们评价他人行为时，如果高估了内部因素（人格）而低估了外部因素（如，此人所处的环境），就会出现基本归因偏差。基本归因偏差会导致我们把他人所做的事情归因于他是怎样的人，而不考虑他所处的环境。例如，当帕特约会迟到时，你会更多地认为这是因为帕特没有责任感或者不体谅人，而不会想到是公共汽车中途坏了或者发生了交通事故。

二、提高印象的准确度

成功的人际传播很大程度上取决于你对他人形成印象时的准确性。我们已经了解了认知过程中可能出现的潜在障碍，如自私的本能和过度归因偏差等。为了避免这些障碍出现，我们可以用下列方式来提高印象形成的准确度。

分析印象

通过逻辑分析和批判性思考来分析你的认知。以下是两条建议：

- 认识自己在认知中的角色。你的感情和心理状态会影响你的认知。同样一部电影，你心情好时或许会觉得它很搞笑，而心情欠佳的时候你可能会觉得它平庸无聊。了解自己的偏见；例如，你是否只想了解你所喜欢的人的优点，只想知道你不喜欢的人的缺点？
- 避免过早下结论。基于某种观察，形成某种假设，再利用额外的信息和证据来验证自己的假设；不要过早下结论，然后再去验证你的结论。寻找指向同一方向的一系列线索。指向同一结论的线索越多，那么你做出正确结论的可能性就越大。要特别关注那些会推翻你最初假设的线索。同时，向他人寻求确认信息。他人和你看待事物的结论是否一致？如果不是，问问自己，我的认知是否在某种程度上被歪曲了。

掌握人际技巧专栏

他人倾向

他人倾向（other orientation）是一种有效的人际品质，包括使自己的信息适应他人的能力（Spitzberg & Hecht，1984；Dindia & Timmerman，2003）、对他人的关心和兴趣，以及对他人谈话内容的真切关注等。

他人倾向的交流 当你喜欢和某人交流时，你会发现下列行为：

- 表达关心和尊敬。在把自己的麻烦一股脑儿地向他人倾诉前，先问问自己这样做是否合适，或者问问对方你现在打电话是否合适。
- 承认对方的感受是合情合理的。"你是对的"或"我可以理解你为什么这么生气"这样类似的表达可以帮助你把互动集中在对方身上，并且表明你在倾听。
- 承认对方的存在和重要性。向对方询问建议、意见和解释等。这能使你从对方的角度理解他所说的内容。
- 把你的信息集中在对方身上。使用开放式的提问让对方参与互动（不要询问那些用"是"或"不是"就能回答的问题），谈论与对方直接相关的话题。保持适当的眼神交流和面部表情，如微笑、点头、说话时向倾听者略微前倾。
- 允许他人表达（或者不表达）自己的情感。你可以说："我知道开口谈感受是很困难的事情"，以此来开启情感话题，并允许他人顺着你的话题聊下去或者保持沉默。

运用人际技巧

运用 10 分制判断自己的他人倾向（如果你无论何时何地都具备他人倾向，就给自己 10 分）。在什么情况下你容易忽视他人倾向，有什么途径能够提升你的他人倾向？

检查认知

认知检查是减少不确定性、提高认知准确率的另一个途径。认知检查的目标是进一步揭示他人的感受和想法，而不是证明自己最初的认知是否正确。通过这个简单的技巧，你可以减少误读他人感受的机会。与此同时，你还给了他人阐述个人想法和感受的机会。最基本的认知检查形式由两个步骤组成：

1. 描述你看到的或者听到的。要意识到你的描述并不十分客观，因为它很大程度上受到你是谁、你的情绪状态等等因素的影响。同时，你可能希望描述你认为正在发生的事情。请尽可能以描述性而非评价性的方式来完成这个步骤。有时你可能希望提供一些可能性。

- 你这周常在上班时间给我打电话。你看起来很关心家里是否一切都好。
- 你这周不愿和我说话。你说我工作做得不错，但你似乎不愿让我承担其他编辑助理所承担的工作。

2. 寻找确认信息：询问别人你的描述是否准确。避免凭感觉下判断，也就是说，不要只通过观察他人的行为来分析他的想法和感受。无论你观察到多少行为或你观察得如何仔细，你也只能猜测对方大概在想什么。一个人的动机不会暴露在外；你只能根据某人的明显行为来进行假设。所以，请注意，当你提出确认请求时，不要让对方听上去觉得你已经知道答案了。避免使用防御性的问题，比如，不要说："你真的不想出去，是吗？当你把电视机打开时，我就知道你不想出去了！"相反，你应该尽可能地用支持性的口吻去寻求确认信息。

- 你更愿意看电视吗？
- 你是担心我还是担心孩子呢？
- 你对我的工作不满意吗？我能做什么来提高我的工作表现呢？

减少不确定性

在各种人际交往中都存在着不同程度的不确定性。有些策略能帮你减少不确定性（Berger & Bradac，1982；Gudykunst，1993；Brashers，2007）。

- 当某个人积极地从事某项活动时，认真地观察其行为，最好是他/她在非正式的社交场合与对方的互动行为，这样通常会得到关于对方的大量信息。因为一般在非正式场合中，人们会较少地监控自己的行为，并且更愿意展露真实的自己。
- 有时你可以控制沟通环境，从而在更具体的情境中更好地去观察他人。工作面试、试镜、试讲都是很好的例子。在这些情境中，你可以更准确地观察他人。
- 你隐身进入某个网络聊天群的时候，在开始参与谈话前，你通过浏览他人的谈话内容来了解这个聊天群及其成员，从而减少不确定性。当不确定性降低后，那么你和组员谈论的话题就会更具有建设性、更合适，而较少违反聊天群的规则。
- 通过询问他人来了解某人。你可以询问自己的某个同事，另一位同事是否觉得你有趣，是否会愿意和你共进晚餐。
- 和他人互动。比如，你可以问对方："你喜欢运动吗？""你觉得那门计算机科学课程怎么样？""如果你被解雇了怎么办？"你甚至可以通过披露自己的信息去了解他人。这有助于创造一种氛围，鼓励你想了解的人进行自我披露。

增加文化包容性

文化包容性（cultural sensitivity）——识别并且尊重文化差异——有助于提高认知的准确性。比如，俄罗斯或中国的芭蕾舞演员会通过拍手向观众表示感谢。但美国人看到这种情形时，他们很容易把这种行为解读为自高自大。类似地，德国男人会在女士进餐厅前自己先走进去视察情况，看看餐厅是否适合女士进入。而在那些认为女士优先是礼貌行为的人们那里，这一简单的习俗很容易被看成是粗鲁的（Axtell，1994，2007）。

每个文化群体的内部都有许多重要的差异。正如并非所有的美国人都一样，所有印度尼西亚人、所有希腊人和所有墨西哥人也不是都一样。如果你假定同种文化背景下的人们都一样，那么你就是持有刻板印象。认识到自己和其他文化背景下的人们存在差异，意识到同种文化背景下的人们同样存在差异，这将有助于你更准确地认知各种情境。

文化包容性会帮助你消除在理解来自其他文化的人的非语言信息时所面临的困难。例如，对你而言，识别与你文化背景相同的人的面部表情，比识别和你文化背景不同的人们的面部表情要简单得多（Weathers，Frank &

Spell，2002）。这种"圈内人的优点"会帮你提高对与自己有同一文化背景成员的认知准确度，但也经常会减弱你对其他文化背景的成员的认知准确度（Elfenbein & Ambady，2002）。

第 2 章介绍的改善跨文化交流的建议，也能帮助你提高认知过程中的文化包容性。比如，自我教育、减少不确定性、了解差异（你和其他文化背景人们之间的差异，其他文化中人们之间的差异，你的意思和其他文化背景下人们表达的意思之间的差异）、克服刻板印象、调整沟通方式等。

第四节　印象管理：目标和策略

印象管理（impression management）（有些作者使用"自我展示"或"身份管理"等术语）指通过交流，使他人建立起如你所期待的关于你自己的印象。

他人对你形成的印象大部分取决于你和对方交流的信息。同样，他人给你留下的印象，很大程度上取决于他们的语言和非语言交流的方式。你通过说话（语言信息），通过自己的行为、着装乃至装修办公室或公寓的方式（非语言信息），向对方传递自身的印象。然而，沟通信息并不是印象形成和管理的唯一方式。例如，你也通过和自己交往的人传递你的自我形象（你也用同样的方式评判他人）；如果你和优秀人士结交，那么注定你也是位优秀人士。而且，正如在讨论刻板印象时所表明的，你也许会根据某人的年龄、性别或者种族形成对他人的印象。或者你还可能根据其他人对某人的评价形成对某人的印象，而这个印象与其他人的评价一致。当然，其他人也可能用同样的方式形成对你的印象。

人际传播伦理专栏

道德判断

道德准则是客观的还是主观的？道德客观论者认为，道德是绝对的，与任何个体或者文化的价值观和信仰无关。相同的道德准则在任何情况下都适用于所有的人。根据这种观点，如果撒谎、虚假广告、非法获取证据或者泄密等是不道德的，那么，不论发生于何种环境或者语境，这些行为都是不道德的。根据严格的道德客观论，结果不能使方法获得公正性。好的、有利的结果不能使不道德的方法变得正义起来。

而道德主观论者则争辩说，道德与否，取决于特定文化的价值观、信仰和特殊的环境。因此，主观论者可能会声称，那些为了骗取选票、售卖香烟的谎言是不道德的，但是那些为了使他人感觉更好的善意谎言（white lies）、那些无害的欺骗等则可能是道德的。

你会怎么做？

考试结束后，老师认为一名学生作弊，并询问你是否看到他作弊。尽管你相信作弊和撒谎都是不道德的，你也确实看到了那个同学作弊，但是你不想给那个同学（或者给你自己）带来麻烦。另外，这个考试并没有预先通知，而且在总成绩中只占几分。在这种情形下，如果你采取道德客观论，你会怎么做？要是采取道德主观论呢？

　　人际传播的部分技巧和艺术，就在于如何理解以及管理你在他人心中的印象；掌握印象管理的艺术，可以使你在别人面前表现出你所希望的形象，至少在某种程度上如此。

　　你用于实现自己预期印象的策略，要取决于具体的目标。人际传播的印象管理有七个主要的沟通目标和策略。当你浏览这些目标和策略，当你阅读这些策略如何起反作用的时候，请想想自己是如何打算把"好"的形象传递给他人，以及你做了哪些（这就是你使用的策略）去实现这个特定的传播效果的。

一、被他人喜欢：寻求亲近与喜爱的策略

　　如果你想被别人喜欢——比如，你到一所新学校或者刚参加工作，你希望同学和同事能喜欢你，你希望加入其他同学或同事的活动，而且你还希望其他人对你做出较高的评价——那么，你就可以运用寻求亲近的策略（参见第 6 章"掌握人际技巧专栏"）和寻求喜爱的策略。

　　观察下列寻求喜爱策略的清单，运用这些策略似乎可以增加人们喜欢你的机会（Bell & Daly，1984）。这些策略在初次沟通时尤为重要。人们发现，老师运用这些策略可以明显增强学生的学习动机（Martin & Rubin，1998；Myers & Zhong，2004；Wrench，McCroskey & Richmond，2008）。

- 帮助他人。
- 表现得像个领导者一样能够控制局面。
- 将自己和他人视为平等的人。
- 和他人相处时表现出放松和舒服的状态。
- 允许他人控制交往活动。
- 遵守文化规则，如说话礼貌，表现出合作的态度。
- 表现得积极、热情、充满活力。
- 鼓励他人谈及自己，促进他人展示自己、表达观点、参与互动。
- 确保和他人的交往积极快乐。
- 让他人参加你自己的社交活动或加入你所在的小组。
- 向他人展示你们之间的关系比真实情况更亲近。
- 积极认真地倾听他人。
- 表达出对对方的兴趣。
- 向对方展示自我。
- 要表现得乐观积极而非悲观消极。
- 让对方觉得你是个独立的、思想自由的人。
- 外在表现尽可能地吸引人。
- 显示自己是一个有趣的人，吸引他人来了解你。
- 显示出你能给交往的人带来回报。
- 尊重他人，帮助他人积极地感受自我。
- 安排彼此能频繁接触的环境。
- 向他人传递温暖和同情。
- 表明你和对方分享重要的态度和价值观。

- 在对方的人际交往中表现支持。
- 让对方觉得你诚实可靠。

不足为奇的是，简单的奉承话会让别人喜欢你。人们发现，奉承可以增加你面试成功的机会，会让顾客多给点儿小费，甚至增加你的可靠度（Varma, Toh & Pichler, 2006；Seiter, 2007；Vonk, 2002）。

然而，正如本部分我们所要讨论的所有策略一样，使用亲和策略也会产生消极的效果。过于频繁地使用亲和策略会让人觉得你很虚伪，让人觉得你只不过是为了自己的利益来讨好别人，而不是真正的"友善"。

二、被信任：信任策略

假设你是个政客，你希望别人为你投票，或者支持你的某个提案。这时，你很可能采用信任策略——这是一个早在 2 300 年前就出现的概念，并得到了当今研究的同样支持，你希望证明自己的能力、展示自己的个性和魅力。例如，为了证明你的能力，你可能会提及自己显赫的教育背景或者你主修的那些能让你成为专家的专业课程。为了表明自己良好的个性，你或许会告诉别人你是多么诚实，多么公平，或者你对他人是多么关心。为了展现自己超凡的魅力——你的勇于承担责任、积极的个性，你会表现出自己热情积极的一面，尽量减少自己的消极面。我们会在第 13 章讨论其他一些获得信任的方法。

当然，如果你过分强调自己的能力、特性和魅力，人们会认为你太爱表现了——就像一个害怕别人知道自己缺乏某种品质的人。例如，一般而言，有能力的人很少直接谈及自己的能力；他们的知识、洞察力和逻辑信息会展示出他们的能力。

三、为失败申辩：自我障碍策略

如果你接手了一个很难的任务，而且感觉自己很可能失败，那么你就可能使用自我障碍策略。自我障碍策略的极端情况是，你自己制造一些阻碍或困难，使这个任务根本不可能完成，所以当你失败时，没有人会责备你或者认为你办事效率低——毕竟，在大家看来，这个任务不可能完成。比如，明天要进行人际传播学的考试，可是你根本就没有做任何准备，你感到自己会不及格。那么在这种情况下，你很可能使用这种极端的自我障碍策略——你在考试的前一天晚上外出参加派对玩到很晚。那么如果你的考试不及格，你就会把原因归结为自己整晚聚会而不是自身的智力或能力不足。自我障碍策略不太极端的表现形式是为自己的失败寻找借口，如果你真的失败，借口早就想好了。如"考试不公平"就是一个常用的借口。或者你会把太久没约会的原因归于自己太害羞、太穷，或者自己那破炉子上很难烧出美味的晚餐。

自我障碍策略的负面效果是，频繁使用这个策略会让人们觉得你无能或者愚蠢。毕竟，你没好好准备考试，而且考试前一天晚上还去参加派对，这似乎说不过去，这很容易让人们觉得你综合能力不足。

四、寻求帮助：自我批评策略

如果你想别人关照你、保护你，或者向你施以援手，你可以使用自我批评策略。承认自己能力不足常常会得到他人的帮助。你可以说："我不会修下水管道，这都快让我发疯了，我对管道完全一无所知。"希望别人给你帮助。

但是请注意：使用自我批评策略会让他人相信，正如你说的，你真的没有能力。另一种情况是，他人也许会认为你故意承认没有能力而让别人帮你干活儿。如果时间长了，这个策略也不会奏效。

五、掩饰错误：自我监督策略

印象管理不仅要表现出积极的形象，还要通过自我监督策略压制消极形象。你要仔细地监督自己的言谈举止。为了让同事对自己的评价更高，你会避免说粗话；为了不让自己显得幼稚和不专业，你不吃口香糖。当你准备展示自己的积极方面时，你也在主动掩饰那些令人不快的部分。

但是，如果你的自我监督太过明显或太过频繁，别人可能会认为你不愿意展示自己，这可能是因为你不够信任对方，向对方展示自己的缺点会令你不舒服。在更极端的情况下，人们会认为你不诚实、不愿意展示真实的自己或你想愚弄别人。

六、被跟随：影响策略

很多情况下，你都希望别人把你当成领导者，当成在思想上、行为上都可以追随的人。那么你就可以使用一系列的影响策略。其中，有一套影响策略通常是权力的组合。例如，你通过强调你的知识（信息型权力）、你的专业技能（专家型权力），和/或你的社会地位赋予你的权力，比如医生、法官或会计（法定型权力）来增加自己的影响力。我们会在第 13 章详细讨论这些"权力的基础"。另一套影响策略就是通过强调以往的经验、自己渊博的知识或以前的成功经历，来获得领导权。

影响策略有时也会起反作用。无论何种原因，如果你的影响失败，那么你会完全丧失影响力。换言之，如果你试图影响别人可结果却失败了，那么你的影响力就会显得比以前的更少。当然，如果别人认为你试图通过影响他们来为自己谋取利益，那么你试图劝说他人的努力就会被拒绝甚至招致愤恨。

七、巩固自我形象：形象巩固策略

有时，你通过与人沟通来确认自己的形象。使用形象巩固策略的例子之一是，当你把自己视为派对的中心时，你会讲笑话来娱乐大众。这样做，你能确认自己的形象，你还可以让别人知道你是怎样的人。与此同时，你会展示那些与你期望的形象一致的方面，同时也很可能压制那些与自己期望的形象相背离的方面。

　　过于频繁地使用形象巩固策略，会让人觉得你"太完美而不真实"。如果你一直想维护积极的形象，人们可能会避开你——因为人们想看到自己的朋友或同事有某些缺点和不足。形象巩固策略会让你谈到自己，如此一来可能让人觉得你只顾自己。

　　掌握这些印象管理策略，知道它们何时有效、何时无效，会让你有更多选择来达到自己各种广泛的目标，比如：被喜欢、被信任、掩饰失败、寻求帮助、隐藏缺点、被跟随和确认自身的形象。

　　与此同时，你要意识到有时有些人会出于不道德的、不高尚的目的去使用这些印象管理策略。比如，有些人可能使用寻求喜爱策略让你喜欢他们，然后从你身上获得好处。为了获得选票，政治家通常表现得非常可信（有能力、有道德、有魅力），而事实上往往并非如此。二手车销售员和保险代理商也同样如此。有些人使用自我障碍策略来展示自己的行为，却是出于利己的目的。自我监督策略带有欺骗性，会制造出过于优美的假象。当然，人们在真假情况中都使用过影响策略。当人们试图夸大自身的积极品质而隐藏消极品质时，甚至是形象确定策略都可以通过欺骗来达到这一目的。

内容提要

本章探讨了人际传播中的自我和认知。

第一节　人际传播中的自我

1. 自我概念就是自己对自己的印象，是对自己是谁的回答。自我概念的来源包括他人的印象、社会性比较、文化习得和自我评估等。

2. 自我意识是关于自己的知识，反映对自己是谁的认知程度。探究自我意识的一个有效方法是包含四个部分自我的约哈里之窗。开放的自我是自己和他人都知道的自我；盲目的自我是自己不知道而他人知道的自我；隐藏的自我是只有自己知道而他人不知道的自我；未知的自我是自己和他人都不知道的自我。

3. 为了增强自我意识，应该经常反省自己，认真倾听他人的意见，积极寻找关于自己的信息，发现不同的自我以及扩大开放的自我等。

4. 自尊是自己赋予自己的价值，是对自我价值的认同。

5. 提高自尊的途径主要有：避免自我否定的消极思想、寻求肯定、与乐观豁达的人为伍、做容易成功的事情等。

第二节　人际传播中的认知

6. 认知是增加对客观对象和外部世界了解程度的过程。

7. 认知包括五个步骤：（1）刺激，（2）组织，（3）解读—分析，（4）记忆，（5）回忆。

第三节　印象的形成

8. 六个重要的认知活动会影响印象的形成：自我实现的预期会影响他人的行为；内隐人格理论会引导你根据一些特征推测另外一些特征；感知强化使你倾向于感知那些自己期望或需要的东西而不是感知实际存在的东西；首因—近因效应会影响你对首先出现的信息给予过分的重视（首因效应），使你容易接受与初始判断一致的信息，而曲解甚至误读与初始判断不一致的信息；寻求一致性的倾向和期望可能影响你只接受一致的信息而忽视不一致的信息；归因，即根据自己对因果关系的可控性判断来推测他人行为的原因。

9. 归因偏差主要有自利性偏差、过度归因偏差以及基本归因偏差等。

10. 提高印象准确性的途径有：分析自己形成的印象，认清自己在认知过程中的作用，检查认知，减少不确定性，通过识别自己和他人的区别包括不同文化背景的人的区别以提高文化包容性等。

第四节　印象管理：目标和策略

11. 印象管理的目标和策略包括：被喜欢（亲近策略与喜爱策略）、被信任（信任策略，展示能力、性格和领导力的策略）、为失败申辩（自我阻碍策略）、寻求帮助（自我批评策略）、掩盖错误（自我监督策略）、被跟随（影响策略）、巩固自我形象（形象巩固策略）等。

12. 上述印象管理策略有时也会事与愿违，给人留下不好的印象。它们既可以用来展示真实的自我，也可以用来塑造虚假的自我以欺骗他人。

关键词

affirmation 肯定

attribution 归因

cultural sensitivity 文化包容性

fundamental attribution error 基本归因偏差（过分重视内因而忽略外因）

implicit personality theory 内隐人格理论

impression formation 印象形成

impression management 印象管理

interpretation-evaluation 解读—评价

memory 记忆

other orientation 他人倾向

overattribution 过度归因偏差（将所有结果都归因于一两种明显的特质）

perception 认知

primacy-recency 首因—近因

recall 回忆

rules 规则

schema 模式

schemata 模式（复数）

script 流程

self-awareness 自我意识

self-destructive beliefs 自我否定的想法

self-esteem 自尊

self-fulfilling prophecy 自我实现的预期

self-serving bias 自利性偏差（将积极结果归于内因和可控因素，将负面结果归于外因和不可控因素）

思考题

1. 你对自己的自我概念满意度如何？你对自己自尊度的满意度如何？如果你不满意，你会为此做些什么？

2. 你做向下的社会比较（和那些在某些方面不如你的人比较）还是向上的社会比较（和那些比自己强的人比较）（Aspinwall & Taylor, 1993）？你做这些比较的目的是什么？

3. 尽管大多数对自我实现的预期的研究表明了其在行为方面的曲解效果，请想想你能够怎样运用该理论去增加行为的力度和频次。比如，对于一个害怕交流的人，你怎样鼓励她/他更自信地去说话？为了鼓励一个不愿意自我表露的人更多地展示他/她内心的自我，你能做些什么？

4. 读者来信专栏的作者通常把他们的问题归因于外部因素，而那些专栏作家则常把问题归因于内在的因素，因此他们的建议往往是对作者的指导（你不应该干那件事；道歉；断绝来往）（Schoeneman & Rubanowitz, 1985）。当人们和你讨论问题的时候，不管是面对面、发信件还是使用电子邮件，你遇到过类似的情况吗？一般你的反应是和专栏作家们一样的吗？

5. 当别人对你做出判断的时候，为了增强印象的准确性，你更希望人们接受哪条建议？

6. 在面对面的交流中，对某个人的排斥会给他/她带来很大的心理痛苦。一项研究表明，同样的结果也发生在网络排斥之中（Smith & Williams, 2004）。网络排斥和面对面的排斥有什么区别？

7. 在接下来的几天中，记下自己对别人的认知——记下你对别人的结论。试着用本章的那些术语对其进行分类，比如，"内隐人格理论"、"归因控制"，同时记录下这些事件发生的具体情景。记录下各种认知过程后，将全班按五六个人一组分组，与你的组员分享你的发现。最常见的情况是，你不想表露的不会表露。在你的认知中，哪些认知过程出现得最频繁？这些过程对准确认知产生障碍了吗？

8. 你在多大程度上愿意操纵自己想呈现给别人的印象？比如，当你不喜欢某人的时候，你会对他/她友好以欺骗他/她吗？另一个假设的情景是，你很想和某个人约会。假设你知道自己想约会的人喜欢的类型，而你自己拥有能力像那类人那样与人沟通。你这样做是道德的吗？要是在求职面试中遇到同样的情形呢？当你像主试者希望的而不是按照真实的自己去沟通的时候，你认为自己是道德的吗？总之，你认为多大的真实度才是道德的？

 ## 情境选择

1. 理解拒绝。在学校里，你向几个人发出了约会邀请，可是你收到的所有答复都是拒绝。一定有什么地方不对劲，你没那么坏。问问自己：你能做些什么，去了解这些拒绝背后的深层原因？

2. 降低自尊。你弟弟和某人建立了关系，但是这个人总让你弟弟出丑。这几乎使他的自尊降到了零。如果持续这样下去，你害怕你弟弟会再经历一场严重的抑郁。问问自己：你有什么办法去处理这个问题？如果有的话，你会做什么？

3. 面对面。过去的七个月，你一直和帕特在网上交流。最后你们决定见面一起喝咖啡。你很想让帕特喜欢自己。问问自己：你准备运用哪种印象管理策略？

4. 求职面试。你准备去参加一个求职面试。你很希望面试者觉得你可靠、有影响力。问问自己：这场面试中，哪种策略会是有帮助的？

5. 改变第一印象。在你的人际传播课堂上，你给人留下了很糟的第一印象。你本想来一场冷嘲热讽式的搞笑，不料却搞成了一场冷嘲热讽。问问自己：为了减轻这个第一印象的负面影响，你能做些什么、说些什么？

 ## 我的传播实验室

这些练习有利于你进一步探讨本章讨论的自我和认知概念。

1. "你能打消自我否定的念头吗？"请你思考自我否定的念头以及处理的方法。其他的练习重点在于使你意识到认知的影响，帮助你提高认知的准确性。2. "认识自我"考察你怎样看待自己以及别人怎样看你，这个练习也是一个良好的开端。3. "怎样认识别人的认知"提供了许多人们的认识存在分歧的情景。对于"同一"事件，也存在多种认知的可能性。4. "如何归因"提供了一些特殊的情境，考察在解释行为原因的时候，你会如何归因。5. "准确认知的障碍"展示了一个对话，要求你去识别其中的许多认知错误。6. "立场选择"请你就相同的情境分别采取积极的态度和消极的态度，探讨人们可能从同一事件中得出不同的结论。

第4章

人际传播中的倾听

倾听的重要性：有利于事业发展和人际关系　　　　文化、性别和倾听
倾听过程　　　　　　　　　　　　　　　　　　　有效倾听的方式
倾听障碍

《料理鼠王》

　　在影片《料理鼠王》中，不管你最初的看法如何，林奎尼有幸学到的最伟大的一门传播学课程就是倾听。这也是人际传播中需要遵循的一条有用原则——正如本章所展示的：倾听、什么是倾听、怎样改善倾听。

倾听显然是人际传播中最重要的技巧之一。想想你自己日常生活中一天的倾听行为：早上被闹钟叫醒；打开电视，收听天气预报和新闻；打开电脑，浏览 YouTube 上最新上传的视频和弹出广告；一边打手机一边去学校；听同学和老师讲话；听音乐或者看电视；吃饭时听家人聊天。显然，倾听在你一天的交流中占据了很大一部分。

 第一节　倾听的重要性：有利于事业发展和人际关系

倾听技巧对你的事业发展和人际关系作用巨大。首先，在职场中，倾听被视为一门很重要的技能。例如，一项研究表明，在这个技术变革的时代，员工的人际交往技巧尤为重要；员工能否晋升，取决于他们是否能有效地进行口头和书面的表达、行为举止是否合适，以及能否专注地倾听。在一项对西方和亚洲跨国公司 40 多名 CEO 的调查中发现，这些顶级高管最大的缺点就是缺乏倾听技巧（Witcher，1999）。

在事业方面，倾听的另一个重要益处就是建立和展示权力。正如你通过语言和姿势来展示权力一样，你同样可以通过倾听来展示自己的权力（在第 13 章对权力的讨论中，我们会具体谈到这一点）。

有趣的是，我们发现有效倾听者往往是一个团队的领导者，或者是一位高效的销售人员、护理人员、经理（Johnson & Bechler，1998；Kramer，1997；Castleberry & Shepherd，1993；Lauer，2003；Stein & Bowen，2003；Levine，2004）。近来，一些医学教育者声称医生没有受过如何倾听病人的训练，为此他们引入了所谓的"讲述型药物"。这种做法的目的，不仅是要教会医生如何更有效地倾听病人，而且还要教会医生意识到他们自己的情绪会如何影响到他们对病人的认知效果（D. Smith，2003）。

毫无疑问，倾听在我们发展和维持人际关系中扮演了重要的角色（Brownell，2006）。当女性被问及对伴侣的要求时，她们都会异口同声地说："能倾听的伴侣。"大部分男性也都承认自己同样需要一位能倾听的伴侣。倾听技巧被认为是朋友相处最重要的技巧。事实上，如果你不是一个好的倾听者，那么别人就很难把你当作朋友。孩子们需要学习倾听自己的父母，他们也需要自己的父母倾听他们。父母也需要学会去倾听孩子。

理解倾听的重要性，还有一个方法就是去思考倾听的目的以及这些目的带来的益处。当然，这些目的和一般人际传播的目的是一致的。就像我们在第 1 章提到的一样，倾听的目的在于学习、和他人形成某种人际关系、进行娱乐、去影响和帮助别人。

- **学习**。倾听的一个目的是学习，这就像你在学校里上课听讲一样。你还可以通过倾听来了解他人，避免犯错，做出更合理的决定。例如，听听你的朋友如何处理和他/她那位性情暴躁的恋人的关系，可能会给你或者你认识的人提供一些想法。倾听销售员工讨论他们的困难，可能有助于你为他们提供更多相关的营销培训。

- **关系**。在一段健康的人际关系中，最重要的沟通技巧就是具备倾听能力，即有能力去倾听朋友、恋人、家人、同事和你所接触到的人。事实上，在第11章，我们还会讨论到，女性把倾听作为选择伴侣最重要的一个因素。我们都用倾听去获得社会的认可，让人们更喜欢我们。你自己的经验表明：你最愿意交谈的人，是那些懂得倾听的人。当你认真地倾听他人讲话并且表现出支持的态度时，你是在表现对对方真正的关切。这是一种告诉对方你很关心他们的方式。

- **影响**。你同样通过倾听去影响他人的态度、价值观、信念、观念和行为。起初，这种关系可能显得比较奇怪，但想想生活中对你有影响的那些人，很可能这些人都是那些倾听你、知道你、了解你的人。一旦你感到对方真的是在倾听你，了解了你的想法和观点，你就会更容易听从对方的建议。

- **娱乐**。听音乐和树叶的沙沙声是一种娱乐。这种倾听不需要产生什么有益的结果，它只是为了一时的愉悦。倾听家人有趣的故事和同事们的趣闻，会让你在工作和娱乐间获得某种平衡。

- **帮助**。在我们成长的过程中，父母通过倾听（或者有的时候不倾听）我们的需要来帮助我们解决问题。这就是以帮助为目的的倾听。有时候哪怕只是倾听，就算不给出意见和建议，也可以提供莫大的帮助。这种支持性的、不具影响力的倾听能帮助人们理清思路，使他们显得更客观。当然，倾听是提供建议和帮助的先决条件。毕竟在不了解发生了什么事的前提下，你无法提供有效的帮助。

第二节   倾听过程

倾听的过程可以分为五个步骤：（1）接收（听到并关注信息），（2）理解（破译听到的信息），（3）记忆（在记忆中保存你听到的信息），（4）评估（仔细地思考和判断信息），（5）回应（答复或者给予说话者反馈）。详见图4—1。

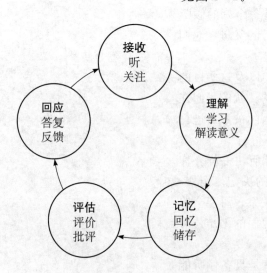

图4—1 倾听的五步模型

注意，在倾听的每个阶段都会出错。比如，在接收阶段，一位接收者接收到了信息的一部分，但是，由于噪音或者其他的原因，没有接收到信息的其他部分。与此相似，在理解阶段，一位倾听者理解了一条信息的一部分，但是，由于没有人能完全理解别人的信息，他/她没有理解那条信息的其他部分。同样的情况也发生在记忆、评估和回应阶段。本模型的制定，吸取了以前研究者的许多成果（for example, Alessandra, 1986；Barker, 1990；Brownell, 2006）。

这五个步骤是重叠的。当你在倾听他人讲话时，你基本上在同时进行这五个步骤。例如，当我们听某人讲话时，我们不仅在注意倾听对方讲话，同时也在评估他/她的谈话内容，有时也会给予反馈。

倾听从来就不是完美的。在听他人讲话的过程中，人们会出现走神、误解、错误的记忆、不适当的思考和不适当的反馈等。我们的目标就是尽可能地减少这些阻碍。

请注意，倾听是一个循环的过程。A 的回应会成为 B 的刺激，B 的回应又可以成为 A 的刺激，如此等等。正如下面将要讨论的，在这五个步骤中，倾听不是把说话者脑海中的意识转移到倾听者的脑海之中，而是说话者和倾听者一起努力达成共识的过程。

图 4—1 强调了倾听所需的各种技巧：关注和集中（接收信息）、学习（理解信息）、记忆（储存信息）、思考（评价信息）以及反馈能力（回应对方发出的信息）。在任何阶段，倾听都有可能出错，所以你可以通过强化自己在倾听各个阶段所需要的技能来提高自己倾听的能力。以下是一些提高上述技巧的建议。

第一步：接收

倾听从听开始，是接收说话者传递信息的过程。关于倾听的一个最大误解是：**倾听**（listening）和听（hearing）是一样的。这是不对的。听只是倾听的第一步，它的意思和接收信息一样。听（接收信息）是一个生理过程，当空气的振动到达你的耳膜时，你就听到了。它是个无意识的被动过程，不需要你的注意；倾听则不同，倾听是有意识的。

在**接收**（receiving）阶段，你不仅要注意别人说了什么（包括语言和非语言的信息），你还要注意别人省略了什么。比如，老板肯定你的工作表现的同时，他/她不会提及你的不足。你可以通过以下方法来提高自己的接收技巧：

1. 把注意力集中在说话者的语言和非语言信息上。注意他说了什么，没有说什么。不要把注意力集中在你下一步要说的话上，如果你开始准备自己的反馈，那么你将错过说话者后面的谈话内容。

2. 避免分心。如有必要，关掉音响，或者让助手帮你接电话。

3. 保持自己的倾听者角色，避免插话。插话只会阻止你倾听别人的信息。

在这个有关倾听技巧的简短讨论中——事实上，在整章关于倾听的讨论中——一个暗含的前提是双方都能毫不困难地接收到听觉信号。但是那些听力受损的人，在倾听时则会出现很多问题。表 4—1 为那些有听力障碍的人士和无听力障碍的人士之间的交流提供了一些技巧。

第二步：理解

理解（understanding）是你获悉说话者意思的阶段，是你把握说话者的思想和情感的阶段。

你可以通过以下方法来提高你的理解技巧：

表4—1 人际交流技巧

有听力障碍的人士和无听力障碍的人士之间的交流

路德维希·凡·贝多芬　　托马斯·爱迪生　　皮特·汤森　　玛丽·马特林

有听力障碍的人士在他们的听觉能力方面差异很大：有些人完全丧失听力，什么都听不到；有些人部分听力缺失，只能听到一些声音；还有一些人听力受损，但能够听到大部分的谈话内容。尽管听力受损的人能够说话，但他们的语言没有无听觉障碍的人清晰。以下是一些帮助无听力障碍的人士与有听力障碍的人士提高沟通效果的建议。

如果你没有听力障碍：

1. 建立一个舒适的谈话环境。你可以拉近自己和有听力障碍人士之间的距离，减少背景噪音，关掉电视甚至空调。

2. 不要插话。确保别人可以清楚地观察到你语言中的视觉暗示。不要抽烟，不要嚼口香糖，不要把手挡在嘴巴上。确保光照充足。

3. 用合适的音量说话。但是不要大声叫喊。大声叫喊会曲解你的内容，并可能冒犯听众。注意在句子结尾的时候，不要降低音量。

4. 用不同的方式来表达意思。因为有些词语更易于唇读，如果你能用不同的词语来表达你的意思，将会很有帮助。

5. 避免重复讲话。如果是小组谈话，那么一次只要一个人发言。类似的，把你的意见直接告诉听力受损的人士，而不是通过第三方转达。人们发现，小学教师给有听力障碍的学生的意见，比给听力正常的学生要少得多（Cawthon，2001）。

6. 询问额外的信息。询问对方，你可不可以做什么让他/她更容易理解你。

7. 不要避免使用常规短语。当"听、听见、音乐、聋"这些词语和谈话内容相关时，可以尽量使用，否则会让对方听起来觉得你很虚伪。

8. 使用非语言暗示。非语言信息有助于表达你的意思；那些表示位置、大小的姿势和表达情感的面部表情也非常有帮助。

如果你有听力障碍：

1. 尽量消除背景噪音。

2. 如果能听得更清楚，离说话者近一点。让说话者知道，这个更近一些的距离能让你听得更清楚一些。

3. 要求调整。如果你觉得说话者做某些调整可以帮助你理解他的谈话内容，请对方调整。比如，你可以要求说话者重复某个信息，请对方放慢语速、说得更清晰一些，或者提高音量。

4. 找到最佳倾听位置。如果你一只耳朵比另一只耳朵听得清楚，那么调整自己的座位；你也可以直接告诉说话者，让对方做出相应的调整。

5. 询问额外线索。如有必要，你可以要求说话者写下相关信息，比如电话号码或者网址。随身携带一支铅笔和一个小本儿对此会很有帮助。

资料来源：这些建议综合了以下资料：与聋人沟通的技巧（Tips for Communication with Deaf People）（Rochester Institute of Technology, National Technical Institute for the Deaf, Division of Public Affairs）, http：//www. his. com/～lola/deaf. html, http：//www. zak. co. il/deaf-info/old/comm_ strategies. html, http：//www. agbell. org, http：//www. dol. gov/odep/pubs/fact/comucate. htm, http：//spot. pcc. edu/～rjacobs/career/communication_ tips. htm（all websites accessed May 7, 2008）.

1. 说话者开口之前不要揣测他的意思。如果你这么做了，就会阻止你听到说话者真正想表达的内容。

2. 从说话者的角度来理解信息。在你真正理解说话者所要表达的意思之前，避免提前做出判断。

3. 必要时，要求澄清；如有需要，询问一些额外的细节或者例子。这不仅表示你在倾听对方——这总是会让说话者感觉良好的，而且还表明你想了解更多。那些没有被理解的信息是很容易遗失的。

4. 用自己的语言复述说话者的意思。你可以默念，也可以大声说出来。如果你默念，将帮助你重新组织并得到更多的资料；如果你大声说出来，也可以帮你确认自己对说话者所表达的意思的理解。

第三步：记忆

有效倾听取决于**记忆**（remembering）。例如，当苏珊说她计划买一辆新车的时候，有效的倾听者会记住这个信息，并在以后的会面中询问她有关车的事情。当乔依说他的妈妈生病的时候，有效的倾听者也会记住这个信息，并会在一周后询问他母亲的身体状况。

在小型团体或者公开演讲的场合，你可以通过笔记和录音来强化这些记忆。在很多工作场合，做笔记非常普遍，也是人们所期待的行为。然而在大多数人际交往场合中，尽管你常会记下电话号码、约会安排或者对方的指示，但是，做笔记是不太合适的。

或许理解记忆最重要的一点是：你记住的不是对方说了什么，而是你记忆中存储的对方说了什么。对演讲的记忆不能再生，你不可能回忆出演讲者说了哪些具体的话。但记忆可以重建，你可以通过重组这些信息，把演讲中对你有用的内容存储在记忆里。

如果你想记住别人的话或很多人的名字，那么你需要把这个信息从你的短期记忆转移到长期记忆中。**短期记忆**（short-term memory）在容量上非常有限，你只能在那里存储一小部分信息。**长期记忆**（long-term memory）是无限的。为了把记忆从短期记忆转移到长期记忆，你可以尝试以下方法：

1. 确定中心概念。即使是最随便的闲谈，也有中心意思。记住这些主题，随着谈话的进行，不断地重复这些主题。

2. 用更容易记忆的方式来总结信息，但不要忽略关键细节。如果你能把关键内容分类记忆，那么就能记住更多的信息。比如，你想记住 15 至 20 种要去超市采购的东西，把它们分成农产品、肉类、罐头食品来记忆，就会更容易记住它们了。

3. 在心里不断重复那些名字或者关键概念，或者，如果合适的话，把这些信息大声说出来。重复名字和关键概念，事实上是在背诵它们，其结果是更容易把这些信息记住。如果你被介绍给艾利斯认识，那么打招呼的时候你最好说："你好，艾利斯"而不只是"你好"，因为重复信息有助于你记住"艾利斯"这个名字。

课堂讨论 4.1　"错误记忆综合征"（false memory syndrome）这个术语是指人们"记住"了过去从来没实际发生过的事情。大多数关于错误记忆综合征的研究集中在滥用回忆错误和其他痛苦的经历上。通常这些错误的记忆是由治疗师或者面试者灌输的。他们对个体不断地提问，经过一段时间后会使这些个体逐渐相信这些情景真正发生过（Porter, Brit, Yuile & Lehman, 2000）。在哪些不太显著的情形下，错误记忆综合征也会发生？

第四步：评估

评估（evaluating）即用某种方式来评价信息。有时你可能会去评价说话者隐含的意思和动机。通常，这种评估是在无意识的状态下进行的。例如，艾琳跟你说她快升职了，她对此非常兴奋。这时，你可能会试着判断她告诉你这个消息的意图：也许她希望利用你对总经理的影响力；或许她一心想着升职，所以先告诉大家；或许她可能只是想得到你的夸奖。

在其他一些情况下，你的评估更带有批评和分析性质。例如，在商务会议上听到某项提案时，你也许会问：这个提议可行吗？它们能增加产量吗？证据在哪里？有没有相反的证据？

进行评估时，请考虑以下这些建议：

1. 直到你能完全理解说话者的观点以后，再开始评估。做到这点并不容易，但却非常必要。如果你在听他们说话之前就已经给说话者的内容贴上了标签，那么你将通过标签来倾听余下的信息。

2. 把事实与说话者的观点及对谈话内容的个人理解区分开来。最重要的是，在脑海中把这些信息用标签区分出来。例如，你应该记住"杰西说帕特做了什么"，而不仅仅是"帕特做了什么"。

人际传播伦理专栏

倾听的道德

作为一名倾听者，你至少负有两项伦理义务：

1. 面对说话者你负有如下义务：诚实倾听，不做过早判断，尽你所能摆脱成见和偏见。同时，你应尽力理解说话者在情感和知识两个方面的意思。

2. 其次，你应该诚实地回应说话者。正如你作为说话者应该诚实地面对倾听者一样，当你倾听的时候，你应该诚实地面对说话者。这既包括给予坦率、诚实的反馈，也包括如实地回应说话者提出的问题。

你会怎么做？

你的朋友开始向你诉说他的秘密——有关家庭问题、缺钱、没有朋友等等。因为这些内容很沮丧，所以你不想听。但同时你又拿不定主意，自己是否负有道德义务去坦率地倾听并真诚地回应朋友。在这种情况下，你会怎么做？

3. 识别偏见、个人利益或者成见。这些偏见、个人利益或者成见可能会使说话者所说的内容不公平并带有倾向性。明智的做法是询问某些内容是否公平或者说话人是否歪曲了信息。

4. 识别某些普遍但错误的观点，例如：

- 取名字：用一些自己喜欢或者不喜欢的标签去给自己的认知涂上颜色——比如"民主"和"对恐怖主义心慈手软"就是时下流行的两个例子。
- 证明：用积极或者消极的代言人来促使你接受或者拒绝某些东西——例如，让一名当红的演员去卖牙膏，或者让一个不受欢迎的政治人物来表达说话者本人反对的观点。
- 从众心理：因为"别人都这样"，所以你应该相信或者做某事。

第五步：反馈

反馈（responding）发生在两个阶段：即说话者讲话的时候的反应，和说话者讲完以后的反应。这些反应会成为反馈信息——也就是你回馈给说话者的信息，告诉说话者你对他/她所传递的信息的感受和思考。

说话者讲话时给予的支持性反馈通常是最有效的，这表明你在倾听，表明你在支持说话者。这些反馈包括研究者称为"后渠道信息"的非语言信息——例如"我知道"、"对"、"嗯"和类似的信号。"后渠道信息"在面对面的交流中尤为重要，我们将在第8章中详细讨论。

你在说话者停止讲话后给予的反馈会更详尽，还可能表达共鸣（我知道你的感受），要求澄清（你是说要用这个新的健康计划替代旧的健康计划吗?），质疑（我觉得你的证据有点单薄），或者同意（在这一点上，你完全正确，我会支持你的提议）。

下面是让反馈更有效的一些技巧：

1. 在对方说话的过程中，通过使用或改变一些代表你正在倾听的信号来表明你对说话者的支持，如，点头或者"我明白"、"嗯"之类的回应。

2. 做出自己的回应。对自己所说的话负责。不要说"没有人想那样做"，应将其表达成"我不认为我会那样做"。

3. 除非别人请你给出建议，否则，不要为了"去解决他人的问题"而回应（这是人们经常指责的行为），而应该"回应对方的情绪"（Tannen，1990）。

表4—2 区分了许多容易引起问题的倾听反应。

表4—2　　　　　　　　　　　　　**引起问题的倾听反应及纠正**

下面这些例子中所展示的倾听反应能够促进有效的、令人满意的人际沟通。	
引起问题的反应	纠正
静态的倾听者 不给什么反馈，没有动作，毫无表情。	给出适当的反馈，比如微笑、点头，以及与信息内容和情感相关的适当反应。
乏味的反馈者 似乎在反应，但是他们的反应毫无变化，不管你说什么，他们都是同样的反应。	根据谈话的内容给予不同的反馈。
过度反馈者 给予每件事过分的反应。	使用和别人信息的基调一致的反馈。
避免眼神接触者 看房间、看别人，但就是从来不看你。	看说话者；不要盯着看，但是要让说话者成为你目光注视的焦点。
心事重重的倾听者 同时也听其他的事情，他们常常戴着耳机，耳机的音量还很大，有时干扰你自己的思路。	向说话者表明他/她是你的首要关注对象。取下耳机；关掉iphone或者电视；离开电脑屏幕。
等待的倾听者 倾听的目的是为自己找说话的机会。	等说话者讲完后再说话；当说话者在说话的时候，避免给出你自己想说话的信息。
结束思考式的倾听者 只听一会儿就结束自己的思考。	让说话者说完自己的想法，以示尊重。结束自己的想法传递的信息常常是，没有什么重要的事要说了（"我已经知道了"）。
挑剔的倾听者 常常负面评价你说的所有事情。	避免挑剔（除非环境需要）；只要可能，保持积极评价。
建议性倾听者 在你刚提到一个问题或者决定的时候就给你建议。	除非别人要求，避免给出建议。避免只从男性的角度出发解决问题。
永无止境的倾听者 只希望你说下去，常常在你把想说的都说完了之后，还希望你说下去。	学会交换说话者和倾听者的角色。"听"和"说"往往是越短越好。让谈话自然结束，不要不必要地延长谈话。

第三节 倾听障碍

在练习倾听各个阶段技巧的同时，还应该注意倾听中普遍存在的一些障碍。下面介绍四种倾听障碍，以及作为倾听者和说话者如何处理它们的建议。倾听者和说话者都对有效倾听负有责任。

一、走神：物理的和精神的

倾听的物理障碍可能包括听觉受损、嘈杂的环境，或者音乐噪音。多重任务（比如，一边看电视，一边带着支持的目的去听别人说话）是没有效果的。说话者和倾听者都应该移除一切可以移除的实体障碍。对那些你不能移除的障碍，要尽量调整自身的倾听和说话，把障碍的影响降到最低。作为听众，你要全神贯注地关注说话者，然后再去注意房间或者别人。

精神分神和身体分神在某些方面比较类似。它们都表现为没有集中精力去倾听。典型的精神分神是当你倾听时，脑子里却在想周末晚上的约会，或者因为你太情绪化而无法去清晰地思考（或者清晰地倾听）。这时，如果你是倾听者，请提醒自己，你可以稍后再去想约会的事情。如果你是说话者，请保证说话的内容有趣，并且和听众相关。

二、偏见和歧视

对于某个群体或者某个群体中某些成员的偏见，不可避免地会让人曲解倾听的内容。例如，假设有人认为，只有一种性别才对某个特定的话题拥有发言权。持有这种性别偏见的人就很可能会曲解与这个偏见对立的信息。作为倾听者，你不应因为自己的偏见而拒绝对立的信息；毕竟，如果这些偏见值得持有，它们就应该经得起不同的意见。当你作为说话者，感觉自己可能面对偏见的时候，你可以要求听众把对某事的偏见暂时搁到一边——你可以说："我知道你们不喜欢马丁，也理解你们为什么不喜欢他。不过，请先听我说……"

封闭是偏见的另一种形式。例如，有人拒绝听任何关于女权主义或者同性婚姻的讨论，这就是封闭。作为一名倾听者，你可以去假定说话者讲的内容在某个方面是会有帮助的。作为一名说话者，你要意识到听众会对许多话题采取封闭的态度，切记，坦率往往会很有帮助的。比如，你可以说："我知道这和很多人的想法不同，但是，让我们从逻辑的角度来看待这件事。"

课堂讨论 4.2 研究指出，过度的手机聊天比过度的面对面聊天更令人讨厌（Monk, Fellas & Ley, 2004）。一位研究者争辩说，手机聊天更令人厌烦，是因为你只能听到一方的谈话。在公共汽车上或者商店里，你是否很讨厌自己旁边的人用手机聊天？如果真是如此，为什么？

三、缺乏合适的关注

很明显，注意听别人说话的内容对有效倾听来说是必须的。但是，很多因素会让你分心。例如，听众常常会因为关注一些无关的事情而分心，一个明显的例子就是去回忆过去。作为听众，应注意使自己不要偏离谈话的主题，不要纠缠于那些无关紧要的细节。试着对自己重复主题，并寻找与主题相关的细节；作为说话者，你要避免使用可能使听众分心的语言或者例子。

有时，人们只去听和自己明显有关的信息。不过，这种倾听会妨碍你拓展自己的视野。毕竟，那些你起初认为不相关的信息最后很有可能会对你有帮助。不要把所有的信息都解读成你自己理解的信息，要换个角度看事情。作为说话者，你要确保自己谈话的内容和听众息息相关。

听众常犯的另一个错误是当说话者还在讲话时，就开始关注自己该如何回应。思考怎么回应或者对对方说什么（甚至是插话），这将阻止你听到完整的信息。相应的，你可以在内心做个记号，然后接着倾听。作为发言者，当你感到有听众想和你争辩时，你应该让他们先认真地听你把话说完——"我知道你不同意这一点，不过请先让我说完，然后我们再来讨论这个问题。"

四、过早下结论

过早下结论一个最明显的表现，可能就是认为自己已经知道说话者要讲什么了，因此也就没有必要去倾听了。让发言者把他们想说的内容讲完以后，再去决定你是否真的知道对方想说什么。当然，作为发言者，明智的做法就是假定听众已经猜到你要说什么了，所以明白地告诉他们你会讲一些大家意想不到的内容，将会很有帮助。

掌握人际技巧专栏

坦率

人际交流中的坦率是自我表露的意愿，即适当地披露自我信息（参见第 8 章）。坦率也包括愿意坦率地倾听他人的信息和对他人的信息做出诚实的反应。但这并不是说坦率在任何情况下都是合适的。事实上，过分的坦率有时似乎会降低你对关系的满意度（Dindia & Timmerman，2003）。

坦率交流必须考虑到以下几点：

■ 适当的时候才进行自我表露。记住你说的关于自己的那些话。这种交流方式既有好处，也有危险（参见第 8 章）。

■ 对自己交流对象的反应要自然，要有适度的诚实。同时，你也要知道自己在说什么，要知道自己的那些信息可能带来的后果。

■ 拥有自己的想法和情感。对自己说的话负责。用"我的信息"取代"你的信息"。可以把"当你不问我的意见时，你让我觉得自己很笨"，表述为"当你去问其他人却没有问我的时候，我觉得自己很笨"。当你有自己的想法和情感——也就是使用"我的信息"——的时候，你会说："这是我的感受。""这是我对形势的理解。"这类"我的信息"会清晰地表明你对外部因素（比如，其他人的想法）和内部因素（比如，你的态度、偏见、成见）之间相互关系的感受。

运用人际技巧

运用 10 分制来描述你在学校和朋友的交往，其中 1 表示最封闭，10 表示最坦率。你和家人的交往呢？你和自己最好的朋友或者恋人呢？你认为坦率有哪些好处，有哪些危险？

听众常常根据不完整的信息得出结论或者作出判断。比如，有时，听众刚听到发言者说出了跟自己不同的一个观点，或者是一个性别歧视的言论，或者是一个毫无文化的看法，就会停止倾听。实际上，这种情况更需要你集中精力去倾听，要避免匆匆下结论。要避免在收集到所有的信息以前就下结论。先倾听，再下结论。作为一个说话者，你应该了解听众的这些倾向。遇到类似的情况时，要求他们暂缓作结论。一句简单的"听我把话说完"，常常就足以防止听众过早下结论了。

第四节　文化、性别和倾听

倾听很困难，部分原因就在于说话者和倾听者之间的沟通系统不可避免地存在着差异。由于每个人都有自己独特的经历，每个人的意义系统也会和别人不同。当说话者和倾听者来自不同的文化背景或者拥有不同的性别时，这些差异和它们的影响自然会更大一些。我们首先来谈文化。

一、文化和倾听

在这个全球化的大环境中，来自不同文化背景的人们在一起工作。因此，理解文化差异对倾听的影响方式尤为重要。其中有三个因素可能特别重要：（1）语言和演讲，（2）非语言行为，（3）反馈。

语言和演讲

即使讲话者和倾听者使用同一种语言，他们也会使用不同的意义和口音。没有两个人说着完全相同的语言。即使使用同一种语言的人，由于他们的经历不同，他们使用的同一个词语的意思也不相同。

如果说话者和倾听者的母语不同，而且一个人学会了英语作为自己的第二语言，那么他们在意义上的区别就会更大。翻译永远都不可能完全抓住其他语言的意思。例如，如果你所处的文化对房子（house）的理解是被大片土地所环绕的独立屋子，那么当你和来自不同文化、认为房子是与人为邻的高楼大厦的人沟通时，就会有困难。虽然你们听到的是同一个词，但彼此的理解是完全不同的。特别是在跨文化交际的情形中，虽然你们说着同一种语言，但要理解说话者的意思，可能并不是件容易的事。

在美国的各个学校里，会出现不同的口音。那些母语是声调语言的人，比如母语是中文的人（汉语用声调来区别意义）说英文时的语调通常会让听众犯迷糊。母语是日语的人则在区分 l 和 r 的发音时可能会遇到困难，因为日语中没有这种区分。母语有时会像一个过滤器，影响到第二语言的发音。

非语言行为

来自不同文化背景的人有不同的**显示规则**（display rules）。这些文化规则掌控着在公共场合，哪些非语言行为是合适的，哪些是不合适的。当你倾听别人的时候，你也在倾听他们的非语言信息。如果非语言信息和你基于语言信息的预期完全不同，你可能会经受噪音、会受到干扰甚至得到完全相反的信息。当然，不同的文化会对同一种非语言姿势有完全不同的理解。例如把大拇指和食指组成一个圆圈的手势，在美国大部分地方的意思是"OK"，但是在日本的意思是"钱"，在一些地中海的国家的意思是"零"，在突尼斯的意思是"我要杀了你"。

反馈

有些文化的成员给出的反馈很直接、很坦率。来自这些文化的说话者——美国人就是个很好的例子——期望的反馈是听众们诚实的感受。在其他一些文化中——日本和韩国是很好的例子——给予正面的反馈则要比给予真实的反馈更为重要，所以有时候人们虽然并不同意说话者的观点，他们也可能会给予积极的反馈（比如在商学院讨论一个提议的时候）。尽可能地去倾听反馈中的信息，你可以充分识别不同文化之间看待反馈的巨大差异。

二、性别和倾听

正如使用语言信息和非语言信息的风格不同一样，男性和女性的倾听风格也不同。这些差异在两性之间的交流中造成困难。

亲切谈话和报告谈话

根据黛柏拉·泰南的畅销书《你并不了解：交谈中的男女》（Deborah Tannen，*You Just Don't Understand：Women and Men in Conversation*，1990），女人寻找的是亲切谈话、建立亲密的关系，她们利用倾听来实现这一目标。另一方面，男性则会炫耀自己的专长，强调自己的专长，利用自己的专长去主导交流。他们会谈论一些事情；他们会报告这些内容。而女性则较少渲染自己的专业能力，她们更感兴趣的是谈论感受、谈论人际关系，以及在沟通中的相互支持。泰南认为，男性谈话的目的是得到尊重，所以他们更多地去展示自己的知识和专长。而女性则希望获得别人的喜欢，所以她们在谈话中常表示赞同。

倾听暗示

在用倾听暗示向说话者反馈意见的方式上，男性和女性不同。在谈话中，女性倾向于给出更多的倾听暗示——比如"耶"、"啊哈"、点头表示同意、微笑。而男性更倾向于安静地倾听，不会给出太多的倾听暗示。与男性相比，女性和谈话者的眼神交流更多，而男性则更倾向去看周围，并且常常把目光从说话者身上移开（Brownell，2006）。从这些差异看来，在倾听过程中，女性似乎比男性更投入。

课堂讨论 4.3 人们通常相信，男性倾听的目的是为了证实自己更胜人一筹，而女性倾听则是为了迎合她们自己。尽管没有什么证据证实这种观点，但是它们维持了人们关于两性的一些假设。你认为造成男性和女性倾听方式不同的原因是什么？

倾听数量和倾听目的

泰南认为，与女性对男性的倾听相比，男性对女性的倾听要少得多。其原因是，泰南说，倾听者处于较低的地位，而说话人处于较高的地位。男性在倾听时，更多表现出争辩架势，似乎准备着争辩。他们也可能倾向于去问一些针锋相对的问题，以显示其专业能力。而女性则多是提一些支持性的问题，她们也许会提出一些批评，但这些批评也会比男性的正面得多。男性和女性会以同样的方式对待同性或异性，他们倾听的方式似乎不会随着听众性别的不同而发生改变。

相当重要的是，我们必须记住，并非所有的研究者都认为有足够的证据来证实泰南和其他研究者在性别差异方面的观点（Goldsmith & Fulfs，1999）。

性别差异正处在快速和剧烈的变化之中；最好的方法是对关于性别差异的观点进行概括，并把这作为调查的起点，而不是把它作为牢不可破的结论（Gamble & Gamble，2003）。此外，正如你观察到的，虽然性别差异很大，但是男性和女性之间的相似性远远要超过差异性。因此，对性别的差异性和相似性都应给予关注。

请教学者专栏

倾听中的性别差异

如果倾听中男性和女性表现确实不同，那么我该如何确保他人按我的需要来倾听呢？

在倾听中女性比男性表现得更好。正如本章所指出的，要想更适当地倾听，说话者或倾听者都负有一定的责任。为了实现更有效的倾听，我们提出以下一些建议：

1. 确定自己倾听的需要。你希望别人给你提出解决个人问题或者专业问题的建议吗？你需要得到同情来释放挫败感吗？你是在寻找帮助之类的行为吗？

2. 评估时机和地点。在双方都有足够的时间且不受干扰的前提下，再开始重要的谈话。

3. 清晰地表达需要。"我需要你关于……的建议"或者"我想知道你对……的反馈"。这是在给倾听者关键的提示。交流过程中，说话者和倾听者都需要核实自己是否准确地表达、是否准确地理解了。

更多信息参见：Deborah Borisoff and Dan Hahn，"Gender and Listening：Values Revalued，" in M. Purdy and D. Borisoff（eds.），*Listening in Everyday Life：A Personal & Professional Approach*，2nd ed.（Lanham，MD：University Press of American，1997）；and Judi Brownell，*Listening：Attitudes，Principles and Skills*，3rd ed.（Boston：Allyn & Bacon，2006）。

Deborah Borisoff：在纽约大学获得博士学位，纽约大学文化与传播教授，其教学与研究领域包括性别与传播、冲突、倾听和组织传播等，他还在许多商业组织和教育机构担任顾问。

第五节　有效倾听的方式

开始阅读人际传播中有效倾听的方式之前，请完成下面的自我测试"你是怎样倾听的？"，以检测你自己的倾听习惯和取向。

✎ 自我测试专栏

你是怎样倾听的？

用五级量表来答题：1＝总是，2＝经常，3＝有时，4＝偶尔，5＝没有。

____　1. 认真倾听发言者同时理解他的感受。

____　2. 我进行客观的倾听；我关注话题的逻辑性而不是感受信息传递的情感。

____　3. 只听，不评论。

____　4. 我用批判的方式倾听，我评价说话者及他的说话内容。

____　5. 我只听字面意思，不太关注隐含的信息。

____　6. 我透过语言和非语言线索寻找隐藏的信息。

____　7. 积极倾听，对说话者的内容表示赞同，进一步启发说话者去表达他的观点。

____　8. 我不主动参与，我只是倾听。我一般保持沉默，只是倾听对方说的内容。

　　你是怎么做的？ 以上陈述所关注的都是本节所要讨论的"有效倾听的方式"这一问题。对每一种陈述而言，它们有的时候是合适的，有的时候又是不合适的。唯一不合适的反应是"总是"和"从不"。有效的倾听是根据特定的环境而定的。

　　你将怎样做？ 想一想你该如何运用以上陈述来提升自己倾听的效果。分析上述陈述在哪种情况下适用，哪种情况下不适用。

　　正如该自我测试所强调的，倾听是根据环境而发生改变的。你的倾听方式应该随着环境的变化而变化，各种不同的情况需要把不同的倾听方式相互结合起来。你往往是（也应该）根据不同的目的、不同的谈话对象，以及不同的信息类型采取不同的倾听方式。在有些情况下，你需要进行批判性倾听，而有些情况下你需要进行支持性倾听。

　　无论是哪种环境，你都需要在本节所讨论的四种倾听方式中选择合适的方式。每种倾听环境所需要的倾听反应的格局也不相同。有效倾听的艺术很大程度上就是在以下四种方式中选择最合适的方式：（1）移情—客观倾听，（2）接受性—批判性倾听，（3）表层—深层倾听，（4）积极—消极倾听。下面我们来逐一分析这些方式。

▊　一、移情倾听和客观倾听

　　如果你需要理解说话者的意思和感受，那么你就需要带着某种程度的"共鸣"去倾听（Rogers，1970；Rogers & Farson，1981）。你要重视他人的感受，去看他们所看到的世界，去感觉他们所感觉的。只有当你做到这一点的时候，你才能完全理解他人的意思。**移情倾听**（empathic listening）也会有助于巩固你自己的人际关系（Barret & Godfrey，1988；Snyder，1992）。

　　虽然在绝大多数情况下，移情倾听是最受欢迎的回应方式，但有时你还需要**客观倾听**（objective listening）——你需要超越移情，从客观的角度去衡量对方对客观现实的看法和感情。当皮特跟你说整个世界是怎么恨他的时候，认真去倾听，去理解他的感受，去理解他为什么有这种想法，这都很重要。

但接下来，你需要更客观地看待皮特，也许你会发现他有些偏执或者自我憎恨。有时你需要把移情反应放到一边，进行客观倾听。

你可以通过以下方法来调整你的移情和客观倾听：

从说话者的角度对他/她的信息进行断句（第1章）。从说话者的角度观察事情发生的顺序（哪些事件是原因，哪些事件是结果），尝试分析这种断句如何影响说话者的言行。

进行平等的、双向的谈话。鼓励坦率和移情，消除任何阻碍平等的客观与心理因素（比如，你可以从把自己和员工分开的大桌子后面走出来）。不要打断说话者——这往往是在向对方传递信息，你要讲的话更重要。

尝试理解对方的想法和感受。直到你理解了说话者的想法和感受时，才可以认为你完成了倾听任务。

避免"冒犯性倾听"。这种倾听的目的，是从说话者的话中寻找能够使你去攻击说话者的只言片语，或者是去寻找说话者的错误（Floyd，1985）。

倾听朋友或者对手的时候，要尽量客观。你的态度会让你曲解信息——比如封锁关于敌人的积极信息或者关于朋友的消极信息。警惕"期待性倾听"，它会让你忽略说话者所说的真正内容，而只听到自己想听的信息。

二、接受性倾听和批判性倾听

有效倾听既包括接受性倾听，也包括批判性倾听。你需要接受性地倾听他人——用开放的心态去理解他人。但是你也需要进行批判性倾听——做出相应的评价或者判断。很显然，你首先要进行**接受性倾听**（nonjudgmental listening），去理解讲话者的意思，避免做出判断。只有当你完全理解了相关信息的时候，你才应该对相关信息进行评估或判断。

用**批判性倾听**（critical listening）来补充自己的开放性倾听。用开放的心态去倾听他人谈话会让你更好地理解信息；用批判的思维去倾听他人谈话则会帮助你分析和评估信息。在调整接受性倾听和批评性倾听时，应该做到：

保持开放的心态，避免偏见。直到你完全理解说话者的意图和内容之后，再做判断。不要在未获得合理、完整的理解之前，就做出积极或消极的评价。

避免过滤或过分简化复杂的信息。类似的，避免过滤掉你不愿听到的信息。你不想听到你认为是不真实的信息，你不想听到你关心的人其实是个坏人，你不想听到自己的观点具有破坏性。然而，当你听到这些信息的时候，重新审视自己的观点非常重要。

识别自己的偏见。偏见会干扰你倾听的准确性，并通过接收的过程——即对你听到的内容（或你认为听到的内容）进行解读，使之符合自己的偏见、成见和期望的过程——曲解信息。比如，你的种族、宗教信仰、国籍是否会妨碍你领会说话者的观点？

避免将信息突出化。你要和人类喜欢突出问题的天性作

课堂讨论4.4 尽管人们普遍认为同情是积极的，但也有一些证据表明同情有一些负面的作用。比如，人们对那些与自己在种族、民族、外表、社会形态等方面具有某些相似性的人往往最具同情心。你越是对自己的群体感到同情，你就越不会同情其他的群体，甚至你会憎恨其他的群体。同样的，同情会增加你对于自己群体的理解，却会减少你对其他群体的理解。所以，尽管同情可以增强群体的凝聚力和认同感，但是它也会在你的群体和"他们"之间产生分界线（Angier，1995b）。你经历过或者看到过同情的负面效果吗？

斗争——人们常常会突出、强调甚至美化信息的一到两个方面。那些被突出的概念往往是一些比信息的其他方面更引人注目的偶然言论。记住,当你需要对信息作出评价和判断时,你要去批判性地倾听完整的信息。

意识到语言中的谬论。看表 4—3,它指出了批判性倾听中常出现的四个障碍。

表 4—3 倾听语言中的谬误

以下的四种语言谬误经常阻碍有意义的交流,在批判性的倾听中需要加以辨别。这些谬误常用来欺骗你,常用于那些不高尚的目的,用于不加任何理由地对你进行劝说。看完下表后,浏览一些关于服装、书籍、音乐或者你感兴趣的东西的网站。你能发现这些谬误的例子吗?

谬误	例子	说明
"含糊语"是那些意义难以明确,很难说清楚的词语(Hayakawa & Hayakawa, 1989)。	一则广告声称,药品 M "比药品 X 的疗效好",但是没有标明 M 疗效到底有多好,也没有标明 M 在哪些方面效果好一些。很可能 M 在一个方面效果好一些,但是在其他九个方面效果都较差。	其他的含糊语有"帮助"、"几乎"、"像"(比如,它会让你感觉像是新的)、"更经济"。问问自己,"准确地讲,那讲的是什么?"比如,"'可能降低胆固醇'是什么意思?你所说的准确含义是什么?"
"委婉语"使那些消极的、令人不快的事物显得积极、有吸引力。	一位执行官把解雇 200 名工人称作"缩小规模"或者"重组"。	委婉语经常使用夸张的语言使平常的事物显得特别,使普通的事物显得奇异(比如"生命中的空闲")。不要让词语阻碍了第一手的精确认知。
"行话"是某个阶层使用的特殊语言。	行话包括计算机黑客的语言、心理学家和广告商使用的语言。	当用于恐吓、用于给人留下印象,以及用于和非成员的交流时,行话会阻碍有意义的交流。不要被行话吓倒,有不懂的问题就去问。
"令人费解的文字"是一种相当复杂的语言,其目的不是为了交流,而是为了让倾听者应接不暇。	相当长的句子、相当复杂的语法结构、比较少见或者不熟悉的词语都可以组成令人费解的文字。	一些人平常就使用复杂的语言。但是,也有一些人使用复杂用语以误导人或者使人迷糊。如果合适,要求对方简化语言。

三、表层倾听和深层倾听

在莎士比亚的著作《裘力斯·凯撒》中,马克·安东尼在凯撒的葬礼上致词,他说:"我是来埋葬凯撒,而不是来表扬他的。/他生前犯下的罪过将追随他;/他的善将和他骸骨一起埋葬。"他接着说:"勃鲁特斯(暗杀凯撒凶手之一)是受人尊敬的;/所以他们,他们都是值得尊敬的人。"通过这段话深层的含义,我们会发现马克·安东尼实际上是在赞扬凯撒,在谴责勃鲁特斯的耻辱行为。而当我们开始听他讲话的时候,可以说结论完全相反。

在大多数信息中,你可以通过**表层倾听**(surface listening)——浏览文字的字面意思——了解信息中最明显的意思。但信息往往还藏有另一层意思。有时,正如《裘力斯·凯撒》这部作品一样,它的实际意思往往和字面意思相反,有时两者之间似乎毫无关联。想一下我们常常听到的各类信息。例如,克莱尔问你是否喜欢她的新发型。她这句话的第一层意思非常清楚:你喜欢这个新发型吗?但是**深层倾听**(depth listening)会揭示另一层甚至是更重要的意思：克莱尔希望你对她的外表说出一些称赞的话。同样，那些抱怨在单位里或者家里工作辛苦的父母，他们的深层意思其实是希望获得儿女的感谢。儿童有时抱怨和其他孩子一起玩耍时遭受了不公平的待遇，他们也可能是在寻求安抚和爱。

要理解这些隐藏的信息，需要进行深层倾听。如果你只听到表层信息（字面意思），你就会漏掉隐藏的信息，你肯定会失去理解他人感受和需求的机会。如果你对父母说："你总在抱怨。我敢打赌，你肯定喜欢努力工作。"你就没有对父母所期望的理解和感谢作出适当的反应。

实现表层倾听和深层倾听应该注意：

关注语言信息和非语言信息。识别出一致的和不一致的"信息包"，并利用这些推断出说话者的意图。如有疑问，请提问。同时也要倾听那些被省略的信息。记住一点，说话者会以说出来和没有说出来两种方式进行交流。

关注内容信息和关系信息。一方面，不断挑战老师的学生是通过内容信息来表达自己的不同意见。不过，从另一方面来看——从关系信息的层面来看，学生也许是在挑战老师的权威。老师需要倾听并且回应这两种信息。

关注说话者的自我陈述（Self-reflexive statements）。自我陈述是指指向说话者的陈述。人们不可避免地会谈及自己。密切关注这种关于个人的信息，将给你深度观察他人的机会。

学习人际理论与研究专栏

识别谎言

正常情况下，作为听众，我们都假定说话人讲的是真实的。当我们怀疑其真实性的时候，往往是因为说话人显露出说谎的迹象。有研究总结了这些迹象。典型的撒谎者很少有笑容；回答问题简短，经常是简单的"是"或"不是"；表述缺乏针对性且比较笼统，如"我不在"；经常变换姿势，自我接触的肢体语言增多；较多较长的停顿；避免直接与听众目光交流，与平常相比眨眼频繁；显得不太友好和专注，以及语无伦次等（Knapp & Hall, 2006; Knapp, 2008; O'Hair, Cody, Goss & Krayer, 1988; Bond & Atoum, 2000; Al-Simadi, 2000; Burgoon & Bacue, 2003）。

但小心陷阱。不是具有以上部分或全部特征的人一定就在撒谎，诚实的人也经常是这样。事实上，对撒谎行为怀有成见的人（如"骗子不看你"，"骗子坐立不安"等）比没有成见的人更难识别谎言（Vrij & Mann, 2001）。

进一步说，谎言识别术一般来说是靠不住的。无论是普通人还是职业谎言识别专家如法官、精神病学家和警官等，识别谎言的准确率都是相当低的，大概在 45%～60%（Knapp, 2008）。

大多数人似乎以为可以从与谎言相关的人中间识别出真正的骗子，其他的人则会讲真话（Levine, Kim, Park & Hughes, 2006）。但在特定的场合（如监狱里的犯人、依法审讯的嫌疑人等），存在着"谎言的偏见"（lie bias），人们假定有人说谎。显然，这种假定根本不能提高准确识别谎言的能力（Knapp, 2008）。

运用理论与研究

回想你根据这里讲的谎言迹象（或其他迹象）推断某人说谎的情形，谎言导致了什么后果？如果你想学习更多关于谎言的知识，就请在网上搜索撒谎、欺骗等类似的术语。这是一个有吸引力的课题。

与此同时，在揭示隐藏信息的同时，不要忽视那些字面的意思。要平衡你的表层倾听和深层倾听。根据别人信息里不同层次的意思作出反应——敏感但不焦虑，关注但不要过于迫切地去揭示隐藏的信息。

<h2>█ 四、积极倾听和消极倾听</h2>

你能够学到的最重要的一个倾听技巧就是积极倾听（Gordon，1975）。设想一下下面这个交流场景。你很失望，因为你得全部重做你的报告。你说："我不相信我得全部重写这份预算报告。我做这个项目的时候真的非常努力，但现在又要我重做一遍。"对于这种情形，你会得到以下三种不同的回应：

希罗：这没那么糟糕。大多数人的第一份报告都要重写。这在这里很正常。

莫妮卡：你应该感到高兴，你只需要重写报告。尼娜和雷森两人都要把他们的整个项目重做一遍呢。

里奇：你需要重写那份已经写了三个星期的报告吗？你听起来确实很愤怒、很沮丧。

这三位倾听者都想让你感觉好受点。但他们使用了完全不同的方式，而这肯定会得到完全不同的结果。希罗是想减轻重写的影响，他的回答相当普遍，但几乎无法促进有意义的交流和理解。莫妮卡想给事情打上积极的烙印。这两种反应都是建议你不应该如此沮丧。他们在暗示你的感受是不合理的，你需要更理性地去思考这件事。

里奇的反应和他们的都不同，他使用了积极的倾听策略。**积极倾听**（active listening）是从托马斯·戈登那里发展出来的（1975）。他把积极倾听作为自己 P-E-T（Parent Effectiveness Training，父母效果训练）技巧的基石。在积极倾听的过程中，作为倾听者，你应该把自己对说话者说话内容的感受——包括言语和感情意味——告诉说话者。因此，积极倾听并不仅仅是重复说话者所说的词语，而是把你对说话者所表达的全部信息的理解表达出来。

积极倾听的功能

积极倾听有几种重要功能。首先，对于倾听者而言，它能帮你核实你是否理解了说话者所说的内容，更重要的，是帮你核实是否理解了说话者的意图。对说话者做出的反馈，也会使说话者有机会进行澄清，纠正误解。

其次，通过积极倾听，你可以让说话者知道你已经承认或者接受了他/她的感受。在上面的例子中，前两位倾听者挑战了说话者的感受。而作为一个积极倾听者，里奇接受了说话者的想法，并且进一步表明了你的感受："你听起来很愤怒、很沮丧。"

第三，积极倾听可以促进说话者进一步理清自己的想法和情感。里奇的反应会鼓励你阐述自己的感受，并且帮助你通过谈话来解决这些负面情绪。

要注意的是：当你把自己的理解反馈给对方时，要特别注意避免托马斯·戈登（1975）所说的"解决信息"——即告诉说话者他应该怎么去做的信息。"解决信息"有四种形式，在积极倾听中你应该避免使用它们：

■ 命令信息："做这个……"；"别碰那个……"。

- 警告和威胁信息："如果你不这样做，你会……"；"如果你这样做了，你会……"。
- 教训和说教信息："人们应该……"；"我们都有责任……"。
- 建议信息："你为什么不……"；"我觉得你应该……"。

积极倾听的技巧

有三种简单的技巧会帮助你进行积极倾听：解释说话者的意思、表达理解和提问。

解释说话者的意思。用自己的话把你认为的说话者的意思和感受表达出来，这既能帮助你更好地理解说话者，也能表示出你对说话者的兴趣。用自己的话表述也给了说话者一个机会，去展开他们原来所表达的意思。因此，当里奇附和你的想法时，你就获得了机会去重新思考自己为什么那么看重重新做财务预算这件事。用自己的话表述的时候，一定要客观；尤其要注意，不要把说话者引向你自己认为他/她应该去的方向。同样，也不要过分表达；因为信息中往往只有一小部分内容需要用自己的话表述。当你感觉有可能产生误解，或你想要表达对对方的支持并且让这个对话继续下去的时候，你可以用自己的话对这些信息进行解读或释义。

表达对说话者感受的理解。附和说话者表达出来或者隐含的感受（"你一定感到很恐怖"），这会帮助你更好地理解说话者的感受。这同样也会让说话者更客观地看待自己的感受（在他们愤怒、受伤害、失望的时候特别有帮助）并把它们阐述出来。

提问。提问能让你确认你对说话者的想法和情感的理解是否准确，而且往往你还会得到额外的信息（"当你读自己的工作评价报告时，你有什么感受？"）。通过适当的提问给予说话者一定的刺激和支持，这样能让他/她更准确地表达自己的思想和情感。这些问题要能够进一步地向说话者展示你对他的兴趣和关心，而不要去问一些与话题无关的问题，或者去挑战说话者。

积极倾听，并不是简单地重复说话者的词汇，而是把你对说话者全部信息所理解的意思集中表达出来。顺便提一句，把积极倾听和移情倾听结合到一起，这是销售人员最成功的倾听模式（Comer & Drollinger，1999）。

正如前面所提到的，倾听的方式需要根据各种情况来调节。理解各种倾听方式的特点和倾听的技巧，能让你做出更理性、更有效的倾听选择。

内容提要

本章探讨了倾听的性质，有效倾听需要考虑的因素，文化、性别对倾听的影响，以及有效倾听的四种方式。

第一节　倾听的重要性：有利于事业发展和人际关系

1. 倾听对于事业的成功非常重要。
2. 倾听对于成功的人际关系非常重要。

第二节　倾听过程

3. 倾听是一个主动地接收、理解、记忆、评估，以及反馈传播信息的过程。

4. 倾听能使你（1）学习，获取信息；（2）关系，帮助建立并维持人际关系；（3）影响，影响他人的态度和行为；（4）娱乐，令自己愉快；（5）帮助，协助他人。

第三节　倾听障碍

5. 倾听者和讲述者均对有效倾听负有责任。

6. 有效倾听的障碍包括身体和精神上的分神、偏见、缺乏合适的关注和过早下结论等。

第四节　文化、性别和倾听

7. 不同文化背景的人有不同的传播方式，包括语言和演讲、非语言行为以及反馈的方式等，这些差别都会影响倾听。

8. 男性和女性在倾听方式上有差别，一般而言，与男性相比，女性会发出更多特别的倾听暗示，以表明自己在倾听。

第五节　有效倾听的方式

9. 移情—客观倾听反映在多大程度上注重说话者的感受，还是专注于客观事实。

10. 接受性—批判性倾听反映在多大程度上接受、支持说话者，还是冷静地评估、分析说话者。

11. 表层—深层倾听反映在多大程度上关注表层意思，还是关注潜在的深层含义。

12. 积极—消极倾听反映在多大程度上反馈自己对说话者的思想和情感的倾听感受。

 关键词

active and inactive listening 积极倾听和消极倾听
display rules 显示规则
empathic and objective listening 移情倾听和客观倾听
evaluating 评估
listening 倾听
long-term memory 长期记忆
nonjudgmental and critical listening 接受性倾听和批判性倾听
receiving 接收
remembering 记忆
responding 反馈
short-term memory 短期记忆
surface and depth listening 表层倾听和深层倾听
understanding 理解

 思考题

1. 什么人可以让你移情倾听？比如，一个因中了 700 万美元的乐透奖而高兴坏了的人，和一个沉浸在失去爱人的悲伤中的人，这两个人，哪一个更难引起你的同情？一个人原定的 6 万美元年终奖，实际只拿了 4.5 万美元，他为此很沮丧。你会很容易地去同情他吗？

2. 运用本章中所讲的四种有效倾听方式。面对如下情境，你会如何反应：

（1）你已经约会了五年的固定伴侣告诉你，他/她沮丧的时间越来越频繁、持续得越来越长；

（2）一位老师作了关于古老的中国对现代文明的贡献的演讲；

（3）医生和你讨论你近期体检的结果，并给你一些建议；

（4）销售人员告诉你一种新电脑的好处；

（5）一个八卦专栏作家披露你喜欢的电影明

星的隐私。

3. 下面一些场景你可以通过自我解释来理解说话者的想法，在每一个场景中：（1）确认你所感受到的说话者表达的想法，（2）确定你所感受到的说话者表达的感受，（3）用自己的话把这些想法和感受重新组织起来。

■ 你听说我和杰瑞订婚了吗？我们的种族和宗教信仰的不同确实会给我们带来困难，但我们会去处理。

■ 那个考试我只得了个 C。这是我得到的最差的分数。我简直不相信我居然得了个 C。这还是我的专业成绩。我该怎么办啊？

■ 这只讨厌的猪离开了。他居然连"再见"都没有说。我们在一起六个月了，一次小小的争吵后他居然一声不吭就走了。他甚至还把我的浴袍带走了。那件贵重的浴袍还是他上次送给我的生日礼物呢。

4. 看下面一段对话，注意其中运用到的积极倾听的技巧。

帕特：那个混蛋让我降职了。他说我不是有效的管理者。我不相信他居然那样说，毕竟我已经在做这个工作了。

克里斯：我同意你。你已经做了三四个月的经理了，对吗？

帕特：刚过三个月，我知道还在试用期，但我想我做得不错。

克里斯：你还有别的机会吗？

帕特：是的，他说我还可以试几个月。但是我觉得很失败。

克里斯：我明白你的意思。这是有点儿糟。他还说什么了吗？

帕特：他还说我不能及时完成报告。

克里斯：你晚交报告？

帕特：偶尔。

克里斯：报告可以授权给别人写吗？

帕特：不行，但是我现在知道应该怎么做了。

克里斯：听起来你已经要再去试一试那个经理的位置了。

帕特：是的，我想是的。我要让他知道，我几个月后会再来申请这个职位。

5. 作为一个主动的倾听者，对下面的情况应该给予什么样的回应？

■ 你的朋友菲利普刚和女友分手。他告诉你："我简直不能把克里丝从我脑海赶走，"他说，"我每天都在回忆我们快乐的过去。"

■ 你的侄子告诉你他无法和他的父母交流。不管他怎么尝试，父母都不听他的。"我试着告诉他们我不会打棒球，我也不想打棒球，"他说，"但是他们根本不顾我的感受，只告诉我需要更多的练习。"

■ 你妈妈在工作中遇到了困难。她最近没有升职，依然拿公司最低的薪水。她告诉你："我敢肯定，我没有做错什么事。我努力工作，不像其他人一样请病假。他们怎么能提拔海伦？她到公司才两年。也许我应该辞职。"

 情境选择

1. 发出拒绝倾听的暗示。你的一个朋友是一位故事讲述者。他讲的故事不是关于这个世界和人的，而是发生在很久以前的、那些他认为有趣的事情（尽管其他人都不这么认为）。你再也无法继续忍受下去了。请想想，你能做什么，使自己摆脱这种处境？

2. 积极倾听。你 6 岁的儿子哭着从学校回到家里，他说他的新老师不喜欢他，他也不喜欢新老师，他再也不回去上学了。请想想，你决定不去问"你做错什么了吗？"或者类似的问题，而去积极倾听。你会说些什么呢？

3. 憎恨同性恋的语言。在你工作的一个组织里，憎恨同性恋的语言在小组里非常猖獗，可是在正式的会议上却完全销声匿迹。你想指出这种伪善的状况，可是又不想树敌，或者让大家感到你要给他们带去一些法律上的麻烦。请想想，你能做些什么，既能做自己想做的事情，又不引起一些负面的麻烦？

4. 发出倾听的暗示。讲述者经常会问"你明白了吗"、"清楚了吗"。他们好像是在怀疑你是否在听。可是，至少在通常情况下，你是在听。请想想，你能做什么向人们表明你在听，表明你对他们讲的内容感兴趣？

5. 要支持不要解决。你需要作出人生的一些重大抉择，你需要把这些向某些人倾诉，但只是为了理清自己的思路。你的恋人总是想帮你解决问题，而不是支持性地倾听。请想想，你能说些什么作为开场白，使你的伙伴成为一个支持性的倾听者？

我的传播实验室

这组倾听练习将加深你对倾听的认识，提高你的倾听技巧。

1. "倾听不同的观点"和 2. "如何倾听新观点"提供了两个创造性思维的工具以提高各种技能，尤其是倾听的技能。3. "管理倾听立场"给你提供了许多不同倾听方式的选择方案，以加深你对各种潜在的倾听选择的认识。4. "体验积极倾听"请你思考在那些需要积极倾听的情形下准备如何做。5. "顺序传播"可以被当作一个"电话"的游戏，帮助你识别在倾听中的那些主要错误。6. "减少倾听障碍"促使你思考如何在不同的情境下更有效地倾听。7. "典型男女"展示了人们对男人和女人倾听方式区别的看法。8. "确信理解"和 9. "移情表达"提供了必要的倾听技能练习。

第二部分

人际信息

第5章
语言信息

语言信息原理   有效使用语言信息指南

《伟大的辩手》

　　电影《伟大的辩手》取材于一支辩论队的真实故事。这支辩论队来自主要由非洲裔学生组成的一所很小的学院——威利学院。他们在全国比赛中战胜了众多知名高校，最终夺冠。整部电影强调了语言的有效使用以及由此带来的回报——这也是本章的主题。

当你与人交流时，你用到了两大信息系统：语言信息和非语言信息。**语言信息**（verbal messages）是指用词句传递的信息。这里"语言"是指词句，而不仅仅是声音。语言信息可以是口头的，也可以是书面的。语言信息不包括笑声和你说话过程中发出的有声的停顿，比如，"哦"、"嗯"、"啊"，也不包括你回应他人时那些没有意义的声音，如"哈哈"、"啊哈"等。以上这些声音和我们的面部表情、眼部动作、肢体动作一样，都属于非语言信息。本章主要介绍语言信息，下一章将介绍非语言信息。

第一节　语言信息原理

为了阐明语言信息的性质和它们在倾听者头脑中产生的意义，让我们考察语言信息的一些原理：（1）信息是包裹着的，（2）信息的意义因人而异，（3）信息有本义和引申义，（4）信息可以表达不同程度的抽象，（5）信息可以表达不同程度的礼貌，（6）信息可以用于批评和表扬，（7）信息可以表达不同程度的自信，（8）信息可以用于肯定和否定，（9）信息有不同的文化包容性。通过对这些原则的讨论，你会发现很多有用的意见和建议，使你能够更有效地进行人际传播。

一、信息是包裹着的

语言信号和非语言信号是同时发出的。通常情况下，语言行为和非语言行为互相强化或者相互支持。例如，你一般不会嘴上说害怕，身体却很放松。正常情况下，你也不会笑着去表达你的愤怒。当你表达自己的想法和感受的时候，你的整个人是一个整体，语言信息和非语言信息相互结合。更有趣的是，这种语言信号和非语言信号的结合，似乎也有助于我们思考和记忆（Iverson & Goldin-Meadow, 1999）。

人们常常忽视他人信息中的这种"包裹"现象，因为它们看上去太自然了。但是，当某人的姿势或者表情等非语言信息和他的语言信息相矛盾的时候，就会格外显眼。例如：某人嘴上说"很高兴见到你"，可是却避免跟你眼神接触，她/他的眼睛只是看在场的其他人，这就是在发出矛盾的信息。你也可以看到这些矛盾的或者混合的信息：一对夫妻嘴上说他们彼此相爱，却做出一些事情给对方造成无形的伤害，比如，在重要的约会时迟到、与其他人调情，或是拒绝身体接触。

了解信息的这种"包裹"特征，我们就不能过于简单地去解读别人的意思，特别是那些非语言行为所表达出来的信息。确定或猜测任何行为的意义之前，应把语言信息和非语言信息作为一个整体进行考虑，注意该行为中包含了哪些语言信息和非语言信息，注意那些具体的非语言信息在传达信息中所起的作用。如果一个很有吸引力的人在朝你眨眼，那可能是对你有好感，但也不排除他（她）戴的隐形眼镜不舒服。

语言信息和非语言信息一般通过以下六种方式相互影响：强调、补充、否定、控制、重复和替代。对这六种方式的概述也能使我们更好地了解语言信息和非语言信息这两章的内容。

- 非语言交流经常用于表示**强调**，以突出语言信息中的某些部分。例如，也许你会为了强调一个特别的词或是短语而提高自己的声音；你会用拳头砸桌子来强调自己的承诺；当你对某人说"我爱你"的时候，你会热切地注视着她/他。
- 非语言交流可以用来**补充**，添加一些语言信息中没有表达出来的细微意思。因此，当你讲故事的时候可能会微笑（这表明你认为这个故事很有趣），当你讲述他人的欺诈行径时你会皱眉或者摇头（以表明你对这种行径的反对）。
- 有时，你会故意做出与语言信息不一致的动作来**否定**自己的语言信息。例如，你会交叉食指和中指或者眨眼来暗示他人你说的不是真的。
- 非语言动作可以用于**控制**语言信息的节奏，或者表明你控制语言信息节奏的愿望。比如：你撅起嘴，身体前倾，或是做出手势，这表明你想说话。你也可以通过举手或是发出有声的停顿（如："嗯"）来表明你的话还没有说完，还没有准备把发言权让给下一位说话者。
- 你可以用非语言信息来**重复**你所表达的语言信息。比如，问完"可以吗?"你可以扬起眉毛，脸上现出疑问的表情；或者说"我们走!"之后，歪歪头、摆摆手示意一下。
- 你还可以用非语言交流**替代**语言信息。比如，你可以用手摆出一个"OK"的姿势表示"可以了"。同样，你可以用点头表示"好"，用摇头表示"不"。

当你运用电子手段传达信息时，你的信息通过打出来的文字传达，既看不到面对面交流时可见的面部表情和手势，也听不出电话交流时语速和音量的变化。为了弥补这些非语言行为的缺失，由字符组成的"图释"（由字符组成的图案）应运而生。例如，通常用一个"∶)"符号来代替现实生活中的"笑容"。这种由字符组成的图释，是由电脑键盘敲击出来的符号，来代替那些原本由非语言信息表达的细微意思。正是由于缺乏能够清楚地表达信息的非语言渠道——比如用微笑或眨眼来表达嘲讽或者幽默——这才使得这种用电脑键盘打出来的符号对信息的交流帮助极大。下面是在用电脑进行交谈时常用到的比较流行的一些图释（有两个非常好的网站，上面有很多这样的笑脸、图释、缩写词、简写词：www. netlingo. com/smiley. cfm 和 www. netlingo. com/emailsh. cfm)：

:-)	微笑；我是开玩笑的
:-(	皱眉；我很伤心；这让我很难过
*	亲吻
:-	男性
>-	女性
{}	拥抱

{{{***}}}	亲吻＋拥抱
;－)	诡秘的笑
_ 这很重要 _	下划线，强调
＊这很重要＊	星号强调
全部大写	吼，强调
〈G〉或〈grin〉	咧嘴笑

显然，这些符号并不是全球通用的（Pollack，1996）。例如，因为在日本，人们认为女人笑的时候露出牙齿是不礼貌的，所以在日本，表示女人微笑的图释是（^.^），图释中的点代表的是闭着的嘴；男人的微笑是（^_^）。还有很多图释在日本很流行，但是在欧洲和美国却并不使用，例如（^^）表示"冷汗"；（^o^；Ō）表示"抱歉"；（^o^）表示"高兴"。

■ 二、信息的意义因人而异

意义不仅取决于信息包裹（语言因素和非语言因素的结合），还取决于信息的互动及信息接收者自己的思想和情感。你并不是"接收"意义，而是创造意义。你根据自己的社会文化立场（如信仰、态度、价值观等）对接收到的信息构建意义（Berger & Luckmann，1980；Delia，1977；Delia，O'Keefe & O'Keefe，1982）。语言没有意义，是人们赋予它意义。

例如，如果你想知道"爱"的意义，你可能会去查字典。在韦伯词典中，你看到对"爱"的解释是："一个令你倾心或者崇拜的人让你感到的吸引、向往或者爱慕。"但是当你想知道佩特罗说"I'm in love"是什么意义的时候，你又可以去问谁呢？当然，你只能从佩特罗那里去发掘他要表达的意义。这也就是我们刚才所说的语言没有意义，是人们赋予它意义。因此，要理解信息的意义，你不能仅仅只看语言本身，还要看接收信息的人。

另外值得一提的是，随着你自身的变化，你创造的意义也会发生变化。也就是说，同样一个信息，你昨天创造的意义和今天创造的意义可能截然不同。昨天，某个人对你说"我爱你"（I love you），你会形成一定的意义。但在今天，当你听到他/她对其他三人说同样的"我爱你"，或者是你已经爱上了别人，"我爱你"这三个字于你会有非常不同的意义。

既然意义因人而异，而世界上每一个人都是独一无二、与众不同的，那么不同的人对于同一语言信息的理解就不会相同。这也就是为什么同样的信息，在有些人看来是一个命令，而在另一些人看来只是一个简单的要求。以上例子表明，如果我们不懂得信息的意义因人而异，我们就会对信息产生误解，并导致与他人交流时出现障碍。因此，要核实自己对别人意义的认知，你可以提问，可以复述你对她（他）所表达的想法和感受的看法，你也可以请对方进行澄清或者进行详细的描述，总之，试试那些在本书第 3 章和第 4 章中讨论过的有效认知和倾听技巧。

如果没有意识到这个重要的原则，就容易导致**信息分歧**（bypassing）这种常见的交流错误。所谓信息分歧，指的就是"人际传播中出现的信息发出者（如，说话者、作者等）和信息接收者（如，听众、读者等）相互误解对方信息的意义"（Haney，1973）。信息分歧主要表现为两种形式：

信息分歧：话语不同，意思相同

两个人说着不同的话，但却表达着同样的意思。表面上看，两个人所表达的观点不一致，但从意思层面来看，两个人是相同的。也就是说，两个人的意见实际上是一致的，只不过因为他们用词（有些可能不是说出来的）不同，所以看上去两者意见不一致。例如：

帕特：我不想要一夜情，我想要长久的爱情。（意思是：我想要一份专属爱情。）

克里斯：我还没有准备好。（意思是：我还不打算结婚。）

信息分歧：话语相同，意思不同

这种情况在日常交际中更加常见，指的是两个人虽然说着同样的话，但表达的意思却不相同。表面上看这两个人是意见一致的（只是因为他们使用了相同的词），但是如果你仔细体味一下，你就会发现那些貌似一致的意见实际上是不同的。例如：

帕特：我不信教。（意思是：我不相信上帝。）

克里斯：我也不信。（意思是：我不相信宗教。）

在这个例子中，帕特和克里斯表面上意见相同，但实际上他们的意思是不同的。在以后的约会中，这些隐藏的不同会造成致命的危害。我们还可以列举许多类似的例子。情侣说到"恋爱"一词时可能有着不同的理解：一个人可能把恋爱看作是"永久的、专属的感情承诺"，而另一个人可能仅仅把恋爱看成是一种"性关系"。同样，"早点回家"对于殷切的父母和孩子来说意义是不同的。

因为信息分歧，如果我们认为两个人说同样的话，他们就表达了同样的意思，或者两个人说不同的话，他们所表达的意思就不同，那就错了。再次强调一下，语言本身并没有意义，是使用语言的人赋予语言以意义。因此，人们可以用不同的词语来表达相同的意义，也可以用相同的词语来表达不同的意义。

▌ 三、信息有本义和引申义

拿"死亡"这个词来说，在医生那里，"死亡"可能意味着心脏停止跳动的那一刻。这就是"死亡"这个词的本义，即对某个事件客观的描述。但对于一位刚刚失去儿子的母亲来说，这个词却包含了更多的意义。这个词让她想到了儿子的青年时代、儿子的抱负、儿子的家庭、儿子的病情等等。对于母亲来说，"死亡"这个词的意义是情感化的、主观的、高度个性化的。词语的这些情感化的、主观的、个性化的意义就是词语的引申义。简言之，词的**本义**（denotation）指的是对这个词的客观定义，词的**引申义**（connotation）指的是主观的或者带有个人情感的意义。再举个例子：试比较 migrant 和 settlers 这两个词，前者指的是那些为了改善自己的经济状况而移民到美国的墨西哥人，后者指的是那些为了同样的理由而移民到美国的欧洲人（Koppelman，2005）。尽管这两个词实际上描述的是同一种活动（即这两个词的本义是相同的），但是一个带有褒义色彩，一个带有贬义色彩（即这两个词的引申义大不相同）。

当你点头回答"你同意吗？"这个问题时，这个简单的动作表示的意义是"是"，主要是它的本义。但是眨眼、微笑、加快语速是什么意义呢？很显然，这些非语言行为富含了更多的引申义，它们传达的是你的内心感受，而不是简单的客观信息。一个词的本义是可以全球通用的，大部分人都会认同一个词的本义，并给出相似的定义。相比之下，词的引申义则因人而异，很少有人会在一个词或是非言语行为的引申义上达成共识。

"咆哮"（snarl words）和"柔声细语"（purr words）也许能让你更清楚地分辨本义和引申义的区别（Hayakawa & Hayakawa，1989；Hoffmann，2005）。咆哮的内容一般都是相当负面的（例如："她真是个白痴"；"他是猪"；"他们是一群失败者"）。在性别歧视者、种族歧视者和同性恋歧视者的言论中，在煽动仇恨的演讲中，我们都能找到很多诸如此类的例子。"柔声细语"的内容则是相当正面的（例如："她真可爱"；"他简直太帅了"；"他们是最棒的"）。尽管咆哮和柔声细语有时候看起来表达的是本义，描述的是"现实的世界"，可实际上它们表达的都是引申义。它们并不是描述某些人物或事件，而是反映了说话者对这些人物或事件的感受。

和这个原则相关，还有一点要注意，那就是语言信息和非语言信息都是在一定的语境下发出的，而且在很大的程度上，语境决定了这些语言信息或非语言信息的意义（包括本义和引申义）。同样的语言或行为在不同的语境下可能会有截然不同的意义。例如，"你好吗"这句问候语，当你在街上遇到某人使用的时候，意义是向他（她）问好；但同样是这句话，如果是对生病住院的朋友说的，它的意义就变成了"身体恢复得怎么样？"。同样，在公交车上你对一个有魅力的人眨眼，和你在诱骗或撒谎时眨眼所表达的意义是完全不同的。同样的信息，在一种文化语境中可能被看作是优雅的，但在另一种文化语境中则可能被认为是冒犯的。

与此相似，一个信号的意义要取决于和它同时发出的其他动作或者是该信号发出的时间。同样是用拳头捶桌子，在支持某个政治家的演说和在听到好友去世的消息时，所表达的意义是不同的。一条信息，如果脱离了语境去理解，那么无论是本义还是引申义都很难判断。当然，即使你了解了具体的语境，你也未必能够正确地理解说话者所要表达的确切意义。但是，了解语境可以帮助我们更好地理解说话者所要真正表达的意义。

熟悉本义和引申义的差别，可以鼓励你在可能产生误解的时候去弄清楚引申意义（或者去确认），误解几乎总是集中在引申义的不同上。

四、信息可以表达不同程度的抽象

请看下列一组词：
- 娱乐
- 电影
- 美国电影
- 美国经典电影
- 《彗星美人》

在这组词语中，最上面的词"娱乐"是非常概括、非常抽象的。"娱乐"

包括这组词中其他词的含义，还包括其他的许多诸如电视、小说、戏剧、喜剧等娱乐方式。"电影"就稍微详细和具体一点了。它也包含了它下面的那些词语和许多其他词语的意思，如"印度电影"、"俄罗斯电影"等，但是，它不包括电影以外的娱乐方式。"美国电影"又更详细、更具体了，它排除了那些非美国的电影。"美国经典电影"进一步缩小了范围，仅指被人们高度称赞的那一部分电影。《彗星美人》则把范围进一步缩小到一部具体的影片上。

掌握人际技巧专栏

元传播

前缀 meta-有很多意思，但是当它用于传播学、哲学、心理学领域时，它的意思最好翻译为"关于"。所以"**元传播**"（metacommunication）的意思就是"关于传播"的传播，"元语言"指的是"关于语言"的语言，"元信息"指的是"关于信息"的信息。

让我们从这个角度来理解。你可以就我们生活的这个世界进行交流——你坐的那张桌子、你正在使用的电脑以及你正在读的那篇文章等，这样的交流被称为"有关客体的交流"，你谈论的对象都是客体。这种情况下，你所使用的语言叫做"客体语言"。但是你谈论的话题并不局限于客体。你可以谈论语言本身，你可以谈论交流本身。这就是我们所说的"元传播"。同样，你也可以用语言（即元语言）来讨论语言（即客体语言）。你也可以用元信息来谈论信息。

虽然你没有意识到这个差别，但你的的确确在日常生活中经常会用到它。例如，你在发给他人的电子邮件中写了一句看似讽刺的话，但在后面加上一个笑脸，那么，这个笑脸就是对你信息的附加解释。它在这里的作用就是在说"刚才那句话不要当真了，我只是在开玩笑"。这里的笑脸就是元信息，是对信息做出解释的信息。当你在一句话前加上"我对这个不太肯定，但是……"的时候，你就在对一个信息进行修饰，你正在对这个信息作出评论，并提醒别人注意，也许你自己有误。当你在说完一句话之后加上"我只是开玩笑的"，你也是在进行元传播。在人际交流中你也会经常使用元语言，比如，"我们真的需要谈一谈我们在公司以外应该用什么方式交流"、"你太挑剔了"或者是"我爱听你说你有多爱我"。

当然，你也可以用非语言信息来进行元传播。比如，你可以向某人眨眼，表示你是开玩笑的；或者在说完"哦，那很好"之后对此嗤之以鼻，来否定你刚才说的话。

如何更加有效地进行元传播

以下是一些建议：

- 表达出和你的想法一致的感受。
- 给出清晰的前馈信息，以帮助他人能够理解要接收的信息的大概意思。
- 对过于复杂的信息加以解释，使其简单易懂。同样，你也可以向对方重述你所理解的对方信息的含义，以核实自己的理解是否正确。
- 如果你对对方的信息有疑问，请求澄清。
- 如果你想弄清楚你和他人之间的交流方式，你可以使用元传播，如："我想和你谈你在我们朋友面前谈论我的方式"，或是"我认为我们应该谈一谈我们谈论性的方式"。

运用人际技巧

你平常通过哪些方式进行元传播？这些方式有效吗？你希望他人更多地使用哪些元信息与你进行交流？

越概括的词，越能唤起人们不同程度的想象，正如上例中的"娱乐"。娱乐的方式很多，有的人看电视，有的人听音乐，有的人看漫画书，还有人听广播。提到电影，有的人想到的是早期的无声电影，有的人想到的是高科技特效电影，还有些人想到的是迪斯尼公司制作的卡通片。《彗星美人》则给了听众更多的引导，在上例中，它具体到了一部影片。但是需要注意的是，即使《彗星美人》是具体到了一部影片，不同的倾听者所关注的也是这部电影的不同方面：人们可能关注影片中人物性格的发展，可能关注影片中的爱情故事，还可能关注这部影片的票房的成功。

有效的语言信息包括语言在不同层面上的**抽象**（abstraction）概念。有时候，概括、抽象的词语可能更适合我们的需要；有时候，一个具体的、特定的词语可能效果更好。但是，总的来说，词汇越具体，效果会越好。因为你说得越具体，就越能有效地引导你的听众去联想，进而更好地理解你的意思。在面对面的交流中，你用的词汇越具体，就越能引导听众去关注你希望他们关注的地方。与此相似，你上网使用搜索引擎搜索的时候，你输入的词条越具体，搜索的范围就越聚焦，你就越能够找到你想要找的确切的东西。

■ 五、信息可以表达不同程度的礼貌

在人际传播中，对**礼貌**（politeness）（体贴、尊重等）最好的一种分类就是将其分为积极礼貌和消极礼貌（Goffman，1967；Brown & Levinson，1987；Holmes，1995；Goldsmith，2007，2008；Metts & Cupach，2008）。这两种形式的礼貌都能满足人们的两种需求：（1）我们都希望他人对我们有一个正面的评价，能受到他人的喜爱，这也就是所谓的维护"**积极面子**"（positive face）。（2）我们每个人又都希望有自主权，去做我们想做的事情，这就是所谓的维护"**消极面子**"（negative face）。人际传播中的礼貌，既包括他人维护"积极面子"的行为，也包括维护"消极面子"的行为。

具体地说，要维护他人的积极面子，你不但要在和他人交谈时对其表现出尊敬，而且在别人面前谈到这个人的时候也要用尊敬的语气和态度；你非常关注这个人；在你觉得会打扰这个人的时候说声"不好意思"。总之，你对待这个人的态度要像你希望别人对待你一样。这种礼貌被称为"积极礼貌"。相反，如果你在谈论这个人的时候表现出蔑视，或是忽视这个人以及他的看法，在该说"谢谢"或"请"的时候而没有说，你就伤害到了他的积极面子。只要你所说的他/她与其在他/她自己和其他人心目中的形象不一致，你也伤害了他/她的积极面子。

为了帮助他人维护"消极面子"，你就要尊重他人的自主选择权。例如，你在让他人做一件事情的时候，要使用请求的口吻而非命令的语气，所以你最好说"你介意把窗户打开一下吗"，而不是"该死的，快把窗户打开"。你也可以在请求他人做事时给他人留有余地，允许他/她拒绝你的请求。例如，你说："我知道现在可能不是时候，但是我现在手头真的很紧，不知你是否方便借我 100 块钱。"就比说："借我 100 块钱"或者"你必须借我 100 块钱"好。再比如，你可以说"不知您是否方便帮我给研究所写一封推荐信"，而不要说"我需要你替我写一封推荐信给研究所"。这样，你就使这个人维护了"消极

面子"，这被称为"消极的礼貌"。当然，在我们寻求帮助的时候，我们会下意识地去要求别人，而很少考虑到保全他人消极面子的问题。但是要注意，即便是一些细节，都有可能伤害他人的消极面子。比如，当你妈妈说："你要穿那件衣服吗？"——引用自黛柏拉·泰南在《你要穿那个？探讨母女之间的对话》(Deborah Tannen，*You're Wearing That？Understanding Mothers and Daughters in Conversation*，Random House，2006) 中的例子。你的"消极面子"就被妈妈的这句话触犯了，因为她的话语中暗含着指责，并影响了你的自主选择。这句话同样也扫了你的积极面子，因为这句话也是对你能打扮得体的能力的质疑。

请教学者专栏

讨论有难度的话题

对于一些有难度的关系话题，例如使用安全套、出轨、不同的宗教信仰，以及类似的一些话题。你有什么好的建议吗？

谈论这类话题的关键是，不要去评价他人或者他们的态度，必须考虑到"面子"问题。尽量使用描述性的语言，尽量表现出深有同感，尽量试着去理解不同的观点，不要以为自己的看法高人一等，不要暗示出他人或者他们的观点不对。就拿谈论安全套的使用来说，只要你的话语没有暗示别人好像做错了，态度自然就可以了。谈论宗教信仰时，你只要表现出对他人的信仰也很感兴趣，而不是说你自己的信仰更高尚就可以了。出轨这个话题的确很令人尴尬，因为这涉及一个人的道德品质。一般认为，出轨的人做错了，因为他/她背叛了某人。其实谈论这个话题也并不难，只要你试着站在当事人的立场去理解他/她，而不是一味地指责他们做错了就可以了。在这个时候，保全他人的面子更困难……

更多信息参见 B. Reel and T. L. Thompson，"Is it a Matter of Politeness?：Face-Saving Techniques in Discussions of Safer Sex," *Southern Speech Communication Journal* 69 (2004)，99–120。

Teresa L. Thompson：1980 年获天普大学博士学位。戴顿大学传播学教授。她的主讲课程有健康传播、人际传播、传播理论和研究方法 (Thompson@udayton.edu)。主编有《健康传播》(*Health Communication*) 期刊。

礼貌与直率

人们主要从直接语言和间接语言的角度，去讨论信息是维护了他人的面子还是扫了他人的面子（也叫做"扫面子行为"，face-threatening acts，简称为 FTAs）。直接语言往往不是很礼貌，很容易触犯他人的消极面子，例如，"给我写封推荐信"，"借我 100 块钱"。而间接语言，则正如上面所讨论的，给他人保有自主权（消极面子），给他人留有拒绝的余地。

间接信息也允许你表达请求或倾向而不冒犯任何人。它们允许你遵守礼貌交往的规则。例如：不要说"这个组真让我烦透了"，

你可以说"太晚了，我明天要早起"。或者你可以看看表，假装对到了这个时间感到很惊讶。同样的，你不要直接说"这个东西吃起来像块纸板"，你可以说"我正在节食"或是"我刚吃过了"。

有时候，间接的话语会让你得到来自他人的赞美，而且听上去很自然。如果你说"我正在考虑把我的眼睛整一下"，你是希望他人回答说"你的眼睛吗？它们已经很好了，没有必要再整"。

正如本章"学习人际理论专栏"——"关于性别差异的研究"中所提到的，与男性相比，女性的话语更有礼貌，因此不足为奇的是，她们在提出请求时，更多地使用了间接语言。这点不同既有积极的作用，也有消极的作用。间接的话语由于听起来更加礼貌，通常被人们看作是积极的；但是如果人们认为它们比直接的话语软弱而缺乏权威性，人们也会认为它是消极的。可能部分是由于文化的原因，间接话语也可能被认为过于圆滑世故、不太正大光明，而直接的表达则可能被视为诚实和坦率。

影响礼貌的因素

礼貌是大多数文化中所提倡的一种品质（Brown & Levinson，1988）。文化不同，对礼貌的定义也就不同。例如，在讲英语的国家里，礼貌表现为对待他人体贴周到，表现自己时则不卑不亢、自信优雅。在日本，礼貌则表现为对他人的尊敬，尤其是对那些地位比自己高的人，而自己则要表现得很谦虚（Haugh，2004）。在不同的文化里，与公正、诚实等品质比较而言，礼貌的重要性也是不同的。同样，文化不同，礼貌和不礼貌的标准是不一样的，对于违反这些标准的惩罚也是不同的（Mao，1994；Strecker，1993）。例如，在一些亚洲国家，尤其是中国和日本，与美国和欧洲相比较，对礼貌更重视，对违规者的惩罚更重（Fraser，1990）。

在商界，礼貌被认为是人际交往时一个十分重要的部分。一项研究结果表明，80％的职员都认为他们在工作中不被尊重，20％的职员认为他们每周都会受到来自上司的辱骂。人们认为，职员在工作中被粗暴地对待，会降低他们的工作效率，阻碍创新能力，并会导致跳槽人数增多，这些都增加了组织的损耗，不利于企业的发展（Tsiantar，2005）。

当然，文化不是影响礼貌的唯一因素。个人的性格以及所受到的职业培训也会影响个人的礼貌程度和表达礼貌的方式（Edstrom，2004）。礼貌的表现形式也随关系的不同而不同。一位专家提出，陌生人之间、朋友之间、知己之间的礼貌程度是不一样的。交流的语境也对礼貌程度有所影响，权力相差悬殊的正式场合和权力相差不多的非正式场合，对礼貌的要求就不同，前者比后者显然更加注重礼貌的表达（Mullany，2004）。另外，正如上面已经提到的，性别也会影响礼貌的程度。

课堂讨论 5.1 当被问及如何改善两性之间的交流时，男性希望女性的表达可以更直接一点，而女性希望男性不要打断对方并提供建议（Noble，1994）。你对改善异性之间的交流有什么建议？同性呢？

包容性和排他性

我们也可以从信息的包容性和排他性这个角度来对礼貌进行分析。包容性信息是在场所有的人都能接受的信息，这样的信息通常被认为是礼貌的。排他性信息是限于特定的人或者圈子才能接受的信息，这样的信息通常被认为是不礼貌的。

圈外人士参与到圈内人士的谈话时，排斥现象就会发生。一群医生聚在一起讨论有关医药方面的问题，这当然没问题。但是，如果一个不是医生的人加入到他们的谈话中，他们就很难适应这个人的加入。不过，他们可能继续谈论处理某个病症的步骤、某种病的症状、药物治疗等话题，就当那个人不存在，把那个人排除在外。同属一国的人加入到一个有来自其他国家的人的更大的群体之中，他们在谈论时只使用本国的语言，这时，排斥性的语言行为也会发生。同样的，一些人生体验（比如生孩子、境外旅游以及我们都认识的人）也只和一定的人群分享，这样的话题就具有排他性。通过谈论这些经历或话题，就已经使那些圈外人无法参与到交流之中来了（Sizemore，2004）。

排他性的谈话还包括在任何场合、对任何人都使用自己文化族群中的特有词条。这种行为具有典型的排他性。比如，"教堂"一词指的是某些宗教的信仰者做礼拜的地方，并不适合于所有的宗教。同样，《圣经》仅仅是基督教的经文，并不是各个宗教通用的经文，这就像基督教和犹太教通用的传统并不适合其他的宗教一样。再有，"婚姻"、"丈夫"、"妻子"这些词在有些地方仅仅针对异性之间的关系，世界上大部分国家和地区还是排斥同性恋的。

其实有许多包容性的词语可以取代那些排他性的词语。比如，美国大学出版社协会建议（Schwartz et al.，1995），如果你想表示所有教徒做礼拜的地方，你可以直接用"做礼拜的地方"而不用"教堂"。同样，你可以用"坚定的关系"代替"婚姻"，用"夫妻疗法"代替"婚姻咨询"，用"人生伴侣"代替"妻子"或"丈夫"，用"宗教经文"代替《圣经》。前者的意思比后者更具包容性。但是，如果你是想表达具体的意思，比如说"浸礼会教堂"或"异性夫妻"，那么用"教堂"和"婚姻"这两个排他性的词可能更合适。

网络礼节

在网络上交流也有其特定的礼貌规则，这些规则被称为"网络礼节"（Kallos，2005）。正如一些礼节为面对面交流的社交场合提供指导一样，"网络礼节"也为网上交流提供了很好的指导（Berry，2004；Fuller，2004；Ford，2003；Conlin，2002；Dereshiwsky，Moan & Gahungu，2002）。这些规则不仅使你在网上与他人交流更加愉悦、更加轻松，而且还能提高你的个人效率。下面是几条很重要的网络礼节。

- 发言前首先熟悉该网站。如果你有一些有关该系统的疑问，提问之前先浏览一下"常见问题"（Frequently Asked Questions，FAQs）。也许你的问题以前别人已经问过，这样可以减轻系统的负担。先潜水再发言；发言前，先看看留言板的公告和别人的谈话内容。"隐身潜水"在以计算机为媒介的传播中效果很好，这可以帮助你熟悉特殊群体的交谈规则，避免说错话。

课堂讨论 5.2 在经典影片《毕业生》中，成功地运用直接信息和间接信息的例子不胜枚举。影片中的毕业生本杰明（达斯汀·霍夫曼饰）和罗宾森夫人（安妮·班克罗夫特饰）有奸情。但由于年龄的差距，再加上本杰明事实上爱着罗宾森夫人的女儿，他们的这段感情很尴尬，他们对此也很不安。研究结果显示，女性说话一般比较委婉。但是与此相反，罗宾森夫人是一个很直率的人，她很直接地表达自己想要什么，不想要什么。本杰明也与研究结果相反，他是一个很羞涩的人，常常表达不出自己的感受。在近期播出的电视剧《绝望主妇》中，一个叫约翰的年轻人称那个雇用自己为园丁、但同时又与他发生性关系的女人为"索丽斯夫人"，而不是叫她的名字"加布里埃尔"。你认为哪些情况下，会出现男性表现得更委婉、女性表现得更直接这种违反常规的例子？

- 要简短。只说有用的信息，交谈要清晰、简短，说话要有逻辑。

- 不要喊叫。**信息全部用大写字母写出来就是喊叫**。当然，你偶尔可以用大写字母来表示强调。如果你想要强调，也可以加下划线或者星号。

- 不要发送垃圾邮件或者发送辱骂信息。不要未经他人允许就发送一些邮件，或是把同一封邮件重复发送 N 次，也不要将同一条信息（或无关的信息）发布到多个新闻组中。不要对其他用户进行人身攻击。正如面对面的交流一样，网络上的人身攻击也应极力避免。

- 不要发表攻击性言论。尽量不要使用那些可能会对他人造成伤害的攻击性言论，例如性别歧视和种族歧视的言论。你要知道，一些软件是可以搜索到你的电子邮件的，如果你破坏了某个组织的规则，这个软件会对你发出警告，并给你一次修改电子邮件的机会，以消除其潜在的攻击性（Scwartz，2005）。

六、信息可以用于批评和表扬

在以往与他人交流的过程中，你一定有过别人要你对一些人或者事进行评价和判断的时候。特别是在教师、护理、咨询等帮助性的行业中，批评是一种十分重要的常用技能。但是除了帮助功能，如果你批评不当或者批评过度，问题就出现了。因此，在人际交往中一个很重要的技能，就是要有能够分辨他人到底是真的需要批评，还是只想得到夸奖的能力。比如，当一个朋友问你觉得他（她）新买的公寓怎么样时，其实他/她只是想听到你的赞扬，而不是真的让你具体指出哪些不好。同样，如果有人问"我这个样子看起来可以不？"的时候，他/她可能只是在寻求你的赞扬。

有时候想要被人喜欢（有时可能是被人感谢）的欲望太过强烈，就会使我们走入极端，对每件事物都滥用赞扬。比如，对最普通的夹克、最平常的想法、最一般的饭菜，都给予言过其实的表扬。那些经常给别人过分批评和过分赞扬的人很快就会发现，别人对他/她的赞扬和批评不再感兴趣，也不在意了。

在表达赞扬时要谨记以下几点：

- 使用"我"的信息。不要说"这个报告很好"，最好说"我觉得这个报告很不错"或者"我喜欢你的报告"。

图 5—1　关于礼貌的沃尔夫森拱形

　　关于礼貌的沃尔夫森（Wolfson）拱形反应了礼貌程度与亲密程度之间的关系。该模型认为，朋友之间的礼貌程度最高，陌生人之间和亲密者之间的礼貌程度相当低。从另一个角度看，与地位比你高的人如教授、老板或警官交流，同与地位相当的人如同学、同事或邻居交流相比较，礼貌程度有什么不同？能从这种比较中总结出一些交流的规则吗？

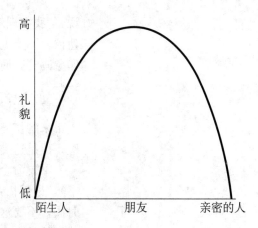

- 要确保你在表达赞扬时，面部表情是积极的。通常，人们表达赞扬仅仅是出于社会礼节的需要。因此如果你在赞美他人的时候不带任何面部表情或者表情不真诚，就会透露出你仅仅是在敷衍。
- 说出你要赞扬的具体内容。不要简单地说"你很棒"，最好说"我很欣赏你的自信"，或者"你真的把他们招待得很好"。
- 要考虑到文化因素。在许多亚洲国家，当人们受到表扬时会觉得很不舒服，因为他们觉得表扬中隐含着批评和讽刺（Dresser，2005）。

　　避免过度批评或过度赞美最好的方法，就是本着诚实的原则。虽然是说实话，但要注意，说实话也是有一定技巧的，就像其他有效交流的方式也都有各自的技巧一样。首先，要辨别清楚当事人是真的想听诚恳的评价，还是只是在寻求赞扬。要根据当事人的期望做出适当的回复。其次，如果对方确实是想听到诚恳的赞扬，而你的评价又是负面的，这时就要考虑怎样用合适的方式去表达你的负面评价。

　　在给予批评的时候，记住要对事不对人。例如，你最好说"这篇论文里有四处打字错误，需要重做一份"，而不要说"你真是个糟糕的打字员。重做！"。提出批评的时候，尽量具体一些。不要说"这个论文写得太糟糕了"，而应该说"我觉得这个论文的简介部分写得不是很清楚，如果再具体论述一下该研究的目的，应该会好一些"。

　　尽可能地从积极的一面来表述批评。不要说"你穿黑颜色真难看"，可能说"我觉得亮颜色更适合你"会更有帮助。这种方式也是建设性的，你在说明可以做什么去改善这种状况。如果你的批评看来的确是破坏性的，那么最好是直接道歉，或者不要说那些可能对他人造成伤害的话语（Baron，1990）。在你表达积极性的批评的时候，最好向他/她表明，你的批评源自对对方的关心和爱护（Hornsey，Bath & Gunthorpe，2004）。因此，不要说"你文章的简介部分真的太平淡了"，而要说，"我真的希望你的文章可以写得很好。如果是我的话，我会在开始的时候讲一些笑话去吸引大家的注意"。或者说"我希望你给别人留下一个好印象。我觉得深色的西服更适合你"。

　　要让他人明白，你对他/她这方面的批评不会影响对其他方面的肯定和赞赏（Marano，2008）。只要在批评的时候注意就事论事，不要把他/她整个人全盘否定掉就可以了。

　　要讲明你个人的意见和看法。不要说"你的报告让人难以理解"，而要说，"我在理解你的想法时有点困难"。同时，要清楚地给出你自己的观点和建议，不要说"你的报告简直糟透了，难道你一点也不在意你给别人留下的印象吗?"，而应该说"如果是我的话，我会加强简介部分，写作风格更友好一些"。

要表达清楚。很多人认为，模棱两可地表达自己的批评意见，也许给他人带来的伤害会较少。但是研究表明，虽然模棱两可的批评听起来更礼貌一些，但是这类话语不太诚恳，不太恰当，对帮助他人起不到太积极的作用。

不要命令或者指令他人去改变（记住，这种做法损害了他人的消极面子），尽量找到可能的说话方式。因此，不要说"在第一次向他人介绍自己的时候，不要这么直接"，可以说"我觉得如果你介绍自己稍微委婉一点的话，他们的反应也许会更好"。而且，无论是和你的同事还是和恋人在一起的时候，都要注意避免一位作家所说的"细节"，即流露你不耐烦或是不感兴趣的一些细微的动作，不经意的讽刺的话语和手势（Lubin，2004）。

学习人际理论与研究专栏

关于性别差异的研究

本书中，我们讨论了不同语境下表现出的性别差异。关于说话的直接性，研究结果表明：女性在发出指令时比男性更委婉。例如：与"3点钟把这些信寄出去"相比，女性更倾向于说"如果这些信能在今天寄出去就太好了"。但是在表达缺点和不足的时候，在承认自己错误或揭示自己的问题的时候，男性却会委婉一些。总的来说，当所说的事情有损男子汉尊严的时候，男性就会比较委婉。女性在表达对他人的理解、同情和支持的时候一般更有礼貌。

一个研究者总结了三种原因或者理论来解释男性和女性在交流时表现出的差异（Holmes，1995）：

■ 有些理论认为，交流中表现出的性别差异是先天决定的。因此，在交流中表现出的男女差异，如：礼貌程度、倾听行为等，都是先天遗传的结果，这是长期以来亘古不变的事实。

■ 另有一些理论认为，这些差异是由社会形态造成的。因此，交流中所出现的差异受男性和女性成长的环境以及受教育程度的影响。

■ 第三种理论认为，这些差异是由社会力量的不平等造成的。比如，由于女性社会地位低，因此，她们在交流时较男性更容易听从、更加有礼貌。

运用理论与研究

根据你自己与他人交流的亲身经验以及对他人交流的观察，你对这里的讨论还会有哪些补充?

要注意批评的语境。一般情况下，最好是在两个人交流时用对话的方式提出你的批评，而不要像独白一样自说自话，全然不理会他人的反应。因此，表达批评的首选语境是面对面的交流，其次是打电话，第三种选择是写信、写便笺或发电子邮件。而且批评最好是私下进行。这一点很重要，因为在有些文化中，被人当众批评是一件很丢脸的事情。

作为接受批评的人，应考虑批评背后的动机。有些批评，就像我们上面讨论的那些，都属于善意的批评，这样的批评都能或多或少地在某些方面给人以帮助和益处。但是有些批评的背后却不怀好意，目的只是想伤害你或者是羞辱你。对于那些非建设性的批评一定要谨慎对待。在双方有冲突或是在大家情绪都很激动的时候提出批评，比在冷静的时候提出批评更伤人。

七、信息可以表达不同程度的自信

如果你的意见和所属群体里的其他人不一致，你会说出自己的看法吗？你会因为自己的犹豫而让他人占上风吗？当你必须在众人面前表达自己的观点时，你会感到不自在吗？这些问题其实都是在测试你的**自信**（assertiveness）程度。在你阅读有关这方面的内容之前，先来做一个自我测试。

✎ 自我测试专栏

你能自信地交流吗？

请用五级量表凭自己的直觉回答以下表达是否适合于你：5＝很适合，4＝比较适合，3＝有时适合，2＝几乎不适合，1＝完全不适合。

____ 1. 即使我的想法和其他人有矛盾，我仍然会在众人面前表达自己的观点。

____ 2. 如果让我去做我不想做的事，我会毫不犹豫地说不。

____ 3. 在工作中，我能向我的上级反映我的想法。

____ 4. 在公交车上或者是商务宴会上，我可以毫不畏惧地开始和陌生人交谈。

____ 5. 当觉得他人的行为侵犯了我的权利的时候，我会提出反对。

你做得怎么样？ 以上五种表述都是自信交流的特点。所以分数较高（得分超过 20 分）表明自信度较高。分数较低（得分低于 10 分）则表明自信度较低。

你会怎么做？ 下面的内容将要讨论自信交流的特点，以及如何增强在与人交流时的自信。请用这些建议去提高你的自信度，同时适当地减少挑衅性的话语。

自信的人信奉"双赢"哲学，他们认为在人际互动过程中双方都能获益，即使双方的立场是对立的。与不自信的人相比，自信的人态度更加积极，对生活更加充满希望（Velting，1999）。和那些具有攻击性的人不同，自信的人在坚持自己权利的同时不会伤害其他人；他们愿意说出自己的看法，也乐于接受其他人的意见。

但是要注意，和交流的其他方面一样，自信也会受到文化差异的影响。例如，个体倾向的文化比群体倾向的文化更推崇自信。在强调竞争意识、个人成功以及个性独立的文化中，人们更推崇自信。而在注重合作精神、集体融入及小组成员间的互帮互助的文化中，自信的地位就要低得多。比如，美国的学生就比日本和韩国的学生更加自信（Thompson, Klopf & Ishii, 1991；Thompson & Klopf, 1991）。因此，在一些情况下，自信是一个有效的策略，但是在另一些情况下，自信可能会带来麻烦。在亚洲及西班牙的文化中，在长辈面前表现出自信是对长辈的冒犯和不尊重。

在某些情况下，大多数人都会不自信。如果你也是其中之一，并且想要提高自己的自信心，那么就试试下面的方法（Windy & Constantinou，2005；Bower & Bower，2005）。（如果你一直都不自信并为此闷闷不乐，你需要请专家来帮助你改变自己的行为。）

分析自信的交流

增强自信心的第一步就是要理解自信交流的本质。你可以通过观察和分析他人的话语，从中学会分辨哪些是自信的言论，哪些是不自信的言论，哪些是有攻击性的言论。要清楚哪些行为是自信的行为，哪些行为是不自信的行为，哪些行为是有攻击性的行为。当你通过观察别人的行为获得了一些技巧之后，再来分析你自己。分析一般在什么情形下你是自信的，在什么情形下你是不自信的，在什么情形下你是具有攻击性的。这些情境的特点是什么？你一般在什么情景下比较自信，你是怎么说的，你的非语言交流行为又是怎样的。

练习自信的交流

练习自信表达的一个很好的方法是减敏法（Wolpe，1958；Dwyer，2005）。挑选一个你通常会不自信的情境。建立一个序列表，从一个你觉得相对没有压力的信息表达开始，终点是你所预期的交流。比如，就拿你在工作时不敢向上司反映自己的观点来说，你最终所希望的行为，就是向上司说出自己的想法。如果你想让自己慢慢适应这种情境的话，就要自己假想出一个自下而上的序列表，最高层次就是你的预期行为。首先，你可以想象你正在和你的老板讲话，就这样练习，直到你觉得自己不再为此感到不安和焦虑为止。一旦你熟悉了这个情境之后，你就可以进入下一个阶段，比如，走进你老板的办公室。同样，反复练习，直到你适应这个情境。就这样，按着这个步骤，一级一级地向你的终极目标靠拢，直到你想象你向老板表明自己的观点和意见。和以前的步骤一样，一直练习到你没有焦虑感为止。这只是精神上的演练。你还可以配上声音和动作，把你和老板见面的情境演出来。反复演练，一直到你毫无困难和不适。接下来，你可以在你信任的、支持你的朋友面前演练。理想情况下，你的朋友会给你提供一些有利的建议以助于你改进。经过这个练习，你就有可能进入下一个步骤了。

课堂讨论 5.3 诋毁性言论指的是对某一特殊群体使用带有敌意、攻击性、贬低和羞辱性的话语。在美国，女性、非洲裔美国人、伊斯兰教徒、西班牙裔美国人、同性恋者是这些诋毁性话语攻击的主要目标。这种言论在人际交流中经常出现，比如，某些人因为来自某个特殊的群体而受到侮辱，在一些社交网站或者博客上辱骂一些群体，拒绝和某些特定群体的人交往，以及拒绝邀请一些被憎恨群体的成员参加活动；在一些网络游戏中，也有人对那些少数群体进行攻击；一些网站上，有人不仅自己侮辱和贬低某些特定的群体，还鼓励他人对那些群体进行攻击等（Rivlin，2005）。在你们国家的大学校园里，下列哪些言论最有可能被认为是诋毁性的言论？性别歧视、同性恋歧视、种族歧视还是年龄歧视的言论？哪一类是最不具有诋毁性的？当你听到其他一些人发表性别歧视的言论时，你会怎样？其他那些带有诋毁性的言论呢？

实践自信的交流

显然这一步是最难的，但也是最重要的。下面是一些自信交流的有效途径：

1. 描述问题，不要做任何评价或者判断。例如："我们在一起做这个广告项目。但是一半的会议你都没有参加，而且你的第一份报告都还没有写好。"一定要用"我"来表达，避免使用责备他人的信息。

2. 讲明这个问题对你的影响，告诉他人你的感受。"我工作的成败就看这个项目了，我不认为要我加班去做你们没完成的工作是公平的。"

3. 提出有效的解决方法，同时让他人保住面子。描述或者想象你的解决方案实施后的效果。例如，"如果你可以在周二把你的报告交上来，我们还有可能在截止期限前完成项目。我会在周一打电话提醒你。"

4. 确保他人理解了你的意思。"很显然，如果你不尽自己的一份力，我们的项目就不能完成。你能在周二把报告交上来吗？"

要谨记，自信的反馈并不适合所有的情形。真正自信的人在需要自信的时候会很自信，而在不需要那么自信的时候也可以不那么自信。在一些情形下，你要表现得不那么自信，因为这时自信会伤害他人的感情。比如说，你的长辈希望你帮他/她做些事情，你可以坚持自己的权利拒绝他/她，但是这样的话，你可能就伤害他/她了。在这种情况下，最好就是按照他/她说的那样做。当然，这种让步也是有尺度的，那就是不要让自己受到伤害。

最后，还有一点要注意。比如说，你在电影院看电影，你身后有人喧哗，如果你仗着膨胀的自信，叫人家安静点，很有可能人家会打掉你的牙。因此，在运用这些进行自信交流的原则的时候，一定要小心，千万不要超出自己能掌控的范围。

八、信息可以用于肯定和否定

你肯定或者否定他人的行为与你对那个人的认可程度有关。试想一下下面的场景：你已经和帕特在一起生活半年了，但是有一天晚上你回家很晚。帕特很生气地抱怨你回来得这么晚。下面这些方式中，你更倾向于使用哪种呢？

1. 别叫了！我对你的喋喋不休不感兴趣。我想做什么就做什么，我什么时候想做就什么时候去做！我睡觉去了。

2. 你这么生气为了什么啊？上周四你去参加办公室舞会，不是也晚回了三个小时吗？我们俩扯平了。

3. 你有理由生气。我应该事先给你打个电话，告诉你我会回来得很晚。但是我们在讨论一个很重要的工作问题，直到解决了，我才脱身。

在第一种回答中，你忽视了帕特的愤怒，甚至可以说，你忽视了帕特这个人。在第二种回答中，你否定了帕特生气的合理性，虽然你没有忽视她的愤怒和感受，也没有忽视帕特本人；在第三种回答中，你承认了帕克应该生气，她有生气的理由。而且，你还解释了自己晚回家的原因，这表明你很在意帕特的感受，很在意她这个人，你认为帕特有权利知道发生了什么。第一种方式是否定的例子，第二种是拒绝的例子，第三种是肯定的例子。

心理学家威廉·詹姆斯曾经说过，"没有什么比一个人明明存在，却被社会所抛弃，完全被其他的成员所抛弃这种惩罚更残酷的了。"在这个著名的论述中，詹姆斯指出了否定的实质（Watzlawick, Beavin & Jackson, 1967; Veenendall & Feinstein, 1995）。

"否定"（disconfirmation）也是人际交流的一种方式，就是你忽视这个人的存在、忽视这个人的交际活动，其结果就是说，那个人和他/她说什么都不值得去特别关注。否定经常会导致对方失去自尊（Sommer, Williams, Ciarocco & Baumeister, 2001）。

必须注意，"否定"和"拒绝"不是同一个意思。拒绝（rejection）某人指的是你不同意某个人的看法；你表明自己不愿意接受别人所说和所做的某些事情。但是否定一个人却是，你否定了他/她存在的意义，你觉得那个人以及那个人的观点都是无足轻重的。

肯定则是与否定相反的一种交流方式。肯定（confirmation）某人，不但表明你肯定了这个人的存在，而且表明你接受了这个人，以及这个人对自我的定义和他所界定的你们之间的关系。肯定的反应可以使人获得自尊，减少学生在课堂上的胆怯，并且可以间接地激发他们的学习动机，有利于他们的学习（Ellis, 2004）。肯定的交流和否定的交流都有许多方式，表5—1仅仅列举了其中的一些。

表 5—1   肯定和否定

这个表格描述了一些肯定信息和否定信息。你可以试着表达这些信息（Pearson, 1993; Galvin, Bylund & Brommel, 2004）。	
肯定	**否定**
承认他人，对他人的言论表示重视或支持。	忽视他人的存在，对他人的观点漠不关心。
用非语言信息表达你的认可，比如在交流时正视对方的眼睛，在适当时会有抚摸、拥抱、亲吻等一些表示认可的动作。	没有任何非语言信息的表达，从不正视对方，也没有一般的表示亲密的接触。
两个人进行对话交流，同时都是说话者和倾听者，彼此融入，彼此关注，彼此尊重。	单向式的交流，只有一个人在讲，另一个人在听；彼此没有真正的交流，彼此没有真正的关心和尊重。
表明对他人说话内容的理解，说出自己对他人的理解，不懂时提问。	不是在理解对方的意思，而是不断打断对方或是做出评价。
了解对方的需求；回答对方的问题；主动回复电话和电子邮件。	无视对方的请求；不回答问题；也不回复电话和电子邮件。
鼓励对方说出他/她的观点，并表现出对对方的想法很感兴趣，并能提出问题。	经常打断他人，或者使对方难以表达自己的观点。
对对方的观点做出直接的、单独的回应。	不做任何回应，或者是做出一些不相关的回应，比如认可第三方的观点或是转移话题。

你可以从另一个角度来理解攻击性的话语，那就是把它们都视为对他人的否定，即与某人保持距离。我们可以从这一角度来分析那些种族歧视、同性恋歧视、年龄歧视和性别歧视的话语。另外还有一种不可忽视的体能歧视，即对残疾人的歧视。在本书中，我们会为那些健全人和非健全人之间的正常交流给出一些提示。

- 视力有缺陷的人士和视力正常人士之间的交流（第 1 章）
- 健康人士和残疾人士之间的交流（第 2 章）
- 有听力障碍的人士和无听力障碍的人士之间的交流（第 4 章）

■ 有语言表达障碍的人士和无语言表达障碍的人士之间的交流（第 8 章）

种族歧视

根据安德里娅·里奇（Andrea Rich，1974）的定义，"任何话语，无论说话者是有意的还是无意的，只要表露出某一种族或民族的人是低人一等的意思，就是种族歧视。"**种族歧视话语**（racist language）表露出了种族歧视的态度。而且，这类话语还加深了说话者或听话者种族歧视的态度。即使你所说的话语中蕴含的种族歧视的信息很微弱，不易觉察，甚至是无意识的，但这种话语产生的后果是系统性的伤害（Dovidio, Gaertner, Kawakami & Hodson, 2002）。

种族歧视存在于个人层面和制度层面。这是教育研究者得出的结论，并构成了人们讨论这一问题的基础（Koppelman, 2005）。个人层面的种族歧视包括人们对一些特定的种族所持有的否定的态度和看法。那些认为某些种族在智力上低于其他的种族，或是无法达到某种成就的想法，就是典型的个人层面的种族歧视。对美洲印第安人、非洲裔美国人、西班牙裔美国人和阿拉伯人的歧视贯穿了我们的历史，这种状况仍然存在于一些人的日常生活之中。从人们对某些种族成员所使用的消极词汇，从人们对这些成员的文化和成就的蔑视中，我们仍然可以见到这种种族歧视。

制度层面的种族歧视现象也随处可见。比如，学校实行种族隔离，公司拒绝雇用来自少数族裔的成员，银行不愿意对一些种族的成员发放房屋贷款和商业贷款，或者提高贷款利率等等。

对照一下，看看你是否有种族歧视的话语：

■ 你有没有对某个种族的成员说过诋毁性的话语？
■ 使用媒体灌输的刻板印象来看待其他族群的成员或者与其进行交流？
■ 你有没有刻意强调某个种族，比如"非洲裔美国外科医生"或"亚裔运动员"？
■ 你有没有把个人的经济状况和社会问题归因于个体所属的种族，而不是整个制度的问题或是受到经济大环境的影响？

异性恋主义

异性恋主义同样也存在于个人层面和制度层面。个人层面的异性恋主义包括在态度、行为和语言上表现出的对同性恋者的蔑视，并且认为所有非异性之间的性行为都是不正常的，应该受到批判和谴责。有这些观念的人经常会有反同性恋的暴力行为。个人层面的异性恋主义还包括其他一些信念，如，同性恋者比异性恋者更可能犯罪（实际上两者没有差别），同性恋者比异性恋者更可能会猥亵儿童（事实上，那些猥亵儿童的罪犯通常都是异性恋者，而且是已婚的男性）（Abel & Harlow, 2001; Koppelman, 2005）。还有一些偏见，例如，同性恋者不能维持一个稳定的关系，他们不能很好地抚养孩子，这些观点都是与科学研究结果相左的（Fitzpatrick, Jandt, Myrick & Edgar, 1994; Johnson & O'Connor, 2002）。

制度层面的异性恋主义很容易辨别。例如，很多州是禁止同性恋结婚的，到目前为止，只有马萨诸塞州一个州承认同性恋婚姻的合法性，这就是制度

课堂讨论5.4　你对于所在的生活圈内性别歧视的话语有什么看法？你能举出一些你观察到的性别歧视的话语的具体例子吗？在哪些场合下这类话语使用得最多（比如工作中、学校里、部队上、政府部门等）？

层面异性恋主义的一个很好的例子。还有许多其他的例子，比如，天主教堂禁止同性恋者成为那里的牧师；美国军队也有明文规定，禁止同性恋者参军；许多法律规定，同性恋者不许收养儿童。在很多文化中，同性恋是犯法的，例如在印度、马来西亚、巴基斯坦、新加坡等地，而各个国家对于同性恋的处罚方式也各不相同，在利比里亚是定为"行为不检点"，在新加坡是被判终身监禁，而在巴基斯坦则要被判死刑。

异性恋主义话语（heterosexist language）包括对同性恋者所说的带有侮辱性的话语。在美国军队里的一项调查显示：80％的调查者都听到过"有关同性恋的侮辱性的话语，讽刺的绰号，玩笑等"，而且85％的被调查者都认为这些侮辱性的语言是"可以容忍的"（*New York Times*，March 25，2000，p. A12）。你也会发现一些语言中，在使用着更不易察觉的带有同性恋歧视的话语。比如，当你在描述某个职业，比如"男同性恋运动员"、"女同性恋医生"的时候，你实际上是在说，正常的医生和运动员一般不会是同性恋。

另一种异性恋主义就是预设所有的人都是异性恋。通常情况下，人们会假定自己正在交谈或者谈论的人是异性恋者，通常情况下，他们都是对的，因为大多数人都是异性恋者。但是这种假设从某种含义上否认了同性恋的合法性。这种假设类似于我们把所有的人都预想成白人和男性，因此就排除掉了非白人和女性群体。

下面是一些建议，可以帮助你避免使用同性恋歧视语言：

■ 谈论同性恋时，不要加上一些攻击性的非语言动作，例如，模仿一些基于刻板印象的滑稽动作。看到同性恋伴侣的时候，不要向你的同伴眨眼（Mahaffey，Bryan & Hutchison，2005）。

■ 不要对同性恋者说"你们看起来不像啊"，还自以为是"夸奖"他们，对同性恋者来说，这不是一种赞赏。同样，也不要对一位男同性恋表示遗憾，例如说"好可惜啊"。这种话语，看似赞赏，其实不是。

■ 不要认为每个同性恋的想法都是一样的。并不是每个日本人都知道索尼公司为什么会在美国投资那么多，也不是每一个非洲裔美国人都知道"美国黑人民权领袖杰西·杰克逊（Jesse Jackson）最后的一次演讲怎么样"。这两者是很类似的。

■ 是不是刻板印象？不要说"女同性恋者都对对方非常忠诚"，"男同性恋都非常开放地交流他们的感受"，这些话忽略了一个事实，那就是任何一个群体内部的个体都有差异，会对这个群体造成潜在的侮辱。

■ 不要从一个人的行为和言论就断定他（她）是一个同性恋者。这样做容易激活和养成一些刻板印象。

■ 不要忘记一些特殊的日子。比如说纪念日、同伴的生日，忘记了这样的纪念日，换成任何一个人都会不高兴的。

关于异性恋主义，你不仅要意识到异性恋主义话语会阻碍双方的交流，你还要意识到，避免这类话语会有利于双方的交流更顺利地进行：谈话的氛围更愉悦，双方都更愿意透露个人信息，更愿意日后继续交往（Dorland & Fisher，2001）。

年龄歧视

虽然"年龄歧视"这个词主要是指对老年人的歧视，但也同样包括对其他年龄段的人的歧视。比如，如果你说所有的年轻人都是自私的、有依赖性的，你就是因为他们的年龄而对这一群体进行歧视，那么你的语言中就带有年龄歧视。在一些文化中，比如在一些亚洲国家和一些非洲国家，老年人是受到保护和尊重的。年轻人要向他们请教一些经济、道德和人际关系等方面的问题。

个人层面上的年龄歧视，表现在对老年人的不尊重和对老年人的一些负面的刻板印象。制度层面上的年龄歧视则体现在对退休年龄的法律规定，对一些职位的年龄限制（这与所标榜的能力优先的原则是相悖的）。另外一些不太明显的歧视，则体现在媒体对老年人形象的定位上。媒体常常把老年人描述成没有能力、爱抱怨，特别明显的是在电影和电视上，老年人被描述为没有情调、不懂浪漫。比如，你很少看到有描述老年人工作努力、与他人相处愉悦、懂得浪漫的电影和电视剧。

一些流行语中也包含了年龄歧视的意味，如"小老太太"、"老巫婆"、"老前辈"、"走下坡路"、"老家伙"、"老古董"。和性别歧视一样，当你在描述某人的时候特别强调他（她）的年龄，这就是一种年龄歧视的表现。如果你说"反应很快的 75 岁老人"、"思维敏捷的 65 岁老人"、"负责任的年轻人"，你暗含的意思是在这样年龄的人身上具备这种素质是很少见的，因此需要特别注明。也就是说你认为"反应很快"和"75 岁"这两个词根本就没法联系在一起。像这种刻板印象是完全错误的，因为现在许多 75 岁的老人思维都特别敏捷（反倒是许多 30 多岁的人思维不是那么敏捷）。

当你对老人说话的时候用过于简单的词语，或者对本不需要解释的东西进行解释，这也是年龄歧视的表现。有时候，非语言行为也会表现出年龄歧视。比如，你抵触与一位老年人发生身体接触，而愿意和其他人接触；你拒绝直视老年人而愿意正视他人；或者你用过大的声音和老年人说话（因为你认为老年人的听力都有问题）。

避免使用带有年龄歧视的话语的一个有效方法，就是要认识并避免使用那些不合逻辑的刻板印象去看待老年人。下面是一些建议：

■ 不要因为对方是老年人，就用居高临下的语气说话。老年人的反应并不慢，大多数老年人仍然保持着灵敏的反应。

■ 不要每次见到老年人都提醒他们以前的事情，其实他们是记得以前发生的事情的。

■ 不要认为浪漫对老年人不重要了。老年人，人老，心未老。

■ 不要用很高的音量和老年人讲话。年纪大了并不代表耳朵听不见、眼睛看不见。实际上大多数老年人的听力和视力都很好，即使有时候需要助听器或者眼镜的帮助。

- 不要试图要老年人对你感兴趣的事物同样感兴趣，要知道，老年人只对他们身边的事物感兴趣。

尽管你也不想带着偏见和老年人交流，但是当你发现有些人在语言方面或者交流方面存在困难的时候，适当地做出一些调整还是有必要的。美国言语和听力协会提供了几条有用的建议（www.asha.org/public/speech/development/CommunicatingOld.htm，accessed June 3，2006）：

- 尽可能地减少谈话时的背景噪音。
- 从闲聊开始，逐渐进入比较熟悉的话题。每个话题谈论的时间不要过短，切记不要频繁地转换话题。
- 在谈话时，使用相对较短的句子和提问。
- 给对方更多的时间去反应。有时候老年人的反应相对较慢，因此给他们多一点时间。
- 积极地倾听。练习第 4 章所讨论的积极倾听的技巧。

性别歧视

个人层面上的性别歧视指的是基于男女角色不同而对男性或者女性的偏见。比如，认为女性就该照顾孩子，女性任何时候都很敏感，女性应该默认自己丈夫在政治和经济方面的决策。性别歧视者还认为，男性都是不敏感的，他们只对性感兴趣，而且不善于表达自己的情感。

制度层面上的性别歧视，则是由于社会传统和习俗产生的性别偏见。在商业和工业领域就有很多明显的例子，女性和男性干同样的工作，但是工资却比男性低，人们对进入高级管理阶层的女性普遍存有偏见。还有一个例子就是，在法庭上，孩子的抚养权一般都是判给母亲，很少有判给父亲的，这似乎已经约定俗成了。

这里我们着重看一下**性别歧视话语**（sexist language）。性别歧视话语指的是由于性别的原因而贬低某人的话语（这一术语通常指对女性贬低的话语）。全国英语教师委员会（简称 NCTE）提出了一些避免性别歧视话语（不分性别、性别中立或者性别平等）的交流指南。这些指南涉及把"男人"用作通用词，把"他"和"他的"用作通用词，以及对性别角色的刻板印象（Penfield，1987）。请将自己的行为与下面的情况进行对照。

- 用"man"指代全体人，而没有考虑到女性。其实，如果表示人的话，有许多中性词可以替代 mankind，如 humanity，people，或者是 human being。同样的，说到警察或消防员，人们理所当然地认为这些都是适合男人的职业，因此用的词是 policeman，fireman，女性却从没有被考虑进去。以上的例子都是典型的性别歧视话语。
- 在泛指一个人的时候，多数用到的是代词"他"和"他的"。在这种情况下，你可以使用其他的代词或是重新组织一下你的句子，以避免使用关于性别的词。比如，NCTE（Penfield，1987）中举了这样一个例子，可以用"中等水平的学生都很担心成绩"来代替"中等水平的学生都很担心他自己的成绩"。

- 按照刻板印象，男女都有其特定的职业。如果你认为小学老师都是女性，而大学教授都是男性，或者你认为医生都是男性而护士都是女性的话，你就是对男女角色有刻板印象，因此你在表达时，可能会说"女医生"或"男护士"来特别强调其性别。

种族歧视、异性恋主义、年龄歧视、性别歧视对倾听的影响

正如种族歧视、异性恋主义、年龄歧视、性别歧视的态度可以影响你的表达一样，也同样会对你的倾听有所影响，尤其是当你听到的内容与你的刻板印象一致的时候。如果你对某个说话人话语的理解受到性别、种族、同性恋或者年龄的影响，这就说明你是带着成见去听的，哪怕这些因素与信息内容毫无关联。

由于歧视而引起听力理解的偏差，在很多情况下都有发生。比如，你否定一个正确的观点或是肯定一个错误的观点，就因为说话者来自一个特定的种族，或者因为说话者的年龄、性别，或者说话者是同性恋，这就说明你是带着偏见去倾听的。

当然，也有很多情形，这些因素确实与你对信息的评价有关系。比如，如果谈论的话题是怀孕、照顾孩子、计划生育或是如何当好继母等等，性别当然是与这些信息相关的。在这种情况下，把性别作为考虑因素就不是性别歧视。但是，如果在某一特定的话题上认定只有一种性别的人的意见是权威的，而完全不考虑另一种性别的人的观点，那就是带有性别歧视性的倾听。基于一个人的种族或情感取向来理解话语的含义，也一样带有偏见。

九、信息有不同的文化包容性

认识到信息有不同的文化包容性，就朝在人际交流中使用肯定的信息、避免否定的信息迈出了一大步。要避免在交流中使用种族歧视、异性恋主义、年龄歧视、性别歧视等话语，也许最好的方法就是清楚你交谈或谈论的对象所属群体的文化特征。但是，要记住，这些文化特质也是随着时代不断地变化的，因此一定要留意那些最新的偏好。我们下面列举的一些文化特质和一些具体的例子，大部分来自美国大学出版社协会关于使用无偏见语言的特别工作组的结论（Schwartz，1995；Faigley，2009）。

种族和国籍

通常，大多数非洲裔美国人更喜欢人们称他们为"非洲裔美国人"，而不是"黑人"（Hecht，Jackson & Ribeau，2003），尽管"黑人"和"白人"总是在一起相提并论，而且在许多其他的语境中（比如黑人与波多黎各人研究系、《黑人历史》杂志、黑人历史月）都用到"黑人"这个概念。美国心理协会建议这两个词都应该大写，但是《芝加哥文体手册》（大多数报纸和出版社都以这本手册为准则）则建议使用小写字体。除了某些机构（如联合黑人学

院基金会，简称 UNCF 和全国有色人种协进会，简称 NAACP）仍然使用
"黑人"和"有色人种"这两个词以外，其他的语境中都不再使用这两个词。
"有色种族"这个词在公共演讲中还比较合适，但是在大多数场合听起来还是
有点别扭。与"非白人"这个词比较起来，人们更倾向于使用"有色种族"。
因为"非白人"暗示着白人是正常的状态，而非白人则是对这种正常状态的
背离。

"白人"一般是指根源于欧洲文化的后代，通常不包括西班牙裔。如果非
要给他们一个与"非洲裔美国人"（源自一个传统的命名方式，如爱尔兰裔美
国人、意大利裔美国人）类似的称谓，白人也可以叫做"欧洲裔美国人"，但
是他们很少这么称呼自己。他们大多数人喜欢强调自己的祖籍，如德国裔美
国人，或是希腊裔美国人。这种称谓的偏好也许会随着欧洲逐渐发展成为一
个联合体而有所改变。

通常情况下，"西班牙裔人"指的是认为自己属于西班牙语系文化的人。
拉丁语中的 Latina（女性）和 Latino（男性）指的是那些祖籍是拉丁美洲国
家的人，如海地、多米尼加共和国、尼加拉瓜或是危地马拉等国家。西班牙
裔美国人指的是那些祖先源自西班牙文化的美国居民，包括来自墨西哥、加
勒比海和中美洲、南美洲的人。但是，如果要强调纯正的西班牙后裔这一身
份，这个词事实上并不准确，因为它没有包括那些生活在加勒比海和南美洲，
但祖籍是非洲、美国土著、法国和葡萄牙的一大批人。Chicana（女性）和
Chicano（男性）指的是祖籍为墨西哥的那些人，但是这两个词带有民族主义
的色彩（Jandt，2004），而且被许多墨西哥裔美国人认为是一种无礼的称谓。
他们更愿意被称为墨西哥裔美国人。

爱斯基摩人喜欢人们称他们为 Inuk（复数形式为 Inuit），尽管美国人口
统计局使用的术语是爱斯基摩人。在欧洲人看来，爱斯基摩人指的是阿拉斯
加和加拿大本土人，而这个词的字面意思是"原始的食肉者"。

严格说来，"印度人"仅仅指那些来自印度的人，并不包括来自亚洲其他国
家及北美当地的人。尽管许多美国土著仍然认为自己是印第安人，但是他们更
喜欢人们称他们为美洲印第安人或是美国本土人。"squaw"这个词过去指一名
美国土著妇女，如今仍然用于美国一些地区的地名及教科书上，但这是一个负
面的词，带有侮辱的意思，因此很明显应该避免使用（Koppelman，2005）。

在加拿大，本土人被认为是纯正的本土人。而本土美国人则通常被用来
指那些在美国出生的人。尽管严格来讲，这个词可以指任何一个在北美洲或
者南美洲出生的人，但不是在美国出生的人一般都会有一个更具体的称谓，
如阿根廷人、古巴人或加拿大人。"本土"这个词一般指原住民，但并不表示
"那些来自欠发达文化的人"。

一般称伊斯兰教的信奉者为穆斯林，Quran 指的是伊斯兰教的经文。犹
太民族喜欢人们称他们为 Jews。Jewess（指犹太女性）是一个含有诋毁含义
的词。最后要注意的是"非基督教徒"这个词也要避免使用，因为它暗示着
这些人的信仰有悖于常规。

如果历史是由欧洲人来写的话，欧洲就会被置于世界的中心，而对世界
其他地区和国家地理位置的描述，就要根据它们与欧洲的位置关系。由于亚

洲位于欧洲的东方，所以亚洲就成了东方，亚洲人则被称为"东方人"——
这个词放在今天就不太合适了，人们认为这是欧洲中心论的结果。因此，从
亚洲来的人就是亚洲人，从非洲来的就是非洲人，从欧洲来的就是欧洲人。

情感倾向

一般地，男同性恋（gay）指情感倾向于男性的男人，女同性恋（lesbi-
an）指情感倾向于女性的女人（Lever，1995）（lesbian 指女同性恋者，所以，
lesbian woman 是多余的表述）。同性恋（homosexual）则包括男同性恋和女
同性恋，更多地是指同性倾向。gay 和 lesbian 指的是一种生活方式，而不仅
仅是性倾向。尽管"gay"作为一个名词已经广泛使用，但是在某些语境中仍
然有冒犯的意味，例如"我们队里有两位'gays'"。科学研究认为性倾向并
不是人们可以选择的，因此倾向于用性倾向（sexual orientation）和情感倾向
（affectional orientation）指代性偏好（sexual preference）或是性状况（sexu-
al status）（这个概念也很模糊）。

年龄

老年人喜欢被称为 elder，elderly，senior 或是 senior citizen（指那些年龄
超过 65 岁的人）。虽然，通常情况下不需要特意强调年龄。但是，有的时候
提及年龄是必须的，比如当你需要说到一个年龄群体的时候。不过，大多数
情况下年龄信息是不必要的，种族和情感倾向的信息通常也是不必要的。

性别

通常情况下，女孩指的是年纪很小的女性，与"男孩"相对。就像"女
孩"不能用来指称成年妇女一样，"男孩"也不能用来指称蓝领，尽管过去有
过这种用法。女士（lady）这个词给人的印象是循规蹈矩的淑女，还是使用
"妇女"或"年轻女人"好。

 ## 第二节　有效使用语言信息指南

前面介绍的语言信息系统运行原理可以从多方面提高我们使用语言信息
的效率。接下来介绍的有效使用语言信息指南，能够帮助我们更有效地使用
语言信息和更准确地反应我们生活于其中的世界。下面，我们主要介绍以下
六个指南：1. 名副其实，避免名义倾向；2. 关注个性，避免笼统化；3. 区分
事实和推论，避免事实和推论的混淆；4. 注重差异，避免不分青红皂白；5.
中庸之道，避免极端；6. 更新信息，避免静态评估。

一、名副其实，避免名义倾向

名义倾向（intensional orientation）是指这样一种倾向，人们只注意指代

对象（人、物、事件）的语言和符号，而不太注意对象的实际情况。**实在倾向**（extensional orientation）则刚好相反，首先注意对象的实际情况，而后注意指代对象的符号，即看重实际发生了什么，而不仅仅满足于人们的谈论或者符号。

如果你觉得语言和符号比其指代的对象更重要——如地图比实际领土更重要——那就说明你具有名义倾向。我们举一个名义倾向的极端例子，某个人很怕狗，看到狗的图片或是听到有人谈论狗就冒冷汗。这个人对狗的标签的反应同对真实的狗的反应是一样的。更常见的名义倾向是，根据思维定势而不是实际行为观察人。例如，当你只是听说而还没有见到某个教授之前，就认为教授是不食人间烟火的书呆子，这就是名义倾向。

纠正名义倾向首先要关注真实的对象，然后再去看对象的标签。符号当然有助于我们对对象的认识，但不能因为符号的象征性模糊了我们的视线。

人际传播伦理专栏

撒谎

撒谎就是告诉他人不真实的信息并使其相信是真的（Ekman，1985；Burgoon & Hoobler，2002）。既可以是当面撒谎（包括直接表达虚假信息，或者是闪烁其词和误导），也可以是不作为撒谎（故意省去相关信息致使他人作出错误推论）。同样，既可以用语言撒谎（说和写），也可以用非语言撒谎（用无辜的表情掩盖对真相的歪曲，用点头称是代替实际的无知）（O'Hair，Cody & Mclaughlin，1981）。谎言包括善意的谎言（white lies）、对真相的歪曲、伴侣的背叛、诽谤和伪证等。不同的谎言有不同的道德意义。

- 有些谎言是善意的。比如，为了留住孩子心中那份美好的童话，说真的有圣诞老人和牙仙女；或者在公共场合为给他人留面子而假装同意他人的观点。
- 有的谎言不仅是善意的，还是必须的。比如，为了让某人不受到伤害而说谎。
- 有些谎言是不道德的、不可接受的。比如那些欺骗投资者或者是诬陷某人的谎言。

你会怎么做？

你被要求作为证人去指认抢劫当地一家杂货店的人。你不想被牵扯进这个案子，但是你不清楚自己能否过得了自己的道德观，违心地说你什么也没看见（虽然你确实看到了当时的情景）。该案还有其他的目击证人，你的证词也不会对案子的判决有显著影响。你会怎么做呢？

二、关注个性，避免笼统化

世界是无限复杂的，因此你绝不能说你对一件事物已经彻底了解了，至少逻辑上如此。尤其是当你和人打交道的时候，更是如此。也许你自以为完全了解了某一个人，知道他会做什么以及为什么这么做，但实际上你不可能做到。你甚至都不知道你自己做某件事的原因，因此，你就更加不知道你的父母、朋友或者是敌人做某些事的原因了。

打个比方，你和某人第一次约会，至少在你们刚见面的第一个小时，你觉得对方没有你想象中那么有趣。有可能由于这个最初印象，你就断定这个人在任何场合、任何地方都很闷。你也许不知道，对方之所以有那样的表现，是因为身体不适或是由于第一次见面感到害羞。因此，你的问题就是仅仅通过很短时间的接触就贸然对一个人下结论。如果你断定这个人很无趣，那么你就会像对待一个很无趣的人那样与他/她交往，以实现自己的预期。

六个盲人摸象的故事是**笼统化**（allness）地看待问题的一个很好的例子，即用局部代替整体，它同时也反映出了随之而来的一些问题。我们一起来回顾一下小学时学过的由约翰·萨克斯（John Saxe）写的那首有关六个来自印度的盲人学者摸象的诗歌。第一个盲人摸到了大象的背，他断定大象就像一面墙；第二个盲人摸到了象牙，他断定大象就像一杆矛；第三个盲人摸到了大象的鼻子，他断定大象就像一条蛇；第四个盲人摸到了大象的膝盖，他断定大象就像一棵树；第五个盲人摸到

课堂讨论5.5　许多人都有这样的感受：社会上某一群体的成员用于描述自己的表述是可以接受的，但如果这些表述被圈外人士使用，该群体就会认为是种族歧视、性别歧视或是异性恋主义等。有些专家据此认为：主流社会袭用特殊群体的已有称谓会强化其负面效应（cf. Guerin, 2003）。这些表述会使特殊群体的成员逐渐接受人们对他们的刻板印象，以至于他们对自己也有歧视和嫌弃之心。但是另有一些专家认为使用这些表述会减轻其负面效应。如果"圈外人"使用你自己的表述，你会认为是一种冒犯和曲解吗？如果有这种影响的话，那么该怎样看待这些自我表述呢？

了大象的耳朵，他断定大象就像一把扇子；第六个盲人摸到了大象的尾巴，他断定大象就像一根绳子。这六个人每个人对于大象的模样都有了自己的结论，他们每个人都认为自己是正确的，别人是错误的。

当然，他们每个人都是正确的；但是，他们又都错了。这个寓言所要表达的意思是，人不可能看到事物的全部。你只能看到事物的一部分，并在这个有限的基础上去判断整体事物。这是一个世界通用的法则，你也要遵循它，因为你不可能观察到事物的方方面面。因此，你必须意识到，当你根据部分来对整体做出判断时，你的推论在后来的过程中有可能被证明是错误的。如果你自以为你对某个事物有了全面的了解，那你就犯了笼统化的错误。

英国著名的首相本杰明·迪斯雷利曾经说过："要知道无知是通往知识的必经之路。"这个结论是全面地看问题的一个很好的例子。如果你意识到有很多东西要学、有很多东西要看、有很多东西要听，那么你自然就会去主动地吸收更多的信息。

一个有效地防止笼统化的方法便是，给自己的每一个结论留有余地，不仅是口头上的，更重要的是你在思想上要有这种意识——时刻提醒自己我们

还有许多要学的、要了解的、要说的，每一个结论都是不完整的。但是，有的人过多地使用了"等等"之类的词，殊不知，这样反而物极必反，过多地使用这个词使你的陈述因为缺少具体的论据而显得空洞。你只要在脑海中不断地提醒自己还有许多东西要去学、要去表述就可以了。

▍三、区分事实和推论，避免事实和推论的混淆

语言使我们能够对事实和推论进行陈述，而对两者没有做出任何语言学上的区分。同样的，当我们听到他人的陈述时，我们也不能分辨哪些是对事实的陈述，哪些是推论。但是，这两者之间确实存在着很大的差别。当推论被当成了事实时，我们就难以区分自己的想法，这种危险的行为被称为**事实和推论的混淆**（fact-inference confusion）。

比如，你可以对你所观察的事物做出陈述，你也可以对你没有观察到的事物做出陈述。这两种陈述在形式和结构上是相似的，单从语法分析的角度很难将两者区分开来。比如，"她穿了一件蓝色的夹克"和"她心怀莫名的怨恨"这两个句子，如果你用图示分析这两个句子，会发现它们的结构是完全相同的，但是你知道它们是两种不同的陈述。在第一个句子中，你可以清楚地看到"夹克"这个物体和"蓝色"，这个句子是一个"事实性的陈述"。但是你怎么观察出"莫名的怨恨"？显然，这不是一个描述性的陈述，而是一个"推论性的陈述"，这种陈述，不仅仅是基于你的观察，而是建立在你的观察加推理之上。

做一些推论性的陈述是没有问题的，当你需要做一些有意义的陈述的时候，你还需要做出推论性的陈述。但是，如果你用事实性的陈述去表述推论性的陈述的话，问题就出现了。请看下面的故事（Maynard，1963）：

一天，一位妇女在散步的时候遇见了一个 10 年没有联系的朋友。一番寒暄之后，这位妇女问她的朋友说："这是你的小儿子吗？"她的朋友回答说："是呀，我六年前就结婚了。"这位妇女又问那个小男孩："你叫什么名字啊？"那个小男孩回答说："和我爸爸的名字一样。"这位妇女说："哦，那你一定是叫彼得了。"

当然，这里的问题是，这位妇女是怎么知道这个男孩的爸爸的名字的呢？答案是很明显的。但是，当你在读这段材料的时候，你潜意识里可能一直认为这位妇女的朋友是一位女性，这一推论阻止了你去获取那个答案。事实上，她的朋友是一位叫"彼得"的男性。

也许你很想测试一下自己辨别事实和推论的能力，那么做做下面的练习吧！

✎ 自我测试专栏

你能够区分事实和推论吗？

　　仔细阅读下面的描述与说明。这些描述和说明取材自威廉·黑尼（William Haney, 1973）编写的案例报告。请根据所提供的信息，判断以下说明哪些是正确的，哪些是错误的，哪些是无法判断的。在你认为绝对正确的说明前圈"T"，绝对错误的说明前圈"F"，无法判断的说明前圈"?"。按顺序对各个说明依次进行判断。做出结论之后，不要再回头重读说明，也不要更改你的选择。

　　一个很受欢迎的大学老师刚刚出完期末考试的卷子，他/她关掉办公室的灯。就在这时，一个高大魁梧的身影出现了，索要考试卷子。教授打开抽屉。抽屉里所有的东西被拿出来。一个人顺着走廊跑了。院长很快知道了这件事。

　　T　F　?　　1. 这个贼又高又壮。

　　T　F　?　　2. 教授关了灯。

　　T　F　?　　3. 这个高大的身影索要试卷。

　　T　F　?　　4. 试卷被某人拿走了。

　　T　F　?　　5. 试卷被教授拿走了。

　　T　F　?　　6. 教授关了办公室的灯之后，这个高大的身影出现了。

　　T　F　?　　7. 打开抽屉的人是教授。

　　T　F　?　　8. 教授顺着走廊跑了。

　　T　F　?　　9. 事实上抽屉从未被打开过。

　　T　F　?　　10. 在这篇报告中一共提到三个人。

　　你做得怎么样？ 当你回答完所有 10 个问题以后，五到六个人组成一个小组讨论一下你们的答案。每个人都谈一谈自己对每个陈述的看法。对于每一个陈述，问问自己"你为什么这么肯定这句话是对的或是错的呢？"你应该会发现，在这 10 句陈述中，只有一句是绝对正确的，一句是绝对错误的，其他八句都是不确定的。

　　你会怎么做？ 这个测试就是要引导你掉进混淆事实和推论的陷阱。以上陈述中只有陈述 3 是正确的（在报告中有原文），陈述 9 是错误的（抽屉被打开了），其他的陈述都属于推论，无法判定对错。再看看余下的八句陈述，想想为什么不能判定它们的真假。

　　看完这章内容以后，请尝试形成一些具体的方法，帮助你在作为说话者和听话者的时候能够辨别事实性陈述和推论性陈述。

　　表 5—2 列举出了一些事实性陈述和推论性陈述之间的本质区别。区分这两类陈述，并不是说哪一种比另一种好。这两种陈述都很有用，都很重要。但是如果你把推论当作事实就会出现问题。不要轻易地做出确定的结论，因为你的陈述可能是错误的，因此，要给自己的推论性陈述留有余地。

表 5—2　　　　　　　　　　　　　　　　事实性陈述和推论性陈述的区别

下表突出了事实性陈述和推论性陈述的主要区别，是在综合威廉·黑尼和哈里·温伯格（William Haney，1973；Harry Weinberg，1959）的研究成果的基础上编制的。你看完下面的表格之后，考虑一下如何给下面一些陈述归类："上帝是存在的"，"民主制是最好的政体"，"这张纸是白色的"，"在未来的 10 年里，互联网的发展规模和重要性都会增长"，"这个表格是根据 Haney 和 Weinberg 的研究编制的"。

事实性陈述	推论性陈述
只有观察后才能得出	任何时候都可以得出
只能从看到的现实情况得出	可以超出看到的现实情况
只能由观察者亲自得出	任何人都可以得出
只能是关于过去或者现在的	可以是关于任何时候的——过去、现在、未来
基本确定	包含不同程度的可能性
有验证标准	没有验证标准

■ 四、注重差异，避免不分青红皂白

大自然似乎很不能容忍千篇一律，因为在这个世界上的任何地方你都找不到两个一模一样的东西。每件东西都是独一无二的。不过，语言为我们提供了一些普通名词，如：老师、学生、朋友、敌人、战争、政治家等等，这些词容易把你的焦点引到相似点上。比如，人们通常会把老师归为一类，把学生归为一类，把朋友归为一类。这些词甚至会使人们不再关注个体、物体和事件的独特性。

这种错误的判断叫做"**不分青红皂白**"（indiscrimination），这是一种刻板印象（见第 2 章）。如果你只注重人、事、物所属的类别而没有关注到每个个体的差异的话，你的这种行为就叫不分青红皂白。下面这些陈述都是不分青红皂白的例子。

- 他和他们一样，又懒又蠢，简直就是个笨蛋。
- 我的董事会不需要其他少数民族的成员了，一个就够了。
- 看爱情小说？我在 16 岁的时候读过一本，那对我来说已经足够了。

一个防止不分青红皂白的有效方法就是"检索法"，也就是说，即使一个群体所有的成员都被贴上了同样的标签，你自己也要有意识地给每一个个体加上标注予以区分。例如，当你在谈到或想到某位政治家的时候，如果你认为他就是一个普通的政治家，你就没有看到该政治家的独特性，没有看到他与其他政治家的不同之处。但是，当你用"检索"的思维来看待这个政治家时，你就不再是简单地把他看成政治家，而是政治家$_1$、政治家$_2$ 或者政治家$_3$。这样，你就不会落入不分青红皂白的陷阱，你关注的焦点就是每个个体的差异了。同样，在提到宗教团体、国籍、文化等等的时候，我们也要使用这种头脑中的检索法。当你想到伊拉克人$_1$、伊拉克人$_2$ 的时候，你就会意识到并不是每个伊拉克人都是一样的。你越是用区分的眼光和态度来看待每一个团体中的个体，你就越不会歧视任何一个团体，不会犯以偏赅全的错误。

五、中庸之道，避免极端

极端，通常表现为"不是……就是……"之类的言论，它指的是一种极端地看待世界的态度。在极端者眼中，只有好的与坏的、积极的与消极的、健康的与生病的、聪明的与愚蠢的、富有的与贫穷的。极端的陈述表现为很多形式，比如：

- 在听完证词之后，我还是不清楚哪些是好人，哪些是坏人。
- 你是支持我们，还是反对我们？
- 读大学如果不能让我找到一个好工作，那我这个大学就白读了。

很多人都有这种极端化的思想，他们认为任何事物都只有两种情况，要么是好的，要么就是坏的；要么是健康的，要么就是生病的；要么是聪明的，要么就是笨的；要么是富有的，要么就是贫穷的。他们似乎只从两个极端来看待人、看待事、看待物，并把它们归为极端的两类。

通过写出下列词的反义词，你就可以很清楚地看到这种趋势。

反义词

高　的___：___：___：___：___：___
重　的___：___：___：___：___：___
强壮的___：___：___：___：___：___
高兴的___：___：___：___：___：___
合法的___：___：___：___：___：___

填写反义词对我们来说相对容易些，因此做得很快，而且这些词也很短。即使是由不同的人来填写这些反义词，他们的答案可能也会惊人的一致。现在试着写出中间空格的词，只要表达出意思就可以了，比如，你可以写"介于高矮之间的"、"介于重的和轻的之间的"，等等。做完这个练习之后，再继续往下读。

相对反义词而言，这些中间词可能更难填，花的时间也更长，而且一般是很长的词，甚至是一个短语。如果由不同的人来填，他们所用的词相同的概率比填写反义词要小得多。

这个练习清楚地表明，用相反的思维来思考问题是多么容易，而用中性的词来表达自己的观点是多么困难。但是我们必须意识到，绝大多数情况都是中间状态，还没有达到极端。不要用那些可能的过于极端的情况去代替那些处于极端状况之间的真实情况（Read，2004）。

当然，有些情况确实只存在两种可能性。比如，你手上拿的要么是书，要么就不是书。"是书"和"不是书"这两种情况已经涵盖了所有的可能性。在这种情况下这么说是没有问题的。同样的，你可以说一个学生要么通过了考试，要么没有通过考试，因为这两个陈述包含了所有的可能性。

但是，当你的极端化用错了地方，问题就出现了。比如，你不能笼统地说"上司是支持我们的"或者"上司是反对我们的"。这两个选择并没有包含所有的可能性，比如，上司在某些方面是支持我们的，在其

他方面是不支持我们的，或者上司持中立的态度。目前社会上有一种趋势，就是简单地把人分为主战派或者是反战派。在其他的一些重要的政治和社会问题上同样如此，比如，在堕胎、税收等问题上，只有赞成或反对两种选择。同样，在中东问题上，许多人表现出很极端的态度，有些人绝对支持其中一方，而另一些人绝对支持另一方。但是很显然，这两种极端的态度并没有涵盖所有的可能性。用这种极端化的思维方式思考问题，我们将无法考虑到关于这些问题的其他的大量的可能性。

■ 六、更新信息，避免静态评估

语言的变化是很缓慢的，尤其是与人和事物的变化速度相比。当你用一成不变的眼光去看待某个人，而不顾这个人身上的发展变化的时候，你就陷入了"**静态评估**"（static evaluation）的误区。

艾尔弗雷德·科日布斯基（Alfred Korzybski，1933）用了一个很有趣的例子来说明两者的联系：他在一个鱼缸里放一条大鱼和许多条小鱼。这些小鱼是大鱼天然的食物。大鱼和小鱼都可以在鱼缸里自由地活动，因此大鱼可以吃小鱼。过了一段时间，他用玻璃片把鱼缸分成了两个区域，大鱼在一个区域，小鱼在另一个区域。刚开始一段时间，大鱼仍然试图去吃小鱼，但没有成功，每一次它都撞在玻璃隔板上。经过一段时间以后，大鱼似乎知道要想吃到小鱼是很困难的，于是它就不再去追逐小鱼了。这时，隔板移开了，小鱼又都游回了大鱼的身边。尽管食物就在自己的身边，但是就算大鱼快饿死了，它也不去吃小鱼。大鱼已经形成了一种固定的行为模式，即使实际的活动范围已经发生了改变，但是它的印象仍然还是静止不变的。

虽然你可能很赞同"一切事物都是在不断变化的"这个观点，但问题是你是否在按照这个观点行事。你是随着事物的变化一起改变，还是仅仅理智地接受？面对自己已经 20 岁的妹妹，你还会像她 10 岁时那样对她吗？你对自己及他人的评价要随着世界的迅速变化而变化，否则，你的想法和观点就是静态评估，已经落伍了。

有效防止静态评估的一个方法，就是注明日期：在头脑中记住你陈述内容的日期，特别是你做出的评价。格里·史密斯$_{2010}$不是格里·史密斯$_{2002}$；学术能力$_{2006}$不是学术能力$_{2010}$。艾略特（T. S. Eliot）在《鸡尾酒会》中写道："我们对有些人的了解，只不过是我们当时见到他们时的记忆。但人是在改变的，我们每次见面，都像是和陌生人见面一样。"

表 5—3 中总结出的这六个原则，虽然并不能解决语言交流中的所有问题，但是却可以帮助我们更加准确地用语言去描述真实世界，去了解无限复杂的世界，去区分事实和推论、相同和差异、极端和中间，也许更重要的是，让我们与时俱进。

同时，这六个原则也可以帮助你去辨别那些欺骗你的语言信息。例如，当有人试图影响你对某一群体的看法（比如，种族歧视者、性别歧视者或者同性恋歧视者），他们正是在不道德地利用你的名义化倾向。同样，如果有人在你面前表现出无所不知的样子（八卦就是一个很好的例子），他们只是在利用你笼统性的思维模式以达到他们自己的目的，而不是在说明事实的真相。

当人们把一些推论当作事实陈述（八卦在这里也是一个很好的例子），以此来博取你的信任，或是他们宣扬刻板印象，他们正是利用了你容易混淆事实和推论的这一弱点。如果有人从极端的方面与你交谈，或是以静止的观点看待人和事（静态评估），并借此来影响你对某件事的判断，或者让你去做某件事，那他们就是在认为你不会中立地看待问题，也不会更新自己的信息。

表 5—3　　　　　　　　　　　　　　　使用语言信息的基本方法

以下是使用语言信息方法的一个简短的小结。当你复习这些方法的时候，试着回顾一些自己最近与他人的交流经历，想想自己有没有因为没有遵循以下原则而出现交流障碍。

应该遵循的原则	应该避免的缺陷
名副其实	要避免名义化倾向。要仔细分辨他人对事物的评价以及事物的真实情况。
注重个体	避免笼统化。没有人可以做到对某个事物完全了解，要时刻提醒自己，要学习的还有很多。
区分事实和推论	避免混淆事实和推论。注意区分事实和推论，将二者区别对待。
注重个体差异	避免不分青红皂白。没有两个人、两件事物、两种文化是一模一样的。人际传播的信息常常过于简单化了，常常给人提供一些刻板印象。
中庸之道	避免极端化。人们通常喜欢用极端的方式来表现人和事（Gamson，1998），但是这并不适合大多数的情况。通常的情况往往是介于两个极端之间的。
更新信息	避免静态评估。世界和人都是在不断变化的。六个月以前还是正确的信息，放到现在可能就不适用了，因此要经常更新你的信息。

内容提要

本章主要介绍了语言信息系统运行的基本原理以及有效使用语言信息的方法。

第一节　语言信息原理

1. 信息是包裹着的。语言符号和非语言符号共同生成一个完整的信息。非语言信息主要以六种方式作用于语言信息：（1）强调，强调语言信息；（2）补充，完善语言信息；（3）否定，否定语言信息；（4）控制，管理传播进程；（5）重复，复述语言信息；（6）替代，替代语言信息。

2. 信息的意义因人而异。语言信息的意义取决于人们的思想和感受，不要仅从字面理解语言信息。

3. 信息有本义和引申义。本义是指一个词语或者句子的字面含义。引申义是指个体对语言的理解。本义是相对客观的，引申义是相对主观的。

4. 信息可以表达不同程度的抽象。有的信息非常具体，有的则非常抽象概括。

5. 信息可以表达不同程度的礼貌，从粗鲁到彬彬有礼，不同程度地满足人们的面子需要。不同文化对礼貌的看法通常有很大的差别。

6. 信息可以用于批评和表扬。全盘否定或者没有建设性的批评令人讨厌，不切实际和抽象的赞扬也没有价值。

7. 信息可以表达不同程度的自信。坚持自己的权利，同时又不侵犯他人权利是大多数自信传播的目标。

8. 信息可以用于肯定和否定。否定就是忽视他人，不理会他人的存在。肯定就是理解和接受他人，要避免种族歧视、异性恋主义、年龄歧视和性别歧视等否定性信息。

9. 信息有不同的文化包容性。

第二节　有效使用语言信息指南

10. 名副其实。语言不是事物本身。应该避免名义倾向，即应该避免仅仅根据言论或者标签来观察世界。相反，应该先关注事实，再看其标签。

11. 注重个性，避免笼统化。笼统化是无所不知、无所不能地描绘世界的倾向。为了避免笼统化，应时刻提醒自己：我们对任何事情，都不可能无所不知、无所不能。必要时可以用"等等"表述。

12. 区分事实和推论。根据事实性信息或推论性信息采取不同的行动。

13. 注重差异，避免不分青红皂白。不分青红皂白是这样一种倾向，认为具有同一称谓或者标签的群体，其内部成员或项目是没有差别的。要识别个性，给同一群体中的不同个体加以标识（如老师$_1$、老师$_2$）。

14. 使用中性词汇，避免极端，不要用非此即彼的方式描述世界。应该多使用中性词汇和限定词，避免极端化。

15. 经常更新信息。没有什么是静止不变的。要避免一成不变地看待世界。为了避免静态评估，应该认识到变化的必然性，不断更新和评价信息，与时俱进。例如，应该认识到史密斯$_{2010}$绝非史密斯$_{2006}$。

关键词

abstraction 抽象

ageist language 年龄歧视话语

allness 笼统化

assertiveness 自信

bypassing 信息分歧

confirmation 肯定

connotation 引申义

denotation 本义

disconfirmation 否定

extensional orientation 实在倾向

fact-inference confusion 事实和推论的混淆

heterosexist language 异性恋主义话语

indiscrimination 不分青红皂白

intensional orientation 名义倾向

metacommunication 元传播

negative face 消极面子

polarization 走极端

politeness 礼貌

positive face 积极面子

racist language 种族歧视话语

rejection 拒绝

sexist language 性别歧视话语

static evaluation 静态评估

verbal messages 语言信息

思考题

1. 黄鼠狼是一种很狡猾的动物，当你快要抓住它的时候，都能被它跑掉。表4—3中提到的"含糊语"指的就是意思难以明确的话语。观看一个长达半个小时的电视广告，你可以发现多少这种类型的话语呢？

2. 大多数情况下人们撒谎是为了得到某种好处或是回报（比如，增进一段可贵的感情、维护自尊，或是得到钱），或者是为了避免受到处罚。一项研究调查了322个谎言，研究人员发现，其中75.8%的谎言使说谎人受益，21.7%的谎言使受骗者受益，2.5%的谎言使第三方受益（Camden, Motley & Wolson, 1984）。与那些让自己受益的谎言相比，让他人受益的谎言要道德一些吗？

3. 考虑一下"女性"这个词对美国人和伊朗

人的不同含义，"宗教"对于虔诚的基督教和无神论者的不同含义，"午餐"对于一位中国农民和华尔街一位总裁的不同含义。有哪些原则可以帮助那些来自不同群体的人去理解这些词语的不同呢？

4. 表达很直接的人认为表达委婉的人很世故。黛伯拉·泰南（Deborah Tannen, 1994b, p. 92）却认为，称别人"很世故"只是"因为我们看不惯他人的方式而指责他人的一种常用方法"。你同意泰南的观点吗？还是你也认为表达方式很委婉的人是有意那样的呢？

5. 你与人面对面交流，和你通过电子邮件或者在聊天室与他人交流时，话语的直接程度有什么不同？如果确实有所不同，你会怎样去表达呢？

6. 人种学、语言学和传播学中都有这样一个假设：一种文化中对某个概念的重视程度，可以从描述该概念的词的多少看出来。所以，在英语中有很多词与金钱、交通运输、交流有关。带着这个原则，来看看朱莉亚·斯坦利（Julia Stanley）的研究结果。斯坦利在研究英语词汇时发现，形容女性性滥交的词有 220 个，而形容男性性滥交的词只有 22 个（Thorne, Kramarae & Henley, 1983）。这一结果表明，在男女性滥交这一话题上，我们的文化态度和观念是怎样的？

 情境选择

1. 直接拒绝。你的一位同事三番五次想和你约会，但是你对他/她确实不感兴趣。你用尽了本书中提到的各种礼貌的方法去委婉地拒绝他/她。于是你觉得应该用更直接、更诚实的方式。那么问问你自己：你该怎样表达才可以既不伤害你的同事的自尊心，又能让他/她明白你的态度呢？

2. 面对谎言。你问与你交往了两年的恋人昨晚去了哪里，对方的回答明显是个谎言。你不想因为这件事影响你们的关系，但是你确实想知道事情的真相，并且诚心想要解决有关问题。那么问问你自己：你可以说些什么来达到你的目的？哪些是你不应该提的？

3. 文化冲突。你无意间说了一些你本以为很有趣的话，却不知道由于文化差异，这些话冒犯了你的朋友。那么问问你自己：你应该怎样向朋友解释，你不是有意说这些话来冒犯他的呢？

4. 使用不适当的文化标签。你的父母在日常交流中会使用到一些文化标志语，这些文化标志语在大多数社会群体中使用是不大合适的。但是他们使用这些标志语不是出于歧视，而是由于他们一时的疏忽以及多年的习惯。你不想让自己也有和父母一样不好的习惯。那么问问你自己：你应该采取哪些措施来避免这个问题？

5. 批评。你正在负责五个实习生的实习工作，但是他们什么也没有做。你不希望由于过于严厉的批评而打消他们的积极性，但是你又要让他们的工作有效率。那么问问你自己：你应该怎么说才能解决目前的局面？哪些话是应该避免的？

6. 消除民族优越感。你已经和自己心仪的对象交往几个月了，但是你越来越发现你的"完美情人"带有强烈的民族优越感，并表现出对其他宗教、种族和国家强烈的歧视。那么问问你自己：你可以做些什么来改变这个可能成为你未来生活伴侣的人的观念呢？

7. 消除否定。通过过去几个月的观察，你注意到你的邻居总是否定小孩子的行为，似乎孩子不管做什么都不能让家长满意。那么问问你自己：你应该怎么说（如果你打算介入此事的话），才能让家长意识到他们的这种交流方式是有问题的，以及由此带来的负面影响呢？

我的传播实验室

以下的一些练习有助于你更清楚地了解语言信息的使用原则。

1. "综合使用语言信息和非语言信息"探索了语言信息和非语言信息之间的联系。2. "攀爬抽象的阶梯"和 3. "把抽象阶梯作为创造性思维的工具"将对抽象的过程进行界定，并解释了一种有用的创造性思维技巧。4. "你怎样使直接性话语发挥最大功效"提供了许多有关直接性话语的练习。5. "你怎样表达陈词滥调"给你提供了一些机会，去用有新意的方式表达那些陈词滥调。6. "谁"是一个班级的游戏。这个游戏要求你通过观察一些人的语言和非语言信息去判断这些人的特点。这个练习可以作为信息章节的导入部分或是总结部分。7. "分析自信"提供了一些情境练习以提高你的自信心。8. "找出影响交际传播的障碍"提供了一个有关本章讨论过的那些障碍的对话。9. "如何交谈"。作为一个女性，你应该如何与他人交谈？作为男性呢？10. "认识性别差异"研究了语言中的性别，以及我们对他人话语的认知。11. "运用心理软件"探讨了使用"to be"表达所引发的问题。12. "你怎样用中立的态度来谈论问题"举了一些例子说明我们的语言是如何容易导致极端的。13. "肯定，拒绝，否定"考察了这方面的几个具体案例。14. "必须说谎"讨论了在哪些情境中，人们撒谎没有违反道德准则，有时甚至是很必要的。

第 **6** 章

非语言信息

非语言传播的渠道　　　　　　　　非语言传播和文化
非语言传播的作用

《辛普森一家》

　　卡通电影的神奇之处，就在于人物的性格特征能够通过人物形象表现出来，其体态特征能够反映其个性特点。在卡通影片《辛普森一家》中，你可以通过每位家庭成员的形象获知十分丰富的信息。对于人类而言，情况则大不相同。不过，很多时候我们仍然有以貌取人的倾向——这正是本章非语言信息所要探讨的主题之一。

"非语言传播"是一种不使用语言的传播方式。摆出某一姿势,微笑或者皱眉,睁大眼睛,移动椅子靠近某人,佩戴珠宝,接触某人,提高嗓音,甚或保持沉默,这些都属于非语言传播的范畴。构成非语言传播的一个重要因素,就在于传递出去的信息能够被一个或多个其他的人以某种方式接收。如果你一个人在房间里摆出各种姿势,但是没有人看,那么绝大多数学者都不会认为这是传播。语言信息也是同样的道理:如果你背诵一个段落,但是没有人听,那么这也不是传播。

倘若能有效地进行非语言交流,你至少会在以下两个方面受益(Burgoon & Hoobler,2002)。首先,你发出和接收非语言信息的能力越强,你就越有吸引力,你就更受欢迎,你的社会心理适应能力也就越强;其次,你掌握的非语言传播技能越多,那么你就越能游刃有余地应对各种人际交往情境,比如亲密关系、组织传播、师生交流、跨文化传播、法庭关系、政治交往关系以及健康护理关系等(Richmond,McCroskey & Hickson,2008;Riggio & Feldman,2005)。

开始探讨非语言传播之前,你不妨首先审视一下自己的观点。下面所列的这些看法,你认同哪个?

1. 与语言传播相比,非语言传播传递的信息更为丰富。

2. 人在说谎的时候会避免眼神的接触。

3. 学习非语言传播的知识可以帮助你甄别谎言。

4. 与语言传播不同,非语言传播适用于全球各地。

5. 当非语言传播传递的信息与语言传播传递的信息相互矛盾的时候,最好去相信非语言所传递的信息。

实际上,以上这些有关非语言传播的认识都是流行的一些误区。简单剖析如下:(1)在某些情况下,非语言传播确实比语言传播传递的信息量大,然而更多时候还是要取决于具体的情况。比如说,如果要深入地探讨科学或者数学问题,仅仅凭借非语言传播是不够的。(2)有些说谎的人确实害怕眼神的直接接触,但是很多说谎者却并不是这样。(3)谎言的识别是一个艰难的过程,单凭几个章节甚至是几门课程的学习是远远不够的。(4)事实上,同一个非语言信息在不同的文化环境下所表达的意义可能完全不同。(5)和语言传播一样,非语言传播也可以欺骗人。在做出判断之前,最好对整个过程中的信号进行判断。但即便如此,要识别欺骗也并非易事。

第一节   非语言传播的渠道

通过对**非语言传播**(nonverbal communication)的渠道进行探讨,我们可以辨别很多非语言信息。下面具体探讨每一种非语言传播的渠道:(1)体态交流,(2)表情交流,(3)眼神交流,(4)身体接触,(5)辅助语言,(6)沉默,(7)空间信息和领地,(8)饰物信息,(9)时间信息。

一、体态交流

一般来说，我们可以把体态交流分为两个部分，一为身体姿势，二为身体外表。

身体姿势

在**身体语言学**（kinesics）中，或在对通过身体动作进行交流的研究中，将身体姿势分为五类：手势、图示、表演、打招呼和下意识动作（Ekmam & Friesen，1969）。表 6—1 对这五种类别的姿势进行了总结，并提供了示例。

表 6—1　　　　　　　　　　　　　　　**五种类型的身体动作**

同一个姿势在不同文化中可能会表达不同的含义，从而会导致人际交往中的误会。你能够识别出这些姿势吗?	
名称及作用	**示例**
手势　能够直接表达某个词语或短语的含义。	表示 OK 的手势，招手示意他人靠近，搭便车的手势。
图示　往往伴随语言信息的传播，并且能够形象地阐释该信息。	说到"圆圈"的时候，用手做圆圈状；说到"大"的时候，把两手分开。
表演　可以表达感情状态。	表达高兴、惊讶、害怕、生气、悲伤、恶心的表情。
打招呼　可以引导、保持、控制他人的讲话。	一些面部表情和手势可以表达出"继续"、"慢一点儿"、"还有什么"等含义。
下意识动作　可以满足某些需要。	挠头。

手势。手势可以替代某些词语。有些肢体动作可以表达很具体的语言含义，这样的非语言手势可以表示"OK"、"和平"、"过来"、"走开"、"谁，我吗"、"安静"、"我警告你"、"我累了"、"我冷了"等诸多含义。各种语言中的词语具有任意性，手势同样如此。因此，当前文化中的手势信息可能有别于 300 年前，一种文化中的手势信息也许与另一种文化中的手势信息大相径庭。例如，用大拇指与食指形成一个圆圈，法国人用它表示"什么都没有"或者"零"，日本人用它表示"钱"，而在一些欧洲南部的文化中，这种手势则暗示与性有关的事情。然而，正如英语在全球范围内通行一样，英语的非语言信息也通行于全世界。美国人常用的"OK"手势正在广泛地传播开来，其势头丝毫不亚于英文科技词汇的传播。

图示。图示往往伴随语言信息的传播，并且能够形象地阐释该信息。图示能使传播的过程更加生动，有助于吸引倾听者的注意力。图示还有助于阐明和增强你所传递的语言信息。例如，当说到"我们上楼去吧"的时候，你可能会抬头向上看，手指向上指。在描述一个圆圈或者是一个方块的时候，你可能会用手比画出一个圆圈或者一个方块的形状。研究者还指出了图示的另一个优势：它可以帮助记忆。与不使用图示的说话者相比，使用图示的说话者能够多记住 20% 的信息。

我们只是在有些时候知道一些图示，有的时候，图示需要引起我们的注意。图示比手势应用的范围更广。与手势比较，图示可以为更多来自不同文化圈的人们所理解和认识。

表演。表演是指传达情感含义的面部动作，即表达生气、恐惧、喜悦、惊讶、渴望和疲劳等的面部表情。当你试图按捺自己的愤怒时，你的表情可能会出卖你，人们会问你："你看上去很生气，怎么了？"然而，我们能够像演员扮演一个角色一样，有意识地控制感情的外露。感情的外露有时是无意识的（这时你的表情会出卖你），有时则可以是有意识的（用以表达你的愤怒、爱意或者是惊讶）。扑克牌玩家的"暗语"就是一个典型的表演的例子。"暗语"是玩家通过非语言方式虚张声势的一种做法，某一玩家也可以采用这种非语言的方式告诉他人某人在说谎。扑克牌玩家总是试着隐藏这些"暗语"，正如你有时可能会向亲友隐藏某些情感一样。

打招呼。打招呼可以引导、保持或者控制他人的讲话。当你听他人讲话的时候，你并不是被动的：你有时点头，有时抿嘴，眼神不时地游移，发出各种副语言的声音，比如"嗯"、"啧啧"。打招呼的方式也受到一些文化限制，各种文化都发展出了谈话中打招呼的规则。打招呼可以是很大幅度的动作，比如摇头表示不信，从椅子里将身体前倾表示想要听清他人的谈话。

打招呼可以在说话者说话时向他/她传达你的期望，或者你希望他们怎么做等诸如此类的信息。例如："继续！""告诉我还发生了什么？""我不信。你确定吗？""快点！""慢点。"说话者通常会无意识地接受这些打招呼的信息。每个说话者对于这些信息的敏感度是不同的，他们会根据这些信息或多或少地调整自己的语言行为。

下意识动作。下意识动作是为了满足某种需求，通常在无意识的情况下发生的；下意识动作是一种不易察觉的无意识的动作。非语言信息的研究者根据它们的侧重点、方向和目标的不同，把下意识动作细分为三种类型：自主下意识、被动下意识、器物下意识（Burgoon，Buller & Woodall，1996）。

1. 自主下意识。自主下意识动作通常是为了满足一些生理需要，使自己感觉更加舒适。例如，挠头以缓解头痒，舔嘴唇以缓解干燥，把遮挡了视线的头发移开。当这些动作在私底下发生时，动作进行是完整的：你会一直挠头到不痒为止。但是在公共场合，这些动作则往往有所节制。例如，有人看着的时候，如果你头痒了，你可能会把手指抬起来，在痒的地方轻轻碰一下，但是不会像一个人的时候那样用力地挠。

2. 被动下意识。被动下意识是身体对当下交流作出的一种反应动作。比如，当有人不友好地向你靠近或者是接近你喜欢的人的时候，你会将双手交叉放在胸前。

3. 器物下意识。器物下意识是借助外物发生的动作。常见的动作如用勺子搅动咖啡，或是在咖啡表层的泡沫上轻画，按圆珠笔，咬铅笔头等。这些动作经常是负面情绪的征兆。举例来说，当你感觉到有敌意的时候，你的器物下意识就会比你感觉到很友好的时候发生得多。同样，随着焦虑和烦躁的加剧，器物下意识动作发生的频率也会增加（Burgoon，Buller & Woodall）。

身体外表

当然，没有动作，身体同样可以进行交流。比如，他人可以根据你的体型、身高、体重、皮肤、眼睛、头发的颜色等形成对你的印象。人们常常通过你的身体外形来衡量你的力量、吸引力，进而判断你是否适合做朋友或者恋人（Sheppard & Strathman，1989）。

比如，身高在很多情形下就是一个很重要的衡量标准。身材较高的总统候选人赢得大选的几率比那些身材较矮的对手赢得选举的几率要高得多。个儿高的人比个儿矮的人收入更高，更容易受面试者的青睐（Keyes，1980；Guerrero，DeVito & Hecht，1999；Knapp & Hall，2006；Jackson & Ervin，1992）。个儿高的人比个儿矮的人更有自信，也更容易获得事业上的成功（Judge & Cable，2004）。

肤色能够反映你的种族，甚至能够反映出你的具体国籍。体重与身高的比例，以及头发的长度、颜色和样式也能向他人传递丰富的信息。

课堂讨论 6.1 "当你对他人产生爱意的时候，身体外表的影响程度有多大？"请用 10 分制作答，1 代表"一点都不重要"，10 表示"非常重要"。通常的观点认为"男人更看重外表，女人更注重人品"，你所认识的男性或女性适合这一观点吗？

魅力也是**身体交流**（body communication）渠道中一个很重要的因素。有魅力的人在任何活动中都享有优势。他们在学校里更容易获得高分，更容易被人选做朋友和恋人，在工作中人们往往更愿意与他们合作（Burgoon，Buller & Woodall，1996）。虽然我们通常认为魅力的概念因文化的不同而不同，在一定的程度上也确实如此，但是研究表明，"魅力"这一概念的界定具有普遍性（Brody，1994）。也就是说，在一种文化环境中被认为是有魅力的，在另一种文化中也会被认为是有魅力的，尽管这两种文化环境中的人在外貌上存在着巨大的差异。

二、表情交流（facial communication）

当你进行人际交流的时候，你的面部一直都参与其中，面部的表情能够传达你情感状态的信息。实际上，单独看面部表情，似乎它只能表达出你愉悦、赞同以及同情的程度，这时身体的其他部位并不提供其他的信息。但是从其他角度看，要表达感情的剧烈程度就需要面部表情和身体动作同时参与（Graham，Bitti & Argyle，1975；Graham & Argyle，1975）。

一些非语言信息传播的研究者提出，表情交流至少可以表达以下八种情感：高兴、惊讶、害怕、生气、悲伤、恶心、轻视、感兴趣（Ekman，Friesen & Ellsworth，1972）。另外还有一些研究者补充说，面部表情还可以表达困惑和决心（Leathers & Eaves，2008）。

当然，某些情感更容易传递和解码。例如，一项研究结果表明，判断高兴的准确率可达55%至100%，惊讶的判断准确率为38%到86%，悲伤的则为19%到88%（Ekman，Friesen & Ellsworth，1972）。研究表明，女性比男性更善于通过面部表情判断他人的情感状态（Hall，1984；Argyle，1988）。

也许你曾经历过，相同的面部表情出现在不同的场景之中，人们对其所作出的判断很有可能是不同的。例如，在一项经典的研究中，当一张笑脸面对着一副怒容的时候，人们会认为微笑的人心思阴险，存心嘲笑；同样是这张脸，当面对一副愁苦的脸的时候，人们则认为这微笑代表着友好与平和（Cline，1956）。一般来说，微笑的人比不笑的人，或者是假作笑容的人显得更亲切、更加平易近人，这点不足为怪（Gladstone & Parker，2002；Woodzicka & LaFrance，2005；Kluger，2005）。女性认为那些容易让女人微笑的男人比不易令女人微笑的男人更有魅力。但是男性却认为，那些不容易令女性微笑的男人更具魅力，这也许是出于竞争方面的原因（Jones，DeBruine，Little，Burriss ＆ Feinberg，2007）。

表情管理

你已经学习了非语言传播的系统知识，你仍需要掌握一些**表情管理技巧**（facial management techniques），这样你就能在表达情感的时候达到自己想要的效果。比如，掩饰某些情感，突出某些情感。思考一下，在什么情况下你可以运用以下的表情管理技巧（Malandro，Barker ＆ Barker，1989；Metts ＆ Planalp，2002）。

- 强化。如果你的朋友为你开了一个派对，你会强化自己的惊喜去取悦你的朋友吗？
- 弱化。得到好消息后，面对没有收到同样好消息的朋友，你会弱化自己的兴奋之情吗？
- 压制。为了不让他人难受，你会压抑自己的悲伤之情吗？
- 掩饰。在没有收到自己想要的礼物的时候，你会掩饰自己的失望，而表现出很开心的样子吗？
- 假装。你会表达自己根本没有体会到的情感吗？

这些表情管理技巧可以帮助你以社会能接受的方式表达出自己的情感。比如，某个人身上发生了不幸的事，你私底下其实很开心，但是出于社交原因，你应该皱起眉头，或是无声地表示你的悲伤。如果你在赛跑比赛中得了第一名，而你最好的朋友只是勉强地跑完了全程，这时按照交际的原则，你应该尽量不要表现自己获胜的喜悦，并且要尽量避免得意之色。倘若你违反了这些规则，他人就会认为你麻木不仁。所以，虽然这些表情管理技巧带有一定的欺骗性，但也是他人所期待的，事实上，它们也是社交礼仪所要求的。

面部反馈

当你通过面部表达情感的时候，会发生面部表情反馈。这一发现导致了**"面部反馈假说"**（facial feedback hypothesis）的产生，该假说认为，人们的面部表情会影响生理上的反应（Lanzetta，Cartwright-Smith ＆ Kleck，1976；Zukerman，Klorman，Larrance ＆ Spiegel，1981）。比如，在一项研究中，参试者用牙齿咬住铅笔作出悲伤的表情，这些表情被相机拍了下来。结果表明，当参试者看到这些照片的时候，心里的悲伤同时也增加了（Larsen，Kasimatis ＆ Frey，1992）。

一般说来，研究结果表明，面部表情可以产生或者加剧悲伤感、恐惧感、恶心感和愤怒感。但是并不是所有的情感都受这种作用的影响。比如，微笑并不能增加你的快乐感。如果你心里很悲伤，即使表面上微笑了，却仍然无法缓解你的悲伤。一个合理的结论似乎是，面部表情可以影响你的某些感受，但不能影响你所有的感受（Burgoon ＆ Bacue，2003）。

▎三、眼神交流

眼神传播学（occulesis）就是研究利用眼神交流（eye communication）

信息的学科。眼睛注视的时间、方向和性质存在差别，所传达的信息也会不同。例如，眼神接触时间的长短，在每种文化中都有虽不成文却相当严格的规定。在英国和美国的许多地区，人们凝视的平均时间为 2.95 秒；双方对视的持续时间平均为 1.18 秒（Argyle，1988；Argyle & Ingham，1972）。如果两个人眼神接触的时间少于 1.18 秒，人们就会认为这个人对对方缺乏兴趣、害羞或者是有心事。如果超出了合适的时间，人们就可能认为你表现出了很高的兴趣。

在美国，大部分人认为眼神的直接接触是真诚和坦率的表现。但是日本人常常把眼神的直接接触看作是对对方的不尊重。日本人很少看他人的脸，即使看也是一扫而过（Axtell，1994）。在许多西班牙文化中，眼神的直接接触象征着平等，所以晚辈在和长辈的接触中是应该避免的。当东京人、旧金山人和圣胡安人尝试着交流的时候，不妨观察一下他们的眼神，仅仅眼神交流一项就可能造成许多潜在的误解。

眼神接触的方向也能传递许多信息。一般情况下，在与他人交流的时候，你应当注视一下对方的脸，然后将目光移开，然后再注视对方的脸，如此往复。一旦交流不遵循这样的规则，则很可能传递的是不同的信息，如兴趣极浓或是根本不感兴趣、自我意识过强或者是交流太过紧张等。看人的眼神的质量，如眼睛大睁，或者只是眯缝眼，都会传达不同的含义，尤其是表达感兴趣的程度，以及惊讶、害怕、厌恶等情感时。

眼神的接触

眼神的接触有以下几个重要的功能（Knapp & Hall，2006；Malandro，Barker & Barker，1989；Richmond，McCroskey & Hickson，2008）：

- **观察反馈**。比如，当你和他人谈话的时候，你要看着他们，以观察他们对你谈话的反应。你要试着去解读他们的反馈，然后根据这些信息调整接下来的谈话内容。试想，有效的反馈对于成功的交流是多么的重要。
- **吸引注意**。当你同时和两个人或三个人谈话的时候，保持和他人的眼神接触，有助于吸引他人的注意力和引起听者的兴趣。当听者的注意力不够集中的时候，你可能会增加与他人眼神的接触，以期增加他人的注意力。
- **调控谈话**。眼神的接触有助于调控、管理和控制谈话。通过眼神接触，你可以告诉他人应该参与谈话。大学课堂就是一个极好的例子，老师问了一个问题之后，会把眼神锁定在某个同学身上。这样的眼神接触是在要求这个同学回答问题。
- **界定关系的性质**。眼神的交流就好像一个"联结信号"，能够界定两个人之间的关系性质是积极的还是消极的。在不同的文化中，眼神接触可能表达出你对他人的爱慕，避免眼神接触也可能表达出尊重。研究者还指出，同性恋可以通过眼神来表明自己的同性恋倾向或是对他人的兴趣，这种能力被称为所谓的"同性恋雷达"（Nicholas，2004）。
- **界定地位**。眼神接触经常用于表明地位、表示挑衅。尤其是在年轻人当中，过长的眼神接触通常意味着挑衅，常常可能引发肢体上的冲突，其原因就是眼神的接触时间超过了那个文化中的正常标准（Matsumoto，1996）。

掌握人际技巧专栏

亲切感

亲切感（immediacy）是交流双方之间亲近、和睦、一致的感受。亲切交流就是关注对方、对对方感兴趣、喜欢对方、被对方所吸引。

不奇怪的是，人们更愿意对亲切交流作出积极的反应。人们喜欢亲切交流的人。亲切的行为方式有助于提升你在人际交往中的个人魅力，增加他人对你的好感，获得更积极的回应。此外，有确切的证据表明，亲切的行为方式有助于提高教学质量和健康护理质量（Richmond, Smith, Heisel & McCroskey 2001; Richmond, McCroskey & Hickson, 2008）。

亲切交流　亲切感可以通过语言方式和非语言方式表现出来。以下是以语言的方式（Mottet & Richmond, 1998）和以非语言的方式（Richmond, McCroskey & Hickson, 2008）进行亲切交流的建议：

- 自我表露，传递一些有关自身的重要信息。
- 表扬他人的优点，如独立性强、聪明等；或者是褒扬他的品质，比如，你可以告诉他"你总是那么值得信赖"。
- 表达你对他人以及与其关系的积极看法，比如，你可以说"很高兴成为你的室友，你认识所有的人"。
- 谈论你与他人的共同点，或是你与对方共同参与过的活动。
- 对他人的谈话作出反馈，表明你对谈话感兴趣，表明你想要了解更多的信息。例如，你可以问："还发生了什么？"
- 表达心灵上的亲密感和坦诚。例如，你可以靠近对方，或是用自己的身体将对方与第三方隔开。
- 合理地使用眼神交流，尽可能不要左顾右盼。
- 保持微笑，表达你对他人的兴趣。
- 倾听他人的谈话。让对方明白你在听，而且理解他/她所说的内容；给他/她恰当的语言和非语言的反馈信息。

在传递亲切信息的同时，应当避免不友善的行为，如打断别人的谈话、开小会、拒绝闲谈、发表侮辱性质的评语、关闭交流的渠道（"我没有时间聊天"），或者是谈论对方知之甚少或是从未有过相关经历的话题。在非语言交流方面，应当避免的情况有：使用单一语调交谈，不看自己说话的对象，说话的时候皱眉头、身体僵硬，或者不使用恰当的姿势等（Richmond, McCroskey & Hickson, 2008）。

不同的文化、不同的人对于亲切信息会有不同的反应。例如，在美国，人们通常认为亲切的行为是友善得体的。而在其他文化中，同样的亲切行为则可能被看做是双方十分熟悉或是关系十分亲近，尽管事实上两者不过是普通的相识（Axtell, 1994）。与此类似，他人可能会将你的亲切行为看作是想要与之发展亲密关系的信号。因此，当你只是想要表示一种友好的亲近时，对方可能会认为这是一种浪漫的邀约。另外，我们也要明白，由于亲近行为往往要求延续深入的交流过程，对于那些害怕交流和/或想要尽早结束交流的人来说，他们可能不会作出积极的反应（Richmond, McCroskey & Hickson, 2008）。

运用人际技巧

他人是如何看待你的亲切感的？如果你不能确定，请向几位朋友询问。你如何看待自己的亲切感？在什么情形下你会更多地表现自己的亲切感？在什么情形下你会较少地表现自己的亲切感？

- **填补空间距离**。眼神接触通常用于填补较大的空间距离。通过眼神的交流，你能够从心理上拉近与他人在空间上的距离。比如，在某个派对上，你可能与某人相隔较远，但是通过眼神接触，你们的心理距离得以缩短。

请教学者专栏

教学效果

我准备做一名教师。我是否只需要具备清楚明了地传达信息的能力就可以了？为什么我还必须具备亲和力等品质？

作为一名教师必须掌握诸多技能。能够清楚地表达固然十分重要，同时也需要多种其他的积极交流的技巧（如亲切感）作为补充，以强化整体课堂交流效果。

如果学生认为老师十分亲切，会有助于增强他们学习的情感体验（比如，他们会更加喜欢所学的课程和教师，这是构成学习动机的一个重要的先决条件）和认知体验（比如，对于你所传授的知识和技能，他们能够更加有效地进行学习）。如果学生认为老师有亲和力，他们会更愿意去上课、参与课堂讨论，就课程相关的问题进行提问。上课及参与课堂活动能够促进课堂学习，而教师的亲和力则有助于将这几个因素结合在一起。另外，倘若学生认为老师很亲切，他们很可能遵从教师的意愿，从而减少纪律问题的发生。因此，尽管清楚明了是课堂教学的一个必备条件，其他诸如亲和力之类的品质对于提高整体课堂教学交流效果也发挥着十分重要的作用。

更多信息参见 S. A. Myers and K. A. Rocca，"The Relationship between College Student Class Participation and Perceived Instructor Communicator Style," *Journal of the Speech and Theatre Association of Missouri* 37 （2007）：114－127；K. A. Rocca, "College Student Attendance：Impact of Instructor Immediacy and Verbal Aggression," *Communication Education* 53 （2004）：185－195；and http：//www.jamescmccroskey.com for a plethora of research articles on immediacy.

Kelly A. Rocca：西弗吉尼亚大学教育学博士，现任圣约翰大学副院长，副教授，主讲人际传播、公共演讲和谈判等课程（roccak@stjohns.edu）。研究兴趣包括人际传播、教育传播、健康传播和体育传播。

眼神的躲闪和回避

社会学家欧文·戈夫曼（Erving Goffman）在《交流礼仪》（*Interaction Ritual*，1967）一书中，将眼睛称为"强大的入侵者"。当你的眼神躲闪和回避的时候，你是在尊重他人的隐私。当你在大街上或者公交车上看到一对夫妇吵架，你可能会避开自己的目光，仿佛在说："我不想打扰你们，我尊重你们的隐私。"戈夫曼把这种行为叫做"礼貌忽视"。

眼神的躲闪和回避也可以用来表示对某个人、某个会议、某种视觉刺激不感兴趣。有时我们就像鸵鸟一样，遇到那些不太令人愉悦的刺激时，我们会隐藏自己的眼神。比如，当人们看到极其不雅的事情时会迅速地闭上眼睛。有趣的是，即使只是听到不雅的事情，我们也会闭上眼睛。有时我们会闭上眼睛避开视觉的刺激，去增强其他方面的感受，比如，我们会闭上眼睛去听音乐；爱人们接吻的时候也会闭上眼睛；许多人喜欢在昏暗的房间里做爱。

瞳孔的扩张

在 15 世纪和 16 世纪的意大利，妇女们常常将颠茄草的汁液滴入眼睛来使瞳孔放大，以使自己看起来更迷人。瞳孔学领域的专家们也认同这些妇女们想当然的逻辑，他们认为，放大了的瞳孔确实比较小的瞳孔更有吸引力（Hess，1975；Marshall，1983）。

例如，一项研究中，人们对女性的照片进行了修饰（Hess，1975）。其中一组照片中，女人的瞳孔被放大了，另一组中她们的瞳孔被缩小了。然后人们请男性去根据照片判断这些女性的性格。结果是：人们认为照片上那些瞳孔被缩小了的女人是冷酷的、自私的；而瞳孔被放大了的女人则很温柔、很有女人味。但是这些男性也不知道自己为什么会做出这个判断。**瞳孔扩张**（pupil dilation）以及人们对于他人瞳孔大小所做的反应似乎都是在潜意识下发生的。

瞳孔的大小也能反映出你的感兴趣程度以及情绪调动的高低。当你的情绪被调动起来，或者你对某件事情感兴趣的时候，你的瞳孔就会变大。面对裸体照片，同性恋者看到同性的身体时瞳孔张得较大，而异性恋者看到异性的身体时瞳孔张得更大一些（Hess，Seltzer & Schlien，1965）。瞳孔的反应是不自觉的，甚至连智力极其迟钝的人也会产生这样的反应（Chaney，Givens，Aoki & Gombiner，1989）。我们认为张大的瞳孔更有魅力，也许是因为我们觉得瞳孔的扩张表明对方对我们感兴趣。这就是为什么模特、芭比娃娃和天线宝宝的眼睛都张得大大的。

虽然人们已经不再使用颠茄草汁了，但是化妆品产业已经生产出了很多可以让眼睛看起来大一些的化妆品，比如眼影、眼线笔、假睫毛、彩色隐形眼镜等。这些东西的作用（至少从理论上来说是这样），就是能够将他人的注意力吸引到它们所传递的信息上来。

四、身体接触

"**触觉交流**"（tactile communication），或者说是通过身体之间的接触产生的交际活动，也叫做"**触觉学**"（haptics），也许是最原初的一种交流形式。从发展的角度看，触觉可能是我们最先使用的感觉；即使是在子宫里，小孩也能被触觉所刺激。小孩出生不久，就接受他人的抚摸、拥抱、拍打、轻抚等。同样的，小孩也是通过触摸渐渐认识这个世界的。在很短的时间内，小孩能够通过接触学会去表达多种含义。不足为奇的是，在人际关系的不同阶段，接触的程度也是不同的：在关系发展的最初，身体的接触较少；在中级阶段（共处、亲密阶段）时，接触的频率会增加；在关系的稳定或是恶化阶段，接触的频率又会减少（Guerrero & Andersen，1991）。

接触的意义

接触可以传达五种主要的含义(Jones & Yarbrough，1985；Jones，2005)。积极情感可以通过接触传达，这种情况通常产生于恋人或是亲密的朋友之间。

积极情感主要包括支持、欣赏、接纳、性冲动、决心和爱慕等。另有研究表明，身体接触传递的积极情感还包括沉着、亲切、信任、平等和轻松等（Burgoon，1991）。研究还发现，身体接触有助于促进自我感情的流露。

身体接触还常常表达玩笑的意味。这种玩笑可能是亲切的，也可能带有冒犯性质。在这些情况下，这些接触会削减情感的表达程度，告诉对方不要太认真。玩笑式的接触可以缓解某些人际交流活动。

接触也可能控制他人的行为、态度或者感受。这种控制可以传达很多种不同的信息。比如，我们会用身体接触某个人，传达"借过"、"快点"、"在这儿等着"、"行动"等信息，要求他/她顺从我们的意愿。用接触来控制也可以传达某种地位和优势的信息（Henley，1977；DiBaise & Gunnoe，2004）。比如，往往是地位高或居于主导地位的人先发出接触的动作。实际上，地位低的人先接触地位高的人，将会被视为一种礼节上的冒犯。

礼节性的身体接触主要用于表达问候和道别。礼节性身体接触最典型的例子可能是用握手表达"你好"和"再见"。不过，有时在这种情况下，我们可能也会亲吻、拥抱或者抱着他人的肩膀等。

任务式的接触和一定的行为功能相关。比如，为某人擦去脸上的灰尘、帮助某人下车、摸某人的额头看其是否发烧。人们似乎都认为任务式的接触是积极的。例如，有研究表明，受到图书馆工作人员轻轻碰触的借书者，对整个图书馆和图书管理员的印象都会很好。那些受过女招待轻轻接触过的顾客，他们给的小费会更多（Marsh，1988）。类似的研究显示，找零钱的时候，那些肩膀和手受过碰触的食客比那些没有受过碰触的食客支付的小费更多（Crusco & Wetzel，1984；Stephen & Zweigenhaft，1986；Gueguen & Jacob，2004）。

不难想象，身体接触也可能会给你带来麻烦。比如，在关系发展的过程中，积极情感或者太亲密的接触过早，可能会传达错误的信息。同样，玩笑过头或者抓住某人的胳膊控制他们的行动可能招致反感。错误地使用礼节性的接触或者无视文化差异地去接触，都可能会给你带来麻烦。

课堂讨论 6.2　*南希·亨利*（Nancy Henley）曾在其《*身体政治*》（*Body Politics*，1977）一书中提出过一个问题：试考虑在下列的情况下，谁会去接触谁（接触在这里是指将手臂搭在对方的肩头，或者是将手放在对方的背部）？这些场景有：老师与学生、医生与病人、经理与工人、牧师与教民、商务执行官与秘书。你的答案是否表明地位较高者会先去接触地位较低者呢？亨利指出，身体接触除了能表现人们之间的地位高低外，还能体现出对于男性权力的维护、对于男性主导性以及男性地位高于女性的维护。亨利认为，女性在关系中占据主导地位（对于男性来说）是不可接受的，所以当女性接触男性的时候，这种行为会被解释成为性挑逗。你怎么看待这一观点？

回避接触

正如我们有接触别人和被人接触的需求和愿望，在一定的环境下，我们也有回避接触的倾向（Andersen & Leibowitz，1978；Andersen，2004）。在继续阅读有关回避接触的研究之前，请先完成下面这个自我测试。

✎ 自我测试专栏

你回避身体接触吗?

下面这 18 个陈述关注的是你对被人接触和接触他人时的感受。请指出以下说法在多大程度上适用于你的情况。1＝非常同意,2＝同意,3＝不确定,4＝不同意,5＝非常不同意。

1. 来自同性的拥抱是真挚友谊的象征。
2. 异性喜欢我们接触他们。
3. 我经常挎着我同性朋友的胳膊。
4. 当我看到两个同性别的朋友相互拥抱时,我会很反感。
5. 我很喜欢异性伙伴接触我。
6. 接触同性时,我们没必要那么紧张。
7. 我认为接触我的异性是粗俗的。
8. 当有异性接触我的时候,我会感到不舒服。
9. 我希望我可以自由地和同性通过接触来交流情感。
10. 我非常愿意给异性朋友做按摩。
11. 我喜欢亲吻同性朋友。
12. 我喜欢接触和我同性别的朋友。
13. 接触同性别的朋友并不会使我感到不自在。
14. 我觉得在约会的时候被拥抱感觉很好。
15. 我喜欢和异性有背部摩擦。
16. 我讨厌亲吻同性别的亲戚。
17. 异性间的亲密接触感觉很好。
18. 我发现被与自己同性别的人接触感觉很不好。

你做得怎么样? 请计算出你自己关于这份避免接触的调查问卷的得分:
1. 反转 4、7、8、16、18 题相对应的得分,接下来的分数计算均按照反转以后的结果进行。
2. 将 1、3、4、6、9、11、12、13、16、18 题的得分相加,总和即为你避免同性接触的得分(即你会在多大程度上避免同性的接触)。
3. 将 2、5、7、8、10、14、15、17 题的得分相加,总和即为你避免异性接触的得分(即你会在多大程度上避免异性的接触)。
4. 将第 2 步与第 3 步的总分相加,所得的结果即为你避免接触的总分。

你的得分越高,你避免和他人接触的程度就越高,你避免和他人接触的倾向越明显。安德森和莱博维茨(Andersen & Leibowitz, 1978)进行了一项研究,设计了这份测试问卷。结果表明:在避免异性接触方面男性的平均得分为 12.9 分,女性为 14.85 分;在避免同性接触方面,男性的平均得分为 26.43 分,女性为 21.70 分。与该项研究中的那些参试的大学生相比,你的得分情况如何? 在与不同文化背景的人交流时,你是否更倾向避免身体的碰触? 避免身体碰触的现象因人而异,因场合的不同而有所差别,有时较多,有时较少。你能够分辨这样的人或场合吗?

你会怎么做? 你对自己的得分满意吗? 想要改变你避免身体碰触的潜质吗? 你会采取什么行动呢?

资料来源:Adapted from Peter Andersen and Ken Liebowitz, "The Development and Nature of the Construct Touch Avoidance," *Environmental Psychology and Nonverbal Behavior* 3 (1978):89 - 106. Copyright © 1978. Adapted with kind permission from Springer Science and Business Media.

　　一项重要的研究成果表明，接触的避免程度和人际交往忧虑或者交流恐惧与不安呈正相关关系。那些害怕口头交流的人在接触避免程度上往往得分较高；那些不愿自我表露的人在这方面得分也比较高。由于身体碰触和自我表露都属于较为亲密的交流形式，因此那些不愿意向他人进行自我表露的人似乎也不太愿意用身体接触的方式去拉近与他人之间的距离。

　　与年轻人相比，老年人在避免与异性接触方面的得分更高。显然，随着我们年岁的增长，异性对我们身体碰触的频率逐渐减少，这也导致了我们越来越多地回避与异性的碰触。与女性相比，男性在回避同性碰触上得分较高。这点与我们的刻板印象是一致的：男性会避免接触其他男性；女性则可能会接触其他女性。研究还发现，在避免异性接触方面，女性得分比男性为高。

五、辅助语言

　　辅助语言（paralanguage）伴有声音的发生，但是属于非语言范畴。辅助语言与说话的方式有关，与内容无关。为了提高学生表达不同的情绪、感受和态度的能力，有人设计了一套经典的练习：让学生朗读句子 "Is this the face that launched a thousand ships?"，朗读时，将重音放在句中不同的词语的位置上。随着句子重音位置的变化，句子所表达的意义差别也明显地表现出来。例如，该句变体包括：

1. **Is** this the face that launched a thousand ships?
2. Is **this** the face that launched a thousand ships?
3. Is this the **face** that launched a thousand ships?
4. Is this the face that **launched** a thousand ships?
5. Is this the face that launched a **thousand** ships?

　　以上五个句子表达的意思均不相同。虽然五个句子用词完全相同，但实际上每个句子所询问的内容完全不同。正是由于重音位置的不同，才导致了含义上的差异。重音就是辅助语言的一部分。

　　除了重音外，辅助语言还包括诸如语速和音量等方面的特征。此外，辅助语言还包括笑声、咆哮声、呻吟声、抱怨声以及打嗝声等，音段（比词汇小的语音的组合，如 "呃—呃"，"嘘" 等）以及音高（指声音的高低）都可以统称为辅助语言（Argyle，1988；Trager，1958，1961）。

　　要了解辅助语言，一个很好的办法就是通过自己的语音练习，去表达不同的含义。请朗读下列句子，第一遍用赞扬的语气，第二遍用批评的语气。在表达不同意思的时候，你的语音发生了什么样的变化？

1. Now that looks good on you.
2. That was some meal.
3. You're an expert.
4. You're so sensitive.
5. Are you ready?

形成印象

当我们听一个人讲话的时候，不管他讲的内容是什么，我们一般都会根据他的辅助语言来形成对这个人的印象，比如这是一个什么样的人。一定的声音类型和一定的性格特征或是性格缺陷存在着一定的联系，具体说来，正是由于人格的不同导致了音质的差别。我们根据辅助语言对一个人产生的印象包括很多方面：如实体印象（包括体形、年龄、性别等），性格印象（如说话人听上去很害羞、看上去很有进取心等）以及评价印象（他们听起来像是好人、他们听起来很邪恶或者很危险、他们笑得很残忍）。

研究声音和人们性格特征的关系时有一项很有趣的发现：很多人在听了60秒的声音录音样带后，就能准确地判断出说话人的社会经济地位（属于上层、中层，还是下层）。实际上，很多受访者表示，自己在15秒钟内就可以做出判断。试验还发现，那些被判断为是上层的人，人们认为他们说话的内容比被判断为中层或下层的人可信度更高。

有趣的是，许多倾听者在对说话人的性格特征判断方面能够彼此达成一致，即使他们的判断有时是错误的。就是说，听者已经形成了一定的思维定势，认为声音特征与人格特征是紧密相连的。正是这一定势左右了他们的判断。

令人信服

语速是辅助语言中最受研究者关注的一个方面，这是因为语速的快慢和说服力有关。对广告商、政治家或是那些希望在有限的时间内，通过口头形式传达信息或者对他人施加影响的人来说，他们都很注重自己的语速。有关语速的研究显示：在单向交流的场合，语速较快的人比语速一般或者语速偏慢的人更令人信服，人们对他们的评价也较高（MacLachlan，1979）。不论是说话者本身语速较快，或是通过电子设备加快其语速（如有时间限制的演讲场合），其结果都导致较强的说服力和较高的评价。

一项试验要求参试者听几段磁带录音信息，然后请他们指出对磁带中所说内容的认可度，以及他们对说话者的智商和客观性的评价（MacLachlan，1979）。语速分别是每分钟111个词语、140个词语和191个词语，试验结果表明，那些语速越快的信息被认可的程度越大，语速越慢的被认可的程度越小。此外，参试者还认为那些语速快的人较为聪明，讲话更加客观；而语速较慢的人则较为愚笨，且不甚客观。有些试验中，参试者明知讲话者需要通过说服他人从中获利（例如推销员），其结果还是显示语速快的人说话更令人信服。研究还发现，说话人语速越快，听话者就越能感受到他/她的能力和支配力（Buller, LePoire, Aune & Eloy, 1992）。

值得注意的是，较快的语速是否说服力更强，这在很大程度上取决于说话者是支持还是反对听话者的现有观点（Smith & Shaffer, 1991, 1995）。那些与你持不同意见的人，语速较快的比正常语速的说服力更强。但是那些与你持相同意见的人（如那些只是强化你的想法的人），语速较快的反而比正常语速的说服力要差。原因很容易理解。当说话人的意见与你相左时，语速快，你就没有充分的时间思考、反驳对方的观点。所以你就更有可能被对方说服，因为你没有时间去考虑其观点中不合理的地方。当说话者认同你的观点时，语速较快，你就没有时间仔细推敲对方的观点。这时倘若语速慢一点，你就会有更多的时间思考，进而认同说话者的观点；语速过快，反而失去了说服力。

虽然研究普遍表明，较快的语速会降低理解程度，但是语速快在进行人际交往时还是有一定的优势（MacLachlan，1979；Jones，Berry & Stevens，2007）。比如，当人们听到语速为每分钟 201 个词的谈话时，能理解谈话内容的 95％（平均速度为每分钟 140 个词），当人们听语速为每分钟 282 个词的谈话时（即为正常速度的两倍），理解程度是 90％。虽然语速有了显著提高，但是理解程度却只是稍有下降。5％至 10％的理解内容的缺失可以通过速度的提升得到抵偿，这使得在信息交流时，语速越快效果越好。但是，倘若语速为正常速度的两倍，那么理解的程度则会显著下降。

在进行人际交流的时候，要谨慎对待这些试验的成果（MacLachlan，1979）。要注意，说话人说话的时候，听话者同时也在组织反馈。如果说话人的语速过快，听话人可能没有足够的时间作出反应和答复，这就有可能导致听者的怨怒。另外，语速过快，就会显得不同寻常，听者就会把注意力集中在说话者的语速上，而不是说话者表达的内容上。

六、沉默

托马斯·曼（Thomas Mann）曾说："语言即代表了文明本身，词语（即使是最矛盾的词语）有助于维持社会关系；而沉默则会使人孤立。"然而，哲

人际传播伦理专栏

人际沉默

有些时候保持沉默是你的权利；然而有些时候沉默可能是违背法律准则的。保持沉默的权利能够使你免受牵连。你有权保护自身的隐私，对于与当前问题无关的信息，你有保留的权利。例如，在与工作有关的场合，你之前的社会关系史、感情经历或者宗教信仰一般与你的工作能力没有必然联系，因此你可以不公开。然而，倘若要与他人发展更进一步的亲密关系，上述信息就显得必要了，之前秘而不宣的信息这时就有必要和盘托出了。

当你目睹了他人的犯罪行为后，你无权对犯罪行为保持沉默或是拒绝透露信息。然而，精神病医生、牧师和律师以一种特权身份与当事人进行交谈后获得了有关犯罪的信息，他们则有权拒绝透露相关信息——这到底是他们的幸运还是不幸呢？

你会怎么做？

在去工作的路上，你看见一位父亲正在辱骂他三岁的孩子。你担心他会伤害孩子幼小的心灵，你的第一反应就是去告诉这位父亲，出言辱骂会给孩子带来持续性的伤害，而且通常还会导致身体上的虐待。同时，你又不想干涉这位父亲与自己的孩子讲话的权利，你也不想进一步激怒他。在这种情况下，你的伦理责任是什么？你会怎么做呢？

学家卡尔·贾斯珀斯（Karl Jaspers）则指出："思维与交流的终极形式就是沉默。"哲学家马克斯·皮卡德（Max Picard）也说："沉默绝不是消极的，也不仅仅是言语的缺失。沉默本身就是积极而完整的。"

这些互相矛盾的看法有一点是共同的，即他们都承认沉默（silence）是一种交流。你的沉默行为与你的言语行为一样，能够起到较强的交流效果（Jaworski，1993；Richmond，McCroskey & Hickson，2008）。

沉默的作用

像语言和姿势一样，沉默在传播中也起着很重要的作用。沉默让人们有时间去思考，有时间去构想和组织他们的语言表达。人们在表达充满剧烈矛盾的信息之前、在表白爱情之前，经常会出现沉默。另外，沉默似乎也在暗示听话者，有重要的信息将要出现了。

有些人用沉默来伤害他人。我们经常谈到对他人"置之不理"。例如，两人在经过一场冲突后，会用沉默来惩罚对方。沉默伤害他人的另一种形式是拒绝承认他人的存在，这同第 5 章谈到的否定相类似。这时的沉默是一个人对另一个人完全漠不关心的一种极端表现。

沉默有时也是对焦虑、害羞或者威胁的一种反应。当你面对陌生人感到焦虑或者害羞的时候，你可能会选择沉默。保持沉默让你排除了自己被人拒绝的可能性。只有当你打破沉默，试图与人交流的时候，你才有被人拒绝的风险。

沉默也可以用于阻止某些信息的传播。在产生冲突的时候，沉默可以回避某些话题，避免说出事后后悔的内容。在这种情况下，沉默可以使人们冷静下来，避免说出一些表达痛恨、严厉批评，甚至是人身攻击的话，这些话一旦出口就难以挽回了。

正如眼睛、脸或者手一样，沉默可以用来表达情感反应（Ehrenhaus，1988；Lane，Koetting & Bishop，2002）。有时沉默可以用来表达不愿合作和轻视。拒绝参与他人的语言交流，表明你否定了他人地位的权威性或者合法性。沉默经常用来表达厌烦的情绪，这时一般伴有撅嘴、双手交叉放在胸前、鼻孔张大等。沉默也可以表达爱慕和喜爱，尤其是当一对情侣长时间含情脉脉地注视对方的眼睛的时候。

沉默可以作为一种策略以达到某些特殊的效果。在表达自己的想法之前，你的沉默表示你的意见很重要；在听到不幸的消息后，恰到好处的沉默有助于展现你想要表现的形象。总之，沉默可以使你的观点显得与众不同，或者突出你的关爱之心。有时候，当他人在表达了异议之后，你可以通过沉默表达自己的控制性和权威性。这其中的潜台词就是"我随时可以反驳你！"。研究发现，人们一般对陌生人比对朋友更频繁地使用沉默策略（Hasegawa & Gudykunst，1998）。

当然了，在无话可说、没有什么事情或者不想说话的时候，你也可以选择沉默。洛厄尔（James Russell Lowell）说得好："那些没什么可说的人是幸运的，因为别人不可能说服他们开口。"

沉默的螺旋

沉默的螺旋（spiral of silence）理论为有关沉默的研究提供了一个新的视角。这个理论最初是用于解释大众传媒对于人们观念的影响的，后来人们将其用到了人际传播之中。根据这一理论，在一定的语境下，人们更倾向于认同而不是反对（Noelle-Neumann，1973，1980，1991；Severin & Tankard，2001；Scheufele & Moy，2000）。这一理论指出，在谈到有争议的话题时，人们往往会衡量他人的观点，判断哪种观点更受欢迎，哪种不受欢迎。人们也会衡量表达这些不同的观点会得到什么好处或是受到什么惩罚。据此，人们会决定自己表达哪种意见，不表达哪种意见。

通常情况下，当你的观点与大多数人的观点一致时，你更愿意将它表述出来。有证据表明，这种效应在少数派群体中更为明显（Bowen & Blackmon，2003）。人们这么做，是为了避免被多数派孤立，或者是怕自己的观点被证明是错误的或者是人们不喜欢的。有时，人们认同多数意见派的观点，就因为他们是多数派。

由于少数派保持沉默，多数派的声势就会增强（因为只有持认同观点的人在发言）。这样，随着多数意见的势头越来越强劲，少数派则越来越式微，这就形成了一个不断扩张的螺旋。互联网（尤其是博客和社会网站）有时可能不受沉默的螺旋理论束缚，因为互联网为人们提供了许多自由的空间去表达少数派的观点（如果愿意，你甚至可以采取匿名的形式），并且可以很快找到和自己意见相似的人（McDevitt，Kiousis & Wahl-Jorgensen，2003）。

七、空间信息（spatial messages）和领地

在人际传播中，空间是一个特别重要的因素，虽然我们很少会考虑到它。霍尔（Edward T. Hall，1959，1963，1966）最先开始有关空间传播的研究，并把这一领域称为**"空间关系学"**（proxemics）。这是一个宽阔的领域，下面我们主要考察关于空间和领地的理论——**空间距离**（proxemics distances）。

（一）空间距离

以下四种空间距离很清楚地划分了关系的主要种类，它们分别是亲密距离（intimate distance）、私人距离（personal distance）、社交距离（social distance）、公共距离（public distance）（见表 6—2）。

亲密距离。亲密距离，近者包括身体的接触，远的与对方的距离也仅 6 至 18 英寸。在亲密距离内，你绝不可能忽视对方的存在。你能听到他/她的声音，闻到他/她的气息，甚至能感受到他/她的呼吸。较近的亲密距离通常发生在做爱、摔跤的时候，或是用于安抚和护卫他人。在这种情况下，双方通过肌肤交流，语言的交流作用很小。较远的亲密距离，也在双方伸手能够彼此接触的范围之内。这样的近距离对于一个陌生人来说，在公共场合是不合适的。由于觉得不合适、不舒服（至少对于某些美国人来说是这样的），因此，当陌生人处在这种距离之中（如在拥挤的公交车上）的时候，他们就会避免接触对方的眼睛，而将目光放在某个距离较远的物体之上。

表 6—2   人际关系与空间距离

注意，以下四种距离都可以进一步细分为较近距离和较远距离；一个等级的较远距离（如私人距离）和下一个等级的较近距离（社交距离）并不存在明显的界限。你与他人的人际关系存在着这种模棱两可的状态吗？还是泾渭分明的呢？

关系	距离
亲密关系	亲密距离：0～18 英寸
私人关系	私人距离：1.5～4 英尺
社交关系	社交距离：4～12 英尺
公共关系	公共距离：12～25 英尺以上

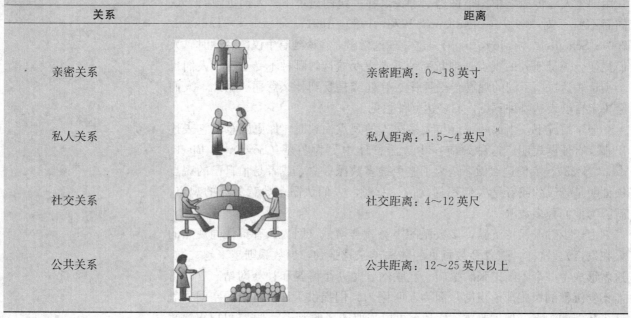

私人距离。私人距离就像一个防护罩，保护你不受他人的碰触。私人距离从 18 英寸到大约 4 英尺不等。较近的私人距离内，你依然可以接触到对方，但必须伸长自己的手臂。你可以将某些人（比如你喜欢的人）纳入你的防护罩。较远的私人距离则需要双方都伸长自己的手臂才能接触到对方。因此，从某种含义上说，这是你从身体上控制对方的极限。有时双方还能感到彼此呼吸的气息。不过，一般而言，当人们在这个距离内的时候，根据礼貌的规则，呼吸应该朝向那些没有人的中间地带。

社交距离。社交距离一般为 4 到 12 英尺，在这个距离内，你不能像在私人距离内那样很清楚地看到一些细节。公开的商务洽谈和社交集会的场合属于较近的社交距离。当一个人对你说："站远一点，让我能看清你的整体样子"，这种情况属于较远的社交距离。与近距离内的商务活动相比，这种距离中的商务活动显得更为正式。在高级官员的办公室里，一般都放置着宽大的桌子，这样就能与他人保持合适的社交距离。在亲密距离中，目光接触会令人感到尴尬，但是，对于较远的社交距离来说，眼神的接触却是非常必要的，否则就可能达不到交流的目的。在这个距离内，说话者的声音要比正常时候大一些。这种距离能够使你避免与同事的过频交流，而不会显得粗鲁。

公共距离。公共距离是指 12 至 25 英尺以上的距离。在较近的公共距离内，人们似乎被空间保护着。在这个距离范围内，如果人们感受到威胁，可以采取保护措施。例如，在公共汽车或者火车上，你可能会和一个醉鬼保持至少这样的距离。在这个距离内，虽然你看不清对方鼻子、眼睛的具体情况，但是你能够捕捉对方的动作。

在较远的公共距离内，你会把他人看成是整体的组成部分而非个体。当有重要的公众人物到场的时候，不论是否有护卫阻止他人靠近，人们似乎都会自动与之保持 30 英尺左右的距离。舞台上的演员和台下的观众保持的也是这样的距离，因此台上演员的声音和动作多少都有些夸张。

　　和特定的人保持特定的距离受很多因素的影响（Burgoon，Buller & Woodall，1996；Burgoon & Bacue，2003）。其中最重要的因素包括性别（比如在同性交流的场合，女人与女人之间保持的距离要比男性之间的距离更近，人们与女性保持的距离比男性要近）、年龄（人们和年龄相仿的人保持的距离要近些，而与较自己年长或是年轻的人保持的距离要远些）以及性格（性格内向的人或是高度焦虑的人比性格外向的人和其他人保持的距离要远）。毫不奇怪的是，你和自己熟悉的人保持的距离比和陌生人保持的距离要近；和自己喜欢的人保持的距离要比和自己不喜欢的人保持的距离要近。

关于空间的理论

非语言交流的研究者对人们保持距离的行为做出了很多解释。其中影响较大的有保护理论、均衡理论、违背期望理论。这些理论的名字很复杂，但是它们的内涵都十分有趣简单。

　　保护理论。保护理论认为你在自己周围建立了一个缓冲区域，以避免遭到你不喜欢的碰触和攻击（Dosey & Meisels，1976）。当你感到自己可能被攻击时，你的缓冲区域会扩大，你会需要更多的空间。例如，如果在夜里你发现自己处在一个危险的环境之中，那么你的缓冲区域就会比你感到熟悉和安全的时候扩大许多。这时如果有人进入了这个区域，你可能会感到威胁，你会快步走开或者穿过街道，以设法扩大自己的缓冲区域。

　　相反，当你感到很安全，觉得受到保护的时候，你的缓冲区域就会缩小。例如，当你和一群好朋友在一起的时候，你会感到很安全，你的缓冲区域就会缩小，你可能会欢迎亲密的交流，或是身体的碰触。

　　均衡理论。均衡理论认为亲密程度和距离是有关系的。关系越亲密，距离越小；关系越疏远，距离越大。该理论认为，你会和与自己有亲密关系的人保持较近的距离，而与那些和自己没有亲密关系的人保持较远的距离（Argyle & Dean，1965；Bailenson，Blascovich，Beall & Loomis，2001）。

　　当然了，有些时候，人们之间的距离并不能准确地反映其亲密程度。当这种现象发生时，人们往往会调整自己的行为。例如，假如你和某人有亲密关系，但是因为某些原因你们被分开了——比如在音乐会上，你们没有找到相邻的座位；或是在大型宴会厅中，你们被安排在不同的餐桌上进餐。在这种情况下，你们可以通过经常的眼神接触或是面向对方来保持彼此心灵上的距离。

　　还有一些时候，你会迫不得已与一些自己并不亲密的人（甚至是讨厌的人）有近距离的接触，比如在拥挤的公交车上，或者在牙医的候诊室里。在这些情况下，你会采取一些补偿措施，你会设法拉大心理距离。因此，你可能会避免和他人直接的目光接触，或者转向相反的方向。当你坐在牙医诊疗椅上时，你可能会闭上眼睛，漠视这种近距离的接触。如果你坐在陌生人的右边，你可能会跷起二郎腿，把自己的躯体转向左边。

　　违背期望理论。违背期望理论试图解释在人际交往中，你和他人的距离增加或者缩短的时候发生的那些现象（Burgoon & Hoobler，2002；Burgoon

& Bacue，2003）。在每一种文化中，人们对谈话时所保持的距离都会有一定的期待。当然，每个人也都有自己的期待距离。这些统称为"期望距离"。但是，当这些"期望"被打破以后，又会发生什么呢？

如果你在很大程度上破坏了期望距离（很小程度的破坏通常无法察觉），那么对方就会关注你们之间的关系。他/她会把自己的注意力从你们谈论的话题转移到你和他/她之间的关系上。有趣的是，人们发现，那些破坏了他人期望距离的人，常会被人认为是不够真诚的（Feeley & deTurck，1995），这也许是因为他们的行为让人感到不舒服。

如果他人对你的看法是积极肯定的，例如，你是一个地位很高的人，或者你是个很有吸引力的人，那么当你打破了期望距离的时候，你反而会得到更多的肯定。但是，如果他人对你的看法是消极负面的，那么当你破坏了期望距离的时候，你会得到更多的否定。因此，被肯定的人破坏了他人的期望距离会被更加肯定，被否定的人如果不去破坏别人的期望距离，就更能赢得他人的肯定。

（二）领地

在人际传播中，另一个与空间有关的交流形式是**领地**（territoriality），即对某个区域的占领或某些特殊物体的占有。领地可以分为三类（Altman，1975）：

- **主要领地**。主要领地（或称家园领地）是指专属于你自己的区域。这些专属的区域包括你自己的房间、你的桌子，或是你的办公室。
- **次要领地**。次要领地不属于你，但是由你占有，因此，你和这些领地也有联系。次要领地可能包括餐厅里你经常用餐的桌子，教室里你常使用的桌椅，或者你邻居的草地等。
- **公共领地**。公共领地是对所有人开放的领域。它可能属于某个人或者某个组织，但是由大家公用。比如电影院、餐厅，或者商场。

当你在自己的主要领地活动的时候，你拥有人际传播的优势，通常被称为"主场优势"。在自己的家里或者自己的办公室，人们充当的是领导者的角色：他可以首先发起谈话，可以打破沉默，寻求放松和舒服的姿势，在谈话中更具有说服力一些。由于占有主场优势，你得到提拔的机会更大；你的观点更容易被接受；与别的地方相比（比如在上司的办公室），在你的主要领地上（你家或是你的办公室）签订的合同也会更适合你的利益要求（Marsh，1988）。

和动物一样，人类也会在自己的主要领地和次要领地上做记号，以表明自己的所有权。有些人用记号以表明自己的伪所有权，也有人盗用他人的领地或者公共领地，供自己使用，这也许是因为他们不能拥有自己的领地（Childress，2004）。你也许很容易想到这样的例子，涂鸦和帮会地盘就都属于此类。一般而言，记号可以分为三种类型：中心标记、边界标记和耳朵标记（Goffman，1971）。"中心标记"是指你为了为自己预留某一领地而放在该领地的物件，比如，放在酒吧桌子上的饮品、放在自己课桌上的书籍、搭在图书馆椅子上的毛衣等等。

"边界标记"能够设定边界，以区分你和他人的领地。比如，超市收银区的分隔线、用来分隔你和后面顾客商品的分隔条，另外，篱笆、椅子的扶手、公交车上的塑料椅子等都属于此类标记。

"耳朵标记"（这个词源于在动物耳朵上做标识）用来标记属于某人的领地或者物品。商标、姓名牌、字母组合图案等等，都是耳朵标记的例子。

标记往往能够突出所有权。例如，那些喜欢用个性物品标记自己宿舍的大学生，比那些不这样做的学生待在学校的时间更长（Marsh，1988）。

另外，像动物一样，人们也把领地看成是地位的象征。比如，你的领地（房间或者办公室）的大小和位置都象征着你的社会地位。根据不成文的规定，地位也是一种象征，象征着侵占他人领地的权利。享有较高地位的个体有"权利"去侵占较低地位个体的领地，反之则不可。例如，一个大公司的老板，可以闯入下层管理人员的办公室，但是反过来，那确实是不可想象的。同样，一个老师可以侵犯学生的个人领地，越过他/她的肩头，看他/她正在写些什么，但是学生却不可以对老师做同样的事情。

有些时候，你可能会试图抵制他人入侵你的领地。这时候，你可以采取以下几种方式（Lyman & Scott，1967；Richmond，McCroskey & Hickson，2008）：

- **撤离**。离开现场，现场可指国家、家园、办公室或是课堂等。
- 在"草地捍卫战"中，抵御别人对你领地的入侵。你可以简单地告诉对方说："这是我的座位。"你也可以像有些国家做的那样，发起一场战争。
- **隔绝**。就是在自己的领地和那些试图侵入的人之间设置障碍物，如在房屋周围设立篱笆，或者在你的桌子周围放上家具以防别人接近，这都是很好的隔绝的例子。
- **语言排斥**。就是说一些入侵者听不懂的语言或者行话，以把他们驱逐出你自己的交际活动。

八、饰物信息

饰物信息（artifactual communication）包括所有人造物体所传达的信息。所以，美术作品、色彩、服装、首饰、发型，甚至香水、古龙水、熏香等都可以作为饰物信息。下面我们简要地介绍一下这些信息。

空间装饰（space decoration）

空间装饰或者周边环境可以影响人们的感知，去过医院或是参观过博物馆的人们都能很清楚地意识到这一点。医院里，墙壁光秃，家具也寥寥无几；博物馆则有高大的圆柱、玻璃展台和黄铜装饰的墙面。房间的装饰风格也会对我们产生影响。有一项经典的试验，研究者想证实一个房间的艺术环境会不会影响人们的判断（Maslow & Mintz，1956；Mintz，1956）。试验选用了三个房间，一个很漂亮，一个一般，另一个则很难看。漂亮的房间有大大的窗子，米色的墙面，朦胧的灯光以及舒适美观的家具。一般的房间是一个教授的办公室，摆着红木桌椅、铁质书架、文件柜，装有窗帘。难看的房间的墙壁涂成了军舰式的灰色，顶上吊着一盏肮脏的白炽灯，灯罩破旧。整个房间的家具，给人感觉就像是看门人的储物室，环境糟糕透了。烟灰缸里满是烟头，窗帘也被扯破了。

在这三个环境迥异的房间里，研究者要求学生们评判艺术作品的意境是颓丧还是积极，是苦闷还是向上。试验结果与之前的预测一样，在漂亮房间里的学生认为作品的意境积极向上；环境恶劣房间里的学生则认为该作品表现的是作者颓丧苦闷的心情；一般房间里的学生的评价介于两者之间。

装饰私人空间的方式在一定程度上能够传递某些个人信息。倘若一间办公室摆设着红木桌、书架、铺着东方风情的地毯，这表明主人在其团体中占有较为重要的地位。倘若只设有铁桌子，地面也是光秃秃的，那么房间的主人可能没有什么地位。就家庭环境而言，家具的价值可能象征着你的地位和财富，家具的摆设方式则能够表现你的品位。你爱读的杂志可能反映着你的兴趣，电视旁边椅子的摆设也能透露出电视在这个家庭中的重要性，墙边的书柜也反映出读书对房间主人的重要性。实际上房间里几乎没有什么东西不在透露着房间主人的信息，很多人都会不由自主地借由房间里的东西去判断房间的主人。例如，电脑、宽屏电视机、装备精良的厨房以及曾祖父的油画等等，无不在传递着房间主人的信息。试想，当你进入一个没有电视机、没有电话也没有书的房间里，你会得到什么信息呢？

人们也会根据房间的装饰来判断主人的性格。例如，研究发现，人们会根据你房间的装饰（如独特的装饰风格，或是另类的书籍、杂志和旅游纪念品等）去判断你是否容易接受新鲜事物、你的意志力如何、你的感情稳定不稳定、你是否外向、是否随和等等。显然，一个人的卧室比他/她的办公室更能传递出关于这个人的信息（Gosling，Ko，Mannarelli & Morris，2002）。

颜色信息

负债累累可以用"赤字"表达，盈利丰厚可以说"飞黄腾达"，情绪低落可以说"蓝色忧郁"，身体健康可以说"气色红润"，表达嫉妒的时候可以说"妒红了眼"，表达懦弱的时候可以说"吓白了脸"，表达全无经验的时候可以说"青涩"，表达愤怒可以说"气红了脸"。这些约定俗成的表达说明了语言和颜色的象征含义是相互关联的。

颜色信息（color communication）的传递可以发生在许多层面。比如，有证据表明颜色可以影响我们的生理活动。我们看到红光，呼吸运动会加强；看到蓝光，呼吸运动则会减弱。同样，眼睛受到红光照射，眨眼的次数会增加，遇到蓝光则会减少。这似乎和我们的直觉是相符的，我们总是认为蓝色显得温和，红色令人躁动。有一所学校把原来墙壁上的白色和橙色改漆成蓝色以后，学生的血压降低了，学习成绩也提高了。

颜色显然可以影响我们的认知和行为（Kanner，1989）。人们选中一件商品，很大程度上是看商品的包装。一项研究表明，同样的咖啡，采用黄色的罐装，人们会认为它劲道不足；深褐色的罐装则会被认为劲道过足；人们会认为红色的罐装味道浓郁，蓝色罐装则较为清淡。甚至我们会通过衣着的颜色来对他人进行评价。一位颜色专家（Kanner，1989）说过："如果你想为你的辩护律师在法庭上挑选一套行头，如果你不选择蓝色，你注定会输掉官司。"黑色过于强大，会和法官一起对抗律师；褐色缺乏权威；绿色则很可能会遭到否决。

衣着和身体饰物

衣服有很多种作用，它可以帮助你阻挡风寒，在像足球这样的运动中还可以使你免受伤害。衣服可用来蔽体，起到修饰的作用。在商界，服装还是一定的社会地位的象征，能够体现你是否愿意遵从行业内的着装规范。衣服可以反映出职业特征，因此某些行业尤其注重衣着的规范（M. H. Smith，2003）。衣服有时还是一种文化的体现（Morris，2002）。衣服可以反映出穿衣者的文化和亚文化属性。在美国，有众多的族群，你常常可以看到很多人穿着自己国家的服装。

穷人和富人穿衣服的方式不同；白领和蓝领穿衣服的方式不一样；年轻人和老人的穿衣方式也是不一样的（Lurie，1983）。人们穿衣服的方式至少在一定程度上反映了他们所处的群体和阶层，或者反映了他们想要进入的群体和阶层。与此同时，人们的衣着方式也管理着他人对自己的印象（Frith & Gleeson，2004；Keating，2006）。如果你想在一家较保守的公司找到工作，那么在面试的时候，你最好穿得保守一些，以表明你认同该公司的价值观，并且愿意成为该公司的一员。但是，如果你要参加一个时尚俱乐部，你最好穿得另类一些。

同样的，大学老师穿着较为随意，说明他有亲和力、很友好、热情且比较随和；如果这位老师着装正式，学生则会认为他是准备充分、知识丰富、严谨自律的人（Malandro，Barker & Barker，1989）。

衣着的方式似乎也会影响到你个人以及群体的行为方式。比如，有人认为，穿着随意的人的行为也很随意（Morand，cited in *Psychology Today*，March/April 1995，p. 16）。因此，与会时穿着随意，会有助于思想和观点的自由交流，也更容易激发人们的创造性。这样的穿衣方式在一些需要很强创造性的公司很适用，比如电脑软件公司。很多年以前，IBM 公司摒弃了保守的穿着，允许员工们身着某种程度的休闲服饰（*New York Times*，February 7，1995，p. B1）。很多技术性公司如 Google，Yahoo，Apple 都鼓励员工穿着随意一些。但是银行和保险公司传统上比较抵制变革，他们可能更倾向于正式的着装，以增强员工之间以及员工和顾客之间的距离感。

首饰同样能够传达某些信息。结婚戒指和订婚戒指都是很典型的例子，它们都在传达特定的信息。大学校友戒指以及政治徽章也传达了很特殊的信息。如果你佩戴了一块劳力士表或者一块大宝石，他人可能会推断你很有钱。人们对戴耳环的男性和不戴耳环的男性的判断是不同的。

如今在身体上穿刺很流行，尤其是在年轻人当中。鼻环和乳环、舌头和肚脐上的饰物都传达了大量的信息。虽然佩戴这些首饰的人不过是想传达他们自己的想法，但是在那些解读这些信息的人士看来，这些人是不愿服从社会准则，并且甘愿冒险（Forbes，2001）。值得一提的是，有人曾就雇主的观点做过研究，结果显示，那些做过眉毛穿刺的求职者被录用的几率比没有穿刺的求职者被录用的几率要低得多（Acor，2001）。另一项研究表明，那些鼻子上穿刺的求职者与没有穿刺的求职者相比，他们在信誉度、可信度、社交能力以及职业能力方面所获得的评价要低（Seiter & Sandry，2003）。穿刺和文身等能够传递一些与身心健康有关的信息，尤其是消极的信息，如冲动、喜怒无常、鲁莽、有不安定倾向或者暴力倾向等（Rapsa & Cusack，1990；M. H. Smith，2003）。

文身不管是暂时的还是永久性的，都传达了一定的信息。这些文身一般是爱人的名字，或是忠诚和归属于某一组织的象征。文身也可以向文身者本人传达信息。比如，有文身的学生会认为自己比没有文身的学生更前卫、更有个性、更富有冒险精神（可能其他人也会这么认为）（Drews，Allison & Probst，2000）。

你的头发也传达了关于你的信息。你的发型可能会显示你时尚，或是希望引起他人注意，或是不太注意个人形象。人们一般认为长头发的男性比短头发的男性更开放一些。

在一项关于人际吸引力的研究中，研究者要求参试者观看一组幻灯片，然后做出评价，幻灯片中分别展示了男女模特戴眼镜和不戴眼镜的形象。结果显示，同一个人，戴眼镜时给人的印象比不戴眼镜时差（Hasart & Hutchinson，1993）。

气味

气味是非语言传播中一个很重要的方面，不同的学者用不同的方法对它进行过研究。由于本处强调的是使用香水（或古龙水）产生的气味，因此把它归于饰物信息。值得注意的是，身体的气味也可以传递一定的信息，而且它可能是人们最容易想到的身体传播的方式。你可能经常利用气味来使自己感觉更好。如果你身上的气味好闻，你会感觉很好；如果不好闻，你的心情也会随之变差。实际上，研究表明，气味可以影响人体的化学反应，进而影响人的情绪状态。比如，巧克力的味道可以降低人脑电波的频率，进而分散人的注意力，达到放松的效果（Martin，1998）。

嗅觉传播在许多情况下是十分重要的。科学家估计，人类可以分辨出1万种不同的气味（Angier，1995a）。有些证据表明（虽然并非定论），柠檬的气味有助于身体健康；熏衣草和桉树的气味可以增加人的警觉性；玫瑰花油的气味可以降低血压等。基于这些研究成果，芳香疗法受到广泛欢迎，芳香治疗师这个职业得以诞生（Furlow，1996）。"与其他哺乳动物相比，人类拥有更多的气味腺体"，因此，有人主张，我们所要做的就是去发现人类是怎样利用气味来传递各种信息的（Furlow，1996，p. 41）。人们利用气味传达的重要信息包括吸引、品位、记忆、身份识别等。

在很多物种中，雌性动物会发出气味，来吸引距离很远的雄性，以此保障种族的延续。人类也能发出带有性诱惑的气味，我们称之为性信息素。人体还能分泌出能够引起性欲的液体（Kluger，2008）。当然，除了性信息素之外，人类还使用香水、古龙水、须后水、香粉之类的物品来增加自己的魅力和性感。尽管我们总认为女性是香水的主要使用者，不过如今越来越多的男性也开始用香水了，他们不仅用古龙水和须后水，还用喷雾香水——仅后一项就有极大的市场，估计拥有 1.8 亿美元的市场潜力（Dell，2005）。研究表明，女性更喜欢那些气味和自己相似的男性，这也从侧面验证了人类更容易吸引与自己相似的人这一观点（Ober，Weitkamp，Cox，Dytch，Kostyu & Elias，1997；Wade，2002）。

没有了气味，味觉就会受到极大的削弱。例如，如果闻不到气味，要分辨出削过皮的苹果和生土豆是相当困难的。街边卖热狗、香肠之类食物的小贩很大程度上就是依靠气味来刺激过往行人的食欲的。

气味还能有效地帮助记忆。某种熟悉的味道会让你想起几个月甚至是几年以前的事。气味之所以具有较强的记忆提示功能，是因为气味通常伴随着人的情感体验（Rubin，Groth & Goldsmith，1984；Malandro，Barker & Barker，1989）。

人们经常利用气味去打造产品形象或者标志商品。例如，洗涤用品和牙膏的广告商和生产商每年投资几百万美元去开发新的香型。这些香味对洗涤效果本身并不起任何作用。之所以重金开发新的香型，就是为了建立商品在消费者心中的形象，以便消费者更好地识别他们的产品。同时还有证据表明，我们也能够通过气味来辨别不同的人。比如，哺乳期的婴儿可以根据气味找到妈妈的乳房，妈妈们也能根据气味来认出自己的孩子。有一项研究表明，小孩子仅仅根据气味就可以识别出自己兄弟姐妹的 T 恤（Porter & Moore，1981；Angier，1995a）。一位专家甚至这样建议："如果你的男人身上的气味和你爸爸或者哥哥的气味相同，那么在你们准备孕育下一代之前，最好去做一下基因测试。"（Furlow，1996，p. 41）

九、时间信息

时间信息（temporal communication）包括个人的时间取向和对待时间的方式。接下来，我们将从文化的角度研究人们对于时间的不同态度。这里我们首先了解一下时间的另一个维度，即心理时间。研究时间的传播含义的学科通常称为"时间行为学"（chronemics）。

心理时间是指一个人的时间倾向（或者看重的）是过去、现在还是未来。时间倾向为过去的人特别看重过去，总认为过去是好的，过去解决问题的方法是可靠的，认为世事是循环往复的，过去的经验也适用于现在的情况。时间倾向为现在的人看重现在生活的世界，现在发生的事主宰了你的注意力，你不在乎过去，也不关注未来。这种倾向的一个极端表现就是享乐主义。时间倾向为未来的人会把未来的一切看成是首要的，这种人珍惜今天，在大学努力读书，放弃娱乐和享受，一切为未来做准备。

研究者解释了各种心理时间倾向之间的联系，得出了一些有趣的结论（Gonzalez & Zimbardo，1985；Rappaport，Enrich & Wilson，1985）。在了解这些结论之前，请先完成自我测试"你有什么样的时间倾向？"。

时间研究的一个发现是，一个人的时间倾向和他们将来的收入是成正比的。越是关注将来的人，他们将来的收入会越高。在低收入的男性群体中，时间倾向为现在的人占了大部分。

✏ 自我测试专栏

你有什么样的时间倾向？

判断下面的表述是否正确地描述了你的态度或行为，正确的用"T"表示，不正确的用"F"表示（为了便于计算分析结果，这里设置了重复的题目）。

1. 明日事明日做，先为今晚的派对做准备。
2. 我按时完成朋友或上司交给我的任务。
3. 我总是按部就班地完成任务。
4. 如果任务还未完成，我会抵制一切分心的诱惑。
5. 即使工作很棘手无趣，但只要能有助我的进步，我会一直做下去。
6. 工作不能按时完成，我也不会感到忧虑。
7. 我认为提前计划是没有意义的，因为计划总是赶不上变化。
8. 我总是得过且过。
9. 我关注的是如何过好今天，不管明天会怎样。
10. 对我来说，为将来担心是没有意义的，因为命运决定未来。
11. 我认为与朋友聚会是非常重要的，能够让我体会到人生的快乐。
12. 我总是兴冲冲地处理事情，当下就做出决定。
13. 我喜欢冒险为生活增添乐趣。
14. 在派对上，我总是喝得醉醺醺的。
15. 赌博很有意思。
16. 想到未来会令我心情愉悦。
17. 如果我想要达到某一目标，我会设定分步目标，然后计划具体的实现目标的手段。
18. 我的职业生涯规划良好。
19. 约会迟到会令我感到不安。
20. 我按时完成朋友或上司交给我的任务。
21. 与他人约好见面时间，他却让我久等，我会感到生气。
22. 将收入的一部分用于购买保险是有意义的。
23. 我相信"及时一针抵九针"。
24. 我认为"一鸟在手好过二鸟在林"。
25. 我认为未雨绸缪是十分重要的。
26. 我认为每日清晨就应该计划好当天的工作和生活。
27. 我会为必须完成的事情列出清单。
28. 如果我想要达到某一目标，我会设定分步目标，然后计划具体的实现目标的手段。
29. 我相信"及时一针抵九针"。

你做得怎么样？ 这项测试衡量的是七个方面的因素。如果你关于某方面所有或者大部分的题目都是选择T，你这个方面得分就很高；如果你关于某方面所有或者大部分的题目都是选择F，那么这方面你的得分就很低。

第一个方面的因素包括问题1～5，是关于未来、工作动机和意志力的。得分高的人有很强的工作责任心，会克服一切艰难险阻按时完成任务。第二个因素，6～10题，是关于现在的、宿命论的、无忧无虑的倾向。得高分的人得过且过，他们关注今天是不想为未来的计划烦恼。

第三个因素，问题11～15是衡量关于现在的、寻欢作乐和开派对的一些倾向。得分高的人能享受现在，敢于冒险，有很多冲动的行为。第四个因素，问题16～18是衡量关于未来的、目标的实现和计划的倾向，得分高的人的快乐来自目标的实现和计划本身。

第五个因素，问题19～21，是一个关于对时间感知的趋向，得分高的人对时间很敏感，对自己的社会责任尽职尽责。第六个因素，问题22～25，是关于未来的、有关实际行动的测量。得分高的人努力完成他们必须做的事，为了实现自己的目标会采取实际行动。

第七个因素，问题26～29，是关于未来的、有关日常计划的趋向。得分高的人会为每天的工作列出清单，是很注意细节的人。

你会怎么做? 既然你对自己是怎样对待时间的有了一个大致的了解，想一想，这样的行为和想法对你产生了什么样的影响。比如说，你的时间取向会帮助你很好地完成你的社会目标和个人目标吗? 如果不能，你会怎样改变自己对时间的态度和行为呢?

资料来源：A. Gonzalez and P. Zimbardo, "Time in Perspective," *Psychology Today*, March 1985. Reprinted with permission from *Psychology Today Magazine*. Copyright © 1985 by Sussex Publishers, LLC.

一个人的时间倾向和他的社会经济水平和经历有关系（Gonzalez & Zimbardo, 1985）。父母没有一技之长的，或者技能不够专业的父母将宿命论的思想传给孩子，他们教育孩子过好现在，享受现在，他们认为现在比未来重要。那些有固定职业的父母，比如医生、教师或是经理人等会教给孩子计划的重要性、如何为将来做准备，甚至是塑造成功未来的策略。

不足为奇的是，一个人的时间倾向和这个人所处的文化是息息相关的。在一些文化中，尤其是在强调个人主义的文化中，人们似乎更加强调时间的将来倾向；社会成员会做好现在的工作，为美好的未来做准备，他们很少关注过去。在强调群体主义的文化中，则正好相反，他们非常尊重过去，过去的经验经常被用来当作现在的指导。根据一些人际传播学者的研究，很多亚洲文化，比如日本和中国，对过去都很看重。拉丁美洲人和美国土著更加强调现在，欧洲裔美国人更看重未来（Lusting & Koester, 2006）。本章的后半部分，我们将讨论更多的有关时间的文化差异问题。

时间观念的不同在人际传播中也容易引起误解，因为不同的文化孕育了不同的时间价值倾向。那些未来时间倾向的人为了明天的目标而努力工作，他们会认为那些现在时间倾向的人懒惰、安于现状。而那些现在时间倾向的人会认为将来时间倾向的人太看重财富和社会地位。

第二节　非语言传播的作用

既然你对传递有含义的非语言信息的各种传播渠道已经有所了解，我们需要研究一下各种传播渠道是怎样协调合作进行实际的人际交流的。为此，最好的方式是了解一下非语言传播的作用。

虽然非语言传播和语言传播的作用大致相同，但是研究者发现，非语言传播还具有一些特殊的作用：1. 形成印象和管理印象，2. 建立关系和定义关系，3. 构成会话和社会交往，4. 影响和欺骗，5. 表达情感（Burgoon & Hoobler, 2002；Burgoon & Bacue, 2003；Afifi, 2007）。

一、形成印象和管理印象

你形成对他人的印象，主要是通过他们的非语言信息。根据他人的身材、肤色、穿着、微笑的样子、与人目光接触的方式、面部表情等，你会在心中形成对他/她的印象——你会判断这个人是谁、这个人怎么样。

在你形成他人印象的同时，你也在管理着自己给他人留下的印象。正如我们在第 3 章讨论过的印象管理的有关内容，人们可以使用不同的策略产生不同的印象效果。当然，这些策略中自然也包括非语言信息的使用。如前所述，这些策略会给他人留下假象，也可以欺骗他人。比如：

- 为了被他人喜欢，你可以保持微笑、轻拍他人的后背、热情地握手。具体请参看表 6—3。表中有很多非语言交流的方法，可以使你看起来更具吸引力、更受欢迎。

表 6—3   10 种非语言信息与吸引力

以下所列的 10 种非语言信息有助于增加你的魅力值，另有 10 种则会起到相反的作用（Anderson, 2004；Riggio & Feldman, 2005）。

有助于增加魅力的行为	可能损害形象的行为
在恰当的情境中合理地使用与信息相符的姿势，以显示自己的活力。	为了做姿势而做姿势，做一些可能冒犯不同文化背景的人的姿势。
点头、身体前倾以表明你在很有兴趣地倾听。	不顾别人说话内容，胡乱点头，敷衍迎合，身体过度前倾，以致侵犯他人的空间。
微笑，以及其他表达你赞同、感兴趣和关注的面部表情。	做得过分，过度夸张的笑，让人觉得很不舒服。
适度地进行目光接触。	死盯着别人或者让人觉得有种被监视的感觉。
适度地有一些接触动作。	过度亲密地接触他人，或者刻意避免去接触他人。
说话语速适中，抑扬顿挫。	语调忽高忽低，与谈话内容不相适应。
保证你静静地倾听他人谈话的时间和你说话的时间大致相等。在倾听他人谈话的时候要配合一些面部表情、手势或其他反馈信息。	他人讲话时你毫无反应，或者心不在焉。
与对方保持适度的距离。	距离过近，侵犯到他人的私人领域。
保证自己身体的气息令人愉悦，注意驱除身上的烟味、洋葱和大蒜的味道。这些气味自己可能因为太熟悉而意识不到。	过度地使用香水或是古龙水。
根据场合，正确着装。	穿着不舒适的服装或是过于惹眼的服装，以至于分散了他人对于你要传递的信息的注意。

- 为了被信任，你可以保持目光接触、稳定的姿势、使用开放的姿势等。
- 为了为失败申辩，你可以表现得很伤心、用手捂住自己的脸、摇头等。
- 为了寻求帮助，你可以表现得很无助、使用疑惑的表情、无能为力的动作等。
- 为了掩饰错误，你可以避免使用下意识动作。
- 为了被跟随，你可以模仿领导者的着装，或者在别人能看到的地方展示自己的文凭或者获奖证书。
- 为了巩固自我形象，你可以穿着得体，适当地装饰自己的房间，使之反映出你的性格。

二、建立关系和定义关系

人际关系的许多方面都是以非语言的形式存在的。你对他人的喜爱、支持和爱慕至少有相当一部分是以非语言的方式传递的（Floyd & Mikkelson，2005）。同时，你也通过非语言信息传播不悦、生气和憎恶的感情。

你也经常用非语言信息来表明你和他人之间的关系，你和他/她通过非语言信息进行交流。这种能够表明双方关系的信号称为"关系信号"，它能够表明两人建立关系的方式（Goffman，1967；Afifi & Johnson，2005；Knapp & Hall，2006）。关系信号可以用来确定关系的程度，比如，你可以试探着去牵对方的手，看看他/她是否做出正面的反应。当然，关系信号主要是用于向旁人展示你们俩关系的亲密。

关系信号因关系发展的程度不同而表现为不同的形式。如非正式的握手表示关系尚远，紧抓双手或是挽住手臂表示关系较近，深吻对方则表示关系相当亲密（Anderson，2004）。

你也可以用非语言信息去传达关于你地位的信息（Knapp & Hall，2006；Dunbar & Burgoon，2005）。配有宽大办公桌的大办公室代表地位较高，而地下室的小隔间则代表地位较低。

课堂讨论 6.3　"皮格马利翁式的礼物"能够将收到礼物的人变成送礼物的人所期望的那样。例如，父母送给孩子书籍或者是科学实验仪器，是希望孩子成为学者或者科学家。你送给他人礼物是要传达什么信息呢？他人送你礼物又是要传递什么信息呢？

三、构成会话和社会交往

当你在谈话的时候，你在发出和接收一些暗示——这是一些信号，以表明你要讲话、准备倾听他人的讲话，或是要对说话者的观点做出评价。这些暗示指导、组织着人际交往。这些转换轮次的信息，有时候是通过语言信息表达出来的（比如，你可以问"你怎样认为？"，然后将说话的机会转给听话者）。但是大多时候这些是用非语言信息表达出来的，例如朝某人点头，表示你要结束谈话，暗示对方接着说。你也可以暗示对方你在听他/她说话，并且期待他/她继续说下去（或者你没有注意听他/她讲话，提示该结束谈话了）。所有这些都可以通过手势和眼神等非语言信息来传达。

四、影响和欺骗

你不仅可以通过语言信息，也可以通过非语言信息去影响他人。坚定地看着对方表明你的承诺，说话的时候配合一些手势以进一步解释说话的内容，合适得体的穿着在暗示"我可以很好地适应这个组织"。这些只是能够表现非语言信息对他人产生影响的几个例子。

既然非语言信息能够影响他人，那么非语言信息也可以用来欺骗他人——去误导他人，使他人把错的当成对的，或者把对的当成错的。典型的例子是，你为了得到他人的某种支持，运用自己的眼睛和面部表情发出非语言信号，假装你很喜欢对方。同样的，你也可以通过非语言信号识别他人的欺骗。比如，你可以通过观察他人是否有眼神的躲闪、心虚或者言语信息及非言语信息前后不一致的现象，进而判断他/她是否在撒谎。

但是也要小心。正如在第4章"学习人际理论与研究专栏"中所说的那样，研究表明，准确判断他人是否在撒谎远比你想象的困难。所以在辨别欺骗的时候要注意（Knapp，2008）。

五、表达情感

虽然人们常用语言来表达自己的情感，但是，很多时候我们的情感是通过我们的非语言信息来表达的。比如说，你的高兴、悲伤、疑惑等情感大部分是通过你的面部表情表达出来的。当然你也可以通过你的身体姿势（紧张还是放松）、手势、眼神运动，甚至是瞳孔的放大或者缩小来表达你的感受。很多时候，非语言信息可以帮助人们表达出他们不愿意用语言信息表达的情感（Infante，Rancer & Womack，2003）。比如，对于你不想与之交往的人，对于你想与之降低你们之间关系度的人，你可能会避免和他/她进行目光接触，会和他/她保持很远的距离。

同时，你也会用非语言信息来掩饰你的情感。例如，为了不破坏派对的气氛，即使你很不开心，你也会尽量保持微笑。有时，即使你认为某个人讲的笑话很愚蠢，但是为了捧场，你还是会笑。

第三节　非语言传播和文化

本章我们谈到了非语言传播中的一些文化和性别的差异。但是，在不同的非语言信息传播渠道中的文化差异，已经成了人们持续研究的焦点。在这里，我们主要从姿势、面部表情、眼神、身体接触、沉默、颜色以及时间的角度，简要谈一谈文化和非语言传播之间的关系（Matsumoto，2006；Matsumoto Yoo，2005；Matsumoto，Yoo，Hirayama & Petrova，2005）。

一、文化和姿势

不同的文化有着不同的姿势和内涵（Axtell，2007）。我们平时随意使用的一些手势，在另一些文化中，可能就会引起麻烦（参看图6—1）。

图 6—1　一些手势的文化内涵

非语言传播在不同文化中的差异很大。美国人将双手举过头鼓掌表示胜利，然而在俄罗斯人看来这是一种友好的表示。美国人用两根手指做出"V"字形表示胜利或是和平，但是对于某些南美人来说，这种手势代表着淫秽，类似于美国人伸出中指表达的含义。图 6—1 列出了几种手势不同的文化内涵，你还能举出更多的例子吗？

"OK"的手势
法国："你什么也不是"；日本："请找我硬币"；巴西：淫秽；中东国家：淫秽

大拇指与食指靠拢
绝大多数国家：金钱；法国：棒极了；地中海地区：粗俗

大拇指朝上
澳大利亚：由你决定；德国：第一；日本：数字五；沙特阿拉伯：我注定要赢了；加纳：侮辱

大拇指朝下
绝大多数国家：情况不妙或者糟糕

手掌摊开
希腊：自古以来就表达侮辱的含义；西非："你有五个父亲"，类似于骂别人是杂种

- 在斐济，双手交叉放在胸前是一种目中无人和不尊重他人的表现。
- 在尼日利亚和希腊，挥手是对他人的一种侮辱。
- 在澳大利亚，拇指朝上会被认为是很粗鲁。
- 在埃及，轻叩两个食指会被认为是邀请人一起睡觉。
- 在很多中东国家，用食指指认他人是很不礼貌的行为。
- 在日本，鞠躬的幅度没有主人低等于是在向主人表明你的地位较高。
- 在一些非洲国家，把拇指插进紧握拳头的食指和中指之间，会被看作希望某人会倒霉。
- 在很多中东的文化中，把脚放在桌子上或椅子上会被认为是一种对他人的侮辱和不尊重。

二、文化和表情

不同文化中面部信息的差异，似乎更能体现公众对各种反应的可接受度，而不是面部表达情感方式上的基本差异。在一项研究中，日本学生和美国学生观看了一部外科手术的影片（Ekman，1985）。摄像机记录下了各个学生观看影片时的反应，以及事后接受采访时的表现。单独观看影片时，无论是日本学生还是美国学生，他们的反应都很相似。但是在对他们进行采访的时候，美国学生的面部明显表现出不悦的神情，而日本学生则没有表现出什么感情的起伏。同样，在日本文化中，女性露齿而笑会被认为轻浮、不得体。因此，许多日本女人都会掩饰自己的笑容，有时甚至会用手捂嘴（cf. Ma，1996）。相反，美国的妇女就不会受到如此严格的束缚，她们更倾向开怀大笑。因此，问题的关键，并不在于不同文化中情感表达方式的不同，而在于不同社会中不同的情感表现准则，即对于公开表达情感方式的得体性的规定（cf. Matsumoto，1991；Aune，2005）。例如，诸多发现表明女性比男性笑得多，这至少从一定程度上来说或许是因为社会情感表达的准则允许女性这样做（Hall，2006）。

三、文化和眼神

眼神传递的信息会因为性别和文化的不同而有所不同，这点不足为奇。

在美国，直视对方是真诚坦率的表示，在日本却是对他人不尊重的一种行为。日本人很少看对方的脸，即使看目光也不会停留很久（Axtell，1990）。根据自己文化的规则去解读目光接触所传递的信息，很容易产生误会。他人眼神传达的可能是尊重，但是你从自己文化的角度去看，则可能会认为是一种侮辱。

与男性相比，女性使用目光接触更多，持续的时间也更长（不管是倾听还是说话）。不管是女性和男性交谈还是女性之间交谈，都是如此。这种眼睛行为的不同，可能是由于女性比男性更倾向于流露自己的情感（Wood，1994）。当女性和其他女性交流的时候，她会用认同和鼓励的眼神看着对方，但是男性在与男性交谈时，一般都会转移自己的目光（Gamble & Gamble，2003）。

文化的差异也影响着人们对他人面部表情解码的方式。比如，美国学生和日本学生对于微笑的表情和平静的表情的理解就截然不同。美国学生认为微笑的面孔比不微笑的面孔更有吸引力、更有智慧、更有亲和力；相反，日本学生则认为微笑的面孔确实使人看起来更有亲和力，但是不见得更有魅力，他们还认为，平静的面孔看起来更智慧一些（Matsumoto & Kudoh，1993）。

四、文化和身体接触

本章之前讨论的关于"接触"的几个例子和它们的作用都是基于对北美国家的研究；但是在其他文化中，这些功能的方式并不完全相同。比如，在一些文化中，一些任务式的身体接触被认为是不得体的，需要尽力避免。在韩国，商店老板在找钱的时候接触到了顾客的手都被认为是不敬的，因为人们认为这种姿势太亲密了。但是对那些适应了这种接触的人来说，韩国人的这种行为则太冷酷无情了。穆斯林儿童从小受到的教育告诉他们，不能随便碰触异性的身体。对于那些习惯了彼此接触身体的美国孩子来说，他们会认为穆斯林儿童不够友好（Dresser，2005）。

一些文化（包括许多南欧和中东文化）是触摸文化；一些文化是非触摸文化，比如北欧文化和日本文化。在触摸文化中，人们谈话时离得很近，不时接触对方的身体，正视对方，眼神接触的时间也更长、更直接。但是在那些非触摸文化中，人们在谈话的时候离对方较远，极少碰触对方（如果有的话），很少正视对方的脸庞，目光直接接触也很少。

课堂讨论 6.4　请想想沉默的螺旋理论在你自己的人际交流过程中是如何发挥作用的。例如，当你和一群新学生谈话的时候，你会表达绝大多数同学的观点吗？或者在表达与他人不同观点的时候，你会感到犹豫吗？

由于这些差异，不同文化的人们在进行交流的时候就可能会产生很多麻烦。比如，南欧人会认为北欧人和日本人冷淡、疏远、不易相处；同时，北欧人和日本人则认为南欧人趋炎附势、野心勃勃、胡乱亲密。

五、文化，辅助语言及沉默

当我们在评价关于语速的研究结果的时候，也应当考虑文化差异这一因素。这是因为在不同的文化中，人们对语速的看法不同。比如，调查显示，在韩国，男性说话快会被认为信誉度很低，这一点与美国的情况完全不同（Lee & Boster，1992）。研究者还发现，在个体倾向的文化中，语速较快说明能力强；但是在群体倾向的社会中，语速较慢才能体现一个人的能力。

同样的，文化不同，沉默所发挥的作用也不尽相同（Vainiomaki，2004）。在美国，人们常给予沉默负面的评价，在商务会议上，甚至在非正式的社会群体中，人们都弄不清沉默的人是不是对话题不感兴趣，是不是心不在焉、不理解谈话内容，是不是冷漠，或是太过自我而不愿意听取别人的意见。

但是在其他文化中，人们对沉默的看法却相当正面。比如在日本，人们认为在很多情况下，沉默比语言更恰当（Haga，1988）。在美国，美洲印第安人和欧洲裔美国人对沉默的看法完全不同（Basso，1972）。美洲印第安人认为，没有必要给自己的朋友介绍会在同一个地方工作或者开发同一项目的陌生人。陌生人在相处的头几天会保持沉默，以便彼此观察，做出判断。一旦得出结论，双方就开始交谈。当美洲印第安男女恋爱的时候，特别是在关系的初级阶段，这对男女可能会沉默几个小时，即使说话也不会很多。印第安男女在约会几个月之后，他们才会进行较长的谈话。人们一般认为这段沉默是由于羞涩或者是自尊自爱。美洲印第安女性从小就接受这种沉默的教育，与异性约会时不要多说话。对于许多美洲印第安人来说，恋爱时的沉默是谦逊的表现。

六、文化与颜色

文化不同，颜色所表示的含义也不同。为了说明这一点，我们列出了几种常见的颜色在不同文化中所表达的含义（Dreyfuss，1971；Hoft，1995；Dresser，2005；Singh & Pereira，2005）。阅读以下内容的时候，请想想你自己是怎样理解这些颜色所表达的含义的，以及为什么会这样理解。

- **红色**。在中国，红色是财富和新生的象征，红色一般用在节日和喜庆的场合；在法国和英国，红色表示雄性；在很多非洲国家，红色表示对神灵的亵渎或者死亡；在日本，红色表示危险和气愤；红色墨水，特别是在韩国佛教徒中，只有在书写死亡者的名字或者死者周年祭的时候才使用。因此，当美国老师用红色的墨水来批改作业的时候，就会引起误解。
- **绿色**。在美国，绿色象征着资本主义，是进步的标志，同时还能表达嫉妒的含义；在爱尔兰，绿色是爱国精神的象征；在美国土著居民眼里，绿色代表女性气质；在埃及，绿色代表丰收和力量；在日本，绿色代表活力和年轻。
- **黑色**。在泰国，黑色是老年的象征；在马来西亚部分地区，代表勇气；

在欧洲许多国家则象征着死亡。

- **白色**。在泰国，白色象征纯洁；在穆斯林和印度文化中，白色是纯洁与和平的象征；在日本和很多亚洲国家，白色被认为是死亡和哀悼的象征。

- **蓝色**。在伊朗，蓝色象征着负面的东西；在加纳，蓝色象征快乐；切洛基人认为蓝色代表着战败；在埃及，蓝色象征美德和真理；在希腊，蓝色象征国家的荣耀。

- **黄色**。在中国，黄色象征着财富和权力；在美国象征着警戒和懦弱；在埃及象征着快乐和财富；在世界很多国家，黄色象征着女性的柔弱。

- **紫色**。在拉丁美洲，紫色象征着死亡；在欧洲，紫色象征着忠诚；在埃及象征着美德和忠诚；在日本象征着高贵；在中国象征着粗鲁；在美国象征着高贵、勇敢。

七、文化与时间

文化在许多方面影响着我们看待时间的态度。下面我们从两个维度考察不同文化下的时间观念：正式时间与非正式时间、一元时间和多元时间。时间的另一个维度，即社会时钟，将在"学习人际理论与研究专栏"中阐述。

学习人际理论与研究专栏

社会时钟和生物钟

各种文化中都设定有一定的社会时钟。这是一个规定你完成人生大事的合适的时间表，比如何时谈恋爱、何时完成大学学业、何时买房、何时生孩子。社会时钟提示你是与同龄人同步，还是领先或者落后于他们（Neugarten，1979；Greene，2003）。通过社会时钟，你意识到了自己的成长，根据社会时钟，你可以衡量自己的社会和职业发展。倘若你能够与同龄人保持相同的步调（如在合适的时间谈恋爱，在合适的时候完成大学学业），那么你就会觉得自己适应了这个社会，觉得自己有能力，能够很好地融入其中。倘若你晚于社会标准，那么你很可能会觉得沮丧。虽然今天社会时钟的标准变得越来越灵活了，社会越来越能容忍多变的时间表，但是依然会对我们造成压力，促使我们与我们的同龄人同步（Peterson，1996）。

另外还有一种"时钟"，与我们的生理作息时间或是生理节奏相关。身体的生物钟是指身体在不同的时段发挥不同的功能。根据有关生理节奏的研究，身体拥有三种周期：生理周期、情绪周期和智力周期。每种周期都始于出生的时刻，并且会持续一生，周而复始。每一个周期都有一个高潮，这时你会觉得各种感觉都异常灵敏；一个低潮，这时你觉得一切都索然无味；一个瓶颈期，这时你会觉得自身的状况糟糕到了极点。关于如何计算自己的生理周期、情绪周期和智力周期的详细说明，可以参看德维托的著作（DeVito，1989），或者登录以下两个网站：www.bio-chart.com；www.facade.com/biorhythm（both accessed May 6，2008）。

运用理论与研究

社会时钟对你而言有什么重要的含义？你是否觉得自己在某些方面落在了同龄人的后面？这种感觉会对你的行为产生什么影响吗？你觉得生理周期的计算结果可靠吗？

正式时间和非正式时间

白天和黑夜是地球的自转形成的，月份是由月球绕地球旋转形成的，年份则是由地球绕太阳公转形成的。但是其他有关时间的划分则是源于文化（很大程度上源于宗教）。

在美国以及世界上大部分国家，正式的时间被划分为秒、分钟、小时、天、星期、月和年。然而，在某些文化中，人们则根据季节和月亮的变化来界定他们最重要的时间。在美国，如果你所在的大学采用学期制，那么你的课程将按照 50 分钟或者 75 分钟划分为一个时段，每周授课三次（如果 50 分钟）或两次（如果 75 分钟），持续授课 14 周。大学教育共分八个学期，每周按 15 到 16 个时段进行教学。由此可见，正式时间的单位具有随意性，因文化的不同而有差别，以方便为原则。

非正式的时间信息通常通过**非正式时间术语**（informal time terms）来体现，比如"永远"，"立即"，"马上"，"不久"，"尽快"等。这些术语的使用有时候会带来很多麻烦，这是由于不同的人对这类术语的理解不尽相同。在不同的文化背景下更是如此。比如，描述通勤列车未能准时到达的情况，"晚点"是个什么样的概念呢？显然，这取决于不同的文化背景。在纽约地区，"晚点"是指比规定时间晚到 6 分钟或以上；在英国，指晚到 5 分钟以上。但是在日本，则是指 1 分钟。2005 年日本发生的火车事故中，共有 90 人遇难，这是 40 年以来日本最严重的交通事故，事故的主要原因就是日本人过于看重时间了（Onishi，2005a）。

不仅仅是"晚点"，不同的文化中人们对待时间的态度也很不同。研究者做了一项调查，在日本、印度尼西亚、意大利、中国台湾地区、美国和日本，分别测试这些国家和地区居民钟表的准确度，结果发现，日本人钟表的准确度最高，印度尼西亚人钟表的准确度最低。研究者同时还测量了不同文化中人们走路的速度，结果表明，日本人走路速度最快，印度尼西亚人最慢（Lavine & Bartlett，1984）。

一元时间模式和多元时间模式

另一个重要的区别是**一元时间模式**（monochronic time orientation）和**多元时间模式**（polychronic time orientation）（Hall，1959，1976；Hall & Hall，1987）。在一元时间文化中，比如美国、德国、斯堪的纳维亚和瑞士等地，人们一般一次只做一件事。在这些文化中，时间是可以被划分为很多部分的，每件事都可以分配到一些时间。但是，在多元时间文化中，比如在拉美、地中海地区、阿拉伯地区，人们计划在同一时间做很多事。吃饭，与几个人谈生意和处理家庭事务可以同时进行。

没有哪一种文化是完全的一元时间模式或者是多元时间模式，一元时间模式和多元时间模式都只是通过某种文化的主体所发现的主导倾向。有的文化中（如日本和美国部分地区），同时并存着这两种时间模式。表 6—4 列出了两种不同时间处理方式的差别。

表 6—4   一元时间模式和多元时间模式

这份表格基于霍尔夫妇（Hall & Hall，1987）的研究。阅读时，请注意采用不同方式处理时间的人们在交流过程中可能会出现的误解。这些不同的方式是否给你的人际交流造成过误解？

一元时间模式	多元时间模式
一次只处理一件事	可以同时处理多件事
很严肃地看待时间计划表；除非有特殊原因，否则不会改变计划	从实用的角度来看待时间计划表；认为很多原因都可以导致时间表的改变
认为工作是生活中最重要的，甚至比家庭重要	认为家庭和人际关系比工作重要
独立工作；认为隐私很重要；不随便向别人借东西，也不把东西借给别人	和他人有很多接触；喜欢同时和很多人一起工作

　　理解在时间问题上不同文化观点的差别，有助于跨文化交际更加顺畅地进行，尤其是在文化气氛较为敏感的时候，时间观念的差异更值得注意。无论如何，我们不能说哪些时间观点优于另一些时间观点。然而，像所有的文化差异一样，不同的时间观念会导致不同的结果。比如，倘若日本人不是过分看重时间，就不会出现那次严重的火车相撞事故。未来时间倾向的人更有可能在像美国这样竞争性的市场环境中获得成功，但是在一些注重现实享受的文化中，人们则会对他们作出消极的评价。

 内容提要

　　本章主要探讨非语言信息，指出非语言传播的多种渠道，非语言传播的作用，以及文化对语言信息的影响。

第一节　非语言传播的渠道

　　1. 体态交流包括身体姿势和身体外表两种类型。身体姿势又包括手势、图示、表演、打招呼、下意识动作五种形式。身体外表（如身高、体重、眼神和肤色等）可以显示一个人的力量、吸引力，以及是否适合做朋友或恋人等。

　　2. 面部表情可以表达多种情感，例如高兴、惊讶、害怕、生气、悲伤、恶心、感兴趣、迷惑和决心等。某些面部活动在传播过程中通过强化、弱化、压制、掩饰和假装等作用对传播的信息进行管理。

　　3. 通过眼神接触我们可以观察反馈、吸引注意、调控谈话、界定关系的性质、界定地位、填补空间距离等。通过眼神的躲闪和回避我们可以给他人传递诸如此类的信息：尊重隐私、不感兴趣、避免令人不快的刺激和强化其他感受等。瞳孔的扩张表明感兴趣或被吸引。

　　4. 通过接触可以传播的含义有积极情感、玩笑、控制、礼节，或与工作有关。

　　5. 辅助语言能够帮助人们形成印象，界定感情状态，判断说话者的可信度、智商和目的。

　　6. 沉默可以传达多种意思。例如伤害、阻止某些信息的传播以及达到某种特殊的效果等。在沉默的效力这个问题上，沉默的螺旋理论提供了一个有趣的视角。

　　7. 距离的类别和会话者关系的类别是一一对应的。距离的类别有：亲密距离（18 英寸以内）、私人距离（18 英寸到 4 英尺）、社交距离（4 到 12 英尺）、公共距离（12 英尺以上）。

　　8. 关于空间的理论包括保护理论（保持一定的空间距离以保护自己）、均衡理论（根据关系的亲密程度来确定距离）、违背期望理论（拉大或缩短你和他人的期望距离能够传达许多重要信息）。

　　9. 你的领地可以被分为主要的（你拥有的地盘）、次要的（你经常性地占有的地盘）、公共的（经常对外人开放的地盘）三种类型。就像动物一样，人类经常把自己的领地划分为中心和边缘地带，并以此来证明自己的所有权。你的领地

（包括其外观及其使用方式）经常可以反映出你的地位。

10. 饰物信息包括空间装饰、颜色、衣着、身体装饰和气味等。

11. 三种主要的时间倾向为：过去、现在和将来。这些时间倾向对行为方式有多种影响。诸如：你为将来所做的计划、你参加聚会的意愿，甚至你的潜在收入等。

第二节　非语言传播的作用

12. 根据研究者对非语言传播的主要作用的研究，非语言信号的作用体现在：形成印象和管理印象、建立关系和定义关系、构成会话和社会交往、影响和欺骗，以及表达情感。

第三节　非语言传播和文化

13. 研究者已经指出了在非语言传播中存在着的很多文化差异，包括人们的姿势和这些姿势所表达的含义，面部表情的表现规则及这些面部表情所表达的含义，眼睛传达的信息，身体接触的喜好（有的文化鼓励接触，有的文化不鼓励接触），辅助语言的多样性，沉默、色彩和对待时间的不同处理方式（例如正式时间和非正式时间的处理方式、一元时间和多元时间的处理方式等）。

 ## 关键词

artifactual communication 饰物信息
body communication 身体交流
body gestures 身体姿势
chronemics 时间行为学
color communication 颜色信息
eye avoidance 眼神回避
eye communication 眼神交流
facial communication 表情交流
facial feedback hypothesis 面部反馈假说
facial management techniques 表情管理技巧
haptics 触觉学
immediacy 亲切感
informal time terms 非正式时间术语
kinesics 身体语言学
monochronic time orientation 一元时间模式
nonverbal communication 非语言传播

occulesis 眼睛传播学
paralanguage 辅助语言
polychronic time orientation 多元时间模式
proxemic distances 空间距离
proxemics 空间关系学
pupil dilation 瞳孔扩张
silence 沉默
space decoration 空间装饰
spatial messages 空间信息
spiral of silence 沉默的螺旋
tactile communication 触觉交流
temporal communication 时间信息
territoriality 领地
touch avoidance 避免接触
touch communication 身体接触

 ## 思考题

1. 研究表明，与男性相比，女性更善于对非语言信息进行编码和解码（Briton & Hall, 1995a）。在人际交流的过程中，你是否注意到这一点？这样的差异是否在谈话、谈判或是解决矛盾冲突的时候给女性带来了优势？

2. 性犯罪案件中，辩方律师通常采用归咎受害人的方式来为犯罪嫌疑人开脱，他们声称那些遭受性侵犯的女性，或是同性恋者当时的穿着引诱了犯罪嫌疑人。目前仅纽约和佛罗里达两个州明文禁止律师在辩护时指称受害人遭受性侵犯时的衣着（*New York Times*，July 30，1994，p.22）。对此你有什么看法？如果你不住在纽约州或者佛罗里达州，当地是否有相关提议，要求限制使用以上的辩护策略？

3. 以下列出了一些研究发现的非语言传播的性别差异（Burgoon, Buller & Woodall, 1996；Guerrero, DeVito & Hecht, 1999；Gamble & Gamble, 2003；Stewart, Cooper & Stewart, 2003；KroLokke & Sorensen, 2006）：（1）女性比男性微笑的时候多；（2）与男性相比，女性之间往往站得更近，也走得更近；（3）不论是男性还是女性，说话的时候，看男性比看女性多；（4）女性碰触他人和被他人碰触的频率比男性更高；（5）男性身体伸展的幅度较大，比女性占据更大的物理空间。你认为这些差异会给男女之间的交流带来哪些问题？

4. 有趣的是，在工作场合，亲吻面颊已经开始快速取代传统的握手礼。这一方面可能是受到拉丁美洲人的影响，另一方面也许是因为商务场合正在逐渐地非正式化（Olson, 2006）。由于目前正处在转型阶段，有时要确定采用什么形式的问候方式实属不易。你能够通过什么样的非语言信息去判断，什么时候采用握手礼，什么时候用亲吻脸颊的方式去问候他人呢？

5. 根据文中内容，衣着要视情况而定。在下列情况下，你该如何着装？

■ 参加一家著名且保守的法律事务所的面试；
■ 第一次去大学授课，既要表现得有亲和力，

又不失严肃；
■ 参加时尚派对，表现出自己最前卫的一面；
■ 准备拜见恋人的父母（你们已经交往了六个月），而且你对他们了解不深，怎样才能给他们留下良好的印象？
■ 你作为家长去参加学校的家长会，要表现得十分关心，并且乐于参与学校组织的活动（但事实上，你从未参加过此类活动）。

6. 测试一下自己通过语言描述辨别不同情感的能力。试着"听听"以下的几种声音，并判断其中所表达的感情。你"听"到的是喜爱、生气、厌倦还是喜悦（Davitz, 1964）？

■ 声音轻软，低沉，伴有胸腔共鸣，语速较慢，语调稍高而平稳，节奏规律，说话含糊。
■ 声音高昂，有一点吼叫的感觉，语速很快，语调很高，节奏规律。
■ 声音高昂，伴有吼叫，语速很快，语调忽高忽低，节奏不规律，语句简短。
■ 音量及音高均属中低，稍稍伴有胸腔共鸣，语速稍慢，节奏单一或持续逐渐放慢，说话较为含糊。

7. 研究表明，在谈话过程中，倾听者注视说话者的时间比说话者注视倾听者的时间要长（Knapp & Hall, 2006）。例如，倾听谈话时注视对方的时间占到了谈话时间的62%至75%，而说话时这个比例则仅为38%至41%。一旦比重倒置，如说话者注视听话者的时间超过了"标准时长"，或是听话者注视说话者的时间少于"标准时长"，交流可能会显得尴尬。请一位朋友做一下试验，看看会发生什么情况。即使是在双方都有意识调整注视时长的情况下，你也会感到由这一细微的变化带来的不适感。

 情境选择

1. 气味。坐在你隔壁位置的同事使用了过浓的古龙水，让你感到很刺鼻。你发现自己再也无法忍受这种难闻的气味了。试问：你将采取什么措施改变这种状况？

2. 善意的批评。你的密友将要参加一个重要的求职面试，然而其着装完全不得体。她/他问你："我看起来怎么样？"试问：你该怎么做才能帮助朋友得体地表现自己，同时又不伤害她/他的自尊呢？

3. 不恰当的距离。你的朋友同人讲话的时候，喜欢距离对方很近以至于使人感到不自在，就像《宋飞正传》（*Seinfeld*）中的情节一样。试问：你怎样才能帮助你的朋友意识到空间的内涵，进而更有效地进行交流呢？

4. 保持沉默。你大学的室友开始兜售论文，并利用你俩共有的电脑储存资料。在一段时间里，你对此行为一直保持沉默，但是你越来越不高兴，并且希望与这种不道德的行为拉开距离。试问：你将怎样打破沉默，撇清关系？或者你是否有更

好的办法，既能撇清关系，又能不与在本年度剩下的时间里仍将共处一室的同屋产生矛盾呢？

5. 鼓励或抑制谈话。有时你希望有人来你的办公室与你聊聊，但有时你又更愿意独处。试问：你怎样利用非言语的方式达到这些目的呢？

6. 身体碰触。你的上级喜欢碰触他人。你不喜欢这样，希望他/她停止这样做（至少这是你的观点）。试问：你会采用什么样的方式向他/她表明你不喜欢他/她的碰触？

7. 表现可信度。在你的工作中，虽然你的能力并不比别人差，但他人并不十分信任你。你需要向他人传达更多信息，说明你值得信任。试问：你可以使用什么样的非语言信息说明你的能力呢？怎样整合这些信息并运用到交流活动中去呢？

 我的传播实验室

以下这组练习均能传递一定的非语言信息，并为你提供了解非语言传播途径的机会。

1. "面部表情"和 2. "眼神接触"关注不同的眼神和面部表情所传递的信息。3. "人际交往与距离"和 4. "参加公司会议"探讨了使用不同的距离所传递的不同信息。5. "颜色的意义"有助于你有意识地利用不同的颜色有效地进行交流。6. "赞扬和批评"研讨了不用语言如何表达不同的意义。7. "饰物与文化"展示了不同文化中送礼习俗的不同。

第 **7** 章

情感信息

情感和情感信息原理　　　　　　　　　　　情感表达的技巧
情感表达的障碍　　　　　　　　　　　　　回应他人情感的技巧

《血色将至》

要了解情感在人际传播中的作用，一个有效的方法就是去观看那些写得好也演得好的电影，比如《血色将至》。如果除去其中的情感部分，这部电影将会既无故事也无趣味。从这个角度来说，电影和其他媒体与人际关系并非毫不相干；没有情感的参与，人际交流和人际关系就会失去意义，变得枯燥无味。

　　强烈的情感使人际交流更加困难。本章将围绕这个关键问题展开讨论。在这一章中，我们主要要了解人们情感和情感表达的本质，讨论人们在表达情感时遇到的一些障碍，为如何恰当地表达情感以及回应他人的情感提供一些建议。

第一节　情感和情感信息原理

　　交流**情感**（emotions）或感受是十分困难的，但同时也是十分重要的。之所以说它困难，是因为当你有强烈情感需要表达的时候，你的思路常常会变得混乱。另外一个原因，就是可能没有人教过你该如何去交流感情——你也几乎没有什么有效的范例去模仿。

学习人际理论与研究专栏

情感理论

　　一般可以用三个阶段描述引起情感反应的事件：（1）事件发生；（2）情感体验，比如惊讶、高兴或者愤怒；（3）生理反应：心跳加速、脸红等等。顺序 A 描述了这个关于情感的普遍观点。

　　心理学家威廉·詹姆斯（William James）和生理学家卡尔·兰格（Carl Lange）则将生理反应放在情感体验之前。根据詹姆斯—兰格理论，情感反应的顺序为：（1）事件发生；（2）生理反应；（3）情感体验，如喜悦或者悲伤。顺序 B 描述了**詹姆斯—兰格情感理论**（James-Lange theory）。

　　第三种解释是**认知标签理论**（congnitive labeling theory）。根据这个理论，人们是在解释生理反应的基础上体验诸如喜悦、悲伤或者其他情感的（Schachter，1971；Reisenzein，1983）。顺序为：（1）事件发生；（2）生理反应；（3）解释这种反应，也就是说，决定体验什么情感；（4）情感体验。对情感反应的解释取决于所处的情境。比如，如果你因为所崇拜的人对你微笑而心跳加速，你会把这解释为高兴；如果你因为晚上三个形迹可疑的陌生人向你走来而心跳加速，你会把这解释为害怕。只有做出了解释，你才会有诸如高兴或者害怕这样的情感体验。顺序 C 描述了这个理论。

　　三种描述情感反应的观点图示如右：

运用理论与研究

　　虽然这些理论并不完整，但仍为我们理解情感体验提供了大量的依据。根据你自己的经历，你认为哪种解释最合理？为什么？

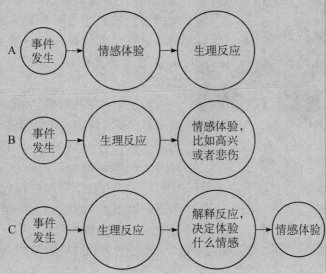

不过，交流情感也是十分重要的。你所要传达的信息有很大一部分是由感情来承担的。如果你不提及自己的感情或者不充分地表达自己的情感，那么你就不能成功地传播你要表达的大部分信息。设想一下，当你在谈论最近考试不及格、中了彩票、喜得贵子、与爱人订婚、首次开车、入籍成为合法公民，或者晋升为部门主管等话题时，如果没有情感的表达，你的交流过程将会是怎样。即使在隐晦的电子邮件信息中，情感表达也正日益流行。

情感交流（emotional communication）非常重要，它是人们所称的"情感智能"或"社会智能"的核心内容（Goleman，1995a）。无论是信息源还是接收者，缺乏情感交流是一种学习能力的缺失，被称为狄赛米亚症（dyssemia），表现为不能恰当地解读他人的非语言信息，或者不能用非语言方式恰当地表达自己的信息（Duke & Nowicki，2005）。例如，患有狄赛米亚症的人，对周围的事情不感兴趣，不能回报微笑，在特定的场合和互动中出现不恰当的面部表情等。可以想象，缺乏情感交流的人难以发展和保持良好的人际关系。与这样的人交流，你会因为他们不恰当的情感表现而感到不舒服（Goleman，1995a）。

让我们首先考察情感和情感表达的一般原则，这些原则将为我们讨论情感表达的技巧奠定基础。

一、情感可以区分为初级情感和混合情感

在下面的情况下你感受如何？

- 你中了彩票！
- 你得到了申请的工作。
- 你的好朋友刚刚去世。
- 你的父母告诉你他们将要离婚。

你对每种情况的感受会明显不同。事实上，每种情感都是唯一的、不可重复的。但是在这些差异中也有一些相似性。比如，大多数人都会同意，前两种情感彼此之间有更多的相似性，与后面的两种情感有更多的差异。同样地，后两种感情彼此之间有更多的相似性，与前面的两种情感有更多的差异。

课堂讨论 7.1 情感孤独（emotional isolation）是指没有亲密的人与之分享情感。尽管一个人可能有广泛的关系网，却没有人能够达到亲密的水平。有什么方法能够使人防止或者减少情感孤独？

为了掌握各种情感之间的相似之处，许多学者致力于界定基本情感或**初级情感**（primary emotions）。罗伯特·普拉特切克（Robert Plutchik，1980；Havlena，Holbrook & Lehmann，1989）开发出了一个重要的模型（图7—1）。在这个模型中有八种基本情感：高兴、接受、害怕、吃惊、悲伤、厌恶、生气和期望。图形中位置相近的两种情感意义也相近。比如，高兴和期望的意义就比高兴和悲伤的意义近一些，也比接受和厌恶之间的意义要近一些。图形中位置相对应的两种情感其意义也相反。比如，位置相对应的高兴与悲伤其意义相反；生气与害怕的意义相反。

图 7—1　情感模型：初级情感与混合情感

　　你是否认同这个模型的基本假设？比如，你是否认为爱慕是高兴和接受的结合，乐观是高兴与期望这两种情感的结合呢？

　　资料来源：Robert Plutchik, *Emotion: A Psychoevolutionary Synthesis*, (figure7.1) ⓒ 1980. Published by HarperCollins. Copyright ⓒ 2000 by Pearson Education. Reprinted by permission of Pearson Education, Inc.

　　初级情感之间的结合形成**混合情感**（blended emotions），被标在轮状图的外围。比如，根据这个模型，爱慕是高兴和接受的混合。悔恨是厌恶和悲伤的混合。

■ 二、情感受身体、思想和文化的影响

　　情感至少包括三个部分：身体反应（比如尴尬时脸红）、心理评估和解释（比如玩扑克牌时对所需要的牌的概率的推算）、文化规则和信念（比如父母为儿女大学毕业感到骄傲）等。

　　身体反应是我们情感体验中最明显的方面，因为我们很容易观察到它们。这些反应涵盖的范围很广。它们包括尴尬时脸红，紧张时手掌出汗，感到不适的时候摆弄头发、摸脸等等。如果你想判断对方的情感，就要注意观察这些非语言的动作。看到雷蒙满脸笑容和大方的体态，你就知道他见到你很高兴。你也可以从丽莎出汗的双手、吞吞吐吐的语气和笨拙的动作推断出她非常紧张。

　　心理或者认知层面的情感体验包括你基于以往经验所做出的评价和解释。本章将主要围绕著名心理治疗师艾伯特·埃利斯（Albert Ellis, 1988, Ellis & Harper, 1975）的一些观点展开讨论。他认为，人们对所发生的事件的评价远比实际的事实对他们情感的影响要大。举例来说，你的好朋友萨莉在学校餐厅看见了你，但没有和你打招呼。你此时的情感反应将取决于你怎样看待她的这个举动。如果你知道萨莉的父亲刚刚去世，她非常伤心，那么你可能会很同情她；如果你相信萨莉很无礼、只是要故意冷落你，你可能会很生气；如果你相信萨莉是不想再和你做朋友了，你可能会感到很伤心。

　　文化环境，即你生于斯或者长于斯的文化氛围，为你提供了一个如何表达自己的感情和如何理解他人情感的框架。我的一个同事曾在北京为一群中国大学生做了一场演讲。在场的学生们很有礼貌地听完了演讲，但是他们既没有给出任何评论，也没有提出任何问题。最初，我的同事以为学生们可能认为她的演讲比较枯燥、对她的演讲不感兴趣。然而，后来她才得知，中国学生是通过保持沉默和看似消极的行为来表达对演讲者的尊重。他们认为，提问就意味着演讲者的内容不很清晰。换言之，无论是中国文化还是美国文

化，都对解释这些学生的感受产生了影响。还有一个例子：最近的一项调查显示，在判断电脑上显示的人物的情感的时候，日本学生是通过看对方的眼睛去判断他/她的情感，而美国学生则主要是看嘴巴（Yuki，Maddux & Masuda，2007；Masuda，Ellsworth，Mesquita，Leu，Tanida & van de Veerdonk，2008）。

▎三、情感的适当性和不适当性

情感通常是适当的，也就是说，情感可以帮助你更好地去适应环境。例如，如果你为考试没考好感到焦虑，它会引导你刻苦学习。如果你害怕失去自己的女（男）朋友，你可能会更支持她/他、更爱护她/他。如果你担心某个人可能会不喜欢你，这会促使你对他/她特别友好。如果你感觉有人在一条漆黑的街道上跟踪你，你可能会采取一些安全预防措施。以上这些例子都表明，情感可以帮助人们完成那些有用的目标。

但是在某些时候，情感也可能是不适当的，它可能会阻碍人们实现自己的目标。比如，考试来临，你可能会非常紧张，这会使你大脑空白，导致考试失常。但是，如果你能冷静地对待这个问题，最后的结果可能会更好。再比如，你害怕失去你的爱人，结果变得疑神疑鬼、越来越爱指责，反而使你们的关系很难再维系下去。

还有另一种情况，情感也会产生不良后果，一些理论家机智地把它称作"灾难化"（或者"可怕化"）倾向（catastrophizing or awfulizing）：即把一个问题——即使是鸡毛蒜皮的小事——最终演变成一场大灾难。例如，你可能会觉得"如果这门考试没考好，我就永远上不了法学院了"。或者"如果这件事办不成，我就完蛋了"。因为你让自己相信这些灾难一定会发生，那么你的情感就很容易失控（Bach & Wyden，1968；Willson & Branch，2006）。

情感有利有弊，这一点很重要。情感交流同样如此。某些情感会带来积极的结果（比如更可靠或者更积极的人际关系）。但是有些情感会导致朋友之间的矛盾冲突，或者降低你对关系的满意度。情感交流不合适，也会给别人留下不好的印象。

请教学者专栏

媒体、网络和人际暴力

我的两个孩子（分别为 11 岁和 13 岁）喜欢看电视、玩电脑游戏。但是在我看来他们喜欢的电视节目和电脑游戏含有很多暴力内容。这会改变他们的世界观吗？对此，我能做些什么或者应该做些什么吗？

你关注孩子们看暴力电视节目和玩暴力网络游戏会产生的后果，是很正确的。研究表明，这些行为都会改变人们对世界的看法。你的孩子可能会逐渐相信真实的世界比他们看到的更加暴力，慢慢地他们就会变得对这样的暴力事件很麻木。你可以与你的孩子谈谈心，这样可以减轻一些消极的影响。你可以和他们一起讨论这些电视节目和网络游戏中哪些场景是真实的，哪些不是。让他们自己去体会一下被害人和他们家人的真实感受。研究表明，如果观众知道节目的内容是不真实的，它造成的消极影响就会小很多。

更多信息参见 E. M. Perse, *Media Effects and Society*（Mahwah, NJ：Lawrence Erlbaum, 2001）。

Elizabeth M. Perse：肯特州立大学博士，特拉华大学传播学教授、系主任，教授大众传播理论和传播效果方面的课程。主要研究方向为电视和新传播技术的使用及效果。Perse博士还是六大传播学杂志编委会成员。最近被评为传播学界最多产的100位学者之一。

四、情感可以用语言和非语言表达

虽然情感在冲突情境以及人际关系的发展和解除中特别突出，但它实际上也是所有信息的一部分。情感就在眼前，有时强烈，有时平淡。因此我们必须把它看做交流的一部分。但这并不是说，每条信息都要包含情感成分，也不是说每种情感都应该表达出来。情感的感受和情感的沟通是两回事。在有些情况下，你可能想把自己的感受准确地表达出来，毫无保留地释放自己的情感。但是在另一些时候，你可能要避免流露自己的情感。比如，当你的顾客犹豫不决的时候，你不能表现出你的沮丧，又比如，作为父母，你不能在孩子面前流露出对于他们求职的担心。

关于人们是否可以选择体会情感，理论家们各执己见。有些学者持肯定态度，有些则持否定观点。但是，你是可以控制自己表达情感的方式的。而是否愿意流露出自己的情感，就要看你自己对情感表达的态度了。你可以通过下面的自测题来了解更多信息。

✏ 自我测试专栏

你怎样看待表达情感？

如果你认为下面的说法正确地描述了你的态度，请选择"T"；如果没有，请选择"F"。

____ 1. 表达出自己的情感是健康的。它可以减少压力，避免刻意压抑情感而耗费精力。（ ）

____ 2. 表达出自己的情感可能会引起人际关系问题。（ ）

____ 3. 表达出自己的情感可以让他人更好地理解你。（ ）

____ 4. 表达出自己的情感是让他人按你的意愿去做事的有效途径。（ ）

____ 5. 表达出自己的情感可能会让他人对你产生不好的印象。（ ）

____ 6. 表达情感会增加压力，比如，生气时表达出愤怒情感会使你更加生气。（ ）

你做得怎么样？ 这些都是在讨论应该不应该表达出情感时产生的观点。观点1、3和4支持表达出自己的情感，2、5和6则反对表达出自己的情感。通过自测结果，看看你自己是支持表达出情感还是反对表达出情感。观点1、3和4选"正确"和观点2、5和6选"错误"表示你赞同表达出自己的情感。如果选了相反的答案，则表明你不赞同表达出情感。

你会怎么做？有证据显示，表达情感会带来六种结果——有积极的也有消极的——所以我们没有提出增加情感表达意向的总体建议。这些潜在的后果强调了认真评估表达情感方式的重要性。要有一定的灵活性，记住，在一种情况下适用的，在另一种情况下就不一定适用。

如果你决定表达出自己的感受，那么你需要做一些决定。比如，你要选择如何表达自己的感受——面对面的交谈，还是写信、打电话、发电子邮件或者是办公备忘录。你还需要确定你要表达哪些情感，不表达哪些情感。最后，你还要选择使用哪种语言来表达出你的情感。

像大多数意义的表达一样，情感也采取语言和非语言两种形式进行编码。你所说的话、你强调的重点、你的姿势、你的面部表情都会帮你表达出情感。反过来，你也通过对方的语言信息和非语言信息对他人的情感信息进行解码。当然，情感与其他所有信息一样，只有当语言信息和非语言信息互相促进、互相补充的时候，才能最有效地进行沟通。

五、情感表达受各种规则的制约

正如第 6 章中提到的，不同文化都有自己的**显示规则**（display rules），规定着哪些情感沟通是允许的，哪些是不允许的。即使是在美国文化内部，也存在着差异。例如，在一项研究中，美国人将自己分为四类：高加索人、非洲裔、亚裔、西班牙裔/拉丁美洲裔。研究发现，不同的文化背景对于情感表达有不同的规则。以下是一些发现（Matsumoto, 1994）：（1）与亚裔相比，高加索人更能接受对方表达出轻视情感，他们认为这是合理的。（2）与高加索人相比，非洲裔美国人和西班牙裔美国人认为表达出厌恶情感是不合适的。（3）与高加索人相比，西班牙裔美国人认为在公众场合表达出情感是不合适的。（4）与西班牙裔美国人相比，高加索人认为表达恐惧情感更合适一些。

研究者认为男性与女性的情感经历是相似的（Oatley & Duncan, 1994；Cherulnik, 1979；Wade & Tavris, 2007），人们观察到的不同之处在于他们的情感表达方式。对于哪些情感适合表达、哪些不适合表达，正如不同的文化有不同的规则一样，男女也有不同的**性别显示规则**（gender display rules）。

与男性相比，女性更愿意谈论自己的感受，也更经常地与人表达自己的情感（Barbato & Perse, 1992）。或许是由于这个原因，女性的面部表情也比男性丰富得多。即使是初中和高中的学生，也表现出了这样的性别差异。研究发现，这些差异可能是由男性和女性的脑部结构不同造成的。女性脑部的褶皱比男性多，所以更敏感（Barta, 1999）。

与男性相比，女性更喜欢表达出为社会所接受的情感（Brody, 1985）。比如，女性就比男性爱笑得多。事实上，女性有时在不适合笑的时候也会笑。比如，当批评下属的时候。而男性比女性更容易表达出愤怒和挑衅的情感（Fischer, 1993；Depaulo, 1992；Wade & Tavris, 2007）。同样，女性更善于表达喜悦的情感，而男性更善于表达愤怒的情感（Coats & Feldman, 1996）。女性也比男性更爱哭（Metts & Planalp, 2002）。

六、情感可以传染

情感信息通常具有传染性（Cappella & Schreiber, 2006）。如果你观察过一位母亲和婴儿相处的情景，你就会发现，妈妈的情感会很快感染婴儿。如果妈妈笑了，婴儿也会跟着笑；如果妈妈皱眉，婴儿也会皱眉。随着孩子不断长大，他们会捕捉到更细微的情感变化。比如，孩子可以很快辨别并模仿父母的焦虑感和恐惧感。甚至是在大学的室友之间，一个人的消极情感也会在三周之内传染给其他室友（Joiner, 1994）。简单地说，在"情感传染"（emotional contagion）中，情感是从一个人传染给另一个人；而女性更容易被传染（Doherty, Orimoto, Singelis, Hatfield & Hebb, 1995；Cappella & Schreiber, 2006）。在对话或者小组讨论中，一个人强烈的感情很容易传染给在场的其他人。

这种感染的过程如下：

1. 某人表达他的情感——笑、哭、高兴得跳起来。
2. 你意识到这种情感表达。
3. 你或许是无意识地模仿这种情感表达。
4. 你的情感反馈是你创造的对他人情感的回应。

课堂讨论 7.2 在 2008 年美国总统大选中，希拉里在艾奥瓦州初选失利后，转入新罕布什尔州的初选。在一次采访当中，希拉里动情地哭了。在一些人看来，那一刻，她一改以往给人们留下的女强人印象，让大家感觉到了这个女人柔弱和人性的一面。另有一些人认为，这表明她也有脆弱的一面，要胜任美国总统这个职位或许还不够坚强。你怎样看待一位女政治家的哭泣？这与男性政治家有什么不同吗？

另一种关于情感传染的观点认为整个过程是受意识控制的。也就是说，当他人表达情感的时候，你观察他人以决定自己应该怎样表达情感——你通过观察对象获取非语言信息——然后去感受自己认为应该表达的情感。

还有一种有意识的情感传染的方式，就是在劝说对方时常见的**情感诉求**（emotional appeals）。一种流行的诉求就是激发人们的同情心。这在那些为贫困儿童募捐的组织中经常用到。他们给你展示一些饥饿、贫穷的儿童的照片，希望你能产生同情心，以资助他们的努力。同样，那些乞讨的人也是不断强调自己的困难，来燃起你的怜悯之情以获得捐赠。

情感传染似乎也是一些组织规则追求的目标（www.bellomy-business.com, 2006, accessed March 4, 2008）。例如，公司会要求（至少希望）销售人员们在新产品上市时喝彩助威。这个策略非常有效，销售人员们一起欢呼，会使他们在工作中表现得更有激情。

另一个通行的诉求，就是使人产生负疚感。如果某人为你做了些事，他/她可能会尽力让你觉得有负疚感，除非你为他/她做些事情作为回报。又比如，某人可能故意在你面前装出一副急需用钱的样子，让你觉得你自己如果有钱又不把钱借给他/她，那简直就是你的罪过。有些时候，人们还通过让对方有负疚感来达到控制的目的。如果你能让一个很有钱的人为自己很有钱而别人钱很少感到内疚，你就能成功地让他捐出部分财产。

有这些情感和情感表达的原则作为基础，下面我们就来讨论情感表达时遇到的一些障碍。

课堂讨论 7.3 这里我们有三个理论可以用来解释在情感表达上的性别差异。与本书讨论语言的性别差异时提到的三个理论相似，每一个理论都为我们理解情感表达的性别差异提供了一个有用的视角（Guerrero, Jones & Boburka, 2006）。生物学理论认为，男女大脑结构和身体化学成分的不同，解释了男女在表达能力和情感表现上的不同。进化理论认为，情感表达是生存的基础。善于情感表达的人能够在社会中生存下去，并把基因遗传给后代；不善于情感表达的人逐渐就会被淘汰，基因也就不会传给后代。由于男女在社会中的作用是不同的，所以他们依靠不同的情感以及表达情感的方式。社会化理论称，男女在情感方面受的教育是不同的（当然，这也会因文化而异）。女性要微笑，要表达出积极的情感（这是"女性化"的表现），而男性则不能表露出悲伤或者害怕的情感（表现得脆弱就不够男子气）。

第二节　情感表达的障碍

　　情感表达是大多数重要人际关系的组成部分，通常也很困难。有效的情感交流存在着三个主要的障碍：1. 社会和文化习俗，2. 畏惧，3. 不适当的交流技巧。让我们更仔细地讨论这些障碍。

一、社会和文化习俗

　　如果你在美国长大，你可能会知道很多人是反对情感表达的。这种态度在男性中更为普遍，持这种观点的人的行为方式类似于早期的西部牛仔，因此被人们称为"牛仔综合征"（Balswick & Peck, 1971）。牛仔综合征以封闭且不善表达的男性为主。他们身体强壮但是沉默寡言。他们从不流露柔弱的情感（比如同情、爱或者满足感）。他们从来不会哭，不会害怕，也从不为自己感到难过。

　　不幸的是，很多男性在成长过程中，努力去适应这种不切实际的生活方式。这种综合征使人们远离开放、坦诚的情感表达。男孩子在很小的时候就被教育不要哭，即使受伤害了也不要"孩子气"。所有这些都不是在鼓励男性更开放地去表达自己的情感。不幸的是，还有很多人对那些经常公开表露自己感情的男性作出负面的评价。那样的男性会被视为软弱、无能、不够男人。实际上，一些研究表明，男性隐藏自己情感的一个重要原因，正是不想自己被别人认为很女性化（Burleson, Holmstrom & Gilstrap, 2005）。

女性在表达情感方面也并不是毫无羁绊。有段时间，我们的社会是允许和鼓励女性公开表露情感的。但是现在潮头已经转向了，对于那些处于管理层的女性尤其如此。如今，管理层女性也被迫陷入了那个"牛仔综合征"。她们不能哭，不能表现出"脆弱"的一面，尤其当她们在工作的时候，就更应该拒绝这些情感。

当然，各个组织对于情感表达都有自己的文化规则。比如，在一些组织，他们希望员工工作时显得很快乐，即使不开心也要强颜欢笑；通常表现一些情感，而隐藏另一些情感。不幸的是，人们表现出来的情感与自己的真实感受存在差异，就会造成情感失调，最后转变成心理压力（Remland, 2006）。

不管是男性还是女性，最好的建议是有选择地表达自己的情感。要仔细地衡量关于情感表达的正反双方的意见。要认真地考虑场合、对象、情感自身以及其他决定交流的因素。还有，也是最重要的一点——你不仅要考虑你要表达哪些情感，你还要考虑怎么去表达。

人际传播伦理专栏

动机诉求

激发对方的动机非常普遍。比如，如果你想让你的朋友跟你一起去度假，你就会去激发他寻求乐趣和刺激的愿望，或许给予他/她寻找真爱的希望。如果你看看游船和假期旅游套装广告，就会发现相似的激发手法了。恐惧诉求也很常见：网络监管人员会利用你害怕儿童接触到色情内容的心理；媒体传播暴力节目的限制人员会利用你害怕社区内暴力事件增多的心理；广告人员则会利用你渴望吸引异性眼球的虚荣心向你推销昂贵的化妆品和服装。

毫无疑问，这些动机诉求是有效的，但是它们合乎道德吗？

你会怎么做？

设想一下，为了防止还是未成年人的孩子发生性关系，用吓唬、恐吓等情感诉求的方式合乎伦理吗？换种情况，如果你的目的是让他们戒烟呢？

二、畏惧

各种畏惧感都会阻碍情感的表达。表达情感使你把自己的一部分暴露出来，让你易于受到攻击。比如，如果你向他人表白爱情，就要冒被拒绝的危险。当你暴露了自己的弱点，就更容易被那些冷漠、麻木不仁的人所伤害。当然，你可能会害怕谈及自己过去的恋爱史而伤害到某人。你也可能很生气，很想说点什么，可是又怕伤害到那个人，然后自己会内疚。

另外，你可能会为了避免冲突而避免表露自己的情感。比如，你并不喜欢帕特的朋友，但表达出这样的情感会为你们两人带来麻烦。你可能既不想招致争吵，也不想去招惹后面的麻烦事，所以你会选择不说出自己的真实情感。正是因为这些畏惧感，你会对他人甚至是自己否认你的某些情感。事实上，很多人在处理情感问题的时候，也是接受了这种否认式的教育。

课堂讨论 7.4 人们对于积极的情感往往会做出积极的回应，而消极情感往往更容易得到同样消极的回应（Sommers，1984；Monahan，1998；Metts & Planalp，2002）。但是，要确定他人会如何理解某个情感，也并不总是一件容易的事情。比如，妒忌，本是一个消极的情感，但如果把它当作你"真的很在乎"来理解时，就可以被理解为积极的信息（Metts & Planalp，2002，p. 359）。在你决定是否要表达出积极或者消极情感时，你遵循的原则是什么？

可以理解，畏惧感有时候是适当的，它可以使你避免说一些以后可能会后悔的话。它可以使你更仔细地去思考，你是否应该表达自己的情感，你应该怎样去表达自己的情感。但是，如果畏惧使我们变得软弱或者违背我们所掌握的逻辑和常识，它就是不适当的了。

三、不适当的交流技巧

或许有效的情感沟通面临的最大障碍就是缺乏交流技巧。很多人不知道该怎样表达自己的感受。比如说，很多人只会用暴力或者逃避来表达愤怒。而有些人处理愤怒时只会责备和谴责他人。还有很多人不会表达出自己的爱，他们简直连"我爱你"都不会说。

表达出负面的情感更是难上加难。由于害怕冒犯他人或者怕把事情搞得更糟，我们中的很多人都会压制自己的负面情感，或者不能表达出自己的负面情感。但是不能表达出负面情感并不一定有助于关系的发展，尤其是当你经常隐藏或者隐藏了很久的时候。

表达自己的情感和恰当地回应他人的情感，既是重要的也是困难的（Burleson，2003）。正如本章前面的自测题中所提到的，情感的表达有利也有弊。一方面，表达出情感可以净化你自己的精神，有利于关系的发展。表达出情感还可以使你发泄自己的不满，使你减少甚至消除这些不满。通过感情的交流，可以促进彼此的了解，建立更加亲密无间的友好关系。

但是另一方面，情感的表露也会为关系的发展制造一些困难。比如，表达出你不喜欢一个同事接电话的习惯，就很可能引发敌意；表达自己对恋人花时间与朋友在一起的妒忌，就可能使他/她害怕自己会被你控制而失去自由。

 第三节　情感表达的技巧

情感是你精神生活的一部分，同样，情感表达也是你人际关系的一部分。情感表达往往不是你想避免就能避免的。在一些特殊的场合，你可能会隐藏自己的情感不表达出来，但在另外一些场合，你需要表达自己的情感。如果你决定要表达出自己的情感，首先要通过自我反省分析情感，然后再描述自己的情感。

一、明白自己的感受

第一步是自我反省。问问自己下面这些相关的问题：

- "我有什么感受？我为什么会有这样的感受？"这就是说，首先要明白自己的感受。尽可能客观地看待自己的感受。尽可能具体地界定刺激你情感的情景。试着去回答诸如"我为什么会这样想？"或者"是什么让我这么想的？"等问题。

掌握人际技巧专栏

灵活性

灵活性是指根据具体情境选择信息的思维方式和行为方式。一种测试灵活性的方法，是看你对某些观点的看法，比如，"谈话应该坦诚、自然"。或者"情感激动的时候，有些话不说为妙，以免将来后悔"。对此类问题，比较"好"的答案都是"有时正确"。为了强调灵活性在各种人际环境中的重要性（Hart, Carlson & Eadie, 1980），在 MyCommunicationLab 网站（www.mycommunicationlab.com）上有一个更大规模的测试。该测试是由马修·马丁和瑞贝卡·鲁宾（Matthew Martin & Rebecca Rubin, 1994; Martin & Anderson, 1998）设计的。不论你要表达积极的还是消极的感受，灵活性在情感交流过程中都起着非常重要的作用。

提高灵活性 以下是一些提高灵活性的方法：

- 没有任何两个人或者两种情况是完全相同的。仔细分析这个人或者这种情形有什么不同，在建构信息时认真考虑这些不同点。
- 传播总是发生在一定的语境中的（第 1 章）。注意发现语境的独特性，并问自己这种独特性将怎样影响你的信息。比如，在一个喜庆的场合，宣布一个坏消息与宣布一个好消息的处理方式是完全不同的。
- 任何事情都是不断变化的。即使你用的方法上个月很奏效，也并不意味着现在或者将来也会奏效。任何突然的变化（爱人的去世，或者严重的疾病）都会影响到信息是否适当。
- 不同的情况为你提供了不同的沟通选择。仔细比较这些选择，想想后果再行动。

运用人际技巧

测试自己灵活性的最好方法是做 MCL 网站上的自测题。记分以后问问自己，在与人交流的过程中，特别是在表达情感的时候，你怎样才能变得更灵活呢？

- "我究竟要表达什么？"考虑一下你要表达的情感是不是你自己的真实感受。如果你没有真实地表露出自己的情感，就是在给自己增加身体和精神上的压力（Grandey, 2000）。比如，尽管你很生气却露出微笑，或者言不由衷地说"我原谅你了"。请记住，情感传播有不可逆性，一旦表达出来就覆水难收了。
- "我的沟通选择是什么？"从有效性（怎样才能实现自己的目的）和道德性（哪些是正确的或者道德的）两个角度，对自己的沟通选择进行评估。

二、描述自己的感受

你要做的第二步是人际交往，这一步可以看作是准确地描述自己的情感。下面是给你的一些建议。

■ **尽量具体**。比如，我们经常听到有人说"我感觉不好"。这句话的意思是"我感到内疚"（因为我对我的朋友撒谎了）？"我孤独"（因为过去的两个月我都没有约会过）？还是"我沮丧"（因为我考试没有通过）？把它们具体化会有所帮助。同时，要把情感的强烈程度表述出来。比如："我很生气，甚至有辞掉这份工作的想法。""我很伤心，想大哭一场。"另外，还要描述出你复杂的情感。感受经常是多种情感的混合，有时甚至是一些相互矛盾的情感。尽量用具体的词汇来描述自己的感受。

下面是一份用来表达情感词汇的清单。它们以普拉特切克界定的八种基本情感为基础（图7—1）。每种情感都用不同的词描述具体的情感程度。比如你非常高兴，就可以选用"狂喜"、"着迷"这些词。如果你只是一般的高兴，那么"满意"、"感觉可以"等词就很适合表达你此时的情感了。请把这些词按照高、中、低三个层次进行分组。在分组之前，先查一查你不熟悉的词的意思。

幸福（happiness）：甜蜜（bliss）、欢乐（cheer）、满足（contentment）、愉快（delight）、快乐（ecstasy）、兴高采烈（enchantment）、享受（enjoyment）、愉悦（felicity）、高兴（joy）、欣喜若狂（rapture）、陶醉（gratification）、喜悦（pleasure）、欣慰（satisfaction）、舒服（well-being）

惊讶（surprise）：意外（amazement）、惊奇（astonishment）、惊叹（awe）、耳目一新（eye-opener）、难以置信（incredulity）、震撼（jolt）、奇怪（revelation）、震惊（shock）、出乎意料（unexpectedness）、惊喜（wonder）、惊吓（startle）、措手不及（catch off-guard）、始料未及（unforeseen）

害怕（fear）：焦虑（anxiety）、担心（apprehension）、畏惧（awe）、顾虑（concern）、惊愕（consternation）、恐惧（dread）、恐怖（fright）、疑虑（misgiving）、惶恐（phobia）、骇人听闻（terror）、忧虑（trepidation）、着急（worry）、忐忑不安（qualm）

气愤（anger）：恶语相加（acrimony）、生气（annoyance）、郁闷（bitterness）、烦恼（displeasure）、恼怒（exasperation）、暴躁（fury）、愤怒（ire）、困扰（irritation）、愤慨（outrage）、怒不可遏（rage）、怨恨（resentment）、使性子（尤指儿童）（tantrum）、恼羞成怒（umbrage）、怒火（wrath）、反对（hostility）

悲伤（sadness）：沮丧（dejected）、抑郁（depressed）、凄凉（dismal）、苦恼（distressed）、悲伤（grief）、孤独（loneliness）、忧郁（melancholy）、悲惨（misery）、悲痛（sorrowful）、痛苦（unhappiness）

厌恶（disgust）：憎恨（abhorrence）、讨厌（aversion）、极其厌恶（loathing）、反感（repugnance）、憎恶（repulsion）、恶心（revulsion）、绝望（sickness）、作呕（nausea）、极其讨厌（offensiveness）

轻蔑（contempt）：憎恨（abhorrence）、讨厌（aversion）、嘲笑（derision）、鄙视（disdain）、厌恶（disgust）、嫌恶（distaste）、侮辱（indignity）、粗野（insolence）、奚落（ridicule）、轻蔑（scorn）、自命

不凡（snobbery）、恶心（revulsion）、无礼（disrespect）

　　兴趣（interest）：关注（attention）、有趣（appeal）、感兴趣（concern）、好奇心（curiosity）、吸引力（fascination）、注意（notice）、兴趣盎然（spice）、狂热（zest）、全神贯注（absorb）、聚精会神（engage）、着迷（engross）

- **表达产生情感的原因。** "我感到很内疚，因为我对我最好的朋友撒了谎"；"我很孤独，因为我已经两个月没有和人约会过了"；"我很失落，因为这次考试我又没有及格"。如果你的情感是受了对方言谈举止的影响，那也要表达出来。比如，"我很生气，因为你说你不想帮我"；"我很伤心，因为你没有邀请我参加你的派对"。

- **表达复杂的情感。** 如果你的感受比较复杂，而你又希望其他人能够理解你，那么把自己那些混合的或者矛盾的感受一一陈述清楚。例如"我很想和帕特在一起，但是我又怕失去自己的个性"。或者"我感到很生气很厌恶，但同时也为自己的行为感到内疚"。

- **无论是自我感受还是向他人表达，尽量把自己的情感固定于现在。** 除了具体地描述和界定产生情感的原因，这类陈述似乎还可以这样表达："我现在感觉自己很失败，我今天已经三次删除这个电子文件了。""当我怎么也想不起这个公式的时候，觉得自己笨透了。""当你指出我文章中的语法错误的时候，我觉得自己真笨。"

- **拥有自己的感受，对自己的感受负责。** 看看下面这几句话："你让我很生气。""你让我觉得自己很失败。""你让我觉得自己很笨。""你让我觉得我根本就不属于这里。"在上述陈述中，说话人总是把自己产生情感的原因归咎于他人。当然，你是知道的，当人处于理智状态的时候，是不可能让别人左右自己的想法的。别人可能会对你说些什么或者做些什么，但是该怎样理解还是看你自己。所以说，你的感受实际上是别人说话的内容和你自己对这些内容的理解相互作用的结果。"**拥有自己的感受**"（owning feelings）的意思就是为自己的感受负责，你的感受是你的感受。表明对自己负责最好的方法是使用"**我怎么样**"（I-messages）而不是上面的"你怎么样"。有了这样的责任意识，上面的陈述就可以改成："你回家这么晚还不提前打电话，我很生气。""当你在我朋友面前批评我的时候，我觉得自己很失败。""当你说一些我听不懂的医学术语的时候，我觉得自己很笨。""当你在众人面前忽视我的存在时，我觉得自己不属于这里。"这些重新表述的话语很清楚地表达出了你对他人行为的感受，没有攻击对方的意味，也没有要求他人去改变他们的行为，因此不会招致反感。使用"我怎么样"，可以让对方更清楚地意识到自己的行为，也更容易使他们改变自己的行为。

- **自己想要什么。** 这取决于你目前的感受。你可能希望对方充当某个角色，或者只是倾听，或者给些建议。让你的听众知道你想要什么，尽量用第一人称来表述你想让对方做的事情。"我现在感觉很不好，给我一点儿空间。我过几天会给你打电话。"或者直接说："现在我想一个人待一会儿。"你也可以说："给我点儿意见吧。"或者"我只想找个人倾诉一下"等等。

三、控制愤怒：一个案例

作为情感表达原则的一个小结，本部分主要讨论愤怒。**愤怒**（anger）是普拉特切克的情感模型（图7—1）中的八种基本情感之一。如果处理不好，愤怒可能会带来严重的后果。愤怒情感的范围，可以从最轻微的烦恼一直到勃然大怒。人们的脉搏和血压也会随着愤怒程度的增加而升高。

愤怒并不总是坏的。实际上，愤怒可以帮你保护自己，可以给你足够的能量去战斗或者逃跑。但是，大部分时候，愤怒是有破坏性的，它会蒙蔽你的双眼，使你看不清现实，变得迷惘。

愤怒并不是凭空产生的，而是根据你自己对现实事件的理解而产生的。生活中的很多事都能让你愤怒。比如，由于修路，你不得不绕道而行，结果一个很重要的约会你迟到了；讨厌的蛀虫咬坏了你最心爱的毛衣；房间漏水，弄坏了你的地毯。人们也会让你生气：总是紧跟在你车后的那辆汽车的司机、多收了你钱的职员、不承认你对公司贡献的主管等等。但最终使你生气的，还是你自己对这些事情和人的解读。

一百多年前，查尔斯·达尔文在他的《人类和动物的情感表达》（Charles Darwin, *The Expression of the Emotions in Man and Animals*，1872）一书中写道："肆意发泄情感只会强化之，尽量压制情感之发泄则会弱化之。暴力行为只会增加自己的愤怒。"在20世纪六七十年代，大众心理学忽略了达尔文的告诫，建议人们对待愤怒情感就要"毫不保留"和"直接表露"。很多人都建议人们要表达出内心的愤怒，不要压抑以免最终爆发出来。这种观点被称为**"疏通假说"**（ventilation hypothesis），认为表达出情感可以疏通内心的消极情感，有利于身心健康，甚至人际关系的发展（Spett, 2004；Kennedy-Moore & Watson, 1999）。

然而随后，一些人回归到了达尔文的观点，认为把愤怒发泄出来并不是最佳策略（Tavris, 1989）。表达愤怒并没有消除它，反而促进了它的增长：表达出愤怒只会增加愤怒，愤怒的增加又促进了愤怒的表达，如此往复，形成恶性循环。那些认为发泄愤怒只会加重愤怒的人，他们的观点来自于一个研究。该研究比较了两组参试者：（a）感受高兴和生气的情感；（b）感受高兴和生气的情感并且表达出来。研究结果显示，感觉并且表达情感参试者的情感变化要比另一组快一些（Hess, Kappas, McHugo & Lanzetta, 1992）。当然，这种愤怒情感的螺旋式上升会使冲突越来越加剧，也越来越难管理。

比较好的战略似乎是减少愤怒。记住这一点，以下是关于控制愤怒和表达愤怒的一些建议。

愤怒管理：在发怒之前 "SCREAM"

也许人们关于控制愤怒最常见的建议就是数数，从1数到10。其目的就是给你一段时间让自己冷静一下。这个建议还不错。不过，另一个更困难但可能更有效的策略是，不仅利用这段"冷静期"数数，还要认真地进行分析，最终管理自己的情感。我们这里提供的**"愤怒管理"**（anger management）的步骤与一些流行的管理愤怒方面的书籍很相似，不过我们的表述方式是基于传播学的理论框架。人们把它叫做"SCREAM"，这是一个首字母缩略词，代表人们在表达愤怒情感时需要考虑的一些重要因素：

1. **自我**（self）。这件事情对你有多重要？它值得你血压升高、值得你愤怒吗？比如，你对"侮辱"的诠释是和别人一样的吗？你是否误解了当时的情势或者别人的意图？这种"侮辱"对你和对你的岳母/婆婆意义是一样的吗？你是不是把事实与推理弄混了？你是否确定你认为发生的事一定真的发生了？或者你只是让你觉得应该会发生的或者有可能会发生的事，甚至是你期望发生的事占据了自己的大脑？

2. **语境**（context）。这是你表达愤怒的合适的时间和地点吗？你一定要现在表达自己的愤怒吗？你一定要在这里表达自己的愤怒吗？有没有更好的时间和地点？

3. **接受者**（receiver）。这个人是你要表达愤怒的对象吗？比如，如果你的上司不推荐你升职，你非常生气，但是，你要把这个怒气发泄到你爱人的身上吗？

4. **直接后果**（immediate effect）。你想要达到什么效果呢？你想通过发泄愤怒来达到升职的目的吗？你是要去伤害其他人？释放压抑的情感？还是维护自己的权利？显然，要达到以上任何一个目的都需要不同的交流策略。再想一想，发泄愤怒之后的直接后果会是什么。比如，对方会不会也生气呢？如果会的话，那么整个局面有没有可能会像滚雪球一样失控呢？

5. **长期后果**（long-range aftermath）。表达出愤怒以后会带来怎么样的长期后果呢？对你们的关系会有怎样的影响？会不会影响你今后的工作呢？

6. **信息**（messages）。假设经过如此透彻的分析之后，你还是决定表达出自己的愤怒。那么选择哪些信息合适呢？怎样才能最好地表达出你的情感以达到预期目的呢？在下一节"愤怒传播"中我们就会有答案。

愤怒传播

愤怒传播并不是愤怒地表达。事实上，人们认为愤怒应该在冷静、心平气和的状态下表达出来。以下是用非愤怒的方式表达愤怒的一些建议。

- 做好冷静、合理传播的准备。首先，要放松。试着做一下深呼吸；想一些开心的事；告诉自己"放松"、"理智点"、"冷静"。放弃那些会使你自己更生气的不切实际的想法。比如，可以问问你自己：这个人把你的往事告诉第三方，是不是真的很严重呢？是不是故意要伤害你？

- 检查你的沟通选择。在大多数情况下，你有很多种选择。你会有很多不同的方式去表达自己的情感，所以不要一把就抓住首先出现在你头脑中的那种方式。评估一下可供选择的交流方式，是面对面的交流？是发电子邮件？还是打电话？同样，评估一下可供选择的交流时间、你可能会用到的具体语言或者姿势以及交流环境等等。

- 考虑一下延迟表达愤怒的益处。比如，把写好的电子邮件先发给自己，或者至少也要等到第二天再发给对方。那么你就还有机会去选择，是修改一下再发，还是干脆就不发。

- 切记不同的文化有不同的规则。不同的文化对于哪些适合、哪些不适合表达有不同的规则。要了解你所在的文化背景以及对方的文化背景，尤其是这些文化中对表达愤怒情感有什么不同的规则。

■ 使用相关的人际传播技巧。比如，要具体、使用"我怎么样"、避免笼统化、避免不分青红皂白，一般来说，就是用你所有的交际能力去进行交流。

■ 提醒自己交流具有不可逆转性。一旦你说出口，就不可能把它从别人的脑子里擦掉或者删除。

以上这些建议将无法解决路上的暴怒、黑帮火并或者家庭暴力这些问题。但它们至少会有一点儿帮助，那就是减少愤怒带来的一些不良后果，甚至减少愤怒本身。

第四节 回应他人情感的技巧

表达出自己的情感只是完成了情感传播过程的一半，另一半是倾听并且回应他人的情感。下面有一些建议，可以使这个通常是困难的过程变得容易一些。

■ 通过非语言提示理解个人感受。比如，长时间的停顿、三番五次欲言又止、眼神躲闪，或者过分的坐立不安都有可能是对方感到不适的表现。还有，去发觉不一致的信息，比如对方嘴上说"一切都好"，但脸上却露出悲伤的表情，这些通常是复杂情感的线索。但是这些语言或者非语言的提示只能作为假设，而不能当成结论。所以你自己要分清楚哪些是你看到的事实，哪些是推论。

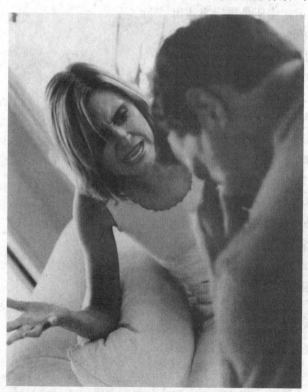

课堂讨论 7.5 玛丽和汤姆结婚多年。玛丽非常情绪化，一会儿哭一会儿笑。相反，汤姆不善于表达自己的情感，这就引起了问题。汤姆认为玛丽太冲动，而玛丽又觉得汤姆不愿意与她分享生活。玛丽和汤姆应该学习什么技巧呢？

■ 寻找他人希望你有所行为的暗示。有些时候，大部分人只是想找一个人倾诉自己的情感，不要把"回应他人的情感"等同于"解决他人的问题"。相反，要为对方营造一个支持性的环境，鼓励他/她表达出自己的情感。

■ 运用积极的倾听技巧。这将鼓励对方说出他/她想说的话。复述对方的话，表现出你理解他的感受，问一些恰当的问题。

■ 强调。站在讲话者的角度看待问题。不要对他人的感受进行评价。比如，如果你评价说"不要哭了，不值得"或者"你明年会升职的"，那么人们很容易把它解读为"你的感受是错误的或者是不合适的"。

■ 关注他人。在谈话时讲述你过去相似的经历，常常有助于表明你对说话者的理解。但是把握不好的话，往往会把重心从对方那里移走，从而产生一些问题。要通过鼓励对方表达自己的感受，表现出你自己的兴趣。使用一些简单的鼓励用语，比如"我懂了"或者"原来是这样啊，我明白了"，或者问对方一些问题，向他/她表明你在倾听、你对他/她说的很感兴趣。

■ 牢记传播的不可逆性。不论是表达情感还是回应他人的情感表达，牢记传播的不可逆性是很有用的。你不可能收回自己那些冷漠的、否定性的回应。你对对方情感表达的回应可能会给对方造成巨大的影响，所以一定要注意，避免不恰当的回应。

与悲痛的人交流：一个案例

与悲伤的人交流是一件很常见也很困难的事情，需要非常小心（Zunin & Zunin, 1991）。对这个话题的讨论，将为回应他人情感的原则提供一些有用的概括。

一个人经历悲痛的情况很多，可能是由于疾病或者死亡、失业，或者是失去了某种很重要的关系（如友谊或者和恋人分手）、丧失某种身体能力或心理能力、失去物质财富（如房子失火、股票赔本等）、丧失某种能力（如丧失生育能力、丧失弹钢琴等能力）。面对每种情况似乎都有一些规则——哪些该说该做、哪些不该说不该做。

问题

在我们具体讨论该怎样回应一个人的悲痛之前，先阅读下面一段我们称之为"有问题"的关于同情的表述。

我刚听说哈里死了，我是说他离开了我们。抱歉。我很难过。我们都难过。我知道你的确切感受。但是，你要知道，这是最好的结局。我是说对于一个像他这样饱受病痛折磨的人来说。我记得上个月来看他的时候，他连站都站不起来，他太虚弱了。他看起来是那么悲伤、那么孤独、那么绝望，他一定一直在忍受着痛苦。相信我，这对他来说更好，他终于可以安息了。你要挺过去。你要知道，时间可以改变一切。咱俩关系这么好，大家都公认我们是最佳拍档。我已经挺过去了。要不今晚一起吃饭吧？我们一起叙叙旧，来吧！来吧！千万别扫兴。我真的需要出去了，我已经在这个屋子里闷了一个星期了，我需要出去透透气。过来和我一起吃晚饭吧，只当是为了我。千万不要拒绝我，我 7 点钟开车来接你。

很显然，这不是和悲痛的人谈话的方式。实际上，我们把这个案例写出来，只是为了给大家展示一些常见的错误。读完下面的建议之后，你可能会想回到"表达同情心"这一部分，对它进行重新分析，然后请用有效表达同情心的方法把它修改一遍。

解决方式

这里有一些建议，告诉你怎样和悲痛的人进行交流，至少为上述问题提供了一些解决方法。

■ 确认他人和他人的感受。很简单的一句"你现在一定感到很孤独吧"，或"你一定很担心找不到另一份工作吧？"就能确认对方此时此刻的情感。这种表达支持的方式可以减轻悲伤（Reed, 1993）。

■ 允许他人悲伤。要让对方知道，他/她用任何他/她自己觉得舒服的方式来表达悲伤，对你而言都是可以接受的。比如，大哭一场，或者回忆往事。不要尝试去转移话题或者经常打断对方。只要对方在说话，而且看上去好一些了，就尽量支持他。

课堂讨论 7.6 回忆与悲伤的人交流的情景，是什么原因使这种交流没有明显的效果，你违背了本书提供的建议吗？如果这种情景发生在今天，你会有不同的处理方式吗？

- 避免总提及那些好的方面。尽量不要说"你该庆幸你还留有一丝幻想"，或者"这未必不是好事，帕特受的罪太多了"。这样的表达很容易被理解为你认为他们应该改变想法。
- 鼓励他人表达自己的感受，说出自己的损失。很多人很喜欢这样。但是另一方面，不要强迫他人说出他们不想和外人说的事情和感受。
- 要对告别信息非常敏感。比如对方表现得局促不安，或者不断地看手表，还有一些诸如"很晚了"和"我们下次再说吧"的表述，这些都说明他/她想终止谈话，这个时候不要勉强对方。

- 让对方知道你很关心他，随时愿意为他效劳。"我感到很难过"，是最简单但也是最有效的表达关心的方式。表达你的同情，让他人明白你能感受他/她的悲伤。尽管你很同情他/她，但是不要想当然地认为你的悲伤会跟他/她一样深。同时要让他人明白，你愿意随时为他/她效劳。"如果你想谈谈，我一直都在。"或者"如果有什么需要，随时告诉我"。

即使你使用了本书提供的这些建议和方法，你可能还是会发现，有时候你的一些做法没有被理解，或者完全不能有效地去帮助他人改善他们的感受。请运用这些建议重新调整你的交流。

 内容提要

本章主要探讨人际传播中情感的本质和情感的原则，阻碍情感交流的因素，以及一些有助于有效沟通情感和有效回应他人情感的指南。

第一节　情感和情感信息原理

1. 情感包括物理层面（身体反应）、认知层面（对我们感觉的解释）、文化层面（文化传统对评价情感和表达情感的影响）等。

2. 情感被分为初级情感和混合情感。根据罗伯特·普拉特切克的理论，基本情感是指高兴、接受、害怕、惊讶、悲伤、厌恶、气愤、期望等。而其他情感诸如：爱慕、敬畏、轻蔑、进取等，是基本感情混合而成的复杂情感。

3. 关于"情感是如何产生的"这一问题，不同的人持有不同的观点。一种观点是：事件发生——产生生理反应——对生理反应的认知——基于认知

的情感反应。

4. 情感可以用语言和非语言两种形式进行沟通，表达情感的方式则因人而异。

5. 文化和性别的规则界定了哪些情感可以表达，以及由何人、在何地、如何进行表达。

6. 情感常常具有感染性。

第二节　情感表达的障碍

7. 情感表达的障碍包括社会规则和习俗，畏惧显得弱小或者无能，以及缺乏情感表达的技巧等。

第三节　情感表达的技巧

8. 明白自己的感受和造成这种感受的原因。

9. 确定情感交流的目标。明确表达感情所要达到的目的。

10. 确定自己的传播选择并对其进行评估。

11. 尽可能准确地描述自己的感受，界定造成该感受的原因，把自己的感受及其表达落脚于当前，对自己的感受负责，适当控制愤怒。

第四节　回应他人情感的技巧

12. 仔细观察，以更好地理解他人的感受。区分字面意思和弦外之音；注意非语言信息，特别是那些和语言信息相矛盾的非语言信息。

13. 寻找对方想要你做什么的暗示。不要想当然地去解决问题。

14. 运用积极的倾听技巧。复述、表达自己的理解、适当提问。

15. 强调。站在他人的角度看待问题，设身处地地体验他人的感受。

16. 关注他人。避免从自己的经验出发看问题。

17. 记住传播的不可逆转性。话一旦说出，无论是精神上还是感情上，信息就不可能被抹去。

 关键词

anger management 愤怒管理
anger 愤怒
blended emotions 混合情感
cognitive labeling theory 认知标签理论
display rules 显示规则
emotional appeals 情感诉求
emotional communication 情感交流
emotional contagion 情感传染

emotions 情感
gender display rules 性别显示规则
James-Lange theory 詹姆斯—兰格情感理论
I-messages "我怎么样"
owning feelings 拥有自己的感受
primary emotions 初级情感
ventilation hypothesis 疏通假说

 思考题

1. 一些社会允许并期待男性表达出强烈的情感。他们希望男性哭出来，公开地表达自己害怕和愤怒的情感。但是另一些社会，包括一些生活在美国文化中的族群，对男性的那种情感表达却持批评态度，他们觉得男性不应该表达出那些情感。你所在的文化是怎样教育你对待性别和情感表达问题，特别是表达那些强烈的情感和体现脆弱的情感（比如害怕、不适或者不确定）的？

2. 认知标签理论认为你自己也只有你自己才能让你自己生气、悲伤或者焦虑。这个观点可以理解为"其他人只能让你在身体上受伤，但是只有你自己才能让自己精神上受到伤害"。你同意这个观点吗？你能找到一些证据来证明或者反驳这个观点吗？

3. 根据你的经验，男性与女性是怎样表达自己的情感的？他们有哪些共同点？有哪些不同点？

4. 看下面的例子，分清每个例子中（1）问题的本质；（2）你可以给出的解决方案。

■ 乔是个开朗直率的人，他总是想到什么就说什么，从不假思索。不足为怪，他的话总是会伤害他人。乔正在融入一个新的工作环境，他很担心自己的直率会影响他结交新的朋友。

■ 亚历克斯和迪尔德丽已经交往四年了。迪尔德丽不太善于表达，但是她相信即使自己什么也不说亚历克斯也会理解，因为他们在一起很长时间了，而且关系很好。当亚历克斯不能很好地回应迪尔德丽时，迪尔德丽就会生气，说他不是真爱她；如果他真的爱她，就应该知道她的感受。亚历克斯对此非常苦恼："我不会读心术。如果她想要什么，应该直接说出来。"

■ 托比最近在一个小型打印机维修公司负责领导一群工人。托比不怎么爱说话，也很少把内心感情表露出来。他不论是作指导，还是表扬、批评，总是用同样的语气和同样的表情。这让员工们觉得他不真诚，常常搞不懂他在说什么。

情境选择

1. 处理悲伤和喜悦。你邻居的父母最近在一场车祸中不幸遇难。你们已经做了 10 年的邻居。你的邻居有很多棘手的经济问题，但是现在他将要继承一大笔遗产。你在回家的路上碰到了他。问问你自己：你的邻居想听些什么？你该说些什么？

2. 共度时光。你的祖母生命垂危，想让你陪她一段时间。她说她知道自己的时间不多了，她想让你知道她是多么爱你，她唯一的遗憾就是以后再也见不到你了。你想安慰她，但对你来说这太难了。问问你自己：你该跟她说什么？

3. 面对背叛。你非常信任你的同事，但是他把你的个人隐私告诉了其他同事。当你在其他同事面前走过，他们就会对你现在的私生活指指点点。问问你自己：你面对此事会有哪些选择？首先你要做什么？

4. 哭闹的孩子。一个六七岁的孩子一直哭个不停，因为其他的小伙伴不跟她玩。问问你自己：你怎么去安慰这个孩子？不过，你不能通过要求其他孩子跟她玩来解决这个问题。

5. 入室偷窃。你同学的宿舍刚刚被偷了，电脑不见了，家具也被毁坏了。她/他们来到你的宿舍告诉你发生了什么。你的宿舍安然无恙。这时候，你该说些什么？有哪些话一定不能说？

6. 冲动地还是冷静地回应？你的上司似乎不看好你以前的工作经验，然而这正是你颇感自豪的地方。你的上司经常说你的经历"仅限于校园"或者"限于少数人"或者其他一些负面的话。你觉得这些经历可以让你胜任现在的工作，你想要你的上司知道你的想法。问问自己：你有哪些选择就此进行沟通？你该说些什么？

7. 给出情感建议。你最好的朋友告诉你他怀疑自己的女朋友可能看上别人了。他非常伤心，他告诉你他想跟女朋友证实这个问题，但是又害怕听到真相。问问自己：你的朋友有哪些选择？你会建议他说些什么？

我的传播实验室

以下练习帮助你更好地理解人际传播的本质。1."通过非语言表达情感"。2."表达你的情感"。3."表达消极情感"。4."有效地表达情感"。5."情感建议"。

第8章
会话信息

会话过程　　　　　　　　　　　　组织传播
会话管理　　　　　　　　　　　　会话问题：避免和修复
表白性会话：自我透露

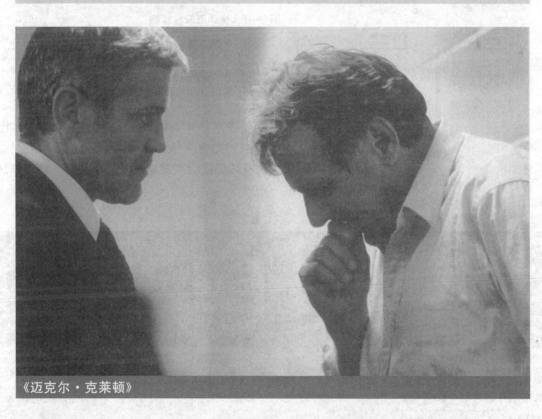

《迈克尔·克莱顿》

　　电影《迈克尔·克莱顿》提供了一些理解会话的有趣视角，比如，人们谈话的方式事实上不仅取决于所期待的目标，还取决于你是谁，以及对方在你心中是谁。你将会在本章看到，会话是一个复杂的过程，它是人际传播和人际关系的中心。

会话是人际传播的实质。会话与人际传播联系非常紧密，以至于一些传播学者认为这两个概念是同义词，其含义在本质上是一样的。大多数学者和理论家都承认在第1章讨论过的整个人际系列中都有传播行为（参见图1—1），但人际传播主要发生在人际系列的右端。然而，非个性化和个性化关系的确切边界在哪里，人们还没有达成共识。

会话（conversation）可以被定义为非正式的社会互动，即在各方的共同努力下实现讲话者和听话者角色的非正式转换（McLaughlin，1984）。研究会话为我们理解日常对话中所使用的语言信息和非语言信息提供了一个极佳的机会，因此，也可以作为本书第二部分一个有用的结尾。

第一节   会话过程

我们把会话分为几个阶段或者几个部分，以便于我们分别去观察在每个阶段中你需要说些什么以及怎么去说。在这里，我们把会话过程依次分为五个阶段：开场白、前馈、主题、反馈、结束（见图8—1）。这些阶段以及人们遵循它们的方式要取决于会话者的个性、文化背景、会话发生的语境、会话的目的，以及本书讨论的所有其他影响传播的因素。

图8—1 会话五阶段模型

这个会话阶段模型只是我们理解和讨论会话过程的一种方式，而不是每个会话都必须遵守的准则。思考一下，这个模型在多大程度上描述了你实际生活中的会话过程。你能给出一个更精确、更能说明问题的模型吗？

在学习会话过程的时候要注意，并不是每个人都能按照教科书上讲的那样流利地讲话，并且能在适当的地方停顿。比如，当一些基本的会话原则没有被遵守的时候，说话或语言障碍就会严重地扰乱会话过程。表8—1为我们顺利地进行会话提供了一些建议。

表8—1   人际交流技巧

有语言表达障碍的人士和无语言表达障碍的人士之间的交流

德摩斯梯尼   刘易斯·卡罗尔   温斯顿·丘吉尔   梅尔·提利斯

说话与语言障碍这个概念的涵盖面非常广，从口吃等流利问题到发音不清，再到失语症都可以包括在内。下列简易指南可以促进无语言表达障碍的人士与有语言表达障碍的人士之间的交流。

如果你是一个没有语言表达障碍的人：

1. 不要抢他人的话。虽然你可能觉得你是在帮助口吃或者有措辞困难的人进行表达，但是抢别人的话传达出的信息可能是你已经不耐烦了，不想花更多必要的时间去有效地沟通了。

续前表

> 2. 不要对有语言障碍的人发出任何指令。"慢一点"或者"放松"之类的话常常会显得很无礼，也会使进一步的交流变得更加困难。
>
> 3. 保持眼神交流。表现出你的兴趣，但同时要避免流露出任何不耐烦或者尴尬的表情。
>
> 4. 必要时请对方加以解释。如果你不理解对方的意思，请他或她再说一遍，不要不懂装懂。
>
> 5. 不要像对待小孩子一样去对待有语言障碍的人。一个有语言障碍的人，可能只是在表达某些名词时有障碍，但他们的智商没有任何问题。
>
> **如果你是一个有语言障碍的人：**
>
> 1. 让对方知道你的特殊需要。比如，如果你口吃，你可以告诉对方你在某些发音上有点困难，请他们耐心一点。
>
> 2. 表明自己很开心。表明你对语言交际环境的积极态度。如果你看上去很开心，对方也会很开心。

资料来源：这些建议综合了以下资料：www. nsastutter. org/material/indep. php? matid = 189，www. aphasia. org/，http：//spot. pcc. edu/~rjacobs/career/communication _ tips. htm, and www. dol. gov/odep/pubs/fact/comucate. htm（all accessed May 20，2008）。

一、开场白

会话的第一步是开场白。人们通常会以一些问候语开始会话："嗨，你好吗?""喂，我是乔。"这样的问候是很好的寒暄语：它建立起两个人之间的联系，为两个人的进一步交往架起了桥梁。当然了，开场语可以是语言信息，也可以是非语言信息。一个微笑、一个吻，或者是一次握手都可以清楚地表达出"你好"的意思。问候语的使用太普遍了，以至于常常被人们所忽略。但如果在某些场合问候的这个过程被省略了，比如，如果医生直接对病人说："你怎么啦?"那么病人可能会感到很不舒服。

在通常的会话中，人们互相问候的正式程度和强度都是相似的。如果不是这样，比如，当你很友好地和别人说"早上好"，而那个人反应很冷淡或者不理不睬，你就会觉得肯定有什么事儿不对劲了。

开场白的语气常常也和会话主体部分的语气是一致的。如果一个人很开心地说："嗨，小姑娘，今天怎么样啊?"那么接下来他一定不会说他的亲人去世的消息，一个很友好的会话是不可能从这样的问候开始的："喔，你最近又胖了，不是吗?"

二、前馈

第二步，人们进行会话前通常会有一个前馈（参见第 1 章），也就是提前告诉他人要进行的会话的大致内容。"我要和你谈谈杰克。""你知道昨天班上发生什么了吗?""我们需要谈谈我们的假期计划。"前馈也可以界定会话的基调，例如："我真的很难过，我需要和你谈谈。"前馈还可以确定会话的时间，如："我们只谈一小会儿。"（Frentz，1976；Reardon，1987）

前馈至少有四种主要功能：开始交谈、预告信息、声明、设想。

- **开始交谈**。寒暄（也称社交性谈话）是在告诉你，那些正常的、为人们所期待和接受的交流规则将要付诸实施了。它告诉你，对方愿意跟你交流。正如"你好"、"天气不错"这些问候语，寒暄是为了维持友好融洽的关系（Placencia，2004；Burnard，2003）。同样，倾听者那些与谈话内容不相干，但是表现出了他/她的兴趣和注意力的简短评论，也可以被看做是寒暄（McCarthy，2003）。寒暄不仅在面对面的交流中非常重要，在电子邮件的交流中也同样重要（Bloch，2002）。

- **预告信息**。比如，前馈信息可以预告会话的内容（"恐怕我要告诉你一个坏消息"），会话的重要性（"听完了我的话你再行动吧"），会话的形式或者方式（"我将告诉你血淋淋的事实"），以及告知将要传播的信息是正面的还是负面的（"也许你不爱听，但这确实是我亲耳听到的"）。其实电子邮件的主题，还有来电显示上出现的来电者的电话号码和姓名都起到了前馈的作用。

- **声明**。谈话前进行声明是为了确保你的讲话内容不被误解而且不会对你产生负面影响。比如，当你认为你要说的话可能会遭到反对，那么你可以先声明一下。你可以说"我不是反对移民，但是……"或者"请不要误解，我并不讨厌同性恋，但是……"（声明可以帮助人们避免在会话时产生矛盾。这一点在后面的章节将进行详细讨论。）

- **设想**。前馈通常被用来把接受者设定在一个特殊的角色上，并要求他/她做出与这个预想的角色一致的反应，这个过程被称为设想（Weinstein & Deutschberger，1963；McLaughlin，1984）。比如说，你可以这样问你的朋友："作为未来的广告部主管，你怎样看待纠偏性的广告行为？"这个问题已经把你的朋友放在了广告部主管（而不是家长、民主党人或者浸礼教徒）的位置上，并要求他或她从一个特定的角度来回答你的问题。

如果前馈不合适，就会在会话过程中出现很尴尬的局面。比如说，如果你的前馈冗长，就会让听者怀疑你是否真的想说些什么，你的讲话显得语无伦次、没有重点。但是在宣布令人震惊的消息（比如，一个朋友或者亲戚病危的消息）之前省略前馈部分，会使人觉得你很冷漠或者根本不在乎你的朋友或亲人。

大多数时候，人们的前馈是和开场白结合在一起的。比如说，你在校园里碰到一个熟人，你会说："嗨，听我说。"又如，在工作单位，会有人说："那么，我们准备开会了。"

关于怎样给出有效的前馈，这里有几点建议：

- 用前馈来估计一下对方能否接受你要说的话。比如，约某人之前，最好先试探一下，看是否能得到肯定的答复。你可以问对方是否愿意与你共进晚餐，或者她（他）是否已经跟别人有正式的约会了。在向朋友借钱之前，最好先说明自己的困境，比如，你可以说"我最近现金紧张，急需200美元还我的车贷"。然后，就可以等对方说（你希望如此）："你需要我的帮助吗？"

- 前馈要与你后面的信息一致。如果你的主要信息是一个坏消息，那么你的前馈就需要很严肃，要有助于对方对此有所准备。比如，你可以这样说："我不得不告诉你一些你不太愿意听到的消息。让我们坐下来好好谈谈。"

- 信息越重要、越复杂，你的前馈就越要涵盖更多的信息。比如在公开演讲中，讲话的内容相对较多，那么就要求讲话者给出一个信息量相对较大的前馈，这也可以称为情况介绍或信息预览。在商务会议之前，领导会先给出一个议事日程或者会议安排，这也是前馈的一种。

三、主题

第三步就是"主题"，也就是会话的主旨或者核心。"主题"这个词主要用于强调大部分会话都是有目的性的。就是说，你进行会话是为了实现一个或几个人际传播的目的：学习、关系、影响、娱乐，或者帮助（参见第 1 章）。这个词也足以涵盖人际传播的一切种类。当然，各个文化中都有一些会话禁忌，即一些应当禁止的话题或者语言，尤其不允许"外来者"使用。比如，和墨西哥人讨论斗牛和非法移民这类话题很容易给你们的会话带来困难，和中东来的人们谈论政治和宗教问题会给你们的会话造成麻烦（Axtell，1994，2007）。主题的选择还要考虑倾听者和讲话者角色的互换。简洁迅速的**话轮转换**（conversational turns）会使会话进展得更加顺利。

在主题这一环节，你可以谈论杰克，你可以谈论班上发生了什么，你可以谈论你的假期计划。很显然，主题是会话中最长的一部分，也是讲开场白和前馈的原因之所在。

四、反馈

第四步是反馈（参见第 1 章），与第二步正好相反。在这一步中，你要对会话内容做一个回顾，看看你的主题是否表达完整："那么，你想给杰克寄一张慰问卡。""难道那不是你听过的最疯狂的课吗？"或者："我打电话预约，你去采购我们需要的东西。"

对于每一个反馈，你都可以从以下五个维度进行选择：肯定的—否定的；以人为焦点的—以信息为焦点的；即时反馈—延后反馈；低控制型—高控制型；支持的—批评的。为了有效地利用反馈，你需要基于这些维度作出选择。

- **肯定的—否定的。** 反馈可以是肯定的（给予赞美或者轻拍别人的后背）或者否定的（批评某人或者怒视某人）。肯定的反馈就是告诉讲话者，他/她的做法是正确的，应该继续这样做。否定的反馈则是告诉对方，他/她的一些做法出了问题，需要做出调整。
- **以人为焦点的—以信息为焦点的。** 反馈可以是集中于人的（"你真是个好人"或者"你的笑容真美"），也可以是集中于信息的（"你能再重复一遍那个号码吗？"或者"你的理由很好"）。
- **即时反馈—延后反馈。** 在人际交往中，人们通常是接收到信息后立刻给出反馈。在你接收到信息后，几乎就在同时，你就会微笑或者说些什么。然而，在其他的交流场合，反馈可以是延后的。对教师的评价问卷通常是在课程结束时进行的，这种反馈距离课程开始的时间已经

课堂讨论 8.1 　问候（面对面的问候或者以网络为媒介的问候）是前馈的一种形式，在会话中起着各种各样的作用（Knapp & Vangelisti，2009；Krivonos & Knapp，1975）。比如，问候可能只是意味着开启更深层次交流的通道。问候也可以显示一些关于关系的重要信息，比如，一个微笑，友好地说一句"嗨，好久没见了"，意味着双方关系仍然友好。问候可能有助于保持关系。如办公室里的工作人员在走过办公室的时候会互相问好，虽然没有停下来谈一会儿话，但他们都相信彼此还有这样的机会。你最近三次问候的作用是什么呢？

很久了。讲座结束时你的掌声或者对演讲者的提问，这些都是延后的反馈。在面试中，面试结果通常几周之后才能出来。在广播电视领域，有些反馈通过尼尔森系数可以马上出来，但是其他反馈需要通过以后观众的评价或者销售情况才能体现出来。

■ **低控制型—高控制型**。反馈的类型可以从自发的、完全真实的反馈（低控制型反馈）到为达到特定目的而精心设计的回应（高控制型反馈）不等。在大多数人际交往的情形中，人们的反馈都是自发的，人们对自己的反馈不施以任何的控制。然而，在某些时候，比如当你的上司询问你的工作状况，或者当你的祖父买了副新耳环，询问你的意见的时候，你可能就要注意了。

■ **支持的—批评的**。支持的反馈接受说话者以及他/她所说的话。比如，当你安慰某人的时候，你鼓励他/她谈话，或者肯定他/她的自信。批评性的反馈则是评价性的、裁决性的。当你给出批评性的反馈（不论肯定的还是否定的）时，你就是在判断他人的表现，就像是在训练他人学习一项新的技能。

当然，这些类别并不是互相排斥的。反馈不一定只是支持性反馈或者只是批评性反馈，也可能是两者兼有。例如，当你在和一个试图提高自己面试技巧的面试官会话的时候，你可能会批评他的一些面试做法，但会支持他的努力。同样，你可以对你朋友的问题立刻作出反馈，然后在一两天之后再给出详细的反馈。由于具体情况不同，我们很难给出使你的会话反馈更加有效的具体建议。不过，只要根据具体情况作些适当的调整，以下的建议可能还是会有所帮助的。

■ 关注行为或者信息本身，而不是行为或信息背后的动机。比如，你可以说，"你把我的生日忘了"，而不要说"你不爱我"。

■ 如果你的反馈大部分是否定的，那么在开始表达之前，最好先说一些积极肯定的话。只要努力，总能找到一些可以肯定的东西。肯定之后的否定，更容易让人听下去。

■ 向对方询问对你的信息反馈的反馈。比如，你可以说："我说的你能理解吗？""你能理解我对咱俩关系的期待吗？"

反馈等式的另一半是接收反馈信息的人（Robbins & Hunsaker, 2006）。如果你是那个接收反馈的人，要注意在反馈中表现出你对他人反馈的兴趣。这是有助于改善你们行为的重要信息。鼓励对方给出反馈、以开放的心态听取反馈、不要争辩、不要戒备。

可能最重要的，就是检查自己的认识。自己是否理解了对方的反馈？这时，提问！并不是所有的反馈都是很容易理解的，一个眼色、一个点头或者一个微笑都可以表示不同的含义。当你不理解对方反馈的意思的时候，请他/她澄清（当然，没有任何敌意的）。将你接收到的信息重述一遍，以确保你们双方都能理解，比如，你可以问："你确信，如果我回到学校，你愿意承担这份额外的责任吗？"

五、结束

第五步是"结束"，这是最后一步。和第一步相反，在这一步就要说再见了。第五步常常展示人们对会话的满意程度："希望很快就可以接到你的电话。"或者："不用给我们打电话，我们会打给你的。"会话结束时也可以安排下次会话的时间："明天晚上给我电话。""我们 12 点午饭时再见吧。"当结束会话不是很确定或者很模糊的时候，就很难办了。你不清楚是该说再见，还是该等着进入另外的话题。

正如开场白和前馈是紧密联系的一样，结束和反馈也是密切相连的。比如，你会说："我要好好考虑一下，可以吗？"

在学习会话管理的相关内容之前，先回顾一下你自己的会话经历，哪些是你满意的，哪些是你不满意的。想想你最近一次的会话，完成自测题"你对会话的满意度如何？"，看看你对这次会话的满意度有多高。这个测试，将能帮你认识到会话行为的特点以及影响会话满意与否的因素（见表 8—2）。

✎ 自我测试专栏

你对会话的满意度如何？

下面的数字代表你的感受。1＝强烈同意，2＝一般同意，3＝勉强同意，4＝中立，5＝勉强不同意，6＝一般不同意，7＝强烈不同意。由于这项测验出现在电脑传播媒介的广泛应用之前，你需要对每项表述作出两次判断——一次针对面对面的交流，另一次针对以电脑为媒介的交流（实时通信、网上聊天、社会网络、电子邮件），对你的不同得分进行比较。

1. 对方让我知道了我的交流很有效。
2. 什么也没有完成。
3. 我很希望再有一次这样的会话机会。
4. 对方很想了解我。
5. 我对这次会话很不满意。
6. 我感到在会话中，我能像自己希望对方看我的那样去表现自己。
7. 我对这次会话非常满意。
8. 对方对我谈话的内容表现了极大的兴趣。
9. 我不喜欢这次会话。
10. 对方的说话内容并没有支持他/她自己的观点。
11. 我觉得我可以与对方无话不谈。
12. 我们都表达出了自己的想法。
13. 我觉得我们在一起很开心。
14. 会话进行得很顺利。
15. 对方总是说些和会话内容不相关的东西。
16. 我们谈论的话题我并不感兴趣。

　　　你做得怎么样？ 按照下面的步骤计算你的得分。

1. 把第1、3、4、6、7、8、11、12、13、14题目的得分相加。

2. 把第2、5、9、10、15、16题的得分反转，比如说7分变成1分，6分变成2分，5分变成3分，4分还是4分，3分变成5分，2分变成6分，1分变成7分。

3. 把第2、5、9、10、15、16题反转后的得分相加。

4. 把第一步的总分和第三步的总分相加，就是你交际满意度的得分了。

你可以参考下面的标准判断你的会话满意度：

16分：非常满意

32分：相当满意

48分：一般满意

64分：没感觉

80分：一般不满意

96分：相当不满意

112分：非常不满意

你会怎么做？ 阅读本章下面的内容之前，先想一想是哪些因素让你对自己的会话很满意。要成为一个令人满意的会话伙伴，哪些品质最重要？你该怎样培养这些品质？表8—2列出了不能令人满意的谈话对象的一些行为，你应该避免这些行为。

如果你分两次进行测验，一次针对面对面的交流，另一次针对以网络为媒介的交流。哪一个分数更高？也就是说，哪一种交流方式更容易让你得到满意的交流结果呢？你是怎样看待它们之间的差异的？有趣的是，经过大量测验，研究者发现，通过网络进行交流会得到更高的满意度，这与大多数人的想法正好相反（Valkenburg & Peter，2007）。

资料来源：This test was developed by Michael Hecht and appeared in "The Conceptualiation and Measurement of Interpersonal Communication Satisfaction," *Human Communication Research* 4（1978）：253 - 264. It is reprinted by permission of the author.

表 8—2   **不能让人满意的谈话对象以及怎样避免成为这样的人**

看下面的表格，结合自己的会话经历，想想你是否遇到过这样的人？你曾经也有这样的行为吗？	
不能让人满意的谈话对象	**怎样避免成为这样的人**
跑题者（detour taker） 开始讲一个话题，一会儿就转换话题，去谈论一个完全不同的话题。	说话要有逻辑，避免绕弯子和经常转换话题。
独白者（monologist） 只顾自己说话，而不像是在对话。	给他人说话的机会，缩短自己"演说"的时间；要注意观察他人想说话的那些迹象。
抱怨者（complainer） 不停地抱怨，喋喋不休。	积极一点，在讲令人不开心的话题前多想想好的方面。
道学家（moralist） 总是试图去评估一切人和事。	避免评价和判断；用别人的眼光去看待世界。
消极的会话者（inactive responder） 无论你说什么他/她都没有反应。	积极使用语言信息和非语言信息；让对方看到和听到你在倾听。
故事讲述者（story teller） 只顾一个人讲故事，忽略了会话是双方的活动。	谈自己要适度；以他人为主。
盘问者（interrogator） 有问不完的问题，不相关的问题和显而易见的事情也要问。	适度提问，需要问的问，无关紧要的不要问。
自我主义者（egotist） 只谈与自己有关的话题。	他人为主；说话时也要尽量多听；以他人为中心。
灾难预言者（doomsayer） 是极端的消极主义者，把什么都看成是问题。	积极一点；既谈事物的消极面，也要谈事物的积极面。

续前表

不能让人满意的谈话对象	怎样避免成为这样的人
争论者（arguer）　倾听只是为了找到话题好争论。	学会支持他人的看法；遇到合适的时机再去争辩。
万事通（thought completer）　好像你说的每件事他都知道，他都懂。	不要打断他人的讲话，让对方表达完自己的想法。
自我表白者（self-discloser）　口无遮拦，你不想知道的他/她也说。	有选择地表白自己；根据你和对方的关系选择合适的内容。
建议者（advisor）不管你是否愿意接受，他都不断地给你提建议。	不要以为跟你倾诉困难就是要求解决。
精神科医生（psychiatrist）　分析你说的每一件事，解读你的动机。	尝试着成为他人的朋友、爱人或者家人，而不是专家。

第二节　会话管理

　　讲话者和听话者要一起努力，才能使会话成为一次有效的、令人满意的经历。**会话管理**（conversational management）包括开始会话、保持会话和结束会话。

一、开始会话

　　在第 1 章，我们讨论过人际传播过程中的几个要素，从这些要素中我们可以得出几条开始会话的方法：

- **自我参照**。先谈谈你自己。这些参照信息可以是"姓名、等级以及序列号等等"。比如："我叫乔，来自奥马哈市。"在开学的第一天，同学们可能经常会说"我很担心这门课"，或者"上学期这个老师教过我，她棒极了"。
- **其他参照**。可以谈谈其他人或者问个问题。"我喜欢这件毛衣。""我们不是在查理家见过吗？"当然，这里还有一些很容易犯的错误，一定要避免。通常不要评论别人的民族（"我叔叔娶了一个韩国人"），不要涉及他人的性取向（"很高兴见到你。我有一个同性恋弟弟"），也不要谈论他人的身体残疾（"天天坐在轮椅上一定很不舒服吧"）。
- **关系参照**。可以谈谈你们两个。比如："我可以给你买一杯饮料吗？""你想跳舞吗？"或者很简单地说："我可以加入吗？"
- **语境参照**。可以谈论一些关于物理、社会心理、文化或者时间的语境。人们熟悉的"你有时间吗？"就属于这类参照。但是你也可以有创意一些，比如"这家餐厅看上去真不错"，或者"达利真是好人"。

　　人们的经历表明，健康积极的会话是最容易令人满意的。所以开始谈话时最好谈论积极的话题而不是消极的话题。比如，可以说："我喜欢这里的音乐。"而不要说："难道你不讨厌这地方吗？"还有就是不要过多地谈论自己的私人信息，会话中这些讲得过多、过早会让对方觉得不自在。

研究开始会话的过程的另一个方式是去考察那些声名狼藉的"开场白"，也就是为了开始一段浪漫感情而设计的揭幕戏。

仔细想想你自己的开场白（或者别人对你用过的开场白）。我们假设你正在一个酒吧，想找人聊天，或者想有一段艳遇。你最可能会选择下面哪种开场方式呢？（Kleinke，1986；Kleinke & Dean，1990）

- **调侃的开场白**。发话者使用幽默、委婉、模棱两可的语言询问对方是否想继续谈话。比如说："这真的是你的头发吗？""打赌，你一定喝不过我。"
- **无伤大雅的开场白**。非常模糊。这种简单的评论既可以适用任何人，也可以用于说话者想要继续接触的对象。例如："你觉得这个牌子怎么样？""可以告诉我怎样使用这个机器吗？"
- **直接的开场白**。清楚地表达出讲话者见到对方的兴趣。例如："我觉得这样说有点唐突，但是我真的很高兴认识你。""晚饭后有时间喝一杯吗？"

调侃的开场白的优点就是它并不是很直接，因此可以应对可能会遭到的拒绝。但是，很多男女都并不愿意选择这种开场方式。

相反，不论男性还是女性都更愿意使用那种无伤大雅的开场白。即使对方不愿意和你谈话，你也有台阶可以下。

掌握人际技巧专栏

表达能力

表达能力是一种能真实地传达出复杂内容的技能，它涉及人们为自己的想法和感觉负责、鼓励他人进行表达或者敞开心扉，以及给以适当的反馈。容易理解，正是这些特性使人们的会话让人激动、令人满意。表达能力包括语言信息和非语言信息的表达能力，也包括人们表达情感以及展示通常隐藏着的自我的能力。

怎样才算充分表达呢？ 下面给你一些建议：

- 调整语速、声调、音量和节奏以示兴趣与参与。使语言多样化；避免陈词滥调，避免一成不变的表达方式，否则会让听众觉得你缺乏创造力，没有积极参与到会话当中。
- 使用恰当的姿势。保持眼神接触，身体向对方倾斜；同时，避免自我接触等小动作，也不要把目光转移到房间其他人身上。
- 作出语言或非语言的反馈，表明你在听对方讲话。这样的反馈可以提高关系的满意度。
- 微笑。你的微笑可能会是你最有表现力的特点，对方一定会喜欢。
- 表达要有文化敏感性。一些文化（意大利）鼓励人们进行表达，还教儿童如何去表达。另一些文化（比如日本和泰国）提倡比较保守的风格（Matsumoto，1996）。还有一些文化（阿拉伯和亚洲文化）认为女性在商务领域太善于表达是不合适的（Lustig & Koester，2006；Axtell，1994；Hall & Hall，1987）。

运用人际技巧

比较一下你认识的比较受欢迎的人与不是很受欢迎的人的表达能力，他们在哪些方面有所不同？你认为你自己的表达能力如何？

对于直接的开场白，男女的情况就不一样了。男性喜欢直接的方式，因为可以清楚地表达他的意思，这也许是因为一般男士不喜欢让别人抢占了会话的主动权。女性则喜欢那些不是那么激烈的以及相当谦逊的开场白。

电子邮件中的会话则有一点不同。即使电子邮件还没有被打开，收件人就可以知道发件人、发件时间。从标题或者主题栏，收件人也可以知道邮件的大致内容。此外，大部分人在写邮件的时候还会把邮件的大致内容和写信目的写在邮件的开头，比如："我写信是想问你针灸医生的名字。""我写信是想告诉你那天派对上发生了什么。"通常情况下，邮件的开场白很直截了当，并且和下面的内容联系密切。

二、保持会话

在保持会话这个环节中要遵循一些规律和原则。这里我们首先谈一谈在会话中要遵循的原则，接下来谈谈讲话者和听话者在会话中怎样实现话轮转换。

合作原则

在会话的时候，人们可能要遵循**合作**（cooperation）的原则，完全同意与对方合作以理解双方话语的意思（Grice，1975；Lindblom，2001）。你主要通过四个会话准则来与对方进行合作——这四个准则是在美国和很多西方国家的文化中都遵循的会话准则。可能这些准则的名字你不太熟悉，但是在你自己的经历中你很容易发现它们的影子。

数量原则。要为含义的表达提供必须的信息。因此，在遵守**数量原则**（quantity maxim）的时候，你要提供那些能把事情说清楚的信息，但是也要省略那些说不清楚的信息；你提供的信息不要太少也不要太多。当人们把一些不必要的信息与某个事件联系起来或者跑题的时候，那就违背了数量原则。这时你会发现自己在想："请说重点。到底发生了什么？"当人们省略了必要信息的时候，也是违背了数量原则。这个时候你就会不停地问："他们在哪儿？""这是什么时候发生的？""还有谁在场？"

在用电子邮件进行交流的时候，人们经常会违背数量原则。比如，下面就是电子邮件中经常违背数量原则的三种方式，以及怎样避免这些问题的建议。

- 群发邮件经常违背数量原则，给人们发送很多不需要或者不想要的信息。很多人把同一个信息按照通讯录发给所有人。你通讯录上所有的人都愿意读那一长串你个人认为很好笑的笑话，这种可能性太小了。建议：不要群发邮件（至少大部分时候不要）。如果你认为你认识的某些人可能会对某条信息感兴趣，那么就发给那一个、两个或者三个你认为愿意接收到这个邮件的人。

- 如果群发了邮件，那么邮件里通常会包括所有收件人的地址。这个过于复杂的标头不但会增加系统的负担，还会泄露他人的邮件地址。而有些人并不想公开自己的邮件地址，或者他们更喜欢经过自己的考虑之后再决定是否与他人分享自己的邮件地址。建议：当你不得不群发邮件的时候（在某些场合，它们确实可以起到一些作用），可以用"秘密收件人"等方式来隐藏收件人地址。

■ 附件过大、下载耗时太多，也会给那些不太了解最新技术的人造成很多麻烦。并不是所有的人都想看你上个假期拍的两百多张照片。建议：适当使用附件，首先确定哪些人想要收到你的照片，哪些人不想。

质量原则。说那些你知道或者认为是真实的信息，不要说那些你知道是错误的东西。当你和他人进行会话的时候，你认为对方提供的信息是真实的——至少他/她认为是真实的。当你与某人会话的时候，这个人屡屡撒谎、经常夸大或者缩小主要问题，这些都违背了**质量原则**（quality maxim）。其结果，你就会渐渐地不再相信他/她的话，弄不清哪些是真的，哪些是虚构的。

关系原则。谈论一些和会话内容相关的信息。根据**关系原则**（relation maxim），如果你谈论的是帕特和克里斯，然后又说"钱是问题之源"，那么别人就会认为你的这句话就是关于帕特和克里斯的。喜欢跑题或者喜欢将不相干的事情联系在一起的人就常常违背关系原则。这就会使人弄不清这些评论跟你们正在谈论的话题是怎样联系在一起的。

礼貌原则。说话要清晰、简练、有序，避免晦涩和歧义。因此，根据**礼貌原则**（manner maxim），你要使用倾听者能够理解的概念，对你怀疑听话者不能理解的词语要做出解释。比如，当你跟儿童讲话的时候，你会简化自己的词汇。同样，你会根据自己和对方共有的信息来调整自己的说话方式。比如，当你和老朋友会话的时候，你们会提到双方的熟人，或者谈到你俩共同的经历。但是，当你和陌生人会话的时候，你就会或者省略那些信息，或者对这些信息加以解释。

以上四条原则主要描述的是在美国文化背景下会话要遵守的准则。然而，我们要注意，不同的文化会适用不同的准则。以下是两个适用于其他文化的原则，它们和美国所适用的原则不同，但是在一定程度上也适用于美国。

■ 日本人进行会话或者小组讨论时，人们可以观察到"保持友好关系原则"（Midooka，1990）。因此，如果你当面指出对方的错误或者进行争论，就会被视为不得体。让别人感到尴尬或者丢面子也是不合适的行为。

■ "自我贬低原则"。人们从中国人的会话中可以看到这个原则。这个原则要求，人们要避免因为一点点成绩就洋洋得意，或者要贬低自己的能力（Gu，1990）。这种贬低自己凸显他人的行为其实是对他人的一种尊重和礼貌。

对话的原则

回忆一下自己常用的交流方式。下面哪一组描述大致适合你的风格？

■ 你经常使用一些负面的评价（"我不喜欢那个解释"）和负面的个人判断。（"你不是一个很好的听众，不是吗？"）

■ 你尽量避免负面的评价和负面的个人判断；你使用正面的评价。（"我最喜欢前两个解释，它们非常有道理。"）

- 你经常使用有缺陷的交流，比如，表现得不想继续交流，或者使用与话题不相关的信息。（"讨论这个没有任何意义；我觉得你非常不理智。"）
- 你很少通过复述或者总结他人讲话的内容，告诉对方你理解对方的话。
- 你很少要求对方解释他的观点和看法。

- 你保持交流渠道的畅通。（"我真的不知道我做的什么冒犯了你，请你告诉我，我不想再犯同样的错误。"）
- 你经常复述或者总结对方说话的内容，以确保准确的理解。
- 因为对对方的观点真的非常感兴趣，所以在必要的时候会要求对方澄清，要求对方对自己的观点多做些解释。

- 你经常要求对方对你作出肯定的评价。（"你觉得我训斥那家伙的方式怎么样？聪明吗？"）
- 你避免要求他人作出对你的肯定评价。

　　左边一栏是独白式会话的例子。右边一栏是对话的例子。**独白**（monologue）是指一个人说另一个人听，会话参加者之间没有真正的交流互动。"独白式沟通"是对"独白"这个基本概念的扩展，是指在沟通中没有真正的交流，讲话者对对方的感受或者态度没有真正的关心。独白式的传播者只关心他（她）自己的目的，只对对方能否帮他（她）实现自己的目的感兴趣。在独白式沟通中，传播者传播的内容都是有助于实现自己的目的、极有说服力、对自己有利的。

　　由此我们不难看出，有效的交流并不是建立在独白式的会话上，而是建立在对话的基础上的（Buber，1958；Brown & Gergen，1999）。在**对话**（dialogue）中进行的是双向的交流，每个人既是讲话者又是听话者，既是信息发出者也是信息接收者。在"对话式的传播"过程中，有着对对方和双方关系的深刻关注。对话的目的就是要实现双方的理解和同情。人们尊重对方，不是因为对方能够做什么或者能给什么，而只是因为他/她是一个人，值得你用最坦诚的方式去对待。

　　在对话式交流中，你要给对方足够的尊重，允许他/她有权做出自己的选择，没有强迫，没有惩罚的威胁，没有恐惧，也没有社会压力。一个对话式的交流者会给予对方足够的尊重，使他们相信他/她可以做出自己的决定，并且或明确或暗示地让他们知道，不论他/她做出什么决定，他们仍然会得到应有的尊重。

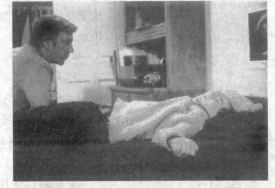

课堂讨论 8.2　当语言流利的讲话者与有严重身体或者心理障碍的人进行对话式交流的时候，语言较流利的一方会尽力帮助对方进行表达，以使交流更加有效。事实上，很多研究者认为，语言能力较强的一方有道德上的责任去帮助对方更好地表达出他（她）的意思，从而使他们在会话中得到平等的地位（von Tetzchner & Jensen，1999）。你认为这是一个道德义务吗？

角色互换的原则

　　从定义上说，会话的特征就是讲话者和听众在交流过程中进行角色互换。人们可以通过各种各样的语言和非语言提示来完成"话轮转换"，即在会话中转换或者维持说话者或者倾听者的角色。重听者（有听力障碍的人）可以通过声音或者图像信号来进行角色互换。对于盲人来说，大部分互换是通过声音信号或接触来实现的。失聪的人则多通过图像和一些接触来实现角色互换（Coates & Sutton-Spence，2001）。让我们结合众多研究者的观点（Duncan，1972；Burgoon，Buller & Woodall，1996；Pearson & Spitzberg，1990），分别从讲话者和听话者的角度来看会话中的角色互换。

讲话者的信号。讲话者在会话过程中主要采用两类信号：话轮保持和话轮转让。"话轮保持信号"帮助人们维持会话中的角色。你可以使用各种各样的信号来实现这一目的。比如，大声地吸气，表示你还有很多话要说；保持一个或者某些姿势，表示你还没有说完；避免与听话者眼神接触，以免使对方觉得你在暗示他/她讲话；保持你说话的语调，以表示你还有话要说，或者使用一些停顿词（"呃"、"嗯"）阻止对方接话以表示你还在说话（Duncan，1972；Burgoon，Buller & Woodall，1996）。在大多数情况下，人们都希望讲话者语言尽量简练，并愿意把话轮转交给倾听者（在倾听者发出信号的情况下）。

你可以通过"话轮转让信号"告诉倾听者你的话说完了，希望把说话者的角色转让给听话者。这些信号告诉倾听者（有时是一个特定的倾听者）轮到他/她说话了。比如，在一段陈述之后，你可以加一些诸如"嗯"之类的副语言，提示别人你的话讲完了。你还可以通过降低声调、保持沉默、与听话者直接眼神接触、问其他人一些一般问题，或者直接向某个倾听者点头示意等方式，表明你的话已经说完了。

如同希望说话者把说话者的角色转让给倾听者，人们也希望倾听者同样可以自愿地接过讲话者的角色。如果他们没有这样做，就会被认为是沉默寡言，或者不愿意参与对话并承担同等的责任。比如，一份对夫妻会话违反话轮转换原则行为的分析表明，违反该原则最普遍的行为是"没有回应"。在540个案例中，有45％是对承担说话者角色的邀请缺乏回应。在这些"没有回应"的行为中，68％是由男性造成的，32％是由女性造成的。其他违背话轮转换原则的行为还包括打断、延迟回应和不适当的回应等。通过分析，在夫妻交流中，常常违反这个原则的是男性，男性经常对女性保持沉默（De-Franciso，1991）。

听话者信号。听话者也可以使用各种信号来控制会话。通过使用"话轮要求信号"，你可以让讲话者知道你有话要说。为此，有时候，你可以直接说："我有话要说。"但是有时候，你也可以采用更巧妙的方式，比如发出"嗯"、"啊"等声音，告诉说话者你有话要说了。这个讲话要求也可以用面部或者嘴唇的姿势来表达。比如，你可以睁大眼睛或者张大嘴，做出有话要说的样子，你也可以使用手势或者把身体前倾，这些都可以表明你有话想说。

你也可以使用"话轮拒绝信号"表明你不愿意承担说话者的角色。比如，直接说"我不知道"或是发出某些声音，表示你没什么要说的。另一些拒绝话轮的做法还有避免与那些希望你接过话轮的讲话者进行眼神接触、做一些与讲话无关的动作，比如咳嗽或者摸摸鼻子等。

回馈提示信号和打断。"回馈提示信号"（back-channeling cues）可用于把各种各样的信息反馈给讲话者，而且不需要充当讲话者的角色。一些研究者把它称为"赞同符号"，比如"嗯嗯"、"啊哈"、"是的"就是三个最常用的赞同符号。这些简短的话语都可以告诉讲话者你正在听（Schegloff，1982；

Drummond & Hopper，1993）。还有一些研究者把它们称为"重叠词"，以与那些为了得到说话权的打断行为进行区分（Tannen，1994b）。回馈提示信号通常是支持性的和肯定性的，表示你正在听对方讲话，你已经参与到会话中来了（Kennedy & Camden，1988）。

你可以用这些回馈提示信号（重叠词、赞同符号）传播出很多信息。以下是它们能表达出的四种最重要的信息（Burgoon，Buller & Woodall，1996；Pearson & Spitzberg，1990）。

- 表达同意或者不同意。微笑、点头，以及像"好"、"当然"等简短的评论都可以表示同意。皱眉、摇头，或者"没有"、"从不"这类评论都可以表示不同意。
- 表明参与的程度。一个很专心的姿势、前倾的身体或者与讲话者的眼神接触，都能表明你在认真听他/她讲话。然而一个心不在焉的姿势、后仰的身体，或者避免与讲话者的眼神接触，都说明你缺乏参与。
- 调整讲话者的速度。你可以把手放在耳朵旁边、身体前倾，要求说话者放慢速度；你也可以一直点头，要求说话者加快速度；你也可以直接告诉讲话者说慢点还是加快速度。
- 要求解释。困惑的面部表情，身体前倾，或者直接询问"谁"、"什么时候"，还有"在哪里"都能表示你需要解释。

"打断"（interruptions）的作用与回馈提示信号正好相反，是为了接过讲话者的角色。打断不是支持性的，而通常是否定性的。人们常常把打断理解为试图把话题转到打断者更了解的话题上来，或者强调人们的权威。打断常常用于维护权利或者保持控制。因此，我们不难想象，研究结果表明，上级（老板和管理者）和那些处于权威地位的人（警察和面试官）常常打断那些处于较低地位的人（Carrol，1994；Ashcraft，1998）。事实上，如果你看到一个工人不断地打断老板的话或者一个学生不断地打断老师，你可能会感到既奇怪又震惊。

在打断这个问题上，人们研究得更多的是性别之间的差异。人们通常认为，男性比女性更爱打断别人。研究表明，这个观点基本上是准确的。男性打断女性或其他男性的讲话的频率要高于女性。比如，通过对 43 份公开发表的关于打断和性别差异的研究的分析，结果表明，男性明显比女性更爱打断别人的讲话（Anderson，1998）。另外，如果排除人们生理上的性别差异，那些男性性别特征越明显的人，就越容易打断别人的讲话（Drass，1986）。一项研究表明，与母亲相比，父亲更爱打断孩子们的话（Greif，1980）。不过，这些性别差异的影响都是不大的。在谁会打断这个问题上，比性别作用更明显的，是特定的会话场景。在某些语境下（比如，任务导向情境）就更容易出现打断别人说话的现象，而在另一些语境下（例如关系讨论）则更容易出现回馈提示信号（Anderson，1998）。

各种话轮转换信号以及与讲话者和听话者之间的关系，我们在图 8—2 中做了一个总结。

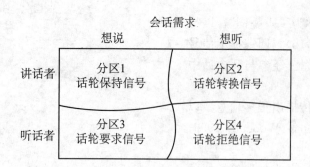

图 8—2　话轮转换和会话需求

　　分区 1 表示讲话者希望讲话（想要继续讲话）并使用话轮保持信号；分区 2 表示讲话者希望倾听，使用了话轮转换信号；分区 3 表示听话者希望说话，使用话轮要求信号；分区 4 表示听话者希望倾听（想要继续听），使用话轮拒绝信号。回馈提示信号出现在第 4 分区，当听话者要继续倾听时，会使用回馈信号。打断行为属于第 3 分区，虽然没有直接要求取得说话者的角色，但是打断了对方的讲话。你认为这个模型涵盖了所有的会话信号吗？有哪些信号被遗漏了？

三、结束会话

　　结束会话常常是一件艰巨的任务。结束会话可能会让人觉得尴尬、不舒服。以下是一些建议：

- 回顾整个会话过程，做一个小结以结束会话。比如："我很高兴见到你并知道了上次会议上发生的事情。希望下周开会的时候还能见到你。"
- 直接表明希望结束会话去处理其他的事情。比如："我真的很想继续跟你聊天，但是我不得不离开一下。回头见。"
- 预约下次会话。"我们下周找个时间聚聚吧，那时候再细细聊，怎样？"
- 征求意见。比如："我解释清楚了吗？"
- 说明这次会话令你很愉快。比如："跟你聊天真的很愉快。"

　　在电子邮件中，结束会话要遵循的原则跟面对面的会话是一样的。不过，在电子邮件中人们结束会话的具体时间往往不是那么清晰，这部分是因为非语言信息的缺失所产生的模糊性。比如，如果你使用邮件询问别人一个问题，对方用邮件回复了你，那么你需要再回邮件说句"谢谢"吗？果真如此，对方需要再回复你"不客气"吗？如果需要的话，你是否需要再次回邮件说："真的很感谢你能回答我的问题。"那么对方是否需要再给你回复说"没问题"呢？

　　一方面，你不想这样没完没了地继续下去；另一方面，你又不想显得无礼。那么在电子邮件中要怎样（礼貌地）表明应该结束会话呢？下面是一些建议（Cohen，2002）。

- 在你的电子邮件中注明 NRN（免回复）。
- 如果你在答复对方提出的问题，在邮件末尾写上"希望这些会有所帮助"。
- 在邮件上注明 FYI（"回复信息"）的字样，让对方明白，你只是在回复他的信息。
- 如果你向他人请教问题，那么在邮件末尾写上"提前谢谢你"。

　　使用以上任何一种方式，都可以让对方明白你是在结束会话。当然，对于那些不理解你的这些暗示的人，对于那些认识不到会话双方都对人际沟通负有责任的人，对于那些没有意识到双方都有责任使结尾令人满意的人，你不妨使用一些更直接的方式。

人际传播伦理专栏

闲话的道德

闲话（gossip）是指对不在现场的人进行评价的一种社会性谈话，通常发生在两个人谈论第三方的时候（Eder & Enke, 1991；Wert & Salovey, 2004）。其实你自己也很清楚，你工作时的大部分谈话以及在其他社交场合的谈话都用在了闲话上面（Lachnit, 2001；Waddington, 2004；Carey, 2005）。事实上，一项研究估计，一个人大约三分之二的会话时间都花在了社会话题上，这其中的大部分话题都可以界定为闲话（Dunbar, 2004）。闲话似乎遍及各种文化，几乎无处不在（Laing, 1993），其中有些还成为了人们普遍接受的风俗（Hall, 1993）。毫无疑问，正如目前人气正旺的美国 Juicy Campus 网站（www.JuicyCampus.com）所显示的——这个网站目前已经与 59 所大学（Morgan, 2008）建立了链接，闲话也占据了网络传播的一大部分。

如你所料，闲话中常常隐含着一些伦理问题，因此在很多情况下，闲话被认为是不道德的行为。以下行为都被认为是不道德的（Bok, 1983）：

- 利用闲话进行人身攻击。比如散布办公室恋情，或者老师以前的不检点。
- 明知自己说的不真实，还要散播出去。比如，故意撒谎诋毁他人。
- 把自己无权公开的他人的信息公开。比如，把邻居的收入情况告诉其他人，或者将同学不好的成绩告诉别人。
- 承诺过要保密，但是却不信守该承诺。比如，将你保证不说出去的事情告诉其他人。

你会怎么做？

你最好的朋友的恋人多次来骚扰你。你对你的好朋友的道德责任是什么？如果你决定把这件事告诉你的朋友，那么把这事再告诉其他朋友道德吗？在什么情况下告知这件事是不道德的闲话？

第三节　表白性会话：自我透露

人际传播最重要的一点就是可以谈论自己，或者称为自我透露。**自我透露**（self-disclosure）就是把自己的信息（通常是平时保密的信息）告诉他人。这些信息可能包括：（1）你的价值观、信仰和愿望（"我相信投胎转世"），（2）你的行为（"我在商店偷过东西，但从没被抓过"），或者（3）你的个性特点（"我有阅读障碍"）。那些关于自己的信息，无论是经过计划刻意表达出来的，还是不小心说走了嘴的，都可以称为自我透露。同样的，你也可以通过非语言信息透露自己的一些信息，比如身着某个帮派的象征颜色、戴结婚戒指，或者穿带有体现自己政治或社会立场口号的 T 恤衫，比如"反对堕胎"或者"保护环境"。自我透露的内容还包括你对他人的看法，比如，你告诉你的朋友，她被开除了，你很难过。

自我透露不只是发生在人际传播，所有的传播形式都有自我透露。如群体传播、公开演讲，如 Maury 和 Jerry Springer 的电视脱口秀，甚至 *Leno* 和 *Letterman* 等节目都出现过自我透露。自我透露不仅出现在面对面的交流中，也发生在网络上。比如，很多社交网站上都有自我透露的内容，人们通过私

课堂讨论 8.3 有时候自我透露更多地发生在临时的人际关系当中，比如，在飞机或者火车上的陌生人之间，这被称为"飞行中的亲密"（McGill，1985）。在这种情况下，人们在短暂的旅行过程中建立起一个亲密的自我透露关系，但他们也就到此为止了。同样，你也会在网络上与另外一个或者一些人建立起这样的关系，并进行深入的自我透露。或许你永远不会见到这些人，而他们也不会知道你住在哪里、在哪里工作、长得怎么样，也正因为如此，你们的交流才更容易。你有这样的透露行为吗？如果有，为什么？

人邮件、网络论坛和个人博客来透露自己。事实上，研究发现，人们相互之间在网络上的自我透露，比面对面的自我透露速度更快、层次更高（Levine，2000；Joinson，2001）。

自我透露的的原因可能是多种多样的。或许你感到需要净化心灵——消除罪恶感或者忏悔过失。自我透露有时候也是为了帮助你的听众，比如，你告诉倾听者自己是怎样戒掉不良嗜好的，或者是怎样成功升职的。当然，你也可以通过自我透露去促进你与他人关系的发展，去维持或者去修补你们的关系，甚至还可以把它当做结束一段关系的策略。

尽管自我透露可能只是一种单向的信息，比如，你在火车上告诉一个陌生人你正打算离婚。但是，我们最好把它理解为关系存续期间不断交换信息的一个发展过程（Spencer，1993，1994）。如果把自我透露看成一个发展过程，我们就能够理解自我透露是怎样随着关系的改变而变化的。比如，两个人从初识到亲密，在这个过程中自我透露的程度会增加。如果关系恶化甚至解体，自我透露就会减少。同样，我们也可以理解自我透露是怎样随着两人之间关系的不同而变化的，比如，你对你的朋友、爱人、父母、孩子或者律师的自我透露肯定是不同的。

自我透露至少还需有另一个人的参与，不可能是自己对自己的交流行为。要进行有效的自我透露，信息就必须被对方接收和理解。透露的程度也可以从相对不太重要的信息（"我是射手座"）到比较隐秘的个人信息（"最近我总是被欺负"或"我一直很沮丧"）。

如果你能先思考一下自己的自我透露意愿，那么我们下面对这个重要概念的讨论将会更有意义。你是否愿意将下列个人信息与你的同学分享？你有五个选择：1＝非常愿意；2＝愿意；3＝不确定是否愿意；4＝不愿意；5＝非常不愿意：

- 你生命中最快乐的时光。
- 你性格中自己不喜欢的方面。
- 你最尴尬的时刻。
- 你的性幻想。
- 你最害怕的东西。

思考一下你是否愿意将这些信息（你也可以很容易地增加一些自己愿意透露或者不愿意透露的事项）告诉别人，你就可以开始考察自己的自我透露行为了。

一、影响自我透露的因素

很多因素影响你是否自我透露、透露什么、对谁透露。影响自我透露的主要因素有：你是谁、你的文化、你的性别、谁在听以及什么话题等。

- **你是谁**。爱交际和外向的人比内向的人更愿意透露自己。喜欢交流的人也比害怕在公众面前讲话的人更愿意透露自己。有能力的人和有很

强的自尊心的人更倾向于透露自己 (McCrokey &
Wheeless, 1976; Dolgin, Meyer & Schwartz,
1991)。

■ **你的文化**。不同的文化对自我透露的看法是不同的。
例如，美国人比英国、德国、日本或者波多黎各等国
家的人更愿意自我透露 (Gudykunst, 1983)。据报
告，美国人和美国人会话时的自我透露要比和其他文
化的人会话时多一些 (Allen, Long, O'Mara &
Judd, 2003)。在日本，同事之间不太透露个人信息，
然而在美国的大部分地区，这却是人们所期望的
(Barnlund, 1989; Hall & Hall, 1987)。

■ **你的性别**。人们一般认为，女性比男性更多地透露自
己，研究结果也证实了这一点 (Stewart, Cooper &
Stewart, 2003)。女性比男性更愿意谈论她们以前的
罗曼史、对自己同性朋友的看法、她们最害怕的东
西，以及对男朋友的不满 (Sprecher, 1987)。不过在
刚接触的时候，则是显著的例外。在这种情况下，男
性比女性透露得更亲密一些，或许是"为了掌控关系
的发展" (Derlega, Winstead, Wong & Hunter,
1985)。

课堂讨论 8.4 在美国文化中，人们更愿意与敞开
心扉的人谈心。这种双重效果（一个人做了，另一
个人也会做）让他们很有安全感，并促进了他们自
我透露的行为。面对他人的透露，人们的自我透露
也会更亲密一些 (Berg & Archer, 1983)。然而这
个双重效果并不是在所有文化背景下都起作用的。
比如，虽然美国人的行为很适合这个双重效果，但
是韩国人就不是这样 (Won-Doornick, 1985)。显
而易见，这很容易导致文化差异。比如，一个美国
人对他的韩国朋友敞开心扉，但是这个韩国朋友
没有做出同样坦诚的透露，那么这个美国人很可
能就会受到伤害。

■ **谁在听**。因为你自我透露的基础是你收到的支持，所以你更倾向于向
自己喜欢的人 (Collins & Miller, 1994; Derlega, Winstead, Greene,
Serovich & Elwood, 2004)、自己信任的人和所爱的人 (Wheeless &
Grotz, 1977; Sprecher & Hendrick, 2004) 透露自己。你也会渐渐喜
欢上你的倾诉对象 (Berg & Archer, 1983)。很显然，你更喜欢向自己
的同龄人进行自我透露 (Parker & Parrott, 1995)。

■ **什么话题**。你自我透露的话题是有选择性的。比如，你更愿意谈论你
的工作、爱好，而不是你的性生活或经济状况 (Jourard, 1968,
1971a)。同样的，你更愿意透露自己喜欢的信息，而不愿意透露你不
喜欢的信息。一般来说，话题越敏感、越负面，你就越不愿意谈。

二、自我透露的回报和危险

研究表明，自我透露有显著的回报和危险。是否自我透露需要权衡利弊。

自我透露的回报

自我透露可以帮助我们更好地认识自己，提高交流效率，建立良好的人
际关系，同时也有助于我们的生理健康。

自我透露可以帮助我们更好地认识自己：可以让我们从一个新的角度看
待自己，可以对自己的行为有更深刻的理解。自我透露可以使我们体会到许
多理性分析所忽视的东西。没有自我透露，人们甚至很难接受自己。人们在
很大程度上是通过别人的眼睛来接受自己的。通过自我透露和相应的支持，

课堂讨论 8.5 一个关于传播行为的刻板印象是，女性比男性话多，一些关于性别的畅销书也持同样的观点（http：//itre. cis. upenn. edu/~myl/languagelog/archives/003420. html）。但是，最近一项对 396 名大学生进行的研究发现，男性与女性每天说出的单词数基本一致，大约是 16 000 个单词；更精确的数字是，女性平均每天说 16 215 个单词，而男性是 15 669 个单词，从统计意义上看，两者没有显著差异（Mehl, Vazire, Ramirez-Esparza, Slatcher & Pennebaker, 2007）。你的经验是支持刻板印象还是这些最近的发现呢？

你会得到别人积极的回应，例如对你的幽默感、讲故事的才能或者人生态度的欣赏等。这些积极的回应会强化你积极的自我概念。

因为对他人信息的理解在很大程度上取决于对他人的认识，所以自我透露是有效交流和建立良好人际关系的先决条件。自我透露帮助互相倾诉的人建立起紧密关系从而增加了关系满意度（Schmidt & Cornelius, 1987；Sprecher, 1987；Meeks, Hendrick & Hendrick, 2004）。在性关系中，自我透露可以提高性回报和一般关系满意度；毕竟，人们主要通过自我透露了解对方喜欢什么和不喜欢什么。这两个方面的收益会提高性满意度（Byers & Demmons, 1999）。人们还对自我透露与心理问题的联系进行了研究。研究表明，能够进行深层次自我透露的人心理问题比较少（Shirley, Powers & Sawyer, 2007）。这一发现，可能是因为那些处于虐待关系中的人害怕自我透露会成为虐待的"理由"而较少自我透露，也可能是因为自由的自我透露来源于平等的、支持性的和肯定性的关系。

自我透露似乎还有助于生理健康。善于自我透露的人身体抵抗力更好（Pennebacker, 1991）。通过邮件进行的自我透露同样也有利于健康（Sheese, Brown & Graziano, 2004）。比如，痛失亲友之后独自默默地承受痛苦，对身体健康会有很大的影响。但如果把悲伤发泄出来与人分担，就不会对身体健康造成伤害。

自我透露的危险

自我透露的危险包括潜在的个人风险、关系风险和职业风险等。

如果你透露出的价值观和倾听者的价值观有很大抵触，这时自我透露就有了个人风险。你会遭受到来自最亲密的朋友甚至是家人的反对。比如，无论是男性还是女性，如果告诉别人自己曾经欺骗过别人的感情、偷过东西，或正在饱受长期忧郁症的折磨，他/她可能会发现自己的朋友和家人会慢慢疏远自己。

即使在最亲密、最持久的关系中，自我透露也有关系风险（Bochner, 1984）。太过坦白会使彼此失去吸引力，降低信任程度，任何维系两人感情的纽带也会淡化掉。向对方坦白过去不忠的行为、犯过的错误、撒过的谎，以及还没有暴露出的缺点和胆怯的本性都会带来负面的影响。

流露出对于不同宗教或者种族的立场或者态度可能会带来职业风险，就像你告诉别人你有一些健康问题比如艾滋病一样，你的工作将会受到威胁（Fesko, 2001）。比如，教师如果告诉别人自己目前或者过去有吸毒或与学生同居的行为，那么他/她就会被剥夺终身执教的机会，会被安排在最糟糕的时间上课，最终会成为学校"削减预算"的牺牲品。如果在军队或者其他场合，比如学校、消防部门、执法部门，或卫生保健机构公开了自己的同性恋倾向，就会发现自己的职位不可能得到提升，只被局限于做办公室的案头工作，甚至有可能会被指控有犯罪行为，或者被开除。

在你做出自我透露或是不自我透露的选择的时候，要记住，除了上面提到的回报与风险，还有很重要的一点就是传播的不可逆性（见第 1 章）。不管你做多少次努力想要弥补或者收回自己曾说过的话，那都是徒劳的，一旦说出口就无法收回。同样，你也不可能擦掉听话者因为你的话而产生的结论和想法。

三、自我透露指南

因为自我透露是如此重要和脆弱，下面提供一些指南以作为帮助：（1）决定是否自我透露和怎样自我透露，（2）回应他人的自我透露，以及（3）抵制自我透露压力。

请教学者专栏

社会网络

"我刚刚申请加入社交网站 **Facebook**，但我不清楚我的自我介绍应该包括哪些合适的信息。我所有的朋友都上传了他们聚会的照片，我听说用人单位会利用这些网站找他们需要的人。你有什么建议？"

我的建议是，在诸如 Facebook 这样的社交网站上只上传那些你祖母也可以接受的照片。要知道网络是一个公共的空间。有些内容一旦贴出去，就很难删除掉了。当然，人们可以复制你的信息，在不经你同意的情况下传给其他人。Facebook 和 MySpace 是以社会为取向的。LinkedIn 和 Plaxo 是针对商务用途的。你可以利用它们去寻找工作。你想让大家了解你哪些信息呢？更重要的是，哪些信息是你要保密的？私人信息不应该成为 Facebook 或者其他社交网站上的谈论话题。

更多信息参见 Susan B. Barnes, *A Privacy Paradox：Social Networking in the United States* (2006). First Monday, 9：11 (www. uic. edu/htbin/cgiwrap/bin/ojs/index. php/fm/issue/view/203), or Susan B. Barnes, *Computer-Mediated Communication：Human-to-Human Communication across the Internet* (Boston：Allyn & Bacon, 2003); or visit http：//emoticons. muller-god-schalk. com.

Susan B. Barnes：纽约大学博士，是罗彻斯特理工学院传播系教授，教授电子传播和网络传播方面的课程，同时从事社会媒介和电子传播方面的研究。Barnes 博士（Susan. Barnes@rit. edu）是罗彻斯特理工学院社交计算机技术实验室（social. it. rit. edu）的合作伙伴，最近获得了国家科学基金会的研究基金。

选择自我透露指南

以下几条原则可以帮助你在决定自我透露之前认真思考：

- 合适的动机。进行自我透露，应该是为了关系的发展，是为了帮助他人，也是为了你自己。要避免自我透露伤害你的听众，比如，当某人告诉自己的父母，他们影响了自己感情的发展，那么他/她很可能是想伤害和惩罚自己的父母，而不是想改善和提高他们的关系。

- 合适的语境。在进行自我透露之前先问问自己，这是不是最好的时间和地点。有没有更好的时间和地点呢？同时也要问自己，这个自我透露对关系的发展是否合适。总的来说，自我表白的内容越私密，讲话者与倾听者的关系就应该越亲密。因此，对那些不太熟悉的人，或者关系一般的人，最好不要进行亲密的流露（尤其是一些负面的想法）。
- 渐进性流露。在你进行自我透露的时候，也要给对方进行自我透露的机会。如果对方没有做出回应，就应该斟酌自己的透露。这可能是一个信号：对于这个人来说，你在这个时候、这种语境下的自我透露是不受欢迎的或者是不合适的。
- 不要给自己和对方造成负担。认真估量一下你的自我透露可能带来的后果。考虑一下，如果告诉别人你有前科，你能承受失去工作的后果吗？让你的婆婆（岳母）替你保守不忠的秘密明智吗？

促进和回应他人自我透露指南

如果有人向你自我透露，这是信任和喜爱的信号。作为一个称职的接收者应该遵循以下原则，这些原则还会促进他人自我透露。

- 运用有效倾听和积极倾听的技巧。当你正在倾听一个人自我透露的时候，有效倾听的技巧（第4章）就格外重要：积极倾听、理解说话者的多层含义、要有同情心、思想要开放。表达出你理解讲话者的感受，让他们有机会从别人眼里更客观地看待自己。询问问题，以确认自己的理解，表明你在认真地听对方说话，对他的话很感兴趣。
- 支持和鼓励进行自我透露的人。要在他人进行自我表白的过程中和结束的时候表达出你对他/她的支持。要同情和理解自我透露者，而不是对其进行评价。通过你的语言信息和非语言信息让对方明白你是支持他的：比如，保持目光接触、身体向说话者的方向倾斜、问一些相关的问题，或者是回应说话者的想法和感受。
- 愿意做出回应。当他人自我透露之后，你也应该有相关的、合适的自我透露作为回应，表示你理解对方的感受，同时表明你愿意和他/她进行这一层面的交流。
- 替对方保守秘密。如果一个人对你敞开心扉，是因为他想让你知道他的感受和想法。如果你把你们会话的内容透露给其他人，那么一定会带来负面的影响，你们的关系也会因此受到挑战。切记，不要把他人向你表白的内容当做武器。很多时候，对方会把自己的弱点或脆弱的一面展现给你。如果你把这些信息当作攻击他人的武器，那么你就彻底背叛了他/她对你的信任。所以不管你有多么愤怒，都不要把对方对你透露的信息作为回击对方的武器。

抵制自我透露压力指南

我们经常面临着来自于朋友、同学或者爱人要求我们自我透露的压力。面对压力需要权衡利弊，决定是否透露和透露什么。拒不透露仍然要承受压力，所以你需要说点什么。下面是一些建议：

学习人际理论与研究专栏

在线关系理论

下面是针对网络传播的两种解释，而不涉及其他理论。

社会临场感理论（social presence theory）认为，传播的频带宽度（信息交换的数量）影响传播过程的个性化程度（Short，Williams & Christie，1976；Walther & Parks，2002；Wood & Smith，2005）。面对面的交流可以交换大量的信息（尤其是非语言信息），你会体会到高度的社会临场感——整个人都在与你交流。如果传播的频带宽度变小（比如电子邮件或者网上聊天），传播过程在相当程度上就是非个性化的。所以，面对面交流比在线交流更容易实现个性化，在面对面的交流中，说话的语气、面部表情、眼神接触和其他非语言信息都在发挥作用，而在线交流只有文字信息。

根据社会临场感理论，电子邮件和在线聊天是基于文字信息的交流，传播的频带宽度有限，很难表达支持、热情和友好等信息。当然，随着视频和音频的广泛应用，这种状况会有所改善。

社会信息加工理论（social information processing，SIP）与社会临场感理论相反，认为无论是面对面交流还是网上交流，都可以实现相同程度的个性化，建立同样紧密的人际关系（Walther，1992；Walther & Parks，2002；Walther，2008）。这个理论的潜台词是，交流者是聪明的人，给定任何可以发送和接收信息的渠道，他们都会调整自己的行为，交流需要交流的信息，建立想要建立的关系。之所以认为面对面比在线传播容易交流和建立关系，是因为大多数研究的时间跨度有限。如果有足够的时间跨度，如持续的聊天群和电子邮件往来，在线交流就会实现与面对面交流相同程度的个性化交流和关系。

运用理论与研究

怎样比较面对面交流与在线交流的亲密程度？相对于面对面交流而言，你是否认为在线交流很难（甚至不可能）传递支持、热情和友好之类的信息？

- 不要强迫自己。尽管存在着自我透露的法律和道德规范，但通常来说，如果你不想透露也就没有必要透露。不要因为别人透露或要求你透露而强迫自己。

- 拒绝透露要自信。你可以非常直接地说"我现在不想说这些"或者"现在不适合这样讨论问题"。更多关于自信传播的特殊指南参见第5章。

- 拖延决定。如果你不好意思直接回绝，但是你又不想透露，那么就迟点再做决定。你可以说："这真的是很私人的事请，让我想想再说。""现在真的不是说这事的时候，回头再联系好吗？"

- 间接一点，转移话题。回避问题并转换话题，这是一种非常礼貌的方法。如"我说的不是这个"，或根据情况选择适当的对策。大多数人通常会接受并理解你拒绝透露的暗示。

第四节　组织传播

工作中的一些特殊会话形式值得我们深入研究。下面我们讨论商业或组织环境中的正式与非正式传播。

一、正式传播

正式的职场传播可以根据传播方向分为向上传播、向下传播和水平传播。让我们分别考察这些传播形式并且提出促进组织传播的建议。

向上传播

向上传播（upward communication）是指等级体系中由下级向上级的信息传递。例如：从一线工人到经理，从职员到院长的传播等。这类传播一般与工作相关，如征求意见或建议、对组织的感受、工作、关于其他工人以及其他与工作相关的事情等。

向上传播对于组织的发展有至关重要的作用。它可以将下级的意见和不满反馈到上级领导那里，有助于提高管理的水平，也可以让上级吸收一些来自底层工作人员的新观点，对于整个组织的优化都是有好处的。同时它给下属一种归属感，能够感觉到自己是属于这个组织的。下面给你一些建议：

- 建立一个员工可以接受的，没有任何威胁的意见沟通体系。比如设立员工意见箱或者定期开上下级见面会。要记住，从工人的角度看，向上传播是有风险的。
- 要广泛地吸取各方意见，取消不必要的监管程序（Callan，1993）。
- 虚心听取各种建议甚至是批评。

向下传播

向下传播（downward communication）则是等级体系中由上级向下级的信息传递。例如：从经理到一线工人、从院长到职员等。常见的向下传播包括命令、工作程序说明、目标及其变动，以及对员工的评价等。下面是提高向下传播效率的建议：

- 使用员工可以理解的词汇。尽量少使用专业词汇，尤其是与母语不同的员工交流更应该注意。
- 给员工有效履行职责提供充分的信息，但是也要避免信息负担。
- 批评时要给员工留有颜面，尤其是要注意不要伤害批评对象的形象。

水平传播

水平传播（lateral communication）是指等级体系中信息在相同层级之间的传递。例如：经理之间、工人之间。信息在相同级别的部门或是分支之间的传播。比如，伊利诺伊州立大学的两名教授之间的会话、俄亥俄州的心理学家与肯塔基州的传播学家之间的会话、证券交易员与证券交易人之间的会话，这些都是水平传播。

同级传播可以帮助人们分享观点、信息和方法。它可以帮助组织避免问题和解决问题。水平传播也可以激发员工的士气，提高满意度。员工之间良好的人际关系和有意义的交流是员工满意度的主要来源。更通俗地讲，水平传播有利于协调工作，并且能够集思广益，最终形成统一意见。

- 若有必要使用一些其他领域的人不一定理解的专业术语，应该解释清楚。
- 要有全局观念，要认识到所有部门的重要性。只认为自己的领域重要而其他领域不重要将不利于有意义的交流。
- 要谋求合作与竞争的平衡。在大多数情况下，增进合作并不需要伤害个人。

二、非正式传播：葡萄藤

正如前面提到的一样，非正式的组织信息可以是关于组织及其成员的任何话题。其信息流动类似于葡萄藤，因此被称为葡萄藤信息。

葡萄藤信息（grapevine messages）不遵循组织内任何正式的传播线路，它看起来有自己的生命。葡萄藤信息与正式的组织信息一样，都是与工作相关的事情，但是葡萄藤信息所涉及的话题你愿意做更个性化的交流。比如一些还没有公开的事情、区域经理之间的关系，以及还没有确定但很有可能发生的变化，比如使用个人网络的新规定等。不必惊讶的是，随着组织规模的增大，葡萄藤的规模也在增长。实际上，规模较大的组织内部常常有几种葡萄藤，而这些葡萄藤之间也有所不同，比如上层领导的葡萄藤和员工的葡萄藤肯定是不相同的，学生的葡萄藤与教职工的葡萄藤也是不一样的。当然，有时这些系统之间又是相互交叉的，比如员工与管理层之间或者学生与老师之间的葡萄藤信息有时会相互交换。

出现下面的情况，葡萄藤就会起作用（Crampton，Hodge & Mishra，1998）：

- 出现了对于员工来说非常重要的事情（越重要的话题，越可能成为葡萄藤关注的焦点）。
- 当组织目标不明确举棋不定的时候（缺少明确性容易滋生葡萄藤传播）。
- 形势不安全或组织受到威胁，人们比较焦虑的时候。

一项研究显示，在面临危机的时候，员工们会在葡萄藤上花 65％到 70％的时间，即使在平常人们也会在葡萄藤上花 10％到 15％的时间（Smith，1996）。可想而知，倾听葡萄藤信息可以使你明白，对于员工来说什么是重要的、哪些是需要澄清的、什么在使员工焦虑等等。

葡萄藤信息有惊人的准确性，其准确性估计可以达到 75％到 95％。工人们大约 75％的时间首先是从葡萄藤上得到关于组织的信息的。同样重要的是，工人们非常相信葡萄藤信息的准确性，甚至有时更愿意相信葡萄藤信息而不是管理层的正式信息（Davis，1980；Hellweg，1992；Smith，1996）。下面的这些建议可以帮助你处理公司内部不可避免的葡萄藤信息：

- 葡萄藤信息有多种作用，它的迅速性和准确性使它成为社会交流的理想媒介，它能够将员工们有效地连接在一起。所以要认真听取葡萄藤信息，它可以使你从一个局内人的角度来看待这个组织，也可以帮助你了解那些和你一起工作的人。

- 有保留地看待葡萄藤信息，有可能性但不一定是真实的。虽然在一般情况下葡萄藤信息是准确的，但也是不完全的和不确定的，有时还可能会歪曲事实。

- 只重复那些你知道的或你认为是真实的信息，表明你对葡萄藤信息的信任程度（比如，"我听说我们会有个不错的分红，不过这可能只是传达室里的人的美好愿望罢了"）。

- 加入葡萄藤传播。无论你是工人还是管理者，听取葡萄藤信息是重要的。它会提供理解事件的线索，这个事件可能会影响你在组织内的未来，也可以帮助你与组织里的其他人建立起良好的关系。

- 时刻记住，你在葡萄藤内所说的话会被重复给其他人听（Smith，1996；Hilton，2000）。所以要时刻小心你在这个组织内散播的任何信息，你发给一个同事的笑话很可能会被其他人误解，看成是一种冒犯的行为。

 第五节　会话问题：避免和修复

　　在会话中，你可能会预见一些问题，并想办法避免这些问题。你也可能发现你之前说的或者做的一些事情会遭到反对，你要想办法补救。在这里我们通过一个例子来看看如何避免会话中的潜在问题，再通过另一个例子看看如何修复会话中已经出现的问题。举这两个例子的目的就是为了表明这个过程的复杂性，但这两个例子不代表所有关于如何避免和修复会话中可能出现的问题的解决途径。

一、避免会话问题：免责声明

　　例如，如果你担心听众一开始就会认为你的评论是不合适的，或者他们还没有听完就会对你匆匆做出评价，抑或他们认为你的能力不足等，你就需要使用免责声明。**免责声明**（disclaimer）是指保证你的信息能被理解同时又不会对你产生负面影响的陈述（Hewitt & Stokes，1975；McLaughlin，1984）。免责声明有多种形式。

　　留有余地（hedging）就是使你和信息分离，从而使听众即使拒绝你的观点，但没有必要拒绝你（比如说"在这点上我可能错了，但是……"）。留有余地看起来会因为信心不足而缺乏确定性或坚定性从而降低对听众的吸引力（Wright & Hosman，1983）。但另一方面也可以给人留下正面的印象，留有余地可以避免以偏赅全（没有人能够知道事物的全部），而且，有保留的陈述是所有的人都能做出的理性选择（Hosman，1989；Pearson，Turner &

Todd-Mancillas，1991）。

声明立场（credentialing）可以区别自己的立场和将要表达的观点（"不要误解，我不是同性恋歧视者"或"作为一个在家办公者，我……"）。过失许可（sin licenses）就是请求听众允许你不同寻常的陈述（"我知道这个场合不适合谈生意，但是……"）。认知声明（cognitive disclaimers）就是告诉听众你对自己的陈述有足够的把握（"我知道你会认为我很疯狂，但是请允许我详细解释这件事的来龙去脉"）。请求缓判（appeals for the suspension of judgment）就是要求听众在听完你的陈述之后再作判断（"请听完整个故事后再挂电话"）。

一般情况下，如果你担心要讲的笑话可能会冒犯听众，免责声明是很有效的（"我一般也不喜欢这类笑话，但是……"）。例如在一项研究中，一群 11 岁的孩子阅读某人的行为造成负面结果的故事。一些孩子通过免责声明听说过这个故事，而另一些孩子没有听到免责声明。当让孩子们决定这个人应该受到什么惩罚的时候，那些针对通过免责声明听说过这个故事的孩子提出的惩罚明显轻些（Bennett，1990）。

免责声明有时候也会给你带来麻烦。例如，你在说话之前作出"我不会骗你"之类的声明，听众反而会认为你可能说谎。同样，如果你过多地使用免责声明，你给人的感觉就是缺少信服力，或者你是一个对你所作所为逃避责任的人。尤其是当你希望免除的责任成真的时候更是如此。

对于那些包含免责声明的表达，通常有必要对免责声明和后面的信息都作出反应。这样的话，你会让说话者明白你考虑了他的免责声明，因此你不会带着负面的态度理解他的信息。因此，你在回应时最好说："我知道你不是性别歧视者，但我不认为……"或者是"好吧，现在我们该谈谈钱的问题了，尽管似乎有点不大合适"。

二、修复会话问题：辩解和道歉

有时候，你可能会说错话，但说出去的话就像泼出去的水（信息交流是不可逆转的），你只能给出理由，试图解释当时的情况。一般在出现这种情况的时候最常用的两种方法就是请求原谅和道歉，这两种方法对维持会话的继续进行有着重要的作用。

请求原谅在所有形式的交际中都很重要，它指"通过解释或采取某种行动来减轻说话者的错误言论所带来的负面影响，由此挽回说话者在他人心目中的形象"（Snyder，1984；Snyder，Higgins & Stucky，1983）。道歉是对你之前的所作所为或是当时的情况表示后悔和歉意。通常请求原谅和道歉一起出现，例如"我真的没有意识到我开得这么快"（请求原谅），"真的很抱歉"（道歉）。下面我们把两者分开来看，先来看看请求原谅这方面。

课堂讨论 8.6   在学校的非正式群体中有什么类型的免责声明和辩解？非正式场合的免责声明和辩解与正式场合有什么不同？根据自己的亲身经历指出免责声明和辩解的主要影响是什么？

辩解

当我们的言行违背了他人的期望、规矩、价值观或者引起他人不满时，尤其需要辩解。理论上讲，辩解可以减轻某种行为所带来的负面影响。

辩解的主要动机是维持自尊，维护双方的良好印象。辩解尤其是被他人接受的成功辩解可以缓解消极的互动以及由此带来的消极影响和心理压力。

辩解还可以让你即使做错了事也能维持良好的人际关系。比如，如果你发现朋友不能接受你的批评，你可以这样辩解："对不起，我真的是太累了，刚才欠考虑。"辩解可以使你即使出现过失也能处于主动的地位。

辩解的形式。学者们对辩解有不同的分类（Scott & Lyman，1968；Cody & Dunn，2007）。最好的做法是将辩解主要分为三类（Snyder，1984）：

- "不是我做的。"在这种方式中，首先你否认他人对你的指责，然后你可以列举出证据证明这件事不可能是你干的或者你可以找到真正做这件事而让你背黑锅的人（"我从来没有说过这样的话"或"事发时我不在附近"）。这种方式一般来说是最不好的（除非你确实没有做），因为这种方式丝毫没有表露出你有承担责任的意思，也没有听出下不为例的保证。另外，如果你可以证明你无法控制发生的一切，因此你没有这个责任，那么你的理由还有一点说服力（Heath，Stone，Darley & Grannemann，2003）。

- "不至于这么糟糕吧。"在这种方式中，虽然你承认了你的所作所为确实带来消极影响，但是认为影响不至于这么恶劣或者你还在为你的行为辩护（例如"我只是虚报了开支，但我没有报太多"或"是的，我是打了他，但是那是他自找的"）。

- "是的，但是……"在这种方式中，你会拿外界因素作为你做错事的理由。比如，你在那时无法控制你自己或者你不是有意那样做的（比如"那只是我的酒后失言"，或者"我不是有意伤害他的，我原本是想帮助他的"）。

好的辩解和坏的辩解。对于大多数人来说，最为关键的问题在于什么是好的辩解，什么是坏的辩解（Snyder，1984；Slade，1995）。如何实现解决问题的成功辩解，如何避免使情况变得更糟的失败辩解。

成功的辩解者会适度辩解，避免指责他人尤其是自己的同伴；失败的辩解者经常过度辩解甚至指责自己的同伴。类似的，成功的辩解者不会将过错推卸给他人或者公司；失败的辩解者却会这样。成功的辩解者勇于承担责任（出现过失并不意味着能力差）；失败的辩解者拒绝承担任何责任。显然，承担责任的成功辩解者比推卸责任的失败辩解者更可信、更称职、更可爱（Dunn & Cody，2000）。

辩解的恰当与否受文化的影响。前面讨论过的诸如个人—群体倾向、等级制度、对自信的看法、文化敏感度以及其他文化因素等都会影响辩解的效果（Tata，2000）。

道歉

道歉的实质是对自己的言行表示懊悔，表达自己的惭愧或自责之情。所有道歉的基本形式是表示对不起（I'm sorry）。道歉通常是承认错误，包括坦诚错在什么地方（"对不起，我撒谎了"）和间接地表示过意不去（"对不起，让你生气了")。

许多情况下道歉包括请求原谅（"请原谅我的迟到"）并保证下不为例（"请原谅我的迟到，我保证再也不会了"）。

从哈佛大学商学院个案研究网站（http：//hbswk.hbs.edu/archive/3481/html，accessed May 20，2008）上看，道歉的用途主要表现在两个方面：（1）修复关系（这一点很容易理解）和（2）恢复过失者的声誉。例如，你做了有损双方关系的事情，道歉可以帮助你修复关系和缓解冲突。同时，如果他人知道了你的行为（如通过 Maury 和 Jerry Springer 的电视脱口秀），道歉有助于提升你在他们心目中的形象。

和有效的辩解一样，有效的道歉要适应具体情况。对恋人、父母和新上司的道歉方式是各不相同的，因为他们之间以及他们与你的关系不同。因此，有效道歉的首要原则是考虑情况的特殊性，包括人、语境、文化规范、关系以及你要为此道歉的行为等等。虽然不同的情况要用到不同的道歉方式，但是，以下的一些建议是通用的。

有效道歉建议

1. 如果真的做错了事就要承认。要勇于承担责任，为自己的所作所为负责，不要把责任推卸给其他人。因此，不要说"史密斯开车太慢了，我只迟到 30 分钟已经是一个奇迹了"，而应该说"我应该事先考虑到堵车"。

2. 一定要表达出自己的懊悔。说出（或意思是）"对不起"或"我做错了"。

3. 不要笼统地而要具体地承认哪里错了。不要笼统地说"我为自己的行为道歉"，而应该说"对不起，我不应该在宴会上喝醉，还和其他人调情"。

4. 要表达出对他人心情的理解，承认他人的感受是完全合情合理的。比如说"你完全有理由生气，我应该事先打电话告诉你的"。

5. 给他人造成麻烦一定要表示内疚，比如说"对不起，我让你错过了你的约会"。

6. 如果可能，立即改正错误，比如说"对不起，我弄脏了，还没有收拾好，我马上来处理"。

7. 一定要保证下不为例。你只用说"我不会再有下次"，或者说具体点"我不会再迟到"。

有效道歉禁忌。在遵循有效道歉原则的同时还应该努力避免如下一些禁忌。

1. 如果没有必要就不用道歉。

2. 不要用大家的行为替自己辩护，如"周五大家都提前下班"。

3. 不要用他人的错误替自己辩护，如"你玩彩票，我才玩扑克的"。

4. 不要轻描淡写自己的责任，如"对不起，我做任何事情都出错"。或者缺乏诚意（"好好，对不起，又是我的错"）。

5. 不要指责有共同责任的人。"我应该知道你不能在上午 9 点准时接收这些数据。"

6. 不要低估自己的过失。避免"数据晚到了一点，有什么大不了的"此类的话。

7. 道歉无须辩解。避免这样的组合："数据是交晚了点，但是我还有很多其他工作要做"。辩解会抵消道歉的作用，这就相当于说："我没有什么好道歉的，因为我有这样做的正当理由，但还是说声'对不起'表达我的诚意，就让我们之间的不愉快过去吧。"

8. 不要图方便，通过电子邮件向别人道歉（除非是你的电子邮件出错了，或者电子邮件是你和他人交流的唯一或主要方式）。一般来说，通过个性化的交流方式，比如面对面和打电话道歉更好。虽然这样比较难，但是效果会更好。

 内容提要

本章主要探讨了会话的过程、会话的不同阶段，以及进行有效会话管理的原则、会话中的自我表白、组织传播和会话修复等。

第一节　会话过程

1. 开场白发起，开始会话。

2. 前馈是对即将展开的会话的预览。

3. 主题是会话的主要部分，也是会话的原因。

4. 反馈是总结并回应会话内容。

5. 结尾，结束会话。

第二节　会话管理

6. 会话的开始经常通过提及自己、旁人、彼此间的关系和语境来完成。

7. 会话得以持续的原则是：合作原则、数量原则、质量原则、关系原则、礼貌原则、对话原则及角色互换原则等。

8. 结束会话的方法包括：总结会话、直接表达想要结束会话的意愿、建议下次再谈、提出结束会话或表达此次交谈的愉快感受等。

第三节　表白性会话：自我透露

9. 自我透露是向他人披露自己的信息，且通常是平时被隐藏的信息。

10. 影响自我透露的因素有：身份、文化背景、性别、听众，以及话题和表达渠道等。

11. 自我透露的回报是培养自我认知的能力、有效交流的能力、建立良好的人际关系和有助于生理健康。自我透露的危险性在于会带来个人风险、关系风险、职业风险。另外一个风险是传播是不可逆的，一旦说了什么话便无法收回。

12. 进行自我透露时，应该考虑你的动机，考虑表白的对象和时机是否适当，逐渐相互透露，认识到自我透露可能会给彼此带来的压力。

13. 对他人自我透露的反应。有效倾听、支持和鼓励进行自我透露的人、保守秘密、不要把他人向你透露的内容当武器。

14. 在很多情况下，你会通过以下方式拒绝自我透露：不让自己被迫自我透露、表现得有主见、以直接或间接的方式拒绝。

第四节　组织传播

15. 正式传播活动是就组织关注的问题并经组织认可的传播活动。从传播方向来看，正式的传播活动可以分成向上传播和向下传播，或是水平传播。向上传播是在一定的等级制度中，由下级部门向上级部门的信息传递。例如：从生产线的工人向经理、从各个院系到校长的传播等。向下传播则是由上级部门向下级部门的信息传递。例如：从经理到生产线工人、从校长到各个院系。水平传播是指信息在同级之间进行传递。例如：经理之间、工人之间。此类信息在相同的部门或是一个组织的不同分支之间进行传播。

16. 非正式传播活动是组织内成员就任何有关组织的话题展开的社会性传播，无需组织的认可，不受组织原则的约束。其信息流动类似于葡萄藤，因此被称为葡萄藤信息。

第五节　会话问题：避免和修复

17. 避免会话问题的一个方法是免责声明。这种表达方式可以确保你的信息被对方正确理解且不会对你产生负面影响。具体的方法有：留有余地（用不确定的语气表达可能产生负面影响的信息）、声明立场、过失许可、认知声明和不急于下结论等。

18. 人们经常用辩解修复会话，即旨在减轻负面影响的解释。辩解一般包括三种类型："不是我做的"、"不至于那么糟糕吧"、"是的，但是……"。

关键词

back-channeling cues 回馈提示信号
conversation 会话
conversational management 会话管理
conversational turns 话轮转换
cooperation 合作
dialogue 对话
disclaimer 免责声明
downward communication 向下传播
excuse 辩解
gossip 闲话

grapevine messages（非正式传播）葡萄藤信息
interruptions 打断
lateral communication 水平传播
manner maxim 礼貌原则
monologue 独白
quality maxim 质量原则
quantity maxim 数量原则
relation maxim 关系原则
self-disclosure 自我透露
upward communication 向上传播

思考题

1. 从你与他人交流的个人经历中或是媒体上搜集一些"免责声明"的例子。考虑一下，人们使用的是哪种免责声明？人们为什么会使用那种形式？在那种情境下使用那种形式的免责声明合适吗？还有其他更有效的免责声明方式吗？

2. 有时候违反会话原则也被看成是破坏了礼节。同样，如果你没有遵守礼节的话，你常常也会违背会话原则。许多网站上也有关于不同的交际礼节的信息。如果想了解网上会话的礼节，可登录 www.internetiquette.org/；有关网络礼节，可登录 www.w3.org/Provider/Style/Etiquette.html；关于手机礼节，可登录 www.cell-phone-etiquette.com/index.htm。登录以上的网站，记下一些你认为在人际交流和会话中特别适用的一些原则。

3. 正如文中提到的，有研究表明当说话者留有余地的话语中因信息不足而缺乏确定性和说服力时，这对无论是男性还是女性说话者都有负面的影响。但是如果说话者的论述给听者的感觉是

说话者表达的只是暂时性的话语，那么这种留有余地的话语会给听者留下很好的印象（Wright & Hosman，1983；Hosman，1989；Pearson, West & Turner，1995）。从你自己的经历来看，你认为上述说法是正确的吗？

4. 有研究者提出在线交流中会出现"去抑制效应"。与面对面交流相比，在用电子邮件或是在聊天室与他人交流时，我们似乎更轻松，这也许是因为在线交流的匿名性和不可见性（Suler，2004）。你觉得你在网上交流和与人面对面交流有什么不同吗？

5. 你向他人表白的内容越多，你就越容易受到攻击。尤其是在竞争压力很大的工作环境中（甚至是谈恋爱），别人知道你的事情越多，他们就越会利用这些事情来打垮你。权力侦查员迈克尔·科达（Michael Korda，1975，p.302）给出的建议是："不要把你所有的事都告诉他人，一定要有所保留，这样人们才不能确定他们是否真的了解你。"这个建议并不是说让你偷偷摸摸的，而是

让你"稍微保持一点神秘感，好像你总能做出一些令人意想不到的事情"。你同意科达的观点吗？

为什么？

情境选择

1. 前言太长。你的一个朋友给你打电话时经常是先从闲聊开始再渐渐转入正题，但是他（她）说了很久都没有说到正题，使你很想挂断电话，而且你也经常找个借口就把电话挂掉了。那么问问你自己：你可以做些什么来帮助你的朋友改变他（她）的交流方式呢？

2. 清楚地表达自己的观点。有人告诉你说他们从来都弄不清楚你的想法。尽管你认为这也许是你的一个优点，但是你也想清楚地表述出自己的观点，让他人能够明白。那么问问你自己：在工作中你怎样才可以更清楚地表述出自己的观点呢？如果是你第一次见到某人呢？如果是见到你心仪的对象呢？

3. 打断。你在领导一个六人小组负责维护学校的网站。但是其中有一个成员总是爱在他人发表意见的时候打断别人，致使其他五个人都不再发表意见了，这实际上成了一个人的小组，你要制止这种局势的蔓延。那么问问你自己：你应该怎样做才可以不以一个上级的身份和下达命令式的方式就扭转这种局面呢？

4. 道歉。你借了你朋友的车，但是中途发生了交通事故，更糟糕的是，这次事故的责任全在你。那么问问你自己：你应该怎样向朋友解释才可以消除你的朋友对这次事故的顾虑，并且为你下星期赴人生中一次最重要的约会而再次找他借车做好铺垫？

5. 避免自我透露。你的同事为了讨好你，给你讲了许多他的私事。你对他的性生活、经济困难和医疗问题等私事并不感兴趣。那么问问你自己：你可以说些什么或是做些什么让你的同事不再和你讲他的私事？

6. 拒绝自我透露。你已经和这个人约会过三四次了，每次见面，他（她）都让你讲你过去的经历和你的个人信息，而你并不想告诉他（她）这么多，至少现在不想，毕竟你们的关系还只是在初级阶段。那么问问你自己：你应该说什么或是做什么才可以让对方不再问及你的私事呢？你应该怎么说才可以让对方打消有关你个人信息的提问呢？

7. 该不该透露。你发现与你的好朋友交往了两年的恋人对他（她）不忠，你觉得你有义务告诉朋友这件事，而且你也决定告诉朋友（尽管你还不确定你这么做是否是对的）。那么问问你自己：你应该选择怎样的方式来把这件事告诉你朋友？在这种特殊情况下，哪种方式是最合乎情理的？在你想出自己的答案之后，看一下张和梅罗拉（Zhang & Merolla，2006）是怎么说的。

我的传播实验室

以下练习是针对会话过程中出现的问题以及如何有效地进行成功的会话的。

1. "你怎样开始一段会话？" 2. "你怎样结束一段会话？"提供一些对话开场白和结束语的练习。3. "会话分析：一次偶遇"用本章所学的原则分析该对话中所包含的因素。4. "发出指令和执行指令"游戏解释在发出指令和执行指令过程中可能遇到的一些困难，并讨论怎样才能使这些情境交流更有效。

5. "性别和会话主题"讨论会话中的性别差异。6. "有效回应对话"和7. 共同总结有效对话的特征，并将其运用到实际情境中。8. "你有权知道些什么？"从不同的角度讨论自我透露这一话题，比如：透露部分自己的义务。9. 在课堂上显示出你不为人知的一面，并看看其他人的反应。10. 讨论一下自我透露的好与坏。11. 讨论一下表明某些特殊信息的最佳时机。12. 练习怎样请求他人原谅。

第三部分

人际关系

第9章
人际关系：阶段和理论

关系的阶段   关系的理论

《情迷拉斯维加斯》

电影《情迷拉斯维加斯》妙趣横生地展现了关系发展的各种形式，这也是本章研究的主题。我们将介绍关系发展经历的各个阶段以及解释关系发展方式和原因的各种理论。

与他人的交往是如此重要，如果你长期独处自闭，心情抑郁，自我怀疑，你会发现即使起码的日常生活也难以料理。研究表明，快乐最重要的源泉——金钱、工作以及性爱——均与他人密切相关（Freedman, 1978; Laroche & deGrace, 1997; Lu & Shih, 1997）。没有人不希望拥有良好的人际关系；不论男女老少，抑或是同性恋和异性恋，人际关系都至关重要。

开始研究人际关系的一个好方法就是完成"你的人际关系对你有什么作用？"的测试，考察你自己的人际关系（过去、现在或未来）对你有什么作用。这个测试着重指出了人际关系的优点和缺点。

自我测试专栏

你的人际关系对你有什么作用？

你可以根据自己的全部关系（友情、爱情、家庭和工作），或者某一特殊关系（如生活伴侣、子女、或好朋友），或者某类关系（如友情）回答下列问题，显示你的人际关系到底有什么功能。采用 10 分制，1 分表示你的人际关系从来没有该项功能，10 分则表示你的人际关系始终具备该项功能，居于两者之间的数值表示这两种极端之间功能发挥的程度。

____ 1. 我的人际关系有助于减轻孤独感。

____ 2. 我的人际关系带给我不适的压力，暴露了我的脆弱。

____ 3. 我的人际关系使我获得（思维上、生理上和心理上的）激励。

____ 4. 我的人际关系增加了我的责任。

____ 5. 我的人际关系有助于我增强自知和自尊。

____ 6. 我的人际关系妨碍我发展其他关系。

____ 7. 我的人际关系有助于增强我的生理和心理健康。

____ 8. 我的人际关系使我害怕，因为有的关系难以结束。

____ 9. 我的人际关系可让我倍感欢愉，消减痛苦。

____ 10. 我的人际关系让我感到受伤。

你做得怎么样？ 当你用从 1 到 10 的数字回答各个陈述时，你会了解你的人际关系中的优缺点。

优点： 奇数陈述（1、3、5、7 和 9）显示人际关系中的优点（大多数人会如此认为）。

（1）人际关系的一大好处就是有助于减轻孤独感（Rokach, 1998, Rokach & Brock, 1995）。它可以让你感觉到有人关心你、喜欢你、保护你，甚至最终会爱上你。

（3）植物具有向阳性，会向着阳光生长，人类具有趋激励性，会接近激励的源泉（M. Davis, 1973）。人的交往就是获得认知、生理和心理激励的最佳途径之一。

（5）通过与他人接触，你了解自己并以不同的角度和角色看待自己，比如作为子女或父母、作为同事、作为管理者、作为好朋友。健康的人际关系同样有助于增强自尊和自主。拥有朋友或爱侣会让你（至少大多数时间）觉得满足和有价值。

（7）研究还表明，人际关系可极大促进生理和心理健康（Rosen, 1998; Goieman, 1995a, b; Rosengren et al., 1993; Pennebacker, 1991）和个人快乐感（Berscheid & Reis, 1998）。没有亲密的人际关系，你很可能感到郁闷，从而极可能引致生理疾病，事实上，还可能造成诸如高血压、高胆固醇、肥胖、吸烟或缺乏身体锻炼等致病性问题（Goleman, 1995a）。

（9）人际关系中与其他功能相联系的最基本的一个功能，就是增加快乐和减轻痛苦。例如，你的好友们会让你对自己的好运感觉更快乐，当你遭遇困苦时，他们会让你感觉不那么难过。

缺点：偶数陈述（2，4，6，8和10）显示了人际关系的缺点。

（2）亲密的关系会暴露你自己，暴露你的脆弱，让你备受压力，然而为一段互相扶持、相亲相爱的关系承受这些压力总体上还是值得的，但当关系恶化时，就会产生事与愿违的结果，这些缺点就会对你造成沉重一击。

（4）亲密的关系会增加你对他人的责任，有时这种责任会非常大。你的时间不再完全属于自己。你花费更多时间与这些特殊的人交往，但同时你招致了时间（也可能包括财务）责任，这一点可能让你不悦。

（6）亲密的关系会让你放弃其他关系。有时你会跟你自己喜欢而你伴侣难以忍受的人终止关系。更常见的情况是，这只不过是时间和精力的问题。人际关系需要你付出时间和精力，因此你对他人和关系疏远的人花费的时间和精力就会递减。

（8）关系越亲密，情感上就会越难结束，这可能是让很多人倍感不适的状况。如果其中牵涉到金钱，关系的解体经常会造成财务困境。

（10）此外，你的伴侣可能让你心碎。你的伴侣可能会离你而去——不顾你的恳求违背所有的诺言。你心痛的程度与你对伴侣的在乎程度和需要程度成正比。如果你非常在乎，就会伤得更深；如果不很在乎，伤痛就会轻些——这是对人生的一点小小讽刺。

你会怎么做？ 使用自我测试的一个方法是考虑如何减轻人际关系中的缺点。比如，考虑这些缺点是不是由于你自身的行为造成的。你是否沉浸在一两种关系中而忽略发展其他关系？同时，考虑你如何将目前关系中的优点最大化。

第一节　关系的阶段

将人际关系看作是由个人创造的和构建的非常有用。在任何人际关系中，比如，帕特和克里斯之间存在多种关系：（1）帕特理解的关系，（2）克里斯理解的关系，（3）帕特想要并为之奋斗的关系，（4）克里斯想要的关系。当然还有朋友和亲戚理解并反馈的多种关系。例如，帕特的母亲不喜欢克里斯，并会反馈给他们。显然，帕特母亲的态度和交流会对帕特和克里斯的关系产生影响。此外，还包括冷静客观的研究员/旁观者理解的关系。从这个角度看，任何一种人际关系都存在着多种人际关系。

这不是说不存在真正的关系，这恰恰表明存在着许多真正的关系。由于存在不同的关系构建，人们对许多问题都有分歧，对关系的评价也不一样。在 Maury 和 Jerry Springer 的电视脱口秀节目中，你通常会发现夫妻对他们之间关系的看法迥然不同。第一位嘉宾认为一切顺利，但第二位嘉宾进场大倒苦水——常常是倾泻长期存在的不满和让对方震惊的行为。

关系的一个明显特点是分阶段发展的，从初步接触

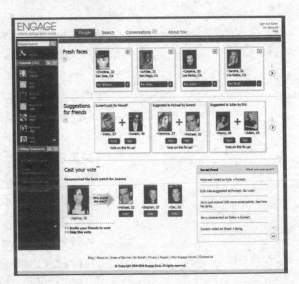

课堂讨论 9.1 网上关系的优点是，可降低生理特点的重要性，转而看重融洽的关系、相似之处和自我展现等因素，这会促进基于情感亲密而非外表吸引力的关系（Cooper & Sportolari, 1997）。你认为网上关系的主要优点是什么？

到高度亲密，有时走向解体。你和另一个人不可能初次见面就立即成为亲密无间的朋友，而是循序渐进，经历各个步骤或阶段建立起亲密的关系，这适用于大多数的关系（Mongeau & Henningsen，2008）。

请教学者专栏

同性恋和异性恋的关系

我是一名男性同性恋，我在想人际关系到底对我是否适用。绝大多数研究似乎主要关注异性恋的关系。人际关系与我有关吗？

当然，研究人员已发现同性恋和异性恋伴侣沟通的方式存在重要的相似之处。例如，他们在下述活动中有相似之处，如表达爱慕、渴望建立伴侣关系和承担义务；还有关系维护行为，诸如共同承担职责、共度时光、谈论关系、向对方作出保证、在支持性的社交网络中互动。同样地，对自己的关系感到满意的长期男性同性恋、女性同性恋和异性恋夫妻有相似的感慨，他们很少发生冲突，在保有自己的个人隐私和个性前提下，以开放和亲密的方式与另一半相处。

拥有亲密关系的所有人（同性恋和异性恋）通过互换语言和非语言信息构建并持续重建他们的关系。沟通就像胶水，将有关系的人紧紧粘在一起。由于伴侣双方决定他们沟通的方式，他们明示和暗示地"商讨"在信息互换时关系的本质。该过程可使伴侣构建传统的关系，或者独一无二且高度复杂的关系。

更多信息参见 R. A. Mackey, M. A. Diemer, and B. A. O'Brien, "Relational Factors in Unerstanding Satisfaction in the Lasting Relationships of Same-Sex and Heterosexual Couples" *Journal of Homosexuality* 47 (2004)：111-136；and L. A. Baxter and B. M. Montgomery, *Relating：Dialogues and Dialectics* (New York：Guilford Press, 1996)。

Barbara Montgomery：普渡大学哲学博士，科罗拉多州立大学普韦布洛分校语言传播学教授。

图9—1展示的六阶段模型说明了大多数关系的主要阶段。如图所示，关系的六个阶段是接触、交往、亲密、恶化、修复和解体，各个阶段均存在早期和晚期。

关系进展

图中的三类箭头代表不同种类的关系进展。

- 退出箭头显示各个阶段均有退出关系的机会。开始结识不久你可能就想抽身而退，当然，你也可以发展一段非常亲密的关系。
- 各个阶段之间的垂直箭头表示，你可以进入另一个阶段：更为亲密的阶段（比如：从交往转至亲密），或者更为疏远的阶段（比如：从亲密转为恶化）。
- 自我反身箭头——返回至相同水平或阶段开端的箭头——表明任何关系可以在任何阶段变得稳固。例如，你可以持续保持在亲密水平，而不会恶化或返回到较为疏远的交往阶段。或者你可能维持在"你好"阶段——接触阶段——而没有任何进一步的交往。

图 9—1　关系的六个阶段模型

　　由于各种关系千差万别，所以关系模型只是讨论关系的工具，而不是指导你如何发展关系的具体指南。比如，在观看此图时，你可以考虑是否还有其他的步骤或阶段能更好地解释关系的发展。

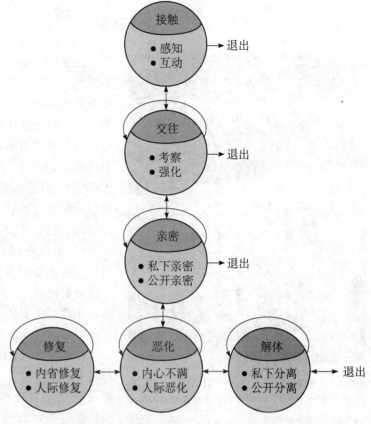

　　你可以想象，从一种阶段发展成另一种阶段在很大程度上取决于传播技巧，例如，如何开始一段关系、展现可爱的自我、表达爱慕之情、适当表白自我、不必剑拔弩张地结束一段关系（必要时）等等（cf. Dindia & Timmerman，2003）。

关系转折点

　　各个阶段的进展通常是循序渐进的过程，你不可能从接触阶段跳过交往阶段直接进入亲密阶段，而是一步一个脚印，循序渐进地发展。但这其中经常存在着转折点（Baxter & Bullis，1986）。一些重大的关系事件会对个人和关系产生重要的影响，导致关系方向或轨道的调整。比如，一段进展缓慢的关系可能在经历第一次约会、初吻、初次性爱或初次与伴侣的子女会面后，突飞猛进地往前发展。

　　转折点可以是积极的，如上例所示，也可能是消极的，例如，首次发现伴侣不忠对很多恋爱关系来说都是重大转折点。

　　而且，转折点还会因文化的不同而存在差异。在一些文化中，首次性爱是重大的转折点，而在另一种文化中，这可能只不过是正常恋爱过程中的小小进展而已。

　　构成转折点的要素亦会根据你所处阶段的不同而不同。例如，对于交往阶段甚至是恶化阶段，一份昂贵而亲密的礼物都可构成一个转折点；但如果你处于亲密阶段，经常互送这些礼物，只不过是件平常的事罢了。

一、接触

课堂讨论 9.2 纵观共度一生的关系，其中充斥着"转折点"，这些转折点使你从一种关系水平过渡到另一种关系水平。男女老少，同性恋和异性恋，他们看待转折点的方式相同吗？不同群体看待转折点的方式有何不同？哪个转折点对你而言意义非凡？

在**接触**（contact）阶段的初期存在一些感性接触，看、听和读出他人的信息，兴许还接收气味，根据这些形成一幅心理和生理的图片——性别、大致年龄、信仰和价值观、身高体重等等。经过感性接触后，通常会进入互动接触阶段。此阶段的接触是相对表面的和非个性化的，你会交换任何进一步加深关系的基本信息（"你好，我叫乔。"），开始互动（"可以让我加入吗？"），并进入邀请性交际（"我可以给你买杯饮料吗？"）。接触阶段就是形成"第一印象"之时。一些研究人员表示，在此阶段（初步互动的前四分钟），决定你是否想要进一步发展关系（Zunin & Zunin，1972）。就此而论，回顾上文所言，传播是不可重复的（第 1 章）；因此，你绝不会有第二次生成第一印象的机会，这是人们常常忽视的一条原则。一旦你意识到第一印象的重要性，你可能会在选择印象管理策略时，仔细反省自身的语言和非语言信息（第 3 章）。

在面对面互动的接触阶段，外表尤其重要，因为这是最容易看到的特点。通过语言和非语言行为，友爱、热情、开明和活力等品质亦会显露无余。反观以电脑为媒介的接触，开始最有影响力的是共同的态度和共同的爱好。然而这个区分有时会模糊不清。例如，在网上布告栏上载有"擦肩而过的缘分"一节，人们可在上面张贴信息，如"我在公车上看到你后，觉得我们缘分不浅，但我还来不及上前说些什么，你就已经下车了"，企盼另一个人也觉得这是"擦肩而过的缘分"，希望求得联络。

接触阶段亦是你开始挑逗潜在恋爱伴侣的阶段。首先，你进行非语言挑逗。你首先使用非语言信息的原因是这种做法不那么直接，即使被拒绝也没什么大不了。比如，如果你的微笑未得到回应，也算不得什么丢脸的事儿。但是如果你的语言信息（如，"可以让我加入吗？"）遭到冷遇，你会感觉非常糟糕，觉得很丢脸。

一项针对非语言行为的研究指出了六种非语言挑逗：保持开阔的身体姿势、扬起眉毛、朝一边倾斜头部（像是要看清对方）、保持充分的眼神接触、身体前倾以及"斜向一侧匆匆一瞥"，随后微笑或做出羞怯的表情（Luscombe，2008）。如果这些挑逗行为得到一些积极响应，你可以再采取语言挑逗——你可以询问是否这个人孤单一人在此，或是否可以为她买杯饮料。

但是，挑逗还有不利的一面。太过夸张的挑逗很可能被视作骚扰甚至图谋不轨。避免被视作骚扰者的一种方法是分辨出非语言暗示"我对刚才那个人感兴趣"（上文指出的六种暗示是良好的起始点）与"我真的毫无兴趣"信号之间的区别，比如，避免眼神接触、冷漠的面部表情和简短敷衍的回答。

二、交往

在关系的**交往**（involvement）阶段，彼此相互联系的情感与日俱增。我们在该阶段会考察并试图了解对方。在交往的初期会进行一种考察。你想证实你的初步判断是否合理，所以你可能问这些问题："你在哪里工作？""你是干什么的？"如果你想更清楚地了解这个人，你可能会以初步方式强化互动，开始表露自己，继续交往。倘若处于约会关系，你可能（比如）使用多种策略以进入下一阶段（可能是亲密阶段）。例如，你可能会增加与伴侣的接触，赠送爱情礼物（如礼物、卡片或鲜花），增加你个人的吸引力，做出强化关系的事情（如挑逗或让你的伴侣嫉妒），身体接触变得更为亲密（Tolhuizen，1989）。

纵观整个关系过程，特别在交往阶段和初期亲密阶段，你会考察你的伴侣；你试图了解你的伴侣怎样看待这段关系。你可能使用的策略如下（Baxter & Wilmot，1984；Bell & Buerkel-Rothfuss，1990）：

- **直截了当**。你直接询问你的伴侣他或她有何感想，或者你在设想你的伴侣会自我表白的前提下表露自己。
- **间接暗示**。比如，你以开玩笑的方式谈论你们共同的未来，更亲密地接触对方，或暗示你对这段关系非常认真。如果你的伴侣有相似反应，则表示他或她期望增加关系的亲密度。
- **公开表白**。比如，你可以以你的"男朋友"或"女朋友"的身份介绍你的伴侣，查看你的伴侣作何反应。
- **分开**。你暂时与你的伴侣分开，看其作何反应。如果伴侣回电话，那么你知道他或她很在意这段关系。
- **第三者**。你询问你们共同的朋友，了解你的伴侣的感受和想法。

课堂讨论 9.3　一些文化不能接受婚外性关系；而另一些文化认为性爱是亲密关系的正常部分，贞操无足轻重。跨文化研究人员（Hatfield & Rapson，1996，p. 36）回想起一次讨论预防艾滋病方法的会议。来自美国的同事建议加强节欲教育。瑞典的同事问："如果不付诸实践，青少年怎样才能学习成为一名深情体贴的性伴侣呢？"研究人员称："对于这个提问，现场哑口无言，这是两种文化碰撞的声音。"你的文化信仰和价值观是怎样影响你对适当关系行为的认识的？

三、亲密

在**亲密**（intimacy）阶段，你与对方的感情更进一步，建立更深一层的关系，这个人变成你最好最亲密的朋友、爱人或伴侣。你们之间的个人交流不论是数量上还是质量上都有显著提升（Emmer-Sommer，2004），而且你也会对双方的关系谈论得更多更详细（Knobloch，Haunani & Theiss，2006）。你还会分享相互之间的社交网络，就算来自差异巨大的文化中的人在亲密阶段也有以上这些共通点（Gao & Gudykunst，1995）。

毫不奇怪，进入这一阶段后，你对关系的满足感亦会增加（Siavelis & Lamke，1992）。一项研究称，如果你在一段关系中能坦诚开放地谈论自己、自己的想法和感受，而这些你是不会在其他关系中诉说的，则可界定这是一段亲密的关系（Mackey，Diemer & O'Brien，2000）。

亲密阶段本身通常分为两个阶段。在人际承诺阶段，两个人以私人方式向对方承诺。在社会性的亲密关系阶段，承诺是公开的——可能向家人和朋友公开，也可能对一般大众公开。在这个阶段，你和你的伴侣变成一个整体，是可辨认的一对。

当亲密阶段涉及一生的伴侣，你面临三种主要的忧虑（Zimmer，1986）。安全忧虑导致你担心你的伴侣会离你而去，投向他人的怀抱，或者对你不忠。履行忧虑夹杂很多担心，你可能无法实现亲密、温暖和特别融洽的关系，或者你无法拥有公平的关系。刺激忧虑使你担心每天都是枯燥乏味的和例行公事的，或者担心你会失去自由，变成笼中鸟。

当然，不是每个人都追求亲密关系（Bartholomew，1990；Thelen，Sherman & Borst，1998；Bumby & Hansen，1997）。一些人非常害怕亲密关系造成的结果，以至于会主动回避它。有些人拒绝亲密关系，会防御性地拒绝更多和更深入的人际接触需求。当然，还有一些没有亲密关系的人依然生活得开心快乐。

人际传播伦理专栏

自我透露的义务

如果你处于亲密关系中，你对伴侣的影响力不容小觑，所以你有义务表露关于自身的事情。相应的，你会觉得对方——由于他或她和你如此亲密——有向你披露相关信息的道德义务。

恋爱伴侣	朋友	你有道德义务披露的信息
_____	___	年龄
_____	___	家庭遗传性障碍病史
_____	___	艾滋病病毒的感染状况
_____	___	过往性经历
_____	___	婚姻史
_____	___	年薪和资产
_____	___	情感倾向
_____	___	种族和国籍态度
_____	___	宗教信仰
_____	___	犯罪记录

你会怎么做？

在一段人际关系的何种阶段，你认为你有道德上的义务向对方透露上述10种信息？假设一段关系是从初次接触（1）发展到极度亲密（10）的连续过程，请你用数字1到10表示你认为你的恋爱对象或朋友有必要了解有关你的上述信息的程度。如果你认为你没有必要向对方透露有关信息，那么请用0表示。当你回答上述问题时，问问自己：究竟是什么赋予某人去了解另一个人相关信息的权力？

四、恶化

关系恶化（relationship deterioration）阶段的特征是朋友或爱人间的联系削弱。恶化的初期通常称作内心不满：你开始对日常互动感到不满，并开始消极地看待你和伴侣的未来。如果不满情绪不断增长，你会进入第二阶段——人际关系恶化。你主动回避对方，双方越来越疏远。你愿意与对方分享的自由时间变少。当你们在一起时会无话可说、交流减少、身体接触减少、缺乏心理上的亲密感，争吵变成家常便饭，越来越难解决问题。

■　五、修复

关系修复（relationship repair）并不是必经的阶段。一些伴侣可能在关系恶化期间休战，尝试修复彼此之间的关系。而有些人可能会无需思考就迈进解体阶段。

在修复阶段初期，即内心修复，你可能会分析问题出在哪，并考虑解决关系困境的方法。在该阶段，你会考虑改变自己的行为或改变对伴侣的预期。你还可能权衡保持目前关系和结束关系的利弊。

如果决定修复关系，你就进入了关系修复阶段，你会与同伴讨论关系中的问题、你想看到的变化、你想做的事情，以及你想要同伴做的事情。这是商定新协定和新行为的阶段。你和你的同伴可能试图通过你们自身，或者寻求朋友或家人的意见，或寻求专业咨询以修复彼此的关系。

学习人际理论与研究专栏

关系承诺

影响关系恶化（也包括关系维持）的一个重要因素是，你和伴侣对你们关系承诺的程度以及彼此承诺的程度。毫不奇怪，如果承诺非常牢固，个人对其关系就会满意，如果承诺变弱，个人就会对关系不满意（Hirofumi，2003）。承诺通常被区分为三种类型，并且可以通过对下面问题的回答分辨出来（Johnson，1973，1982，1991；Knapp & Taylor，1994；Kurdek，1995；Knapp & Vangelisti，2009）：

- 我有维持这段关系的愿望吗？我有继续发展这段关系的愿望吗？
- 我有维持这段关系的道德义务吗？
- 我必须维持这段关系吗？我有维持这段关系的必要吗？

基于愿望、义务、需要及这些因素综合体的承诺是维系关系的重要力量。关系的牢固（包括对关系可能恶化的抵御力）程度与承诺的程度有关。即使关系呈现恶化的征兆，只要存在维系关系的牢固承诺，也可以克服障碍并扭转恶化的势头。例如，与承诺程度低的夫妻比较，承诺程度高的夫妻愿意避免小吵小闹，并互相表现出有力的支持（Roloff & Solomon，2002）。类似的，承诺程度高的夫妻更容易体验到嫉妒（Rydell，McConnell & Bringle，2004）。当承诺变弱，同时个人怀疑保持关系的理由时，关系恶化就会更快更激烈。

运用理论

承诺或缺乏承诺是否曾经影响过你某种关系的进展？出现了什么情况？

■　六、解体

在关系解体阶段，联系个体的纽带断裂。起初，解体通常以人际分离的方式出现，你会搬进独立公寓，你们开始分开生活。如果分居被证明可以接受，并且如果原来的关系未被修复，你就进入社会或公开分居阶段。如果这段关系是婚姻关系，这个阶段就对应着离婚。在一些情况下，前伴侣会改变对他们关系的界定，例如"前情人"变成"朋友"或"生意伙伴"。彼此相互避讳，重新恢复"单身"是解体的主要特点。

解体还是前伴侣把自己当作个体而非对方另一半的阶段。他们尝试建立全新的不同生活，不是孤身一人就是寻找另一个人。事实上，有的人心理上继续生活在已经解体的关系中，他们经常光顾他和伴侣以前见面的老地方、重新阅读旧情书、回想所有旧日美好时光，不能将自己从已全部结束、仅留存在记忆中的关系中解脱出来。

在强调一代传承至下一代的持续性及"老式"行为获得肯定评价的文化中——比方说中国——人际关系倾向于保持长久和固定。保持长期关系的人会获得赞扬，而关系破裂的人会受到批评。但是在肯定变化并否定陈旧的文化中——比方说美国——人际关系倾向于暂时性（Moghaddam，Taylor & Wright，1993）。在这种文化中，赞扬长期关系和批评破裂关系的情况大幅降低。

我们这里考虑的阶段模型不是我们看待各种关系的仅有方式。表9—1提供了一种不同的模型，显示了如何看待各种关系的不同视角。

表 9—1　　　　　　　　　　　　　　　　纳普的互动阶段模型

此模型包含 10 个阶段：5 个阶段使人们走到一起，另 5 个阶段让人们分开。这进一步阐明了人际传播是如何随着关系的变化而变化的。	
走到一起	前 5 个阶段说明相识、接近到亲密的过程。
第 1 阶段：开始	你观察对方并与对方互动；你试图展现自己积极阳光的一面，"作为一个讨人喜欢、亲切、体谅和被社会接受的人"开拓沟通渠道。
第 2 阶段：考察	你尝试去了解对方；你试图寻找一个双方有共同经历或兴趣的话题或领域；你们互换双方的基本信息。根据此模型，闲聊是考察阶段的本质。
第 3 阶段：强化	双方在更加个人和亲密的水平上互动；双方的言辞更加不拘小节，包含很多只对双方而言有意义的词语。这亦是互相表达对彼此和这段关系的承诺的阶段。
第 4 阶段：融合	你们走到一起，你们培养共同的想法和态度。互换"亲密纪念物"（别针、戒指），移情作用达到最高峰。
第 5 阶段：结合	你给对方一个名分，比如，你选择婚姻或家庭伴侣，或将你自己当作对方的"唯一伴侣"。在此阶段，你们共享"结合的将来"。
分开	下面 5 个阶段说明分开、远离亲密的各个阶段。
第 6 阶段：分歧	你开始觉得彼此存在分歧。你开始在思想上和言语上着重表现这种分歧。这是"脱离或分开"的阶段。
第 7 阶段：限制	你开始将沟通局限于安全、不会产生冲突的话题上。你们的人际交流在数量上和质量上均有下降。
第 8 阶段：停滞	你们的沟通变得相对被动，你们的交流困难重重，别扭不断。此阶段的讨论极少（如有）关注于这段关系上，双方在沟通时就像陌生人。
第 9 阶段：回避	你们减少身体接触，很少或者根本没有面对面的互动。你可能无视对方的信息，"表现为认识和情感上的分离"。
第 10 阶段：终止	你们断绝曾经维系两人的联系，保持某种心理或生理的距离。

资料来源：This model of relationship is adapted from Mark L. Knapp, *Social Intercourse：From Greeting to Goodbye*（Boston：Allyn & Bacon，1978）and Mark L. Knapp and Anita L. Vangelisti, *Interpersonal Communication and Human Relationships*，6th ed.（Boston：Allyn & Bacon，2009），pp. 34-47. Copyright © by Pearson Education. Adapted by permission of the publisher.

第二节　关系的理论

若干理论对发展和结束各种关系的原因和方式给出了见解（Baxter & Braithwaite，2008b）。在此，我们将考查六种相关理论：吸引理论、关系规则理论、关系辩证理论、社会渗透理论、社会交换理论和公平理论。

一、吸引理论

吸引理论（attraction theory）认为，人类的关系乃基于吸引力。你很可能迷恋或吸引某些人，而不是其他人。类似的，某些人会认为你很有吸引力，而另一些人不会如此认为。如果你跟大多数人一样，那么你迷恋他人乃基于五个主要因素：相似、接近、认可、外表吸引力和性格、社会经济地位和教育程度等。

相似

根据相似原则，如果你可以设想你的伴侣，你的伴侣很可能是跟你在外表、行为和思想上极其相似的人（Burleson，Samter & Luccetti，1992；Burleson，Kunkel & Birch，1994）。一般而言，人们喜欢和他们在国籍、种族、生理特征、智力和态度上类似的人（Pornpitakpan，2003）。

研究还发现，你更可能帮助跟你在种族、态度、整体外貌甚至是名字上相似的人。有时，人们会被与自己相反的人吸引，这种模式叫做互补，例如，一个强势的人很可能被一个较为温顺的人所吸引。一般而言，人们喜欢和自己相似的人。

接近

如果你环顾你认为有吸引力的人，你可能发现这些人都是在生活或工作中与你接近的人。会成为朋友的人是有大量机会彼此交流的人。接近，或生理接近是互动交流初期［比如上学的头几天（课堂或宿舍中）］最重要的因素。随着与较为疏远的人交流互动的机会增加，作为吸引力的一大因素——接近因素的重要性会降低，但还是十分重要。

认可

毫不奇怪，你会迷恋给你奖励或认可的人，不论是一句简单的奖励抑或是一次昂贵的海上之旅。你也可能被你奖励的人所吸引（Jecker & Landy，1969；Aronson，Wilson & Akert，2007），即，你可能喜欢你给过恩惠的人。比如，你赠送对方一份昂贵的礼物或尽心尽力地帮助对方后，你很可能对对方好感陡增。在这些情况下，你认为这个人值得你付出精力，你觉得你的行为是正确的，否则你就是承认你在不值得你如此做的人身上花费精力。

外表吸引力和性格

很容易理解人们会喜欢外表有吸引力的人多于外表没有吸引力的人。但

人们不清楚的是他们对外表有吸引力的人的亲切程度远远大于外表没有吸引力的人，也就是说，我们更倾向于认为与外表有吸引力的人有似曾相识的感觉（Monin，2003）。同样，虽然文化会影响人们对外表是否具有吸引力的看法，但研究显示，某种外表特征在所有文化中均被视作有吸引力——一种普遍的吸引力（Brody，1994）。此外，较之于暴躁的性格，你可能倾向于喜欢温和的性格（虽然人们对于什么是有吸引力的个性存在差异）。

社会经济地位和教育程度

普遍看法认为，在异性恋中，男人对女人的外表吸引力的兴趣大过其社会经济程度。而且实际的研究表明，女人在互联网上会更强调自身的外表条件，而男人会强调自身的社会经济地位（Whitty，2003b）。有意思的是，有证据表明，男人在作出恋爱关系的决策时，也会考虑女人的社会经济地位，不过女人会认为较高的社会经济地位更有吸引力，而男人恰恰相反。男人在恋爱关系中更喜欢比自己社会经济地位低的女人。此外，男人觉得拥有较高教育程度（是较高社会经济地位的原因）的女人亲切程度更低，更不忠诚，以至于在恋爱关系中对这个女人的好感减少（Greitemeyer，2007）。

二、关系规则理论

从规则的角度看待人际关系，你会发现一个很有意思的视角（Shimanoff，1980）。**规则理论**（rules theory）一般认为，人际关系（友情，特别是爱情）融洽的前提是遵守某些规则。当某些规则被破坏时，关系可能恶化甚至解体。

关系规则理论有助于我们阐明人际关系的方方面面。首先，这些规则有助于识别成功与破坏关系的行为。其次，这些规则有助于清楚地确定关系破裂的原因和关系修复的方式。再次，如果我们能了解这些规则，我们就能更好地掌握人际发展和维护中所涉及的社交技巧。由于这些规则会因文化的不同而存在差异，所以识别每种文化的独特之处很重要，这有利于更加有效地发展和维护跨文化的关系。

友情规则

一种友情观认为友情靠规则维系（Argyle & Henderson；Argyle，1986）。如果遵守这些规则，友情就会牢固，双方都很满足。如果破坏这些规则，友情就会变糟甚至不复存在。例如，维系友情的规则要求下列行为：朋友不在场时为朋友撑腰、互相分享关于成功的信息和感受、对朋友给予情感上的支持、信任并帮助危难中的朋友、在一起时尽量和乐融融。反之，如果一方或双方不能容忍对方的朋友、向第三者讨论私密、不能给予积极支持、啰嗦唠叨和/或不能信任或信赖对方，这些都可能造成一段友情岌岌可危。维持友情的策略取决于你对规则的了解，以及恰当运用人际技巧的能力（Trower，1981；Blieszner & Adams，1992）。

爱情规则

另外一些研究提出爱情关系应该遵循以下规则。当然，不同文化中的爱情规则千差万别。比如，中国大学生与美国大学生对待恋爱中的放任自由和性关系会拥有不同的态度，这对各个群体建立和维系的爱情规则产生影响（Tang & Zuo，2000）。莱斯利·巴克斯特（Leslie Baxter，1986）指出八种主要的爱情规则。巴克斯特认为，这些规则使得关系更融洽，或者在关系破裂时，会导致关系恶化并最终解体。各种规则的一般形式如同巴克斯特所言"如果双方关系亲密，他们应当……"：

1. 承认彼此的个人身份，生活中除了这段关系还有其他
2. 表达相似的态度、信念、价值观和兴趣
3. 增强彼此的自重和自尊
4. 开明、真诚、彼此坦诚相见
5. 彼此忠诚不贰
6. 经常共度时光
7. 获得的报答与付出相当
8. 彼此体验神奇和难以言表的"魔力"

家庭规则

家庭传播研究提出了界定和维系家庭的重要规则（Galvin，Bylun & Brommel，2008）。家庭规则涉及三个主要的人际沟通问题（Satir，1983）：

- 你可以谈论什么：你可以谈论家庭财务吗？爷爷酗酒吗？姐妹的生活方式如何？
- 你可以如何谈论：你能拿兄弟的残疾开玩笑吗？你能直接询问家族史和家族概况吗？
- 你可以和谁谈论：你能和扩展的家庭成员（如堂兄弟、姑姑或叔叔）公开谈论吗？你能跟近邻谈论家庭健康问题吗？

所有的家庭都传授沟通规则。其中很多是明确的规则，比如"不要在外人面前与家人顶撞"或"不要在外人面前谈论财务情况"。而有些规则是没有明说的，但你可从家人的沟通方式中推断出来。例如，如果家人总以秘密和安静的语气讨论财务问题，你就可以明白你不应跟其他远亲或邻居谈论家庭财务情况。

课堂讨论 9.4　*你怎样看待办公室恋情？你认为与工作伙伴约会、谈恋爱的优缺点是什么？*

与友情和爱情规则一样，家庭规则会告诉你哪些行为值得奖励（你应该做），哪些行为应受处罚（你不应该做）。规则还规定一种结构，将家庭界定成一个聚合的整体，与其他类似家庭区分开来。

毫不奇怪的是，家庭规则受文化的影响很大。虽然全世界的家庭有很多相似之处，但也有不同的地方（Georgas et al.，2001）。例如，较之于受个人主义文化熏陶的成员，受集体主义文化熏陶的成员可能更不会向外人透露家庭信息。但在妻子受虐待的情况下，这种保护家庭的倾向会产生严重的问题。

许多妇女出于保护家庭形象的目的，不会向外界公开家庭暴力，不会让他人得知自己的家庭生活不尽如人意（Dresser，2005）。

家庭沟通理论家认为，家庭规则应当灵活变通，以便适应特殊情况，例如，更改家庭用餐时间、假期计划或储蓄目标的情形（Noller & Fitzpatrick，1993）。规则还应是可商谈的，所有家庭成员均可参与更改规则，可以感受到自己是家庭的一分子。

三、关系辩证理论

关系辩证理论（relationship dialectics theory）认为，关系中的人会体验到几对互为相反的动机或愿望，主要有三种矛盾（Baxter，2004；Baxter & Simon，1993；Rawlins，1989，1992；Baxter & Braithwaite，2007，2008a）：

紧密与开放的矛盾。即既想拥有亲密的、专属的关系又想与其他人保持关系的矛盾。毫不奇怪的是，在关系发展的初级阶段，这种矛盾表现得尤为突出。你既喜欢和伴侣之间保持专属关系，又想要保持和范围较大群体的联系。异性恋中的年轻男性在与女性交往时，会使用一组信息，首先会鼓励加深亲密度，接着发出要保持距离的信息，然后又发出接近的信息，之后又暗示要保持距离，这就是希望亲密和期盼自主之间存在矛盾的一个明证（Korobov & Thorne，2006）。

自主与关系的矛盾。在关系向前发展的进程中容易出现这种矛盾：既想保持自主性和独立性，又想与对方保持亲密的关系。既想要和对方联系紧密，同时又想获得独立（Sahlstein，2004）。顺便说一句，这种矛盾是女性杂志中长盛不衰的主题，女性杂志经常教授读者如何在自主和联系中获得平衡（Prusank，Duran & Delillo，1993）。

新奇感和预见性的矛盾。这种矛盾主要是一方面追求新鲜、不同体验和冒险，而另一方面追求一致、稳定和可预见性。如果可以预见日后会发生什么，你会觉得安心，但同时你又盼望新鲜、不同和新奇的事物。

关系中的任何个体可能与伴侣的愿望多少有些差异。例如，一个人可能最想要的是专属唯一，而这个人的伴侣可能想要更大程度的开放空间。你可以使用下面三种主要方法来处理这些矛盾。

首先，你要把这种不平衡当作恋爱或承诺关系的一部分。你甚至可以将其重新定义为一种益处，比方说告诉自己"我以前在工作上花了太多时间，如果我早点回家，周末不工作可能会更好"。——接受亲密关系，放弃自主权。

其次，你可退出这段关系。比如，如果牺牲自主权的损失过大，你无法接受，那么你可选择结束关系，实现你期望的自主。

再次，重新权衡你的生活。比如，如果你发现原先的关系充满太多的可预见性，你可以在别处寻求满足新奇感的需求，可能是到有异国情调的地方度假，可能是寻求不同的伴侣。如果你发现这段关系太过亲密（甚至让人透不过气），你可以寻求生理和心理空间以满足自身的自主需求。你还可以通过与伴侣商量，建立你觉得需求的平衡，比如，协定你可以享受单独的假期，或你们每个星期或每两个星期单独与各自的老友聚会一次。

你会发现，满足伴侣的需求同时也满足你自己的需求，这是你在一段关系中面临的主要挑战之一。了解矛盾、换位思考、认真讨论，这是维持关系和实现满足的一种有用（甚至是必要）的工具。

掌握人际技巧专栏

积极

人际沟通要积极，要使用积极信息而非消极信息。比如，不说"我希望你不要忽略我的意见"这种消极信息，而换做"你如果考虑我的意见，我会很高兴"这种积极信息。不说"你长发的样子好难看"这种消极信息，而换做"我认为你剪短发会更漂亮"这种积极信息。正如你所期望的一样，积极的信息可建立和维持关系的满足感，女人在面对面交流或网上沟通时使用积极信息的频率要高过男人（Gattis, Berns, Simpson & Christensen, 2004; Adrianson, 2001）。有意思的是，乐观（即通常抱有积极展望）被发现与关系的满足感和快乐感有密不可分的关联，一个人越乐观，你在一段关系中获得的满足感和快乐感就会越强烈（Assad, Donnellan & Conger, 2007）。

积极沟通。下面有几条关于积极沟通的建议。

- 看到一个人或其在工作中的积极面，然后加以赞扬。赞扬要明确具体，太过宽泛的赞扬（"你的项目很有意思"）的效果远远抵不上明确具体的赞扬（"你的提议可以提高效率，大大节省财务花费……"）。

- 与他人沟通时，用非语言的方式表达满足感。例如，做出友好的面部表情，维持合理而适当的亲近距离，着重眼神接触，避免目光长期移开某人。同时，不要消极嘲讽，这会降低夫妻间的满足感（Horvath, 2004）。

- 以积极的态度看待文化认知差异（Axtell, 2007; Dresser, 2005; Chen, 1992）。例如，在美国，主管赞扬一名工作出色的员工是恰当的，但这种做法在许多集体主义文化中被视作是不恰当的，因为这将个人从群体中分离出来。

运用人际技巧

反思自己的积极表达。在什么情形下你可以更积极地表达？这对改善处境有什么影响？在什么情形下积极表达会造成人际困境？

四、社会渗透理论

社会渗透理论（social penetration theory）不探讨关系发展的原因，而是探讨关系发展时发生了什么；它通过话题的数量以及这些话题的"个人化"程度来描述关系（Altman & Talyor, 1973）。关系宽度是指你与他人谈论多少话题，关系深度是指你渗透到他人隐私（核心）的程度。

我们可把个体表示为一个圆圈，并将圆圈分成几个部分，如图 9—2 所示。该图阐明了社会渗透的不同模式。图中的每个圆圈包含描述关系宽度的八个话题区域（从 A 到 H）以及描述关系深度的五个亲密等级（如同心圆所示）。参见第 1 个圆圈，仅有三个话题区域被渗透。其中，一个仅渗入第一等级，两个渗入第二等级。在此种类型的互动中讨论到三个话

课堂讨论9.5 拟社会关系是指观众自身感知的与媒体人物的关系（Rubin & Mchugh, 1987; Giles, 2007; Giles & Maltby, 2004）。有时电视观众会与真正的媒体人物（例如 Katie Couric、Regis Philbin 或 Ellen DeGeneres）发展关系。因此，他们会成为这些人的忠实观众，并想象自己与其交流。在其他时候，这段关系中的人物可能是虚拟的——美剧《犯罪现场调查》（*CSI*）中的调查员、美剧《法律与秩序》（*Law and Order*）中的律师，或肥皂剧中的医生。事实上，扮演医生的演员经常收到寻求医疗意见的邮件。当拟社会关系中的人物去世，一些人会出现强烈的消极反应，就与一段真实的关系结束时的感受类似（Cohen, 2003, 2004）。显然，大多数人不会陷得如此之深。你有拟社会关系的经历吗？

题区域，但仅停留在浅显的等级上。这种关系你可能跟最初相识的人会有。第2个圆圈代表一种更亲密的关系，拥有更大的关系宽度和关系深度，讨论到更多的话题，渗透至更深的等级。这种关系你可能跟朋友会有。第3个圆圈仍然代表一种更亲密的关系，有相当可观的宽度（八个区域有七个都被渗透）和深度（大部分区域均被渗透至最深等级）。这种类型的关系你可能跟爱人或父母才有。

当一段关系开始恶化时，宽度和深度会以很多方式自行反向，这种过程称作去渗透。例如，如果结束一段关系，你可能在人际沟通中会切断某些话题。同时，你谈论其余话题的深度会降低。但在很多关系恶化的情形下，互动的宽度和深度会增加。比方说，一对夫妻分道扬镳，最终摆脱出这段压抑的关系，一段时间过后，他们可能会谈论以前在一起时不会聊到的问题和感受。事实上，他们变成了非常亲密的朋友，比原先在一起时对彼此的好感强很多。这种情况下，关系的宽度和深度会增加，而不是减少（Baxter, 1983）。

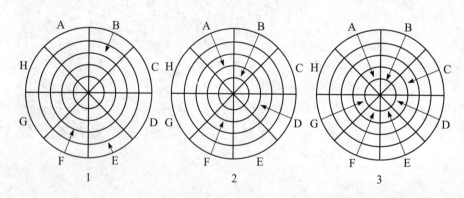

图9—2　社会渗透模型
　　宽度和深度的概念能够准确地反映你在不同关系下的交流状况吗？你从与一个刚认识的人谈话转换到与一个朋友或至亲的人谈话时，你能识别出信息的其他方面发生的变化吗？

五、社会交换理论

　　社会交换理论（social exchange theory）提出，人们会发展令其利润最大化的关系（Chadwick-Jones, 1976; Gergen, Greenberg & Wills, 1980; Thuibaut & Kelly, 1986; Stafford, 2008）——基于经济盈亏模型的理论。该理论来源于下列等式：利润＝收益－成本。

- **收益**（rewards）是你花费成本取得的任何东西。研究指明恋爱关系中的六类收益：金钱、地位、爱情、信息、物品和服务（Baron & Byrne, 1984）。例如，为获得金钱的收益，你会工作而不是玩乐。

为在人际沟通这门课程上获得 A 的成绩，不论是否想做，你会认真写出一篇论文或进行研究。

- **成本**（costs）是你一般想要避免且你感觉不快或认为困难的东西。比方说加班工作、洗碗碟和熨衣服、观看你觉得乏味而你的伴侣喜爱的电视节目，或者做出你讨厌的事情。
- **利润**（profit）是收益扣除成本后的成果（利润＝收益－成本）。

使用这种基本的经济模型，社会交换理论提出，你会寻求发展给予你最大利润的友情和爱情，也就是说，关系中获得的收益大于付出的成本。

当你进入一段关系时，你头脑中会构思出一个比较水平——你觉得自己应该从这段关系中获得的收益和利润。比较水平由对这段关系能够得到什么的现实预期组成。例如，对已婚夫妻的研究发现，大多数人期望高水平的信任、互相尊重、关爱和承诺。夫妻对于相处时间、隐私、性活动和沟通的预期则大幅降低（Sabatelli & Pearce，1986）。当你得到的收益等于或高于你的比较水平时，你就会对这段关系感到满意。

但是，你还有其他的比较水平。即，你会将你从目前关系中获得的利润与你认为你可以从其他关系中获得的利润进行比较，因此，如果你看到当前关系中得到的利润低于你可从其他关系中获得的利润，你可能会决定离开目前的关系，而进入一段崭新且利润更丰厚的关系。

六、公平理论

公平理论（equity theory）在社会交换理论的基础上更进一步，宣称关系中的双方应该有大体相当的收益—成本比率（Walster Walster & Berscheid，1978；Messick & Cook，1983）。例如，如果你和朋友开始创业，你的金钱投资占三分之二，你朋友的投资占三分之一，公平原则要求你应获得三分之二的利润，而你的朋友应获得三分之一的利润。在一段公平的关系中，各方获得的收益与付出的成本成比例。如果你在这段关系中投入比你的同伴多，那么公平原则规定你应获得更高的收益。如果双方付出相当，那么公平原则规定你们应获得相当的收益。相反，如果你付出较多而你的同伴获得较多（比如你做大部分令你感觉不快的工作），不公平就会存在。如果你和你的同伴付出相当，但你的同伴获得的收益更多，不公平也会存在。在此种情况下，你获益过少，而你的同伴获益过多。

人们在人际关系中渴望公平的理论获得很多研究支持（Hatfield & Rapson，2007；Ueleke et al.，1983）。该理论背后的整体思想是，如果你获益过少（你的所得远抵不上你的付出），你会愤怒和不满。另一方面，如果你获益过多（你的所得远大于你的付出），你会倍感内疚。但是一些研究质疑这种看似准确但直觉认为不妥的假设，研究发现，获益过多的人通常非常开心和满足，看来因为所得比应得的多生成的内疚感很容易被淡忘（Noller & Fitzpatrick，1993）。

公平理论清楚地阐述了日常出现的关系不满的根源所在。例如，关系双方都有全职工作，但一方还需要承担大部分的家务，因此，虽然双方获得同等收益——他们有一样的好车、同样住在三居室等等——但一方付出更多成本。根据公平理论，这一方由于缺乏公平会感到不满。

公平理论提出，你会发展、维护并满足于公平的关系。你不会发展而是终止或不满于不公平的关系。越不公平，产生的不满越强烈，关系终止的可能性也就越大。

虽然每种关系都有特殊性，但对于许多人来说关系又有相似的特点。上述关系理论就是要试图解释这些共性的东西。总体而言，这些理论对关系发展的原因、关系运行的方式、维护关系的方法以及一些关系令人满意而另一些不能令人满意的原因等问题作了许多解释。通过对这些关系规则的学习，我们可以更好地规范和管理自己的友情、爱情和家庭关系——这也是本书下一章的主题。

 内容提要

本章介绍了人际关系，主要探讨了两个方面的问题：一是形成人际关系包括终止关系的各个阶段，二是介绍了关于人际关系的几种理论，这些理论解释了人际关系发生和解体的原因和途径。

第一节 关系的阶段

1. 在接触阶段，你首先会与对方进行感性层面的接触，然后与其互动。

2. 在交往阶段，你会考察你的潜在伴侣，如果对方的表现令人满意，你会进而强化彼此的关系。

3. 在亲密阶段，你们会相互承诺，随后双方建立起一种社会性的亲密关系并予以公开。

4. 在恶化阶段，联结你们的纽带开始变弱。内心的不满会演变成人际不和谐。

5. 在修复阶段，你首先进行自我调整，分析问题所在以及可能的解决途径；接着你会进行人际修复，在此阶段你和你的同伴会寻找方法，修复日益恶化的关系。

6. 在解体阶段，你将与你的同伴分离，接着公开终止关系。

第二节 关系的理论

7. 吸引理论认为：人们更倾向于和与自己相似、空间上相近、认可自己、对自己具有外表及人格上的吸引力，以及拥有理想的社会经济地位及教育程度的人建立关系。

8. 关系规则理论认为：人们通常与遵循体现关系本质的规则的人保持关系，而与那些不遵循规则的人脱离关系。

9. 关系辩证理论认为：关系中包含着互相对立的需要和愿望形成的矛盾。例如，人们一方面希望与他人保持关系，另一方面又希望保持自己的独立性。

10. 社会渗透理论关注的是，关系阶段转换之际话题在广度和深度上发生的变化。

11. 社会交换理论认为：如果收益大于成本，人们会建立并且维持关系。如果收益小于成本，关系会随之恶化。

12. 公平理论认为：如果关系双方有大体相等的收益－成本比率，人际关系将得以发展和维持。

 关键词

attraction theory 吸引理论
contact 接触

costs 成本
equity theory 公平理论

intimacy 亲密
involvement 交往
profit 利润
relationship deterioration 关系恶化
relationship dialectics theory 关系辩证理论
relationship dissolution 关系解除

relationship repair 关系修复
rewards 收益
rules theory 规则理论
social exchange theory 社会交换理论
social penetration theory 社会渗透理论

 思考题

1. 历经九年的审判和上诉后，美国最高法院于 1967 年禁止任何州法律反对跨种族婚姻（Crohn，1995）。请说明如今的跨种族恋爱关系现状是怎样的，这些关系面临怎样的困难？它们会带来何种好处？

2. 研究发现，关系解体会导致男性自杀，但女性不会（Kposowa，2000）。你能解释这种情况的原因吗？

3. 至少有一项科学研究表明，在面对面的关系中，如果你挑选伴侣的选择机会很多，那么恋爱的几率似乎更高。比如像在美国和欧洲各国这样充满大量选择机会的国家，恋爱的几率很高，而在选择机会较少的国家（如印度和非洲某些地区），恋爱的几率较低（Medora，Larson，Hortacsu & Dave，2002）。网恋比面对面互动拥有更多选择，因此网上恋情的恋爱几率会更高吗？

4. 根据关系中性别差异理论（尤其是进化心理学或社会达尔文主义），男人在选择与自己生儿育女的伴侣时，会看重年轻和吸引力；而女人在物色男人时会看重财富和权势，以获得安全感。一些研究对这种理论提出质疑，并指出认为自己具有吸引力的男人和女人会寻找具有吸引力的伴侣。类似的，富有的人在挑选伴侣时同样会寻找与自己财富相当的人（Angier，2003）。你认为哪种理论更有说服力？

5. 你能给出三种关系阶段中取得进展的事例吗？一个是关系从一个阶段步入另一个阶段的事例，一个是关系停留在某阶段较长时间的事例，另一个是关系已结束的事例。

6. 你认为书中阐述的六阶段模式是否能正确说明大多数的人际关系？你会如何描述人际关系的各个阶段？

7. 无论你处于何种类型的关系，你是否会进行"比较购物"（将你自身的关系与潜在的其他关系进行比较）？或者当你的关系到达某种承诺水平，你是否停止"购物"？

8. 对你目前的任何一种关系做出成本—收益分析。在一栏注明所有成本，在另一栏注明你从这段关系中获得的全部收益。接着换位思考：扮演刚才你分析的那个人的角色，作一份你自己的成本—收益分析。你可从这类分析中学到什么？

9. 如果你和你的伴侣为这段关系付出同样的成本（也就是说，你们付出一样的心力），但你的伴侣获得的却远远多过你，你会有何感受？

 情境选择

1. 正面拒绝一份礼物：跟你关系融洽的同事送你一份十分亲密的礼物。你确实不明白这表示什么。那么问问你自己，你该如何拒绝这份礼物又不至于切断交往的可能性？

2. 结束关系：你想要结束一段八个月的恋爱关系但与对方仍然可做朋友。那么问问你自己，你该说些什么才可能达到这双重目的？

3. 调节关系阶段：你觉得与目前的恋爱对象进展太快，想将恋爱的节奏放缓，但又不想把这个人拒绝掉，这可能是个问题。那么问问你自己，你该说些什么（怎么说及何时说）才能让对方进程放缓？

4. 拜见父母：你约会的对象接受的是与你非常不同的文化的教育，你被邀请拜见对方的父母并共进传统习俗的晚餐。那么问问你自己，你该做什么才能化解这种存在潜在困难的情形？

5. 坦诚相见：你即将要见你只在网上交流过的网友，你要向这个人坦白你在年龄和一些其他事情上撒了谎。那么问问你自己，你最先要坦白什么？你准备选择如何坦白？最好的办法是什么？

6. 降低不确定性：你断断续续和这个人交往了半年，但你现在想让这段关系往更深的阶段发展。你只是不知道你的伴侣心里怎么想。那么问问你自己，你该做什么来降低不确定性和模糊性？特别是，你该说什么来了解你的伴侣是否想要往更亲密的关系发展？

 我的传播实验室

下面的练习是关于人际关系和各个阶段中发生的沟通。1. 分析阶段谈话。2. 从阶段谈话中学习得知处于不同关系阶段的各种提示。3. 对于关系困境给出修复建议，并依据本章的论述提供关系修复建议。4. "造成关系疏远的原因"是关于可以断裂关系的若干关系问题的练习。

第 10 章

人际关系：产生与恶化

关系产生　　　　　　　　　　　关系修复
关系维持　　　　　　　　　　　关系解除
关系恶化

《欲望都市》

　　《欲望都市》讲述了四个女人寻找浪漫爱情的故事。在寻找爱情的过程中，她们认识了自己并彼此了解，懂得无论发生什么，友情总会把她们连在一起。这部影片最清晰的叙述是关系发展的各个阶段，从关系产生到亲密，再到（可能出现的）关系解除——这就是本章的主题。

上一章讨论了关系发展的一般过程以及解释关系阶段进展的理论。本章将解释关系如何产生、如何维持、如何恶化、如何修复以及如何解除。首先我们来看关系产生。

第一节　关系产生

我们已经在第 9 章讨论了许多关于关系的理论，接下来我们将主要关注关系是如何产生的。事实上，我们已经讨论过关系的产生，现在我们将主要从关系产生的角度对前面的理论进行简要的回顾，然后学习关系特权的概念。

一、关系产生理论

降低关系不确定性理论、吸引理论、规则理论、社会交换理论和公平理论等已经对关系产生的原因和途径作了充分阐述。

- 降低不确定性理论（第 3 章）阐述了发生关系是双方降低不确定性的过程（Berger & Calabrese，1975）。学者们并没有就不确定性与可爱程度达成一致。一些学者认为高不确定性降低了可爱程度，另一些学者则认为高不确定性增加了可爱程度，熟悉生出忽视（Knobloch & Carpenter-Theune，2004；Norton，Frost & Ariely，2007）。
- 吸引理论认为人们倾向于同以下的人发生关系：空间上接近、有所回报、具有外表及性格上的吸引力、与自己同类尤其是拥有类似的社会和经济地位及教育背景等。
- 关系规则理论认为，友情、爱情和亲情的产生在于关系成员都认同并遵循一系列的规则。如果遵循规则，关系就会产生，如果破坏规则，关系就不可能产生。
- 社会交换理论宣称，关系产生于有利可图的前提下（即收益大于成本），如果潜在关系的成本超过收益，关系不会发生。
- 公平理论认为，如果关系成员的收益—成本比率大体相当，就会感到公平，关系就会发生。

二、关系特权

另一个与人际关系产生特别相关的概念是人际特权或**关系特权**（relationship license），即允许违反关系的期待、习惯或规则的特权。关系特权随着关系的产生而产生，随着关系的发展而扩大，随着关系的恶化而变小。例如，老朋友或处于亲密阶段的恋人会在餐厅里吃对方盘里的食物、互相整理服饰，或者互相打屁股。这些都是对非亲密关系规则的破坏，对点头之交或是处于关系初始阶段的人而言尤其如此。如果关系处于恶化之中，则关系特权会变得非常有限甚至是完全丧失。

　　在有些关系中，权力是相互的，每个人的权力是相同的。而在另外一些关系中，一个人的权力会比其他人要多得多。比如说，也许有人有权可以随时回家，而另一些人却不得不按时上下班。或者，有人有权不作任何解释地花夫妻共同财物，而其他人就没有这个权力。或者，有人有权对另一半不忠诚，而其他人没有。再比如，一些文化中，男人被允许和很多女人有亲密关系，而女人只允许与法律承认的婚姻伴侣有亲密关系。在这种例证中，非互惠特权建立在社会规则之上。这种非互惠特权是缺乏公平的一个很好的例证。

　　人际交流艺术的一部分是既争取关系特权，又保证自己隐私的协商。这种协商几乎从来就是不明显的，通常是用非语言形式日积月累地实现的。比如，亲密触摸的特权是从礼节性的触摸开始，通过一系列触摸的积累逐渐实现的。

课堂讨论 10.1　我们不能因为相同而互相吸引，因为不同而互相排斥。这个命题一直存在着争论（Rosenbaum, 1986）。例如，如果因为观点不同而遭致排斥，你当然也就不会与排斥你的人建立关系。其结果是，你只能与一群态度相同的人为伍。你对排斥假说（repulsion hypothesis）有什么看法？你和你的关系史是更接近排斥理论还是更接近吸引理论，还是两者共同起作用呢？

第二节　关系维持

　　关系维持（relationship maintenance）就是使关系得以继续或保持的行为（修复严重破损甚至破裂的关系属于关系修复范畴）。维持行为当然具有很多功能，例如：

- 保持关系完整：保持关系的存在，防止关系解体。
- 保持关系处于当前阶段：防止关系变化过快出现不够亲密或过于亲密的状态。
- 保持关系处于满意状态：保持收益和付出的适当平衡。

　　一些人认为，一旦关系建立起来，除非发生灾难性的事情，关系就会继续下去。因此，虽然他们也会避免不幸的事情发生，但是他们不会主动地维持关系。另一些人则始终小心谨慎，一旦关系出现异常，尽快采取有效的方法予以补救。大多数人则处于两个极端之间，只有当关系出现问题或者关系出现变化的时候，才会采取维持关系的行为。

　　大量的关系维持是通过电子邮件来实现的，这点并不令人惊讶。因为许多关系都是在网上发展的。当两个人地理距离很遥远时，网络很容易就把两人联系起来了。电子邮件的使用增加了联系的频率和重要性。女性对电子邮件的使用远大于男性，而且女性比男性更喜欢电子邮件的联系方式。

一、维持关系的原因

　　维持关系的原因和开始发展关系的原因一样多种多样。在考察关系维持

课堂讨论 10.2 假如在一段关系中你和同伴付出的同样多，但你的同伴得到的明显更多一些，你会怎么想？假如是你得到更多，你又会怎么想呢？

的特殊原因之前，我们先看一些理论的解释。

吸引理论认为，只要关系得以产生的吸引力存在，关系就会维持下去。尽管对于关系双方而言，吸引力已经改变，但吸引力始终是关系得以维持的重要力量。

社会交换理论认为，只要关系有利可图，即回报大过付出，关系就会维持下去。当然，需要注意得到的是什么、什么样的回报是可观的，这依赖于个人判断。更确切地说，当你的收获比你想象的多时（你的比较水平），你会尽可能地维持这段关系。同样，虽然短期内你没得到你预期的收获，但长期看，你认为你会从其他方面得到更多，你也会尽可能维持这段关系。所以当你认为你应该得到更多而没有得到时，你

会让关系保持不变。

公平理论认为，当你的收获相对公平时，你会维持这段关系。如果你认为你和对方得到了与付出而言近乎相同的收获，你也会尽可能维持关系。但是，如果关系中的任何一个人认为没有得到公平待遇，那么这段关系可能会经历波折。

除了这些理论外，还有一些更流行的、经常被引用的维持关系的原因。

- **情感依恋**。通常维持一段关系，是因为你们彼此相爱，你希望保持这段关系，因为你还没有找到更有诱惑力、更有趣的人。
- **便利**。寻找另一个同住者、另一位生意伙伴，或另一个社交伙伴是件非常困难的事，因此待在一起比分手更便利。
- **子女**。一对夫妇在一起，因为不管这个想法是对是错，他们认为这样做对孩子是最有利的；或者说孩子成为了掩盖真实原因的一个借口，这个借口为社会广泛接受。而真实原因可能是便利、经济利益、害怕孤独等。
- **恐惧**。人们往往害怕孤独地进入外部世界，独自面对其他人，因此，保持目前的关系是更好的选择。
- **惯性**。一些关系因为惯性被保留了下来，即静止继续静止，动态保持动态，改变会带来太多麻烦。
- **责任感**。人们对彼此和一段关系有很强的责任感（Yela，2000）。事实上，最近研究表明，比起其他因素，女性的责任感更能维持关系和保持关系稳定（Sprecher，2001）。

二、为维持关系而沟通

关系得以维持的原因之一是双方的有效沟通。有趣的是，夫妇间，妻子使用维持策略与丈夫采取同样策略相比，能在满意度、爱情和责任方面产生更好的效果。但这不是说男性的维持策略不起作用。更确切地说是在一般异性婚恋关系中，妻子的维持行为作用更大。

但在研究电子通信在维持关系的作用时则出现了相冲突的情况。例如，

一份研究表明，55％的互联网使用者认为电子邮件增强了家庭关系，66％的人认为电子邮件改进了和好友的关系。与此相关的发现是不使用互联网的人比使用互联网的人更感到社交孤独。只有8％的互联网使用者认为他们感到社交孤独，而18％不使用互联网的人有相同感受。但另一个研究结论则完全相反，人们使用互联网越多，与家庭成员交流就越少，交际圈就会越窄，他们就越发感到孤单和沮丧。唯一合理的结论是，对于一些使用者而言，互联网增强了与朋友和家人的社交联系，而对于另外一些人而言，互联网代替了面对面的交流和联系。

掌握人际技巧专栏

移情

移情（empathy）是站在他人的角度体会他人的情感，同时又不丧失自己的独立性。移情能使你理解他人所表达的情感。移情不等于同情（sympathize）。同情是自己对他人的感受，如为他人感到难过和高兴等。研究显示，女性比男性有更多的移情，更善于移情交流（Nicolai & Demmel，2007）。下面的移情交流建议对于女性来说可能更容易一些。

移情交流。 移情最好以思想移情和情感移情两种方式表达（Bellafiore，2005）。思想移情是表达对他人意思的理解。比如说，你对他人评论的解释显示出你能够理解他人想要传递的意思，你就是在表达思想移情。情感移情是表达对他人情感的感受，即你表现出的感情和他人的感情相类似。在一个简短的回应中，人们通常同时表达思想移情和情感移情。例如："你家里的问题确实是越来越糟了，我能理解你经常生气的原因。"

下面是有效表达思想移情和情感移情的建议。

- 一定只是试图理解他人，而不要评价、判断或批评他人。
- 集中注意力，保持目光接触和专注接近的姿势，用表情和姿势表达你的关注。
- 适时反馈你的感受，以确认你的认识是否准确和显示理解他人的意愿。试探性地表达对他人感受的理解，例如，"你看起来真生你爸爸的气"或"我从你的声音中听出了怀疑"。
- 如果时机适合，通过自我透露表达自己的理解，但注意不要把讨论的焦点放在自己身上。
- 注意混合信息以保证坦诚的交流。比如，你的朋友语言表达出满意的态度，却流露出沮丧的非语言信号，你就需要小心对待可能存在的差异。

运用人际技巧

在什么样的情况下你会感激他人表达的移情？这种移情有什么特点？

许多研究者把重点放在了人们在各种关系中的维持策略。下面是一些维持关系的例子，可以作为维持关系的建议。

- **友善**。研究者把这称之为亲社会行为，包括礼貌、乐观、友好、避免对他人评头论足，虽然有些个人牺牲但应尽量让步。亲社会行为还包括谈论共同的未来，例如，共度暑假或是共同买房。它还包括温柔浪漫的行为等。

- **乐于沟通**。你可以跟对方说"你好吗？"，或寄送卡片或信件。有时沟通只是简短的对话，这些对话本身没什么意义，但却让双方都参与进来。同时也可以谈谈关系中的诚实和坦诚以及共同感受。在冲突中积极应对（即使是你的另一半表现出伤害关系的行为）是另一种关系维持策略。
- **坦诚**。加入直接讨论，聆听你的另一半，比如，坦诚地表述你对这段关系的看法、给予建议，并表达移情。
- **给予对方肯定**。你向另一半肯定这段关系的重要性，如安慰他、把他放在第一位、表达爱意。
- **共同参与活动**。花时间与你的另一半在一起，比如，一起打球、拜访共同的朋友、共同做家务（如打扫房间），甚至是一起聊天。控制（减少或降低）婚外关系活动也是另一种团结行为。同时也包括庆祝活动，比如说，庆祝生日、纪念日，回忆过去的快乐时光，以及在共同喜欢的餐厅吃饭。
- **积极主动**。让沟通充满快乐和乐观，比如，牵手，为了另一半高兴而做的让步、帮助等等。同时，也要避免做会产生争论的那些事情。
- **自我提升**。比如说，把自己打扮得让另一半觉得漂亮、有吸引力。

第三节　关系恶化

　　第9章讨论关系恶化时指出，关系恶化是指将人们联系在一起的纽带变弱了。关系恶化的过程可能是逐渐的也可能是突然的。例如，如果关系中的一方另有新欢，新关系就会逐渐取代旧关系，从而出现关系逐渐恶化。如果维系关系的实质性规则（如夫妻间的忠贞）遭到破坏，双方认为不能继续维持关系，就会出现关系突然恶化。

　　根据前面介绍的理论，关系恶化发生的情形有：关系中的一方失去了外表和人格上的吸引力、一方长期体会不到亲近感、彼此的分歧远大于认同等。关系破裂通常是更有吸引力的一方离开（Blumstein & Schwartz, 1983）。吸引力在关系发展中的重要性与吸引力消失导致关系恶化是同样的道理。根据社会交换理论，当付出多于回报时，关系开始恶化。同样，当你觉得你能和别人相处更好时，关系可能恶化。即使关系不如你所期待的那样，你也不会贸然解除关系，除非新关系或者独处能给你带来更大的好处。而公平理论则认为，当你认为你付出的比你得到的要多，或是你的另一半从关系中获得了不相称的回报，那么关系会出现恶化。

一、关系恶化的原因

　　关系恶化的原因同关系存在的原因一样多。不过，人们从各种破裂的关系中总结出几条普遍的原因。

第 9 章的"自我测试专栏"讨论了关系的优点。如果缺乏这些优点，关系将会恶化。比如，如果关系不能减轻孤独感（关系中的一方或是双方经常或者长期感到孤单），关系就会被束之高阁，因为关系没有发挥应有的功能。类似的，如果关系不再提供刺激、不再促进自知之明和自尊、不再有利于身心健康、不再增加快乐和减少痛苦，关系就可能陷入麻烦。

关系恶化还有下面一些原因。

课堂讨论 10.3　在面对面的关系中，情感亲密挤占隐私，关系越近，隐私越少。然而对网络关系的研究表明，由于对自我披露的有效控制，你既能发展亲密关系，又能保护隐私（Ben-Ze'ev, 2003）。你同意这一观点吗？如果不同意，你如何认识网上情感亲密与隐私的关系呢？

- **交流障碍**。显然，不适当的交流是关系破裂的重要原因之一。如无端指责、打击贬损和捕风捉影等交流形式会滋生不满，容易导致友谊、爱情和家庭关系破裂。

- **第三者**。人们建立和维持关系是为了增加快乐和减少痛苦。如果这些目标不能实现，关系就几乎没有存在的理由了。特别地，当新关系（新朋友、新恋人）能够更好地满足这些需要时，旧关系就会恶化。

- **关系的改变**。不可调和的态度、完全不同的知识兴趣和能力，以及主要目标的改变等都会导致关系恶化。如果人们对某种事物着迷（如毒品、酒精，甚至是集邮）都会给关系带来严重问题。

- **性问题或工作问题**。性障碍会给情爱关系造成很大的困难。例如，几乎在所有的关系研究中，性问题总是前三位的问题（Blumstein & Schwartz, 1983）。性问题的严重性不是性生活的数量而是性关系的质量。无论结婚与否，性生活质量差会导致一系列其他的问题，会导致任何情爱关系的破裂。同样，一方的工作问题也会引起矛盾。如工作时间太长、赚钱太少、工作不开心等都是由工作引起关系危机的例子。

- **经济困难**。夫妻关系调查显示，经济问题是最大的忧虑。关系建立之初，钱是免谈的话题，一旦关系建立起来，钱又是主要危机的根源。四分之一到三分之一的二人关系视钱为首要问题。钱始终是夫妻关系的主要问题之一（Blumstein & Schwartz, 1983）。钱之所以重要，因为它与权力紧密相连。恋爱关系如同生意场，钱最多的人拥有最大的权力。比如，钱多的一方对于购买贵重物品或与钱无关的决定都拥有最终决定权。金钱所带来的权力也同样蔓延到与经济无关的事情中去。

- **关系信念**。如果你和对方对关系有同样的观念，而且这些观念是现实的，那么这将增强你们的关系。与此相反，如果你和对方关于关系的观念比如说在性别、经济等问题上差别很大，而且这些观念又是不现实的，那么你们的关系将会不稳定和疏远（Pasley, Kerpelman & Guilbert, 2001; Goodwin & Gaines, 2004）。这些不现实观念的作用将在"自我测试专栏""你是如何看待关系的？"中介绍。

学习人际理论与研究专栏

嫉妒

嫉妒（jealousy）是对关系威胁的反应：如果你发现有人靠近你的伴侣，你就会感到嫉妒——尤其是你感到闯入者正在得逞的时候。

很多研究表明，异性恋中的男性和女性感到嫉妒的原因不同，这些嫉妒源于我们的进化过程（Buss, 2000；Buunk & Dijkstra, 2004；Buller, 2005）。相关研究的基本结论是，男性感到嫉妒是害怕自己的伴侣与另一个男性身体亲密，相反，女性感到嫉妒是害怕自己的伴侣与另一个女性情感亲密。进化论告诉我们，在远古时代，男性为家庭提供食物和住所，所以男性憎恨他的伴侣与其他男性身体有亲密，因为他不得不为其他男性的孩子提供食物和住所。而女性依靠男性提供食物和住所，所以女性会因为她的伴侣与其他女性情感亲密而感到嫉妒，因为这意味着自己可能被抛弃，她会失去食物和住所的保障。

但并不是所有的研究都支持这个观点，也不是所有的理论都支持进化论的解释（Harris, 2003）。例如，对中国男性的调查显示，只有25%的人认为身体背叛更难以接受，而75%的人认为情感背叛更难以接受。

另一个普遍的性别差异假说是，嫉妒的男性倾向于使用暴力，但这种说法并不准确，嫉妒的男性和女性同样倾向于使用暴力（Harris, 2003）。

那么，当你感到嫉妒时你会干什么（撇开暴力不谈）？传播学者发现了一些普遍的然而是消极的互动反应（Guerrero, Andersen, Jorgensen, Spitzberg & Eloy, 1995；Dindia & Timmerman, 2003）。一个嫉妒的人会：

- 用非语言方式表达不快，比如，哭泣或是用面部表情表示受到伤害。
- 威胁使用暴力或真的使用暴力。
- 直接的语言攻击，比如讽刺和责难。
- 不理会对方，异常沉默，有时否认有任何问题。

正面的回应应该是"合作交流"，传递分担责任的信息，如情感自我透露、开诚布公等。

运用理论成果

考察自己的嫉妒或者别人的嫉妒，特别是表达嫉妒的方式。哪种方式能帮助关系发展？哪种方式会恶化关系？

✎ 自我测试专栏

你是如何看待关系的？

请在你认为正确（或同意）的命题后面标示"**T**"；在你认为不正确（或不同意）的命题后面标示"**F**"。

_____ 1. 如果一方对关系有疑问，这意味着关系有问题。

_____ 2. 如果对方真的爱我，我们就不会有争吵。

_____ 3. 如果对方真的细心，他或她应该会一直在意我。

_____ 4. 如果对方生我的气或是在公开场合批评我，这就说明他或她并不是真的爱我。

_____ 5. 对方应该知道什么对我很重要而不需要我告诉他或她。

6. 如果不得不开口要我想要的东西，就没有什么意思。

7. 如果对方真的在意，他或她就应该满足我的要求。

8. 好的关系不会有任何问题。

9. 如果人们真心相爱，他们就不需要为他们的关系而努力。

10. 如果对方做了让我恼火的事情，我认为他或她就是故意伤害我。

11. 如果对方在公开场合与我意见相左，我认为这就是他或她不在意我的信号。

12. 如果对方与我产生矛盾，我认为他或她就是不尊重我。

13. 如果对方伤害了我的感情，我认为那是他或她故意的。

14. 对方总是为所欲为。

15. 我必须说的话对方总是不听。

你做得怎么样？ 阿伦·贝克（Aaron Beck）是认知疗法的权威之一，同时也是畅销书《不知足的爱》（*Love Is Never Enough*）的作者。他认为所有这些观念都是不现实的并会给你的人际关系带来问题。这个测试能用来帮助人们认识到关系发展和维持中潜在的问题。上述的陈述你同意的越多，你的期望就越不真实。

你会怎么做？ 如果你持有以上任何一个观点并认为这些观点达不到预期的效果，你会怎么做？你可以自己或者集体讨论以上的测试，用设想或真实的例子来分析这些观念为什么是不真实（或真实）的。

资料来源：This test was taken from Aaron Beck, *Love is Never Enough*, pp. 67 - 68. Copyright © 1998 by Aaron T. Beck, M. D. Reprinted by permission of Harper Collins Publishers, Inc. and Arthur Pine Associates, Inc. Beck notes that this test was adapted in part from the Relationship Belief Inventory of N. Epstein, J. L. Pretzer, and B. Fleming, "The Role of Cognitive Appraisal in Self-Reports of Marital Communication," *Behavior Therapy* 18 (1987)：51 - 69.

二、关系恶化的影响

关系恶化（relationship deterioration）会产生多方面的影响。虽然我们把关系恶化看作是负面的，但事实上，关系恶化的影响并不总是负面的，也可能有正面的影响。最显著的负面影响是，作为关系结果的收益或好处会随着关系的恶化而失去。不管一段关系多么令人不满意，它总有好的方面，但现在丧失了。

关系恶化通常也会伤害自尊。你会觉得没有优点甚至是愧疚。你会自我责备做了错事或没做正确的事情，或是你要为你现在的损失负责。当然，家人、朋友也会让你过不去，暗示你应受到指责。

关系恶化会带来很多实际的问题。关系恶化会带来经济问题，现在你会遇到钱的问题，房租、学费、贷款等都会让你感到困难。如果是婚姻关系，会有法律和宗教方面的问题。如果还有孩子，情况会更复杂。

课堂讨论 10.4　尽管目前许多女性已经加入了职业大军，但她们同样承担了大量的家务。事实上，多年前瑞士政府发起了一项名为"公平承担家务"的活动，旨在让男性承担更多的家务劳动。如果你负责该活动在美国的运作，你会对男性们说些什么？又会对女性们说些什么呢？

三、关系恶化时的交流

关系恶化包括特殊的交流方式，这些交流方式是关系恶化的部分反应。

如果你觉得关系出现了问题，你就会采用特殊的交流方式。当然，这些方式也会决定你关系的命运。下面是一些关系恶化时常见的交流方式。

■ **回避**。非语言的回避可以看成是你需要更大的空间，一旦这个空间被侵犯，你会有暴躁的脾气和神经质的反应。其他非语言信号包括目光交流和身体接触的减少、着装简单、取悦对方的饰品如手镯、照片或戒指减少等（Miller & Parks，1982；Knapp & Vangelisti，2009）。语言回避表现为懒得讲话，尤其是不愿倾听，用简单的敷衍代替深入的交流，回避严肃的问题等。

■ **自我封闭**。坦诚相见的交流明显减少。如果关系即将终结，你会认为坦诚相见不值得。或者你认为对方不会接受或信任你的坦诚相见，你也得不到对方的支持和同情。

■ **欺骗**。当关系破裂时，欺骗行为增多，有时是明显的谎话。双方会避免在诸如整夜未归、没有电话、在何地、与谁在一起等问题上的争论。有时因为羞耻而撒谎，你不希望对方瞧不起你。欺骗会自行恶化，最终导致失去信任。

■ **好话坏话**。关系恶化时，坏话增多，好话减少。你现在批评曾经赞赏的对方的行为，虽然这些行为没有太多实质的改变，但你看待它们的方式不同了。曾经可爱的行为，现在变得无聊；曾经与众不同的行为，现在却无关紧要。当关系恶化时，亲热的请求减少（"能为我准备我最爱的甜点吗？"），而粗暴的指责增加（"你能不能不要独霸电话？"）（Lederer，1984）。甚至起码的礼貌都会丧失，如从"亲爱的，能帮我冲杯咖啡吗？"转变为"给我一杯咖啡，可以吗？"，最后是："我的咖啡呢？"

人际传播伦理专栏

信息道德规范

本书从一开始讨论的伦理就是信息道德规范。这个理论认为，人们有权获得与他们决策相关的信息。从这个前提可以推导出以下结论：

■ 提供准确信息以方便人们自由决策的交流是道德的。相反，以下交流是不道德的：隐瞒准确的信息，提供错误和虚假的信息等以导致人们决策失误。如果信息充分，这些失误本来是可以避免的。

■ 一方面，你有权得知他人掌握的有关你的信息，以及会影响你决策的信息。例如，你有权会见你的起诉者、知道那些即将指证你的证人是谁、了解你的信用评级、明白你在社会保险中的利益。另一方面，你无权知道与你无关的信息，如你的邻居是否开心、是否争吵，或者是否收到了食品券。

■ 你必须透露你所掌握的事关他人或社会做出决策的信息。比如，你有义务证实你所见的坏事、指证在警局里的坏人、报告犯罪事实，或是当你拥有相关信息时你有义务去法庭作证等。这些信息对于社会实现它的目标、依法做出选择有至关重要的作用。

你会怎么做？

你一个好友的丈夫目前与一个 15 岁女孩有婚外情。你朋友对此有所察觉并询问你是否知情。对于你来说什么是道德的？是对朋友撒谎说你一无所知，还是不得不告诉她你所知道的呢？你有必要告诉警察吗？在这种情况下你会怎么做？

图 10—1 总结了关系走向亲密和离开亲密过程中交流行为的变化（本章和第 9 章讨论过的）。该图最为根本的和重要的观点是，当你接近亲密时，沟通的有效性和满意度增加；而当你远离亲密时，沟通的有效性和满意度降低。

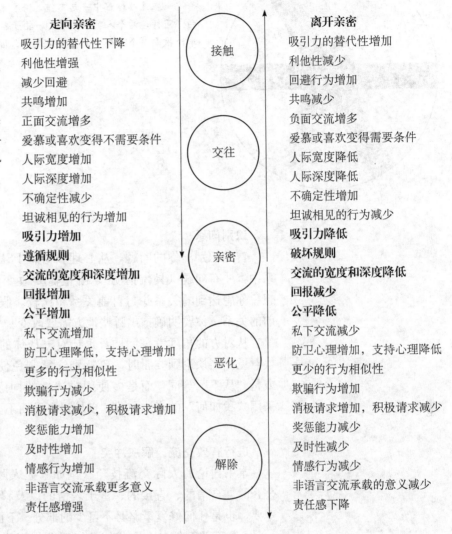

图 10—1　关系中的交流

该图总结了交流行为在关系中的变化。一些行为随着亲密程度的增加而增加，一些行为随着亲密程度的下降而减少，这些变化在本章和第 9 章讨论过了。与第 9 章相关的理论在这里用黑体字标出。阅读这些变化并思考你的关系。你需要增加哪些变化？有哪些变化你听说过，或在你的关系中被忽视了？

走向亲密		离开亲密
吸引力的替代性下降	接触	吸引力的替代性增加
利他性增强		利他性减少
减少回避		回避行为增加
共鸣增加		共鸣减少
正面交流增多	交往	负面交流增多
爱慕或喜欢变得不需要条件		爱慕或喜欢变得需要条件
人际宽度增加		人际宽度降低
人际深度增加		人际深度降低
不确定性减少		不确定性增加
坦诚相见的行为增加		坦诚相见的行为减少
吸引力增加	亲密	**吸引力降低**
遵循规则		**破坏规则**
交流的宽度和深度增加		**交流的宽度和深度降低**
回报增加		**回报减少**
公平增加		**公平降低**
私下交流增加		私下交流减少
防卫心理降低，支持心理增加	恶化	防卫心理增加，支持心理降低
更多的行为相似性		更少的行为相似性
欺骗行为减少		欺骗行为增加
消极请求减少，积极请求增加		消极请求增加，积极请求减少
奖惩能力增加		奖惩能力减少
及时性增加	解除	及时性减少
情感行为增加		情感行为减少
非语言交流承载更多意义		非语言交流承载的意义减少
责任感增强		责任感下降

第四节　关系修复

如果你想挽救一段关系，你可以将在这门课程中学到的理论和技巧应用于实践，试着改变自己的交流方式。我们首先考察修复关系的几种普遍方式，接着讨论你想单方面改变关系的修复方法。

一、人际修复

我们来看看以下用于修复关系的六个建议。这六个建议的首字母合在一起就是 REPAIR（修复），有效地提醒你修复不是一步完成的，而是许多步骤合在一起的过程（参见图10—2）。

图 10—2 关系修复轮

这个轮子形象地比喻了关系修复的过程。特别的修复策略——辐条——在连续过程中一起工作。轮子很难移动，但一旦启动它就很容易转向。同样，两个人共同推动时，轮子就更容易移动，但是一个人也可能把车轮推向一个正确方向。你能用什么暗喻来帮你思考关系修复问题？

识别问题

首先识别出你的问题，从心理和情感上认识问题。详细指明你现在的关系中哪些有问题（具体指明），哪里需要改变使关系变得更好（具体指明）。想象你想达到的关系并与目前关系相比较。假设这个理想中的关系能取代目前的关系，你要明确指出哪些地方需要改变。

从对方的角度考虑问题，也让对方从你的角度考虑问题。开诚布公地交换意见。当谈论到委屈时，要特别注意避免使用令人生气的词语如"总是"或是"从不"等词，而是多使用描述性的词语。替自己的情感和想法负责，采用"我如何"的表达方式，多检讨自己而不要责怪对方。

进行有效交流，解决冲突

本书讨论的人际交流技巧（例如掌握人际技巧专栏讨论过的，利他的、公开的、自信的、直接的、富于表情的以及移情的等等）在修复过程中特别重要，也是任何修复策略必不可少的部分。下面是几条唤起你记忆的建议。

■ 注意关系信息，这些信息能帮助你阐明动机和需要。回应这些信息以及内容信息。

■ 双方互换角度看待问题。

■ 即使发生冲突，也要有移情的和积极的回应。

■ 对自己的感受和想法负责，使用"我如何"的表达，检讨自己。

■ 通过积极倾听帮助对方发现并表达自己的情感和思想。

■ 记住不可逆原则，在说话之前仔细考虑，以免后悔。

■ 保持交流渠道畅通。直面问题，商量解决办法，尝试新的、更有效的沟通方式。

同样，有效解决人际冲突的技巧在任何关系修复中都至关重要。如果双方选用有效解决冲突的策略，困难就会克服，关系就能向牢固健康的方向发展。可是，若使用了无效的或破坏性的策略，关系就会进一步恶化。冲突的性质以及解决冲突的技巧将在第12章进行深入的探讨。

提出可能的解决方案

找出问题后，就要讨论解决问题的办法——可能减少或消除问题的办法。寻找双赢的解决方案。尽量避免一方得益、一方损失的解决方案。这样一方赢一方输的解决方法，会增加憎恨和敌意。

相互肯定

任何关系修复的策略都包含着支持和正面的评价。比如，幸福的双方有更正面的行为交换。他们比不幸福的双方能更一致、更认可、更积极地进行情感交流。这些行为源于积极的情感，这些情感是相互的。然而，人们也一直在争论，这些表现是否能帮助双方增进积极的感情。

课堂讨论 10.5　一项研究表明，那些因为共同爱好在网络上结交的人们，在见面之前经过了充分的交流，能够管理亲近的边界和成功地处理冲突。与那些不具备这些方式的人相比较，他们更容易在一起（Backer，2002）。你能够根据自己的经验判断什么人容易在一起，什么人容易分开吗？

肯定别人的方式之一就是积极的话语。改变负面信息交流方式。比如，避免言语或非言语的冷淡，用谈话来发现你们的问题和不同意对方观点的原因及可能的改善办法。改变自我封闭的倾向，坦诚你的感受。当你想改变负面交流方式时，赞美、积极的抚摸以及所有"我关心你"的非语言行为就非常重要。

爱抚行为在肯定对方和增加好感交流方面特别重要。爱抚行为指你享受对方所传达给你的小动作（如微笑、眨眼、紧抱、亲吻等）。爱抚行为应该（1）具体和积极，（2）把注意力放在现在和将来，而不是放在过去双方所争吵的问题上，（3）能每天这样做，（4）很容易就这样做。人们能列举出一堆他们想收到的爱抚行为，并和对方交换。每人根据对方的要求做出一些爱抚行为。最初这些行为可能被认为是自觉的和笨拙的，不过最终这些举动会成为双方日常互动的一部分。

将解决方案落实到日常行为中

通常在争吵发生后会达成解决方案，但过不了多久就会退回到原先的无效行为。应该把解决方案落实到日常行为中，成为日常行为的组成部分。比如，使互相赞美、欣赏以及互相关爱成为正常关系行为的一部分。

冒险

勇于努力改善你的关系。即使没有回应也给予赞美。不要怕你的主动被拒绝，无非是说声对不起。要变化，要适应，要承担新的任务和责任。

要勇于承认问题的主要责任在自己，即由于自己不讲道理、太古板、太小气而产生问题，你需要改进。

二、内省修复

最重要的人际修复手段之一源于第 1 章介绍的断句原理，即交流是循环的而非线性的观点（see Chapter 1；Duncan & Rock，1991）。我们来看帕特和克里斯的例子。帕特批评克里斯，而克里斯则为自己辩护并且攻击帕特毫无感觉，相当消极，从他那里得不到支持。如果认为交流过程开始于帕特的批评

（这是刺激），克里斯的攻击是反应，就会有如图表 10—3（A）那样的模式。

根据这个观点，唯一能停止这场无结果沟通方式的办法就是帕特停止批评。但是，如果你是克里斯，你能让帕特停止批评吗？如果帕特不想停止批评呢？

当你使用断句原理将沟通视为循环过程时，你对这个问题就会有不同的看法，就会有如图 10—3（B）显示的模式。

图 10—3（A）
关系问题的刺激反应观点

　　关系过程中一个行为是刺激，另一个行为是反应。这意味着行为方式的调整只有改变刺激，才会产生不同的（更好的）反应。

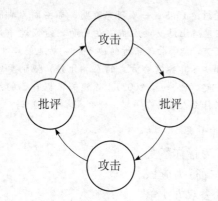

图 10—3（B）
关系问题的循环观点

　　这个观点明显地不同于图 10—3（A），关系中的行为是循环的。没有特别的刺激，也没有什么是回应。在循环圈的任意一点实施干扰都可以打破循环。

请注意循环模式没有关于原因的假设。相反，唯一的假设是每个回应激发另一个回应，每个回应部分地取决于前面的回应。所以，循环可以在任意一点打破：比如，克里斯可以停止对帕特的批评，不以攻击作为回应就是了。同样，帕特也可以不以批评作为回应而终止克里斯的攻击。

根据这个观点，任何一方都能打破无结果的循环。很明显，双方都改变自己无效的交流方式，交流效率将有显著改善。不论如何，即使只有一方使用更有效的交流方式，交流同样会改进。在一定程度上说，实际上是帕特的批评依赖于克里斯的攻击，而克里斯的攻击依赖于帕特的批评。

第五节　关系解除

有些关系当然会终结。简单的理由是关系不足以将个体继续维持在一起。有时是关系的问题无法解决，有时是付出太多而回报太少，或者是关系已经完全破坏，退出是唯一的选择。随着关系的结束，你会遇到两个普遍的问题：怎样结束关系，怎样处理因为结束关系不可避免地产生的问题。

一、关系解除的原因

首先要澄清一个很大的误解，即解除关系总是一件坏事。其实并非完全如此。

由于各种各样的原因，如宗教的、社会的、经济的、人际的，或者基于利害权衡的理性分析等，人们普遍认为关系应该持续，结束关系是件坏事。所以，当一对夫妻说他们共同生活了很多年，你会做出积极的回应；相反，当你听说他们分手了，你会难过地回应"听到这个消息我很难过"，"那真是太糟了"。

然而，某些案例清楚地表明关系解除是有益的。通常一些关系应该解除，比如，当友谊被破坏或者出现了过度竞争（同事之间容易发生），这种友谊最好就该放弃了。假如一个"朋友"把你的秘密全抖出来或者作为攻击你的工具，并且这种情况一而再、再而三地出现，那就该是时候将友谊降为点头之交了。

情爱关系——不论是恋爱双方、已婚夫妇、家庭伙伴或是其他类似关系——都会因为一方付出另一方不劳而获而出现不平衡。假如情爱关系变成了言语上或身体上的虐待，最好解除关系。

即使在家庭中，某些成员或某些关系也可以变得有害。伴侣、家长或子女有时可能成为某位家庭成员破坏性行为的帮凶，比如，向外界隐藏家庭成员酗酒使其得以免除社会谴责，继续肆无忌惮。再比如，被抛弃的同性恋子女最好远离厌恶（欺负）同性恋的家长、兄弟姐妹和亲人。同样的，当子女选择的终身伴侣不被家庭接受时，子女就必须选择到底站在哪一边——忠诚还是血缘，家庭还是伴侣。至少在类似的抉择中，切断与家庭的联系比放弃美满的姻缘能有更为长久的幸福。

另一个误解是，关系破裂一定是因为一方有过错。但是，即使双方无过错，也有关系解除的正当理由。比如，现在的关系不能满足变化了的需要。类似的，人们的兴趣和目标在发生变化，意识到自己的真实情感取向，发现了真爱所在等等，所有这些都是关系解除的正当理由。

相反，人们及其关系不会因为待在一起就崇高。长期关系并不一定比短期关系更好。时间的长短与关系的本质没有必然的联系。在 Maury 和 Jerry Springer 的电视脱口秀节目中可以经常看到戏剧性的例子，我们可以听到嘉宾抱怨长期关系中令大多数人感到厌烦的东西，普通的例子则随处可见。

要记住，我们因为各种各样的原因开始一段关系，当出现问题时，有时值得我们尽力修复关系使其回到原来的轨道中。困难是我们并不能确定在经历了多少次失败的尝试后，下次的修复尝试能否成功。是继续待在不能满足自己需要的或破坏性的关系中，还是结束这段关系，做出这种决定不是一件容易的事情，因为很多因素都在起作用。终有一天我们不得不说："我努力了，现在我必须离开。"就像对待关系如同儿戏得不到长久幸福一样，维持无效的破坏性关系也得不到长久的幸福。

■　二、分离策略

如果你想解除关系，需要向自己也向对方作出解释。解除不满意的或不利的关系需要策略。下面介绍五个这样的策略（Cody，1982）。需要注意的是，目标决定策略选择。比如，如果分手后还想做朋友，使用降级策略就比使用辩解或者逃避策略好得多。

- 使用积极的语言以保存关系，向对方表达积极的情感，例如："我真的很在乎你，但我不希望我们的关系这样密切。"
- 明确关系破裂的责任，将责任归咎于对方并为自己解脱干系。如："我无法忍受你的嫉妒、你的多疑、对我的监视，我需要自由。"
- 对关系破裂给出正当理由。比如说："我就要去读大学了，四年不和其他人约会是不可能的。"
- 通过降级（de-escalation）行为以减轻关系强度。如，躲避对方、切断电话联系，或是减少在一起的时间。
- 通过降级策略减少关系的独占性和关系强度。比如说："我不喜欢独占的关系，我想我们应该关注其他人。"

三、面对分离

课堂讨论 10.6　最近，媒介通过案例或者以脱口秀的形式教育大众如何处理人际关系。如果是对人类人际关系（友情、爱情和亲情）一无所知的外星人，通过观看 Maury 和 Jerry Springer 的电视脱口秀节目、商业广告、肥皂剧、新闻秀、情景剧或电视剧等，能推断出什么？把所有这些节目放在一起，外星人又能总结出什么？

不管关系结束是出自何种原因，关系破裂总是棘手的事情。一般来说关系破裂会带来压力和情感问题，事实上也会对人们的身心造成伤害（Eisenberger, Lieberman & Williams, 2003）。关系解除后，女性通常比男性更沮丧、更无奈（Chung, Farmer, Grant, Newton, Payne, Perry, Saunders, Smith & Stone, 2002）。所以，重要的是注意自我修复。无论是朋友、夫妻关系的破裂，还是生离死别或失恋等都会体验到痛苦。以下是减轻这些伤害的一些建议。

打破孤独——沮丧的循环

在一段关系结束后一般会浮现两种情绪：孤独和沮丧。这些情绪会非常显著，请严肃对待它们，并认识到沮丧通常会导致严重的疾病。幸运的是，大部分情况下，孤独和沮丧只是暂时的。以沮丧为例，这种情绪一般不会超过三四天。同样，关系结束后所出现的孤独与一定的环境相关，环境改变，则孤独消失。而如失去亲人的悲痛则会持续更长时间。如果沮丧持续的时间很长，影响很深，并打乱了你的正常生活，就需要求助于心理医生了。

暂时休息

旧关系尚未结束，不要急于建立新的关系。在建立新关系之前要有客观的评估。同时，也不要从一个极端走向另一个极端，拒绝一切关系。

暂时休息吧，重新开始自己的关系。在一段长期关系中，你已经把自己视为团队中的一员，或是二人关系的一部分。现在你需要把自己视为一个独特的个体。目前虽是孤身一人，但你有能力在不久的将来重新发展一段有意义的关系。

提升自尊

随着关系结束，自尊也在降低。这点对于那些不是关系解除的发起者而言特别明显。你会因关系破裂或是因对维持关系准备不足而导致的关系破裂感到愧疚。你会感到自己不被人需要，没人爱了。那么你的任务就是重新树立积极的自我形象。

同时也要认识到即使你认为自己是导致关系破裂的主要原因，关系破裂也并不意味着你是失败者。也不代表你在一段全新的、与之前不同的关系中不能成功。一段关系破裂只是意味着这段关系出现了问题。理想模式是，你能从上次的失败中学到与自己和人际关系行为有关的重要道理，吃一堑长一智。

清除或回避令人不快的事务

任何关系破裂后，都会留下各式各样的回忆——如照片、礼物和信件。克制把它们丢掉的念头。把这些东西交给一个朋友保管或是放在一个你不会看到的地方。如果可能，不要去你们常去的地方。这些会带给你不愉快的回忆。在你做到了对前一段关系情感上的疏远之后，你再拿出来回忆那段曾经快乐的关系。这个建议来自于一项研究。这项研究表明，这些引起你回忆的东西使你对那段破裂的爱情印象越深，你就会越消沉（Harvey, Flanary & Morgan, 1986）。

请教学者专栏

死亡的关系

最近在一次车祸中，我失去了 20 年的伴侣，这给我带来了很多麻烦。有什么方法能减轻我的痛苦？

突然失去相识多年且关系亲密的人确实会带给你很多麻烦和痛苦。因为这种关系已经变成你自身的一部分，因此失去你的同伴就好像失去自我的一部分。你失去的不仅仅是你的同伴，还有你对未来的计划、你的情感支柱，有时甚至是经济支柱。因此，你被迫变成另外一个不同的人，而不再是这种关系中的一部分。从这种意义上来说，你所遭受的损失和某种亲密关系破裂所遭受的损失是相似的。你的这种损失可能还是加倍的，因为你没机会说再见。你甚至会对这个世界感到愤怒，包括对已逝去的人，而且你甚至会因为自己幸免于难而充满罪恶感。时间也许是治愈这种伤痛的良药。给自己一个机会去哀悼，然后学会独立地生活。

更多信息参见 C. A. Corr, C. M. Nabe, and D. M. Corr, *Death and Dying, Life and Living*, 2nd ed. (Pacific Grove, CA: Brooks/Cole, 1997); E. Kübler-Ross, *On Death and Dying* (New York: Macmillan, 1969, 1997); and H. S. Kushner, *When Bad Things Happen to Good People* (New York: Avon 1981).

Shirlee A. Levin：夏威夷大学文学硕士，南马里兰大学语言传播专业教授。她教授的课程有人际传播、跨文化传播、团体和领导以及一些基础课程。她曾经给初中、高中的学生及老师，市政及宗教组织的成员授课。2003 年她获得了美国国际传播协会颁发的传播学院杰出教育者奖，现任马里兰传播协会主席。

寻求支持

许多人觉得他们应该独自承受负担。特别是男人，他们总被告知这是男人处理问题的方式。但是寻求他人的支持是克服由于一段关系的结束导致的不愉快的有效办法之一。向你的朋友及家人倾诉你的处境——概括来说，如果你愿意的话——表明你需要支持。尽量去找那些积极乐观的人，避免向消极的人倾诉，他们只会把世界描述得更加黑暗。明确区分寻求支持和寻求建议。如果你觉得你需要一些建议，那你应该去找专业人士。

避免重蹈覆辙

许多人会重复他们的错误。他们会带着和早期第一次投入关系中同样错误的设想和不现实的期望投入到第二次或第三次的关系中。相反，你应该运用在失败的关系中获得的经验来避免重复同样的模式。

同时，不要变成一个命运的预言家。不要在每次关系中都看到过去的痕迹。不要在有了第一次冲突时就马上跳出来说"历史又开始重演了"。将新的关系当做独一无二的关系。不要用过去的经验来评价它，用过去的经验和关系作为向导而不是过滤器。

 内容提要

本章详细地讨论了人际关系可能经历的各个阶段——产生、维持、恶化、修复和解除。

第一节　关系产生

1. 一些人际关系的基本理论关注关系的产生，例如降低不确定性理论、吸引理论、规则理论、社会交换理论和公平理论等。

2. 关系特权随着关系走向亲密而增加，随着关系走向解体而减少。

第二节　关系维持

3. 维持关系的原因主要有：情感依恋、便利、子女、恐惧、惯性以及责任感等。

4. 维持关系的行为包括：友善、沟通、坦诚、给予对方肯定、分享、积极向上和完善自我等。

第三节　关系恶化

5. 关系恶化是指将人们联系在一起的纽带变弱。当一方或双方对目前的关系不满时，关系便会恶化。

6. 关系恶化的原因包括：交流障碍、第三者、

关系的改变、与性或工作有关的问题、经济困难以及对关系不切实际的观念等。

7. 关系恶化的负面影响可能包括快乐时光和积极互动的丧失、失去自尊，以及经济问题等。

8. 关系恶化期间出现的沟通变化有语言和非语言形式的冷淡、坦诚相见的行为减少、欺骗行为增多、负面信息增加、正面信息减少等。

第四节　关系修复

9. 关系修复就是努力解决困扰关系的问题，使关系更亲密、更积极。

10. 修复关系的策略包括：找出问题、有效沟通、解决冲突、提出可能的解决方案、相互肯定、将解决方案落实到日常行为中，以及主动承担责任等。

11. 修复关系并不一定需要双方努力，一方就能打破无效的和破坏性的恶性循环。

第五节　关系解除

12. 解除就是中断或解除保持关系的纽带。

13. 关系解除的原因有：关系无法再满足关系

建立时所希望满足的需求、关系产生的"利益"下降，或言行恶劣等。

14. 分离策略包括：正面肯定、责任追究管理、辩解、减少接触、减少排他性等。

15. 处理关系破裂的建议有：打破孤独—沮丧的循环、暂时休息、提升自尊、清除或回避令人不快的事务、寻求支持、避免重蹈覆辙等。

关键词

disengagement 分离
empathy 移情
jealousy 嫉妒
relationship deterioration 关系恶化
relationship development 关系产生

relationship dissolution 关系解除
relationship license 关系特权
relationship maintenance 关系维持
relationship repair 关系修复

思考题

1. 在关系紧张时期提高交流的一种方法是让你的同伴投入到积极的行为中而不是停止消极行为。考虑如何根据此建议来替换以下表达方式：（1）"我讨厌你在公务繁忙时忽略我。"（2）"我受不了去这种廉价的餐厅吃饭，你什么时候可以大方一点啊？"（3）"不要再这么消极啦，你总是批评所有的事和所有的人。"

2. 如何运用吸引理论、社会交换理论和公平理论处理关系恶化、关系修复和关系解除？

3. 想想发生在你身上的关系解除的例子，有没有找出其中的原因？你能找出这种关系解除的有利之处吗？

4. 你如何解释关系破裂时的一些发现，更有吸引力的一方总是会先离开吗？有什么其他因素能解释谁先离开呢？

5. 你如何描述存在于你自身关系中的关系特权？在什么情况下这种关系特权的存在会导致关系产生问题？

情境选择

1. 想象如下场景：你找了份新工作，希望自己看起来友好，被大家喜欢但同时又让大家觉得你做事严谨认真。问问你自己：什么样的信息能够帮助你获得这种双重目标？你首先会尝试哪一种？

2. 抱怨。你的同伴总是不停地抱怨：无论是什么样的情况，你的同伴总是怨声载道。你感觉听得越来越痛苦并想让他停止。问问你自己：你能够做什么来减少他的抱怨？或者说你怎样做会促进他继续抱怨？怎样做能阻止他抱怨？

3. 嫉妒。你的伙伴嫉妒心非常强——至少在你看来如此。你每次和其他人见面或是在网上和他们交流时，你的伙伴总是质疑你的忠诚。你受够了。问问自己，如何做才能减少（理想的话，最好能阻止）这种嫉妒，同时又不破坏你们之间的关系？

4. 精神上的不忠。你发现你的同伴在过去的15 年里一直在背着你和别人网上交往（外国人）。你明白这种不忠是由于你们交流失败造成的（Yong, Griffin-Shelley, Cooper, O'Mara & Buchanan, 2000）。你想知道他们在网上的关系程度以及你的伙伴在这件事上的打算。问问自己：你会如何和你的伙伴谈起这个话题？怎样才能做一次诚实的交流，同时不要让你的伙伴有防卫心理导致无法交谈？

 ## 我的传播实验室

这组练习主要探讨各种人际关系和它们的产生、维持、恶化、修复以及解除。1. "歌曲和贺卡中体现的人际关系"探索了贺卡和歌曲表达人际关系的方式。2. "将理论运用到问题中"提供一个机会将上一章中讨论的理论运用到我们这里讨论的常见关系问题中。3. 男人和女人对关系中性别差异的看法。4. 在你阐述关系变化是如何形成的时候变换一下视角。5. 专栏作家提供的关系修复建议会让你更批判地看待他提供的建议。6. "如何让别人喜欢你？"提供了一些如何增加亲和力的策略以及如何使用它们来改变别人对你的看法。7. "你如何修复关系？"列出各种各样的关系问题，使你能运用从中得到的启示，根据自己的实际经验提供一些有关修复关系的策略。

第11章

人际关系的类型：
友谊、爱情、家庭和职场

友谊	职场关系
爱情	关系暴力
家庭	

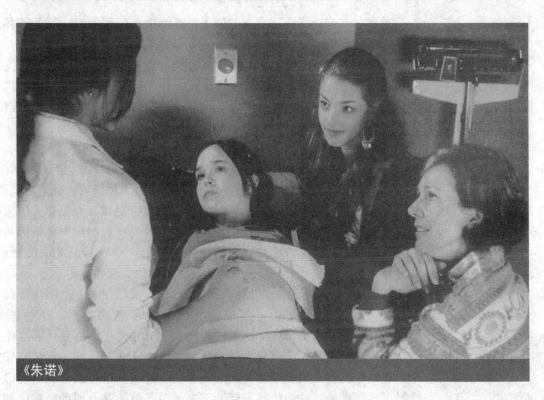

《朱诺》

在电影《朱诺》中，我们可以看到人与人之间互相关联的极好例子——发生在一个人身上的事情通常会以不同的方式对朋友、爱人、家人以及其他人产生不同的影响。这种互相关联是本章的主题之一。

人际关系的基本原理和阶段都已经讨论过了，现在重点考察人际关系的具体类型。本章将讨论：（1）友谊，（2）爱情，（3）家庭，（4）职场关系，明确阐述这些关系，探索怎样使这些关系中的人际交流更加有效。我们还会在关系暴力这一节考察关系的某些黑暗面。

 ## 第一节　友谊

友谊（friendship）曾引起诗人、小说家和所有艺术家的关注和想象。在银屏上，友谊变得和浪漫的爱情同样重要。友谊同样也引起了许多人际传播学者的兴趣（Samter，2004）。人的一生将会遇到很多人，但是，相识满天下，知心能几人，能称之为友谊的关系很少。不过，尽管朋友的数量不多，却非常重要。

一、定义和特征

友谊是这样一种人际关系：两个互相依赖的人互惠互利，彼此尊重。首先，友谊是一种人际关系，彼此之间必须有交流互动。进一步地说，友谊涉及"个性化的焦点"（Wright，1978，1984），朋友之间均视对方为独一无二的、真诚的、不可替代的完整的人。

其次，友谊一定是互惠互利的——不能损害任何一方。一旦破坏性进入关系，也就无所谓友谊了。爱情关系、婚姻关系、父母与子女的关系，以及任何其他可能产生的关系可以是破坏性的，也可以是建设性的。但友谊必须增进彼此的潜能，只能是建设性的。

再次，友谊是以彼此尊重为特征的。喜爱的人是我们称之为朋友的实质。友谊的三个主要特点——信任、情感支持和利益分享（Blisezner & Adams，1992）——无不促进彼此尊重。

当朋友关系特别亲密的时候，一方的行为会对另一方产生非常大的影响，这种影响比对泛泛之交的影响更大。朋友之间关系越亲密，就越会彼此依赖。同时，朋友之间关系越亲密，在态度和行为上也更加互相依赖，约束普通关系的社会规则对他们的影响就会更少。亲密的朋友会制定一些他们自己的交往规则，他们会决定谈话内容、确定在何时及谈论什么话题不会冒犯对方，以及他们不能谈论什么、何时及因为什么原因他们互通电话等等。

在北美，友谊显然是可以选择的关系，你可以在一定范围内选择谁是你的朋友。大多数研究者将友谊定义为一种自愿的关系，一种选择关系（Samter，2004）。美国城市的人口密度、交流和搬迁的随意性确实使许多友谊成为自愿的关系。但纵观大部分地区的人类历史——例如在远离城区中心数公里的小山村，人们在那里出生、生活、死去，做什么都没有超出他们那个社区的范围——这种传统上延续下来的关系就不是自愿的。在这种环境中你只能够和村里的人建立友谊，你没有权利选择一部分人去打交道而忽视其他的人。你必须和社区里的其他成员打交道，形成友谊、爱情。因为这是在常规基础上你仅仅能够接触到的人（Moghaddam，Taylor & Wright，1993）。然而，随着互联网的普及，这种状况变化非常快。全世界的人能够通过网络互相接触，越来越多的关系变得自愿了。

二、友谊的类型

并非所有的友谊都是一样的。但又如何区别呢？回答这个问题的一种方法就是区分三种主要的友谊类型：互惠型、接受型和交往型（Reisman，1979，1981）。

互惠型友谊是一种理想的类型，它的特点是忠诚、自我牺牲、相互关爱及包容。互惠型友谊建立在平等的基础上，每个人都要平等付出并从友谊中得到利益和回报。

相反，接受型友谊中的付出和收获是不平衡的，一方是主要的付出者，另一方是主要的获得者。然而这是一种积极的不平衡，因为每个人都在友谊中有所收获。付出感情和收获感情的双方的不同需要都得到了满足。这种友谊往往建立在师生之间或医生和病人之间。事实上，这种身份的不同是接受型友谊得以建立的关键。

交往型友谊是非常短暂的。它只能被描述成一种友好关系而不能称为真正的友谊。交往型友谊通常建立在同学、邻居或同事之间。彼此之间没有非常大的信任和忠诚，也没有很多的付出或获得。交往型友谊的感情热诚但不强烈。

另一个看待友谊类型的方法是比较面对面的友谊和网上友谊。毫不奇怪的是，目前还没有足够多的研究给这两种友谊做一个具体区分。然而，有些差异还是显而易见的。比如有项研究演示异性之间面对面的友谊比网上建立的友谊更加亲密。女性之间在网上建立的友谊和面对面的友谊好像差不多，而男性之间在网上建立的友谊比面对面的友谊更亲密（Haidar-Yassine，2002）。另一项研究发现面对面的友谊会使人们之间的依赖更多，依赖的深度和广度更大、理解更深、责任更重。随着时间的推移，两种友谊都会得到发展，面对面的友谊和网上建立的友谊之间的差异就会越来越小（Chan & Cheng，2004）。

三、友谊需要

回答友谊有哪些区别的另一个答案是考察朋友能满足什么需要。你会根据自己的经验和期待选择能够满足你成长需要的人做朋友。根据需要选择朋友，就好像选择婚姻伴侣、雇员或任何能满足你需要的人一样。例如，如果想成为大家关注的焦点或明星，你就会选择那些追随你的人，甚至鼓励你成为明星的人，或用语言或非语言方式告诉你是明星的人做朋友。

如果需要发生变化，寻找朋友的方式也会改变。大多数情况下，新朋友会替代老朋友以更好地满足新需要。分析友谊需要的一种方式是考察友谊的价值或你期待从友谊中得到的回报（Wright，1978，1984）。比如说，根据你的需要，你会选择如下这些朋友：

- **有用**。拥有特殊才能、技巧和资源的人。这些人对于你实现特定的目的或需要有用处。比如说，某人特别聪明，能够帮助你取得更好的成绩、能解决你的问题，或者帮你找到一个更好的工作，你会不会和他交朋友呢？

- **肯定**。能够肯定你的个人价值和贡献的人。比如，某人欣赏你的领导才能、体育技能或幽默感，你会不会和他建立友谊呢？

- **自我支持**。具有支持性、鼓励性和帮助性的人。比如，你会不会和那些能让你觉得自己有价值、有能力的人交朋友呢？

- **激励**。给你新思想、新方法、帮助你拓宽视野的人。例如，某人让你接触到不曾认识的人和事、宗教、文化和体验等，你会不会和他建立友谊呢？

- **安全**。永远不会伤害你、不会揪住你的缺陷或弱点不放的人。比如，你不用担心某人会背叛你或对你评头品足，你会不会和他交朋友呢？

面对面友谊的这些利益也适用于网上的友谊。据研究者调查，网上友谊的利益包括娱乐、支持、安全、多样性和网络能力等（Reiner & Blanton，1997）。

四、友谊和交流

友谊的发展在时间上会经历几个阶段。友谊关系的一端是陌生人或初次相遇的人，另一端是亲密朋友。这两个极端之间会发生什么呢？

随着从开始接触发展到亲密友谊，交流的深度和广度会增加（参见第 9 章）。你们会谈论一些越来越接近内心深处的东西。同样，随着友谊的加深，交流的话题数目也会增加。随着友谊的广度和深度的增加，你从友谊中获得的满足也会增加。这种广度和深度的增加在所有的交流行为中都会产生——面对面的友谊和网上友谊。有趣的是，在校大学生和青年人当中，网上交流（即时信息和短信、社会网址以及电子邮件）的主要原因就是建立和维持友谊（Knox, Daniels, Sturdivant & Zusman, 2001; Lenhart, Madden, Macgill & Smith, 2007）。毫不奇怪的是，这些交流的方式会促进友谊的亲密度，而且会促使网友进行面对面的交流（Hu, Wood, Smith & Westbrook, 2004）。

前面的第 9 章探讨了动态张力的概念，例如关系中存在着自主性和关联性的张力——既要保持独立的个性，又要保持与他人的联系。友谊也可以用动态张力来描述（Rawlins, 1983）。一种张力就是一方面有敞开心扉、表达出自己想法和感受的冲动，但另一方面又有强化自我保护意识、不愿将自己的信息透露给别人的冲动。同样，在坦率公开自己还是小心谨慎之间也存在一种张力。由于这些矛盾的冲动，友谊不能向越来越坦诚的方向直线发展。这并不是说，人们从开始认识到普通朋友乃至亲密朋友的过程中，坦率的程度不会增加。这种程度会增加，但发展的模式不是直线型的。在友谊发展的整个过程中，总是会周期性地出现一些阻碍坦率程度增加的张力。

而且还会出现一些倒退现象：暂时性地将友谊倒退至不是很亲密的起始阶段。友谊在某种层面上是稳定的，交往的双方都会觉得很舒适；有些友谊表现得很随意，有些友谊表现得很亲密。虽然友谊呈现出阶段性，但不会朝着越来越亲密的方向稳步发展。

掌握了这些特点之后，我们就能讨论友谊发展的三个阶段，并总结来自于掌握人际技巧专栏中的有效人际交流的特征。这里得出的假设就是，随着友谊从开始认识到普通朋友，再到亲密朋友，有效的人际交流也会增加。然而，这并不意味着紧密的友谊一定是更可取的或者比普通的、短暂的友谊关系更好。我们需要所有类型的友谊。

接触

友谊发展的第一个阶段就是开始的初次接触。这并不意味着发生在相识之前的事情就不重要了——恰恰相反。事实上，你之前交朋友的历史、你的个人需要、你对发展友谊所做的准备都对你们的友谊能否继续发展起着重要的作用。

在开始的初次接触阶段，有效的人际交流特点只会呈现出一小部分。你会防卫而不是去坦率地表达，以免暴露出自己在他人眼里认为是消极的方面。因为你还不了解对方，因此你体会别人想法及适应他人的能力是有限的，况且这一阶段的关系通常被认为是暂时的而不值得付出太多的努力。因为对方对你来说并不熟悉，所谓的支持、积极和平等都很难在任何有意义的层面上得到展现。这时所展现出来的特点通常都是出于礼貌而不是积极真实的表达。

在这一阶段，真正的需要很少；你会认为自己是明确独立的，而不是一个整体。在这个时候展现出来的任何信心都是个人性格的作用而不是关系的作用。因为此时建立的关系是崭新的，人们之间还不甚了解，交流通常会有点尴尬、不自然——比如，过长时间的停顿、对要讨论的话题不确定、说话者和听者角色的无效交换等。

交往

在第二个阶段会出现一种二元意识，一种清晰的"我们"意识，"团结"意识；交流呈现出即时性。在这一阶段，你作为一个整体而非独立个体去参加活动。在这个交往阶段，对方是普通朋友——是一个你可以一起看电影、一起去喝咖啡、一起上课或一起骑车回家的人。

在这种普通朋友阶段，有效的人际交流的特点清晰地显现出来。你开始坦诚地表达你的观点并对对方的自我表达也感兴趣。开始对事物有了自己的思想和感受而且坦诚地和你的朋友交流。因为你开始了解这个人，体会他的感受并开始表现出由己及人的倾向。你同样还表现出支持态度，对对方及共同的交流情境表现出确定的积极态度。一旦你了解到这个人的需要，你就会表现得更明显。

在这个阶段你会感觉很自在，交往双方之间非常协调，你们能够充满信心地交流，保持适当的眼神交流，姿势动作都会很灵活随意，当感到不是很舒服时就会做适当的调整。

亲近和亲密的友谊

在亲近和亲密的友谊阶段，普通朋友关系得到进一步深入；你和你的朋友会将你们看作是越来越亲密的排他整体，从这种亲密的友谊中，你们都会得到比普通朋友更多的益处（比如说，情感支持）（Hays, 1989）。

因为彼此非常了解（比如说了解各自的价值观、观点和态度），彼此之间的不确定性会明显减少——你们已经能够比较准确地推测到对方的行为。这些知识使得有意义的相互交流成为可能，同时表现出来的积极性、支持性和坦率程度也会增加（Oswald, Clark & Kelly, 2004）。同时，我们也可以逻辑地推断出你能够更准确地读懂对方的非语言信息，而且用这些信息指导你们的交往——在某些时候避免某些话题或通过面部表情来安慰对方。但是也有一些证据表明普通朋友比亲密朋友更能察觉到一个人是否在掩盖他内心的悲伤或愤怒（Sternglanz & Depaulo, 2004）。在任何情况下，在这个阶段你们会交流重要的情感信息：表达喜欢、爱或关心对方的一些信息。坦诚相对、自我透露和情感支持变得比共同参与活动更重要（Fehr, 2004）。

你会变得越来越以对方为导向，更愿意为对方做出重大的牺牲。你会为了朋友的利益做得更多，而对方也会如此。你们会越来越多地体会对方的感受，交换视角，你也会期待你的朋友也能体会你的感受。由于对这个人具有真正的积极感受，你会立即表现出支持和积极的肯定。因为你们将彼此看成是一个排他的整体，平等和及时性会明显地表现出来。你会认为这个朋友在你的生活中非常重要，因此，你会通过和解及理解消除冲突（任何亲密朋友间都不可避免），而不是通过拒绝调解和动用暴力。

你愿意自信地、坦诚地向对方做出反应，有自己的想法和感受。你的支持和积极态度是你对这个朋友表达亲密的最真实的表现。每个人在亲密的友谊阶段都是真正平等的，每个人都可以开始谈话，也可以做出应答，每个人都可以主动或被动，每个人都可以畅所欲言或只做忠实的听众。

五、友谊、文化、性别和技术

你所处的文化、你的性别和技术都会影响你的友谊和你看待友谊的方式，让我们先讨论文化。

文化和友谊

在美国，你可以是某人的朋友，却不必真的去为这个人费尽心思。许多亚洲人和拉丁美洲人则认为，为朋友操心是友谊的绝对重要因素；如果你并不打算为你的朋友做出牺牲，那这个人就不是你真正的朋友（Dresser, 2005）。

总的来说，集体主义文化的友谊比个人主义文化的友谊更加亲密（见第2章）。集体主义文化强调团队和合作，会促进亲密友谊关系的发展。集体主义文化鼓励给团队中的其他成员提供帮助。当你为他人提供帮助或做些事情后，你对那个人的吸引力就会增加，这将是友谊的一个良好开端。当然，这种文化会对关系的发展和继续有帮助。

然而，个人主义文化中的成员总是留心自身的利益和他们自己。结果就是他们更喜欢竞争，总是试图比别人更好，这些情况总的来说不会促进友谊的发展。

如第2章所述，这些特点都是极端的例子；大多数人都不同程度地有集体主义价值观和个人主义的价值观。也就是说，集体主义和个人主义倾向的差异只是程度不同而已。

性别和友谊

性别同样会影响你的友谊（谁将成为你的朋友和你看待友谊的方式）。在讨论自我透露时已经提到，女性比男性的自我透露更多（e. g. Dolgin, Meyer & Schwartz, 1991）。这种差异也体现在男性和女性的友谊中。同性女朋友比同性男朋友更加亲密，自我透露更多。同性男朋友通常不把亲密看作是友谊的必要特点（Hart, 1990）。

女性会比男性更多地投入到与朋友的情感行为中，这种差异也许可以解释为什么男性比女性更难开始和维持亲密的友谊（Hays, 1989）。女性会比男性更轻松、更亲密、更自信地和朋友交流。充分的交流是女性友谊的重要特征。

当被问及友谊的质量、亲密、愉快和关怀时，对同性友谊的评价女性比男性高（Sapadin, 1988）。相反，对异性友谊的评价男性比女性高。然而男性和女性对异性友谊的亲密性有相似的评价。这些差异部分归因于社会上对男性间友谊的怀疑，结果导致男性通常都不愿意承认和同性间有亲密的友谊。

男性的友谊是在共同活动的基础上形成的——参加球类运动、玩牌、共同完成工作上的某个项目。然而女性的友谊通常是分享情感、支持和"个性化"的。友谊建立的重要的因素就是身份地位相似，愿意在困境中保护朋友。

当我们迈入 21 世纪，男性和女性建立和维持友谊的方式无疑发生了很大的变化——所有和性别有关的变量也会变化。同时，考虑到性别差异研究的现状，不要将一些细微差异一味夸大。避免固定思维，避免忽视男性和女性友谊的许多相似之处（Wright, 1988; Deaux & Lafrance, 1998）。

此外，友谊的研究人员提醒说，当我们发现差异时，导致差异的原因并不总是很明了（Blieszer & Adams, 1992）。有趣的例子就是我们发现中年男性比中年女性有更多的朋友而女性则比男性有更多的密友（Fischer & liker, 1983）。我们如何解释这些发现呢？男人有更多的朋友是因为他们比女人更友好还是他们有更多的机会来发展这些友谊呢？女性比男性有更多的亲密朋友是因为她们有更多的机会发展这种友谊还是因为她们有更强的建立亲密友谊的心理能力呢？

技术和友谊

也许技术比文化和性别对人际关系的影响更明显。很明显，网上的人际关系正在增加，使用互联网的用户在飞速地增加。象 Facebook 和 Myspace 这样的网站让人们结识新朋友和与老朋友保持联系越来越方便，越来越有趣。

网上关系的建立会导致网络汇集（network convergence），即一旦两人建立了关系，就会彼此分享对方与其他人的社交网络（Parks, 1995; Parks & Floyd, 1996）。当然，这和面对面的交流没有什么区别，只是网络群体分享社交网络的意识更强、更有效率（Lantz, 2001）。网上群体同样提供了一种归属意识，而这种意识曾被认为只产生于面对面的交流（Silverman, 2001）。

人际传播伦理专栏

关系道德

指导友谊、爱情、家庭和同事关系道德规范的首写字母连成的缩略语"ETHICS"的意思正好是"伦理"："empathy"（移情）（Cheney & Tompkins，1987），"talk rather than force"（交流），"honesty"（诚实）（Kerbs，1989），"interaction management"（互动管理），"confidentiality"（保密），"supportiveness"（支持）（Johannesen，2001）。

- 移情：关系中的人有道德上的义务努力从对方的角度去理解他人的情感。
- 交流：关系中的决定应该通过交流而不是暴力、通过劝说而不是强迫来实现。
- 诚实：关系中的交流应该是诚恳真实的。
- 互动管理：关系中的交流应该是令人满意的、舒适的，这是双方的共同责任。
- 保密：人们有权利期望他们的秘密不被泄露给他人。
- 支持：关系中的人际互动应该有支持和合作的氛围。

你会怎么做？

你负责管理一个团队，为公司新的写字楼群选择一位建筑师。问题是建筑师杰克什么也没做，而且缺席了很多次会议。你找他谈话，他告诉你他刚离婚，不能将精力集中到项目上。你为他感到遗憾而且关照了他几个月。但你现在意识到如果不换掉杰克就不能按时完成任务，同时你也不想因为杰克遭到负面的评论，在这种情况下你应该怎么做呢？

第二节　爱情

任何人际关系的特质都不能与爱情媲美。著名的英国首相本杰明·迪斯雷利曾说："我们为爱而生。""爱是生存的原则和唯一归属。"**爱情**（love）是一种特殊的情感：紧密、关心、亲密、激情和责任。它同样是一种通过交流产生、维持、有时被破坏的人际关系，同时也是可以通过交流技巧得到显著改善的关系（Dindia & Timmerman，2003）。

虽然有很多关于爱情的理论，但是，学者们关注和接受的模型是，爱情有六种而不只是一种类型（Lee，1976；Kanemasa，Taniguchi，Daibo & Ishimori，2004）。爱情类型之间的区别是一般而言的而不是绝对的。完成"自我测试专栏""你属于哪种类型的爱人？"，作为讨论爱情类型的开始。

自我测试专栏

你是哪种类型的爱人？

对下列陈述做出判断，正确的（如果该陈述基本上能正确地表达你对爱情的态度）用字母"T"表示，错误的（如果该陈述不能充分代表你对爱情的态度）用字母"F"表示。

　　　　1. 我和爱人都有身体结合的权利。

2. 我觉得我和爱人于对方都很重要。

3. 我和爱人真的互相理解。

4. 我相信爱人不知道我的事情不会对他或她造成伤害。

5. 爱人会因为知道我和别人做过的一些事情而感到心烦。

6. 如果我的爱人对我过分依赖，我会放手一点。

7. 我希望和爱人永远是朋友。

8. 我们的爱是一种深深的友谊，而不是神秘的难以捉摸的情感。

9. 我们的爱情是非常满意的，因为它从良好的友谊发展而来。

10. 选择爱人，我认为最好选择和自己有相似背景的人。

11. 选择伴侣的一个重要因素是他或她是不是一个合格的家长。

12. 选择爱人要考虑他或她是否支持我的事业。

13. 有时候我会因为和爱人相爱而激动得睡不着。

14. 当爱人不再注意我的时候，我会觉得很不舒服。

15. 当我怀疑爱人和别人在一起时，我会很紧张。

16. 我宁愿让自己难过也不愿意让爱人难过。

17. 即使爱人生我的气，我依然会全心全意地无条件地爱着他或她。

18. 为了爱人我愿意忍受一切。

你做得怎么样？ 这个测试来自亨德里克夫妇（Hendick & Hendrick, 1990），以琼·艾伦·李（Jone Alan Lee, 1976）的成果为基础，涉及我们接下来要讨论的六种爱情类型。这六种爱情类型是：性爱、欢爱、友爱、事爱、情爱和博爱。T 表明你认同这种类型的爱情，F 表明你不认同这种类型的爱情。1～3 项是性爱的特征。如果你的回答都是 T，那么你的爱情含有很强的性爱成分。如果你的答案都是 F，你的性爱成分就很少。4～6 项涉及的是欢爱，7～9 项涉及的是友爱，10～12 项涉及的是事爱，13～15 项涉及的是情爱，16～18 项涉及的是博爱。

你会怎么做？ 怎样更清晰地区分爱情的类型？怎样才能成为一个更完美的爱人？如何运用有效的人际交流如更灵活、更礼貌、更为他人着想，从而成为一个更热情、更有趣、更幽默的伴侣？

资料来源：From "A Relationship Specific Version of the Love Attitude Scale" by C. Hendrick and S. Hendrick，*Journal of Social Behavior and Personality* 5，1990. Reprinted by permission of Select Press.

一、爱情的类型

让我们分别考察李（1976，1988）的六种爱情：

- **性爱**（eros）。美丽和性感（自我测试中的 1～3 项）。就像希腊神话中的水仙美少年纳西塞斯自恋水中的身影。性爱者注重美丽和外表吸引力，有时甚至会排斥人们认为更重要、更持久的特性。同纳西塞斯一样，性爱者经常有不切实际的美丽幻觉，因而常常失望。毫不奇怪的是，性爱者对伴侣外表上的瑕疵总是十分敏感。

- **欢爱**（ludus）。娱乐和兴奋（4～6 项）。欢爱就是如同游戏般寻欢作乐的爱。游戏玩得越好，乐趣也就越多。爱情不必太认真，必须控制情感以免陷入麻烦，激情不能失控。欢爱者很有自控力，明白爱情需要管理而不是限制。也许是因为这种控制爱情的需要，一些学者认为，

欢爱揭示了性侵犯倾向（Sarwer, Kalichman, Johnson, Early et al.，1993）。不足为奇的是，欢爱者只在有趣、好玩的时候才会和对方在一起。如果兴趣消减，就该换人了。也许因为爱是一场游戏，忠贞也就无足轻重了。事实上，最近的研究表明，多数人认为，欢爱者容易出现超出两人之外的爱（Wiederman & Hurd, 1991）。而且不足为奇的是，欢爱者具有纳西塞斯式的自恋倾向（Campbell, Foster & Finkel, 2002）。

- **友爱**（storge）。平和、缓慢（7～9项）。友爱（来源于希腊语"familial love"）缺少激情和热烈。友爱的人不是寻找爱人，而是与知己的人建立友好关系，一起分享兴趣和参与活动。友爱是一种慢慢敞开心扉的渐进过程。这种变化是如此的缓慢，以至于有时很难准确地说感情在何时发展到了哪一步。性爱在友爱中最晚出现，而且当它到来时已经无足轻重了。

- **事爱**（pragma）。现实的和传统的（10～12项）。事爱者因事而爱，与能够满足自己需要和愿望的人建立和谐相处的关系。他们更关注未来伴侣的社会身份而不是人格特点。家庭出身和背景对他们来说非常重要，他们在乎的不是感情而是逻辑。事爱者将爱情看作一种有用的关系，能让将来的路走得更轻松些。关于未来伴侣的问题是："这个人是不是会让我过上舒适的生活？""这个人会不会做饭？""这个人会不会对我的事业有帮助？"事爱关系很少会恶化。一部分原因是因为他们会很仔细地选择伴侣而且注重相似性。另一个原因就是他们有现实的浪漫期待。

- **情爱**（mania）。热烈和沮丧（13～15项）。情爱的特点是情感的剧烈波动。情爱者爱得热烈同时也非常害怕失去爱。这种恐惧常常使得他们得不到爱情应有的乐趣。一点点刺激就会让他们变得无比的嫉妒。情爱是一种痴迷，希望占有对方的一切也希望完全被对方占有和被热烈地爱。在情爱者眼中，似乎只有爱才能提升自我形象，唯有爱而不是其他的满足才能实现自我的价值。因为爱是如此重要，所以关系中出现的危险信号经常被忽视。情爱者相信，只要拥有爱，其他不会有问题。

- **博爱**（agape）。同情心和无私（16～18项）。博爱是同情的、忘我的、无私的爱。博爱者甚至会爱及与自己不相干的人，他们会爱上一个马路上的陌生人，尽管彼此不会再见面。博爱是一种精神上的爱，一种不计较个人得失的付出，一份不期待回报的爱。耶稣、佛陀和甘地都宣扬这种无条件的爱、无私的爱（Lee, 1976）。从某种意义上来说，博爱是哲学上的爱而不是大多数人努力去争取的那种爱。不足为奇的是，那些相信缘分（一个中国的概念，源自于佛教中前世因缘的信仰）的人，会更推崇无私的（务实的）爱而不是性爱（Goodwin & Findlay, 1997）。

不同类型的爱可以组合成新的类型（例如，情爱和欢爱的结合、友爱和事爱的结合等）。这六种爱界定了爱情的主要方面，阐述了爱情关系的复杂性。六种爱情的区分也清楚地表明，不同的人有不同的需要，每个人都以独特的方式寻找满足。那些在你看来了无生趣、疯狂或无聊的爱可能正是别人的理想；同样，别人也许会对你向往的爱嗤之以鼻。

还要记住的一点是，爱情会改变。开始的事爱可能发展为欢爱或性爱。开始的性爱也可能发展成为情爱或友爱。有学者将爱情的发展过程区分为三个主要阶段（Duck，1986）：

- 第一阶段：性爱、情爱和欢爱（起初的吸引）
- 第二阶段：友爱（关系的产生）
- 第三阶段：事爱（关系纽带的形成）

课堂讨论 11.1　学者罗伯特·斯滕伯格将爱情定义为亲密、激情和义务的结合（Sternberg，1986，1988；Lemieux & Hale，1999，2001）。亲密：爱的情感方面，包括分享、交流和互相支持。激情：爱的动机方面，包括外表吸引和浪漫情怀。义务：认知方面，包括你做出的关怀爱人的决定。如果你在同等程度上把握了这三个方面，你就拥有了完整或完美的爱情。这个定义符合你对爱情的理解吗？

二、爱情和交流

爱情中人如何表达？说什么？怎样使用非语言？研究显示，你会夸大对方的优点，弱化他或她的缺点。双方会分享感情和体验，用温文尔雅的方式交谈，比如说"请"、"谢谢你"以及类似的礼貌表达方式。你们经常会进行"个性化的"交流。这种交流包括只有在你们这种特殊的关系中才有意义的信息以及不能让外人得知的秘密（Knapp，Ellia & Williams，1980）。你们同样还创造和使用个性化的表达方式（和昵称）：单词、短语和只对你们这种特殊关系有意义的姿势，以及只适用于你们的独特语言（Hopper，Knapp & Scott，1981）。外人试图使用这种个性化的语言会显得不合适，甚至有侵犯隐私的嫌疑。

相爱的人会深入地透露自己。与普通人或感情破裂的人相比较，相爱者之间更多信赖，更少猜忌。当关系受到威胁时，会使用更有建设性的解决冲突策略（见第 12 章）。对你所爱的人，你能清醒地意识到什么该说、什么不该说。彼此知道怎样回报对方、报复对方。简而言之，你知道怎样得到你想要的回应。

情侣之间表达支持、交谈和合作的主要方式是面对面或电话。一项调查显示，79%的人表示他们是这样做的（Marston，Hecht & Robers，1987）。

爱也可以用非语言交流。长时间目不转睛的眼神接触也许是表达爱意最清晰的信号。眼神交流是如此重要，以至于回避眼神接触会引起对方"怎么了？"的回应。你会保持比和朋友在一起更长时间的沉默。此外，你会发出一些表明关系的信号（一些表明你爱上某个人的信号），包括点头、手势，和身体前倾。你还会发出杜氏的笑（Duchenne smiles）——一种不是你随意控制的笑，表明你是真的高兴。这样的笑会让你的眼睛周围布满鱼尾纹，双颊抬高，眼袋也会挤出来（Lemonick，2005a）。

你不仅会越来越关注你的爱人，同时也会关注你自己的外表。你的肌肉紧张度会增加，例如当你恋爱的时候，你会特别注意自己的姿势，特别是即将和爱人约会之前，你会尽量让自己的姿态显得迷人——收腹、挺胸、迈着阳刚的或婀娜的步伐。就连你说话的声音都好像练声一样。还有证据表明，这种性别吸引带来的兴奋感会扩张你的鼻腔，使得说话的声音都带有鼻音

(Davis, 1973)。

你会尽量减少一些社会禁忌的不雅行为，至少在你的爱人面前。比如说你会减少或控制一些如抓脑袋、剔牙齿、挖耳朵、放屁等动作。有趣的是，等你们建立了持久的恋爱关系后，这些行为又会出现了。

你们的身体接触会更加频繁和亲密（Guerrero，1997；Anderson，2004）。你同样会用更多的表明你们关系的信号，一些表明你们正在相处的非语言的姿势，例如手牵手，挽着胳膊走路，接吻等等。你们甚至会穿情侣装。情人之间挑选的衣服款式和颜色会比非情侣关系的人更加相似。

学习人际理论与研究专栏

爱情的类型和性格

研究爱情类型你会发现，不同性格的人对爱情类型有不同的偏好。下面是性格特征与不同爱情之间的联系（Taraban & Hendrick，1995）。

请将下面的性格特征与爱情类型（性爱、欢爱、友爱、事爱、情爱和博爱）联系起来。

1. 不体贴、不坦率、不诚实、自私和危险
2. 诚实、忠诚、成熟、体贴、钟情和善解人意
3. 嫉妒、占有欲、痴迷、情绪化和依赖感
4. 性感、刺激、钟情、快乐和乐观
5. 有责任心、慷慨、体贴、自我牺牲和钟情
6. 顾家、做事有计划、体贴、努力、会关心人

你有可能也会像这项调查的参与者一样，将这些性格特征和爱情类型作如下的配对：1＝欢爱，2＝友爱，3＝情爱，4＝性爱，5＝博爱，6＝事爱。当然，需要说明的是，这个结果并不意味着欢爱的人就都是不体贴、不坦率和不诚实的。这只是说通常情况下人们会认为欢爱的人是不体贴、不坦率和不诚实的。

运用理论和研究

你将如何把有关爱情类型和性格特点的调查继续下去呢？你将做哪种类型的调查以便人们更好地理解人的性格特点和爱情类型之间的关系呢？

三、爱情、文化、性别和技术

和友谊一样，爱情也深受文化、性别和技术的影响（Dion & Dion，1996；Wood & Smith，2005）。下面我们考察文化对爱情观的影响，以及文化对我们爱情类型选择的影响。

文化和爱情

虽然大多数有关爱情六种类型的研究是在美国进行的，但在其他文化中也有类似的研究（Bierhoff & Klein，1991）。

在爱情类型上，亚洲人比欧洲人有更强的友谊倾向（Dion & Dion，1993b）。个人主义文化中的成员（例如欧洲人），更看重爱情的浪漫和个人的满足。而集体主义文化中的成员会爱及对方的关系网（Dion & Dion，

1993a)。和中国男子相比较，美国男子会在欢爱和博爱上得高分，在性爱和事爱上得低分。美国男子也不认为情感满足是关系得以维系的关键（Sprecher & Toro-Morn，2002）。

　　一项研究发现，墨西哥人有一种爱情类型，它的特点是平静、慈悲和深思熟虑的（Leon，Philbrick，Parra，Escobedo et al.，1994）。在对美国和法国的爱情类型的比较中人们发现，美国人比法国人更倾向于友爱和情爱，相反，法国人比美国人更倾向于博爱（Murstein，Merighi & Vyse，1991）。在美国，高加索的女性比非裔美国女性更倾向于情爱，而非裔美国女性更倾向于博爱。然而非裔美国男性和高加索男性在这方面是相似的，没有数据显示他们的差异（Morrow，Clark & Brock，1995）。

性别和爱情

　　性别同样影响爱情。在美国，恋爱中的男人和女人的差异是非常大的。在诗歌小说和大众媒体中，男性和女性在陷入爱河、被爱及爱情破灭分手的几个过程中的表现是截然不同的。就像拜伦在《唐璜》中说道："爱情对于男人来说只是他们生活中的一部分，但是对于女人而言，却是她们存在的全部意义。"女人被描述成感性的，男人被描述成理性的；女人总是爱得很狂热，而男人却不会全身心地投入。

　　女性和男性在经历爱情的程度上是相似的，研究还发现男人和女人在接受爱情上也是相似的（Rubin，1973；Fehr & Broughton，2001）。然而，女性比男性对同性朋友的关爱会更多。这也体现了两性之间的真正的差异，或者说这是由于社会对男性在这方面的约束更多造成的。男性不能承认他对另一个男性的喜爱，但女性却允许更自由地表达她们对同性的喜爱。

　　男人和女人在他们喜欢的爱情类型上也有差异（Hendrick，Hendrick，Foote & Slapion-Foote，1984）。例如在一项前面提到的爱情测试中，男人更倾向于性爱和欢爱，而女人则更倾向于情爱、事爱和友爱。在博爱方面没有发现明显的性别差异。

　　研究发现，男人和女人发生第一次性行为的年龄也有差异。比如 2002 年的一项调查显示，大约 13% 的女性和 15% 的男性在 15 岁之前有过性行为。有趣的是，这个比例比 1995 年的调查显示的要低得多——女性的比例是 19%，男性的比例是 21%（www.guttmacher.org，September 2006，accessed March 8，2008）。据报道，男性青少年有过性行为的比例要高于女性青少年（Regan et al.，2004）。在美国，女性第一次结婚的年龄比男性要早；2003 年，在适婚年龄第一次结婚的女性平均年龄是 25.3 岁，而男性是 27.1 岁。

　　诸多调查发现，男性比女性更注重爱情的浪漫。例如，当给大学生做问卷调查时问到："如果一个男人或女人符合你所有其他的择偶标准但你却不爱他（她），你会选择和他（她）结婚吗？"近乎三分之二的男性的回答是"不会"，这似乎表明他们大部分人都很注重爱情和浪漫。然而只有不到三分之一

课堂讨论 11.2　来自不同文化背景的男女被问及："如果一个男人或女人符合你所有的其他择偶标准但是你却不爱他（她），你会选择和他（她）结婚吗？"来自不同文化背景的人有不同的答案（Levine，Sato，Hashimoto & Verma，1994）。例如，被调查人员中，50% 的巴基斯坦人回答"会"，印度人的这一比例是 49%，泰国人是 19%。另一个极端是日本人，仅有 2% 的人回答"会"；美国人的这一比例仅为 3.5%；巴西人的比例也只有 4%。你的回答是什么？你的答案受文化的影响吗？

的女性的回答是"不会"。此外，当调查男性和女性对待爱情的看法的时候——不管基本上是现实的还是浪漫的——已婚女性普遍比已婚男性对爱情的看法更现实。

其他的一些调查同样也支持男人更浪漫的观点。例如"男人比女人更相信一见钟情，爱情是婚姻和克服障碍的基础，而且比女人更相信他们的爱人和爱情是完美的"。随着爱情关系的进一步发展，这种差距似乎还在增加：男人变得越来越浪漫，女人变得越来越不浪漫。

还要说明的一个差异就是男人和女人在恋爱关系破裂上的差异。诸多广为流传的爱情故事让我们都认为大多数恋爱关系的破裂都是男人另有新欢造成的。但调查结果并不支持这种观点。当我们调查导致关系破裂的原因时，只有15％的男人表明是他们移情别恋造成的，而32％的女人承认是因为她们另有新欢。这些调查结果和对他们恋人的调查结果是一致的：30％的男性（而女性只有15％）表明关系破裂是由于对方的出轨造成的。

至于他们对恋爱关系破裂的反应，男性和女性既有相同之处也有不同之处。例如，男性和女性都倾向于只回忆美好的事情，他们重访曾经共度美好时光的地方的概率也相似。然而，男性比女性会更多地沉迷于对对方的幻想中，大多数情况下是不切实际的白日梦。

技术和爱情

也许技术比文化和性别对爱情的影响还要大。在面对面的关系中，你能通过一些非语言信号感知对方——你能看到对方的眼神、表情和肢体语言——从而你会立即形成对这个人的印象。然而几年前，在网上关系中，外表吸引只能通过文字和自我描述获得。在这种情况下，我们不难理解，面对面的交流者会非常在乎外表的吸引，然而网上交流者会更喜欢善于用语言自我表达的人，这种交流对长相不出众的人并不会不利。如今，随着传照片、视频和语聊变成网上约会和社会网址的一部分，这种差异也慢慢淡化——虽然也许并没有完全消除。当然，面对面的交流者还是会提供更多的非语言信号。

女人似乎比男人更倾向于在网上建立关系。大概72％的女性和55％的男性会在网上约会。不足为奇的是，交流越频繁的人建立的关系越多。

当然，建立网上关系也有很多优点。比如说，网上恋爱在避免潜在的身体攻击和性病传染方面更安全。不像建立在面对面交流中的恋爱关系那样，人们更看重一个人的外表而不是性格，网上交流首先了解的就是一个人的内在品质。在促进关系进一步亲密化的过程中，关系和睦及坦诚对待比外表的吸引起着更重要的作用。而且，和大众观点相反的是，网上恋爱关系也会和面对面的恋爱关系一样非常注重信任、诚实、责任心等观念。网上交友和恋爱对那些不爱出门和不方便出门的人及特别害羞的人是自然的选择。网聊对那些残疾人和容貌有缺陷的人来说是有利的，因为面对面的交流往往是肤浅的，对他们而言经常会以对方的撤退告终。而网上交流首先就消除了外表暗示，网聊使双方的交流是平等的，不至于让身体有缺陷的人在注重外表的社会中处于劣势。如果你愿意的话，在网上你可以自由地选择是否透露有关自己外貌的信息以及透露多少。

另一个优点是在网上你可以接触到很多的人，因此相对来说，比较容易找到适合你的人。就好像你在一个藏书数百万而不是在一个只有几千册书的图书馆里找你需要的一本书。

当然，网上恋爱也不是尽如人意的，一方面，由于技术原因，你也许看不到网上交谈者的样子。而且就算你们交换照片，你怎么就能确定照片就是他最近照的呢？此外，你还听不到对方的声音，这也会让你难以对那个人形成一个全面的印象。

在网上，人们能够发送一些不真实的信息而不会被人发现；小孩会假装他们是成年人，而成年人会假装他们是小孩——为了进行不法性行为或约会。同样，有钱人会假装自己很穷，不成熟的人会假装自己很成熟，一些只想体验一下网上恋爱感觉的人会假装自己很认真、很负责。面对面交流的人也会撒谎，但由于网上恋爱的虚假性更高，在网上弄虚作假似乎更容易，例子也更多。

另一个潜在的缺点就是——虽然有的人也把它看成优点——网上交流变得非常流行，甚至有可能会代替面对面的人际关系。

第三节　家庭

如果要给**家庭**（family）下定义，你也许会说家庭是由丈夫、妻子和孩子组成的。如果还嫌不够，你也许会说家庭还包含其他亲戚，如：姻亲、兄弟姐妹、（外）祖父母、叔叔婶婶等等。至于其他关系，则属于他们自己"家庭"的成员。表 11—1 列举了 1970 年和 2002 年的家庭统计数据。

表 11—1　　　　　　　　　　　　　　美国家庭的变化

本表列举了 1970 年和 2002 年美国家庭的统计数据，以及这些数据所反映的趋势。来源于《纽约时报 2008 年鉴》（*New York Times Almanac 2008*）和《2008 世界年鉴与纪实》（*The World Almanac and Book of Facts 2008*）。你能根据这些数据发现美国家庭变化的其他趋势吗？

家庭特征	1970 年	2002 年	趋势
家庭的平均成员数	3.58	3.21	家庭规模在变小
没有孩子的家庭比例	44.1%	52%	没有孩子的家庭越来越多
已婚夫妇主导的家庭	86.8%	76.3%	异性未婚同居、单亲家庭以及同性恋家庭在增加
女性主导的家庭	10.7%	17.7%	未婚生子、离婚和分居的女性人数在增加
已婚夫妇家庭	86.8%	76.3%	未婚家庭在增加
单亲家庭	13%	27.8%	没有伴侣的家庭（尤其是女性）在增加
未婚女性带孩子的家庭数量	24.8 万	430 万	未婚女性与孩子组成家庭的数量在增加
和一个家长一起生活的孩子	12%	23%	离婚率上升，未婚生子的女性增加
25 岁~34 岁仍和父母生活在一起	8%（119 万）	9.3%（192 万）	组建家庭的经济压力在增加，或许是离婚率上升和晚婚增加（尤其是男性）

一个显著的变化是没有孩子的家庭。这类家庭在 2002 年占美国家庭总数的 52%。28% 的美国家庭是单亲家庭。

另一个显著的变化是没有结婚而生活在一起的独特关系。大多数情况下，这些同居者就像已经结婚了那样生活：他们之间有独特的性承诺，也许会有孩子，共同承担经济责任，相依为伴，共享空间。这种关系除了不被宗教团体或国家认可外，与传统的婚姻家庭没有什么区别。当然，只有法定的婚姻才能享受到国家的福利和保护。

还有一个变化是同性恋者生活在一起而形成的"家庭伴侣"（domestic partners），还有一个新的称谓，叫做"公民联盟"（civil union）。这种关系具有家庭的全部特征。许多同性恋家庭也有孩子。这些孩子或者来自于以前的异性家庭，或是人工授精所得，或者是领养的。尽管我们很难得到精确的数据，但同性恋关系似乎比大众媒体传达给我们的更普遍。根据美国《2005年咨询年鉴》（*Time Almanac with Information Please 2005*）的数据，同性恋家庭有594 391户，约占美国家庭总数的1‰。大多数关系专家认为，既然大多数人的目标是建立起一个相互承诺的关系，性取向也就无所谓了。

适用于传统核心家庭（爸爸、妈妈和孩子）的交流原则也适用于其他类型的家庭。在接下来的讨论中，我们用**"主要关系"**（primary relationship）指代主要家庭成员之间的关系，如夫妻、情侣、家庭伴侣等。家庭则包括孩子、亲戚以及其他重要的人。

请教学者专栏

功能异常的家庭模式

我来自于一个典型的功能异常家庭，我决心要摆脱这一模式。但我听说家庭模式会有遗传性。我怎样做才能避免重蹈覆辙，拥有自己快乐和幸福的家庭生活呢？

要改变一个长期存在的行为方式是很困难的。你开始意识到这一模式就已经是向改变它迈出了第一步。现在你需要花时间来了解这一模式，如弄清楚为什么家庭成员会形成某种行为习惯而避免其他行为习惯。了解这一模式会有助于当该行为再次发生时，你意识到它。另一个重要的步骤就是你自愿将自己从你的家庭中分离出来。当你不再介入那个模式，你就会和其他的家庭成员不同。你也许会有一种被隔离和被拒绝的感觉。在你改变之前，你需要使自己孤立。最后，确定和形成另外一种行为模式是非常重要的。观察你的家庭成员并发现他们功能异常的家庭模式是很容易的，但是想要形成另一种模式却困难得多。重新养成一种新的行为习惯会帮助你摆脱旧的模式。

更多信息参见 L. Rubin, *The Transcendent Child: Tales of Triumph over the Past* (New York: Basic Books, 1996)。

Anita L. Vangelisti：得克萨斯大学奥斯汀分校博士，传播学教授。主要研究亲密关系的交流和情感问题。她与牛津大学出版社共同出版了一系列关于人际关系的著作，并为十几家杂志撰稿。已经公开发表了多篇文章，并出版了多本著作。

一、家庭的特点

所有的主要关系和家庭都有一些属性，这些属性使得家庭关系具有如下一些特点：明确的角色、对责任的认知、共同的过去和未来、共同的生活空间等。

明确的角色

配偶们有一个相对清晰的角色概念，即彼此期待对方在整个关系中或者对自己充当一定的角色。双方都了解各自的文化和社会群体规则，大致知道他或她的义务、职责、特权和责任。他们的职责包括挣钱、做饭、清洁、看孩子、接待客人、装饰屋子、修水管、做木工、买食物、管理账目等等。有时候这些角色可以分担。但通常的假定是，一方对某些任务承担主要责任，对方主要承担其他任务。

大多数异性夫妻的角色分配是传统型的，男人主要挣钱、养家糊口，女人做饭、带孩子和操持家务。但是，对于那些受过高等教育和处于较高社会经济阶层的夫妻来说也不尽然，传统的角色分配开始发生变化。不管怎样，在同性恋伴侣中，没有发现明确的、刻板的男女角色分工。例如，一项研究宣称，科学研究"已经揭穿了男女分工的神话。大多数当代男同性恋者并不遵循传统的男女角色分工，相反，灵活分工和轮流承担是普遍的形式。从这个意义上讲，传统的异性婚姻并不是优越的模式，也没有成为当代同性恋伴侣效仿的榜样"（Peplau，1988；Cloud，2008）。

责任认知

家庭成员都认为自己对其他成员承担一定的义务和责任。单身的人就不像处于主要关系的人那样担有相同的责任。例如，个人有义务在经济上相互帮助。同样还存在情感责任：当我们的家庭成员情绪低落时我们要安慰他们，分享他们的快乐，分担他们的忧愁，鼓励他们。夫妻双方还有义务为对方保留大量专属的时间。尽管分享时间对每对夫妻来说含义不一样，但对所有关系来说都很重要。

共有的过去和未来

主要关系双方拥有共同的过去并期待共同的未来。当两个人一旦形成主要关系，过去重要的互动就会成为历史。这段历史使得他们相互认识、相互理解，直至相互喜欢、彼此相爱。同样的道理，他们会期待这种关系有一个潜在的未来。尽管有学者预言50％的第一次婚姻会以离婚而告终（这一比例高于二婚），41％的已婚者将经历离婚，但大多数已婚夫妇都会想当然地认为这种关系会永恒不变。

共享生活空间

在美国文化中，主要关系的双方通常会共享生活空间。否则，就会被社会或对方认为是"不正常的"或暂时的。即使是那些在特殊时期分居的人们，在一起生活也是他们的理想，事实上，他们至少有部分时间可以在特殊的场合相聚。在其他一些文化中，夫妻不在一起生活，通常是女人们带着孩子而男人们却住在集体公寓里（Harris，1993）。

即使是在美国，两地分居的情况也很常见。例如，两地分居关系研究中心（www. longdistancerelationships. net，accessed March 8，2008）指出，有超过350万对夫妻两地分居，占全美夫妻数的2.9％，而且这一数字还在不断攀升。大约有700万对夫妻（即1 400万人）认为他们可能要分居两地。据估计，大约 75％的大学学生考虑到他们今后生活可能会分居两地，25％到 50％的大学生已经处于这种境况（Staffod，2004）。而且，只要两地分居的伴侣能够一个月相聚一次，似乎并不会引发不满、义务减轻、关系疏远或是离婚。

引发两地分居现象增多的原因之一是经济，经济压力迫使他们不得不彼此分开去外地工作。两地分居的另一个原因就是调节前面提到过的伴侣之间不可避免的矛盾（第 9 章）。两地分居既可以使两个人保持联系，同时又有很大的自由度和自主权。双方可以通过电邮、手机、可视电话或聊天室等缩短心理距离（www. richardbanks. com/trends，accessed March 8，2008）。与缺乏交流相比较，这些频繁而便利的交流可以使两地分居少一些孤独，多一份关切。

正如你可能知道的，大学十分重视两地分居的重要性和影响，而且许多大学还对怎样处理两地分居的情况提出建议。例如宾夕法尼亚州立大学伊利校区比兰德学院（Penn State Erie，Behrend College）在 www. erie. psu. edu/student/ counseling/ longdistancerelationships. htm 网站上提供了下列一些成功的小贴士：通过电话和网络约会（要严肃对待）；发电邮；分享各自的计划；看同一部电影或读同一本书，再一起讨论；去异地看望对方（如果可能的话）；最重要的是要坦诚相待。

二、家庭类型

根据 1 000 多对夫妻关于分享程度、空间需求、冲突以及共度时光等因素的问卷调查，研究者把主要关系分为三种基本类型：传统型、独立型和分离型（Fitzparick，1983，1988，1991；Noller & Fitzparick，1993）。

传统型夫妻
如果你是传统型的，你也许会同意下面的观点：
- 互相关心，互相爱护。
- 生活有规律。
- 妻子婚后随夫姓。

传统型夫妻拥有共同的信念和人生观，两人是一个完整的结合体而非独立的个人。他们相互依赖，并相信这种依赖有利于两人感情的巩固。他们相互分享而不是彼此分离。他们遵循传统的性别分工，很少角色冲突。因为双方都知道并充当各自的角色，一般很少争执和纠纷。传统型夫妻有积极互动的交流特征，倾向对方，面带微笑，热烈讨论，心领神会。

独立型夫妻
如果你是属于独立型的，你会同意下面的观点：
- 在婚姻或亲密关系中，个人自由不应该受到限制和约束。
- 我有自己的私人空间（书房、工作室、储藏室等）。
- 如果我的同伴置我于不顾，我可以打断他/她。

独立型夫妻强调各自的独立性。关系固然重要，但不及个体的独立性重要。尽管他们经常在一起，却各有自己的议程、各有自己的朋友。他们认为自己是雌雄同体的——身兼传统女性和男性的角色。其交流特征是独立者之间的互动。他们无所畏惧地公开争执，他们的信息是高度公开的，包括消极的和高风险的信息，这种情况在传统型夫妻中一般不会出现。

分离型夫妻

如果你属于分离型的，你会同意下面的观点：

- 如果避免争执，就能和平相处。
- 为了避免伤害对方，最好隐藏自己的真实感受。
- 家庭日常作息时间非常规律。

分离型夫妻住在一起并不是因为彼此相爱或是亲近，而是为了生活的方便。他们似乎并不想生活在一起，事实上，他们通常只有在吃饭时间或是节日聚会这样的时间才会在一起度过。对于他们来说，拥有私人的身体和精神空间都很重要。他们很少分享，各自喜欢自己的方式。他们在职责上持有相对传统的价值观和信念，双方尽量遵循自己应尽的责任。这类夫妻的最大特点就是视自己为独立的个体却非"我们"的一员。

除以上三种之外，还有综合型。例如，分离—传统型的夫妻中，一个属于分离型，一个属于传统型。另一个常见的类型是传统—独立型，一个持有传统的夫妻观念，一个崇尚自主独立。

三、家庭和交流

考察决定关系的交流方式，有利于理解家庭和主要关系。这里介绍四种交流方式，每种人际关系都可以看作是其中一种方式的演变。

平等型

平等型也许是一个理论上的模型，却是观察主要关系交流的良好出发点。平等型交流更多地存在于同性伴侣中（Huston & Schwartz, 1995）。在平等型关系中，双方平等地交换信息，彼此充当平等的角色，有大体相当的自我透露，即平等地分享对方的观点、意见、信仰和隐私等。与其他人际关系相比较，平等型交流更具公开、诚实、直接和自由的特点。双方之间不存在领导者和跟随者、提供意见者和征求意见者，双方都享有平等的地位。正是基于这样一种平等关系，平等交流可以自动地持续下去。例如，双方话题的数量、自我透露的深度和频率，以及身体接触和眼神注视等非言语行为基本相同。

课堂讨论 11.3　一个研究者指出，如果你从达尔文进化论的观点来看家庭的话，你只能得出这样的结论：家庭是"天性不稳定的"，聚在一起是没有选择的选择。如果有更好的机会，许多家庭成员会马上离开（Goleman, 1995b）。你认为家庭最大的优点是什么呢？最大的缺陷呢？

双方共同决策，从诸如看什么电影之类的小事到一些重大的事情，如孩子读哪所学校、是否加入宗教组织或是买什么样的房子等等。平等关系也会经常发生冲突，但似乎不会威胁到对方或关系。冲突只是为了交换思想、意见和价值观，是内容的冲突而不是关系的冲突（参见第 12 章）。双方很少为控制关系而斗争。

平等型关系当然是公正的。根据公平理论，当每个人在关系中的付出和回报相当时，关系双方有最大的满足（参见第 9 章）。不公平引起的不满意会导致"比例平衡"反应。例如，较低利益获得者就会想办法从关系外寻求更多的满足，如爱、体贴和支持等。

平衡分担型

平衡分担型仍然是一种平等关系，但在不同的领域有不同的权利，双方是不同领域的专家或决策者。例如，在传统的核心家庭中，丈夫在经济上，也许在政治上有很高的信度，而妻子则主管照顾孩子和做饭这类事情。在许多文化中，这种性别分工正在被打破，但世界上仍然有许多家庭坚持这一惯例（Hatfield & Rapson, 1996）。

在这种类型的家庭中，冲突一般来说不具有威胁性。因为双方有各自擅长的领域，所以，大多数冲突的结果是可想而知的。

不平衡分担型

在不平衡分担型关系中，一方是主导者：一方在大多数互动领域像是专家，在许多关系中，"专家"也就是控制者。所以，不平衡分担型关系也就是其中一方或多或少地控制着的关系。或者是这个人更聪明或更有学识，或者是这个人长相更有吸引力或是工资较高。吸引力较小或工资较低的人只能向另一方屈服，在冲突中忍让或放弃决定权。

主导的一方常常下命令，要求对方该做什么和要做什么，随意发表自己的观点，不断巩固自己的控制权，很少征求对方的意见。相反，受控制一方就会询问建议，让对方做决定。

垄断型

处于这种关系的两个人，其中一个被视为权威，这个人总是训斥对方而非交流。这个人很少询问对方的意见，他/她总持有最后的发言权。这一类型的夫妻几乎不会争吵，因为双方心里都清楚谁是老板，谁会赢得最后的胜利。但如果一旦权威被挑战，激烈的争吵和冲突就会爆发。冲突如此激烈的原因之一是双方都未经历过这种状况，他们不知道怎样争吵或达成共识，因此他们争吵的策略通常是中伤对方。

控制一方告诉另一方做什么不做什么，经常爱讲话而且老是脱离话题。被控制一方寻求对方的许可，听从对方发表自己的观点和做决定，就像是小孩子面对无所不知、威力无比的家长。

▌ 四、家庭、文化、性别和技术

如同友谊和爱情一样，家庭也会因文化不同而不同，在男性和女性眼中也不相同，而且家庭也会受技术的影响。

文化、性别和家庭

在美国，通常假定我们可以自由地选择关系伴侣，如同本书提供的模式那样，你可以自觉地追求某种关系而拒绝其他关系。有时候，结婚是为了联结两个家族或是为你的家庭或村庄带来经济利益。像这样的安排也许是在你还是婴儿或还未出生时父母就安排好了。当然，在大多数文化中，和一个适合你的人结婚以及和某些人交朋友是有一定压力的。

同样，美国研究者和教科书作者研究婚姻是如何破裂的以及如何修补。按道理说，你有权结束一段你不满意的婚姻。但是，在有些文化中，一旦结婚了或是有了孩子，你是不能轻易结束这段婚姻的。按照罗马天主教的惯例，只要人们婚姻有效，这段关系永远都无法解除。因此在那样的文化中更重要的问题应该是"如何维系这段痛苦的婚姻"或是"怎样修复出现危机的婚姻"。

当你的婚姻破裂时，文化也会影响你度过这段时期的困难程度。例如，已婚夫妇所信仰的宗教规定禁止离婚和再婚，否则他们就会遭到宗教的阻止和谴责，同时还有来自经济和社会的压力。在美国，孩子的监护权一般归于母亲，这就给父亲造成了情感负担。在伊朗，孩子由父亲监护，这就使母亲饱受思子之苦。在印度，女性离婚要比男性经受更大的困难，因为她们经济上依赖丈夫，以及受关于女性的文化背景和家庭中的等级观念的束缚。直到2002 年，约旦才有第一位离婚的女性。在此之前，只有男性才准许离婚。

在美国，男性和女性都可以开始和结束一段感情。双方都期望从婚姻中得到满足感，一旦满足感不存在了，任何一方都有权解除婚姻。然而在伊朗，只有男人可以无需理由解除婚姻。

同性恋家庭在有些文化中已经被认可，但在其他文化中遭到谴责。在美国的一些地区，家庭成员关系要做登记，那些同性恋者以及异性未婚同居者就不能享受已婚夫妻能享有的某些权利，如医疗保险福利和当一方残疾时，另一方为其做决定。在比利时、荷兰、西班牙、南美洲和加拿大，同性恋允许结婚；在挪威、瑞典和丹麦，同性恋情侣和已婚夫妇享有同样的权利。本文中提到，美国只有马萨诸塞州承认同性恋者婚姻的合法性。正如我们之前在第 5 章关于异性恋问题的讨论中，在许多国家，同性恋者被视为罪犯，要接受严酷的刑罚，在有的社会中甚至被判处死刑。

技术和家庭

从你自己家庭的互动可以看出科技已经在很大程度上改变了家庭成员的交流方式。手机使父母和孩子在紧急时保持密切联系或者仅仅是聊天。如今的大学生能和父母保持紧密联系部分得益于手机、电子邮件和即时信息。

另一方面，有些人（有时候是父母，大多数情况下是孩子）沉迷于网络的虚拟世界，以至于他们都没有时间和现实中的家庭成员沟通。有些情况，例如在韩国，网络的使用加深了孩子和父母之间的代沟。类似的，在美国一项关于青少年（10 到 17 岁）的研究表明，那些沉迷于网络世界的少男少女们与没有沉迷的孩子们相比与父母的交流较少，而且更易惹麻烦。

对于那些被领养的孩子来说，网络使他们更容易获取关于亲生父母的信息。同样，失散多年的兄弟姐妹也更容易重聚，这对于美国的大多数家庭来说似乎是没必要的，但对于那些在战争中由于部队迁移或工作原因而失散家人的家庭来说是十分重要的。

掌握人际技巧专栏

支持

传播中的支持指的是一种描述性而非评价性、谦虚而非固执的表达方式（cf. Gibb, 1961）。描述性信息是比较客观地表达你的所见所闻，相反，评价性信息则是表达你自己的观点和判断。描述性话语让人感到被支持，而评价性话语可能引起戒心（这并不是说所有的评价性信息都会得到戒备的反应。例如，即将成为演员的人希望通过正反两面的评价来提高自己的演技）。同样，谦虚是一种开放的态度并愿意听取不同的意见；而固执则听不得不同的意见，容易引起戒心。

支持性传播　下面是一些运用描述性和谦虚的表达方式支持的交流建议，这些建议有助于增进关系的满足程度。

- 避免指责（"我应该做我以前那份工作，不该听你哥哥的建议"）。
- 避免消极的评价（"你妹妹穿那条红色的裙子不会显得太丑了吗?"）。
- 避免说教（"你需要学习文字处理和电子制表"）。
- 表示出你乐意听取他人意见，并随时准备改变你的思维方式和行为方式。
- 征求他人的意见，并表示这些建议对你很重要。不要只注重你自己看待事物的方式。

运用人际技巧

你最近在什么场合运用了支持技巧？在什么情况下他人回答你是运用了支持技巧？这一技巧是怎样表现的？试想在什么情况下不用支持技巧有助于双方的交流？

第四节　职场关系

职场是一个各种交流都会发生的场所，因此在其中能看到形形色色的关系也并不奇怪。职场尤其受文化的影响，这一文化包括社会大环境和特定工作场所的独有文化。像所有的文化一样，职场文化也有它自己的交流规则、标准。这些规则，无论是在面试时或是朋友间的交谈，包含了哪些是适当和不适当的语言和非语言行为，指明了奖惩，还告诉你怎样做可以得到和保住一个好工作以及如何做会得不到或失去工作。例如，本书所给出的几条基本建议是强调自身的积极因素，突出你的能力，尽量减少导致失败的消极因素。但有些企业，尤其是像中国、韩国、日本这样注重集体主义的社会，谦虚是员工很重要的品质。如果你过分强调自己的能力，别人就会认为你是一个傲慢、轻率的人，他们就会认为你不适合在一个注重团队和合作精神的企业工作。

当你进入一个企业，你就会学到完全不同于大学文化和你以前工作过的企业的文化规则。正如我们在第 2 章讨论过的观念，这就如同你到了外国，你要尽可能多地积累。你要学会欣赏，学习企业文化以及了解游戏规则，特别是交流的规则是很重要的。接下来，我们就讨论特殊职场文化对办公室恋情的影响。

一、爱情关系

现实生活中的**办公室恋情**（office romance）是很复杂的，并不像电视剧所演的那样，两个人先是好朋友，总是为对方做许多事情，而且自然而然毫无阻碍地发展成恋人关系，即使有阻碍，也是那种 24 小时内就可以搞定的。

人们关于办公室恋情有很大的分歧。有的公司认为办公室恋情有碍公司业务发展，因此明文规定公司内部禁止恋爱。在其他一些组织（包括军队），甚至可能会因为这种行为被炒鱿鱼。在其他一些公司虽未明确指出，但大家都心知肚明。有一个著名的案例，波音航空公司的行政总裁哈里·斯通塞弗（Harry Stonecipher）由于与公司高级女主管的恋情曝光而被勒令辞职，尽管在他的领导下公司股价上升了 30% 多。公司对于这一事件的处理理由是恋爱影响了他的判断，并且他的行为有悖于公司的行为准则（http: // cbs. marketwatch. com）。然而在有些公司，办公室恋情的禁忌也随着商界专业人士的支持而不断被打破，至少认识到这是不可避免的。

从积极的方面来看，工作环境似乎是一个遇到未来恋人的绝佳场所。毕竟，你们在同一单位工作，这也许说明你们兴趣相投，有相似的经历和抱负，而且有大量的时间在一起，以上所有的因素都会有利于恋情的发展。而且，如果美国人考虑到今后的婚姻，他们在学校能碰到理想对象的几率是较低的，因此在工作时找一个就理所当然了。已公布的数据反映了不同的办公室恋情发生的可能性。根据 CareerBuilder. com 网站 2006 年的一项调查结果显示，43% 的美国员工承认他们曾经和自己的同事谈过恋爱，其中三分之一的人已经结婚了。另一项调查显示 58% 的员工和自己的同事约会过，其中 20% 承认和自己的老板有过一段恋情，15% 的人承认和自己的下属谈过恋爱（www. businessweek. com/ debateroom/ archives/ 2007/ 05/ file _ office _ rom. html）。当然，微软创始人比尔·盖茨和他的妻子也是在工作中认识的。

办公室恋情能使工作取得巨大的成效。例如，如果你和一同工作的人谈恋爱，你们可以一起工作，甚至连加班都变得更加愉快和满足。如果这段恋情发展很好，双方都很满意，那么双方都会相互爱慕，并且相互支持、合作、友爱。总之，员工就会表现出本书中所提到的所有有效交流的特征。

但是，即使恋情对当事人双方有帮助，对周围其他的同事就未必好。看见这对恩爱的情侣每天在一起会滋生办公室绯闻，这是极为不好的。他人也许会认为情侣就是一个团队，你不可能批评其中一个人而不招致另一个的愤怒。

办公室恋情也会对公司管理造成麻烦，例如，当升职或是派遣出差的时候。你能例行公事地将一个人调到波士顿，而把另一个调到旧金山吗？将一个人升为另一个人的顶头上司时会对管理带来困难吗？

在职场上个人的压力是很大的。大多数企业的竞争非常激烈，起码美国是这样，一个人的成功就意味着另一个人的失败。在这种竞争环境中，随着关系亲密而正常地进行的自我透露（如缺点，怀疑，担心等）都有可能对自己不利。

当恋情恶化或是单恋，会带来更严重的后果。一个明显的问题就是和往日的恋人经常见面或是一起工作时会感到有压力。其他的同事觉得他们要表明自己的立场，该支持哪一方？指责哪一方？这很容易引起公司内部分裂。另外，一旦恋情破裂，通常更有能力的那个人会离开公司找其他工作，留下那个价值较小的员工，这时公司就需要再培训一个人来接管离开的那个人的工作。还有另一个更严重的问题就是潜在的性骚扰赔偿，尤其是上司和下属之间的恋情。管理人员发现，无论这笔费用是否合法，是否与不欢而散的恋情相关，是否与公司相关，但面临耗费时间和金钱的诉讼、调查和最后判决，公司难以置身度外。

管理层对办公室恋情的不赞成态度和如何处理来自工作和恋情的双重压力是恋情的最大阻碍，因此公司建议员工不要和同事谈恋爱。从另一方面来讲，员工间发展友情更加稳妥。公司经常通过组建运动队、会餐、休假来增进同事间的友谊。事实上有研究表明，办公室友情能增加员工的工作满意度，使员工对公司更有责任感，还能减少人员变动。而且，友谊还常促成互相帮助和人际网络，这个话题我们将在下面的内容中谈到。

需要指出的是，一些起初旨在结交新朋友、联络旧朋友的社会关系网站也能对师徒关系和关系网的建立提供帮助。一些网站"仅限于被邀请"，就像是有门卫的社团或是高级乡村俱乐部。这些网站并不是为了交友，而仅仅是为了形成师徒关系和建立关系网。例如，Reuters Space 网站（www. space. reuters. com）就是一个专门为投资经理所设立的私人在线社团。INmobile 网站（www. INmobile. org）是为无线产业的高级主管建立的。

二、师徒关系

师徒关系（mentoring）就是师傅培训徒弟的关系。有些企业专家认为，师傅对于提升职位和提高技能都是至关重要的（Dahle，2004）。例如，一位德高望重的教师，可以指导一位新来的或没有教学经验的年轻老师（Nelson，Pearson & Kurylo，2008）。师傅能够指导新人如何穿越组织迷宫、教授成功的策略和技巧，以及将积累的知识和经验传授给徒弟等。

师徒关系提供了一个理想的学习环境。它通常是专家和新手之间一对一的交流，是一种支持和信任的关系。两人就工作问题进行相互的、公开的交流。这种关系使得新手在专家的指导下尝试各种新的技能，通过提问和反馈来学习复杂的技能。师徒关系或许是一种典型的授权关系，在这种关系中，掌握经验和权力的一方通过给予工具和方法授权新手，使得新手能够获得与自己相同的权力。

不必奇怪的是，指导通常是在线进行的。这种方式的好处之一就是交流的灵活性。比方说，电子邮件能在双方都方便的时候收发。而且，能够使来自不同国家、不同文化的双方进行交流。由于距离遥远，如果不是在线交流，这几乎是不可能的。还有一个好处就是不方便长途跋涉的残疾人可以在网络上享受到这种指导。

师徒关系是非裔美国人事业成功的三大主要途径之一。一个关于中层经理的调查发现，有师傅或是参与了师徒关系的人相对而言更容易得到升职机会和更高的薪水。许多近期研究表明，大学生通过各种各样的方式从导师那里获益。在第一学年结束时，接受指导的学生比没有接受指导的学生，能够取得更好的平均成绩、学到更多的知识、得到更多的学分。

同时，师傅从新来者的角度观察职业，面对各种各样的问题思考和组织答案，并在这一过程中理清自己的思路。如同教学相长一样，师傅也从师徒关系中受益。

三、关系网

在大众眼中，**关系网**（networking）被简单地看作是获取工作的一个技巧。但事实上它的用途比这要广泛得多，可以看作是通过他人的帮助解决自己的问题，至少是为解决问题提供某种启示的途径。例如，如何发表稿子、在哪可以找到低成本的汽车保险、怎样找到廉价的出租公寓或怎样清空储藏室等。

关系网至少有非正式和正式两种形式。当面对新情况或者遇到难题时，我们经常用到非正式关系。例如，如果你新到一所学校，你会询问同学在哪里吃饭、哪里买衣服、谁是人际传播课程的最好老师等。同样，如果你到了一个新的工作环境，你会向有经验的员工咨询怎样完成某项任务、遇到困难时应该求助于谁或应回避什么人等。

正式关系网指更加系统、更具有战略性的关系网。建立正式关系网就是与能够帮助你的人建立联系，以帮助你解决问题、找到工作、晋职晋级、调动工作，以及帮助你完成想要完成的任何任务。

显然，你可以和已经认识的人建立关系网。回想你的同事，你会发现其中许多人具有非常专业的知识，能够以不同的方式给你提供帮助。在有些文化中（例如巴西），友谊部分地是由于潜在的关系网而形成的。你可以和朋友的朋友建立联系，了解她或他所在的公司需不需要人。你也可以和你不认识的人联系。也许你读过某个人的作品或是在你所感兴趣的领域听过那个人的名字，因此你想了解更多的信息。通过邮件，你可以便捷地向有关方面的专家咨询。

当然，关系网最大的好处是提供有价值的专业信息，比起自己独自搜集信息要容易得多。

值得一提的是，关系网是互惠互利的关系。毕竟，他人对你是有用的信息资源，你也很可能是对他人有用的信息资源。如果你能为他人提供帮助性的信息，他们就会为你提供帮助性的信息。通过这种方式，就会形成互相满足的建设性关系网。

一些关系专家建议为潜在的有用资源建立通讯录，这样，在需要信息的时候能够方便联系。比如，如果你是一个自由艺术家，你可以建立通讯录：哪些人可以为你提供业务，哪些人可以介绍你通过他人找到业务。作家、编辑、导演、行政助理、广告人士以及其他相关的人等，保存他们的通讯方式，经常保持联系，就可以让你轻松地获得更多的业务。

正式的关系网是主动建立起来的。主动联系，积极参与，而不是等着别人来找你。即使我们是自愿帮助别人，要求对方帮助自己也没有什么错。当然，也不能太过，自己能做好的事情就不要依赖别人。如果尊重他人的时间和知识，建立关系网的愿望就会顺利地实现。知恩图报而不是一厢情愿方能形成建设性的持久关系。

第五节　关系暴力

在所有的人际关系——友谊、爱情和家庭——中都可能存在着所谓的

"阴暗面"。在任何人际互动中，不仅存在着建设性的和有意义的沟通，也可能存在着非建设性的和破坏性的沟通。这种阴暗面显而易见的形式是形形色色的关系暴力。在讨论这个重要却又被常常忽视的话题前，请先完成下面的自我测试。

✏️ 自我测试专栏

暴力存在于你的关系中吗？

根据你自己的关系或你所知道的关系，用"是"或"不是"回答下列问题。

1. 你害怕对方生气吗？
2. 对方曾经恐吓过你吗？
3. 对方曾经辱骂过你吗？
4. 对方曾经强迫你做你不愿做的事情吗？
5. 对方曾经打（扇耳光、踢、推）过你吗？
6. 对方曾经把你和你的朋友或家人分开吗？

你做得怎么样？ 以上六项都暗示对方有暴力倾向。你也许会想问对方同样的问题看看在对方眼里你是怎样的。

你会怎么做？ 如果上面的问题描述的正是你现在的状况，你也许希望寻求专业帮助。和你的伴侣讨论一下是谁的行为先引发了暴力。你可以就此问题咨询学校的顾问或是其他专家。同样，如果以上的任何一条也适用于你，那么你也有暴力倾向，请咨询专家的建议。本章也会为你提供一些建议。

资料来源：上述问题摘自下列资料，for example, SUNY at Buffalo Counseling Services（http：//ub‐counseling. buffalo, edu/warnings. shtml，accessed February 1，2006）；The American College of Obstetricians and Gynecologists，Women's Heath Care Physicians（www. acog. org/departments/dept＿notice. cfm？recno=17etbulletin=198，accessed February 1，2006）；and the University of Texas at Austin，Counseling and Mental Health Center（http：//www. utexas. edu/student/cmhc/booklets/re-lavio/relaviol. html，accessed February 1，2006）。

▌一、什么是关系暴力？

关系暴力（relationship violence）可以分为三类：辱骂或情感虐待、身体暴力和性虐待。辱骂或情感虐待就是指对方羞辱你，其中包括通过掌控财权或是阻止你工作的经济虐待，或孤立你、责骂你、跟踪你等。一些研究表明施加情感虐待的人更容易施加身体暴力。身体暴力包括使用暴力或以暴力相威胁，如打、扇耳光、掐、拿东西砸你和砸东西等。性虐待包括不情愿的身体接触、无端指责出轨、强制性行为，以及侮辱性的性语言等。

许多研究重在识别关系暴力发生前的信号。纽约州立大学布法罗校区列举了几条危险信号，你可以对照以下征兆判断自己的关系或者是你知道的关系（http：//ub‐counseling. buffalo. edu/warnings/shtml）。对方的危险信号是：

- 贬低、羞辱或者忽视你。
- 掌控你生活的一切，比如，你该穿什么样的衣服、你可以和什么人交朋友等。
- 无缘无故地吃醋。
- 无缘无故的性障碍。
- 尽管你为了迁就对方已经调整了生活方式，但还是不能停止对方的愤怒或威胁。

二、关系暴力的影响

也许正如你所想的那样，关系暴力会有许多后果：身体伤害、心理伤害以及经济上的损失等（www.cdc.gov/ncic/factsheets/ipvfacts.html, accessed May 7, 2007）。

也许一提到关系暴力，最先进入你脑海的是身体暴力，的确这在关系暴力中占很大的一部分。身体受到的伤害有抓伤、骨裂、刀伤、中枢神经系统损害等，其伤害程度可以由轻伤到死亡。

尽管身体伤害可能是轻微的，但心理伤害会非常严重，包括压抑、焦虑、畏惧亲密和自尊心下降等。事实上，关系暴力对自尊心的摧残可以达到这样的程度，以至于受害者认为自己遭受暴力是理所应当的。

除了身体和心理上受到伤害外，还有经济上的影响。据估计，在美国的关系暴力成本中，身体伤害所产生的费用约为 62 亿美元，强奸所产生的费用约为 5 亿美元。除此之外还有工期损失。疾病预防中心估计因关系暴力而耽误的工期每年约相当于 32 000 个全职工作日。关系暴力导致的其他经济损失还包括女性因此不能工作和接受教育等。

三、关系暴力的替代

相比关系暴力，下面是一些非暴力关系的特征（www.utexas.edu/ student/ cmhc/ booklets/ relavio/ relaviol.html, accessed February 1, 2006）：
- 用平等替代情感折磨，努力寻找对双方公平的矛盾解决方法。
- 用交流替代控制和孤立，让对方放心大胆地表达自己。
- 用相互尊重和肯定替代恐吓，积极评价对方的意见。
- 用共同决策替代经济虐待。
- 用责任替代威胁，每个人对自己的行为负责。
- 用公平的责任分配替代主仆关系。
- 用尊重和信任彼此的意愿替代性虐待。

四、面对关系暴力

无论你是关系暴力的受害者还是实施者，寻求专家的帮助都是非常重要的（当然，朋友和家人的帮助也是可以的）。下面是几条建议（www.utexas.edu/student/cmhc/booklets/relavio/relaviol.html, accessed February 1, 2006）：

如果对方是暴力实施者：
- 认识到自己不是孤立的。还有其他人有相似的遭遇，有申冤叫屈的地方。

■ 告诉自己没有错。你不应该成为暴力的受害者。

■ 为你的安全做好准备。暴力一旦发生，就有可能再次出现，要为自己的安全着想。

■ 清楚你的资源，例如求救的电话号码，放钱的位置，备用的钥匙等。

如果你是暴力实施者：

■ 认识到自己也不是孤独的，你可以寻求帮助和支持。

■ 相信可以改变自己，虽然没有那么容易也没有那么快，但这是可以改变的。

■ 替自己的行为负责，承担责任。这是任何变化的关键一步。

关系暴力并不是人际关系的必然，事实上它只出现在少数关系中。但重要的是，你必须意识到，所有关系都有发生暴力的可能性，就像我们所追求的友谊、爱情、支持等积极因素也是一种可能性一样。识别建设性关系和破坏性关系之间的区别的一个最好办法，就是确认现在的关系是否如同自己期待的一样。

 内容提要

本章探讨了几种主要的人际关系如友谊、爱情、家庭以及职场关系等。同时还考察了关系暴力问题。

第一节　友谊

1. 友谊是指彼此互惠互利且互相尊重的人际关系。

2. 友谊一般区分为：（1）互惠型，具有忠诚、自我牺牲、相互影响和慷慨的特点；（2）接受型，其特征是一方情愿付出，一方坦然接受，双方的需要都能从这种不平衡的交换关系中得到满足；（3）交往型，一种临时的友好关系而非真正的友谊。

3. 友谊能满足人们的种种需求，并给我们带来各种价值，如实用价值、肯定、自我支持、激励以及安全感等。

4. 友谊会随着时间推移经历不同的阶段，一端是陌生人，另一端是亲密（"最好"）的朋友。

5. 友谊受文化、性别和技术的影响。例如，集体主义文化和个人主义文化中的友谊需要有明显的区别。与男性相比，女性与同性朋友更亲密，更愿意分享。男性友谊的基础更多是共同的事业而非亲密的关系。网友与面对面的朋友一样满足友谊的需要，但其需要往往更加多样化。

第二节　爱情

6. 爱情是一种以亲近、关爱、亲密、激情和责任感为特征的情感。

7. 爱情的类型有：（1）性爱注重美丽和性感，有时排斥其他特征；（2）欢爱视爱情为游戏，注重娱乐和刺激；（3）友爱是一种宁静温和的伴侣关系；（4）事爱是现实的和传统的爱；（5）情爱是一种痴迷和占有欲，以大喜大悲为特征；（6）博爱是有同情心的和无私的，具有自我奉献和利他主义的特征。

8. 语言及非语言信息反应爱情的亲密程度。关系越亲密，双方分享的东西就越多，言语交流也会更加私人化，眼神交流更持久，身体接触更频繁等。

9. 文化差异对爱情有影响，例如：与集体主义文化中的人相比，个人主义文化中的人更看重爱情的浪漫性。从性别差异的角度看，男性倾向于情爱和欢爱，女性倾向于情爱、事爱和友爱。男性一般也比女性更倾向浪漫。很多科技手段，尤其是网站，迎合了人们新的浪漫情趣和帮助人们保持浪漫关系。

第三节　家庭

10. 家庭的特征有：界定角色（家庭成员了解

每个成员扮演的角色）、责任明确（家庭成员都了解每个成员在家庭中都应承担一定的责任）、拥有共同的历史和未来（家庭成员拥有互动的历史和共同期待的未来）、拥有共同的生存空间（即家庭成员居住在一起）。

11. 家庭被分为以下几种类型：（1）传统型，家庭是将两个人连接成一个整体的纽带；（2）独立型，家庭成员主要是独立的个体，其个人的独立性比彼此之间的关系更重要，以及（3）分离型，成立家庭是为了生活方便而不是彼此相爱。

12. 家庭交流的模式主要有：（1）平等型，家庭成员在交流和决策上享有平等的权力；（2）平衡分享型，家庭成员有相对平等的分工，在不同领域拥有决策权；（3）不平衡分享型，家庭成员中的某一个人比其他人拥有更为广泛的决策权和支配权，以及（4）垄断型，一个人支配和控制整个关系，决定一切。

13. 家庭因文化差异而不同且受新技术的多方面影响。

第四节　职场关系

14. 职场中的恋爱关系尽管有很多好处，但会导致在其他环境中不会出现的许多问题，因而不被推崇。

15. 师徒关系有助于你学习前人积累的经验和知识，了解组织的运行，顺利渡过职业生涯。

16. 关系网能帮助你拓展自己的专长和能力，获得解决各种问题所需要的信息和答案。

第五节　关系暴力

17. 关系暴力包括辱骂或情感伤害、身体虐待和性虐待。关系暴力有严重的后果。

18. 避免关系暴力有许多方法，这些方法很大程度上是人际传播原理的运用。

 关键词

agape 博爱（利他之爱）
eros 性爱（情欲之爱）
family 家庭
friendship 友谊
independent couples 独立型夫妻
love 爱情
ludus 欢爱（游戏之爱）
mania 情爱（依附之爱）
mentoring 师徒关系

networking 关系网
office romance 办公室恋情
pragma 事爱（现实之爱）
primary relationship 主要关系
relationship violence 关系暴力
separate couples 分离型夫妻
storge 友爱（友谊之爱）
traditional couples 传统型夫妻

 思考题

1. 当大学生被问到爱情的特点时，他们大多会提到以下五点：信任、性吸引、容忍和包容、待在一起，以及分享各自的秘密和想法。你怎样定义爱情？你认为男人和女人对于爱情的定义是相似的吗？

2. 心理学家艾伯特·埃利斯（Albert Ellis）曾说过爱情和迷恋其实是同一种情感，他称"迷恋"一词用来指不成功的恋爱关系，"爱情"就是我们目前所说的恋爱关系。你怎样分辨这两个词？

3. 在《时代》杂志上，一篇有关爱情话题的文章的作者说道："任何一对情侣都希望经过一段时间的约会，从热恋时的兴奋，转变成朋友般的情感（即进入了平淡期，两人像朋友一般）。"你认同这一点吗？这是爱情的神话之一吗？

4. 从以下几个方面来看，你是怎样评价你的家庭的：（1）本章讨论的情侣关系和家庭的特点（明确的角色、对责任的认知、共有的过去和未来、共享生活空间），（2）常见的交流方式（平等型、平衡共享型、非平衡共享型、垄断型），（3）你认为在你的家庭当中最重要的规则是什么？你理想的家庭是什么样的？

5. 尽管有研究表明在同性恋家庭中长大的孩子没有什么缺陷，但大多数舆论反对同性恋夫妇领养孩子，以免孩子受到折磨，你是怎样看待的？

6. 你对于办公室恋情是怎样看待的？假如你处在这样的一个位子上：你很看好办公室恋情，但你作为经理又要保证公司盈利，你会怎么做？

7. 你想要在网上开一个小型的框架画销售公司，你打算廉价分开购买一些边框和画作，重新包装后出售。你认为哪种网站适合你的经营模式？你如何实行你的计划呢？

 情境选择

1. 寻求帮助。你需要向你的室友借 200 块钱，但你不知道你具体什么时候才能还。试问：你会用怎样的方式借到这笔钱同时不至于使你的室友感到难堪和心里不舒服？

2. 从友情到爱情。你和一个一起工作的同事有着深厚的友情，但最近这种友情渐渐转化成了爱情，试问：你是怎样从朋友转变为恋人的？或者你认为他人能接受你们的这种转变吗？

3. 挖掘人际信息。你从学生时代就和一个人恋爱，但在关系进一步发展之前，你想知道这个人是否有艾滋病并坚持安全的性行为。试问：你怎样问才能得到对方的真实回答并不致关系破裂？

4. 指导。大一新生就如何适应大学生活以及如何形成有效的学习习惯向你寻求帮助，试问：在这种情形下怎样做才能有效地帮助他们？又有哪些行为应该避免呢？

5. 道歉。你在股市里一帆风顺，所以当你收到最好的内部消息时，你把它告诉给你的三位同事。不幸的是，股价下跌了，你的同事每个人都亏了好几千美金，这对同事关系造成了影响。试问：你该如何向你同事解释和缓解这种紧张的关系，使一切都恢复正常呢？

6. 人际关系网。你的同事帕特将他的人际关系网利用到了极致。他一直不停地向他人索要信息而从不尝试自己搜集资料。奇怪的是，帕特从不和他人分享自己的资源。今天帕特向你索要一个在公司网站上轻易就能找到的电话号码，试问：你怎样拒绝他的请求而且还不会在公司引起较大的风波？

 我的传播实验室

下面的这些练习考察了不同的人际关系及其相应的交流方式。1. 在许多情境下，友好的行为会刺激你以友好的方式回应对方。2. "如何珍惜"的练习考察了一个简单然而有用的增强关系满意度的技巧。3. "同伴选择：'我选择谁'"的测试会引导你发现同伴的优秀品质。4. "电视关系"为理解情景喜剧和戏剧中的关系提供了视角。5. 自我测试"你有多浪漫？"可以帮助你测试出你的浪漫指数。6. 自我测试"你选择哪种类型的关系？"可以发现你选择伴侣的倾向。本章关于家庭的分类就是来自这个测试。

第12章

人际冲突和冲突管理

《蝙蝠侠：黑暗骑士》

  在电影《蝙蝠侠：黑暗骑士》中，冲突导致了一场闹剧："蝙蝠侠"要保卫纽约免于"小丑"(Joker)——他最强大的敌人制造的混乱。本章将重点放在更为现实的"冲突"上，即你与朋友、爱人及家庭之间的冲突。

本章重点讨论的是人际传播研究中的一个重要主题。正如你所见，了解人际冲突并学会有效应对冲突的技巧对于各种人际互动至关重要。在阐明一些基础概念后，本章将主要讨论冲突的本质和原理，冲突管理的步骤和有效应对冲突的策略。

第一节　人际冲突导论

在讨论冲突的阶段和应对策略之前，我们有必要准确地定义冲突，澄清对冲突的一些误解，了解经常发生冲突的一些问题。

一、冲突的定义

你想和伙伴去看电影，可是他想待在家里，你坚持去看电影的想法妨碍了你的伙伴待在家里的念头。你们彼此都不妥协，如果实现了你的愿望，那么伙伴的愿望就落空了，反过来，则是你看电影愿望的破灭。

正如此例所反映的那样，**人际冲突**（interpersonal conflict）出现在各自具有不同的目标并且相互联系的个体之间，例如：密友、爱人、同事和家庭成员等（Hocker & Wilmot，2007；Folger，Poole & Stutman，2005；Cahn & Abigail，2007）。具体地说，当人们处于如下情况时就会发生冲突：

- 互相依赖（他们以某种重要的方式互相联系），一方的所作所为会给另一方带来重要影响。
- 互相意识到彼此的目标不可调和，如果某个人的目标得以实现，那么他人的目标则必然落空。例如：如果一方想买一辆新车，而对方想支付房贷，这就产生了冲突。需要强调的是，如果夫妻有足够的资本，既可以买车又能付房贷，那么上述冲突就不会发生。
- 察觉到对方是实现自己目标的障碍。例如：你也许想学习，可你的室友却想开个聚会，那么任何一方愿望的实现都会影响到对方。

上述"互相依赖"概念意味着依赖程度越高，（1）发生冲突的问题数量就越多，（2）冲突的影响就越大，个人和关系的冲突管理就越重要。运用"社会渗透理论"中讨论过的"深度"和"广度"概念（参见第9章），即随着依赖程度加深，广度（话题的数量）和深度（话题的深度）也会变宽或变深。当你用这种方式来思考时，就能很轻易地领悟到，理解人际冲突并掌握有效应对冲突的技巧对你的交往生活是多么重要！图12—1能阐明这一点。

二、关于冲突的误解

问题是，许多人应对冲突是建立在对"什么是冲突"和"冲突的意义"的错误认识上。根据对自己家庭交流和社会互动的观察，思考你自己关于个人及群体冲突的认识，回答下面的问题是对还是错。

- 最好避免冲突。时间会解决任何问题，时间能消融最大的困难。

图 12—1　冲突和依赖程度

此图阐明了随着依赖程度的加深，冲突的可能性和重要性也会增强。如图，同学之间的关系处于中部，把依赖程度低些和高些的关系填充进去，那么该图所预示的关系如何反应了你自己的人际冲突？

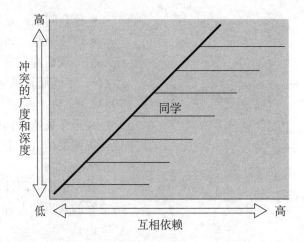

- 如果两个人发生关系冲突，这意味着他们的关系正在陷入困境，冲突是关系出现麻烦的征候。
- 冲突会破坏人际关系。
- 冲突是破坏性的，因为它暴露了消极的自我——我们的琐碎、我们需要被控制、我们不切实际的愿望等。
- 任何冲突都有胜负，因为彼此的愿望不可调和，必然有人如愿有人失望。

这些表述都是错误的，而且正如我们将在这一章中讨论的那样，这些误解会妨碍你有效地应对冲突。在你遭遇和解决冲突的过程中，并不是许多冲突都会造成问题。一些面对冲突的办法能够解决困难，消除差异，甚至还能够改善关系。而有些方法则会伤害彼此的关系：损伤自尊、造成痛苦、增加疑虑。另外，可能最重要的是，冲突并不意味着必然是你死我活的局面，相反，可以达成双赢。因此，你的任务不是试图去创造一段没有冲突的关系，而应该学习恰当地、建设性地解决冲突的方法，避免任何一方成为战败者。

三、冲突问题

许多问题都会引起人际冲突（Canary，2003），可能是追求的目标不同（例如：父母在孩子应该上哪所大学或该结识怎样的恋人的问题上与孩子产生分歧）；可能是对资源例如金钱或时间有不同的分配（例如：两人对如何花费共有的钱财有异议）；可能是决策方面的分歧（例如：夫妻为将奖金存起来还是消费掉争论）；也可能是一方认为得体并且推崇的行为方式，而另一方却嗤之以鼻（例如：两人对调情、酗酒和工作态度等问题持有不同的看法）等等。

在一项面向同性恋和异性恋伴侣关于冲突问题的调查中，几乎所有的受访者认为有六大方面的问题容易产生冲突（Kurdek，1994）。这里将它们顺序排列，越靠前面的越容易产生冲突。当你阅读如下内容时，问问自己在哪些问题上容易发生冲突。

- 亲密问题，如爱情和性等。
- 权力问题，如过分的需求和占有欲，关系中缺乏平等、友谊和自由等。
- 习惯问题，如酗酒、抽烟、个人卫生、开车的方式等。
- 能力问题，如经常缺席、学业或工作吃力等。

- 社会问题，如政治和社会政策、父母以及个人的价值观等。
- 信任问题，如以前的配偶、撒谎等。

另一项研究发现任意（或全部）四种情形都会导致双方的"第一次激烈争执"：不能履行承诺、嫉妒、期待落空或是性格差异等（Siegert & Stamp, 1994）。

在工作场所，高层管理人员的冲突主要源自于行政责任和合作问题。其他冲突则集中在不同的组织目标、资源分配方案和管理风格的差异等方面（Morill, 1992）。

在一个面向同性和异性朋友的研究中，四个经常产生冲突的问题是：生活空间的共享和占有、友情规则的破坏、活动的共同参与和意见的不一致等（Samter & Cupach, 1998）。

一定程度上，在"面对面"的友谊中你经历的冲突也能在网络交流中出现。有一些冲突看似网络交流的特殊产物：发邮件、上社交网站如 Facebook 或 MySpace、写博客、煲电话粥。在很大程度上，当人们违反了网络礼仪的相关规则时，一些冲突就发生了（详见第 5 章）。例如，发送广告给不曾征订的人经常导致冲突；给一个群体发信息，而该信息只与其中的某个人相关，但整个群体都看到了两人间的交流内容；给某人发送别人不曾期许的邮件，甚至是垃圾邮件，重复发送相同邮件，或是在许多组群中发送相同信息，而对于其中的一个或多个组群，此信息又是不相干的内容，同样会引发冲突；散布不实信息或过激观点，旁观别人辩解或因为该信息情绪低落，尽管有些人觉得有意思，但很显然也会引发冲突。其他导致冲突的潜在原因包括：在不恰当的时间打电话、办公时间煲电话粥、不公正地批评某人、在社会网站上发布不美观的照片等等。

第二节　人际冲突原理

如果能够明白冲突这一特殊互动形式的基本原理，我们就能更清楚地认识到冲突对所有人际关系的重要性及其影响。这里我们将关注（1）冲突的不可避免性，（2）冲突的正负效应，（3）冲突的内容和关系问题，（4）冲突的不同形式和后果，（5）文化对冲突的影响。

一、冲突不可避免

冲突是任何人际关系的一部分，存在于父母与孩子之间，兄弟姐妹之间，朋友、爱人或同事之间。一项研究表明，夫妻每年普遍会有 182 次冲突（每周接近有 3.5 次冲突），每一次会持续平均 25 分钟，还有 30 分钟的生闷气时间（www.24dash.com, accessed May 28, 2008）。

事实上，人是不一样的，不同的经历和不同的目标必然产生差异。如果个人互相依赖，正如之前所说（见图 12—1），差异就会导致冲突。而一旦冲突出现，冲突的问题十分广泛而且是相当个人化的。

二、冲突有正负效应

尽管人际冲突不可避免，但处理冲突的方式十分关键，不同的冲突处理方法会有不同的效果。

负面效应

冲突的弊端是加重负面感受。许多冲突包括不公平的争执方式、彼此伤害，如果这些发生了，负面感受也会随之加重。冲突还会消耗能量，特别是当没有采用有建设性的冲突应对技巧时。

有时候，冲突可能会导致你与他人的隔膜，当你对伴侣隐瞒真情实感时，你也阻挡了彼此间的交流和互动，这会进一步妨碍双方的亲密感。由于人们对亲密感的需求非常强烈，以至于可能一方或双方都去其他人那里寻求亲密感，这经常会导致进一步的冲突、相互伤害、彼此怨恨——这些最终给大家的关系带来沉重代价。随着代价不断升级，相互赞赏可能变得更加困难，然后就出现了代价越多、赞赏越少的局面，这一现象经常导致关系恶化并最终破裂。

正面效应

冲突的好处是它会敦促你检查问题并致力于找到潜在的解决办法。如果你使用建设性的冲突应对手段，你的关系很可能会变得越来越稳固、健康、令人满意。

冲突往往会防止敌意和怨恨恶化。例如：对方下班回到家，就和同事打了两个小时的电话，而不是陪伴你，这让你心情不佳。如果你什么都不说，你的烦闷情绪很可能会增强，进一步看来，你什么都不说，也就是在默许他的行为，那么他会继续打电话。而通过你们之间的冲突和解决，可以把自己的需求表达出来：他需要回顾一下一天的工作，确保一切都完成了，而你则需要得到对方的关注。如果你们彼此都能理解对方的合理化需求，那么你们就可能找到可行的解决方法。他可以先陪陪你，然后再打电话；你可以等对方完成了工作，再满足自己的需要；你可以学着帮助对方完成工作，并在这一过程中，也满足了自己的需求。总之，达到双赢局面，双方都获益。

同样要考虑到，当你试图解决人际关系中的冲突时，你也是在表示这份关系值得维护，否则，你可以一走了之。尽管这里可能有例外，即你为了保留面子、满足自我需求而面对冲突，面对冲突往往暗示着关心、认可和保护关系的愿望。

三、内容冲突和关系冲突

根据第 1 章讲过的概念，冲突可以区分为内容冲突和关系冲突。"内容冲突"是关于事物、事件和人的分歧，相对于矛盾中的人来说是外部因素。包括你每天争吵的许多问题：一部电影的优点、看什么电视节目、最近一次考试的公平度、谁该晋升、该怎么花你的储蓄等等。

关系冲突同样纷繁多样，围绕着人与人之间的关系展开，引发关系冲突的有这些相关问题：谁占主导地位、在相互关系里公平性的获得与缺失、谁有权建立行为准则。关系矛盾的例子有：弟弟不服从哥哥、配偶中的一方希望有平等的权利发表对度假计划的看法、妈妈和女儿都想在女儿生活方式的问题上拥有最终话语权等。

关系冲突经常是隐蔽的或者是被当作内容冲突。因此，在你准备度假的问题上，从"内容"角度来看，冲突可能聚焦在墨西哥和夏威夷之间的优缺点，而从"关系"层面分析，冲突可能是谁更有权利选择度假的地方，谁应该赢得这场冲突的胜利，或谁是一段关系中说了算的人。

四、冲突类型与后果

正如前文所述，处理冲突的不同方式会带来不同的后果，也会给冲突双方带来不同的影响。图12—2表明处理冲突的方法可分为五种基本模式，特别是与人际冲突的理解程度有关系（Blake & Mouton，1984）。这五种类型按照"关注自我"和"关注他人"的程度绘制而成，为人们提供了了解各种冲突及其利弊的视角。你通过阅读以下内容，可以试着去辨认自己经常经历的**冲突类型**（conflict style），以及在各种亲密关系中，你曾与谁进入过这些类型。

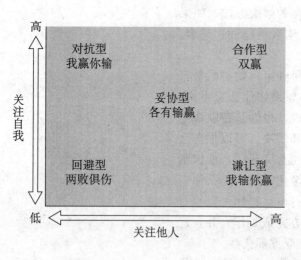

图12—2　五种冲突类型

此图选自布莱克和穆顿（Blake & Mouton，1984）的管理领导和冲突的五种类型。当你阅读这五种类型时，考虑自己的冲突方式以及经常与人互动的冲突方式。最重要的是，思考怎样使自己的冲突方式更具有效率。

对抗型——我赢你输

对抗型冲突表明你对自己的需要给予了很高关注，而对他人则关注甚微。随着你的需求不断得到满足，对你而言，冲突已经胜利解决。在这场由好胜心引发的冲突中，你很喜欢用言辞批评别人。

这种类型表明了一种"我胜你负"的理念。在这种理念里，你想解决冲突以此达到自己胜利而他人失败的局面。你也能发现，这种类型可能在法庭上或是买车的时候适用，因为这两种情形下一方总会从另一方的失败中获益，但是在人际环境中，这种理念则会轻易地导致失败一方的怨恨，以及冲突进一步加深。另外，你胜利他人失败的事实很可能意味着冲突并没有真正得到解决，只是暂时完结而已。

回避型——两败俱伤

这种类型表明，相对来说，你不太关注自己和他人的需求。逃避者并没有真正参与到问题的解决中去，只是在问题出现时选择转变话题，并逐渐地从心理上和行动上置身事外。

你也许明白，这种类型对解决冲突不起任何作用，并被视为一种"我负你亦负"的理念。人际问题并没有解决，人际问题一旦存在，需要面对并有效解决。这种逃避哲学只会纵容冲突进一步恶化并很可能加剧，仅仅带来一种和平的假象。

谦让型——我输你赢

在这里你放弃了自己的需求而去迎合他人的需求。你的主要目的是维系相互关系或是团队的和谐、和平的氛围。这种类型可能会帮助你很快地达到目标并满足他人愿望，但是对于你自己的需求却毫无益处，而这些需求却又不会轻易消失。

谦让型代表着一种"你胜我负"的哲学理念。尽管这种类型可能会让对方开心（至少是这一方面），但却不是一种持续解决人际冲突的方法。你最终会在矛盾中意识到内在的不公之处，并可能轻易怨恨对方甚至你自己。

合作型——双赢

这种情况下，你既关注自己的想法又能注意到他人的需求。经常被视作现实的合作型即有意愿并花时间去交流，特别是能去聆听他人的想法和需要。

理想状态下，合作会让彼此的需求都得到满足，达到双赢的局面。这显然是一种你可以用在许多人际冲突中解决问题的理想方法，因为这种模式会促成双方都有所收益的结果。

妥协型——各有输赢

这种类型处于中间位置，大家会关心自己和他人的需求。你可以把这种技巧比作"各走一半"、"马匹买卖"或是"互相让步"，这种策略能维系和平，但是对于不可避免的损失，双方还是会有不满。

妥协型可被称做"我和你都是赢家也都是输家"的类型。很多时候双方并不能完全得到自己所需，例如：如果可用资金只够一人买辆好的新车，不够给双方买两辆好的新车，那么，你们也许都会给自己买一辆相对现在开的旧车要好点儿但比预计要买的车更便宜的新车——双方都有所收获，却又不是完全如意；你没得到最满意的新车，对方也一样。

五、冲突受文化影响

在所有交流过程中，冲突受参与者的文化背景左右——特别是受他们的信念和价值观影响。文化影响着人们争论的话题，还有他们处理冲突时认为合适或不合适的方法。例如：住在美国的 18 岁同居者比起住在瑞典的同龄人更容易在生活方式上与自己的父母发生冲突，因为在瑞典未婚同居更容易被

课堂讨论 12.1 在暴力事件上最令人困惑的发现之一就是许多受害者把这视为爱的象征，即因为某种原因，他们把被打或是遭言语侮辱当作是对方深爱自己的表现。而且，许多受害者不是责怪对方，相反，而是责怪自己。你觉得这是为什么呢？在你的人际关系中，暴力在冲突中扮演了什么角色？

接受；同样，比起南欧夫妻，美国夫妻中丈夫对妻子的不忠行为更容易导致冲突；来自美国的学生更容易与同样是来自美国的同伴而不是其他文化背景的学生发生矛盾；但另一方面，中国学生则更容易与一个不是中国人的学生发生冲突，而不是本国人（Leung，1998）。

冲突的问题与文化的语境高低有关（参见第 2 章）。在高语境文化里，集体或群体规范或观念的破坏容易引起冲突，相反，在低语境文化里，个人准则的破坏容易引起冲突（Ting-Toomey，1985）。

不同的文化对冲突的构成有不同定义。例如：在一些文化背景下，女性被视作弱势群体或没有与男性同等的待遇是非常正常的，对于大多数美国人来说，这就会导致冲突，但是对于一些日本女性，这种现象很普遍，也不会被视作一种侮辱（*New York Times*，February 11，1996，pp.1，12）。进一步说，美国人和日本人对冲突的目的有不同的看法，日本人会采用妥协方法解决冲突，而美国人则一定要在冲突中分个胜负（Gelfand，Nishii，Holcombe，Dyer，Ohbuchi & Fukuno，2001）。非洲裔美国人和欧洲裔美国人在处理冲突时也会采用非常不同的办法（Kochman，1981；Hecht，Jackson & Ribeau，2003）。这些问题引发并导致冲突升级。不同群体对待冲突的态度不一样，认同和接受的冲突解决策略也互不相同。

文化背景使人们对身体和言语上的攻击持不同反应。例如，在一些亚洲和西班牙文化背景下，人们十分惧怕丢面子或是使家人遭受尴尬的状况，以至于他们更倾向于避免谈论或公布所遭受的侮辱。查看相关数据，马上能够发现在这种特定背景下，家庭暴力的曝光率极低。但是我们通过调查得知，在印度、伊朗和中国的台湾地区，妻子挨打是很常见的事情（Counts，Brown & Campbell，1992；Hatfield & Rapson，1996）。而在美国大多数地区，还有许多其他文化背景下的地方，不论谁觉得尴尬或是被凌辱，都不会默默忍受。

每一种文化似乎都在教育民众用不同的技巧应对冲突（Tardiff，2001）。在一项研究中，相对于白人女性，非洲裔美国女性会使用更加直接的控制手段（例如：采取控制冲突的办法并坚持为自己的观点辩论）；而相对于非洲裔美国女性，白人女性则会选择以解决冲突为导向的办法。非洲裔美国男性和白人男性在他们处理冲突的技巧上很相像，他们都想避免或解决关系冲突，倾向于对大家的不同之处保持沉默，或使自己不要显得太过特立独行（Ting-Toomey，1986）。另一个关于文化影响冲突的例子是处于"集体主义"下的成员相对于"个人主义"下的个体，更倾向于避免冲突，并更重视颜面的维护（Dsilva & Whyte，1998；Haar & Krabe，1999；Cai & Fink，2002；Oetzel & Ting-Toomey，2003）。

在更广的文化语境里，组织文化规则将影响到冲突出现的类型和他们解决冲突的方法。例如：在一些工作环境中，与高层管理间发生冲突不能被容忍，但在其他环境中和高层发生冲突则可能是受欢迎的；在个人主义文化下，

学习人际理论与研究专栏

冲突和性别

不奇怪的是，研究发现人际冲突中存在着显著的性别差异。例如：男性比女性更愿意退出冲突。一种解释是，男性在冲突中的心理和生理反应比女性更加激烈（并能持续较长的时间），所以努力退出冲突以避免进一步激化矛盾（Gottman & Carrere, 1994; Goleman, 1995b）；也有人认为，男性这样做是因为文化教导他们要避免冲突；还有一种观点认为，这种"全身而退"是力量的表现。

另一方面，女性更愿意面对冲突——她们想讨论并解决问题，甚至连青少年都显示了这些不同之处。研究显示，11 到 17 岁的男生比女生更愿意放弃冲突（Lindeman, Harakka & Keltikangas-Jarvinen, 1997; Heasley, Babbitt & Burbach, 1995）。另一研究表明当发生争论时，女性更感性，而男性更理性；女性被定义为"冲突感受者"，而男性则是"冲突思考者"（Sorenson, Hawkins & Sorenson, 1995）。还有一个不同之处是，女性较之男性更倾向于暴露自己的消极情绪（Schaap, Buunk & Kerkstra, 1988; Canary, Cupach & Massman, 1995）。

值得一提的是，许多研究并不支持这些性别与冲突类型之间关系的刻板印象，它并不像动画、情景喜剧、电影描绘的那样容易和清楚。例如：一些针对大学生和工作中男性和女性的研究发现，男性和女性在冲突方式上并无特别的区别（Wilkins & Andersen, 1991; Canary & Hause, 1993; Gottman & Levenson, 1999）。

运用理论和研究

关于性别差异的新研究层出不穷，请你通过登录你喜欢的搜索引擎来查看当前对"性别"和"冲突"的研究。你能对相关的讨论增添些什么新内容吗？

在组织中的冲突，即使涉及不同级别，也更容易被容忍，而在集体主义文化背景下，冲突则很难忍受。不必惊讶，这是因为文化会影响到冲突的解决方式。例如，美国管理者（受个人主义影响的个体）通过调和不同方面的需求来解决工作冲突，而中国管理者（受集体主义影响的个体）则更倾向于请上级做决定或者干脆放任冲突不管（Tinsley & Brett, 2001）。

另一个影响冲突的要素是你自己在组织中的地位。例如，如果你是一个大组织中的临时工，你就不太可能与老板发生冲突，因为你很可能永远见不到老板，但是你与同级别，或者是上级、下级的同事则很可能发生工作冲突：当你与一个管理者之间发生冲突，很可能是与工作有关的问题，例如工作满意度或是单位的承诺问题；而当你与同事发生冲突，则很可能是关于个人的问题——自尊或是情感问题（Frone, 2000）。

第三节　冲突管理步骤

在试图解决冲突前，你需要做准备。解决冲突是一种非常重要的交流经历，你也不希望没有做好充分的思考就面对冲突。这里有一些针对解决冲突准备工作的建议。

冲突产生前

试着私下解决问题。当你在他人面前发生冲突时，也会制造一些其他问题。有第三方在场时，你可能不愿意完全地开诚布公，你可能觉得自己必须保住面子，以至于认为一定要不惜一切代价赢得胜利。这可能会导致你使用一些手段去赢得争论，而不是真正解决冲突。你可能变得很注重他人对你的印象，以至于忽略了还有一个关系问题有待解决，同时，让你的伙伴在他人面前出丑也是一种风险，这种尴尬可能会造成对方的愤怒和敌意。

要随时保持面临冲突的心理准备。尽管冲突总是在最不合时宜的时候出现，你也要选择合适的时机去解决它们。当配偶经过一天的辛苦工作回到家中，这可能就不是一个解决冲突的好时机。应当选择对你们相对而言没有其他困扰，并准备好处理冲突的时机。

知道冲突在哪里。有时人们感到如此受伤害和愤怒，会一味指责他人出气。而引起冲突的问题（例如牙膏管没盖盖子）仅仅是一个宣泄愤怒的借口。任何解决这种"问题"的想法都将是白费工夫，因为核心问题并不在于那些看上去导致冲突的表象，而是需要被重视的深层次原因，例如敌意、愤怒、沮丧等。

解决能够解决的问题。对于那些陈年旧账，或你无法控制的家庭成员与局面，你将无能为力甚至会产生新的问题。解决此类冲突的任何企图只能是失败，通常会导致懊恼和不满的发泄，因为这些问题是无法解决的。

现在你已经准备好如何解决冲突，图12—3中所阐述的步骤将在这一过程中给你相应的指导。

图12—3 解决冲突的步骤

这个冲突解决模式是约翰·杜威（John Dewey, 1910）的"问题解决顺序"，这里的假设是，待解决的冲突是可以解决的问题并遵循一般的步骤。试着设想一个具体的冲突，看看这些阶段能否帮助你解决问题。

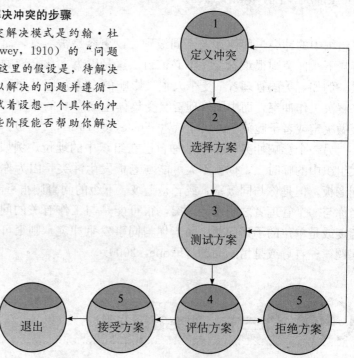

一、定义冲突

第一步也是非常重要的一步就是给冲突下定义，这里有一些技巧应牢记于心。

- **区分内容和关系问题**。界定明显的内容问题（如谁应该洗碗、谁应该带孩子去上学）以及与之相联系的关系问题（谁在逃避承担家务、谁的时间更有价值）。
- **具体描述问题**。很难去解决被抽象定义的冲突，例如，丈夫描述妻子冷漠、缺乏感情。或者描述为她在办公室没给他打电话，或是在他回家后没给他一个吻，或是当他们一同出席聚会时没挽着他的手，这些行为能够被确认并得到解决，但是前一种抽象的说法——"冷漠、缺乏感情"则让人不容易理解。
- **聚焦于现在**。避免"算老账"（gunnysacking），即避免随时可能爆发的积怨。经常是，一个人积怨很深，另一个人也会如此。例如：你忘记了对方的生日，还有你聚餐迟到，这些不满都会爆发出来，结果两个人把过去积攒的委屈都一股脑儿倒出来，而忽略了解决现在的问题。
- **移情**。试着从他人的角度去理解冲突的实质。为什么你的同伴指责你不洗碗？为什么你的邻居抱怨带孩子上学这件事？一旦你设身处地地理解了别人的感受，就能认同其合理性。如果你的同伴受到伤害或是非常愤怒，而你能够理解这种情绪，可以表达："你有权利感到气愤，我本不应该那样说你母亲。对不起！但是我仍然不想和她一起去度假。"在表达理解的时候，你不必非要表示认同，你仅仅需要表现出认为对方情绪有合理性的看法就足够了。
- **避免揣测对方**。不要试图去猜测别人的想法，当他人遇到难题时，问些问题，以确保你的理解是正确的。直接并简单地发问："为什么你明知我必须在 9 点前给三个客户打电话，还坚持让我现在去遛狗？"

下面我们将用一个例子完成接下来的步骤。这个例子是帕特不想和克里斯的朋友交往。克里斯很中意这群朋友，可是帕特并不喜欢他们；克里斯认为这些朋友妙不可言而且让人兴奋，但是帕特却觉得他们非常无趣。

二、选择可能的解决方案

大部分冲突存在许多不同的解决方法。这里有一些建议，你和你的伙伴可以来一场"头脑风暴"，在激发潜在解决方法的过程中，不要约束、审查自己或对方的想法。当你们提出了许多解决方案后，重点寻找那些可使大家共赢的方法，即让彼此都获益。要避免一方获胜、一方失败的"胜—负"解决方法，因为这种方法会造成挫败感和怨恨心理，结果将进一步导致关系问题。

　　小心掂量每种方案的代价和收益。许多办法会给一方或双方带来麻烦，应当寻找那种大家平等承担代价、享受收益的方案。例如：帕特和克里斯可能会把所有的方案归结为：

1. 克里斯不应该再和这些朋友交往。
2. 帕特应该和克里斯的朋友交往。
3. 克里斯和朋友们交往，但不用苛求帕特也照着做。

　　很清楚，方案 1 和 2 是"胜—负"模式，在方案 1 中，帕特胜出而克里斯失败，而在方案 2 中，情况相反。方案 3 有一些可能性，双方都有可能胜出但没有任何一方一定会成为败者。这种潜在的解决方案，则需要进一步的考虑。

■ 三、测试解决方案

　　首先，在心理上测试。现在感觉怎么样？明天呢？这么解决你觉得舒服吗？在我们的案例中，帕特对克里斯单独和这些朋友交往感到舒服吗？克里斯的一些朋友很有吸引力，这会给她和帕特的关系造成困扰吗？克里斯是不是给人们太多制造谣言的空间了？克里斯会感到内疚吗？帕特不在，克里斯会享受和朋友们见面的过程吗？

　　其次，实际考察一下方案。实施起来怎么样？如果不奏效，就放弃这种方案，再试另一个。给每一种方案一个公平的机会，但是不要纠缠于明摆着解决不了冲突的方法。

　　也许克里斯会试一次不和帕特一起出去，然后，双方评估一下这种方法。朋友们会觉得克里斯和帕特之间出现了什么问题吗？克里斯会觉得内疚吗？克里斯会喜欢这种新体验吗？帕特觉得怎么样？帕特会觉得妒忌、孤独还是被抛弃了？

■ 四、评估解决方案

　　办法是否帮助解决了冲突？情况与方案实施前相比是否有所好转？把自己的感受和对方的评估与他人分享。

　　帕特和克里斯现在需要交流他们对方案的理解。他们经过一个月的试验，觉得舒服些了吗？这个方案导致双方付出的代价值得吗？代价和回报是对等的吗？是否有其他更有效的方法？

　　批判性思考的领军人物爱德华·德邦诺（Edward deBono，1987）建议在分析问题时，你应当使用六顶"思考的帽子"作为寻找不同意见的方法，通过每一顶帽子，你会从不同的角度来考虑问题。

　　■ "事实帽"，关注反映问题的事实和数据。例如：帕特怎样才能更明白克里斯从朋友那里获得的益处？克里斯怎么才能明白帕特不喜欢这些朋友的原因？

- "感受帽"，关注对问题的情感反应。当克里斯和朋友外出时，帕特感觉怎么样？当帕特拒绝见这些朋友时，克里斯感受又如何？
- "消极争论帽"，使你变成魔鬼的拥护者。如果克里斯继续在帕特不在场的情况下见这些朋友或是帕特仍然反对见克里斯的朋友，他们之间的关系会怎样恶化？
- "积极受益帽"，要求积极向前看。帕特不在场的情况下克里斯单独见朋友会有什么机会？他俩从这种新的规划中能获得什么好处？
- "创新思维帽"，聚焦在看待问题的新方法上。帕特和克里斯还有什么看待问题的角度？他们可能会考虑什么其他的可行办法？
- "控制思考帽"，帮你分析你的所作所为，要求你对自己的想法自我反省。帕特和克里斯准确找到问题所在了吗？他们是否太关注于不重要的问题了？他俩是否充分考虑了可能出现的消极影响？

五、接受或拒绝解决方案

如果你接受，你将在实践中持续使用该方案。例如：事实上帕特对该解决方案很满意，他可以利用晚上的时间拜访大学同学；下一次克里斯和帕特不喜欢的朋友一起外出，帕特就可以和大学同学一起出去；克里斯觉得帕特不在时见朋友也不错；克里斯解释说他们决定都单独约见自己的朋友并很满意这个决定。但是，如果他俩中有任何一方对该方案不满意，他们就不得不试试另外的办法或者回到起点，重新看待问题，并需要寻找其他方法去解决它。

冲突过后

即使冲突已经被解决，仍然需要努力。通常一个问题被解决了，新的冲突又出现了，例如，一个人感觉自己受到了伤害，需要报复他人以此来重塑自我价值（Kim & Smith，1993）。所以冲突解决后，杜绝滋生其他甚至是更严重的冲突是非常重要的。

从冲突和解决冲突的过程中学习。例如：你能发现那些导致情形恶化的对抗方式吗？你或你的伙伴需要一个冷静期吗？你能辨别出那些会升级为大争吵的小问题吗？逃避是否会使事情变糟糕？哪些问题会扰乱情形并致使麻烦？它们能被避免吗？

保持对冲突的前瞻性。小心不要把问题升级到你要用"冲突"一词重新定义关系的程度，避免认为意见不一会不可避免地将导致大冲突的趋势。事实上，在许多关系中冲突只占用了很少的时间，但是在回忆里却造成很大的心理阴影。同样，不要让冲突损害你自己或伙伴的自尊，不要因为你们有一次或多次争论就认为你们的关系是失败的。

与你的消极感受作斗争。消极感受经常出现在人际冲突产生之后，它们经常是因为一方或双方使用了不公平的对抗方式伤害到了彼此而出现，例如：被拒绝、被操纵，或是强迫。在将来要避免这种不公平的处理方式，但是同时也不要自责或是责备对方，并摒弃负罪感。如果你觉得有帮助，就

课堂讨论 12.2　好好审视你的冲突应对行为，你会采取哪些变化？你会寻求哪些技巧应用于你自己的关系和群体冲突？

和对方或心理医生聊聊这些感受。对于自己做错的事情一定要道歉，你的伙伴也应该这么做，毕竟，双方都应该对冲突负责（Coleman，2002）。

相互奖励，增加一些表达积极感受的举动，表明冲突已经结束，并希望关系越来越好。

第四节　冲突管理策略

在应对冲突时，有各种策略可供选择，我们列举如下。首先，要意识到你选择的策略会受到一些因素的影响，例如：（1）要达到的目标，（2）你的情绪状态，（3）你对冲突情况的评估，（4）你的个性和交流能力，（5）你的家庭背景等（Koerner & Fitzpatrick，2002）。理解这些因素可能会帮你选择更恰当有效的技巧。研究发现使用多样的冲突解决策略能够带来许多好处，但是运用不合适的策略可能导致更糟糕的心理状态（Weitzman & Weitzman，2000；Weitzman，2001；Neff & Harter，2002）。

1. 你期望达到的目标（长期的和短期的）将影响到你采用的策略。如果你仅仅是想补救今晚的约会，你可能会很容易地就屈服并基本忽视相关困难，另一方面，如果你想建立一种长期的关系，你可能会分析问题的原因并寻找能使双方共赢的方式。

2. 你的情绪状态将影响到你的策略。你不会在自己悲伤或生气的时候选择同一种解决策略。同理，在你准备道歉和你想寻机报复时，你也会选择不同的策略。

3. 你对情形的认知判断具有很大影响。例如：你对什么是公平的态度和信条将会影响到你是否会站在他人的角度去理解公平性，你对谁是问题的始作俑者的观点也会影响到你处理问题的方式。你可能也会掂量这些选项的效果。例如：如果你用责备或是拒绝的方式与老板抗衡会有什么风险？如果你使用强迫手段，是否有被同龄人疏远的危险？

4. 你的个性和交流能力将影响到你参与冲突的方式。例如：如果你害羞且谦逊，那么你可能试着避免冲突而不是积极抗争。如果你很外向并有着强烈欲望去表明自己的立场，那么你可能会积极抗争并有力对抗。当然与对于对异议没什么忍耐力的人相比，有些人对不同意见和后果有更好的忍耐力，他们倾向于把事情放置一边，而不是变得情绪激昂或是充满敌意（Wrench，McCroskey & Richmond，2008；Teven，Richmond & McCroskey，1998）。

5. 你的家庭背景将会影响你的策略选择、容易产生冲突的问题，以及喜欢或回避冲突的倾向等。

在前面的章节里，我们讨论过许多冲突应对方法。例如：积极倾听（第4章）是一种能够广泛运用于解决冲突的方法。同样，使用"我怎么样"而不是斥责"你怎么样"（第7章）有助于有效解决人际冲突（Noller & Fitzpatrick，1993）。"掌握人际技巧专栏"中介绍的体现人际能力的方法当然都是清晰有效的冲突解决技术。

接下来的讨论将从两个方面介绍其他的策略，即既要避免无效的和破坏性的方法，又要寻求有成效的和建设性的方法。从一开始就应该明白，你的策略选择对于你的人际冲突和关系都会产生重要的影响。同样需要明白的是，冲突策略是可以选择的，尽管人们经常否认这一点。例如：拒绝信息、侮辱、谴责和命令等很可能导致冲突，进一步加剧现有的冲突，还可能延缓或妨碍有效的冲突管理（Canary，Cody & Manusov，2003）。

一、赢—输策略和双赢策略

正如在冲突类型中讨论过的那样，当你用输赢的形式来看待人际冲突时，出现了四种基本模式：（1）甲胜，乙负；（2）甲负，乙胜；（3）甲负，乙负；（4）甲胜，乙胜。

显然，双赢的解决方式最受推崇，也许最重要的原因是这种方式会让双方都满意，并免于**赢—输策略**（win-lose strategies）通常造成的怨恨。寻找并发展双赢模式能减少下一次冲突的不快，使得冲突更像是"解决问题"而不是"战斗"。**双赢策略**（win-win strategies）的另一个好处就是大家都保护了面子，自我感觉很好。最后，相对于在赢—输模式或是双输模式中达成的意见，人们更容易遵守在双赢模式中达成的协定。

总的说来，你能找到那种让你胜利而其他人失败的方法（赢—输模式），也能找到让大家共赢的方法（双赢模式）。后者总是相对好一些，但是我们常常没有考虑双赢解决方案存在的可能性，以及如何做到双赢。

举一个例子：我想买辆新车（旧车不中用了），但是你想去度假（你精疲力竭，需要放松）。通过分析我们的矛盾及解决方案，我们了解了彼此的需要并可能找到让我们都实现目标的方法。我可能会接受一辆还不赖的二手车，而你可能会接受一个不太昂贵的旅行。这种双赢的方式满足了双方，我们都是赢家，都得到了自己想要的。

课堂讨论 12.3 一项研究发现，相对于在线交流而言，人们在面对面交流中一般会更积极地面对冲突。你自己的互动经验也是这样吗，为什么？有什么方法使你能在网上交流中更积极地面对冲突呢？

二、回避与积极应对策略

回避冲突包括现实生活中的置身事外。例如：离开冲突的场景（走出公寓或去办公室的另外一个地方）、睡觉，或是开打音响阻断交流等。这是一种情感和心智上的回避，借此从心理上放下冲突而不去处理发生的问题。然而毫无疑问的是，关系满足感会随着回避行为的增加而下降（Meeks，Hendrick & Hendrick，1998）。有时候，回避是对请求的一种回应，是一种特殊的冲突形式，称之为"置之不理"（demand-withdrawal）。即一方提出请求，不同意请求的一方置之不理，退出互动（Canary，Cupach & Messman，1995；Sagrestano，Heavey & Christensen，2006；Guerrero，Andersen & Afifi，2007）。这种方式无疑是低效的，但很容易被克服，解决策略或者是放弃请求，或者是变逃避为积极的冲突管理。

掌握人际技巧专栏

平等

作为人际传播的一个术语，平等（equality）是指这样一种态度或方式：互动中的每一个人都是重要的和不可或缺的。当然，在任何情况下都有不平等的现象，例如：一个人在组织中居于高位，或更有知识，有更高的人际效率等。但除此之外，应该避免居高临下的态度，因为平等氛围中的人际交流会更加有效。

平等交流。这里有一些适用于所有互动的平等交流建议，尤其适用有冲突的互动：

- 避免"应该"、"本该"之类的言辞（例如："你真应该多打电话给你妈妈"或是"你应该学会大声地说话"），这种措辞会把听众置于低人一等的位置。

- 多用请求（特别是礼貌用语）并避免命令（特别是不礼貌的用语）。

- 避免打断别人，打断意味着一种不平等的关系，并暗示你说的比对方重要。

- 在表现自己之前先欣赏他人的贡献。说："我看到了"、"我理解"或是"说得对"，让别人知道你在聆听并理解他们。

- 认识到不同的文化有不同的平等观念。低等级文化里的平等观念强于高等级文化。这种差别会给人际互动带来很大的影响。

运用人际技巧

在最近的人际交流中，你是怎样表达平等的？你在什么样的情境下更能平等地交流，这会给交流带来什么样的影响？

尽管回避是下策，但抽出时间冷静下来是重要的第一步。例如，对于邮件和在线交流发生的冲突，冷处理就是一种简单易行而且高效的方式。冷静地想清楚后再回应，就会更具有建设性，就能提出合适的解决办法，使关系恢复到更少敌意的阶段。

"拒绝商量"（nonnegotiation）是回避型策略的一种特殊形式。即拒绝接受任何解决冲突的方案或他人的建议。有时，"拒绝商量"表现为坚持己见直到他人放弃为止。

另一种低效的冲突应对策略是消音器（silencers）。消音器是一种使对方不能说话的冲突技巧。在众多的消音器中，一个经常使用的技巧就是哭泣。当一个人不能处理冲突或者似乎不大容易胜出时，他/她可能会哭泣使得他人说不出话来。另一种消音器就是装出极端的情绪化，如喊叫、尖叫，甚至是装作失去了自控能力等。还有一种是出现一些身体上的反应，如头痛、呼吸不畅等都是常用的方法。消音器的一个很大问题就是你不能分辨出到底是他们在用这种手段赢得冲突的胜利，还是他们确实有这种值得你关心的身体反应，但无论是哪种情况，冲突仍然没有得到辨别和解决。

放弃回避包括拒绝商量和消音器等，你应当考虑在人际冲突中扮演积极的角色。如果你希望解决冲突，就需要积极地面对冲突，使自己置身于双方的意见交流中，做一个积极参与的话语者和聆听者，说出自己的感受并认真听取对方的感受。

积极应对策略的一个重要因素就是对自己的想法和感受负责。例如：当你与伙伴争论或是发现了他/她的过失，你应当对这些感受负责，说："我不同意……"或是"我不喜欢你做……"，避免那些否认自己责任的话，例如"每个人都认为你错在……"或是"克里斯认为你应该……"。

三、强迫和交谈策略

当面临冲突时，许多人不是解决问题而是将自己的意志强加于人，这种强迫可能是感情上的或者是身体上的。但是，不论哪种情况，都回避了问题。胜者是施加了最大力量的人。强迫是存在于交战国、孩子们，甚至是一些理性的成人之间的技巧。一些在关系中不得志的人，也经常会运用手中的权力使用这种技巧（Ronfeldt，Kimerling & Arias，1998）。

人际传播伦理专栏

道德争论

这一章集中讨论冲突策略的效率标准。但是所有的交流策略还有一个道德的标准。考察冲突应对策略的道德意义也是非常重要的。例如：

- 回避冲突有道德标准吗？例如，一方拒绝讨论对方的不同意见，这是不道德的吗？
- 运用身体的力量影响他人总是道德的吗？在什么样的情况下，一方利用自己身体上的力量优势强迫对方接受他/她的观点是合适的？
- 损伤颜面的策略本质上是不道德的，还是在特殊场合能够合理使用？你能指出这种特殊的场合吗？
- 言语攻击的道德含义是什么？

你会怎么做？

你位高权重、工作压力大，偶尔吸烟，一个月偶尔几次，但除此之外从来不吸食其他毒品。你知道你的同伴憎恶毒品，并蔑视使用任何消遣性毒品的人。当他/她问你是否吸食毒品时，你觉得自己使用的剂量（吸烟）很小，而且一旦承认，就会使你们原本不和的关系产生巨大的冲突。你不知道就此事撒谎是否道德。

一项研究显示，有超过50%的单身者和已婚者报告他们在自己的关系中遭遇过身体暴力。如果加上暴力威胁（例如：威胁要打人或是扔东西），那么对于单身者，比例将超过60%，而对于已结婚的人，比例将超过70%（Marshall & Rose，1987）。在另一个以410位大学生为对象的研究中，47%的人表示在恋爱关系中经历过暴力（Deal & Wamper，1986）。大量的研究表明，暴力是互相的——关系中的每个人都使用过暴力。

暴力的唯一替代就是交谈。例如：坦诚、积极和移情（参见第 4、9、10 章的"掌握人际技巧专栏"）都是恰当的开始。另外，应确保积极开放地倾听（第 4 章）。这一点在冲突的情况下可能很难做到，因为火气很大，你可能发现自己正遭到攻击或者对方不同意你的观点。这里有些针对在冲突中更加有

课堂讨论 12.4　残疾人单独出门经常会遭到言语上的侮辱和身体上的冒犯，而且他们的抱怨又常常被忽视。你认为导致对残疾人侮辱的原因是什么？这些因素也同样导致了对女性、新移民或是同性恋者的侮辱吗？

效地谈话和倾听的建议：

- 扮演好聆听者的角色。要像一个听者一般思考。关掉电视、音响或是电脑，真正面对对方，全神贯注地听对方在说什么，确信自己明白对方的言论和感受。一个确认的方式当然是提问，还有一个办法就是解释一遍对方说的话并确定性地发问："你觉得如果我们共享彼此的钱财而不是各自持有独立账户，我们的关系会更平等，你是这么觉得吗？"

- 对于对方的言论和感受，移情地表达自己的支持："我能理解你的感受，我知道我掌握财政权导致你感到不公平。"如果合适，暗示出你的同感："你确实被打扰了。"

- 尽可能客观地表明自己的思想和情感。如果你不同意对方的观点，那就说："我的问题是当我们都有权管钱时，你超支那么多以至于我们入不敷出。老实说，我真担心同样的事情还会发生。"

四、伤害颜面和保全颜面策略

在第 5 章中讨论礼貌问题时介绍了面子和威胁面子信息的概念。正如你可能猜到的那样，这些概念和人际冲突有着特殊关联。**伤害颜面策略**（face detracting strategies）是指攻击一个人的积极面子（例如，批评某人对关系的贡献或是他/她的能力）或是消极面子（例如，对某人的时间或资源提出要求，侵扰到他人的自由）。**保全颜面策略**（face enhancing strategies）是指支持并肯定一个人的积极面子（例如称赞、在背上拍一下、真诚的微笑）或是消极面子（给人空间、请求他人而不是命令）。

一个常用的但具有破坏性的伤害颜面策略是打在"腰带"以下（beltlining）（Bach & Wyden，1968）。很像在格斗中的拳击手，大家都有一条情感的"腰带"，当你打到"腰带"以下，就会造成严重的伤害；但是，当你打到"腰带"以上，对方就能吃住这一拳。在很多人际关系中，特别是交往时间很长的关系，你知道对方的"腰带"在哪里。例如，说帕特没有生育能力就是打到了"腰带"以下，说克里斯找不到永久性的工作也是打到了"腰带"以下。此类伤害颜面策略给其中的所有人都带来麻烦，所以应当保持一个度，打在对方能承受的地方。

还有一个伤害颜面策略就是责备。一些人并不聚焦于问题的解决方案，而是试图责备其他人。不论对错，责备总归是徒劳的，这至少归因于两点：第一，把对问题和潜在的解决方法的注意力给转移了；第二，引起了怨恨，并导致冤冤相报。然后冲突变成人际攻击，造成个人和关系相对过去更为严重的冲突。

保全颜面的策略包括帮助他人保持一个正面的形象——有竞争力、有信誉、有能力、友善。即使当你得到了你想要的，例如，在讨价还价中，明智

的做法就是给对方留面子，因为这样做可以使未来冲突发生的可能性减小
(Donahue，1992)。如果要保全消极面子，那就少提要求，尊重他人的时间，
特别是在压力大的时候给他人空间，避免不合适的接触，并对他人的观点表
示尊重。

肯定他人的个人形象（第 5 章）、支持并积极地倾听（第 4 章）、使用
"我怎么样"以避免责备他人（第 7 章）、使用合适的辩解和道歉（第 8 章）
等等，都是恰当有效的保全颜面策略。

请教学者专栏

有主见

当我和朋友、爱人、同事等争论时，我特别具有攻击性，毕竟我想取
得胜利。我在争论时的好斗性有什么错？

学者们认为，所有的争论都是自信的，而且这种自信是一种积极的、
建设性的品质。自信程度越高的人，越喜好争论。挑战事实上就是一个个
人奋斗的目标。但是，目标的实现取决于关系和情境这两个拦路虎。一个
善于交流的人能够根据不同的关系和情境灵活地运用多种交流技巧。例如：
喜好争论的小组成员经常挑起事端。他们总是赢得与朋友和同事们的争论
还好说，但总是赢得与情侣或其他小组成员的争论就未必是好事情。品质
研究人员发现情境和关系是争论必须考虑的关键性环境因素。在增强自信
和提高辩论能力的训练中，训练人员会提醒不管不顾地赢得争论可能会带
来消极的后果。

更多信息参见 C. M. Anderson & A. S. Rancer (2007)，"The Relationship between Argumenta-
tiveness, Verbal Agressiveness, and Communication Satisfaction in Incarcerated Male Youth," *The
Prison Journal* 87：328 - 343。

Carolyn M. Anderson：肯特州立大学博士，美国阿克伦大学传播学院（canders@uakron.edu）
教授，负责研究生及本科生的团体决策，教授领导力及健康传播课程。Anderson 教授研究人际、
小团体、组织、家庭及健全组织背景下的传播特点。同时她也是社区的咨询师、公众发言人及
教员。

五、语言攻击和辩论策略

一个特别有趣的冲突视角来源于语言攻击和辩论的研究（Infante & Ran-
cer，1982；Infante & Wigley，1986；Infante，1988；Rancer，1998）。学习
这些概念将帮助你明白一些事情出错的原因，并且利用冲突改善关系。

语言攻击

语言攻击（verbal aggressiveness）是通过制造心理伤害和打击对方自我
概念以赢得争论的低效冲突策略。这是一种使对方颜面扫地的否定性方法
（第 5 章）。为了进一步考察这种倾向，请完成关于语言攻击的自我测试。

✎ 自我测试专栏

你有多大的语言攻击性？

这个量表测度人们在多大程度上希望他人服从自己。你对每个陈述的判断能够在一定程度上反应你试图影响他人的态度。判断的分值是：5＝非常同意，4＝同意，3＝不知道，2＝不同意，1＝强烈不同意。

1. 对于必须服从我的人，我会攻击他们的人格。
2. 我会通过骂娘迫使固执己见的人就范。
3. 对于那些低级无聊的人，我会通过辱骂以震慑他们举止规范。
4. 对于那些玩忽职守的人，我会发火并呵斥他们。
5. 如果有人骂我，我会痛快地还击。
6. 我喜欢取笑那些做傻事的人，以此来激发他们的智慧。
7. 如果有人处事卑鄙残忍，我会攻击他们的人格以帮助他们纠正错误。
8. 如果影响不了别人，我会大喊大叫地刺激他们。
9. 我驳斥不了对方就羞辱对方。
10. 若有人无故拒绝做我认为重要的事情，我会说他们不讲道理。

你做得怎么样？ 根据你的答案简单地计算你的攻击分值。30分是个中间值：既不是特别地具有攻击性，也不是特别地迁就他人。如果你是35分，说明你有一定的攻击性，如果你是40分或者更多，说明你具有很强的攻击性。如果你的分数低于中间值，说明你不太具有攻击性而且在与他人的互动中比较随和。记住体现攻击倾向的行为特征，尤其是记住自己容易犯错的地方。

你会怎么做？ 因为语言攻击会严重地损害交流的效果，你应该减少自己的攻击性。回顾自己的攻击行为，对于随后的交流有什么影响？对于你和他人的关系有什么影响？你用过非攻击性的替代方式表达自己的观点吗？效果如何？降低攻击性的普通建议会增强你的辩论能力。

资料来源：From a 20 - item scale developed by Infante and Wigley (1986) and factor analyzed by Beatty, Rudd, and Valencic (1999). Also see "Verbal Aggressiveness" by Dominic Infante and C. J. Wigley, *Communication Monographs* 53 (1986); Michael J. Beatty, Jill E. Rudd, & Kristin Marie Valencic, "A Re-evaluation of the Verbal Aggressiveness Scale：One Factor or Two?," *Communication Research Reports* 16 (1999)：10 - 17; and Levine, T. R., Beatty, M. J., Limon, S., Hamilton, M. A., Buck, R., & Chory-Assad, R. M. (2004, September). "The Dimensionality of the Verbal Aggressiveness Scale." *Communication Monographs* 71：245 - 268. Copyright © 1986 by the National Communication Association. Reprinted by permission of the publisher and authors.

也许是因为侮辱人格最容易造成心理伤害，所以是最常用的语言攻击手段。其他手段包括攻击对方的能力、出身和体貌特征，咒骂，取笑，奚落，威胁，诅咒，以及各种非语言行为（Infante, Sabourin, Rudd & Shannon, 1990）。

一些研究者认为，如果没有语言攻击的发泄，敌意就是一种压抑的愤怒（Infante, Chandler & Rudd, 1989）。有证据表明，处在暴力关系中的人比起没有处在这种关系中的人更经常地具有语言攻击的举动（Sutter & Martin, 1998）。

因为语言攻击无助于冲突的解决，而且还会导致对攻击者丧失信任，甚至还会增加对攻击对象的同情。你会奇怪人们为什么会具有攻击性（Infante,

Hartley，Martin，Higgins et al.，1992；Infante，Riddle，Horvath & Tumlin，1992；Schrodt，2003）。

用肯定的方式交流（例如：微笑、愉悦的表情、触摸、身体上的亲近、眼神交流、点头、真诚而温暖的声音、具有变化的语调等）。与否定的方式相比，可以让他人在交流中感到你不是那么具有攻击性。人们通常遵循的假定是，如果你的表达方式是肯定的，那么你的信息也是肯定的，如果你的表达方式是否定的，那么你的信息也是否定的（Infante，Rancer & Jordan，1996）。

辩论

与通常的用法不同，**辩论**（argumentativeness）是值得提倡而不是应该消除的品质。辩论是坚持自己观点的愿望，是在重要问题上表达自己想法的倾向，也是语言攻击的良好替代（Infante & Rancer，1996；Hample 2004）。在学习增强辩论能力的方法之前，先做自我测试。

✎ 自我测试专栏

你会辩论吗？

这个测试考察你的辩论取向。用下面的分值标准看每个陈述在多大程度上适合于你。1＝从不适合，2＝很少适合，3＝偶尔适合，4＝经常适合，5＝总是适合。

____ 1. 当发生争论时，我担心自己会给对方留下不好的印象。
____ 2. 讨论有争议的话题会使我变得聪明。
____ 3. 我倾向于避免辩论。
____ 4. 辩论时我很有活力并且很兴奋。
____ 5. 一旦争论结束，我就向自己保证再也不会争论。
____ 6. 与人争论比起解决问题会给我制造更多的麻烦。
____ 7. 赢得争论我会很开心、很舒服。
____ 8. 与人争论过后，我感到紧张和难过。
____ 9. 我享受就有争议的话题进行出色的辩论。
____ 10. 当我意识到难免争论时，我感到很不开心。
____ 11. 我喜欢为自己的见解而辩论。
____ 12. 我为自己能够阻止争论而高兴。
____ 13. 我不愿意错过一个讨论争议话题的机会。
____ 14. 我喜欢同与我意见相同的人在一起。
____ 15. 我认为争论是一种令人兴奋的智力挑战。
____ 16. 我觉得自己不能在争论中有效地思考。
____ 17. 辩论过后，我感到焕然一新并且十分满足。
____ 18. 我有能力在争论中表现出色。
____ 19. 我试图避免辩论。
____ 20. 当我想象自己将谈话升级为一场辩论时，非常兴奋。

你做得怎么样? 依据以下步骤计算你的争辩分值:

1. 把 2、4、7、9、11、13、15、17、18 和 20 项的分数加起来。

2. 在上述总和的基础上再加上 60。

3. 把 1、3、5、6、8、10、12、14、16 和 19 项的分数加起来。

4. 用步骤 2 的分数减去步骤 3 的分数,就是你的最终分数。

以下说法将会帮助你理解你的分数:73 到 100 之间表明你非常爱争论,56 到 72 之间表明你的争辩倾向属于中间水平,20 到 55 之间则暗示你不太爱争辩。

通常,分数高的人有很强烈的倾向去表达他们在有争议问题上的立场,并与其他立场的人争论。他们把争论视作一种令人兴奋的智力挑战,也是一个赢得某种意义上的竞赛的机会。

分数低的人们则试图阻止争辩,他们从避免争论而不是争论本身来获得满足感,并把争论视作令人不快和得不到满足的过程。不要惊讶,这类人在有效辩论的能力方面几乎没有信心。

最后,中间那类人则具备一些另外两种人的特质。

你会怎么做? 发明这种测试的研究人员表明"爱争辩"和"不爱争辩"的人们可能都会经历交流障碍。例如,对于前者,可能会发生没必要的争论,并且经常为之,而且强迫意愿很重。而后者则可能避免表态,即便是看上去很有必要的时候。分数居于中间的人们则很可能更具有人际交往的技巧和适应性,能在需要的时候辩论,也会避免不必要的、重复性的争论。依你的经验,你支持这种观察结果吗?你会采取什么特殊举动去增强辩论能力?

信息来源:From Dominic Infante and Andrew Rancer, "A Conceptualization and Measure of Argumentativeness," *Journal of Personality Assessment* 46 (1982):72 - 80. Copyright ©1982 by Taylor & Francis Informa UK Ltd. -Journals. Reproduced with permission of Taylor & FrancisInforma UK Ltd. -Journals in the format Textbook via Copyright Clearance Center.

辩论和语言攻击的区别

正如你所了解的,辩论和语言攻击有许多区别,下面是一些例子。

辩论	语言攻击
具有建设性,在众多传播形式中(人际、群体、组织、家庭、跨文化等)结果是积极的	具有破坏性,在众多传播形式中(人际、群体、组织、家庭、跨文化等)结果是消极的
产生关系满足感	导致关系的不满足,从攻击对方自我概念的企图来看不足为奇
可能会预防关系暴力,特别是在家庭中	可能导致关系暴力
巩固组织生活,例如:下属喜欢鼓励大家辩论的上级	破坏组织生活,并使不同水平的员工受挫
加强了家长和孩子间的交流,孩子更顺服家长	妨碍了家长和孩子间的有意义的交流,并可能导致体罚
增强了辩论者的信任度,被视作是值得信赖的、能给出承诺并充满活力的	降低了攻击者的信任度,因为使对手丢脸而不是关注分歧的原委
在许多交流语境中增强了使用者的说服力,也很容易被视作领导者	减弱了使用者的说服力

提升辩论能力的建议

以下是一些提升辩论能力的建议，事实上，大部分指南已经是你人际行为的一部分（Infante，1988）。如果有些还不是，那就考虑如何吸取。

- 尽可能客观地对待分歧。不要认为与你的立场或观点不同，就是在攻击你。
- 避免人身攻击（倒不如关注他人的观点），尽管这样你会取胜。要对事不对人。
- 认可他人的实力，恰当地赞美他人。
- 避免打断别人，让他人完整陈述完他/她的观点后，再做出反应。
- 强调平等，注意你与他人的相同之处（参见本章"掌握人际技巧专栏"）；先说出你同意的部分，再争论分歧。
- 表示出对他人的立场、态度和观点有兴趣。
- 避免太过情绪化地争论，避免使用大嗓门或是粗俗的用语，这会被看作是冒犯性的举动，也不会有任何效果。
- 给他人面子，绝对不要羞辱对方。

内容提要

本章阐述了人际冲突的原理、冲突管理的步骤以及一些常见的不同效率的冲突策略。

第一节　人际冲突导论

1. 人际冲突就是互相联系的个体的需要彼此矛盾所引起的不和谐。

2. 人际冲突不能简单地说好或坏，其后果取决于解决分歧的方式，冲突往往会促进或削弱人际关系。

3. 导致人际冲突的原因有很多，包括亲密关系如性和情感等问题，或权力问题如某人处于控制地位或双方关系不平等，以及个人缺点如嗜烟或酗酒等。

第二节　人际冲突原理

4. 人际冲突无法避免，在各种关系中都存在人际冲突。

5. 冲突可能产生正面效应和负面效应。

6. 冲突既可能是关于内容的（关于人际关系之外的事情），也可能是关系方面的（关于关系本身的性质）。

7. 冲突有不同的类型，相应地有不同的后果。

8. 冲突以及解决冲突的策略都深受文化影响。

第三节　冲突管理步骤

9. 在冲突产生前：努力私下处理问题，做好解决冲突的准备，明确自己的目标，并且只处理那些可能解决的问题。

10. 定义冲突：明确具体情况下的内容冲突和关系冲突，避免对过去发生的事耿耿于怀，避免揣测对方的想法，努力体谅对方。

11. 审查可能的解决方案：努力找到尽可能多的解决方案，然后在这些方案中寻找能取得双赢效果的方案，并仔细衡量每个方案的得失。

12. 从理论和试验两个方面测试方案的效果。

13. 从多个方面对测试结果进行评估。

14. 接受方案并付诸实施。或者否决方案寻找可行的新方案，例如，从不同角度思考问题并从其他方向寻找可能的解决方案。

15. 冲突发生后：从冲突中吸取教训，正确地对待冲突，消除负面情绪，增加相互鼓励。

第四节　冲突管理策略

16. 找出双赢的解决方案。

17. 要成为冲突中的积极参与者，不要回避问题或埋怨对方。

18. 通过谈话讨论问题，不要强迫对方接受自己的观点。

19. 尽量顾及对方的颜面和自尊，避免采用损伤对方颜面的方法。

20. 和对方讨论问题，尽可能客观地面对分歧，避免在言语上挑衅或攻击对方。

关键词

argumentativeness 辩论
beltlining 打在"腰带"以下
conflit management stages 冲突管理步骤
conflict styles 冲突类型
equality 平等
face detracting strategies 伤害颜面策略

face enhancing strategies 保全颜面策略
gunnysacking 算老账
interpersonal conflict 人际冲突
verbal aggressiveness 语言攻击
win-lose strategies 赢—输策略（单方获胜）
win-win strategies 双赢策略

思考题

1. 电视上哪种形象经常表现出"语言攻击"？哪种形象经常表现出"辩论能力"？这些形象怎么区分？

2. 通常情况下，男性在"辩论能力"和"语言攻击"方面都会赢得比女性高的分数；较之女性，男性更倾向于被他人（无论男女）认为具有辩论和语言攻击的能力。你认为为什么会这样？

3. 你想看到对方（朋友、家人、爱人）在其语言攻击和辩论中改变些什么？你如何更有效地管理自己的语言攻击和辩论能力？

4. 在冲突和应对方法方面，你所在的文化教给了你什么？又有什么策略是其禁用的？有没有一些冲突策略对于某些人（如你的父母）是禁用的，而对于其他人（如你的朋友）则不然？你的文化背景有没有描述过解决冲突的特定方法？该策略对于男性和女性，是不是有不同的期待？你吸收了多少这些教育内容？这些内容在你的冲突实践中有什么作用？

5. 上周你经历了什么样的冲突问题？试着从以下三个角度解释冲突："内容问题"和"关系问题"、你在管理冲突时所使用的"策略"、冲突的"后果"。如果你再经历一次，会不会有所不同？

6. 对于以下每一种冲突情形，试着用双赢策略让人能够合理地接受，每个案例给自己两分钟。如果可能，把你的双赢策略与他人分享，当然，也想想你可能怎样在你自己的冲突管理行为中使用双赢策略。

（1）帕特和克里斯在一次彩票中赢得了 4 500 美元，帕特想装修卧室，但是克里斯想把钱攒起来。

（2）萨拉和玛格丽特想去加拿大结婚，但是她们双方的父母都坚决反对同性恋，希望她俩不要再见面并接受治疗。

（3）帕特是 5 年级的老师，被要求使用一本教科书，其中有关"性知识"的内容包含了许多误解或错误观点。校长要求他教这门课，且课本不容置疑；帕特不同意但又需要这份工作。

7. 思考一下在这章被讨论过的"有效和无效"的冲突策略，并应用于下面列出的情况。假设这些情形是你身边的人造成的，试着对其中的一个或两个提出一个无效的办法和一个可供选择的有效策略。

（1）"你花了这么多钱，我们需要攒钱应急，你快让我们破产啦。"

（2）"我们需要从你父母身边搬走，他们占有欲太强啦，干涉我们生活的方方面面，我再也不能忍受了！"

（3）"再说一次，这份报告显然不合适。拼写、语法还有逻辑都有致命问题，你必须去学学怎么写报告，否则就另谋高就吧！"

 情境选择

1. 扩大关系冲突。你自己的人际冲突经常以"内容冲突"的形式开始，但是很快升级为"关系冲突"，这时事情就难办了。问问自己：你可能会做什么样的事情去保持冲突和解决方案停留在"内容"而非"关系"上？

2. 对抗问题。你邻居从未按时把垃圾拿出来以便清理，所以那些垃圾经常被小动物弄破，直到下次清理时才被处理。你很讨厌那些被垃圾吸引来的小动物，还有垃圾的味道和可怕的外观。问问自己：你说什么可能会阻止这个问题又不至于让邻居恨你？

3. 避免冲突。你的工作小组成员貌似有着相同的冲突类型——回避型。当讨论替换意见或是有某种不同意见时，他们都拒绝表明观点，甚至都不参与讨论。如果你的团队要找到合适的解决办法的话，你们得充满激情地讨论和真诚地辩论。问问自己：你能做什么来改变这种形式的交流？你会先试哪种办法？

4. 攻击性谈话。你的伙伴变得越来越容易进行话语挑衅，而你觉得这种新的交流方式很有问题。你希望对方能够意识到这不是一种好的交流方式，并最终可能会破坏彼此的关系。问问自己：你有什么选择来试图减少甚至能杜绝这种话语挑衅？

5. 冲突管理。你的室友很有人缘并且来者不拒，因此，无论白天还是晚上，总有朋友来聊天、借书、查邮件或发生类似的事情，这使你不能安心学习，你需要解决这个问题。问问自己：你能对他/她说什么来解决这个冲突？

 我的传播实验室

这些练习主要与人际冲突有关，尤其是理解冲突的本质以及你如何管理和解决冲突。1."分析冲突的一段情节"，为批判性地考虑冲突互动中所使用的信息提供了机会。2."与冲突引发者沟通"，关注一些经常导致冲突的信息。3."使用双赢策略"提供了更加有效地激发冲突及解决冲突的试验机会。

第13章

人际权力和影响

权力和影响的原理 | 权力和影响的滥用
权力和影响的基础

《糊涂侦探》

　　在电影和电视剧《糊涂侦探》里，你能看到发生在"控制"和"混乱"之间有趣的权力斗争。正如你将在本章中学习到的那样，这种权力不受特工机构或是国家的限制，而是全部人际关系的一部分。理解权力是如何运行和发挥作用的，无论是对于生活还是工作中的人际成功都十分关键。

最后一章探讨人际传播中最重要的一个方面：权力。权力影响你做什么事、何时做，以及和谁一起做这件事。权力影响你择友、你与恋爱对象及家人的关系，以及你的职场人际关系。权力同样影响着你对一段人际关系成功与否的判断，权力让女性和其他男性觉得某人"性感"（Martin，2005）。本章我们将讨论权力的重要原理，关系中的权力基础、人和信息，以及滥用权力的两种形式：性骚扰和欺负。

第一节　权力和影响的原理

权力（power）是一个人影响其他人思想和行为的能力。如果你能够影响某人的思想和行为，那么你就拥有凌驾于此人之上的权力。反之，如果某人能够影响你的思想和行为，那么他的权力就凌驾于你之上。也许权力最重要的特点是不对等性。如果某人的权力很大，那么另一人拥有的权力就相对较小。如果你比某人强势，那么此人就比你弱势。如果你比较富有，那么其他人必定相对贫穷。在任何一方面，例如，某人拥有的权力或财富较多，那么其他人拥有的权力或财富就势必相对较少。

现在我们来思考人际传播和人际关系中最重要的原理。这些原理解释了权力是如何在人际关系中运用的，以及你该如何更有效地维护和运用权力。

一、一些人比其他人更强势

在美国，法律规定人人平等，因此，所有人在受教育、受法律保护及演讲自由方面都拥有平等的权力。但涉及其他方面，并不能做到人人平等。有些人含着金汤匙出生，有些人却出身贫寒。有些人天生体格强壮、相貌好、身体健康，有些人却天生体格瘦小、相貌平平、体弱多病。

有些人拥有与生俱来的权力，有些人在后天环境中逐渐学会如何变得拥有权力。简言之，有些人控制别人，而有些人受制于人。当然，世界绝不是如此简单，有些人在生活中的某些方面运用权力，施以影响，有些人在生活中的其他方面施展权力；有些人在生活中的许多领域运用权力，而有些人只在生活中的少数领域拥有权力。

权力和人际暴力联系紧密。例如，夫妻之间，权力较大的丈夫与权力较小的丈夫相比，向妻子施暴的可能性更大（Babcock，Waltz，Jacobson & Gottman，1993）。另外，在暴力婚姻关系中，人际关系间的权力争斗通常表现为无效果的努力。例如，与处于非暴力婚姻关系的夫妇相比，处于暴力婚姻关系中的夫妇会陷于更多更严重的相互指责和批评（Rushe，1996）。

二、权力可以分享

有些人认为必须守护自己拥有的权力，一旦和他人分享，就会削弱自己的权力。因此，一位从事研究的科学家不应该向他的助手透露研究成功的策略，因为一旦透露这些信息之后，至少相对而言，科学家的权力就会减弱，而其助手的权力则会增强。

另一种观点认为和他人分享权力、赋予他人权力，实际上会增强自己的权力。持此观点的人认为，就人际关系的伙伴或某公司的管理层而言，赋予他人权力不仅仅只是一种无私的或利于他人的表现，而是一种哲学。据此理论，被赋予权力的人在人际关系或工作中会表现出更浓厚的兴趣。被赋予权力的人更主动；他们行动积极，而非仅仅被动地做出反应。他们更有可能承担决策责任，愿意承担风险，愿意为他们的行为负责（使人际关系变得更令人兴奋，使事情的结果变得更好）。在一段人际关系中（同样的情况适用于跨国组织），大多数人会遇到困难和挑战，但人际关系中两个被赋予权力的伙伴更可能有效地迎接挑战和困难。

如果你想通过赋予他人（你的伙伴、雇员、学生、你的兄弟姐妹）权力来增强你控制他人及其环境的能力，以下是一些十分有用的策略。

- **提高人的自尊**。抵制吹毛求疵的行为：事实上这不会给挑毛病的人真正带来什么好处，也不一定会给被挑刺儿的人带来坏处。吹毛求疵的行为会削弱他人的权力或使他人失去权力。对人提出的任何批评应该是具有建设性的。要愿意分享你的看法——某人第一次尝试唱歌，或读一首新诗时，要洗耳恭听。同样，要避免语言挑衅和谩骂，抵制企图通过使用不公平策略或伤害他人的策略来赢得争论。
- **对他人坦诚相见**。抱有积极的心态，能换位思考，平等尊重和对待他人。要留心别人的感受和言谈举止，积极聆听他人的想法，这会让对方觉得他在你心目中很重要。为他人付出你的时间和精力。
- **分享技能与决策权**。要愿意放弃控制权，允许他人自由做出决策。鼓励所有形式的进步——学术上的或关系方面的。

三、权力可以增强或削弱

尽管人们在不同时机和领域使用权力的程度千差万别，但人人都能通过某些方式来增强自己的权力。你可以通过举重来提高自身的身体力量。你可以学习谈判技巧来提高你在集体中的权力。你可以学习沟通原则来提高自己说服他人的能力。

权力同样可被削弱。或许最常见的丧失权力的方式就是在尝试控制他人行为时失败。例如，某人威胁会惩罚你，实际却没成功，那么他就会丧失权力。另一个丧失权力的方式是允许他人控制你，例如，允许

课堂讨论 13.1　根据权力与兴趣成反比原理，你是否会利用这点让你的伙伴认为，与他相比，你对这段关系的关注和在意程度不如他，并且让对方认为你期盼从他那里得到的东西不多（实际上你希望从对方那里得到很多利益）？你知道有谁这么做吗？你认为这道德吗？

他人占你便宜。当你无法应对他人的权力策略时，你将丧失自身的权力。

四、权力与兴趣成反比

在任何人际关系中，拥有权力的一方对他人控制的利益或惩罚会表现出较少的兴趣和依赖。例如，如果帕特可以轻易地避开克里斯控制的奖赏，或者能承受克里斯给予的惩罚，那么在这段人际关系中，帕特占上风。如果，情况相反，帕特需要得到克里斯控制的奖赏，或者无法或不愿承受克里斯给予的惩罚，那么克里斯在这段人际关系中就握有控制权。换言之，如果克里斯不依赖于帕特控制的奖赏或能承受帕特给予的惩罚，那么克里斯就掌握控制权。

如果一个人越需要达成或维护一段人际关系，那么他在人际关系中就越处于劣势地位，拥有的权力就越少。如果一个人对达成或维护一段人际关系的需求越低，那么他拥有的权力就越多。例如在恋人之间，掌握权力的一方会更容易解除恋爱关系。而不愿或不能解除恋爱关系的一方，拥有的权力很小，因为他依赖于此段恋爱关系，依赖从对方得到的利益。

不要惊讶，如果你察觉对方在人际关系中拥有的权力多于你，你大概更倾向避免和对方发生对峙或尽力克制自己不批评对方（Solomon & Samp, 1998）。

五、权力滋生特权

当某人的权力高于对方，通常权力占优势的一方都被认为拥有一定特权，大多数是沟通特权。拿之前谈到的关系特权（第 10 章）来说，权力增强了一个人的特权。人与人之间的权力悬殊越大，更具权势的一方享有的特权就越多。有时我们密切留意权力带来的特权。但更多时候，我们看起来不太关注这点，因为没人质疑权力结构。

例如，思考一下第 6 章讨论过的领地侵占过程。主管或老板可以进入下属的办公室，但除非是上司允许，否则下属不能随意进入主管的办公室。这种权力关系在上司和下属间不知不觉地存在着。同样，老师可能会闯入学生的私人空间，俯在学生课桌上检查学生的作业，但是学生却不能对老师做相同的事。

身体接触是另一种特权。通常，在任何层级结构的组织里，级别较高的人可以用身体触碰级别较低的人。因此一个主管可以触摸下属的胳膊或者替下属整整衬衣领，但在任何组织和文化中，如果下属触摸上司的胳膊或替上司整理衣领则会显得不自然或反常。将军可以用肢体触碰下士，反之则不行。教练可用肢体触碰队员，反之则不行。医生可以把胳膊搭在病人身上，但病人不会把胳膊搭在医生肩上。

无论是讨论还是争论中，掌握权力的人同样握有最终发言权。而且，握有权力的人通常都会在争论中获胜，或者他们的想法和意见在讨论中占有很重的分量。

另一个特权就是，拥有权力的人能破坏规则；而那些权力较弱的人只能遵循规则。老师上课可以迟到，但学生必须按时到堂。主管开会或电话会议时可以迟到，但下属必须准时，以免让人觉得他们违反了组织规定。

六、权力具有文化因素

 课堂讨论 13.2 有些理论家认为，主要由于网络传播"鼓励更多的参与者、更公平，以及推崇业绩优于地位"，网络传播会最终消除组织中的等级结构。如果真是这样，该理论意味着高等级文化会逐渐向低等级文化转变，变得更加民主。你能找出哪些证据证明这一理论？

回忆一下第 2 章讨论的权力等级概念。不同的等级文化有相应的权力观念，包括权力的正当性和对权力的向往程度（Hofstede, 1983）。比如，在许多亚洲、非洲及阿拉伯文化中（同样在很多欧洲文化如意大利和希腊文化中），男性和女性之间存在很大的权力差异。男性处于强势地位，人们希望女性能意识到这点，并且遵循男性的意志。比如，男性做出重要决策，对任何不同意见掌握最终话语权（Hatfield & Rapson, 1996）。

在美国，男性与女性之间的权力差异正经历着显著的变化。在许多家庭，男性仍然处于强势地位。部分原因是他们比家庭中的女性挣钱多，对更重要的事做出决策。随着经济平等越来越成为社会现实，这个权力差异可能发生改变。反之，在阿拉伯文化里，男性也对更重要的事情进行决策，但这并不是因为他们挣的钱比家庭中的女性更多，而是因为他们是男人，男人天生就被赋予更多的权力。

有些文化中，通过给予男性更多受教育的机会，使得权力差异永恒存在。比如，尽管在美国的大多数地区，大家认为女性接受高等教育是理所当然的事情，但在世界上许多其他文化中，情况并非如此。

在一些亚洲文化中，处于权威地位的人毋庸置疑地掌握着权力，比如教师。学生们不会反驳、批评老师或挑战老师。但这在典型的多文化的课堂中很容易引起问题。如果学生成长的文化从小教育他们不要质疑老师的权威性，那么他们很难达到美国教师的期望。美国教师期望学生能凭借自己的材料和思考与老师进行批判性的互动。

第二节 权力和影响的基础

人际传播的目的之一就是要影响他人，你经常想要影响你的朋友、恋人、家人的态度或行为。当然，也有人希望影响你的思想和行为。与此同时，你的朋友想抵制你的影响企图；同样地，你也可能抵制他人的影响企图。这就是人际传播中的所谓获取顺从和抵抗顺从策略。我们首先来看获取顺从策略。

思考这样一种情形：你在一家汽车经销公司上班，你想把车卖给在展厅看车的一对夫妇。你会采用什么策略来卖车？你会激发他们的哪些购车动机？你可以列举哪些原因让他们买车？

如果你思考一下这些问题，你很可能拿出各种各样的可行策略。有项研究就总结出了 64 种策略（Kellerman & Cole, 1994）。为了简便起见，我们可以从人际传播中权力分析的三个方向来思考这些策略：（1）关系中的权力，（2）个人的权力，（3）信息的权力。在下面的"学习人际理论与研究专栏"中，关于获取顺从策略有一个替代的分类。

请教学者专栏

获得权力

　　我该如何在工作中变得更有权力，却又不暴露出自己对权力的渴望？工作中有没有更微妙的方法来运用和获得权力，有什么建议吗？

　　有权力的人通常不会这样表达，相反，他们简单地用行动说话。他们是如何做的呢？首先，要让人听起来有信心。不是软磨硬泡，而是自信。说话要有理有据，运用动人的比喻和生动的细节，说话的语气既不谦卑也不狂躁。第二，占据空间。自然得体地参与会谈，表现得对他人感兴趣，毫不犹豫地提出建议。坐在大家都能看见的位置。提出一些能让他人做出回应的想法。即使他们改变了你的建议，但你控制了会谈的框架。第三，让自己看起来有权力——穿着上好于其他人。第四，比别人准备得更充分。要知道自己想讲什么，收集对你想法的有力支持，制定日程安排。第五，非正式地影响他人。面对面地挨个劝说他人。掌握"预售"理念，在任何正式会谈之前行动。第六，找出危机，那是你出彩的地方。第七，建立同盟——使"我的"观点变成"我们的"观点。

　　更多信息参见 Dale Carnegie，*How to Win Friends and Influence People*，Arthur R. Pell（New York：Simon & Schuster，1936/1982）；Robert Cialdini，*Influence：The Psychology of Persuasion*（New York：William Morrow，1993）；and Robert Cialdini，*Influence：Science and Practice*，4th ed.（Boston：Allyn & Bacon，2000）。

　　John Daly：普渡大学博士，得克萨斯大学传播与管理学院教授。教授并研究人际传播和拥护原则，并和多家公司就与影响有关的课题进行合作。

学习人际理论与研究专栏

获取顺从（另一种分类）

　　人们在获取顺从和抵抗顺从方面做了大量研究。罗伯特·恰尔迪尼（Robert Cialdini）的"方法—结果"研究是最有意思的研究之一。罗伯特·恰尔迪尼在多个奉行获取顺从策略的公司里工作（如营销、广告、公共关系等），并分析这些公司使用的技巧。他总结出了由六个部分组成的获取顺从的系统策略（Kenrick，Neuberg & Cialdini，2007）。

- ■ **互惠**。如果你能告诉某人曾经在类似的事情上帮助过他，现在他会更容易答应你的请求。
- ■ **承诺**。如果你能让某人做出承诺，那么他就有可能履行承诺。
- ■ **权威**。如果你能让别人觉得你有权威，你就容易获取顺从。
- ■ **社会认可**。如果你能让人相信许多人正在按你的要求做事，他们就有可能追随你。
- ■ **稀缺**。如果你能使人相信你兜售的东西稀罕有限，人们就有可能接受你的东西。
- ■ **可爱**。如果你能让自己变得更可爱，你会容易获取顺从。毕竟，每个人都愿意接受朋友的请求而不是敌人的请求。

运用理论与研究

　　审视自己在获取顺从方面的经历，回忆自己在哪些场合中运用过或遇到过这些策略。和朋友在一起，你最愿意使用什么策略？和同事相处呢？

一、关系中的权力

研究表明，关系中的权力可以方便地划分为六种：参照型权力、法定型权力、专家型权力、信息或劝服型权力、奖励型权力和惩罚型权力（French & Raven, 1968；Raven, Centers & Rodrigues, 1975；Raven, Schwarzwald & Koslowsky, 1998）。每种权力都是获取顺从的一种方法。

在了解这六种权力之前，结合自己的权力完成下面的自我测试。测试中每条陈述分别对应着一种权力类型。

自我测试专栏

你有多大的权力？

用 1 到 5 分回答下列陈述。1＝你认为 20％或更少的人同意，2＝你认为 21％到 40％的人同意，3＝你认为 41％到 60％的人同意，4＝你认为 61％到 80％的人同意，5＝你认为 81％及以上的人都同意。

_____ 1. 人们希望像你或者得到你的认可。例如，高中足球队队员可能欣赏他们的现任教练（以前是职业球员），并且可能希望成为像教练一样的人。

_____ 2. 你的身份使你不得不常常告诉别人该做什么。比如，母亲要告诉她的孩子该做什么，经理要告诉他的下属该做什么，等等。

_____ 3. 其他人知道你是某个领域里的专家。比如，医生对医药很了解，因此其他人若生病，肯定会向医生询问意见。同样，精通电脑技术的人也具有专家型权力。

_____ 4. 人们知道你有沟通能力，能有逻辑、有说服力地进行辩论。

_____ 5. 人们认为你有能力给予他们想要的东西。比如，雇主有能力给雇员更高的工资、更长的假期和更好的工作环境。

_____ 6. 人们认为你有能力惩罚别人或不让别人获得想要的东西。比如，雇主能减少自愿加班的时间、缩短假期，或不改善工作环境。

你做得怎么样？ 上述六项分别代表了本章讨论的六种权力类型。低分（1 或 2 分）表示你认为自己较少拥有这方面的权力，高分（4 或 5 分）表示你认为自己拥有很多这种类型的权力。

你会怎么做？ 你对自己的权力状况满意吗？如果不满意，你会怎么做？一个好的开端当然是学习本书讲到的人际交流技巧。考虑可能会在友谊、爱情、家庭和职场中帮你提升权力的交流模式。

参照型权力

如果你能在他人身上树立**参照型权力**（referent power）（"自我测试专栏"中的第 1 项），并且让他人希望成为和你一样的人或得到你的认同，那么你就更容易取得他们的顺从。参照型权力有多种表现形式，其中之一是哥哥在弟弟身上树立参照型权力，因为弟弟希望成为哥哥那样的人。弟弟通常会设想：如果他信任哥哥并且像哥哥一样为人处世，那么他就会更像哥哥。一旦弟弟下定决心这么做，哥哥就能很容易地向弟弟施加影响或取得弟弟的顺从。

参照型权力很大程度上取决于吸引力和声望；随着你吸引力和声望的提

高，别人对你的认知度也随之提升，最终，你取得他人顺从的权力也随之提升。当你受欢迎、受尊重，并且和别人具有相同的态度和经历时，你的参照型权力尤其显著。

法定型权力

如果人们认为你对某些人而言，拥有**法定型权力**（legitimate power）（"自我测试专栏"中的第 2 项）——如果其他人认为你的地位赋予你权力影响或控制他们的行为——那么从逻辑上来说，他们已做好服从你的准备。法定型权力来源于我们的信念，即我们认为某部分人的权力应该凌驾于我们之上，他们因其身份地位拥有影响我们的权力。法定型权力通常来源于人们在社会中的角色和任务。人们通常认为老师拥有法定型权力，对宗教老师而言，更是如此。父母对子女拥有法定型权力。雇主、法官、经理、医生和警察分别在不同领域拥有法定型权力。

专家型权力

当你在某方面拥有专门技术或知识（"自我测试专栏"中的第 3 项）时，对他人而言，你拥有**专家型权力**（expert power）。你的知识赋予你专家型权力。通常专家型权力是围绕特定主题施加的。比如，当你生病的时候，你会受到与你病情有关的专家型权力的人提出的建议所影响，比方说医生。但是你不会被与你病情无关的专家型权力的人给出的建议所影响，比方说邮递员或花匠。在遇到与法律有关的问题时，你会赋予律师专家型权力，当遇到与心理有关的问题时，你会赋予精神科医生专家型权力。

当人们认为你没有偏见而且不会试图从影响他人的过程中为自己谋利时，你的专家型权力就会提升。反之，你的专家型权力就会降低。

信息或劝服型权力

当人们认为你具备逻辑性和有说服力的交流能力（"自我测试专栏"中的第 4 项）时，你就具有了**信息或劝服型权力**（information or persuasion power）。如果人们相信你具有劝服他人的能力，那么你就具有劝服型权力，你可以影响他人的态度和行为。如果人们认为你掌握了某些重要信息，而且能运用这些信息进行有理有据的辩论，那么你就拥有了信息型权力。

奖励或惩罚型权力

如果你有能力奖赏他人（"自我测试专栏"中的第 5 项），那么你就具有**奖励型权力**（reward power）。奖励可以是物质性的（例如钱、珠宝、独立办公室等）也可以是社会性的（如爱情、友谊、尊敬等）。如果你有能力奖励某人，那么只要他希望得到你的奖励，你就能控制他。你控制某人的程度直接与他希望得到奖励的期望值相关。对于学生而言，老师拥有奖励型权力，因为老师掌控对学生表现优劣的

课堂讨论 13.3　研究发现，通常男性比女性拥有更高的专家型和法定型权力，而女性则比男性拥有更多的参照型权力。在运用影响力方面，研究指出女性在通过沟通能力和权威来影响他人时，遇到的难度比男性大。另一方面，男性在使用参照型权力影响他人时，遇到的难度比女性大。你会如何建议男性来提高其参照型权力，又如何建议女性来增强其专家型和法定型权力？

评价、推荐信、社会认可等等。同样的学生也拥有奖励型权力，因为他们控制着老师的社会认可、对教师的评价，以及其他各种奖励。家长掌握着对孩子的各种奖励，例如食物、看电视的特权、是否有权买车、宵禁时间，等等，家长若能给孩子提供这些东西，家长便拥有奖励型权力。

当别人未屈服于你的影响力，而你有能力惩罚他人或撤销他人的奖赏（"自我测试专栏"中的第 6 项）时，表明你拥有**惩罚型权力**（coercive power）。通常，如果你有奖励型权力，那么你也有惩罚型权力。老师不仅通过给学生高分、写推荐信给学生奖励，也可以通过给学生低分、写不利学生的评语惩罚学生。家长可以给孩子特别恩典，或者不给孩子任何特权，以此来拥有奖励型和惩罚型权力。

惩罚型权力的强弱取决于两个因素：（1）惩罚的力度，（2）因为不顺从而受到惩罚的可能性。当受到轻微惩罚的威胁，或你认为某人不会对你进行惩罚时，你不会听从某人的指示，但如果你感觉不按某人指示做事将受到严厉的惩罚或者受到惩罚的可能性很大，那么情况就相反。

奖惩型权力就像硬币的两面，使用这两种权力的结果截然不同。首先，如果你拥有奖励型权力，人们会认为你更具吸引力。人们喜欢那些有权力奖赏他们并且事实上给予他们奖励的人。另一方面，惩罚型权力会降低人的吸引力。人们不喜欢那些拥有惩罚型权力的人或那些威胁惩罚的人（无论有惩罚型权力的人是否真的对他人进行惩罚）。

其次，当你使用奖赏来发挥权力时，你付出的与你惩罚他人所要付出的东西不同。当你发挥奖励型权力时，你在和一个内心富有满足感和心情愉悦的人打交道。而当你使用惩罚型权力时，你要做好准备面对对方的怒气和敌意，这些被你惩罚的人有可能在将来和你敌对。

再次，当你奖励某人时，说明你有效地发挥了自己的权力，并且赢得了某人的顺从。你奖励某人是因为他按照你的要求做事。而在执行惩罚型权力时，情况就恰恰相反。当你惩罚某人时，说明你没能有效利用惩罚型权力的威胁作用，而某人也没有服从你的要求。

最后，当你运用惩罚型权力时，其他类型的权力就会削弱。这类似一个反向效应（boomerang effect）。人们认为运用惩罚型权力的人，其拥有的专家型权力、法定型权力和参照型权力很少。换言之，运用奖励型权力的人，其拥有的其他权力基础将会提升。

人们很少只使用一种权力类型去影响他人，通常，人们会使用多种权力。例如，如果你拥有专家型权力，那么你拥有信息和法定型权力的可能性也很高。如果你想控制某人的行为，你可能会用到三种权力而不是只依靠一种权力。正如你所知，有些人拥有多种权力，而有些人只拥有很少的权力甚至完全没有任何权力，而这恰恰回到了我们所讲的第一个原理：有些人比其他人更有权力。

有人想通过运用这些权力来赢得他人的顺从，但有时结果却事与愿违。有时，负面权力占上风。有时，这六种权力基础可能会带来负面影响。比如，负面参照型权力的典型例子就是，儿子抵制父亲的所作所为，希望成为和父亲完全相反的人。负面惩罚型权力的例子是某人警告小孩子不要做什么事情，否则将受到惩罚，但小孩子偏偏不听话，硬要对着干；威胁将惩罚小孩可能让小孩觉得被禁止的行为看起来刺激、有挑战性。

二、个人权力

个人权力很大程度上是一种人格力量，是产生于人的权力。个人权力取决于你拥有的**信誉**（credibility），即他人信任你并且认为值得跟随你的程度。如果别人认为你有能力、有知识、品质好、有魅力或充满活力，他们就会认为你很可靠。随之而来的结果是，你就能更有效地影响他们的态度、信仰、价值观和行为。信誉不是你有或没有的可以感知的东西，而是他人对你的作用的评价。在进一步了解本节具体内容前，请先做一个自我测试，检测一下自己的信誉。

能力

你被他人感知的能力即别人认为你拥有的知识和专业技能，这类似于专家型权力和信息型权力。人们认为你拥有的知识和专业技能越丰富，他们信任你的可能性就越大。同样，如果你认为老师或医生在自己的专业领域学识渊博，那么你信任他们的可能性就更大。

课堂讨论 13.4   在企事业单位，当主管在下属身上运用惩罚型权力和法定型权力时，会带来负面影响。研究同样表明，若学生认为老师对其实施惩罚型权力和法定型权力时，其学习效率降低，对这门课程，课程的内容，和任课老师的态度会更消极。而且，学生将不愿意学习类似的课程，也不愿意运用学习到的知识。根据你的个人经历和这里的研究发现，你会给大学里的普通导师哪些建议？

✎ 自我测试专栏

你可靠吗？

根据一组特别重要的人（比如你的密友、家人、邻居或同事）对你互动行为的看法，用 1 到 5 分回答下列陈述。5＝完全正确，4＝基本正确，3＝部分正确部分错误，2＝基本错误，1＝完全错误。

____ 1. 人们普遍认为我有知识。

____ 2. 人们认为我有经验。

____ 3. 人们认为我对自己讲的东西有见识。

____ 4. 人们认为我处事公正。

____ 5. 人们认为我关心他人。

____ 6. 人们认为我是一如既往的人。

____ 7. 人们认为我是自信的人。

____ 8. 人们认为我是热情的人。

____ 9. 人们认为我积极而非消极。

你做得怎么样？ 这个测试关注可靠性的三个要素，即能被他人感知的能力、品质和魅力。其中 1 到 3 条测试你的能力：对他人而言，你的能力如何？4 到 6 条测试你的品质：人们是否认为你是个善良和道德的人？7 到 9 条测试你的魅力：人们认为你积极、充满活力，还是消极、死气沉沉？测试结果的最高分为 45 分，最低分为 9 分。如果你得分相对较高（比如 32 分或更高），说明你认为别人眼中的你很可靠。如果得分相对较低（比如低于 27 分），说明你认为别人眼中的你不太可靠。

你会怎么做？ 思考如何提高自己的可靠性。你能具体做什么来改变你不太满意的项目？你能做哪些具体的事情来优化自己的能力、品质和魅力？

品质

如果人们认为你具有很高的道德品质，诚实、值得信任，也就表明人们认为你可靠。如果人们认为你的意图是为他们好（而不是为自己谋利益），他们会认为你可靠并且会信任你。

魅力

魅力是人们认为你具有的气质和活力的结合。如果人们认为你是友善的、愉快的，而不是冷漠的、内向的；认为你是活泼的，而不是犹豫的、不自信的；那么人们更倾向于认为你可靠。

以下是一些提高信誉的方法：

- 在合适的场合发挥自己的专业技能。但不要过度表现。
- 强调你为人处世公平。人人都喜欢做事公平、能公平地为他人着想的人。
- 表达对他人的关心。这能体现你高贵的一面，同时显示出你具有良好的品质。
- 强调持久的价值观。这能体现你的始终如一和良好的道德品质。
- 向人们展现积极的一面。人们通常更倾向于信任积极的人而非消极的人，且对积极的人评价更高。
- 充满热情。这能帮助你展示自己的魅力。

三、信息权力

你能表达权力，就如同你能表达其他信息一样。现在我们来思考一下权力中的信息。具体而言，即讨论你如何通过语言、非语言以及倾听来显示权力。

说话权力

我们至少可通过两种方式来看说话权力：用于影响他人的通用语言策略和特定语言。

通用语言策略。有一组研究者把语言影响策略组成了广泛的类别（Guerrero, Andersen & Afifi, 2007）。这里的分析选自他们的成果。一种类型是直接请求（"你能给我拿杯咖啡吗？"或"你打电话预定"），掌握权力的人会使用这种策略，事实上这是男性和女性最常用的一种策略。另一种策略是商讨或许诺，即如果某人做了某事，你同意去做另一件事（"如果你做饭，我就负责清洁"或者"我们明天出去，我今晚看看这场比赛吧"）。

采用奉承策略时，你表现得尤为亲切友好；你奉承讨好某人，以便最终你能得到你想要的东西（"你做的菜实在太好吃了"——我今晚不想做饭；或者"你文章写得太好了"——我希望你能帮我校订一下我们的学期论文）。另一个策略是操纵，使用此策略时，你会让某人有负罪感或者妒忌，从而让他给你想要的东西（"其他人都有iphone"——你不要因为没给我买iphone而有负罪感；或者"帕特打电话问我周末要不要出去玩"——除非你希望我们花点时间待在一起）。

　　使用威胁策略时，你警告某人，如果你得不到想要的东西，那么不愉快的事情将发生（"如果你再抽烟我就走"——如果你不想我走，那么就别抽烟；或者"如果你不吃蔬菜，就不给你冰激凌"——把花椰菜吃完）。

　　特定语言。有权力和无权力的人通过特定语言交流的方式吸引了大量研究者的关注（Molloy，1981；Kleinke，1986；Johnson，1987；Dillard & Marshall，2003；Guerrero，Andersen & Afifi，2007）。当你思考下列有权力和无权力或低权力的发言的主要特征时，想想自己平时说话时是否用到这些形式（也许只在某些特定交流场景时用到了这些形式）。

- **犹豫不决**。例如："我认为，哦，这个是，哦，最好的，你知道吗？"（犹豫的口吻会让人听起来你没准备好或者不太确定自己讲的东西。）

- **太多强调词**。比如："真的，这个是最好的；这确确实实是个奇迹。"（太多强调词语会令所有事情听起来都一样，这样使得本来需要被强调的事情反而没能被突出。）

- **否定词**。比如："我没读完整篇文章，但是……""我没有切切实实地目击事故发生过程，但是……"（否定词会释放一种不确定性和让人感觉能力不够。）

- **附加疑问句**。比如："这电影真好看，难道不是吗？""她太有才华了，难道你不这么认为吗？"（使用附加疑问句是为了让别人同意你的观点，因此可能会释放一种信息，即你希望获得别人的认同，以及你自己对此事物的不确定性。）

- **自我批评**。比如："我不太擅长这个。""这是我第一次参加面试。"（自我批评会显露你缺乏信心，会让你的不足公之于众。）

- **俗语和粗话**。比如："没问题！""＃＃！！！///＊＊＊！"（俚语和粗话会透露说话人的社会层次低，拥有的权力少。）

掌握人际技巧专栏

互动管理

　　互动管理指你进行人际互动和管理时使用的技巧和策略。有效的互动管理带来令互动双方均满意的结果。没人感觉被忽视，双方都积极参与互动，并从中获益，享受互动过程。

　　管理传播互动。当然，整本书都在讲人际互动的有效管理方法。但是这里给出了一些具体建议。

- 保持好自己作为发言人或听众的角色，然后通过合适的眼神、语言、肢体动作和面部表情让其他人参与谈话，形成互动。

- 保持谈话的顺畅，避免较长时间或笨拙的停顿。比如，研究发现当病人和医生的对话停顿了较长时间或医生的回答太久时，病人会不太满意他和医生之间的互动。

- 用一致且相互强化的语言及非语言信息交流。避免传递混乱或前后矛盾的信息，如非语言信息或否定的语言信息。

运用人际技巧

　　你的互动管理有效吗？你能否识别两到三个互动管理的场景，从中你可以提高自己的人际沟通技巧？

        顺从策略。通过信息传递权力的另一种方式就是使用顺从策略。顺从策略旨在影响某人，让某人去做策略使用者希望做的事情。表13—1给出了16种顺从策略。在浏览这些策略时，记住取得他人顺从的过程，就像人际传播过程一样，参与者不得少于两人。读下表可能会造成一种错误的印象，认为这些策略只是单方面的，一人使用策略后，其他人都顺从此人。事实上，取得他人顺从的过程是个交换的过程。除简单的服从之外，冲突、妥协、重新协商目标、抵抗策略，以及其他种种回应都有可能出现。

表 13—1   **获取顺从策略**

顺从策略	例子
这些策略来自马韦尔和施米特的研究（Marwell & Schmitt，1967，1990；also see Miller & Parks，1982；Dillard，1990；Dillard, Anderson & Knobloch, 2002）。	
提前给予。帕特奖励克里斯后提出请求。	帕特：很高兴你喜欢我的晚餐。你能去我那儿拿个睡帽什么的吗？
讨好。帕特为了克里斯高兴表现得很友好，这样克里斯就会答应帕特的请求。	帕特（抚摸着克里斯的后背）：我想放松放松，和特里他们玩会儿游戏，行吗？
承诺。帕特承诺克里斯如果顺从将得到奖励。	帕特：只要你愿意跟我离婚，还我自由，你要什么我都答应你。
威胁。帕特威胁克里斯如果不顺从将会受到惩罚。	帕特：如果你不跟我离婚，你永远别想见到孩子。
烦扰。帕特惩罚克里斯直到克里斯答应他的请求为止。	帕特：又哭又闹，直到克里斯顺从后才停下来。
正面运用权威。帕特承诺如果顺从权威将得到好的结果。	帕特：如果你听医生的话，那么你就会没事。
反面运用权威。帕特承诺如果不顺从权威将得到坏的结果。	帕特：如果你不听医生的话，你将回医院接受治疗。
积极的自我感受。帕特承诺克里斯如果顺从将会感觉更好。	帕特：总有一天你会发觉，没有我，你会活得更好；离婚后你会活得更痛快。
消极的自我感受。帕特承诺克里斯如果不顺从将会感觉更糟。	帕特：如果你不和我离婚，你会发现你越来越讨厌自己。
积极劝服。帕特声称好人都会顺从，所以克里斯也应该顺从。	帕特：当聪明人感到爱情已经不复存在时，他们都会选择离婚。
消极劝服。帕特声称只有坏人才不服从他的要求，所以克里斯应该顺从。	帕特：只有残酷、自私自利的神经质才会阻挡别人的幸福。
正面尊重。帕特告诉克里斯如果顺从，就会得到人们的高度评价。	帕特：大家都会尊重你把父母送到养老院的决定。
负面尊重。帕特告诉克里斯如果不顺从，就会得到人们的消极评价。	帕特：如果你不加入俱乐部，大家都会认为你是个偏执狂。
诉诸道德。帕特坚持克里斯应该顺从，因为顺从是道德的，不顺从是不道德的。	帕特：任何有道德的人都会将多支付的金额归还。
利他主义。帕特请求克里斯顺从，因为帕特自己需要（激发克里斯的善心）。	帕特：如果你现在放弃读大学，我会很失望。请不要这么做来伤害我。
还人情债。因为帕特过去帮助过克里斯，所以帕特现在请求克里斯答应他的要求。	帕特：想想以前为了送你上大学，我牺牲了多少。

所有顺从要求都会打击消极面子（见第 5 章）。任何顺从要求都会侵犯你的自主权。毕竟，如果你过去想做某事，你应该已经做完了；你不需要等到某人叫你去做的时候你才做。某人叫你去做某事，要你服从某个要求，是因为如果没人要求你，你就不会做。

而且，所有抵制顺从要求的信息都打击积极面子。当你拒绝服从某人时，实际上表明你不同意他所要求的内容。其实在大多数情况下，你在告诉此人他提出的要求是不公平、不道德或不合适的。人们关注请求的不合适性时——通常当你拒绝某人请求时——你在传递一种信息，即提出要求的人很无礼。

非语言权力

大量研究关注与影响和说服他人能力有关的非语言因素（Burgoon, Buller & Woodall, 1996）。比如，着装或其他象征权威的标志有利于影响他人。研究表明，与穿着便服的人相比，人们更容易受穿着正规制服的人影响（比如警察或医生）。

表示赞成的点头，面部表情和动作会帮你表达对他人的关心，对互动内容的关心等都会增加你的魅力，这是个人信誉的重要内容。触碰自己（拨弄自己的头发或摸自己的脸等）以及向后倾斜身体会损害你的说服力。

以下是在生意场合中，用非语言形式交流权力的一些常用建议，其中大部分来自刘易斯（Lewis, 1989）的观点。在浏览下列建议的时候，试着针对每个建议举出具体的例子，思考如何让它们在生意场合、家庭和学校中起作用。

- 耸动一下眉毛来回应对方。（抬抬眉毛跟对方打招呼。）
- 避免分神（adaptors），如打量自己、他人和物件，尤其当你希望传递自信和控制的时候。
- 包装自己的方法要前后一致，尤其要注意你的语言和非语言信息不能互相矛盾。
- 坐着的时候，要挑选方便进出的座位；要避免起身不方便的丝绒椅子。
- 通过握手来传达自信，显示自己自信的时候，握手的力度和时间要比平常更大更久。
- 其他事情也一样，如果你要影响别人，那么着装上相对他人就要保守些，保守的着装常常和权力及地位相关。潮流时尚的服装常常给人缺乏权力和社会地位的印象。
- 适当地运用面部表情和手势，这能帮你传达对他人的关心，表明你对交流状况感到舒服，说明你控制着交流活动。
- 走路要不紧不慢，不要匆匆忙忙。匆匆忙忙赶路给人感觉你没有权力，看起来好像你要急急忙忙地去满足另一个权力高于你的人的期望。
- 保持眼神交流。与回避眼神交流的人相比，能在沟通中保持眼神交流的人会显得更自在，参与有意义互动的勇气更高。（注意，在有些场合中，如果你过度使用直接眼神接触，会让人觉得你在执行惩罚型权力。Aquinis & Henle, 2001）当你间断眼神交流时，注意将眼神朝下移动，否则会让对方觉得你对他讲的东西不感兴趣。
- 避免言语上的停顿——尽量避免使用"哦"、"啊"这样的字眼，谈话中经常使用这些字眼会让人觉得你不太确定自己后面要说些什么。

■ 保持合理的距离。如果你和对方相距太远，会让人觉得你惧怕对方或没有参与谈话。如果距离太近，会让人感觉你坚持己见或有挑衅的意图。

人际传播伦理专栏

获取顺从策略的道德

表13—1描述了人们在影响他人过程中经常使用的各种技巧。但使用这些方法是否道德？比如，威胁他人是否道德？告诉某人你之前帮过他，向他暗示他欠你的人情债，这种行为是否道德？暗示某人如果他不顺从你的要求，那么他的个人形象和自尊将受到负面影响的行为是否道德？回顾一下表中所列的策略，指出每种策略的道德意义。

你会怎么做？

由于你已经落后于进度安排，你需要你的同事帮忙，才能按时完成你手上的项目。你想送给同事一直想要的昂贵手表，过几天后再找她帮忙，这样的行为是否道德？你知道如果她现在接受了你的礼物，她将很难拒绝你的帮助请求。遇到这种情况你会怎么做？

倾听权力

正如你能够通过语言和非语言信息表达权力和权威一样，你同样可以通过倾听表达权力。你通过倾听与他人交流信息，这些信息也以一定的方式显示你的权力。

有权力的倾听者进行积极倾听。他们集中精力关注谈话内容，尤其关注说话人表达的需求信息（Fisher，1995）。倾听说话人的语言，如"我要"，"如果我有……就会有所帮助"，或"我在找"。同时回应说话人谈及的内容。例如，以下列开头表达评论，"根据你所说的"或"如果你强烈认为"。

另一方面，无权力的倾听者进行消极倾听。他们给人的感觉是心不在焉，在想其他事情，只是假装在听说话人讲话，而且当他们回应他人谈话内容时，几乎很少谈到和他人发言有关的内容。

有权力的倾听者回应他人发言内容时，态度谦和，观点鲜明；点头表示同意或者蕴含"那很有趣"的面部表情通常已经足够了。回应太少或太多会让人觉得是一种无权力的象征。回应太少说明你没认真听发言人讲话，回应太多说明你没有批判性地倾听他人发言。有权力的倾听者通常给出反馈信号——点点头或者简要的回应，让他人知道"我在听你讲话"；当倾听者没有给出反馈信号时，发言人会疑惑对方是否真的在听自己讲话。

有权力的倾听者与无权力的倾听者相比，能保持更多的眼神接触。谈话时，正常的眼神接触是间歇式的——你瞥一下发言人的面部，然后移开眼神，然后再瞥一下发言人，如此反复。在小组谈话或公开发言时，与发言人的眼神接触通常更频繁。

分神，如拨弄自己的头发或玩笔等，会给人不自在的感觉。正因如此，分神给人一种缺乏权力的感觉。这些肢体动作让人觉得倾听者更关注自己而非发言人。反之，全神贯注会让人感觉倾听者控制着整个谈话过程，并且对自己的倾听角色感到舒服自在。

有权力的倾听者更倾向于保持开阔的姿态。当围桌而坐或在一群听众之间时，他们不会用手捂住自己的腹部或脸。保持防卫姿势的人如双手交叉会传递一种脆弱或无权的信息。

有权力的倾听者避免在他人谈话或小组讨论中途插话。原因很简单：不插话是有权力的人在商业沟通中都会遵守的规则，而无权力的人往往会忽视这一规则。完善发言人观点（或者认为是发言人想要表达的观点）也会让人觉得此人无权力。

你同样可以通过视觉支配行为来发出权力信号（Exline, Ellyson & Long，1975），如第 6 章讲到眼神交流。例如，普通发言人在倾听时，都会保持较高的眼神接触频率，而在发言时保持较低的眼神接触频率。当有权力的人希望发出支配信号时，他们可能颠倒这个模式。比如，他们有可能在发言时保持较高的眼神接触频率，而在倾听时保持较低的眼神接触频率。

■ 四、抵制权力和影响

假设你认识的某人要你去做你不想干的事情，比如把你的学期论文借给他抄袭，然后再交给另一个老师。针对大学生的研究表明，主要有四种回应方式（McLaughlin, Cody & Robey，1980；O'Hair, Cody & O'Hair，1991）。

协商方式，你会试图以某种方法达到折中效果。使用协商方式来抵抗顺从，你或许会以折中方式满足对方一半要求（"我可以把论文借你读，但不能抄袭"），或者你可以提出用其他方式来帮他（"如果你写好初稿，我可以帮你看看，提点意见"）。如果某人提出的要求与恋爱有关，比如，某人邀请你周末去滑雪，你可以通过表达自己的想法，提出一个替代方案（比如，"我们来个四人约会如何，即男方带个自己的朋友，女方再带个自己的朋友"）来抵制这个要求。

非协商方式，你直接拒绝请求，不提出任何折中方式。你只是简单地拒绝，不给出任何条件。你也许会说："不，我不把论文借给别人。"

陈述理由方式，你告知为何不能答应对方请求的原因。你给出不能满足对方要求的理由。比如，你可以向对方证明，如果你按他的要求做事，会导致怎样的负面结果（"我担心会被人查出来，这样我这门课就会不及格"），或者向对方证明，不按他的要求做事会带来积极结果（"你会很享受写论文的过程，这是件充满乐趣的事情"）。

形象管理方式，你通过控制要求提出者的形象来达到抵抗其要求的目的。你可通过积极或消极的方式来达到目的。在消极形象管理中，你可以将对方描述成不讲理、不公正的人，并告诉对方："你让我向自己的道德观妥协，实在太不公平了。"或者你可以告诉对方，对方认为你会做这样的事情，简直是对你的侮辱和伤害。

你同样可以采用积极形象管理方式。你可以通过让要求提出者自我感觉良好而间接抵抗服从对方的要求。比如，你可以说："你比我懂行，你自己写肯定比我写得更好。"

就像人际传播的各种模式一样，使用权力和抵抗权力是个相互作用的过程，此过程中，所有元素都是相互依赖的，每个元素都彼此影响。比如，你企图获得影响的努力取决于你希望被你影响的人的反应。而对方做出的这些反应又会影响你的反应等等。同样，正如你的人际关系（类型、时间长久、亲密程度等等）会影响你使用的策略一样，你采用的策略同样会影响你的人际关系。采用不恰当的策略会带来负面效果，采用合适的策略则会带来正面效果。

第三节　权力和影响的滥用

权力广泛地运用于善良的目的固然是一件好事，但权力也经常用于谋取私利和不正当的使用。这里我们讨论两个例子：性骚扰和欺负。与性骚扰类似的权力滥用参见表 13—2。

表 13—2   其他类型的骚扰

虽然谈到骚扰，我们大多数情况下容易联想到性骚扰，但是还有各种其他形式的骚扰。所有这些都是由权力驱动的，并且是通过各种语言和非语言信息表达的。

有时，有宗教信仰的人可能通过把自己的宗教信仰强加到无宗教信仰的人身上来骚扰他们，"为那些无信仰的人祈祷吧"，或者告诉无信仰的人将遇到悲惨的命运。同样，同性恋者可能骚扰异性恋者，正如女性可能骚扰男性，正常人可能骚扰残疾人一样。当然，所有群体都有贬损"他人"的术语。

此处给出的骚扰被认为是最主要的骚扰类型（www. equalityhumanrights. com, print. employment. findlaw. com, www. eeoc. gov/ laws/types/religion. cfm, all accessed May 28，2008）。

其他类型的骚扰	例子
种族及肤色骚扰。 因为对方的种族和肤色而骚扰，通常对少数民族或外来移民进行骚扰。	使用贬损称谓或种族诋毁；说话带有偏见；自己显得高人一等，看低其他人，比如说其他人没自己聪明、没自己有道德、没自己"文明"。
情感倾向骚扰。 因为情感倾向而骚扰，通常针对同性恋者、易装癖者和变性者。	使用贬损称谓；模仿带有成见的举止；威胁隔离；在重要活动中排斥同性恋者。
宗教骚扰。 以某人加入的宗教或宗教信仰为基础的骚扰（有时指教义教条骚扰）。	讲带有攻击性的宗教笑话；对宗教习俗、符号和服装开玩笑；接受其他宗教而排斥一种宗教。
学术骚扰。 表现形式为高级教师的观点或行为妨碍中级同事的发展，或者老师的观点或行动妨碍了学生能力的有效发挥。	批评苛刻；缺乏对中级员工的关心和支持；或者对学生的评价不公平。
地位骚扰。 社会地位高的人对社会地位低的人进行骚扰。通常这种骚扰出现在组织中，由有权的人对少权的人进行骚扰，通常表现为经理对工人说一些侮辱性话语，或侮辱工人。	公开批评；工资涨幅不公平或者不涨工资；强迫工人做不道德的事，比如让工人垫付开销；说侮辱或讽刺性话语。

续前表

其他类型的骚扰	例子
残疾人骚扰。 针对残疾人进行的骚扰，通常针对有视觉或听觉疾病的人，或者有身体、话语或语言障碍的人。	无法和残疾人进行沟通；言语上贬损残疾人；占用残疾人的辅助设施，比如正常人坐在残疾人的轮椅上。
吸引力骚扰。 对吸引力较低的人骚扰，通常针对那些因为体重原因而没什么吸引力，或在人们中间受欢迎程度不高，或外表没什么吸引力的人。	使用贬损称谓，尤其是突出劣势的字眼，比如说某人超重；因为某人没什么吸引力所以排挤某人，不让他参加聚会。
公民权骚扰。 以公民权为基础的骚扰，通常是拥有一国国籍的人针对没有该国国籍的人进行骚扰。	否决贷款或医疗福利；使用贬损称谓。
经验骚扰。 以某人经验深浅为基础，既针对没经验的人，也针对经验丰富的人。	用贬损称谓称呼那些战争经验丰富的人；用攻击性称谓称呼那些逃避兵役的人。

一、性骚扰

权力滥用的形式之一是职场中的**性骚扰**（sexual harassment）。性骚扰是1964 年人权法案及其 1991 年修正案第七条定义的违法行为（www. eeoc. gov/policy/vii. html，last modified January 15，1997，accessed May 28，2008）。当然性骚扰不仅仅局限于职场，比如，它还发生在社交场合和教育领域。本书提到的性骚扰不局限于某个组织背景。

性骚扰的定义

美国平等雇佣机会委员会（EEOC）给性骚扰的定义如下（www. eeoc. gov/ laws/types/ sexual _ harassment. cfm，last modified March 4，2008，accessed May 28，2008）：

> 不受欢迎的性勾引、性请求，以及其他有性内容的语言或行为，当这些行为直接或间接地影响了个人的雇用、无故干扰了个人的工作业绩，或形成了恐怖的、恶意的和令人厌恶的工作环境时，构成性骚扰。

根据这个定义，性骚扰可以分为两类：性回报（quid pro quo，来自拉丁文，字面意义为"补偿"）和制造恶劣环境。

性回报就是指雇佣机会（聘用或升职）取决于性权力的出让，也包括如果拒绝性要求，会遭受报复或其他负面结果。更一般地讲，当雇佣结果（积极的或消极的）取决于对性请求的回应时，将出现回报型性骚扰。

恶劣环境骚扰的范围更广，包括所有令职工感到不舒服的语言或非语言性行为。比如，在公告栏上贴与性有关的照片、屏保程序用与性有关的画面、讲性笑话或色情故事、使用性语言或姿势等都构成性骚扰。一组研究人员指出："性骚扰指在不平等的权力或权威下，一方对另一方的性勾引。受害人受到与性有关的言语骚扰，受到令人厌恶的身体接触，被对方要求给予性利益。"（Friedman，Boumil ＆ Taylor，1992）律师指出法律规定"工作上任何不受欢迎的性挑逗，造成令人厌恶的，敌意的工作环境的行为都构成性骚扰"（Petrocelli ＆ Repa，1992）。

课堂讨论 13.5 某项研究显示，受调查者中，10％到15％的学生反映他们受到电邮或短信骚扰。你校园里的网络骚扰情况如何？你会如何形容一些学生经历的骚扰类型？

识别性骚扰

要确定某种行为是否构成性骚扰，并且客观而非情绪化地判断自己所处的情况，请回答下列问题（VanHyning，1993）：

1. 这是真的吗？你是否认为这种行为确实有骚扰意味？

2. 是否与工作有关？这种行为是否与你的工作方式有关，或者是否会影响你的工作方式？

3. 你是否拒绝这种行为？你是否清楚地向对方表达了拒绝的意思？

4. 这些类型的信息是否一直持续？这些信息是不是同一个模式？是否具有一致性？

如果你对上述四个问题的回答均是肯定的，那么这种行为很可能构成性骚扰（VanHyning，1993）。

记住常常被误解的其他三种额外因素。首先，任何性别的人都有可能实施性骚扰。尽管大多数为公众所知的案件是男性对女性的性骚扰，但女性同样对男性进行性骚扰。而且，同性之间也存在性骚扰。其次，组织中的任何人都可能对他人进行性骚扰。尽管大多数时候都是上司对下属进行性骚扰，但这并不是唯一的情况。同事、供应商，甚至客户都有可能进行性骚扰。再次，性骚扰不仅仅局限于企事业单位，在学校、医院，甚至是社团、宗教、政治组织中都可能发生性骚扰事件。

避免性骚扰行为

三条建议帮你避免工作场合的性骚扰行为（Bravo & Cassedy，1992）。首先，假定同事对你的性勾引、性生活、性笑话或性姿势不感兴趣。其次，倾听并且观察任何与性有关的对话带来的负面反应。用本书讨论的建议和技巧（例如认知检查和批判性倾听）让自己意识到这些反应。比如，有疑惑的时候，找出答案，提出问题。最后，避免说或做你的父母、伴侣，或孩子会认为无礼的事情。

如何应对性骚扰

如果你遭遇性骚扰，并且感觉你需要做点什么事情的时候，请参考相关工作人员提出的建议（Petrocelli & Repa，1992；Bravo & Cassedy，1992；Rubenstein，1993）：

1. 和性骚扰者谈话。果断地告诉对方你不欢迎这种行为，并且认为这种行为是无礼的。告诉弗雷德你一点也不欣赏他讲的性笑话，他的这种行为很无礼，应该停止了。不幸的是，有些时候这种批评会被忽视，对方还是继续进行骚扰。

2. 搜集证据。或许可以从受同一人骚扰且有相同经历的人那里搜集确实的证据，或者记录性骚扰发生的时间地点。

3. 在组织内部找到合适的渠道反映情况。大多数组织都建立了处理类似投诉的渠道。通常通过这种方式，受害人不会再受到任何骚扰。如果万一这招不灵，可以考虑向更高级的负责人反映情况。

4. 向组织或政府机构递交投诉信，或者采取法律行动。

5. 不要责备自己。正如很多受害人一样，你可能会责备自己，认为自己也有责任。这种想法是错误的，你可以从朋友或者受过训练的专业人士那里寻求精神支持。

二、欺负

欺负（power plays）是一个人反复地从另一个人那里得到不正当利益的行为（Steiner，1981）。欺负的表现形式多种多样，其目的是否定你自我选择的权利。

识别欺负

欺负并不总能被轻易识别出来，它们常常只被视为一种轻微的权力侵扰。但有一点很重要，即要意识到这些重复的权力侵扰行为，最终能导致你无法享有自己的权利。我们来看看欺负的几个主要类型，以及如何更容易地识别出这些欺负。

欺负的一种类型是"楼上没人"，就是无论你如何抗议或抗议多少次，对方都装作不知道你的请求，无视你的关切。最常见的是拒绝接受否定的答案。"楼上没人"有时表现为忽视社会普遍接受（但未明说）的准则，例如，人人都知道进别人的房间要先敲门，不得随意拆别人的信件或翻别人的钱包。但是某人却说："我不知道你不让我翻你的钱包。"或者："下次进你的房间，是不是要我敲门？"

另一种欺负是"你欠我的"。某人单方面地为你做了什么事，然后要求你给予回报。他们提醒你他们为你做了哪些事情，并利用这点让你按他的要求办事。

还有一种情况是"你肯定在开玩笑"。某人拍拍你说"你肯定是在开玩笑"或类似的话，其实某人并不是出于惊讶才这么说的，而是希望打消你的念头："你不会是认真的吧！""你不是真的这么想吧！""我听错了吧！"说这些话是为了让你觉得自己的想法不实际或太愚蠢。

如何应对欺负

上面提到的欺负只是一些例子，毋庸置疑，你在某些场合也碰到过其他欺负。当你识别出欺负的时候，你会怎么办？常见的一种应对方式是忽略欺负，让别人掌握控制权。另一种应对方式是把欺负看作一个孤立行为（而非一系列的行为），进行抵抗。比如，你可以告诉对方，"进我房间前请先敲门"或者"没有我的允许请不要动我的钱包"。

第三种方法是合作式应对法（Steiner，1981）。用此方法时，你按如下方式应对：

- 表达你的感受。告诉对方他的行为令你很生气，让你很烦忧。
- 描述你反对的行为。用描述而非评价的语言告诉对方你具体反对的行为，比如，对方未经许可读你的信件、说你欠他什么东西，或者不相信你说的任何东西。

■ 给出双方都会愉快接受的合作式回应。用合作式的口吻告诉对方你想要的东西，比如："我希望你进房前先敲门。""我希望你不要再跟我说欠你什么东西。"或者："我希望你不要再嘲笑我的想法。"

　　对"楼上没人"式的欺负的合作式回应可以像这样展开："我很生气你一直私拆我信件（表达个人感受）。上周有四次你私拆了我的信件（描述你反对的行为）。我希望你能让我自己来拆信，我不希望你代劳，如果信里有任何与你有关的事，我会立刻告诉你（给出合作式回应）。"

 ## 内容提要

　　本章讨论了人际关系中权力和影响的重要性、重点是权力的性质及原理、不同形式的权力及影响、滥用权力及影响的例子等。

第一节　权力和影响的原理

1. 一些人比其他人更有权力，有些人天生就有权力，其他人通过学习获得权力。

2. 权力可以被分享。赋权可使他人获得权力，使其能控制自身及周围环境。授权于人有许多好处，例如，被授权的人会变得更主动和富于责任感。赋权的策略包括对他人正面肯定、避免言语攻击及辱骂，以及鼓励他人成长。

3. 权力可以增强或减弱，权力不是静止不变的。

4. 权力遵循兴趣较少原则。通常，希望从关系中获利的意愿越小，权力则越大。

5. 权力会产生特权。

6. 权力有文化因素，在不同的文化中，权力的分配是不一样的。

第二节　权力和影响的基础

7. 关系中的权力可分为六种类型：参照型（B希望成为 A）、法定型（B 认为 A 有权力来影响或控制 B 的行为）、专家型（B 认为 A 更专业）、信息或劝服型（B 认为 A 具备有效沟通的能力）、奖赏型（A 有权力奖赏 B）和惩罚型（A 有权力惩罚 B）。

8. 个人拥有的权力来自个人信誉（能力、品质和魅力的综合）。

9. 信息权力包括具有影响力的语言、非语言信息以及倾听方式。

10. 抵制权力和影响的策略有协商、拒绝、辩护和形象管理等。

第三节　权力和影响的滥用

11. 如果工作机会的获得是基于性利益和/或形成恶劣环境时，就是性骚扰。

12. 欺负即故意侵犯他人利益的行为（包括无视你的权利、你应该还人情及你不会在意等伎俩）。

13. 对待欺负的方法有：采取不理会的态度、就事论事，但推荐合作式的应对。

 ## 关键词

coercive power 惩罚型权力
credibility 信誉

expert power 专家型权力
information or persuasion power 信息或劝服型权力

legitimate power 法定型权力　　　　　　referent power 参照型权力
power 权力　　　　　　　　　　　　　reward power 奖励型权力
power plays 欺负　　　　　　　　　　　sexual harassment 性骚扰

 思考题

1. 你对自己所掌控的六种权力类型的情况满意吗？对于那些你不太满意的权力类型，你会做些什么来提升？

2. 你如何评价自己的语言、非语言及倾听权力？你会如何提升自己在这些方面的权力？

3. 你会如何运用顺从策略来影响某人，令他答应与你约会？你会如何运用抵抗顺从策略来打消某人试图让你跟他约会的企图？

4. 黄金时段的电视剧是如何诠释人际权力的？比如：（1）男性和女性角色是否使用同类型的权力？（2）情景剧和戏剧的故事情节中，是否有人因运用某些类型的权力得到奖赏，同时又因运用其他类型的权力而被惩罚？（3）这些节目是如何处理赋予他人权力的过程的？赋予他人权力的人是否得到奖赏？男性和女性赋予他人权力的方式一样吗？

5. 通常，我们建议用合作式回应来应对他人的欺负行为。有没有哪些情形中，忽视欺负是更有效的应对方式？你认为在哪种情形的互动中，能有效利用忽视作用？你会给出哪些理由来使用这种策略？

6. 在下列三对人中，每对均存在权力差异。一方与另一方相比而言，总是更有钱、社会地位更高、受教育程度更高，或比对方更有吸引力。当处于（1）非正式谈话和（2）恋爱情形时，权力差异可能会在人们之间产生哪些沟通障碍？
- 一家知名医院的一位年轻护士和一位外科主任；
- 一位未受过教育的母亲或父亲和一位高中校长；
- 两个同事，一个极具吸引力，另一个很不起眼。

 情境选择

1. 骚扰行为。你注意到一位同事被主管性骚扰，但是该同事忍气吞声，没有告诉任何人。你每次看到这种事的时候都十分愤怒。问问自己：你能做些什么（如果你认为自己应该做些什么，那么就是这件事了）帮忙制止这件事？

2. 对抗欺负。你们学习小组的一个成员利用"你肯定在开玩笑"方式否定你的所有观点。此人用各种方式让你的想法看起来不合适、不可用，或者构思错误。问问自己：你能说些什么来进行合作式回应，从而结束目前这种不公平的沟通模式？

3. 获得承认。在你们的工作周会上，身兼小组长一职的主管一直忽视你想要发言的请求；当你终于找到机会发表观点的时候，没有人回应你或者记下你的想法。你决定改变这种情形。问问自己：你能做些什么来改变现状？

4. 解释尴尬情况。你在老板家吃饭，结果有盘菜是龙虾，但是你对龙虾过敏。问问自己：你该如何解释，同时又不让老板尴尬？

5. 约会邀请。你决定邀请学校最受欢迎的人去约会，但最糟糕的结果是对方可能会拒绝你。问问自己：邀请对方赴约，你有几种方案？比如，思考你会建议的约会类型、表达你希望对方赴约的愿望，以及你邀约时会使用的具体信息。你最可能选择哪种方案？

我的传播实验室

这些练习关于人际权力、它的本质，以及如何应对它：1."对立权力"观察二人之间的对话，并且让你识别他们之间存在的权力类型。2."适度授权"提供了你有效赋予他人权力的情境。3.在出现"欺负"的情境中，为找出和讨论应对它们的方法提供了机会。4.你认为其他人很容易操控的想法在有关权术主义的讨论及自我测试中得到了进一步探讨。5.关于"知识鸿沟"的讨论探讨了知识和权力之间的关系。

人际传播概念术语表

A

acculturation——同化：自己的文化因为与其他文化接触和交流而调整和变化的过程。

active listening——积极倾听：倾听者表达对讲述者全部信息的理解，包括语言信息和非语言信息、思想和情感等。

adaptor——下意识动作：为了满足某种需要而发生的无意识非语言行为。在个人场合和公共场合都可能发生，比如说，一直挠头直到不痒为止。

adjustment——调整：在语言传播和非语言传播活动中，交流各方调整自己的行为以便能够在一定程度上分享相同的信号系统，这种分享使有效传播成为可能。

affect displays——表演：通过面部表情表达情感，诸如生气、害怕、吃惊等。

affinity-seeking strategies——寻求喜爱的策略：增加人际吸引力的行为设计。

affirmation——肯定：表达支持和赞同的交流。

ageism——年龄歧视：因为年龄而产生的歧视和偏见。

aggression——攻击：参见"语言攻击"（verbal aggression）。

allness——笼统化：一种不合理的假设，即对给定的人物、项目、对象和事件等有完全的知识或者能够完整地表达出来。

alter-adaptors——被动下意识：用姿势回应对方的行为。例如，当某人不友好地靠近你或你喜欢的人时，你会把双臂交叉在胸前。

altercasting——角色预设：为了一定的目的将对方置于一个特殊的角色，并要求对方按照这个角色回答问题。例如："作为一个传播学教授，您怎样看待这个问题？"

ambiguity——不确定性：在一定条件下，一个信息有多种意义。

ambiguity tolerance——不确定性倾向：包括模糊倾向和明确倾向，反映特定文化的成员对模糊性和不确定性的接受程度。

anger——愤怒：强烈的不满、烦恼和敌对等情绪，一般来说属于消极的情感。

anger management——愤怒管理：控制和管理愤怒情感的方法和技巧。

apology——道歉：因为做了什么或者发生了什么事情而表达后悔和难过的行为。

apprehension——恐惧症：参见交流恐惧症（communication apprehension）。

argumentativeness——辩论：坚持自己想法或观点的愿望。注意与"语言攻击"（verbal aggression）的区别。

artifactual communication——饰物信息：非语言交流的形式之一，主要包括对物件的选择和安排，例如，衣服、珠宝、发型、家具等。

assertiveness——自信：坚持自己权利的同时也尊重他人的权利。

assimilation——曲解：曲解信息的过程，解读信息以迎合自己的需要。另见文化同化（cultural assimilation）。

attention——关注：回应外界刺激的过程，通常是指潜意识的回应。

attitude——态度：赞同或反对某人某事的倾向。

attraction——吸引：一个人在情感上被另外一个人所吸引并且产生满足感的过程。

attraction theory——吸引理论：认为关系的产生是由于人们相互吸引、相近或相似的理论。

attractiveness——吸引力：外表或人格的亲和力。

attribution——归因：判断一个人行为的原因

或动机的思维过程。

attribution theory——归因理论：关于分析个体行为原因或动机的理论。

avoidance——回避：一种消极的人际冲突策略，指在心理上或者物理上逃避实际存在的冲突。

B

back-channeling cues——回馈提示信号：当讲述者还在说话时，倾听者发出的不是要求讲话而是表示在认真倾听的回应，例如"我懂了"或"你说什么?"。

barriers to intercultural communication——跨文化交流障碍：阻碍有效交流的生理和心理因素。

behavioral synchrony——同步行为：两人行为上的相似性，尤其是非语言行为（如面部表情和站立姿势等），通常是相好的表征。

belief——信仰：信念，确信某种东西存在和真实。

beltlining——打在"腰带"以下：一种消极的人际冲突策略，指攻击对方心理和情感上不能承受的痛处。

blame——责备：一种消极的人际冲突策略，将冲突的原因归咎于他人，关注谁引起冲突而不问什么事情引起冲突。

blended emotions——混合情感：由初级情感混合成的情感。例如，失望是吃惊和悲伤的混合。

boundary marker——边界标记：使一个人的领地与另一个人区别开来的记号，如栅栏。

breadth——宽度：社会渗透理论将话题的数量称为宽度。

bypass——信息分歧：交流双方对同一信息有不同的理解而发生的误解，分两种情况：（1）双方用不同的词语表达相同的意义，（2）用相同的词语表达不同的意义。

C

captology——计算机劝说学：研究计算机交流中说服力的学问。

central marker——中心标记：摆放物件或作上记号以表示是某人的领地。例如，将一件毛衣搭在图书馆的椅子上以表示有人了。

certainty——固执：一种容易引起交流者戒备

的封闭态度，与谦虚（provisionalism）相区别。

channel——渠道：发送信号所使用的工具或媒介。例如声音—听觉渠道。

cherishing behaviors——爱抚行为：享受他人尤其是生活伴侣的小动作，例如，上班前给伴侣一个吻。

chronemics——时间行为学：研究时间的传播特性，个人或文化的差异表现为不同的时间倾向。时间经常被区分为心理时间和文化时间。

civil inattention——礼貌忽视：（扫一眼后）眼神礼貌地躲避他人以表示不侵犯他人的隐私。

cliché——炫耀：吸引他人关注的过分表达。

closed-mindedness——封闭意识：不愿意接受信息的态度。

code——代码：转换信息的符号系统。

cognitive labeling theory——认知标签理论：认为情感体验遵循以下步骤：（1）事件发生，（2）生理反应，（3）解释这种生理反应，也就是判断将体验什么情感，（4）体验情感。

collectivist orientation——群体倾向：群体目标高于个体目标的文化倾向。群体倾向与个体倾向（individualist orientation）相反，更看重仁爱、传统和一致性等。

color communication——色彩传播：不同的颜色可以传播不同的信息，不同的文化赋予相同颜色以不同的意义。

communication——传播：（1）传播行为或传播过程，（2）发送和接收信息的行为，（3）研究包括发送和接收信息的传播过程。

communication apprehension——交流恐惧症：担忧和害怕交流，通常区分为特别恐惧（对所有的交流都害怕）和一般恐惧（只对特殊的交流感到害怕）。

communicology——传播学：研究传播的学问，主要是研究人类传播。

competence——能力：指在人际传播中掌握的传播知识和有效交流的能力。语言能力（language competence）是指运用语言的能力，包括语言要素和规则的知识。

complementary——补充：吸引原理之一，你与某人互相吸引是因为某人具备你所不具备或你想要具备的品质，或者说，人们因为互不相同而吸引，是不同于相似性（similarity）的吸引。

complementary relationship——互补型关系：在补充关系中，一方的行为会刺激另一方顺从地回应，双方的行为差异会越来越大。

compliance-gaining strategies——获取顺从策略：影响和劝说他人按照你的想法去做，以获得他人同意的行为设计。

compliance-resisting strategies——抵抗顺从策略：抵制他人意图的行为。

computer-mediated communication——以计算机为媒介的传播：两个人或多个人通过计算机交流，比如电子邮件和即时聊天。

confidence——自信：一种优秀的人际品质，能够使人际传播舒适从容。

confirmation——肯定：一种不同于拒绝（rejection）和否定（disconfirmation）的交流方式，承认他人的存在，接受他人，接受他人的自我概念及其对关系的界定。

conflict——冲突：意见分歧，包括试图让对手屈服、阻挠某事、干扰或伤害他人等。另见人际冲突（interpersonal conflict）。

connotation——暗示意义：感觉或情感方面的意义，一般由三个方面组成，评估（好—坏）、效力（强—弱）和活力（快—慢）等。与明示意义（denotation）相区别。

consistency——一致性：保持认知平衡的倾向，人们愿意看到自己期待的东西，而不愿意看到令自己失望的东西。

contact——接触：关系发展的第一个阶段，包括感性接触（perceptual contact）（通过观察了解他人）和互动接触（interactional contact）（通过交谈了解他人）。

content and relationship dimensions——内容信息和关系信息：信息涉及两个方面：交流双方的外部世界（内容信息）和交流双方之间的联系（关系信息）。

context——语境：传播活动发生的物理环境、心理环境、社会环境和时间环境等。

conversation——会话：两个人之间的交流通常要经历以下五个步骤：开场白、前馈、主题、反馈、结束。

conversational management——会话管理：对会话中信息交换方式的管理。

conversational maxims——会话原则：保证实现会话目的的原则。

conversational turns——话轮转换：保证会话过程中说话者和倾听者的角色是相互转换的。

cooperation——合作：为了实现共同的目标一起工作，共同努力是为了实现共同期待的结果。会话双方配合默契是为了彼此理解。

credibility——信誉：由能力、品质和魅力组成的可信任程度。

credibility strategies——信誉策略：形成能力、品质和魅力的技巧。

critical thinking——批判性思考：逻辑地评估原因和事实，并依据这些分析作出判断。

cultural assimilation——文化同化：放弃本土文化接受另外一种文化的价值观和信仰。比如说，一个移民他国的人，放弃自己原来的文化，而成为移民地文化的一员。

cultural display——文化标识：显示一个人文化身份的信号，比如衣服、宗教饰品等。

cultural display rules——文化标识规则：关于特定文化表达方式的规则，规定哪些表达方式是合适的，哪些表达方式是不合适的。

cultural rules——文化规则：某种文化特有的规矩和习俗。

cultural sensitivity——文化包容性：指承认、理解和尊重文化差异性的态度和行为。

cultural time——文化时间：特定的文化会赋予时间特殊的意义，会有不同的时间处理方式。

culture——文化：群体生活方式的特征，通过学习而不是遗传代代相传。

culture shock——文化冲击：经历不同于本土文化或习惯的文化所产生的反应。

D

date——日期标注：一种用时间下标注表示连续变化的方法，例如，John Smith$_{2000}$ 不是 John Smith$_{2010}$。

decoding——解码：将信息从一种形式（如声波）转换成另外一种形式（如脑电波），并在这一过程中形成信息的意义。人类传播的声波解码器是听觉系统；电子传播的声波解码器是电话受话器。另见编码（encoding）。

defensiveness——戒备：以威胁、恐惧、压抑为特征的个人态度或群体氛围。评价性的、控制性的、谋略性的、模棱两可的、盛气凌人的和确定的信息被认为容易导致戒备，与支持（supportiveness）相区别。

denial——否认：拒绝自我承认或者向他人承认自己的情感，是情感表达障碍之一。

denotation——明示意义：可以在词典里找到的词语的客观意义或描述性意义，与暗示意义（connotation）相区别。

depenetration——去渗透：关系的深度和广度都减少的情况。

depth——深度：社会渗透理论的一个术语，指人际传播中对个人隐私的涉及程度。

dialogue——对话：每个人既是讲述者又是倾听者的传播方式，其传播特征是参与、关注和尊重他人，与独白式交流（monologue）相区别。

direct speech——直率：讲述者直接明了地表达自己的意图。

disclaimer——免责声明：请求倾听者接收信息后不要做出消极的反馈。

disconfirmation——否定：忽视或者否定他人的存在甚至他人的自我概念，与拒绝（rejection）和肯定（confirmation）的意义相区别。

display rules——规则：文化或组织关于情感表达方式的规矩或者习惯。

downward communication——向下传播：等级制度中上级向下级的传播，例如，信息从经理传送到工人、从院长传送到职员。

dyadic communication——双向传播：两个人之间的交流。

dyadic consciousness——双向意识：即使是一群人，也意识到自己的交流是配对的、双向的。注意与以下情况相区别：两个在一起的人并不自认为是一个整体或者是配对的。

dyadic effect——双向效应：一个人的行为会刺激另外一个人有相同的行为，一般指一个人的自我透露会鼓励他人自我透露。

dyssemia——狄赛米亚症：不能恰当地发送和接收非语言信息。

E

ear marker——耳朵标记：标记物件属于某人的信号。例如，桌签或公文包上的符号等。

effect——效果：行动或行为的结果。通常假定传播有一定的效果。

emblems——手势：直接表达词语意义的非语言行为，如表示"ok"和"保持安静"的手势。

emotion——情感：我们的感情，如爱慕、愤怒和懊悔等。

emotional appeals——情感诉求：旨在刺激情感回应的说服策略。

emotional communication——情感交流：感情的表达，如内疚、高兴、伤心等。

emotional contagion——情感传染：一个人的情感传给另一个人，就像传染病一样。

empathy——移情：感知他人感情的能力，对他人的情感和认知感同身受。

encoding——编码：将信息由一种形式转换为另外一种形式，例如，把脑电波转换为声波。人类传播的声波编码器是发声系统，电子传播的声波编码器是电话送话器，另见解码（decoding）。

enculturation——文化传承：文化代代相传的过程。

E-prime——一种省略动词"to be"的句型，表达存在和用作助动词时不能省略。

equality——平等：主张传播双方平等的态度，没有谁高人一等，崇尚互相支持。与盛气凌人（superiority）相区别。

equilibrium theory——均衡理论：一种空间关系理论，关系的亲密程度与身体的接近程度具有相关性，关系越亲密，彼此之间的身体距离就越近。

equity theory——公平理论：该理论认为在一段关系中，两个人的付出和所得是平等分配的时候，个体才会对这段关系满意。

etc.——等等：强调"无限复杂"的表述方式。因为对于任何一件事情都不可能全知全能，所以，关于世界或事件的任何表述都必须直接或间接地用"等等"结尾。

ethics——伦理：讨论行为正确还是错误的哲学分支，研究道德价值，在传播学中关注信息行为的道德性。

ethnic identity——种族认同：承认自己的文化信仰和观念，反映自己对所在文化群体的认同程度。

ethnocentrism——民族优越感：带着自己的文化滤镜观察其他文化群体及其行为的倾向，认为自己的文化价值观和信仰比其他文化更优越的倾向。

euphemism——委婉语：代替忌讳语或不礼貌语的礼貌用语。

evaluating——评价：倾听的一个阶段，对人和事的价值判断，包括对信息的批判性思考和判断。

excuse——辩解：为减轻言行的负面效果而进行的解释。

expectancy violations theory——违背期望理论：认为人们对空间关系有一定期望的空间理论。如果这个期望被违背（如一个陌生人离你太近或者恋人离你异乎寻常地远），关系就成为问题，你会关注正常的距离为什么会改变。

expressiveness——表达能力：运用语言和非语言信息真诚地讲述和倾听的能力，是人际效率的要素之一。

extensional devices——扩展标识：是由艾尔弗雷德·科日布斯基（Alfred Korzybski）提出的语言学概念，使用扩展标识可以更准确地反映世界。扩展标识主要包括：等等（etc.）、日期标注（date）和概念标注（index）等。

extensional orientation——实在倾向：首先根据经验，其次根据符号来认识世界。与名义倾向（intensional orientation）相区别。

F

face-detracting conflict strategies——伤害颜面的冲突策略：伤害一个人的积极面子（例如，指责一个人在一段关系中的表现，或批评一个人的能力）或消极面子（例如，占用一个人的时间或资源使其失去自主能力）。

face-enhancing strategies——保全颜面策略：肯定或支持一个人的积极面子（口头表扬、拍肩膀以示鼓励、真诚的微笑）或消极面子（给一个人足够的空间、请求他做事而不是要求他做事）。

facial feedback hypothesis——面部反馈假说：一个人的面部表情可以产生心理影响和情感影响。

facial management techniques——表情管理技巧：用来隐藏某些情感或强化某些情感的技巧。例如，当听到朋友升职了，你要强化高兴的情感。

fact-inference confusion——事实与推论的混淆：将推论当作事实并据以行动。

factual statement——事实性陈述：依据自己的观察做出陈述，并且仅仅局限于观察，与推论性陈述（inferential statement）相区别。

family——家庭：一个每个成员意识到彼此相关的群体，在这个群体里每一个人的行为会对其他人产生影响。

feedback——反馈信息：返回到信息源的信息。反馈可以是对信息源本身信息的反应（如你对自己讲话的反应），也可以是来自信息接收者的反应，比如鼓掌、欢呼、疑惑、提问、读者来信、增减期刊的订阅等。另见消极反馈（negative Feedback）与积极反馈（positive Feedback）。

feedforward——前馈信息：正式表达前的开场白，告诉接收者你将说什么，是主体信息的前言。

feminine culture——阴性文化：鼓励男女谦逊、温和，追求生活质量的文化。阴性文化强调生活质量和彼此融洽的人际关系。与阳性文化（masline culture）相区别。

flexibility——灵活性：根据特定环境调整自己思考方式和行为方式的素养，根据特定环境调整自己交流策略和技巧的能力。

force——强迫：一种消极的冲突策略，以（威胁）使用身体伤害或情感伤害的方式迫使对方就范。

friendship——友谊：互惠互利、互相尊重、互相肯定的两人关系。

fundamental attribution error——基本归因偏差：考察他人行为的原因过分重视内因（个体的品质）而忽视外因（个体所处的环境和事件）的倾向。

G

gender display rules——性别规则：关于什么样的表达方式适合男性，什么样的表达方式适合女性的文化规则。

general semantics——一般语义：研究语言、思想、行为三者之间关系的学问。

gossip——闲话：口头或书面地谈论不在场的第三方，通常涉及第三方的隐私。

grapevine message——葡萄藤信息（非正式信息）：非正常渠道的小道消息。

gunnysacking——算老账：一种消极的冲突策略，平时不交流，激动时陈芝麻烂谷子地一顿抱怨。

H

halo effect——晕轮效应：依据一个人在某个方面的德行和才能推断他在其他方面的德行和才能。

haptics——触觉学：研究接触和触觉交流的学问。

heterosexist language——异性恋主义语言：诋毁同性恋者的语言。

high ambiguity tolerance——模糊倾向文化：在这种文化中，不确定性被认为是正常生活的一部分，人们坦然接受，相安无事。

high-context culture——高语境文化：在这种文化中，许多信息是暗示的，信息的意义因人而异，因境而异，而不仅仅是字面意义。群体文化一般是高语境文化。与低语境文化（low-context culture）相区别。

home-field avdvantage——主场优势：人们在自己的领地里有更大的权利。

home territories——主要领地（家园领地）：人们有亲切感和控制力的领地。如教师的办公室。

I

identity management——身份管理：一种通过控制他人形象达到抵抗顺从目的的策略。也指树立自己良好形象的策略，这时它的同义词是印象管理（impression management）。

illustrator——图示：用非语言行为来解释语言信息。例如，头向上抬并且用手指上方，表达的语言信息是"它在上面呢"。

I-messages——"我怎么样"：明确地表达自己的观点，并且对自己的言行负责。与你怎么样（you-messages）相区别。

image-confirming strategies——形象巩固策略：传递或树立自我形象的技巧，即塑造你想给他人留下的印象。

immediacy——亲切感：一种有效的人际交往品质，保持联系和待在一起的愿望，互相喜爱和关注的情感。

implicit personality theory——内隐人格理论：一种人格理论，认为个体的某个特征会与另外的特征相联系，你会根据这一规则去认识他人。

impression formation——印象形成：认识、评价和理解他人的过程。

impression management——印象管理：你向他人展示自己良好印象的过程。也有作者称之为自我展示（self-presentation）或身份管理（Identity management）。

inclusion——包容性：进行语言交流的时候，保证在场的每个成员都能参与交流的原则。

index——概念标注：一种补充注释，用来强调即使相同符号指代的两个对象也不完全相同。例如，即使两个人都是政治家，但可以标注为：政治家$_{1[Smith]}$不是政治家$_{2[Jones]}$。

indirect speech——委婉语：隐藏了说话者真实意图的表达，要求和意见的表达是间接的。

indiscrimination——不分青红皂白：只依据类别特征对人物、事件和对象作出判断，忽视了组成类别的每一个个体都是独一无二的。

individualist orientation——个体倾向：认为个人的目标和偏好高于群体的文化倾向。与群体倾向（collectivist orientation）相区别。

inevitability——不可避免：传播学原理之一，主张传播是不可避免的，互动中的任何行为都在传播。

inferential statement——推论性陈述：任何人在任何时候都可以作出的不限于观察的陈述。另见事实性陈述（factual statement）。

informal time terms——非正式时间术语：粗略而不是准确的时间表达方式，如"马上"、"早点儿"和"一会儿"等。

information overload——信息超载：信息的数量和复杂程度超过了个人、群体和组织的接受能力和有效处理能力。

in-group talk——圈内谈话：谈论的话题或者

涉及的词汇只有部分在场的人能够听懂，这样的谈话排斥了那些听不懂的人。

insulation——隔绝：面对领地被侵占的反应，你会在自己和潜在侵略者之间建立起某种屏障，比如在你的房子周围建一堵墙，对陌生来电保持警觉等。

intensional orientation——名义倾向：主要依据符号而不是经验认识对象。与实在倾向（extensional orientation）相区别。

interaction management——互动管理：一种人际效率，通过控制与管理使交流双方都满意。互动管理包括控制会话角色转换、流畅程度和信息的一致性等。

intercultural communication——跨文化传播：来自于不同文化背景的人之间的交流，或者交流双方具有不同的文化信仰、不同的价值观和行为方式等。

interpersonal communication——人际传播：两个人之间的交流，或小群体成员之间的交流。与公共传播或大众传播的区别是，人际传播是个人化的传播；与非个人化传播的区别是，人际传播一般发生在相互联系或关系密切的个人之间。

interpersonal conflict——人际冲突：互相联系的两个人之间的矛盾。

interpersonal effectiveness——人际效率：实现人际目标的能力；能让双方满意的人际传播。

interpersonal perception——人际认知：认识、理解和评价他人及其行为的过程。

interruption——打断：交流中用语言或非语言信息打断他人讲话争取自己发言的行为。

intimacy——亲密：最紧密的人际关系，一般用来表示人际关系系列中最亲密的阶段。

intimacy claims——亲密诉求：亲密关系引起的责任感。

intimate distance——亲密距离：最小的空间距离，从身体接触到18英寸。

intrapersonal communication——人内传播：自己与自己的交流。

involvement——交往：关系发展的第二阶段，在这一阶段，你愿意进一步发展关系，先是相互观察，然后寻求互动。

irreversibility——不可逆转：传播学原理之一，认为传播行为不可逆转，交流行为一旦发生，就无法收回。

J

James Lange theory——詹姆斯-兰格情感理论：认为情感产生经历的几个阶段是：（1）事件发生，（2）生理反应，（3）情感体验，如感到悲伤或快乐。

jargon——行话：任何特定群体的专业术语，一般不为非群体成员所理解。如这个术语表就是传播学领域里的行话。

jealousy——嫉妒：当自己的重大关系面临身体或情感上的威胁时产生的反应，包括情感反应、思想反应和行为反应。

Johari window——约哈里之窗：显示四种自我的表格（开放的自我、盲目的自我、隐藏的自我、未知的自我）。约哈里（Johari）是开发这个模型的两个学者（Joseph luft and Harry Ingham）名字的组合。

K

kinesics——身体语言学：研究表情和身体动作的传播学分支。

L

language——语言：由语法、语义和语音规则组成的可以理解的句子。不同规则的句子有相应的语言名称，如英语、班图语或意大利语等。

language relativity——语言相对论：参见语言相对论假说（linguistic relativity hypothesis）。

lateral communication——同级/水平传播：相同等级人员之间的交流。如经理之间的交流、工人之间的交流等。

leave-taking cues——结束暗示：表达终止谈话意图的语言信号或非语言信号。

leveling——失真：随着信息在个体之间重复传递次数的增多，信息量逐渐减少的过程。

linguistic collusion——语言排斥：面对领地被侵犯的反应，说一些"侵略者"不能理解的语言或行话将他们排除在互动之外。另见置之不理（withdrawal）、抵制（turf defense）和隔绝（insulation）等。

linguistic relativity——语言相对论：该假说认为人们因为使用不同的语言，认知和行为方式也会不同。

listening——倾听：积极接受听觉刺激的过程，主要包括以下五个阶段：接受、理解、记忆、评估、回应。

long-term memory——长期记忆：从理论上讲，长期记忆的容量是无限的，是可以保存很长一段时间的记忆。与短期记忆（short-term memory）相区别。

love——爱情：可以感受到亲近、关心、温暖，以及与对方联系很兴奋的人际关系。

low ambiguity tolerance——明确倾向：难以适应不确定性的一种文化特征，努力避免不确定性，对于不确定的未来心存忧虑。

low-context culture——低语境文化：大多数信息通过语言准确地表达出来，而不是假定他人知道的"暗示"。个体倾向的文化一般是低语境文化。与高语境文化（high-context culture）相区别。

M

manner maxim——礼貌原则：会话原则之一，强调说话者在表达自己的时候要做到清楚明了、语句连贯并容易理解。

marker——标记：表示一块领地属于某人的标志。参见边界标记（boundary marker）、中心标记（central marker）和耳朵标记（ear marker）。

masculine culture——阳性文化：在该种文化中，男性被认为是自信的、强壮的，倾向于物质方面的成功；女性则被认为是谦虚的、温柔的，注重生活质量。阳性文化强调成功，因此鼓励人们自信、雄心勃勃和竞争。与阴性文化（feminine culture）相区别。

matching hypothesis——匹配假说：认为个体在寻找伴侣时最好选择与自己在外表吸引力方面相似的人。

meaningfulness——有意识：认知原则之一，假定个体的行为是明智的、理智的，而不是无意识的。

mentoring relationship——师徒关系：关系中有经验的人帮助相对没有经验的人。例如：有经验的老教师会指导新来的老师或者没有教学经验的老师，他们之间构成的关系就是师徒关系。

mere exposure hypothesis——足够透露假说：重复或持续的透露会使态度倾向于倾诉对象，这种变化通常是积极的。

message——信息：对接受者产生刺激的任何信号或信号组合体。

metacommunication——元传播：关于传播的传播。

metalanguage——元语言：关于语言的语言。

metamessage——元信息：关于信息的信息。例如，"我说清楚了吗?"、"那是一个谎言"等都属于元信息，因为这些都是关于其他信息的信息。

mindfulness and mindlessness——有意识和无意识：不同的意识状态。有意识是指意识到自己行为的逻辑性和合理性，以及不同元素之间的逻辑联系。无意识是指意识不到自己行为的逻辑性和合理性。

mixed message——混合信息：包含两种不同的意义，而且这两种意义常常是自相矛盾的信息；期待两种不相容的回应的信息，例如"别管我!"这则信息还包含了"多关心我"的意义。一般地，社会普遍接受的意义通过语言表达，个性化的意义通过非语言表达。

model——模型：关于对象或过程的描述。

monochronic time orientation——一元时间倾向：按先后顺序做事的时间观念，同一时间只做一件事情。与多元时间倾向（polychronic time orientation）相区别。

monologue——独白：一个人讲话其他人倾听的一种交流模式，参与者之间没有真正的互动。与之相反的是对话（dialogue）。

N

negative face——消极面子：有自己的主张，有权利按照自己的愿望做事。

negative feedback——消极反馈：可以发挥纠正功能的反馈，告诉信息源他或她的信息没有按照预设的方式接收到。例如，无聊的表情、不满的呼声、对报纸政策的批评信、老师训导学生如何更好地解题等都是消极反馈的例子，都可以指导说话者调整自己的行为。另见积极反馈（positive feedback）。

networking——关系网：能够成全你的目标或者为实现你的目标提供帮助的与他人之间的联系。例如：当你找工作的时候，你会和很多朋友保持联系，以获取相关信息。

neutrality——冷淡：缺少个人参与性的回应方式，滋生戒备情绪。与移情（empathy）相区别。

noise——噪音：干扰信息传递的任何东西。噪音使接收到的信息不同于发送出的信息。

nonallness——去笼统化：明白自己对于任何东西都不可能全知全能。你的所见所闻及其表达都只是对象的一部分。

nonnegotiation——拒绝谈判：一种消极的冲突策略，拒绝讨论冲突，拒绝倾听他人的意见。

nonverbal communication——非语言传播：不是运用语言交流，而是运用空间、姿势、表情、声音、接触和沉默等交流。

nonverbal dominance——非语言优势：能够使一个人在另一个人面前取得心理优势的非语言行为。

O

object-adaptors——下意识动作：摆弄物件的动作。例如，在塑料咖啡杯上打孔、按动圆珠笔、咬铅笔等。

object language——主体信息：关于物件、事件和客观联系的信息，与元信息相区别。

occulesis——眼神传播学：研究通过眼睛传递信息的学问。

olfactory communication——嗅觉传播：通过气味传播。

openness——坦率：人际效率的品质之一，主要包括：（1）愿意与他人开放地交流，并做出合适的自我透露。（2）对于外界刺激，诚实地做出回应。（3）对自己的情感和意愿负责。

opinion——观点：关于某人或某事的推论。

other-orientation——他人倾向：人际效率的品质之一，主要包括对他人的关心、关注和兴趣等。

outing——出柜：公开揭露某人为同性恋。

overattribution——过度归因：将某人的行为全部或者大部分归咎于一两个特征。

owning feeling——对自己的感受负责，而不是怪罪他人。

P

paralanguage——辅助语言：辅助语言是属于非语言范畴的声音，包括声音质量，如音高、频率和语速等；声音类型，如笑声或哭泣、吼叫和嗫嚅等；声音修饰，如重音、节奏等；声音信号，如表示"不"的"呃……呃"声、表示"安静"的嘘声等。

passive listening——消极倾听：缺乏互动和反馈的倾听，也指缺乏关注和不情愿的消极倾听方式。

pause——停顿：一段正常流畅的讲话中的沉默。停顿分为两种：有声停顿，如"嗯"、"呃"等；无声停顿即持续的沉默。

perception——认知：通过感官认识人和事的过程。

perception checking——认知检查：对信息、环境或感觉的理解的验证过程。

perceptual accentuation——认知误区：带着主观色彩去认知外界事物，例如，你认为那些你喜欢的人比你不喜欢的人看起来更好看、更聪明。

personal distance——私人距离：空间关系中第二近的距离，从 18 英寸到 4 英尺。

personal rejection——置之不理：一种消极的冲突策略，拒绝关爱和情感，希望通过这种拒绝来击垮对方，赢得争论。

persuasion——说服：影响他人行为和态度的过程。

phatic communication——寒暄：正式交流前的社会习俗，为开始交流做准备而不是实质性的交流，如日常生活中的"嗨"、"你好"等。

physical abuse——身体虐待：以暴力或暴力相威胁作为惩罚的行为，例如推搡、殴打、敲击、踢、咬、扔东西和砸东西等。

pitch——音高：声音的高低。

polarization——走极端：只看到极端而忽视中间状态的错误思维方式，"非黑即白"、"非此即彼"、要么好要么坏等。

politeness——礼貌：一定文化中大部分人认为是好的行为，一般包括尊重、谦虚、和蔼等。

polychronic time orientation——多元时间模式：同一时间做多种事情。与一元时间模式（monochronic time orientation）相区别。

positive face——积极面子：希望被他人尊重和喜欢的愿望。

positive feedback——积极反馈：支持和鼓励正在发生的行为继续进行下去，例如演讲停顿时的掌声会鼓励演讲者继续演讲。

positiveness——积极：有效交流的特征之一，以积极的态度面对自己和人际互动，并以赞扬、认可和支持的方式面对他人。

power——权力：影响或控制他人行为的能力，是人际关系中必然存在的因素。

power distance——权力等级：同一文化中的成员有不同权利的文化特征。在高等级文化中，普通大众和当权者之间存在很大的差距，权力掌握在少数人手中；在低等级文化中，权力是平均分配的。

power play——欺负：一个人试图控制另外一个人的持续行为。

primacy-recency——首因—近因效应：人际认知现象之一，人们会更看重最先出现或最近出现的现象。

primary affect display——初级情感体现：六种初级情感的传播：高兴、惊讶、害怕、生气、悲伤、厌恶。

primary emotion——初级情感：基本情感，一般指：高兴、接受、害怕、吃惊、悲伤、厌恶、生气、期望。

primary relationship——主要关系：关系中的双方认为他们所在的关系是最重要的关系或最重要的关系之一，例如夫妻关系、家庭伙伴等。

primary territory——主要领地，专属于自己的区域，如自己的房间和办公室等。

process——过程：正在进行的活动。传播被认为是一直处于变化中的运动过程。

projection——怪罪：将自己的感受归咎于他人的心理过程，通常指把自己的错误归咎于他人。

protection theory——保护理论：空间理论之一，指人们会建立一个身体缓冲区域来避免自己不需要的接触、亲密或攻击。

provisionalism——谦虚：一种营造支持性关系和氛围的开放态度。与固执（certainty）相区别。

proximics——空间关系学：研究空间的传播功能，人们怎样无意识地建构空间，例如在和他人交往时保持合适的距离、家庭或者办公室的陈设，甚至是一个城市的规划设计等。

proximity——相近：物理距离的接近，是影响人际吸引力的因素之一，也是认知原则之一，人们倾向于把彼此接近的人看成是一起的，将相近的事物看成是一个整体。

psychological time——心理时间：看重过去、现在或者未来的倾向。

public distance——公共距离：空间关系中最远的距离，从 12 英尺到 25 英尺。

public territory——公共领地：对所有人开放的区域，例如，饭店或者公园。

punctuation——断句：将一个连续的交流过程分解成具有明确的开头和结尾、或者由刺激和反应构成的许多小环节。

pupils dilation——瞳孔扩张：瞳孔扩大的现象，一般来讲，瞳孔扩张是积极的情感反应。

pupillometrics——瞳孔传播学：研究瞳孔变化的传播理论。

pygmalion effect——皮格马利翁效应：你预期成功，并按预期行动，结果真的成功了。例如，认为学生会成功，并根据这种预期实施教育，学生会真的成功。皮格马利翁效应是一种自我实现的预期（self-fulfilling Prophecy）。

Q

quality maxim——质量原则：会话原则之一，谈话者之间的合作需要讲真话，不讲假话。

quantity maxim——数量原则：会话原则之一，谈话者之间的合作需要提供满足表达意义的必要信息，不能多也不能少。

R

racist language——种族主义语言：诋毁和贬损特定种族或群体的语言。

rate——语速：说话的速度，一般用每分钟多少字来衡量。

receiver——接收者（信宿）：任何接收到信息

的人或物。接收者可以是单个的倾听者或读者、演讲的一群听众、分散的电视观众，也可以是一台储存信息的机器。另见信息源（source）。

receiving——接收：倾听过程的一个阶段，主要指听到和注意到信息的过程。

reconciliation strategies——和解策略：修复破损关系的行为。

regulators——调节：调节、监管或控制他人传播的非语言行为。

rejection——拒绝：回应他人的一种方式：承认他人的同时表达异议。不同于肯定和否定（confirmation and disconfirmation）。

relation maxim——关系原则：谈话的内容应该与主题相关，而不应该跑题。

relationship communication——关系交流：亲密者之间的交流，或者亲密关系内部的交流，也被一些理论家视作人际传播（interpersonal communication）的同义词。

relationship deterioration——关系恶化：关系发展中的一个阶段，在这个阶段，个体之间的联系变弱，彼此开始疏远。

relationship development——关系发展：人际关系经历的过程，包括六个连续的阶段。

relationship dialectics theory——关系辩证理论：描述关系中彼此矛盾的动机和愿望的理论。例如，自主权与归属感的矛盾，新奇感与预见性的矛盾，紧密与开放的矛盾等。

relationship dimension——关系信息：信息中有关交流双方关系而不是外在事物的意义。

relationship dissolution——关系解体：人际关系的终结。

relationship license——关系特权：允许违反关系期待、关系习俗和关系规则的权利。

relationship maintenance——关系维持：保持和维护关系的行为。也指关系发展过程中的一个相对静止的阶段，没有明显的进展或恶化，是不同于关系解体（或关系紧张）的关系持续阶段。

relationship repair——关系修复：关系中一方或双方为改善正在恶化的关系而努力的阶段。

relationship violence——关系暴力：一般认为包括辱骂或情感虐待、身体暴力和性虐待等。

remembering——记忆：倾听中的一个阶段，指保存听到的内容。

resemblance——相似规则：认知原则之一，倾向于将外表类似的人或事归为一类。

responding——反应：倾听的步骤之一，倾听者给说话者答复或反馈。

response——反应：任何公开的或隐蔽的行为。

role——角色：个体在群体中扮演的角色，个体的作用或被期待的行为。

rules theory——规则理论：人际关系被一系列的规则所制约，人们遵守这些规则，关系就会得到维持，人们违反这些规则，关系的维持会面临困难。

S

schemata（单数：schema）——模式：组织认知的一种方式，帮助你组织繁杂的日常信息包括记忆的信息的心理模板或结构。例如你关于人的一般认识（如关于帕特或克里斯，关于日本人、浸礼会教徒或纽约人），关于你自己（如你的品质、能力甚至责任），或者关于社会角色（警察、教授或百万富翁的特征）等。

script——流程：模型的一种，是关于行为、事件或过程的信息组织。流程是关于事件如何展开、事件发生发展的规律和次序的一般观念。

secondary territory——次要领地：不属于你，但是被你经常使用因此与你有联系的区域。例如你上课经常坐的座位。

selective exposure——选择性透露：倾听者积极寻找可以支持自己的信息，努力避免与自己的观点、信念、态度和价值观相矛盾的信息。

self-acceptance——自我接受：自我满足，包括对自己的美德和坏脾气、能力和局限的满意。

self-adaptors——自我适应：为了让自己感觉更舒服，满足自己身体需要的动作。例如，头痒挠头、舔干裂的嘴唇、拨弄挡住眼睛的头发等。

self-attribution——自我归因：寻找自己行为的原因和动机的过程。

self-awareness——自我意识：认识自己的程度。

self-concept——自我概念：你的自我印象，对自己是谁的回答。

self-deprecating strategies——自我批评策略：

向他人表示自己无法胜任某项任务，以获得他人帮助的技巧。

self-destructive beliefs——自我否定的观念：会引起麻烦的观念，常常是不现实的要求，不可能实现的目标等。

self-disclosure——自我透露：向他人表露自己的过程，一般是表露自己平时隐藏的信息。

self-esteem——自尊：自己赋予自己的价值，自我评价。人们一般会给予自己积极的评价。

self-fulfilling prophecy——自我实现的预期：人们按照自己的预期行事会使预期得以实现。例如，你怀疑某人怀有敌意并用敌对的方式对待之，这会激起对方的敌对反应，乃至于实现了你的敌意预期。

self-handicapping strategies——自我障碍策略：为可能的失败找借口的技巧。例如，设立障碍使任务不可能完成，这样当你失败的时候不会被责怪，或被认为无能。

self-monitoring——自我监督：在人际互动中管理自己的形象，给他人留下完美的印象。

self-monitoring strategies——自我监督策略：谨慎地规范自己言行（自查自纠）的技巧。

self-presentation——参见印象管理（impression management）。

self-serving bias——自利性偏差：自我归因过程中的偏见，将积极的后果归因于自己，否认自己对消极后果的责任。

semantics——语义学：语言学中研究语言意义的领域。

sexist language——性别歧视语言：贬损不同性别成员的语言，一般是针对女性。

sexual abuse——性虐待：涉及性方面的非自愿行为。例如，动手动脚、无端指责偷情、强迫发生性关系和侮辱性语言等。

sexual harassment——性骚扰：未经允许的或不愿意接受的涉及性方面的语言或非语言信息。

short-term memory——短期记忆：容量非常有限的记忆，信息没有及时转化为长期记忆，容易丢失。

shyness——害羞：人际交往中的不适和不安。

signal-to-noise ratio——信噪比：有意义的信号（信号）和干扰信号（噪音）之间的比率。

silence——沉默：没有语言的传播。容易与"没有传播"相混淆。

silencers——消音器：一种消极的冲突策略，如哭泣等可以使对方不容易发作。

similarity——相似性：吸引力的原理之一，彼此相似和相像的人之间容易互相吸引。与互补（complementarity）相区别。

slang——俚语：特定群体使用的语言，得不到主流社会的认同。

social comparison process——社会比较过程：将自己（如能力、观点或价值观等）和其他人进行比较，从而获得对自己的评价。是自我概念的来源之一。

social distance——社交距离：空间关系中第三远的距离，范围从 4 英尺到 12 英尺，公务活动一般适宜于这个距离。

social exchange theory——社会交换理论：该理论假定，个体倾向于发展有利可图的关系（收益大于成本），避免或终止无利可图的关系（成本超过收益）。

social information processing theory——社会信息加工理论：与社会临场感理论（Social presence theory）相反，认为无论是面对面交流还是在线交流，都可以实现相同程度的个性化，建立同样紧密的人际关系。

social penetration theory——社会渗透理论：该理论认为关系是从表面到亲密（深度）、从较少领域到较多领域（宽度）发展的。

social presence theory——社会临场感理论：该理论认为传播的频带宽度（交流的信息数量）影响传播的个性化程度。在面对面的交流中，大量的信息（尤其是非语言信息）被交换，因此有强烈的社会临场感；如果交换的信息少，如电子邮件，就会缺乏社会临场感。

source——信息源（信源）：任何可以产生信息的人或物。如讲话、写作、姿势或解决问题的电脑等。另见接收者（信宿）（receiver）。

speech——演讲：通过发声—听觉渠道传递的信息。

spiral of silence——沉默的螺旋：该理论认为人们倾向于表达自己和大家一致的观点，隐藏自己和大家不同的观点。

stability——一致性：认知定式之一，对人对事的认知会与已有的认识保持一致。

static evaluation——静态评估：一种忽视世界在持续变化的错误倾向，不是用发展的眼光，而是用静止不变的态度看待人和事。

status——地位：个体在等级关系中所处的位置。地位总是相对的，一个人的地位总是相对于他人的地位而言的。在美国，职业、收入、年龄、教育水平等是社会地位的决定性因素。

stereotype——刻板印象：指对某个群体的固定印象，并且根据这种印象去认知其中的个体。刻板印象一般是负面的（如火星人是愚笨的、脏的、没有受过教育的），有时候也是正面的（如金星人是充满智慧的、勤劳的、乐于助人的）。

stimulus——刺激物：任何刺激生物体的外部或内部变化。

stimulus-response model of communication——传播的刺激—反应模型：传播学的模型之一，认为传播过程是线性的，由刺激开始并由刺激引起反应。

subjectivity——主观性：认知原理之一，认为人们的认知不是客观的，而是受自己的愿望和需要、期待和预期的影响。

superiority——优越感：一种别人不如自己的观点和态度，滋生戒备情绪。与平等（equality）相区别。

supportiveness——支持：交流中描述而不是评价、谦虚而不是固执的行为。也指开放的、安全的、真诚平等的个体态度或群体氛围。与戒备（defensiveness）相区别。

symmetrical relationship——对称关系：在两人或多人关系中，一个人的行为会刺激他人产生相同的反应。例如，一个人生气会导致另一个人生气，一个人的批评会引起其他人产生同样的反应。

T

taboo——禁忌：禁止，文化忌讳。禁忌语是文明社会不赞成的语言。一些话题或特殊词汇会被认为是禁忌，例如死亡、性、特殊疾病，以及描述性行为和排泄功能的语言等。

tactile communication——触觉交流：通过接触进行交流，通过皮肤接收信号。

temporal communication——时间传播：你的时间取向和对待时间的方式传播出的信息。

territorial encroachment——领地侵占：一个人的领地被他人非法侵入、使用或据为己有。

territoriality——领地：对特定的对象或空间的所有权。

theory——理论：适用于各种各样的相关联的现象的原则或概括性的陈述。

touch——接触：参见触觉交流（tactile communication）。

touch avoidance——避免接触：避免接触他人或被他人接触。

transactional perspective——交换观点：传播是一个连续的过程，所有的要素相互依存、相互影响。

turf defense——抵制：对领地被侵犯的一种回应，为保卫领地而反对入侵者。你可以简单地说"这是我的座位"，也可以像国家一样发起一场战争。另见置之不理（withdrawal）、隔绝（insulation）和语言排斥（linguistic collusion）等。

turning points——转折点：对个体和关系而言具有重要影响的关系事件，可以改变关系的发展方向和轨道。

U

uncertainty reduction theory——降低不确定性理论：随着人际关系的发展，人际不确定性会减少。人际关系的发展被认为是个体减少彼此不确定性的过程。

understanding——理解：倾听的阶段之一，破译你所听到的信息。

universal of interpersonal communication——人际传播的普遍性：所有人际传播行为都具有的传播特征。

unproductive conflict strategies——消极的冲突策略：事与愿违的冲突处理方式，包括回避、强迫、责备、消音器、算老账和打在"腰带"以下等。

upward communication——向上传播：等级体系中由下级向上级的传播。例如，生产线工人向经理、教员向院长的传播等。

unrepeatability——不可重复：传播的特征之一，所有传播活动都是唯一的、不能完全重复的。

V

value——价值：事物的相对作用或意义，决定事物可取或不可取的属性，使我们产生积极或消极情感反应的观点和习俗等。

ventilation hypothesis——疏通假说：认为情感发泄（给情感一个出口）可以缓解人们的紧张程度。

verbal aggressiveness——语言攻击：试图通过攻击他人的自我概念来赢得争论的消极冲突策略。

verbal or emotional abuse——辱骂或情感虐待：羞辱、孤立或过度批评等行为。

visual dominance——视觉管理：通过眼神保持优越性或优势地位。例如，当你说到重点时，你会盯着对方看。

volume——音量：声音的大小。

W

win-lose strategies——赢—输策略：争取一人获胜他人失败的冲突管理策略。

win-win strategies——双赢策略：争取每个人都有所收获的冲突管理策略。

withdrawal——置之不理：面对领地侵犯的一种反应，那就是离开现场，如国家、家庭、办公室或教室等。另见抵制（turf defense）、隔绝（insulation）和语言排斥（linguistic collusion）等。

Y

you-message——"你怎么样"：拒绝对自己的思想和行为负责的信息，将自己的认知归因于他人的信息，责备他人的信息等。与我怎么样（I-message）相区别。

人际传播技能术语表

A

abstractions——抽象性：运用抽象的和专业的术语描述或解释。

accommodation——适应：选择适合听众的讲述方式，照顾他人风格会使交流得心应手。

active and inactive listening——积极倾听和消极倾听：做一个积极的倾听者，理解讲述者的意义，表达出对讲述者感受的理解，必要时提问。

active interpersonal conflict——积极的人际冲突方式：面对人际冲突，适当地透露，倾听你的伴侣。

advantages and disadvantages of relationship——关系利弊：在评价、参与和终止关系时，权衡关系的优点和缺点。

allness——笼统化：避免笼统化的陈述，这些陈述必然歪曲事实，而且常常会冒犯他人。

analyzing your perceptions——分析认知：正视自己的身体和精神状态对人际认知的影响，确保不会依据过少的信息得出结论。

anger management——愤怒管理：尽可能地冷静下来，选择合适的交流方式和技巧表达你的感受。

apologizing——道歉：真有错误就要承认，具体地而不是笼统地表示对不起；提供解决问题的方法（无论是否有效），保证下不为例。

appreciating cultural differences——尊重文化差异：文化差异就是差异，而不是偏见和缺点。承认不同的处世方式并不意味着一定要接受不同的处世方式。

appropriateness of self-disclose——适当的自我透露：打算自我透露时，要考虑动机的合理性、自我透露的程度、倾听者的反应（有双向效应吗？）以及潜在的风险等。

argumentativeness——辩论：避免攻击（打击

他人的自我概念），而是理智地面对问题，努力寻求解决方案，尽力保证你的提议让双方都能满意。

artifactual communication——饰物信息：借助饰物传递信息，例如颜色、着装、装饰品、空间装饰等。

B

body movement——身体动作：运用姿势和手势强调你的传播目的。

C

channel——渠道：传递重要信息之前，权衡你的渠道选择（如面对面、电子邮件、语音留言等）。

checking perception——检验认知：通过以下两种方式提高认知的准确性：（1）描述所见所闻并确定其意义，（2）询问他人你的认知是否准确。

communication assertively——自信地交流：描述问题，说出问题如何影响你，提出解决方案，肯定自己的判断，反映自己的信心。

communication power——传播力：避免无效的信息形式，如犹豫、过度紧张、低级、绰号、敷衍、自我否定、过度的礼节、粗俗以及俚语等。

communication option——传播选择：因为传播不可避免、不可逆转、不可重复，交流之前要评估自己的传播方案。

confirmation——肯定：如果你希望得到他人肯定，就要用语言和（或）非语言承认所在群体中的他人及其贡献。

conflict style——冲突类型：仔细识别你的冲突类型，不同的冲突有不同的影响。面对关系冲突，要寻求双赢结果而不是你死我活。

conflict, culture, and gender——冲突、文化和性别：面对冲突时，要理解在什么是冲突和如何解决冲突等问题上的文化差异和性别差异。

connotation meaning——引申义：如果担心听众有可能误解，请阐释清楚你的引申义；作为听众，如果你对说话者的引申义有疑问，请提问。

content and relationship——内容和关系：倾听信息的内容层面和关系层面，区分它们，分别回应。

content and relationship conflict——内容冲突和关系冲突：运用内容和关系原理分析冲突，分别做出相应的回应。

context adjustment——语境调整：调整你的信息以适应物理语境、文化语境、社会心理语境和时间语境等。

conversational maxims——会话原则：一般要遵守基本的会话原则，包括质量原则、数量原则、关系原则、习俗原则和礼貌原则等。

conversational rules——会话规则：注意通行的会话规则，例如，发言简明扼要，避免打断他人，但必要时可以不受这些规则的约束。

conversational turns——话轮：保持较短的话轮，自己讲完后，用语言和非语言将话轮传给他人。

cultural differences in listening——倾听中的文化差异：多文化背景下的倾听尤其要注意灵活性，要注意其他文化不同的倾听信号和倾听规则。

cultural identifiers——文化标识：使用文化标识要照顾到他人的需要；如果合适，选择你喜欢的文化标识。

cultural influences——文化影响：传播时，要明白文化对传播有全方位的影响。

cultural influences on interpersonal communication——文化影响人际关系：一定要清楚文化影响任何关系，鼓励一些关系，不鼓励另外一些关系。

cultural sensitivity——文化敏感性：通过学习不同的文化增强你的文化敏感性，识别并面对你的不适应，注意重要的差别，增强对其他文化规则的自觉性。

cultural and perception——文化与认知：对于与你交流的人，尽可能多地了解他的文化，以提高你的认知准确性。

D

dating statements——更新信息：更新你的陈述，以避免静止不变地看待世界。用你的信息反映不可避免的变化。

deciding to self-disclose——自我透露决策：既要考虑自我透露的潜在利益（如增强自我认知、提高传播的效率和有益于身体健康等），也要考虑潜在的个人风险、关系风险和职业风险等。

disclaimers——免责声明：倘若你担心自己会被误解，就使用免责声明。但要避免不必要的使用，过多的免责声明会留下缺乏准备和不真诚的印象。

disconfirming language——否定性语言：避免性别歧视、异性恋主义、种族歧视和年龄歧视等语言，这些否定性和侮辱性的语言会形成多种形式的交流障碍。

E

emotional communication——情感交流：有效地交流情感：（1）描述感受，（2）识别造成感受的原因，（3）立足于现在的感受，（4）对自己的信息和感受负责。

emotional display——情感表达：根据文化规则选择"合适"的情感表达方式和体会他人情感的方式。

emotionality in interpersonal communication——人际传播的情绪化：要认识到你的思想和感受中不可避免的有情绪化的成分，包括语言和非语言中的情绪化。

emotional understanding——情感分析：清晰地、有针对性地识别和描述情感（积极情感或消极情感），学习表达情感的词汇。

empathic and objective listening——移情倾听和客观倾听：从说话者的角度分析互动，参与对话，努力把握说话者的想法和感受。

empathic conflict——移情式冲突：以移情而不是责备的态度面对冲突。或者，像这样表示移情："我能够理解你为什么会这样。"

empathy——移情：在合适的时候表达移情，避免评价人，要关注人；通过表情和姿势表示积极参与；反馈自己的感受、自我透露，以及分析混合信息等。

ethnocentric thinking——种族优越感：识别自己的种族优越感及其对自己语言和非语言行为的

影响。

evaluating——评价：首先要充分理解讲述者表达的意义，然后分析导致讲述者有失公允的偏见或个人利益。

excuse making——辩解：适当地辩解，避免责备他人，承认失败并承担责任。

expressiveness——表达能力：积极倾听，分析混合信息，使用"我怎么样"的表达方式，以及运用适当丰富的辅助语言和身体语言积极地交流。

eye movement——眼神交流：通过眼神寻求反馈、话轮转换、标识关系、弥补较远的空间距离等。

F

face-saving strategies——保全颜面的策略：使用避免对手失去颜面的策略，避免打在"腰带"以下，避免给予对手难以承受或产生怨恨的攻击。

facial messages——面部信息：运用面部表情参与交流。在倾听过程中，他人的面部表情是观察其情感和意义的信号。

facts and inferences——事实和推论：区分事实（被证实已经发生的事件）和推论（猜测和假说），根据推论行事要谨慎。

feedback——反馈：倾听来自于自己和他人的语言和非语言反馈，根据这些反馈调整你的信息。

feedforward——前馈：听众需要背景知识的时候，需要大家对特殊的话题（比如坏消息）有心理准备的时候，请使用前馈信息。

flexibility——灵活性：因为没有两个完全相同的交流情景，因为一切都在变化之中，因为每个人都不一样，请增强灵活性，使你的交流适应特殊的环境。

friendships——友谊：友谊有利于我们实现效用、自我认同、激励和安全等诸如此类的需要。与此同时，我们也要努力满足朋友的这些需要。

fundamental attribution error——基本归因偏差：避免基本归因偏差，寻找人们行为的原因时，不要仅仅注意内因而忽略外因。

G

gender differences in listening——倾听中的性别差异：一般来说，女性比男性有更多的倾听信

号，显示较强的支持。

giving space——给予空间：留给他人所需要的空间。关注他人的空间不适感。

H

high and low-context cultures——高语境文化和低语境文化：调整自己的信息和倾听以适应高语境文化和低语境文化的区别。

I

I-message——"我怎么样"：用"我怎么样"表达自己的感受。对自己的感受负责而不要怪罪他人。

immediacy——亲切感：通过近距离接触、眼神交流、微笑、呼唤他人的名字、关注他人的标识等保持亲切感。

implicit personality theory——内隐人格理论：理性地分析自己来自于内隐人格理论的认知和结论。

increasing assertiveness——增加自信：分析他人的自信信息，演练自信的信息，自信地交流，以增强自信。

indirect messages——委婉信息：如果直接表达可能产生侮辱或冒犯，请使用委婉信息。但要注意，委婉信息容易引起误解。

indiscrimination——无差异：请注意，即使有相同的标签，每种情境和每个人都是独一无二的，要对关键词给予标注。

individualist and collectivist cultures——个体与群体文化：调整自己的信息与倾听以适应个体文化与群体文化的区别。

initial impression——最初印象：警惕根据有限的信息过快地形成印象，避免第一印象成为过滤器，这种过滤器会阻止你依据充分的信息形成正确的认知。

intensional orientation——名义倾向：避免名义倾向，先观察人和事，再看其标签。

interaction management——互动管理：相对简短的话轮，避免长时间的或频繁的停顿，保持语言和非语言信息的连贯性。

intercultural communication——跨文化传播：请注意（1）你自己与来自其他文化的人不同，

（2）别的文化群体内部有差别，（3）相同信息的意义因文化不同而有区别。

L

listening to the feelings of others——倾听他人的感受：重视他人，关注他人，鼓励他人表达自己的感受。

M

managing relationship dissolution——面对关系分离：打破孤单—沮丧的循环、暂时休息、提升自尊、寻求乐观者的支持、避免重蹈覆辙等。

masculine and feminine cultures——阳性文化与阴性文化：调整自己的信息与倾听以适应阳性文化和阴性文化的区别。

meanings depend on context——意义决定于语境：根据语境解读信息的意义。

meanings in people——意义因人而异：人是解读信息意义的最好源泉，意义因人而异。如果有疑问，请回到信息源。

metacommunication——元传播：如果你想介绍自己的交谈方式和谈话内容，那就是元传播。请运用前馈信息解释你的复杂信息。

mindfulness——有意识：分类再分类以提高自觉性，对新信息和新观点保持开放的态度，不要过分地依赖第一印象。

N

negatives and positives of conflict——冲突的正负效应：减少冲突及其解决方案的负面效应，增强其正面效应。

networking——关系网：建立关系网以方便自己的生活和工作，也要用自己的经验帮助他人。

noise management——噪音管理：尽可能减少物理的、生理的、心理的和语义的噪音，如果有疑问，通过重复使自己清楚。

nonjudgmental and critical listening——接受性和批判性倾听：保持开放的心态，避免漏掉复杂的信息，识别自己的偏见。作出判断需要格外仔细地倾听，澄清疑问，批评前审视自己的认识。

nonverbal communication and culture——非语言传播与文化：尽可能从文化的角度解读他人非语言信息的意义。

O

open expression in conflict——直面冲突：面对冲突公开地表达自己的感受，不要沉默和回避。

openness——坦率：适当地自我透露、自然诚实地回应他人、对自己的感受和想法负责等。

other orientation——他人倾向：承认他人的重要性、专注的眼神交流、适当的面部表情、微笑、点头、身体倾向他人等。

overattribution——过度归因：避免过度归因，很少有单个的因素能够解释复杂的人类行为。

P

packaging——包裹：保证语言信息和非语言信息的一致性，不一致会导致不确定和误解。

paralanguage——辅助语言：丰富的辅助语言可以体现意义的细微差别，使你的信息更加丰富多彩。

perceptual shortcuts——认知短路：警惕自己的认知短路，它会误导你形成错误的认知。

polarization——极端化：运用中性术语和限定词避免极端化的思考和表述。但要注意，过多的限定词会显得自己缺乏自信。

positiveness——积极：通过表达互动中的满足感和称赞他人以实现积极的交流。

power distance——等级：调整自己的信息和倾听以适应所在文化的等级倾向。

power plays——欺负：用合作的策略回应欺负：表达你的感受，描述你反对的行为，提出合作的方案。

present-focus conflicts——聚焦于现在：集中解决现在的冲突，避免翻老账，发泄积怨和牢骚。

problem-solving conflicts——解决冲突：像解决问题一样有步骤地解决人际冲突，定义问题，选择可能的解决方案，测试解决方案，评价解决方案，接受或拒绝解决方案。

R

receiving——接收：同时关注语言信息和非语言信息，同时传递核心信息和全部信息。

reducing uncertainty——减少不确定性：使用

被动式、主动式、互动式等策略来减少不确定性。

relationship messages——关系信息：选择适合于不同关系阶段的信息。同样，根据关系阶段解读关系伴侣的信息。

relationship repair——关系修复：识别问题，寻找有效的冲突解决方案，提出可行的解决方案，互相肯定，将方案落实到日常行为中，适当地承担风险。

remembering——记忆：提炼中心思想，用便于储存的方式总结信息，通过重复（大声说或自言自语）帮助记忆。

responding——回应：使用"我怎么样"而不是"你怎么样"来表达对说话者的支持。

responding to other's disclosure——回应他人的透露：积极倾听、支持透露者、对透露保密。

romantic workplace relationship——办公室恋情：在开始办公室恋情之前要对潜藏的问题有清醒的认识。

S

self-awareness——自我意识：通过倾听他人、扩大开放的自我、寻找信息减少盲目的自我等以提升自我意识。

self-concept——自我概念：通过他人尽可能客观地看待自己、与自己相似的人比较、识别文化对自己的影响、自我观察和自我评价等。

self-esteem——自尊：提升自尊、打消自我否定的观念、与乐观豁达的人为伍、做会成功的事情、寻求肯定等。

self-fulfilling prophecy——自我实现的预期：如果结果与你的预期接近一致，就应该检查自己的认知，也许是自我实现的预期在起作用。

self-serving bias——自利性偏差：要警惕过分地用内因解释自己的成功，过分地用外因解释自己的失败。

sexual harassment management——性骚扰管理：与骚扰者交流，如果不能阻止骚扰行为，就要搜集证据，通过适当的渠道投诉。

sexual harassment messages——性骚扰：不要认为性骚扰是理所当然的。性骚扰是无理的、恶劣的、不受欢迎的、令人讨厌的行为。

silence——沉默：通过眼神和姿势考察沉默的意义。

spatial and proxemic conversational distance——空间和空间交流距离：根据场景和关系与他人保持适当的距离，使自己处于舒适的状态。

stereotypes——刻板印象：关注个体，不要仅从群体推测个体。

supportive conflict——建设性地解决冲突：以建设性的态度处理冲突，避免敌对情绪。避免使用不公平的、居高临下的、武断的、评价性的和控制性的信息。

surface and depth listening——表层倾听与深层倾听：同时关注语言信息和非语言信息、内容信息和关系信息，以及对说话者的反馈等，当然也不要忽视信息的表面或字面意义。

T

talk, not force——要交流，不要强迫：通过交流解决问题，不要使用身体暴力或情感暴力。

time cues——时间暗示：交流时注意对方的时间暗示，尤其是结束谈话的暗示，如说"很晚了"或看手表等。

touch and touch avoidance——触摸和避免触摸：尊重他人避免触摸的意向。尤其要注意触摸行为上的文化差异和性别差异。

turn-taking cues——话轮提示：对于他人的话轮提示，要给予语言和或非语言的回应，你对他人的话轮提示也要清晰。

U

understanding——理解：把新信息与已有信息联系起来，提问，向对方说出你的理解，确认你的理解。

参考文献

Abel, G. G., & Harlow, N. (2001). *The stop child molestation book.* Xlibris. (www.stopchildmolestation.org/pdfs/study.pdf).

Acor, A. A. (2001). Employers' perceptions of persons with body art and an experimental test regarding eyebrow piercing. Ph.D. dissertation, Marquette University. *Dissertation Abstracts International: Second B: The Sciences and Engineering* 61, 3885.

Adams-Price, C. E., Dalton, W. T., & Sumrall, R. (2004). Victim blaming in young, middle-aged, and older adults: Variations on the severity effect. *Journal of Adult Development* 11 (October), 289–295.

Adrianson, L. (2001). Gender and computer-mediated communication: Group processes in problem solving. *Computers in Human Behavior* 17, 71–94.

Afifi, W. A. (2007). Nonverbal communication. In *Explaining communication: Contemporary theories and exemplars* (pp. 39–60), B. B. Whaley & W. Samter (eds.). Mahwah, NJ: Erlbaum.

Afifi, W. A., & Johnson, M. L. (2005). The nature and function of tie-signs. In *The sourcebook of nonverbal measures: Going beyond words* (pp. 189–198), V. Manusov (ed.). Mahwah, NJ: Erlbaum.

Alessandra, T. (1986). How to listen effectively. *Speaking of success* (Video Tape Series). San Diego, CA: Levitz Sommer Productions.

Allen, J. L., Long, K. M., O'Mara, J., & Judd, B. B. (2003). Verbal and nonverbal orientations toward communication and the development of intracultural and intercultural relationships. *Journal of Intercultural Communication Research* 32 (September–December), 129–160.

Almeida, E. P. (2004). A discourse analysis of student perceptions of their communication competence. *Communication Education* 53 (October), 357–364.

Al-Simadi, F. A. (2000). Detection of deception behavior: A cross-cultural test. *Social Behavior & Personality* 28, 455–461.

Alsop, R. (2004). How to get hired: We asked recruiters what M.B.A. graduates are doing wrong. Ignore their advice at your peril. *Wall Street Journal* (September 22), R8.

Altman, I. (1975). *The environment and social behavior.* Monterey, CA: Brooks/Cole.

Altman, I., & Taylor, D. (1973). *Social penetration: The development of interpersonal relationships.* New York: Holt, Rinehart & Winston.

Amato, P. R. (1994). The impact of divorce on men and women in India and the United States. *Journal of Comparative Family Studies* 25, 207–221.

Andersen, P. A. (1991). Explaining intercultural differences in nonverbal communication. In *Intercultural communication: A reader,* 6th ed., L. A. Samovar & R. E. Porter (eds.). Belmont, CA: Wadsworth, pp. 286–296.

Andersen, P. A. (2004). *The complete idiot's guide to body language.* New York: Penguin Group.

Andersen, P. A., Guerrero, L. K., & Jones, S. M. (2006). Nonverbal behavior in intimate interactions and intimate relationships. In *The Sage handbook of nonverbal communication* (pp. 259–277), V. Manusov & M. L. Patterson (eds.). Thousand Oaks, CA: Sage.

Andersen, P. A., & Leibowitz, K. (1978). The development and nature of the construct touch avoidance. *Environmental Psychology and Nonverbal Behavior* 3, 89–106. Reprinted in DeVito & Hecht (1990).

Anderson, I. (2004). Explaining negative rape victim perception: Homophobia and the male rape victim. *Current Research in Social Psychology* 10 (November), np.

Anderson, K. J. (1998). Meta-analysis of gender effects on conversational interruption: Who, what, when, where, and how. *Sex Roles* 39 (August), 225–252.

Angier, N. (1995a). Powerhouse of senses: Smell, at last, gets its due. *New York Times* (February 14), C1, C6.

Angier, N. (1995b). Scientists mull role of empathy in man and beast. *New York Times* (May 9), C1, C6.

Angier, N. (2003). Opposites attract? Not in real life. *New York Times* 152 (July 8), F1, 6.

Aquinis, H., & Henle, C. A. (2001). Effects of nonverbal behavior on perceptions of a female employee's power bases. *Journal of Social Psychology* 141 (August), 537–549.

Argyle, M. (1986). Rules for social relationships in four cultures. *Australian Journal of Psychology* 38, 309–318.

Argyle, M. (1988). *Bodily communication,* 2d ed. New York: Methuen.

Argyle, M., & Dean, J. (1965). Eye contact, distance and affiliation. *Sociometry* 28, 289–304.

Argyle, M., & Henderson, M. (1984). The rules of friendship. *Journal of Social and Personal Relationships* 1, 211–237.

Argyle, M., & Ingham, R. (1972). Gaze, mutual gaze, and distance. *Semiotica* 1, 32–49.

Armour, S. (2003). Cupid finds work as office romance no longer taboo. *USA Today* (February 11), Money Section, 1.

Aronson, E., Wilson, T. D., & Akert, R. M. (2007). *Social psychology,* 6th ed. Boston: Allyn & Bacon.

Aronson, J., Cohen, J., & Nail, P. (1998). Self-affirmation theory: An update and appraisal. In *Cognitive dissonance* theory: *Revival with revisions and controversies,* E. Harmon-Jones & J. S. Mills (eds.). Washington, DC: American Psychological Association.

Arrindell, W. A., Steptoe, A., & Wardle, J. (2003). Higher levels of state depression in masculine than in feminine nations. *Behaviour Research and Therapy* 41 (July), 809–817.

Asch, S. (1946). Forming impressions of personality. *Journal of Abnormal and Social Psychology* 41, 258–290.

Ashcraft, M. H. (1998). *Fundamentals of cognition.* New York: Longman.

Aspinwall, L. G., & Taylor, S. E. (1993). Effects of social comparison direction, threat, and self-esteem on affect, evaluation, and expected success. *Journal of Personality and Social Psychology* 64, 708–722.

Assad, K. K., Donnellan, M. B., & Conger, R. D. (2007). Optimism: An enduring resource for romantic relationships. *Journal of Personality and Social Psychology* 93 (August), 285–297.

Aune, K. S. (2005). Assessing display rules in relationships. In *The sourcebook of nonverbal measures: Going beyond words* (pp. 151–162), V. Manusov (ed.). Mahwah, NJ: Erlbaum.

Aune, R. K., & Kikuchi, T. (1993). Effects of language intensity similarity on perceptions of credibility, relational attributions, and persuasion. *Journal of Language and Social Psychology* 12, 224–238.

Authier, J., & Gustafson, K. (1982). Microtraining: Focusing on specific skills. In *Interpersonal helping skills: A guide to training methods, programs, and resources,* E. K. Marshall, P. D. Kurtz, and Associates (eds.). San Francisco: Jossey-Bass, pp. 93–130.

Axtell, R. E. (1990). *Do's and taboos of hosting international visitors.* New York: Wiley.

Axtell, R. E. (2007). *Essential do's and taboos: The complete guide to international business and leisure travel.* Hoboken, NJ: Wiley.

Ayres, J. (1983). Strategies to maintain relationships: Their identification and perceived usage. *Communication Quarterly* 31, 62–67.

Babcock, J. C, Waltz, J., Jacobson, N. S., & Gottman, J. M. (1993). Power and violence: The relation between communication patterns, power discrepancies, and domestic violence. *Journal of Marriage and the Family* 60 (February), 70–78.

Bach, G. R., & Wyden, P. (1968). *The intimate enemy.* New York: Avon.

Bacon, B. (2004). *Meet me don't delete me: Internet dating: I've made all the mistakes so you don't have to.* Burbank, CA: Slapstick Publications.

Bailenson, J. N., Blascovich, J., Beall, A. C., & Loomis, J. M. (2001). Equilibrium theory revisited: Mutual gaze and personal space in virtual environments. *Presence: Teleoperators and Virtual Environments* 10 (December), 583–595.

Baker, A. (2002). What makes an online relationship successful? Clues from couples who met in cyberspace. *CyberPsychology and Behavior* 5 (August), 363–375.

Balswick, J. O., & Peck, C. (1971). The inexpressive male: A tragedy of American society? *The Family Coordinator* 20, 363–368.

Banks, S. P., Altendorf, D. M., Greene, J. O., & Cody, M. J. (1987). An examination of relationship disengagement: Perceptions, breakup strategies, and outcomes. *Western Journal of Speech Communication* 51, 19–41.

Barbato, C. A., & Perse, E. M. (1992). Interpersonal communication motives and the life position of elders. *Communication Research* 19, 516–531.

Barker, L. L. (1990). *Communication,* 5th ed. Englewood Cliffs, NJ: Prentice-Hall.

Barna, L. M. (1997). Stumbling blocks in intercultural communication. In *Intercultural communication: A reader,* 7th ed., L. A. Samovar & R. E. Porter (eds.). Belmont, CA: Wadsworth, pp. 337–346.

Barnlund, D. C. (1989). *Communicative styles of Japanese and Americans: Images and realities.* Belmont, CA: Wadsworth.

Baron, R. (1990). Countering the effects of destructive criticism: The relative efficacy of four interventions. *Journal of Applied Psychology* 75 (3), 235–245.

Baron, R. A., & Byrne, D. (1984). *Social psychology: Understanding human interaction* (4th ed.). Boston: Allyn & Bacon.

Barrett, L., & Godfrey, T. (1988). Listening. *Person Centered Review* 3 (November), 410–425.

Barta, P. (1999, December 16). Sex differences in the inferior parietal lobe. *Cerebral Cortex* (www.wired.com/news/technology/0,1282,33033,00.html).

Bartholomew, K. (1990). Avoidance of intimacy: An attachment perspective. *Journal of Social and Personal Relationships* 7, 147–178.

Basso, K. H. (1972). To give up on words: Silence in Apache culture. In *Language and social context,* Pier Paolo Giglioli (ed.). New York: Penguin.

Bateson, G. (1972). *Steps to an ecology of mind.* New York: Ballantine.

Baumeister, R. F., Bushman, B. J., & Campbell, W. K. (2000). Self-esteem, narcissism, and aggression: Does violence result from low self-esteem or from threatened egotism? *Current Directions in Psychological Science* 9 (February), 26–29.

Bavelas, J. B. (1990). Can one not communicate? Behaving and communicating: A reply to Motley. *Western Journal of Speech Communication* 54, 593–602.

Baxter, L. A. (1983). Relationship disengagement: An examination of the reversal hypothesis. *Western Journal of Speech Communication* 47, 85–98.

Baxter, L. A. (1986). Gender differences in the heterosexual relationship rules embedded in break-up accounts. *Journal of Social and Personal Relationships* 3, 289–306.

Baxter, L. A. (2004). Relationships as dialogues. *Personal Relationships* 11 (March), 1–22.

Baxter, L. A., & Braithwaite, D. O. (2007). Social dialectics: The contradiction of relating. In *Explaining communication: Contemporary theories and exemplars* (pp. 275–292), B. B. Whaley & W. Samter (eds.). Mahwah, NJ: Erlbaum.

Baxter, L. A., & Braithwaite, D. O. (2008a). Relational dialectics theory. In *Engaging theories in interpersonal communication: Multiple perspectives* (pp. 349–362), L. A. Baxter & D. O. Braithwaite (eds.). Los Angeles: Sage.

Baxter, L. A., & Braithwaite, D. O., eds. (2008b). *Engaging theories in interpersonal communication: Multiple perspectives.* Los Angeles: Sage.

Baxter, L. A., & Bullis, C. (1986). Turning points in developing romantic relationships. *Human Communication Research* 12, 469–493.

Baxter, L. A., & Simon, E. P. (1993). Relationship maintenance strategies and dialectical contradictions in personal relationships. *Journal of Social and Personal Relationships* 10, 225–242.

Baxter, L. A., & Wilmot, W. W. (1984). Secret tests: Social strategies for acquiring information about the state of the relationship. *Human Communication Research* 11, 171–201.

Beach, W. A. (1990). On (not) observing behavior interactionally. *Western Journal of Speech Communication* 54, 603–612.

Beatty, M. J., Rudd, J. E., & Valencic, K. M. (1999). A re-evaluation of the verbal aggressiveness scale: One factor or two? *Communication Research Reports* 16, 10–17.

Bell, R. A., & Buerkel-Rothfuss, N. L. (1990). S(he) loves me, s(he) loves me not: Predictors of relational information-seeking in courtship and beyond. *Communication Quarterly* 38, 64–82.

Bell, R. A., & Daly, J. A. (1984). The affinity-seeking function of communication. *Communication Monographs* 51, 91–115.

Bellafiore, D. (2005). *Interpersonal conflict and effective communication.* http://www.drbalternatives.com/articles/cc2.html. Accessed July 6, 2007.

Ben-Ze'ev, A. (2003). Primacy, emotional closeness, and openness in cyberspace. *Computers in Human Behavior* 19 (July), 451–467.

Bennett, M. (1990). Children's understanding of the mitigating function of disclaimers. *Journal of Social Psychology* 130, 29–37.

Berg, J. H., & Archer, R. L. (1983). The disclosure-liking relationship. *Human Communication Research* 10, 269–281.

Berger, C. R., & Bradac, J. J. (1982). *Language and social knowledge: Uncertainty in interpersonal relations.* London: Edward Arnold.

Berger, C. R., & Calabrese, R. J. (1975). Some explorations in initial interaction and beyond: Toward a theory of interpersonal communication. *Human Communication Research* 1, 99–112.

Berger, P. L., & Luckmann, T. (1980). *The social construction of reality.* New York: Irvington.

Bernstein, W. M., Stephan, W. G., & Davis, M. H. (1979). Explaining attributions for achievement: A path analytic approach. *Journal of Personality and Social Psychology* 37, 1810–1821.

Berry, J. N. III (2004). Can I quote you on that? *Library Journal* 129, 10.

Berry, J. W., Poortinga, Y. H., Segall, M. H., & Dasen, P. R. (1992). *Cross-cultural psychology: Research and applications.* Cambridge: Cambridge University Press.

Berscheid, E., & Reis, H. T. (1998). Attraction and close relationships. In *The handbook of social psychology,* 4th ed., Vol. 2, D. Gilbert, S. Fiske, & G. Lindzey (eds.). New York: W. H. Freeman, pp. 193–281.

Bierhoff, H. W., & Klein, R. (1991). Dimensionen der Liebe: Entwicklung einer Deutschsprachigen Skala zur Erfassung von Liebesstilen. *Zeitschrift for Differentielle und Diagnostische Psychologie* 12, 53–71.

Bishop, J. E. (1993). New research suggests that romance begins by falling nose over heels in love. *Wall Street Journal* (April 7), B1.

Black, H. K. (1999). A sense of the sacred: Altering or enhancing the self-portrait in older age? *Narrative Inquiry* 9, 327–345.

Blake, R. R., & Mouton, J. S. (1984). *The managerial grid III* (3d ed.). Houston, TX: Gulf Publishing.

Blieszner, R., & Adams, R. G. (1992). *Adult friendship.* Thousand Oaks, CA: Sage.

Blumstein, P., & Schwartz, P. (1983). *American couples: Money, work, sex.* New York: Morrow.

Bochner, A. (1984). The functions of human communication in interpersonal bonding. In *Handbook of rhetorical and communication theory,* C. C. Arnold & J. W. Bowers (eds.). Boston: Allyn & Bacon, pp. 544–621.

Bochner, S. (1994). Cross-cultural differences in the self-concept: A test of Hofstede's individualism/collectivism distinction. *Journal of Cross-Cultural Psychology* 25, 273–283.

Bochner, S., & Hesketh, B. (1994). Power distance, individualism/collectivism, and job-related attitudes in a culturally diverse work group. *Journal of Cross-Cultural Psychology* 25, 233–257.

Bodon, J., Powell, L., & Hickson III, M. (1999). Critiques of gatekeeping in scholarly journals: An analysis of perceptions and data. *Journal of the Association for Communication Administration* 28 (May), 60–70.

Bok, S. (1983). *Secrets.* New York: Vintage.

Bond, Jr., C. F., & Atoum, A. O. (2000). International deception. *Personality & Social Psychology Bulletin* 26 (March), 385–395.

Boneva, B., Kraut, R., & Frohlich, D. (2001). Using e-mail for personal relationships: The difference gender makes. *American Behavioral Scientist* 45, 530–549.

Borden, G. A. (1991). *Cultural orientation: An approach to understanding intercultural communication.* Englewood Cliffs, NJ: Prentice-Hall.

Bowen, F., & Blackmon, K. (2003). Spirals of silence: The dynamic of diversity on organizational voice. *Journal of Management Studies* 40 (September), 1393–1417.

Bower, B. (2001). Self-illusions come back to bite students. *Science News* 159, 148.

Bower, S. A., & Bower, G. H. (2005). *Asserting yourself: A practical guide for positive change.* Cambridge, MA: DaCapo Press.

Brashers, D. E. (2007). A theory of communication and uncertainty management. In *Explaining communication: Contemporary theories and exemplars* (pp. 201–218), B. B. Whaley & W. Samter (eds.). Mahwah, NJ: Erlbaum.

Bravo, E., & Cassedy, E. (1992). *The 9 to 5 guide to combating sexual harassment.* New York: Wiley.

Bridges, C. R. (1996). The characteristics of career achievement perceived by African American college administrators. *Journal of Black Studies* 26, 748–767.

Britnell, A. (2004). Culture shock-proofing. *Profit* 23 (November), 79–80.

Briton, N. J., & Hall, J. A. (1995). Beliefs about female and male nonverbal communication. *Sex Roles* 32, 79–90.

Brody, J. F. (1994). Notions of beauty transcend culture, new study suggests. *New York Times* (March 21), A14.

Brody, L. R. (1985). Gender differences in emotional development: A review of theories and research. *Journal of Personality* 53 (June), 102–149.

Brown, C. T., & Keller, P. W. (1979). *Monologue to dialogue: An exploration of interpersonal communication,* 2nd ed. Englewood Cliffs, NJ: Prentice-Hall.

Brown, P., & Levinson, S. C. (1987). *Politeness: Some universals of language usage.* Cambridge: Cambridge University Press.

Brownell, J. (2006). *Listening: Attitudes, principles, and skills,* 3d ed. Boston: Allyn & Bacon.

Buber, M. (1958). *I and thou,* 2nd ed. New York: Scribner's.

Bugental, J., & Zelen, S. (1950). Investigations into the "self-concept." I. The W-A-Y technique. *Journal of Personality* 18, 483–498.

Bull, R., & Rumsey, N. (1988). *The social psychology of facial appearance.* New York: Springer-Verlag.

Buller, D. B., LePoire, B. A., Aune, R. K., & Eloy, S. (1992). Social perceptions as mediators of the effect of speech rate similarity on compliance. *Human Communication Research* 19, 286–311.

Buller, D. J. (2005). *Adapting minds: Evolutionary psychology and the persistent quest for human nature.* Cambridge, MA: MIT Press.

Bumby, K. M., & Hansen, D. J. (1997). Intimacy deficits, fear of intimacy, and loneliness among sexual offenders. *Criminal Justice and Behavior* 24, 315–331.

Bunz, U., & Campbell, S. W. (2004). Politeness accommodation in electronic mail. *Communication Research Reports* 21 (winter), 11–25.

Burgoon, J. K. (1991). Relational message interpretations of touch, conversational distance, and posture. *Journal of Nonverbal Behavior* 15, 233–259.

Burgoon, J. K., & Bacue, A. E. (2003). Nonverbal communication skills. In *Handbook of communication and social interaction skills,* (pp. 179–220), J. O. Greene & B. R. Burleson (eds.). Mahwah, NJ: Lawrence Erlbaum.

Burgoon, J. K., Berger, C. R., & Waldron, V. R. (2000). Mindfulness and interpersonal communication. *Journal of Social Issues* 56, 105–127.

Burgoon, J. K., Buller, D. B., & Woodall, W. G. (1996). *Nonverbal communication: The unspoken dialogue,* 2d ed. New York: McGraw-Hill.

Burgoon, J. K., & Hoobler, G. D. (2002). Nonverbal signals. In *Handbook of Interpersonal Communication,* 3d ed. (pp. 240–299), M. L. Knapp & J. A. Daly (eds.). Thousand Oaks, CA: Sage.

Burgstahler, S. (2007). Managing an e-mentoring community to support students with disabilities: A case study. *Distance Education Report* 11 (July), 7–15.

Burleson, B. R. (2003). Emotional support skills. In *Handbook of communication and social interaction skills* (pp. 551–594), J. O. Greene & B. R. Burleson (eds.), Mahwah, NJ: Erlbaum.

Burleson, B. R., Holmstrom, A. J., & Gilstrap, C. M. (2005). 'Guys can't say *that* to guys': Four experiments assessing the normative motivation account for deficiencies in the emotional support provided by men. *Communication Monographs* 72 (December), 468–501.

Burleson, B. R., Kunkel, A. W., & Birch, J. D. (1994). Thoughts about talk in romantic relationships: Similarity makes for attraction (and happiness, too). *Communication Quarterly* 42 (summer), 259–273.

Burleson, B. R., Samter, W., & Luccetti, A. E. (1992). Similarity in communication values as a predictor of friendship choices: Studies of friends and best friends. *Southern Communication Journal* 57, 260–276.

Bushman, B. J., & Baumeister, R. F. (1998). Threatened egotism, narcissism, self-esteem, and direct and displaced aggression: Does self-love or self-hate lead to violence? *Journal of Personality and Social Psychology* 75, 219–229.

Buss, D. M. (2000). *The dangerous passion: Why jealousy is as necessary as love and sex.* New York: Free Press.

Buss, D. M., Shackelford, T. K., Kirkpatrick, L. A., Choe, J. C., Lim, H. K., Hasegawa, M., Hasegawa, T., & Bennett, K. (1999). Jealousy and the nature of beliefs about infidelity: Tests of competing hypotheses about sex differences in the United States, Korea, and Japan. *Personal Relationships* 6, 125–150.

Butler, P. E. (1981). *Talking to yourself: Learning the language of self-support.* New York: Harper & Row.

Buunk, B. P., & Dijkstra, P. (2004). Gender differences in rival characteristics that evoke jealousy in response to emotional versus sexual infidelity. *Personal Relationships* 11 (December), 395–408.

Byers, E. S., & Demmons, S. (1999). Sexual satisfaction and sexual self-disclosure within dating relationships. *Journal of Sex Research* 36, 180–189.

Cahn, D. D., & Abigail, R. A. (2007). *Managing conflict through communication,* 3rd ed. Boston: Allyn & Bacon.

Cai, D. A., & Fink, E. L. (2002). Conflict style differences between individualists and collectivists. *Communication Monographs* 69 (March), 67–87.

Callan, V. J. (1993). Subordinate–manager communication in different sex dyads: Consequences for job satisfaction. *Journal of Occupational & Organizational Psychology,* 66 (March), 1–15.

Camden, C., Motley, M. T., & Wilson, A. (1984). White lies in interpersonal communication: A taxonomy and preliminary investigation of social motivations. *Western Journal of Speech Communication* 48, 309–325.

Campbell, T. A., & Campbell, D. E. (2007). Outcomes of mentoring at-risk college students: Gender and ethnic matching effects. *Mentoring and Tutoring* 15 (May), 135–148.

Campbell, W. K., Foster, C. A., & Finkel, E. J. (2002). Does self-love lead to love for others? A story of narcissistic game playing. *Journal of Personality and Social Psychology* 83 (August), 340–354.

Canary, D. J. (2003). Managing interpersonal conflict: A model of events related to strategic choices. In *Handbook of communication and social interaction skills,* (pp. 515–550), J. O. Greene & B. R. Burleson (eds.). Mahwah, NJ: Lawrence Erlbaum.

Canary, D. J., Cody, M. J., & Manusov, V. L. (2003). *Interpersonal communication: A goals-based approach,* 3d ed. Boston: St. Bedford/St. Martins.

Canary, D. J., Cupach, W. R., & Messman, S. J. (1995). *Relationship conflict: Conflict in parent-child, friendship, and romantic relationships.* Thousand Oaks, CA: Sage.

Canary, D. J., & Hause, K. S. (1993). Is there any reason to research sex differences in communication? *Communication Quarterly* 41, 129–144.

Canary, D. J., & Stafford, L. (1994). Maintaining relationships through strategic and routine interaction. In *Communication and relational maintenance,* D. J. Canary & L. Stafford (eds.). New York: Academic Press.

Canary, D. J., Stafford, L., Hause, K. S., & Wallace, L. A. (1993). An inductive analysis of relational maintenance strategies: Comparisons among lovers, relatives, friends, and others. *Communication Research Reports* 10, 5–14.

Cappella, J. N., & Schreiber, D. M. (2006). The interaction management function of nonverbal cues. In *The Sage handbook of nonverbal communication* (pp. 361–379), V. Manusov & M. L. Patterson (eds.). Thousand Oaks, CA: Sage.

Carey, B. (2005). Have you heard? Gossip turns out to serve a purpose. *New York Times* (August 16), F1, F6.

Carli, L. L. (1999). Gender, interpersonal power, and social influence. *Journal of Social Issues* 55 (spring), 81–99.

Carlock, C. J., ed. (1999). *Enhancing self-esteem,* 3d ed. Philadelphia, PA: Accelerated Development, Inc.

Carroll, D. W. (1994). *Psychology of language,* 2d ed. Pacific Grove, CA: Brooks/Cole.

Carson, J. W., Carson, K. M., Gil, K. M., & Baucom, D. H. (2004). Mindfulness-based relationship enhancement. *Behavior Therapy* 35 (summer), 471–494.

Cashdan, E. (2001). Ethnocentrism and xenophobia: A cross-cultural study. *Current Anthropology* 42, 760–765.

Castleberry, S. B., & Shepherd, C. D. (1993). Effective interpersonal listening and personal selling. *Journal of Personal Selling and Sales Management* 13, 35–49.

Cawthon, S. W. (2001). Teaching strategies in inclusive classrooms with deaf students. *Journal of Deaf Studies and Deaf Education* 6, 212–225.

Chadwick-Jones, J. K. (1976). *Social exchange theory: Its structure and influence in social psychology.* New York: Academic Press.

Chan, D., K., & Cheng, G. H. (2004). A comparison of offline and online friendship qualities at different stages of relationship development. *Journal of Social and Personal Relationships* 21 (June), 305–320.

Chaney, R. H., Givens, C. A., Aoki, M. F., & Gombiner, M. L. (1989). Pupillary responses in recognizing awareness in persons with profound mental retardation. *Perceptual and Motor Skills* 69, 523–528.

Chang, H., & Holt, G. R. (1996). The changing Chinese interpersonal world: Popular themes in interpersonal communication books in modern Taiwan. *Communication Quarterly* 44, 85–106.

Chanowitz, B., & Langer, E. (1981). Premature cognitive commitment. *Journal of Personality and Social Psychology* 41, 1051–1063.

Chapdelaine, R. F., & Alexitch, L. R. (2004). Social skills difficulty: Model of culture shock for international graduate students. *Journal of College Student Development* 45 (March–April), 167–184.

Chen, G. (1992). Differences in self-disclosure patterns among Americans versus Chinese: A comparative study. Paper presented at the annual meeting of the Eastern Communication Association, Portland, ME.

Cheney, G., & Tompkins, P. K. (1987). Coming to terms with organizational identification and commitment. *Central States Speech Journal* 38, 1–15.

Cherulnik, P. D. (1979). Sex differences in the expression of emotion in a structured social encounter. *Sex Roles* 5 (August), 413–424.

Childress, H. (2004). Teenagers, territory and the appropriation of space. *Childhood: A Global Journal of Child Research* 11 (May), 195–205.

Cho, H. (2000). Asian in America: Cultural shyness can impede Asian Americans' success. *Northwest Asian Weekly* 19 (December 8), 6.

Christians, C. G., & Traber, M., eds. (1997). *Communication ethics and universal values.* Urbana, IL: University of Illinois Press.

Chung, L. C., & Ting-Toomey, S. (1999). Ethnic identity and relational expectations among Asian Americans. *Communication Research Reports* 16 (spring), 157–166.

Chung, M. C., Farmer, S., Grant, K., Newton, R., Payne, S., Perry, M., Saunders, J., Smith, C., & Stone, N. (2002). Gender differences in love styles and post traumatic reactions following relationship dissolution. *European Journal of Psychiatry* 16 (October–December), 210–220.

Clement, D. A., & Frandsen, K. D. (1976). On conceptual and empirical treatments of feedback in human communication. *Communication Monographs* 43, 11–28.

Cline, M. G. (1956). The influence of social context on the perception of faces. *Journal of Personality* 2, 142–185.

Cloud, J. (2008, January). Are gay relationships different? *Time,* 78–80.

Coates, J., & Sutton-Spence, R. (2001). Turn-taking patterns in deaf conversation. *Journal of Sociolinguistics* 5 (November), 507–529.

Coats, E. J., & Feldman, R. S. (1996, October). Gender differences in nonverbal correlates of social status. *Personality and Social Psychology Bulletin* 22, 1014–1022.

Cody, M. J. (1982). A typology of disengagement strategies and an examination of the role intimacy, reactions to inequity, and relational problems play in strategy selection. *Communication Monographs* 49, 148–170.

Cody, M. J., & Dunn, D. (2007). Accounts. In *Explaining communication: Contemporary theories and exemplars* (pp. 237–256), B. B. Whaley and W. Samter (eds.). Mahwah, NJ: Erlbaum.

Cohen, J. (2002, May 9). An e-mail affliction: The long good-bye. *New York Times*, G6.

Cohen, J. (2003). Parasocial breakups: Measuring individual differences in responses to the dissolution of parasocial relationships. *Mass Communication and Society* 6, 191–202.

Cohen, J. (2004). Parasocial break-up from favorite television characters: The role of attachment styles and relationship intensity. *Journal of Social and Personal Relationships* 21 (April), 187–202.

Coleman, P. (2002). *How to say it for couples: Communicating with tenderness, openness, and honesty*. Paramus, NJ: Prentice-Hall.

Colley, A., Todd, Z., Bland, M., Holmes, M., Khanom, N., & Pike, H. (2004). Style and content in e-mails and letters to male and female friends. *Journal of Language and Social Psychology* 23 (September), 369–378.

Collins, J. E., & Clark, L. F. (1989). Responsibility and rumination: The trouble with understanding the dissolution of a relationship. *Social Cognition* 7, 152–173.

Collins, N. L., & Miller, L. C. (1994). Self-disclosure and liking: A meta-analytic review. *Psychological Bulletin* 116 (November), 457–475.

Comer, L. B., & Drollinger, T. (1999). Active empathic listening and selling success: A conceptual framework. *Journal of Personal Selling and Sales Management,* 19, 15–29.

Conlin, M. (2002). Watch what you put in that office e-mail. *Business Week* (September 9), 114–115.

Constantine, M. G., Anderson, G. M., Berkel, L. A., Caldwell, L. D., & Utsey, S. O. (2005). Examining the cultural adjustment experiences of African international college students: A qualitative analysis. *Journal of Counseling Psychology* 52 (January), 57–66.

Cooley, C. H. (1922). *Human nature and the social order*. Rev. ed. New York: Scribner's.

Cooper, A., & Sportolari, L. (1997). Romance in cyberspace: Understanding online attraction. *Journal of Sex Education and Therapy* 22, 7–14.

Coover, G. E., & Murphy, S. T. (2000). The communicated self: Exploring the interaction between self and social context. *Human Communication Research* 26, 125–147.

Copeland, L., & Griggs, L. (1985). *Going international: How to make friends and deal effectively in the global marketplace*. New York: Random House.

Cornwell, B., & Lundgren, D. C. (2001). Love on the Internet: Involvement and misrepresentation in romantic relationships in cyberspace vs. realspace. *Computers in Human Behavior* 17, 197–211.

Counts, D. A., Brown, J. K., & Campbell, J. C. (1992). *Sanctions and sanctuary: Cultural perspectives on the beating of wives*. Boulder, CO: Westview Press.

Cramer, D. (2004). Emotional support, conflict, depression, and relationship satisfaction in a romantic partner. *Journal of Psychology: Interdisciplinary and Applied* 138 (November), 532–542.

Crampton, S. M., Hodge, J. W., & Mishra, J. M. (1998). The informal communication network: Factors influencing grapevine activity. *Public Personnel Management* 27 (winter), 569–584.

Crohn, J. (1995). *Mixed matches: How to create successful interracial, interethnic, and interfaith relationships*. New York: Fawcett.

Cross, E. E., & Madson, L. (1997). Models of the self: Self-construals and gender. *Psychological Bulletin* 122, 5–37.

Crusco, A. H., & Wetzel, C. G. (1984). The Midas touch: The effects of interpersonal touch on restaurant tipping. *Personality and Social Psychology Bulletin* 10, 512–517.

Dahle, C. (2004). Choosing a mentor? Cast a wide net. *New York Times* (July 25), BU 9.

Dainton, M., & Stafford, L. (1993). Routine maintenance behaviors: A comparison of relationship type, partner similarity, and sex differences. *Journal of Social and Personal Relationships* 10, 255–272.

Darwin, C. (1872). *The expression of the emotions in man and animals*. Chicago: University of Chicago Press (re-printed 1965).

Davis, K. (1980). Management communication and the grapevine. In *Intercom: Readings in organizational communication* (pp. 55–66), S. Ferguson & S. D. Ferguson (eds.). Rochelle Park, NJ: Hayden Books.

Davis, M. S. (1973). *Intimate relations*. New York: Free Press.

Davitz, J. R. (ed.). (1964). *The communication of emotional meaning*. New York: McGraw-Hill.

Deal, J. E., & Wampler, K. S. (1986). Dating violence: The primacy of previous experience. *Journal of Social and Personal Relationships* 3, 457–471.

Deaux, K., & LaFrance, M. (1998). Gender. In *The handbook of social psychology,* 4th ed., Vol. 1, D. Gilbert, S. Fiske, & G. Lindzey (eds.). New York: Freeman, pp. 788–828.

deBono, E. (1987). *The six thinking hats*. New York: Penguin.

DeFrancisco, V. (1991). The sound of silence: How men silence women in marital relations. *Discourse and Society* 2, 413–423.

Delia, J. G. (1977). Constructivism and the study of human communication. *Quarterly Journal of Speech* 63, 66–83.

Delia, J. G., O'Keefe, B. J., & O'Keefe, D. J. (1982). The constructivist approach to communication. In *Human communication theory: Comparative essays,* Frank E. X. Dance (ed.). New York: Harper & Row, pp. 147–191.

Dell, K. (2005). Just for dudes. *Time* (February, 14), B22.

DePaulo, B. M. (1992). Nonverbal behavior and self-presentation. *Psychological Bulletin* 111, 203–212.

Dereshiwsky, M. I., Moan, E. R., & Gahungu, A. (2002). Faculty perceptions regarding issues of civility in online instructional communication. *USDLA Journal* 16, No. 6 (June).

Derlega, V. J., Winstead, B. A., Greene, K., Serovich, J., & Elwood, W. N. (2004). Reasons for HIV disclosure/nondisclosure in close relationships: Testing a model of HIV-disclosure decision making. *Journal of Social and Clinical Psychology* 23 (December), 747–767.

Derlega, V. J., Winstead, B. A., Wong, P. T. P., & Hunter, S. (1985). Gender effects in an initial encounter: A case where men exceed women in disclosure. *Journal of Social and Personal Relationships* 2, 25–44.

DeVito, J. A. (1989). *The nonverbal communication workbook.* Prospect Heights, IL: Waveland Press.

DeVito, J. A. (2003a). MEDUSA messages. *Etc: A Review of General Semantics* 60 (fall), 241–245.

DeVito, J. A. (2003b). SCREAM before you scream. *Etc: A Review of General Semantics* 60 (spring), 42–45.

Dewey, J. (1910). *How we think.* Boston: Heath.

DiBaise, R., & Gunnoe, J. (2004). Gender and culture differences in touching behavior. *Journal of Social Psychology* 144 (February), 49–62.

Dillard, J. P., ed. (1990). *Seeking compliance: The production of interpersonal influence messages.* Scottsdale, AZ: Gorsuch Scarisbrick.

Dillard, J. P., Anderson, J. W., & Knobloch, L. K. (2002). Interpersonal influence. In *Handbook of interpersonal communication,* 3d ed. (pp. 425–474), M. L. Knapp & J. A. Daly (eds.). Thousand Oaks, CA: Sage.

Dillard, J. P., & Marshall, L. J. (2003). Persuasion as a social skill. In *Handbook of communication and social interaction skills* (pp. 479–514), J. O. Greene & B. R. Burleson (eds.). Mahwah, NJ: Lawrence Erlbaum.

Dindia, K., & Baxter, L. A. (1987). Strategies for maintaining and repairing marital relationships. *Journal of Social and Personal Relationships* 4, 143–158.

Dindia, K., & Fitzpatrick, M. A. (1985). Marital communication: Three approaches compared. In *Understanding personal relationships: An interdisciplinary approach,* S. Duck & D. Perlman (eds.). Thousand Oaks, CA: Sage, pp. 137–158.

Dindia, K., & Timmerman, L. (2003). Accomplishing romantic relationships. In *Handbook of communication and social interaction skills* (pp. 685–721), J. O. Greene & B. R. Burleson (eds.). Mahwah, NJ: Erlbaum.

Dion, K., Berscheid, E., & Walster, E. (1972). What is beautiful is good. *Journal of Personality and Social Psychology* 24, 285–290.

Dion, K. K., & Dion, K. L. (1993a). Individualistic and collectivist perspectives on gender and the cultural context of love and intimacy. *Journal of Social Issues* 49, 53–69.

Dion, K. K., & Dion, K. L. (1996). Cultural perspectives on romantic love. *Personal Relationships* 3, 5–17.

Dion, K. L., & Dion, K. K. (1993b). Gender and ethnocultural comparisons in styles of love. *Psychology of Women Quarterly* 17, 464–473.

Doherty, R. W., Orimoto, L., Singelis, T. M., Hatfield, E., & Hebb, J. (1995). Emotional contagion: Gender and occupational differences. *Psychology of Women Quarterly* 19, 355–371.

Dolgin, K. G., Meyer, L., & Schwartz, J. (1991). Effects of gender, target's gender, topic, and self-esteem on disclosure to best and middling friends. *Sex Roles* 25, 311–329.

Donahue, W. A. (with Kolt, R.). (1992). *Managing interpersonal conflict.* Thousand Oaks, CA: Sage.

Dorland, J. M., & Fisher, A. R. (2001). Gay, lesbian, and bisexual individuals' perception: An analogue study. *Counseling Psychologist* 29 (July), 532–547.

Dosey, M., & Meisels, M. (1976). Personal space and self-protection. *Journal of Personality and Social Psychology* 38, 959–965.

Douglas, W. (1994). The acquaintanceship process: An examination of uncertainty, information seeking, and social attraction during initial conversation. *Communication Research* 21, 154–176.

Dovidio, J. F., Gaertner, S. E., Kawakami, K., & Hodson, G. (2002). Why can't we just get along? Interpersonal biases and interracial distrust. *Cultural Diversity and Ethnic Minority Psychology* 8, 88–102.

Drass, K. A. (1986). The effect of gender identity on conversation. *Social Psychology Quarterly* 49, 294–301.

Dresser, N. (2005). *Multicultural manners: Essential rules of etiquette for the 21st Century, rev. ed.* New York: Wiley.

Drews, D. R., Allison, C. K., & Probst, J. R. (2000). Behavioral and self-concept differences in tattooed and nontattooed college students. *Psychological Reports* 86, 475–481.

Dreyfuss, H. (1971). *Symbol sourcebook.* New York: McGraw-Hill.

Drummond, K., & Hopper, R. (1993). Acknowledgment tokens in series. *Communication Reports* 6, 47–53.

Dsilva, M., & Whyte, L. O. (1998). Cultural differences in conflict styles: Vietnamese refugees and established residents. *The Howard Journal of Communication* 9, 57–68.

Duck, S. (1986). *Human relationships.* Thousand Oaks, CA: Sage.

Duke, M., & Nowicki, S., Jr. (2005). The Emory dyssemia index. In *The sourcebook of nonverbal measures: Going beyond words* (pp. 35–46), V. Manusov (ed.). Mahwah, NJ: Erlbaum.

Dunbar, N. E., & Burgoon, J. K. (2005). Measuring nonverbal dominance. In *The sourcebook of nonverbal measures: Going beyond words* (pp. 361–374), V. Manusov (ed.). Mahwah, NJ: Erlbaum.

Dunbar, R. I. M. (2004). Gossip in evolutionary perspective. *Review of General Psychology* 8 (June), 100–110.

Duncan, B. L., & Rock, J. W. (1991). *Overcoming relationship impasses: Ways to initiate change when your partner won't help.* New York: Plenum Press/Insight Books.

Duncan, S. D., Jr. (1972). Some signals and rules for taking speaking turns in conversation. *Journal of Personality and Social Psychology* 23, 283–292.

Dunn, D., & Cody, M. J. (2000). Account credibility and public image: Excuses, justifications, denials, and sexual harassment. *Communication Monographs* 67 (December), 372–391.

Durst, U. (2003). Evidence for linguistic relativity. *Pragmatics and Cognition* 11, 379–386.

Duval, T. S., & Silva, P. J. (2002). Self-awareness, probability of improvement, and the self-serving bias. *Journal of Personality and Social Psychology* 82, 49–61.

Dwyer, K. K. (2005). *Conquer your speech anxiety: Learning how to overcome your nervousness about public speaking,* 2nd ed. Belmont, CA: Wadsworth.

Eder, D., & Enke, J. L. (1991). The structure of gossip: Opportunities and constraints on collective expression among adolescents. *American Sociological Review* 56, 494–508.

Edstrom, A. (2004). Expression of disagreement by Venezuelans in conversation: Reconsidering the influence of culture. *Journal of Pragmatics* 36 (August), 1499–1508.

Edwards, R., & Bello, R. (2001). Interpretations of messages: The influence of equivocation, face-concerns, and ego-involvement. *Human Communication Research* 27, 597–631.

Ehrenhaus, P. (1988). Silence and symbolic expression. *Communication Monographs* 55, 41–57.

Einhorn, L. (2006). Using e-prime and English minus absolutisms to provide self-empathy. *Etc.: A Review of General Semantics* 63 (April), 180–186.

Eisenberger, N. I., Liberman, M. D., & Williams, K. D. (2003). Does rejection hurt? An fMRI study of social exclusion. *Science* 302 (October), 290–292.

Ekman, P. (1985). *Telling lies: Clues to deceit in the marketplace, politics, and marriage.* New York: Norton.

Ekman, P., & Friesen, W. V. (1969). The repertoire of nonverbal behavior: Categories, origins, usage, and coding. *Semiotica* 1, 49–98.

Ekman, P., Friesen, W. V., & Ellsworth, P. (1972). *Emotion in the human face: Guidelines for research and an integration of findings.* New York: Pergamon Press.

Elfenbein, H. A., & Ambady, N. (2002). Is there an in-group advantage in emotion recognition? *Psychological Bulletin* 128, 243–249.

Ellis, A. (1988). *How to stubbornly refuse to make yourself miserable about anything, yes anything.* Secaucus, NJ: Lyle Stuart.

Ellis, A., & Harper, R. A. (1975). *A new guide to rational living.* Hollywood, CA: Wilshire Books.

Ellis, K. (2004). The impact of perceived teacher confirmation on receiver apprehension, motivation, and learning. *Communication Education* 53 (January), 1–20.

Elmes, M. B., & Gemmill, G. (1990). The psychodynamics of mindlessness and dissent in small groups. *Small Group Research* 21, 28–44.

Emmers-Sommer, T. M. (2004). The effect of communication quality and quantity indicators on intimacy and relational satisfaction. *Journal of Social and Personal Relationships* 21 (June), 99–411.

Epstein, R. (2005). The loose screw awards: Psychology's top 10 misguided ideas. *Psychology Today* (February), 55–62.

Epstein, R. M., & Hundert, E. M. (2002). Defining and assessing professional competence. *JAMA: Journal of the American Medical Association* 287, 226–235.

Exline, R. V., Ellyson, S. L., & Long, B. (1975). Visual behavior as an aspect of power role relationships. In *Nonverbal communication of aggression,* P. Pliner, L. Krames, & T. Alloway (eds.). New York: Plenum Press.

Fagan, J., & Barnett, M. (2003). The relationship between maternal gatekeeping, paternal competence, mothers' attitudes about the father role, and father involvement. *Journal of Family Issues* 24 (November), 1020–1043.

Faigley, L. (2009). *The Penguin handbook,* 3d ed. New York: Longman.

Feeley, T. H., & deTurck, M. A. (1995). Global cue usage in behavioral lie detection. *Communication Quarterly* 43, 420–430.

Fehr, B. (2004). Intimacy expectations in same-sex friendships: A prototype interaction-pattern model. *Journal of Personality and Social Psychology* 86 (February), 265–284.

Fehr, B., & Broughton, R. (2001). Gender and personality differences in concepts of love: An interpersonal theory analysis. *Personal Relationships* 8, 115–136.

Fengler, A. P. (1974). Romantic love in courtship: Divergent paths of male and female students. *Journal of Comparative Family Studies* 5, 134–139.

Fernald, C. D. (1995). When in London . . .: Differences in disability language preferences among English-speaking countries. *Mental Retardation* 33, 99–103.

Ferraro, G. (2005). *Cultural dimension of international business,* 5th ed. Upper Saddle River, NJ: Prentice-Hall.

Fesko, S. L. (2001). Disclosure of HIV status in the workplace: Considerations and strategies. *Health and Social Work* 26 (November), 235–244.

Fife, E. M. (2007). Male friendship and competition: A dialectical analysis. *Ohio Communication Journal* 45, 41–64.

Finn, J. (2004). A survey of online harassment at a university campus. *English* 19 (April), 468–483.

Fischer, A. H. (1993). Sex differences in emotionality: Fact or stereotype? *Feminism & Psychology* 3, 303–318.

Fisher, D. (1995). *People power: 12 power principles to enrich your business, career, and personal networks.* Austin, TX: Bard & Stephen.

Fitzpatrick, M. A. (1983). Predicting couples' communication from couples' self-reports. In *Communication yearbook 7,* R. N. Bostrom (ed.). Thousand Oaks, CA: Sage, pp. 49–82.

Fitzpatrick, M. A. (1988). *Between husbands and wives: Communication in marriage.* Thousand Oaks, CA: Sage.

Fitzpatrick, M. A. (1991). Sex differences in marital conflict: Social psychophysiological versus cognitive explanations. *Text* 11, 341–364.

Fitzpatrick, M. A., & Caughlin, J. P. (2002). Interpersonal communication in family relationships. In *Handbook of interpersonal communication*, 3d ed., (pp. 726–777), M. L. Knapp & J. A. Daly. (eds.). Thousand Oaks, CA: Sage.

Fitzpatrick, M. A., Jandt, F. E., Myrick, F. L., & Edgar, T. (1994). Gay and lesbian couple relationships. In *Queer words, queer images: Communication and the construction of homosexuality* (pp. 265–285), Ringer, R. J. (ed.). New York: New York University Press.

Floyd, J. J. (1985). *Listening: A practical approach.* Glenview, IL: Scott, Foresman.

Floyd, K., & Mikkelson, A. C. (2005). In *The sourcebook of nonverbal measures: Going beyond words* (pp. 47–56), V. Manusov (ed.). Mahwah, NJ: Erlbaum.

Folger, J. P., Poole, M. S., & Stutman, R. K. (2009). *Working through conflict: A communication perspective*, 6th ed. Boston: Allyn & Bacon.

Forbes, G. B. (2001). College students with tattoos and piercings: Motives, family experiences, personality factors, and perception by others. *Psychological Reports* 89, 774–786.

Ford, S. (2003). "Dear Mr. Shawn": A lesson in e-mail pragmatics (netiquette). *TESOL Journal* 12 (spring), 39–40.

Foster, D. (2004). Standing on ceremony. *National Geographic Traveler* 21 (May–June), 97–99.

Fox, A. B., Bukatki, D., Hallahan, M., & Crawford, M. (2007). The medium makes a difference: Gender similarities and differences in instant messaging. *Journal of Language and Social Psychology* 26, 389–397.

Franklin, C. W., & Mizell, C. A. (1995). Some factors influencing success among African-American men: A preliminary study. *Journal of Men's Studies* 3, 191–204.

Franklin, R. (2002). Office romances: Conduct unbecoming? *Business Week Online* (February 14), np.

Fraser, B. (1990). Perspectives on politeness. *Journal of Pragmatics* 14, 219–236.

Freedman, J. (1978). *Happy people: What happiness is, who has it, and why.* New York: Ballantine.

French, J. R. P., Jr., & Raven, B. (1968). The bases of social power. In *Group dynamics: Research and theory*, 3d ed., D. Cartwright & A. Zander (eds.). New York: Harper & Row, pp. 259–269.

Frentz, T. (1976). A general approach to episodic structure. Paper presented at the Western Speech Association Convention, San Francisco. Cited in Reardon (1987).

Friedman, J., Boumil, M. M., & Taylor, B. E. (1992). *Sexual harassment.* Deerfield Beach, FL: Health Communications, Inc.

Frith, H. & Gleeson, K. (2004). Clothing and embodiment: Men managing body image and appearance. *Psychology of Men and Masculinity*, 5(1), 40–48.

Frone, M. R. (2000). Interpersonal conflict at work and psychological outcomes: Testing a model among young

workers. *Journal of Occupational Health Psychology* 5, 246–255.

Fu, H., Watkins, D., & Hui, E. K. P. (2004). Personality correlates of the disposition towards interpersonal forgiveness: Chinese perspective. *International Journal of Psychology* 39 (August), 305–316.

Fuller, D. (2004). Electronic manners and netiquette. *Athletic Therapy Today* 9 (March), 40–41.

Furlow, F. B. (1996). The smell of love. *Psychology Today* 29, 38–45.

Galvin, K. M., Bylund, C. L., & Brommel, B. J. (2008). *Family communication: Cohesion and change*, 7th ed. Boston: Allyn & Bacon.

Gamble, T. K., & Gamble, M. W. (2003). *The gender communication connection.* Boston: Houghton Mifflin.

Gamson, J. (1998). Publicity traps: Television talk shows and lesbian, gay, bisexual, and transgender visibility. *Sexualities* 1 (February), 11–41.

Gao, G., & Gudykunst, W. B. (1995). Attributional confidence, perceived similarity, and network involvement in Chinese and American romantic relationships. *Communication Quarterly* 43, 431–445.

Gattis, K. S., Berns, S., Simpson, L. E., & Christensen, A. (2004). Birds of a feature or strange birds? Ties among personality dimensions, similarity, and marital quality. *Journal of Family Psychology* 18 (December), 564–574.

Gelfand, M. J., Nishii, L. H., Holcombe, K. M., Dyer, N., Ohbuchi, K., & Fukuno, M. (2001). Cultural influences on cognitive representations of conflict: Interpretations of conflict episodes in the United States and Japan. *Journal of Applied Psychology* 86, 1059–1074.

Gelles, R., & Cornell, C. (1985). *Intimate violence in families.* Thousand Oaks, CA: Sage.

Georgas, J., Mylonas, K., Bafiti, T., & Poortinga, Y. H. (2001). Functional relationships in the nuclear and extended family: A 16-culture study. *International Journal of Psychology* 36, 289–300.

Gergen, K. J., Greenberg, M. S., and Willis, R. H. (1980). *Social exchange: Advances in theory and research.* New York: Plenum Press.

Gibb, J. (1961). Defensive communication. *Journal of Communication* 11, 141–148.

Gibbs, N. (2005). Parents behaving badly. *Time* (February 21), 40–49.

Giles, D. C. (2001). Parasocial interaction: A review of the literature and a model for future research. *Media Psychology* 4, 279–305.

Giles, D. C., & Maltby, J. (2004). The role of media figures in adolescent development: Relations between autonomy, attachment, and interest in celebrities. *Personality and Individual Differences* 36 (March), 813–822.

Giles, H. (2008). Communication accommodation theory. In *Engaging theories in interpersonal communication: Multiple perspectives* (pp. 161–174), L. A. Baxter & D. O. Braithwaite (eds.). Los Angeles, CA: Sage.

Giles, H., & Ogay, T. (2007). In *Explaining communication: Contemporary theories and exemplars* (pp. 293–310), B. B. Whaley, & W. Samter (eds.). Mahwah, NJ: Erlbaum.

Gladstone, G. L., & Parker, G. B. (2002). When you're smiling, does the whole world smile with you? *Australasian Psychiatry* 10 (June), 144–146.

Goffman, E. (1967). *Interaction ritual: Essays on face-to-face behavior.* New York: Pantheon.

Goffman, E. (1971). *Relations in public: Microstudies of the public order.* New York: Harper Colophon.

Goldin-Meadow, S., Nusbaum, H., Kelly, S. D., & Wagner, S. (2001). Gesture—Psychological aspects. *Psychological Science* 12, 516–522.

Goldsmith, D. J. (2007). Brown and Levinson's politeness theory. In *Explaining communication: Contemporary theories and exemplars* (pp. 219–236), B. B. Whaley & W. Samter (eds.). Mahwah, NJ: Erlbaum.

Goldsmith, D. J. (2008). Politeness theory. In *Engaging theories in interpersonal communication: Multiple perspectives* (pp. 255–268), L. A. Baxter & D. O. Braithwaite (eds.). Los Angeles: Sage.

Goldsmith, D. J., & Fulfs, P. A. (1999). "You just don't have the evidence": An analysis of claims and evidence. In *Communication yearbook, 22* (pp. 1–49), M. E. Roloff (ed.). Thousand Oaks, CA: Sage.

Goleman, D. (1992). Studies find no disadvantage in growing up in a gay home. *New York Times* (December 2), C14.

Goleman, D. (1995a). *Emotional intelligence.* New York: Bantam.

Goleman, D. (1995b). For man and beast, language of love shares many traits. *New York Times* (February 14), C1, C9.

Gonzaga, G. C., Keltner, D., Londahl, E. A., & Smith, M. D. (2001). Love and the commitment problem in romantic relationships and friendships. *Journal of Personality and Social Psychology* 81 (August), 247–262.

Gonzalez, A., & Zimbardo, P. G. (1985). Time in perspective. *Psychology Today* 19, 20–26. Reprinted in DeVito & Hecht (1990).

Goodwin, R., & Findlay, C. (1997). "We were just fated together" . . . Chinese love and the concept of *yuan* in England and Hong Kong. *Personal Relationships* 4, 85–92.

Goodwin, R., & Gaines, S. O., Jr. (2004). Relationships beliefs and relationship quality across cultures: Country as a moderator of dysfunctional beliefs and relationship quality in three former Communist societies. *Personal Relationships* 11 (September), 267–279.

Gordon, T. (1975). *P.E.T.: Parent effectiveness training.* New York: New American Library.

Gosling, S. D., Ko, S. J., Mannarelli, T., & Morris, M. E. (2002). A room with a cue: Personality judgments based on offices and bedrooms. *Journal of Personality and Social Psychology* 82 (March), 379–398.

Gottman, J. M., & Carrere, S. (1994). Why can't men and women get along? Developmental roots and marital inequities. In D. J. Canary and L. Stafford (eds.). *Communication and relational maintenance,* San Diego, CA: Academic Press, pp. 203–229.

Gottman, J. M., & Levenson, R. W. (1999). Dysfunctional marital conflict: Women are being unfairly blamed. *Journal of Divorce and Remarriage* 31, 1–17.

Gould, S. J. (1995). No more "wretched refuse." *New York Times* (June 7), A27.

Grace, S. L., & Cramer, K. L. (2003). The elusive nature of self-measurement: The self-construal scale versus the twenty statements test. *Journal of Social Psychology* 143 (October), 649–668.

Graham, E. E., Barbato, C. A., & Perse, E. M. (1993). The interpersonal communication motives model. *Communication Quarterly* 41, 172–186.

Graham, J. A., & Argyle, M. (1975). The effects of different patterns of gaze, combined with different facial expressions, on impression formation. *Journal of Movement Studies* 1, 178–182.

Graham, J. A., Bitti, P. R., & Argyle, M. (1975). A cross-cultural study of the communication of emotion by facial and gestural cues. *Journal of Human Movement Studies* 1, 68–77.

Grandey, A. A. (2000). Emotion regulation in the workplace: A new way to conceptualize emotional labor. *Journal of Occupational Health and Psychology* 5 (January), 95–110.

Greene, J. O. (2003). Models of adult communication skill acquisition: Practice and the course of performance improvement. In *Handbook of communication and social interaction skills,* J. O. Greene & B. R. Burleson (eds.). Mahwah, NJ: Erlbaum, pp. 51–92.

Greene, J. O., & Burleson, B. R. (eds.). (2003). *Handbook of communication and social interaction skills.* Mahwah, NJ: Erlbaum.

Greif, E. B. (1980). Sex differences in parent-child conversations. *Women's Studies International Quarterly* 3, 253–258.

Greitemeyer, T. (2007). What do men and women want in a partner? Are educated partners always more desirable? *Journal of Experimental Social Psychology* 43 (March), 180–194.

Grice, H. P. (1975). Logic and conversation. In *Syntax and semantics,* Vol. 3, *Speech acts,* P. Cole & J. L. Morgan (eds.). New York: Seminar Press, pp. 41–58.

Gross, T., Turner, E., & Cederholm, L. (1987). Building teams for global operation, *Management Review* (June), 32–36.

Gu, Y. (1990). Polite phenomena in modern Chinese. *Journal of Pragmatics* 14, 237–257.

Gudykunst, W. B., ed. (1983). *Intercultural communication theory: Current perspectives.* Thousand Oaks, CA: Sage.

Gudykunst, W. B. (1989). Culture and the development of interpersonal relationships. In *Communication yearbook 12,* J. A. Anderson (ed.). Thousand Oaks, CA: Sage, pp. 315–354.

Gudykunst, W. B. (1991). *Bridging differences: Effective inter-group communication.* Newbury Park, CA: Sage.

Gudykunst, W. B. (1993). Toward a theory of effective interpersonal and intergroup communication: An anxiety/uncertainty management (AUM) perspective. In *Intercultural communication competence,* R. L. Wiseman (ed.). Thousand Oaks, CA: Sage.

Gudykunst, W. B. (1994). *Bridging differences: Effective intergroup communication,* 2d ed. Thousand Oaks, CA: Sage.

Gudykunst, W. B., & Kim, Y. W. (1992). *Communicating with strangers: An approach to intercultural communication,* 2d ed. New York: Random House.

Gudykunst, W. B., & Ting-Toomey, S. (with Chua, E.) (1988). *Culture and interpersonal communication.* Thousand Oaks, CA: Sage.

Guéguen, N. (2003). Help on the Web: The effect of the same first name between the sender and the receptor in a request made by e-mail. *Psychological Record* 53 (summer), 459–466.

Guéguen, N., & Jacob, C. (2004). The effect of touch on tipping: An evaluation in a French bar. *International Journal of Hospitality Management* 24 (June), 295–299.

Guerin, B. (2003). Combating prejudice and racism: New interventions from a functional analysis of racist language. *Journal of Community and Applied Social Psychology* 13 (January), 29–45.

Guerrero, L. K. (1997). Nonverbal involvement across interactions with same-sex friends, opposite-sex friends, and romantic partners: Consistency or change? *Journal of Social and Personal Relationships* 14, 31–58.

Guerrero, L. K., & Andersen, P. A. (1991). The waxing and waning of relational intimacy: Touch as a function of relational stage, gender and touch avoidance. *Journal of Social and Personal Relationships* 8, 147–165.

Guerrero, L. K., Andersen, P. A., & Afifi, W. A. (2007). *Close encounters: Communication in relationships,* 2d ed. Thousand Oaks, CA: Sage.

Guerrero, L. K., Andersen, P. A., Jorgensen, P. F., Spitzberg, B. H., & Eloy, S. V. (1995). Coping with the green-eyed monster: Conceptualizing and measuring communicative response to romantic jealousy. *Western Journal of Communication* 59, 270–304.

Guerrero, L. K., DeVito, J. A., & Hecht, M. L., eds. (1999). *The nonverbal communication reader: Classic and contemporary readings.* Prospect Heights, IL: Waveland Press.

Guerrero, L. K., Eloy, S. V., & Wabnik, A. I. (1993). Linking maintenance strategies to relationship development and disengagement: A reconceptualization. *Journal of Social and Personal Relationships* 10, 273–282.

Guerrero, L. K., Jones, S. M., & Boburka, R. R. (2006). Sex differences in emotional communication. In *Sex differences and similarities in communication* (2d ed., pp. 241–262), K. Dindia & D. J. Canary (eds.). Mahwah, NJ: Erlbaum.

Haar, B. F., & Krabe, B. (1999). Strategies for resolving interpersonal conflicts in adolescence: A German-Indonesian comparison. *Journal of Cross-Cultural Psychology* 30, 667–683.

Haga, Y. (1988). Traits de langage et caractere japonais. *Cahiers de Sociologie Economique et Culturelle* 9, 105–109.

Haidar-Yassine, H. (2002). Internet friendships: Can virtual be real? *Dissertation Abstracts International: Section B: The Sciences & Engineering* 63 (5-B), 2651.

Hall, E. T. (1959). *The silent language.* Garden City, NY: Doubleday.

Hall, E. T. (1963). System for the notation of proxemic behavior. *American Anthropologist* 65, 1003–1026.

Hall, E. T. (1966). *The hidden dimension.* Garden City, NY: Doubleday.

Hall, E. T. (1976). *Beyond culture.* Garden City, NY: Anchor Press.

Hall, E. T., & Hall, M. R. (1987). *Hidden differences: Doing business with the Japanese.* New York: Anchor Books.

Hall, J. A. (1984). *Nonverbal sex differences.* Baltimore: Johns Hopkins University Press.

Hall, J. A. (2006). Women's and men's nonverbal communication: Similarities, differences, stereotypes, and origins. In *The Sage handbook of nonverbal communication* (pp. 201–218), V. Manusov & M. L. Patterson (eds.). Thousand Oaks, CA: Sage.

Hall, J. K. (1993). Tengo una bomba: The paralinguistic and linguistic conventions of the oral practice Chismeando. *Research on Language and Social Interaction* 26, 55–83.

Hamlin, J. K., Wynn, K., & Bloom, P. (2007). Babies prefer helpful to unhelpful social types. *Nature* 450 (November), 557–559.

Hample, D. (2004). Arguing skills. In *Handbook of communication and social interaction skills* (pp. 439–477), J. O. Greene & B. R. Burleson (eds.). Mahwah, NJ: Erlbaum.

Han, S., & Shavitt, S. (1994). Persuasion and culture: Advertising appeals in individualistic and collectivistic societies. *Journal of Experimental Social Psychology* 30, 326–350.

Haney, W. (1973). *Communication and organizational behavior: Text and cases,* 3d ed. Homewood, IL: Irwin.

Harris, C. R. (2003). A review of sex differences in sexual jealousy, including self-report data, psychophysiological responses, interpersonal violence, and morbid jealousy. *Personality and Social Psychology Review* 7, 102–128.

Harris, M. (1993). *Culture, people, nature: An introduction to general anthropology,* 6th ed. Boston: Allyn & Bacon.

Hart, F. (1990). The construction of masculinity in men's friendships: Misogyny, heterosexism and homophobia. *Resources for Feminist Research* 19, 60–67.

Hart, R. P., Carlson, R. E., & Eadie, W. F. (1980). Attitudes toward communication and the assessment of rhetorical sensitivity. *Communication Monographs* 47, 1–22.

Harvey, J. H., Flanary, R., & Morgan, M. (1986). Vivid memories of vivid loves gone by. *Journal of Social and Personal Relationships* 3, 359–373.

Hasart, J. K., & Hutchinson, K. L. (1993). The effects of eyeglasses on perceptions of interpersonal attraction. *Journal of Social Behavior and Personality* 8, 521–528.

Hasegawa, T., & Gudykunst, W. B. (1998). Silence in Japan and the United States. *Journal of Cross-Cultural Psychology* 29, 668–684.

Hatfield, E., & Rapson, R. L. (1996). *Love and sex: Cross-cultural perspectives.* Boston: Allyn & Bacon.

Hatfield, E., & Rapson, R. L. (2007). Equity theory. In *Encyclopedia of Social Psychology*, R. Baumeister & K. D. Vohs (eds.). Los Angeles: Sage.

Haugh, M. (2004). Revisiting the conceptualization of politeness in English and Japanese. *Multilingua* 23, 85–109.

Havlena, W. J., Holbrook, M. B., & Lehmann, D. R. (1989). Assessing the validity of emotional typologies. *Psychology and Marketing* 6 (Summer), 97–112.

Hayakawa, S. I., & Hayakawa, A. R. (1989). *Language in thought and action,* 5th ed. New York: Harcourt Brace Jovanovich.

Hays, R. B. (1989). The day-to-day functioning of close versus casual friendships. *Journal of Social and Personal Relationships* 6, 21–37.

Heasley, J. B. S., Babbitt, C. E., & Burbach, H. J. (1995). The role of social context in students' anticipatory reaction to a "fighting word." *Sociological Focus* 27, 281–283.

Heath, W. P., Stone, J., Darley, J. M., & Grannemann, B. D. (2003). Yes, I did it, but don't blame me: Perceptions of excuse defenses. *Journal of Psychiatry and Law* 31 (summer), 187–226.

Hecht, M. L., Jackson, R. L., & Ribeau, S. (2003). *African American communication: Exploring identity and culture,* 2d ed. Mahwah, NJ: Erlbaum.

Hellweg, S. A. (1992). Organizational grapevines. In *Readings in organizational communication* (pp. 159–172), K. L. Hutchinson (ed.). Dubuque, IA: William. C. Brown.

Hendrick, C., & Hendrick, S. (1990). A relationship-specific version of the love attitudes scale. In *Handbook of replication research in the behavioral and social sciences* (special issue), J. W. Heulip (ed.), *Journal of Social Behavior and Personality* 5, 239–254.

Hendrick, C., Hendrick, S., Foote, F. H., & Slapion-Foote, M. J. (1984). Do men and women love differently? *Journal of Social and Personal Relationships* 1, 177–195.

Henley, N. M. (1977). *Body politics: Power, sex, and nonverbal communication.* Englewood Cliffs, NJ: Prentice-Hall.

Hensley, W. E. (1996). A theory of the valenced other: The intersection of the looking-glass-self and social penetration. *Social Behavior and Personality* 24, 293–308.

Hess, E. H. (1975). *The tell-tale eye.* New York: Van Nostrand Reinhold.

Hess, E. H., Seltzer, A. L., & Schlien, J. M. (1965). Pupil response of hetero- and homosexual males to pictures of men and women: A pilot study. *Journal of Abnormal Psychology* 70, 165–168.

Hess, U., Kappas, A., McHugo, G. J., Lanzetta, J. T., et al. (1992). The facilitative effect of facial expression on the self-generation of emotion. *International Journal of Psychophysiology* 12, 251–265.

Hewitt, J. P. (1998). *The myth of self-esteem: Finding happiness and solving problems in America.* New York: St. Martin's Press.

Hewitt, J. P., & Stokes, R. (1975). Disclaimers. *American Sociological Review* 40, 1–11.

Hilton, L. (2000). They heard it through the grapevine. *South Florida Business Journal* 21 (August), 53.

Hirofumi, A. (2003). Closeness and interpersonal outcomes in same-sex friendships: An improvement of the investment model and explanation of closeness. *Japanese Journal of Experimental Social Psychology* 42 (March), 131–145.

Hocker, J. L., & Wilmot, W. W. (2007). *Interpersonal conflict,* 7th ed. New York: McGraw Hill.

Hoffmann, G. (2005). Rhetoric of Bush speeches: Purr words and snarl words. *Etc: A Review of General Semantics* 62 (April), 198–201.

Hofstede, G. (1983). National culture revisited. *Behavior Science Research* 18, 285–305.

Hofstede, G. (1997). *Cultures and organizations: Software of the mind.* New York: McGraw-Hill.

Hofstede, G. (2000). Masculine and feminine cultures. *Encyclopedia of psychology,* Vol. 5 (pp. 115–118), A. E. Kazdin (ed.). Washington, DC: American Psychological Association and Oxford University Press.

Hofstede, G., ed. (1998). *Masculinity and femininity: The taboo dimension of national cultures.* Thousand Oaks, CA: Sage.

Hoft, N. L. (1995). *International technical communication: How to export information about high technology.* New York: Wiley.

Holden, J. M. (1991). The most frequent personality priority pairings in marriage and marriage counseling. *Individual Psychology Journal of Adlerian Theory, Research, and Practice* 47, 392–398.

Holmes, J. (1995). *Women, men and politeness.* New York: Longman.

Hopper, R., Knapp, M. L., & Scott, L. (1981). Couples' personal idioms: Exploring intimate talk. *Journal of Communication* 31, 23–33.

Hornsey, J. J., Bath, M. T., & Gunthorpe, S. (2004). "You can criticize because you care": Identity attachment, constructiveness, and the intergroup sensitivity effect. *European Journal of Social Psychology* 34 (September–October), 499–518.

Hosman, L. A. (1989). The evaluative consequences of hedges, hesitations, and intensifiers: Powerful and powerless speech styles. *Human Communication Research* 15, 383–406.

How Americans Communicate (1999). http://www.natcom.org/Research/Roper/how_Americans_communicate.htm.

Howard, P. E. N., Rainie, L., & Jones, S. (2001). Days and nights on the Internet: The impact of a diffusing technology. *American Behavioral Scientist* 45, 383–404.

Hu, Y., Wood, J. F., Smith, V., & Westbrook, N. (2004). Friendships through IM: Examining the relationship between instant messaging and intimacy. *Journal of Computer-Mediated Communication* 10 (November), np.

Hunt, M. O. (2000). Status, religion, and the "belief in a just world": Comparing African Americans, Latinos, and whites. *Social Science Quarterly* 81 (March), 325–343.

Huston, M., & Schwartz, P. (1995). The relationships of lesbians and gay men. In *Under-studied relationships: Off the beaten track,* J. T. Wood, & S. Duck (eds.). Thousand Oaks, CA: Sage, pp. 89–121.

Imwalle, D. B., & Schillo, K. K. (2004). Masculinity and femininity: The taboo dimension of national cultures. *Archives of Sexual Behavior* 33 (April), 174–176.

Infante, D. A. (1988). *Arguing constructively.* Prospect Heights, IL: Waveland Press.

Infante, D. A., Chandler, T. A., & Rudd, J. E. (1989). Test of an argumentative skill deficiency model of interspousal violence. *Communication Monographs* 56, 163–177.

Infante, D. A., Hartley, K. C., Martin, M. M., Higgins, M. A., Bruning, S. D., & Hur, G. (1992). Initiating and reciprocating verbal aggression: Effects on credibility and credited valid arguments. *Communication Studies* 43, 182–190.

Infante, D. A., & Rancer, A. S. (1982). A conceptualization and measure of argumentativeness. *Journal of Personality Assessment* 46, 72–80.

Infante, D. A., & Rancer, A. S. (1996). Argumentativeness and verbal aggressiveness: A review of recent theory and research. In *Communication yearbook 19* (pp. 319–351), B. R. Burleson (ed.). Thousand Oaks, CA: Sage.

Infante, D. A., Rancer, A. S., & Jordan, F. F. (1996). Affirming and nonaffirming style, dyad sex, and the perception of argumentation and verbal aggression in an interpersonal dispute. *Human Communication Research* 22, 315–334.

Infante, D. A., Rancer, A. S., & Womack, D. F. (2003). *Building communication theory,* 4th ed. Prospect Heights, IL: Waveland Press.

Infante, D. A., Riddle, B. L., Horvath, C. L., & Tumlin, S. A. (1992). Verbal aggressiveness: Messages and reasons. *Communication Quarterly* 40, 116–126.

Infante, D. A., Sabourin, T. C., Rudd, J. E., & Shannon, E. A. (1990). Verbal aggression in violent and nonviolent marital disputes. *Communication Quarterly* 38, 361–371.

Infante, D. A., & Wigley, C. J. (1986). Verbal aggressiveness: An interpersonal model and measure. *Communication Monographs* 53, 61–69.

Iverson, J. M., & Goldin-Meadow, S., eds. (1999). *The nature and functions of gesture in children's communication.* San Francisco: Jossey-Bass.

Ivy, D. K., & Backlund, P. (2000). *Exploring gender-speak: Personal effectiveness in gender communication,* 2d ed. New York: McGraw-Hill.

Jackson, L. A., & Ervin, K. S. (1992). Height stereotypes of women and men: The liabilities of shortness for both sexes. *Journal of Social Psychology* 132, 433–445.

Jacobson, D. (1999). Impression formation in cyberspace: Online expectations and offline experiences in text-based virtual communities. *Journal of Computer Mediated Communication* 5, np.

Jaksa, J. A., & Pritchard, M. S. (1994). *Communication ethics: Methods of analysis,* 2d ed. Belmont, CA: Wadsworth.

Jambor, E., & Elliott, M. (2005). Self-esteem and coping strategies among deaf students. *Journal of Deaf Studies and Deaf Education* 10 (winter), 63–81.

Jandt, F. E. (2004). *An introduction to intercultural communication: Identities in a global community,* 4th ed. Thousand Oaks, CA: Sage.

Jandt, F. E. (2007). *An introduction to intercultural communication: Identities in a global community,* 5th ed. Thousand Oaks, CA: Sage.

Janus, S. S., & Janus, C. L. (1993). *The Janus report on sexual behavior.* New York: Wiley.

Jaworski, A. (1993). *The power of silence: Social and pragmatic perspectives.* Thousand Oaks, CA: Sage.

Jecker, J., & Landy, D. (1969). Liking a person as a function of doing him a favor. *Human Relations* 22, 371–378.

Johannesen, R. L. (2001). *Ethics in human communication,* 5th ed. Prospect Heights, IL: Waveland Press.

Johnson, A. J., Wittenberg, E., Villagran, M. M., Mazur, M., & Villagran, P. (2003). Relational progression as a dialectic: Examining turning points in communication among friends. *Communication Monographs* 70 (September), 230–249.

Johnson, C. E. (1987). An introduction to powerful and powerless talk in the classroom. *Communication Education* 36, 167–172.

Johnson, M. P. (1973). Commitment: A conceptual structure and empirical application. *Sociological Quarterly* 14, 395–406.

Johnson, M. P. (1982). Social and cognitive features of the dissolution of commitment to relationships. In *Personal Relationships 4: Dissolving Personal Relationships,* (pp. 51–73), S. Duck (ed.). New York: Academic Press.

Johnson, M. P. (1991). Commitment to personal relationships. In *Advances in personal relationships, Vol. 3* (pp. 117–143), W. H. Jones, & D. Perlman (eds.). London: Jessica Kingsley.

Johnson, S. D., & Bechler, C. (1998). Examining the relationship between listening effectiveness and leadership emergence: Perceptions, behaviors, and recall. *Small Group Research* 29, 452–471.

Johnson, S. M., & O'Connor, E. (2002). *The gay baby boom: The psychology of gay parenthood.* New York: New York University Press.

Joiner, T. E. (1994). Contagious depression: Existence, specificity to depressed symptoms, and the role of reassurance seeking. *Journal of Personality and Social Psychology* 67, 287–296.

Joinson, A. N. (2001). Self-disclosure in computer-mediated communication: The role of self-awareness and visual anonymity. *European Journal of Social Psychology* 31, 177–192.

Jones, B. C., DeBruine, L. M., Little, A. C., Burriss, R. P., & Feinberg, D. R. (2007). Social transmission of face preferences among humans. *Proceedings of the Royal Society* 274 (March 22), 899–903.

Jones, C., Berry, L., & Stevens, C. (2007). Synthesized speech intelligibility and persuasion: Speech rate and non-native listeners. *Computer Speech and Language* 21 (October), 641–651.

Jones, D. (2004). Cupid lurks in cubicles, so what's a worker to do? *USA Today* (April 2), Money Section, 5.

Jones, S. (2005). The touch log record: A behavioral communication measure. In *Applications of nonverbal communication* (pp. 67–82), R. E. Riggio & R. S. Feldman (eds.). Mahwah, NJ: Erlbaum.

Jones, S., & Yarbrough, A. E. (1985). A naturalistic study of the meanings of touch. *Communication Monographs* 52, 19–56. A version of this paper appears in DeVito & Hecht (1990).

Jörn, R. (2004). How to overcome ethnocentrism: Approaches to a culture of recognition by history in the twenty-first century. *History and Theory* 43 (December), 118–129.

Jourard, S. M. (1968). *Disclosing man to himself.* New York: Van Nostrand Reinhold.

Jourard, S. M. (1971). *Self-disclosure.* New York: Wiley.

Judge, T. A., & Cable, D. M. (2004). The effect of physical height on workplace success and income. *Journal of Applied Psychology* 89, 428–441.

Kallos, J. (2005). *Because netiquette matters! Your comprehensive reference guide to e-mail etiquette and proper technology use.* Philadelphia: Xlibris Corporation.

Kanemasa, Y., Taniguchi, J., Daibo, I., & Ishimori, M. (2004). Love styles and romantic love experiences in Japan. *Social Behavior and Personality: An International Journal* 32, 265–281.

Kanner, B. (1989). Color schemes. *New York Magazine* (April 3), 22–23.

Kapoor, S., Wolfe, A., & Blue, J. (1995). Universal values structure and individualism–collectivism: A U.S. test. *Communication Research Reports* 12, 112–123.

Katz, S. (2003). *Down to earth sociology: Introductory readings,* 12th ed. (pp. 313–320), J. W. Henslin (ed.). New York: Free Press.

Kearney, P., Plax, T. G., Richmond, V. P., & McCroskey, J. C. (1984). Power in the classroom IV: Alternatives to discipline. In *Communication Yearbook 8,* R. N. Bostrom (ed.). Thousand Oaks, CA: Sage, pp. 724–746.

Kearney, P., Plax, T. G., Richmond, V. P., & McCroskey, J. C. (1985). Power in the classroom III: Teacher communication techniques and messages. *Communication Education* 34, 19–28.

Keating, C. F. (2006). Why and how the silence self speaks volumes: Functional approaches to nonverbal impression management. In *The Sage handbook of nonverbal communication* (pp. 321–340), V. Manusov & M. L. Patterson (eds.). Thousand Oaks, CA: Sage.

Kellerman, K., & Cole, T. (1994). Classifying compliance gaining messages: Taxonomic disorder and strategic confusion. *Communication Theory* 1, 3–60.

Kennedy, C. W., & Camden, C. T. (1988). A new look at interruptions. *Western Journal of Speech Communication* 47, 45–58.

Kennedy-Moore, E., & Watson, J. C. (1999). *Expressing emotion: Myths, realities, and therapeutic strategies.* New York: Guilford Press.

Kenrick, D. T., Neuberg, S. L., and Cialdini, R. B. (2007). *Social psychology: Goals in interaction,* 4th ed. Boston: Allyn & Bacon.

Keyes, R. (1980). *The height of your life.* New York: Warner Books.

Kim, M., & Sharkey, W. F. (1995). Independent and interdependent construals of self: Explaining cultural patterns of interpersonal communication in multi-cultural organizational settings. *Communication Quarterly* 43, 20–38.

Kim, S. H., & Smith, R. H. (1993). Revenge and conflict escalation. *Negotiation Journal* 9, 37–43.

Kim, Y. Y. (1988). Communication and acculturation. In *Intercultural communication: A reader* (4th ed., pp. 344–354), L. A. Samovar & R. E. Porter (eds.). Belmont, CA: Wadsworth.

Kindred, J., & Roper, S. L. (2004). Making connections via instant messaging (IM): Student use of IM to maintain personal relationships. *Qualitative Research Reports in Communication* 5, 48–54.

Kirn, W. (2005). It's a glad, sad, mad world. *Time* (January 17), A65–A67.

Kleinke, C. L. (1986). *Meeting and understanding people.* New York: W. H. Freeman.

Kleinke, D. L., & Dean, G. O. (1990). Evaluation of men and women receiving positive and negative responses with various acquaintance strategies. *Journal of Social Behavior and Personality* 5, 369–377.

Kluger, J. (2005). The funny thing about laughter. *Time* (January 17), A25–A29.

Kluger, J. (2008, January 28). Why we love. *Time,* pp. 54–61.

Knapp, M. L. (1978). *Social intercourse: From greeting to goodbye.* Boston, MA: Allyn & Bacon.

Knapp, M. L. (2008). *Lying and deception in human interaction.* Boston: Pearson.

Knapp, M. L., Ellis, D., & Williams, B. A. (1980). Perceptions of communication behavior associated with relationship terms. *Communication Monographs* 47, 262–278.

Knapp, M. L., & Hall, J. (2002). *Nonverbal behavior in human interaction,* 3d ed. New York: Holt, Rinehart & Winston.

Knapp, M. L., & Taylor, E. H. (1994). Commitment and its communication in romantic relationships. In *Perspectives on close relationships,* A. L. Weber & J. H. Harvey (eds.). Boston: Allyn & Bacon, pp. 153–175.

Knapp, M. L., & Vangelisti, A. (2009). *Interpersonal communication and human relationships,* 6th ed. Boston: Allyn & Bacon.

Knobloch, L. K., & Carpenter-Theune, K. E. (2004). Topic avoidance in developing romantic relationships. *Communication Research* (April), 173–205.

Knobloch, L. K., Haunani, D., & Theiss, J. A. (2006). The role of intimacy in the production and perception of relationship talk within courtship. *Communication Research* 33 (August), 211–241.

Knobloch, L. K., & Solomon, D. H. (1999). Measuring the sources and content of relational uncertainty. *Communication Studies* 50 (winter), 261–278.

Knobloch, L. K., & Solomon, D. H. (2005). Measuring conversational equality at the relational level. In *The sourcebook of nonverbal measures: Going beyond words* (pp. 295–304), V. Manusov (ed.). Mahwah, NJ: Erlbaum.

Knox, D., Daniels, V., Sturdivant, L., & Zusman, M. E. (2001). College student use of the Internet for mate selection. *College Student Journal* 35, 158–160.

Kochman, T. (1981). *Black and white: Styles in conflict.* Chicago: University of Chicago Press.

Koerner, A. F., & Fitzpatrick, M. A. (2002). You never leave your family in a fight: The impact of family of origin on conflict behavior in romantic relationships. *Communication Studies* 53 (fall), 234–252.

Kollock, P., & Smith, M. (1996). Managing the virtual commons: Cooperation and conflict in computer communities. In *Computer-mediated communication: Linguistic, social, and cross-cultural perspectives* (pp. 109–128), S. Herring (ed.). Amsterdam: John Benjamins.

Koppelman, K. L., with Goodhart, R. L. (2005). *Understanding human differences: Multicultural education for a diverse America.* Boston: Allyn & Bacon.

Korda, M. (1975). *Power! How to get it, how to use it.* New York: Ballantine.

Korobov, N., & Thorne, A. (2006). Intimacy and distancing: Young men's conversations about romantic relationships. *Journal of Adolescent Research* 21, 27–55.

Korzybski, A. (1933). *Science and sanity.* Lakeville, CT: The International Non-Aristotelian Library.

Kposowa, A. J. (2000). Marital status and suicide in the National Longitudinal Mortality Study. *Journal of Epidemiology and Community Health,* 54 (April), 254–261.

Kramer, R. (1997). Leading by listening: An empirical test of Carl Rogers's theory of human relationship using interpersonal assessments of leaders by followers. *Dissertation Abstracts, International Section A. Humanities and Social Sciences* 58, 514.

Kraut, R., Patterson, M., Lundmarle, V., Kiesler, S., Mukopadhyay, & Scherlis, W. (1999). Internet paradox. *American Psychologist* 53, 1017–1031.

Krebs, G. L. (1989). *Organizational communication,* 2d ed. Boston: Allyn & Bacon.

Krivonos, P. D., & Knapp, M. L. (1975). Initiating communication: What do you say when you say hello? *Central States Speech Journal* 26, 115–125.

Kroløkke, C., & Sørensen, A. S. (2006). *Gender communication theories and analyses: From silence to performance.* Thousand Oaks, CA: Sage.

Kurdek, L. A. (1994). Areas of conflict for gay, lesbian, and heterosexual couples: What couples argue about influences relationship satisfaction. *Journal of Marriage and the Family* 56, 923–934.

Kurdek, L. A. (1995). Developmental changes in relationship quality in gay and lesbian cohabiting couples. *Developmental Psychology* 31, 86–93.

Kurdek, L. A. (2000). Attractions and constraints as determinants of relationship commitment: Longitudinal evidence from gay, lesbian, and heterosexual couples. *Personal Relationships* 7, 245–262.

Lachnit, C. (2001). Giving up gossip. *Workforce* 80 (July), 8.

Laing, M. (1993). Gossip: Does it play a role in the socialization of nurses? *Journal of Nursing Scholarship* 25, 37–43.

Lane, R. C., Koetting, M. G., & Bishop, J. (2002). Silence as communication in psychodynamic psychotherapy. *Clinical Psychology Review* 22 (September), 1091–1104.

Langer, E. J. (1989). *Mindfulness.* Reading, MA: Addison-Wesley.

Lantz, A. (2001). Meetings in a distributed group of experts: Comparing face-to-face, chat and collaborative virtual environments. *Behaviour and Information Technology* 20, 111–117.

Lanzetta, J. T., Cartwright-Smith, J., & Kleck, R. E. (1976). Effects of nonverbal dissimulations on emotional experience and autonomic arousal. *Journal of Personality and Social Psychology* 33, 354–370.

Laroche, C., & deGrace, G. R. (1997). Factors of satisfaction associated with happiness in adults. *Canadian Journal of Counseling* 31, 275–286.

Larsen, R. J., Kasimatis, M., & Frey, K. (1992). Facilitating the furrowed brow: An unobtrusive test of the facial feedback hypothesis applied to unpleasant affect. *Cognition and Emotion* 6, 321–338.

Lau, I., Chiu, C., & Hong, Y. (2001). I know what you know: Assumptions about others' knowledge and their effects on message construction. *Social Cognition* 19, 587–600.

Lauer, C. S. (2003). Listen to this. *Modern Healthcare* 33 (February 10), 34.

Lea, M., & Spears, R. (1995). Love at first byte? Building personal relationships over computer networks. In *Understudied relationships: Off the beaten track,* J. T. Wood & S. Duck (eds.). Thousand Oaks, CA: Sage, pp. 197–233.

Leathers, D., & Eaves, M. H. (2008). *Successful nonverbal communication: Principles and applications,* 4th ed. Boston: Allyn & Bacon.

Leavitt, H. J. (2005). *Top down: Why hierarchies are here to stay and how to manage them more effectively.* Cambridge, MA: Harvard Business School Publishing.

Lederer, W. J. (1984). *Creating a good relationship.* New York: Norton.

Lee, H. O., & Boster, F. J. (1992). Collectivism-individualism in perceptions of speech rate: A cross-cultural comparison. *Journal of Cross-Cultural Psychology* 23, 377–388.

Lee, J. (2005). Romance beckons (in case you missed it). *New York Times* (February 23), B4.

Lee, J. A. (1976). *The colors of love*. New York: Bantam.

Lee, J. A. (1988). Forbidden colors of love: Patterns of love and gay liberation. In *Gay relationships* (pp. 11–32), J. P. DeCecco (ed.). San Francisco: Haworth Press.

Lee, R. M. (2005). Resilience against discrimination: Ethnic identity and other-group orientation as protective factors for Korean Americans. *Journal of Counseling Psychology* 52 (January), 36–44.

Lemonick, M. D. (2005a). A smile doesn't always mean happy. *Time* (January 17), A29.

Lemonick, M. D. (2005b). Stealth attack on evaluation. *Time* (January 31), 53–54.

Lenhart, A., & Madden, M. (2007). Social Networking Websites and teens: An overview. *Pew Internet & American Life Project* (www.pewinternet.org).

Lenhart, A., Madden, M., Macgill, A. R., & Smith, A. (2007). Teens and social media: The use of social media gains a greater foothold in teen life as they embrace the conversational nature of inteaction online media. *Pew Internet & American Life Project*. http://www.pewinternet.org. Accessed May 20, 2008.

Leon, J. J., Philbrick, J. L., Parra, F., Escobedo, E., et al. (1994). Love styles among university students in Mexico. *Psychological Reports* 74, 307–310.

Leung, K. (1987). Some determinants of reactions to procedural models for conflict resolution: A cross-national study. *Journal of Personality and Social Psychology* 53, 898–908.

Leung, S. A. (2001). Editor's introduction. *Asian Journal of Counseling* 8, 107–109.

Levine, D. (2000). Virtual attraction: What rocks your boat. *CyberPsychology and Behavior* 3, 565–573.

Levine, M. (2004). Tell the doctor all your problems, but keep it to less than a minute. *New York Times* (June 1), F6.

Levine, T. R., Beatty, M. J., Limon, S., Hamilton, M. A., Buck, R., & Chory-Assad, R. M. (2004). The dimensionality of the verbal aggressiveness scale. *Communication Monographs* 71 (September), 245–268.

LeVine, R., Bartlett, K. (1984). Pace of life, punctuality, and coronary heart disease in six countries. *Journal of Cross-Cultural Psychology* 15, 233–255.

LeVine, R., Sato, S., Hashimoto, T., & Verma, J. (1994). Love and marriage in eleven cultures. Unpublished manuscript. California State University, Fresno, cited in Hatfield & Rapson (1996).

Levine, T. R., Kim, R. K., Park, H. S., & Hughes, M. (2006). Deception detection accuracy is a predictable linear function of message veracity base-rate: A formal test of Park and Levine's probability model. *Communication Monographs* 73, 243–260.

Lewin, K. (1947). *Human relations*. New York: Harper & Row.

Lewis, D. (1989). *The secret language of success*. New York: Carroll & Graf.

Lewis, P. H. (1995). The new Internet gatekeepers. *New York Times* (November 13), D1, D6.

Li, H. Z. (1999). Communicating information in conversations: A cross-cultural comparison. *International Journal of Intercultural Relations* 23 (May), 387–409.

Lindblom, K. (2001). Cooperating with Grice: A cross-disciplinary metaperspective on uses of Grice's cooperative principle. *Journal of Pragmatics* 33, 1601–1623.

Lindeman, M., Harakka, T., & Keltikangas-Jarvinen, L. (1997). Age and gender differences in adolescents' reactions to conflict situations: Aggression, prosociality, and withdrawal. *Journal of Youth and Adolescence* 26, 339–351.

Lu, L., & Shih, J. B. (1997). Sources of happiness: A qualitative approach. *Journal of Social Psychology* 137, 181–188.

Lubin, J. S. (2004). How to stop the snubs that demoralize you and your colleagues. *Wall Street Journal* (December 7), B1.

Luft, J. (1984). *Group processes: An introduction to group dynamics*, 3d ed. Palo Alto, CA: Mayfield.

Lukens, J. (1978). Ethnocentric speech. *Ethnic Groups* 2, 35–53.

Lurie, A. (1983). *The language of clothes*. New York: Vintage.

Luscombe, B. (2008, January 28). Why we flirt. *Time*, pp. 62–65.

Lustig, M. W., & Koester, J. (2006). *Intercultural competence: Interpersonal communication across cultures*, 6th ed. Boston: Allyn & Bacon.

Lyman, S. M., & Scott, M. B. (1967). Territoriality: A neglected sociological dimension. *Social Problems* 15, 236–249.

Lyons, A., & Kashima, Y. (2003). How are stereotypes maintained through communication? The influence of stereotype sharedness. *Journal of Personality and Social Psychology* 85 (December), 989–1005.

Ma, K. (1996). *The modern Madame Butterfly: Fantasy and reality in Japanese cross-cultural relationships*. Rutland, VT: Charles E. Tuttle.

Mackey, R. A., Diemer, M. A., & O'Brien, B. A. (2000). Psychological intimacy in the lasting relationships of heterosexual and same-gender couples. *Sex Roles* 43, 201–227.

MacLachlan, J. (1979). What people really think of fast talkers. *Psychology Today* 13, 113–117.

MacMillan, D., & Lehman, P. (2007, November 15). Social networking with the elite. *Business Week* (www.businessweek.com.)

Madon, S., Guyll, M., & Spoth, R. L. (2004). The self-fulfilling prophecy as an intrafamily dynamic. *Journal of Family Psychology* 18, 459–469.

Mahaffey, A. L., Bryan, A., & Hutchison, K. E. (2005). Using startle eye blink to measure the affective component of antigay bias. *Basic and Applied Social Psychology* 27 (March), 37–45.

Main, F., & Oliver, R. (1988). Complementary, symmetrical, and parallel personality priorities as indicators of marital adjustment. *Individual Psychology Journal of Adlerian Theory, Research, and Practice* 44, 324–332.

Malandro, L. A., Barker, L. L., & Barker, D. A. (1989). *Nonverbal communication*, 2d ed. New York: Random House.

Mao, L. R. (1994). Beyond politeness theory: "Face" revisited and renewed. *Journal of Pragmatics* 21, 451–486.

Marano, H. E. (2004). Unconventional wisdom. *Psychology Today* 37 (May/June), 10–11.

Marano, H. E. (2008). The making of a perfectionist. *Psychology Today* 41 (March/April), 80–86.

Marsh, P. (1988). *Eye to eye: How people interact.* Topside, MA: Salem House.

Marshall, E. (1983). *Eye language: Understanding the eloquent eye.* New York: New Trend.

Marshall, L. L., & Rose, P. (1987). Gender, stress, and violence in the adult relationships of a sample of college students. *Journal of Social and Personal Relationships* 4, 229–316.

Marston, P. J., Hecht, M. L., & Robers, T. (1987). True love ways: The subjective experience and communication of romantic love. *Journal of Personal and Social Relationships* 4, 387–407.

Martin, G. N. (1998). Human electroencephalographic (EEG) response to olfactory stimulation: Two experiments using the aroma of food. *International Journal of Psychophysiology* 30, 287–302.

Martin, J. L. (2005). Is power sexy? *American Journal of Sociology* 111 (September), 408–446.

Martin, J. S., & Chaney, L. H. (2008). *Global business etiquette: A guide to international communication and customs.* Westport, CT: Praeger.

Martin, M. M., & Anderson, C. M. (1995). Roommate similarity: Are roommates who are similar in their communication traits more satisfied? *Communication Research Reports* 12, 46–52.

Martin, M. M., & Anderson, C. M. (1998). The cognitive flexibility scale: Three validity studies. *Communication Reports* 11 (winter), 1–9.

Martin, M. M., & Rubin, R. B. (1994). A new measure of cognitive flexibility. *Psychological Reports* 76, 623–626.

Martin, M. M., & Rubin, R. B. (1998). Affinity-seeking in initial interactions. *Southern Communication Journal* 63, 131–143.

Marwell, G., & Schmitt, D. R. (1967). Dimensions of compliance-gaining behavior: An empirical analysis. *Sociometry* 39, 350–364.

Marwell, G., & Schmitt, D. R. (1990). An introduction. In *Seeking compliance: The production of interpersonal influence messages,* J. P. Dillard (ed.). Scottsdale, AZ.: Gorsuch Scarisbrick, pp. 3–5.

Maslow, A., & Mintz, N. L. (1956). Effects of esthetic surroundings: I. Initial effects of three esthetic conditions upon perceiving energy and well-being in faces. *Journal of Psychology* 41, 247–254.

Masuda, T., Ellsworth, P. C., Mesquita, B., Leu, J., Tanida, S., & van de Veerdonk, E. (2008). Placing the face in context: Cultural differences in the perception of facial emotion. *Journal of Personality and Social Psychology* 94, 365–381.

Matsumoto, D. (1991). Cultural influences on facial expressions of emotion. *Southern Communication Journal* 56, 128–137.

Matsumoto, D. (1994). *People: Psychology from a cultural perspective.* Pacific Grove, CA: Brooks/Cole.

Matsumoto, D. (1996). *Culture and psychology.* Pacific Grove, CA: Brooks/Cole.

Matsumoto, D. (2006). Culture and nonverbal behavior. In *The Sage handbook of nonverbal communication* (pp. 219–236), V. Manusov & M. L. Patterson (eds.). Thousand Oaks, CA: Sage.

Matsumoto, D., & Kudoh, T. (1993). American-Japanese cultural differences in attributions of personality based on smiles. *Journal of Nonverbal Behavior* 17, 231–243.

Matsumoto, D., & Yoo, S. H. (2005). Culture and applied nonverbal communication. In *Applications of nonverbal communication* (pp. 259–277), R. E. Riggio & R. S. Feldman (eds.). Mahwah, NJ: Erlbaum.

Matsumoto, D., Yoo, S. H., Hirayama, S., & Petrova, G. (2005). Development and validation of a measure of display rule knowledge: The display rule assessment inventory. *Emotion* 5, 23–40.

Maynard, H. E. (1963). How to become a better premise detective. *Public Relations Journal* 19, 20–22.

McBroom, W. H., & Reed, F. W. (1992). Toward a reconceptualization of attitude-behavior consistency. Special Issue. Theoretical advances in social psychology. *Social Psychology Quarterly* 55, 205–216.

McCroskey, J. C. (1998). *Why we communicate the ways we do: A communibiological perspective.* Boston: Allyn & Bacon.

McCroskey, J. C. (2007). *An introduction to rhetorical communication*, 9th ed. Boston: Allyn & Bacon.

McCroskey, J. C., & Wheeless, L. (1976). *Introduction to human communication.* Boston: Allyn & Bacon.

McDevitt, M., Kiousis, S., & Wahl-Jorgensen, K. (2003). Spiral of moderation: Opinion expression in computer-mediated discussion. *International Journal of Public Opinion Research* 15 (winter), 454–470.

McDonald, E. J., McCabe, K., Yeh, M., Lau, A., Garland, A., & Hough, R. L. (2005). Cultural affiliation and self-esteem as predictors of internalizing symptoms among Mexican American adolescents. *Journal of Clinical Child and Adolescent Psychology* 34 (February), 163–171.

McGill, M. E. (1985). *The McGill report on male intimacy.* New York: Harper & Row.

McLaughlin, M. L. (1984). *Conversation: How talk is organized.* Thousand Oaks, CA: Sage.

McLaughlin, M. L., Cody, M. L., & Robey, C. S. (1980). Situational influences on the selection of strategies to resist compliance-gaining attempts. *Human Communication Research* 1, 14–36.

McNamee, S., & Gergen, K. J., eds. (1999). *Relational responsibility: Resources for sustainable dialogue.* Thousand Oaks, CA: Sage.

Medora, N. P., Larson, J. H., Hortacsu, N., & Dave, P. (2002). Perceived attitudes towards romanticism: A cross-cultural study of American, Asian-Indian, and Turkish young adults. *Journal of Comparative Family Studies,* 33 (spring), 155–178.

Meeks, B. S., Hendrick, S. S., & Hendrick, C. (1998). Communication, love and relationship satisfaction. *Journal of Social and Personal Relationships* 15, 755–773.

Mehl, M. R., Vazire, S., Ramirez-Esparza, N., Slatcher, R. B., & Pennebaker, J. W. (2007, July). Are women really more talkative than men? *Science* 6, 82.

Merton, R. K. (1957). *Social theory and social structure.* New York: Free Press.

Messick, R. M., & Cook, K. S., eds. (1983). *Equity theory: Psychological and sociological perspectives.* New York: Praeger.

Messmer, M. (1999). Skills for a new millennium: Accounting and financial professionals. *Strategic Finance Magazine* (August), 10ff.

Metts, S., & Cupach, W. R. (2008). Face theory. In *Engaging theories in interpersonal communication: Multiple perspectives* (pp. 203–214), L. A. Baxter & D. O. Braithwaite (eds.). Los Angeles: Sage.

Metts, S., & Planalp, S. (2002). Emotional communication. In *Handbook of Interpersonal Communication*, 3d ed., (pp. 339–373), M. L. Knapp & J. A. Daly (eds.). Thousand Oaks, CA: Sage.

Midooka, K. (1990). Characteristics of Japanese style communication. *Media, Culture and Society* 12, 477–489.

Miller, G. R. (1978). The current state of theory and research in interpersonal communication. *Human Communication Research* 4, 164–178.

Miller, G. R. (1990). Interpersonal communication. In *Human communication: Theory and research* (pp. 91–122), G. L. Dahnke & G. W. Clatterbuck (eds.). Belmont, CA: Wadsworth.

Miller, G. R., & Parks, M. R. (1982). Communication in dissolving relationships. In *Personal relationships 4. Dissolving personal relationships,* S. Duck (ed.). New York: Academic Press, pp. 127–154.

Mintz, N. L. (1956). Effects of esthetic surroundings: II. Prolonged and repeated experience in a beautiful and ugly room. *Journal of Psychology* 41, 459–466.

Moghaddam, F. M., Taylor, D. M., & Wright, S. C. (1993). *Social psychology in cross-cultural perspective.* New York: W. H. Freeman.

Molloy, J. (1981). *Molloy's live for success.* New York: Bantam.

Monahan, J. L. (1998). I don't know it but I like you. *Human Communication Research* 24, 480–500.

Mongeau, P. A., & Henningsen, M. L. M. (2008). Stage theories of relationship development. In *Engaging theories in interpersonal communication: Multiple perspectives* (pp. 363–375), L. A. Baxter & D. O. Braithwaite (eds.). Los Angeles: Sage.

Monin, B. (2003). The warm glow heuristic: When liking leads to familiarity. *Journal of Personality and Social Psychology* 85 (December), 1035–1048.

Monk, A., Fellas, E., & Ley, E. (2004). Hearing only one side of normal and mobile phone conversations. *Behaviour & Information Technology* 23 (September–October), 301–306.

Moon, D. G. (1996). Concepts of "culture": Implications for intercultural communication research. *Communication Quarterly* 44, 70–84.

Morahan-Martin, J., & Schumacher, P. (2003). Loneliness and social uses of the Internet. *Computers in Human Behavior* 19 (November), 659–671.

Morgan, R. (2008, March 16). A crash course in online gossip. *New York Times*, Styles, p. 7.

Morreale, S. P., & Pearson, J. C. (2008). Why communication education is important: The centrality of the discipline in the 21st century. *Communication Education* 57 (April), 224–240.

Morreale, S. P., Osborn, M. M., & Pearson, J. C. (2000). Why communication is important: A rationale for the centrality of the study of communication. *Journal of the Association for Communication Administration* 29 (January), 1–25.

Morrill, C. (1992). Vengeance among executives. *Virginia Review of Sociology* 1, 51–76.

Morris, D. (1977). *Manwatching: A field guide to human behavior.* New York: Abrams.

Morris, D. (2002). *Peoplewatching.* New York: Vintage.

Morrison, E. W., Chen, Y., & Salgado, S. R. (2004). Cultural differences in newcomer feedback seeking: A comparison of the United States and Hong Kong. *Applied Psychology: An International Review* 53 (January), 1–22.

Morrison, R. (2004). Informal relationships in the workplace: Associations with job satisfaction, organizational commitment and turnover intentions. *New Zealand Journal of Psychology* 33, 114–128.

Morrow, G. D., Clark, E. M., & Brock, K. F. (1995). Individual and partner love styles: Implications for the quality of romantic involvements. *Journal of Social and Personal Relationships* 12, 363–387.

Mosteller, T. (2008). *Relativism: A guide for the perplexed.* London: Continuum.

Motley, M. T. (1990a). On whether one can(not) not communicate: An examination via traditional communication postulates. *Western Journal of Speech Communication* 54, 1–20.

Motley, M. T. (1990b). Communication as interaction: A reply to Beach and Bavelas. *Western Journal of Speech Communication* 54, 613–623.

Mottet, T., & Richmond, V. P. (1998). Verbal approach and avoidance items. *Communication Quarterly* 46, 25–40.

Mullen, C. A. (2005). *Mentorship primer.* New York: Peter Lang.

Murstein, B. I., Merighi, J. R., & Vyse, S. A. (1991). Love styles in the United States and France: A cross-cultural comparison. *Journal of Social and Clinical Psychology* 10, 37–46.

Myers, S. A., & Zhong, M. (2004). Perceived Chinese instructor use of affinity-seeking strategies and Chinese college student motivation. *Journal of Intercultural Communication Research* 33 (September–December), 119–130.

Neff, K. D., & Harter, S. (2002). The authenticity of conflict resolutions among adult couples: Does women's other-oriented behavior reflect their true selves? *Sex Roles* 47 (November), 403–417.

Nelson, P. E., Pearson, J. C., & Kurylo, A. (2008). Developing an intellectual communication. In *Getting the most from your graduate education in communication: A student's handbook*, Morreale, S., & Arneson, P. (eds.). Washington, DC: National Communication Association.

Neugarten, B. (1979). Time, age, and the life cycle. *American Journal of Psychiatry* 136, 887–894.

Neuliep, J. W., & Grohskopf, E. L. (2000). Uncertainty reduction and communication satisfaction during initial interaction: An initial test and replication of a new axiom. *Communication Reports* 13 (summer), 67–77.

Neuliep, J. W., & McCroskey, J. C. (1997). The development of a U.S. and generalized ethnocentrism scale. *Communication Research Reports* 14, 385–398.

Ng, S. H., He, A., & Loong, C. (2004). Tri-generational family conversations: Communication accommodation and brokering. *British Journal of Social Psychology* 43 (September), 449–464.

Nicholas, C. L. (2004). Gaydar: Eye-gaze as identity recognition among gay men and lesbians. *Sexuality and Culture: An Interdisciplinary Quarterly* 8 (winter), 60–86.

Nicolai, J., & Demmel, R. (2007). The impact of gender stereotypes on the evaluation of general practitioners' communication skills: An experimental study using transcripts of physician–patient encounters. *Patient Education and Counseling* 69 (December), 200–205.

Nicotera, A. M., & Rancer, A. S. (1994). The influence of sex on self-perceptions and social stereotyping of aggressive communication predispositions. *Western Journal of Communication* 58, 283–307.

Niemeier, S., & Dirven, R. (eds.). (2000). *Evidence for linguistic relativity*. Philadelphia: John Benjamins.

Noble, B. P. (1994, August 14). The gender wars: Talking peace. *New York Times*, p. 21.

Noelle-Neumann, E. (1973). Return to the concept of powerful mass media. In *Studies in broadcasting: An international annual of broadcasting science*, H. Eguchi & K. Sata (eds.). Tokyo: Nippon Hoso Kyokai, pp. 67–112.

Noelle-Neumann, E. (1980). Mass media and social change in developed societies. In *Mass communication review yearbook*, Vol. 1, G. C. Wilhoit & H. de Bock (eds.). Thousand Oaks, CA: Sage, pp. 657–678.

Noelle-Neumann, E. (1991). The theory of public opinion: The concept of the spiral of silence. *Communication yearbook/14*, J. A. Anderson (ed.). Thousand Oaks, CA: Sage, pp. 256–287.

Noller, P., & Fitzpatrick, M. A. (1993). *Communication in family relationships*. Englewood Cliffs, NJ: Prentice-Hall.

Norton, M. I., Frost, J. H., & Ariely, D. (2007). Less is more: The lure of ambiguity, or why familiarity breeds contempt. *Journal of Personality and Social Psychology* 92 (January), 97–105.

Oatley, K., & Duncan, E. (1994). The experience of emotions in everyday life. *Cognition and Emotion* 8, 369–381.

Ober, C., Weitkamp, L. R., Cox, N., Dytch, H., Kostyu, D., & Elias, S. (1997). *American Journal of Human Genetics* 61, 494–496.

Oberg, K. (1960). Cultural shock: Adjustment to new cultural environments. *Practical Anthropology* 7, 177–182.

Oetzel, J. G., & Ting-Toomey, S. (2003). Face concerns in interpersonal conflict: A cross-cultural empirical test of the face negotiation theory. *Communication Research* 30 (December), 599–624.

O'Hair, D., Cody, M. J., Goss, B., & Krayer, K. J. (1988). The effect of gender, deceit orientation and communicator style on macro-assessments of honesty. *Communication Quarterly* 36, 77–93.

O'Hair, D., Cody, M. J., & McLaughlin, M. L. (1981). Prepared lies, spontaneous lies, Machiavellianism, and nonverbal communication. *Human Communication Research* 7, 325–339.

O'Hair, M. J., Cody, M. J., & O'Hair, D. (1991). The impact of situational dimensions on compliance-resisting strategies: A comparison of methods. *Communication Quarterly* 39, 226–240.

Okrent, D. (2005). Numbed by the numbers, when they just don't add up. *New York Times* (January 23), Section 4, 2.

Olson, E. (2002). Switzerland tells its men: Wash that pot! Mop that floor! *New York Times*, A14.

Olson, E. (2006, April 6). Better not miss the buss. *New York Times*, pp. G1–G2.

Onishi, N. (2005). In Japan crash, time obsession may be culprit. *New York Times* (April 27), A1, A9.

Oswald, D. L., Clark, E. M., & Kelly, C. M. (2004). Friendship maintenance: An analysis of individual and dyad behaviors. *Journal of Social and Clinical Psychology* 23 (June), 413–441.

Owens, T. J., Stryker, S., & Goodman, N. (eds.) (2002). *Extending self-esteem research: Sociological and psychological currents*. Cambridge, MA: Cambridge University Press.

Palmer, M. T. (1989). Controlling conversations: Turns, topics, and interpersonal control. *Communication Monographs* 56, 1–18.

Parker, J. G. (2004). Planning and communication crucial to preventing workplace violence. *Safety and Health* 170 (September), 58–61.

Parker, R. G., & Parrott, R. (1995). Patterns of self-disclosure across social support networks: Elderly, middle-aged, and young adults. *International Journal of Aging and Human Development* 41, 281–297.

Parks, M. R. (1995). Webs of influence in interpersonal relationships. In *Communication and social influence processes,* C. R. Berger & M. E. Burgoon (eds.). East Lansing: Michigan State University Press, pp. 155–178.

Parks, M. R., & Floyd, K. (1996). Making friends in cyberspace. *Journal of Communication* 46, 80–97.

Pasley, K., Kerpelman, J., & Guilbert, D. E. (2001). Gendered conflict, identity disruption, and marital instability: Expanding Gottman's model. *Journal of Personal and Social Relationships* 18, 5–27.

Patterson, C. (2000). Family relationships of lesbians and gay men. *Journal of Marriage and the Family* 62, 1052–1067.

Paul, A. M. (2001). Self-help: Shattering the myths. *Psychology Today* 34, 60ff.

Pearson, J. C. (1993). *Communication in the family,* 2d ed. Boston: Allyn & Bacon.

Pearson, J. C., & Spitzberg, B. H. (1990). *Interpersonal communication: Concepts, components, and contexts,* 2d ed. Dubuque, IA: William C. Brown.

Pearson, J. C., Turner, L. H., & Todd-Mancillas, W. (1991). *Gender and communication,* 2d ed. Dubuque, IA: William C. Brown.

Pearson, J. C., West, R., & Turner, L. H. (1995). *Gender and communication,* 3d ed. Dubuque, IA: William C. Brown.

Penfield, J., ed. (1987). *Women and language in transition.* Albany: State University of New York Press.

Pennebacker, J. W. (1991). *Opening up: The healing power of confiding in others.* New York: Morrow.

Peplau, L. A. (1988). Research on homosexual couples: An overview. In *Gay relationships,* J. DeCecco (ed.). New York: Harrington Park Press, pp. 33–40.

Peterson, C. C. (1996). The ticking of the social clock: Adults' beliefs about the timing of transition events. *International Journal of Aging and Human Development* 42, 189–203.

Petrocelli, W., & Repa, B. K. (1992). *Sexual harassment on the job.* Berkeley, CA: Nolo Press.

Pinker, S. (1994). *The language instinct: How the mind creates language.* New York: Morrow.

Plaks, J. E., Grant, H., & Dweck, C. S. (2005). Violations of implicit theories and the sense of prediction and control: Implications for motivated person perception. *Journal of Personality and Social Psychology* 88 (February), 245–262.

Plutchik, R. (1980). *Emotion: A psycho-evolutionary synthesis.* New York: Harper & Row.

Pollack, A. (1996). Happy in the East (^—^) or smiling (:—) in the West. *New York Times* (August 12), D5.

Pornpitakpan, C. (2003). The effect of personality traits and perceived cultural similarity on attraction. *Journal of International Consumer Marketing* 15, 5–30.

Porter, R. H., & Moore, J. D. (1981). Human kin recognition by olfactory cues. *Physiology and Behavior* 27, 493–495.

Porter, S., Brit, A. R., Yuille, J. C., & Lehman, D. R. (2000). Negotiating false memories: Interviewer and remember

characteristics relate to memory distortion. *Psychological Science* 11 (November), 507–510.

Powell, M. (2005). *Behave yourself!: The essential guide to international etiquette.* Guilford, CT: Globe Pequot.

Prosky, P. S. (1992). Complementary and symmetrical couples. *Family Therapy* 19, 215–221.

Prusank, D. T., Duran, R. L., & DeLillo, D. A. (1993). Interpersonal relationships in women's magazines: Dating and relating in the 1970s and 1980s. *Journal of Social and Personal Relationships* 10, 307–320.

Rabinowitz, F. E. (1991). The male-to-male embrace: Breaking the touch taboo in a men's therapy group. *Journal of Counseling and Development* 69, 574–576.

Radford, M. H., Mann, L., Ohta, Y., & Nakane, Y. (1993). Differences between Australian and Japanese students in decisional self-esteem, decisional stress, and coping styles. *Journal of Cross-Cultural Psychology* 24, 284–297.

Rancer, A. S. (1998). Argumentativeness. In *Communication and Personality: Trait Perspectives,* J. C. McCroskey, J. A. Daly, M. M. Martin, & M. J. Beatty (eds.). Cresskill, NJ: Hampton Press, pp. 149–170.

Rancer, A. S., & Avtgis, T. A. (2006). *Argumentative and aggressive communication: Theory, research, and application.* Thousand Oaks, CA: Sage.

Raney, R. F. (2000). Study finds Internet of social benefit to users. *New York Times* (May 11), G7.

Rappaport, H., Enrich, K., & Wilson, A. (1985). Relation between ego identity and temporal perspective. *Journal of Personality and Social Psychology* 48, 1609–1620.

Rapsa, R., & Cusack, J. (1990). Psychiatric implications of tattoos. *American Family Physician* 41, 1481–1486.

Raven, B., Centers, C., & Rodrigues, A. (1975). The bases of conjugal power. In *Power in families,* R. E. Cromwell & D. H. Olson (eds.). New York: Halsted Press, pp. 217–234.

Raven, B. H., Schwarzwald, J., & Koslowsky, M. (1998). Conceptualizing and measuring a power/interaction model of interpersonal influence. *Journal of Applied Social Psychology* 28, 307–332.

Rawlins, W. K. (1983). Negotiating close friendship: The dialectic of conjunctive freedoms. *Human Communication Research* 9, 255–266.

Rawlins, W. K. (1989). A dialectical analysis of the tensions, functions, and strategic challenges of communication in young adult friendships. In *Communication yearbook 12,* (pp. 157–189), J. A. Andersen (ed.), Thousand Oaks, CA: Sage.

Rawlins, W. K. (1992). *Friendship matters: Communication, dialectics, and the life course.* Hawthorne, NY: Aldine DeGruyter.

Read, A. W. (2004). Language revision by deletion of absolutisms. *ETC: A Review of General Semantics* 61 (December), 456–462.

Reardon, K. K. (1987). *Where minds meet: Interpersonal communication.* Belmont, CA: Wadsworth.

Rector, M., & Neiva, E. (1996). Communication and personal relationships in Brazil. In *Communication in personal relationships across cultures,* W. B. Gudykunst, S. Ting-Toomey, & T. Nishida (eds.). Thousand Oaks, CA: Sage, pp. 156–173.

Reed, M. D. (1993, Fall). Sudden death and bereavement outcomes: The impact of resources on grief, symptomatology and detachment. *Suicide and Life-Threatening Behavior* 23, 204–220.

Regan, P. C., Durvasula, R., Howell, L., Ureno, O., & Rea, M. (2004). Gender, ethnicity, and the developmental timing of first sexual and romantic experiences. *Social Behavior and Personality: An International Journal* 32 (November), 667–676.

Regan, P. C., Kocan, E. R., & Whitlock, T. (1998). Ain't love grand! A prototype analysis of the concept of romantic love. *Journal of Social and Personal Relationships* 15, 411–420.

Reiner, D., & Blanton, K. (1997). *Person to person on the Internet.* Boston: AP Professional.

Reisenzein, R. (1983). The Schachter theory of emotion: Two decades later. *Psychological Bulletin* 94, 239–264.

Reisman, J. (1979). *Anatomy of friendship.* Lexington, MA: Lewis.

Reisman, J. M. (1981). Adult friendships. In *Personal relationships. 2: Developing personal relationships,* S. Duck & R. Gilmour (eds.). New York: Academic Press, pp. 205–230.

Remland, M. S. (2006). Uses and consequences of nonverbal communication in the context of organizational life. In *The Sage handbook of nonverbal communication* (pp. 501–519), V. Manusov & M. L. Patterson (eds.). Thousand Oaks, CA: Sage.

Rhee, K. Y., & Kim, W-B (2004). The adoption and use of the Internet in South Korea. *Journal of Computer Mediated Communication* 9 (4, July).

Rhee, S., Chang, J., & Rhee, J. (2003). Acculturation, communication patterns, and self-esteem among Asian and Caucasian American adolescents. *Adolescence* 38 (winter), 749–768.

Rice, M. (2007). Domestic violence. *National Center for PTSD Fact Sheet.* http://www.ncptsd.va.gov/ncmain/ncdocs/fact_shts/fs_domestic_violence.html. Accessed May 20, 2008.

Rich, A. L. (1974). *Interracial communication.* New York: Harper & Row.

Richards, I. A. (1951). Communication between men: The meaning of language. In *Cybernetics, Transactions of the Eighth Conference,* Heinz von Foerster (ed.).

Richmond, V. P., Davis, L. M., Saylor, K., & McCroskey, J. C. (1984). Power strategies in organizations: Communication techniques and messages. *Human Communication Research* 11, 85–108.

Richmond, V. P., & McCroskey, J. C. (1984). Power in the classroom II: Power and learning. *Communication Education* 33, 125–136.

Richmond, V. P., McCroskey, J. C., & Hickson, M. L. (2008). *Nonverbal behavior in interpersonal relations,* 6th ed. Boston: Allyn & Bacon.

Richmond, V. P., Smith, R., Heisel, A., & McCroskey, J. C. (2001). Nonverbal immediacy in the physician/patient relationship. *Communication Research Reports* 18, 211–216.

Riggio, R. E. (1987). *The charisma quotient.* New York: Dodd, Mead.

Riggio, R. E., & Feldman, R. S. (eds.). (2005). *Applications of nonverbal communication.* Mahwah, NJ: Erlbaum.

Rivlin, G. (2005). Hate Messages on Google Site Draw Concern. *New York Times* (February 7), C1, C7.

Roeher Institute (1995). *Harm's way: The many faces of violence and abuse against persons with disabilities.* North York (Ontario): Roeher Institute.

Rogers, C. (1970). *Carl Rogers on encounter groups.* New York: Harrow Books.

Rogers, C., & Farson, R. (1981). Active listening. In *Communication: Concepts and Processes,* 3d ed., J. DeVito (ed.). Englewood Cliffs, NJ: Prentice-Hall, pp. 137–147.

Rohlfing, M. E. (1995). "Doesn't anybody stay in one place anymore?" An exploration of the under-studied phenomenon of long-distance relationships. In *Under-studied relationships: Off the beaten track,* J. T. Wood & S. Duck (eds.). Thousand Oaks, CA: Sage, pp. 173–196.

Rokach, A. (1998). The relation of cultural background to the causes of loneliness. *Journal of Social and Clinical Psychology* 17, 75–88.

Rokach, A., & Brock, H. (1995). The effects of gender, marital status, and the chronicity and immediacy of loneliness. *Journal of Social Behavior and Personality* 19, 833–848.

Roloff, M. E., & Solomon, D. H. (2002). Conditions under which relational commitment leads to expressing or withholding relational complaints. *International Journal of Conflict Management* 13, 276–291.

Ronfeldt, H. M., Kimerling, R., & Arias, I. (1998). Satisfaction with relationship power and the perpetration of dating violence. *Journal of Marriage and the Family* 60 (February), 70–78.

Rosen, E. (1998). Think like a shrink. *Psychology Today* (October), 54–59.

Rosenbaum, M. E. (1986). The repulsion hypothesis. On the nondevelopment of relationships. *Journal of Personality and Social Psychology* 51, 1156–1166.

Rosengren, A., Orth-Gomér, K., Wedel, H., & Wilhelmsen, L. (1993). Stressful life events, social support, and mortality in men born in 1933. *British Medical Journal* (October 19). Cited in Goleman (1995a).

Rosenthal, R. (2002). The Pygmalion effect and its mediating mechanism. In *Improving academic achievement: Impact of psychological factors on education* (pp. 25–36), J. Aronson (ed.). San Diego, CA: Academic Press.

Rowland-Morin, P. A., & Carroll, J. G. (1990). Verbal communication skills and patient satisfaction: A study of doctor-patient interviews. *Evaluation and the Health Professions* 13, 168–185.

Ruben, B. D. (1985). Human communication and cross-cultural effectiveness. In *Intercultural Communication: A Reader,* 4th ed., L. A. Samovar & R. E. Porter (eds.). Belmont, CA: Wadsworth, pp. 338–346.

Rubenstein, C. (1993). Fighting sexual harassment in schools. *New York Times* (June 10), C8.

Rubin, D. C., Groth, E., & Goldsmith, D. J. (1984). Olfactory cues of autobiographical memory. *American Journal of Psychology* 97, 493–507.

Rubin, R. B., & Graham, E. E. (1988). Communication correlates of college success: An exploratory investigation. *Communication Education* 37, 14–27.

Rubin, R. B., & Martin, M. M. (1994). Development of a measure of interpersonal communication competence. *Communication Research Reports* 11, 33–44.

Rubin, R. B., & McHugh, M. (1987). Development of parasocial interaction relationships. *Journal of Broadcasting and Electronic Media* 31, 279–292.

Rubin, Z. (1973). *Liking and loving: An invitation to social psychology.* New York: Holt, Rinehart & Winston.

Rusbult, C. E., & Buunk, B. P. (1993). Commitment processes in close relationships: An interdependence analysis. *Journal of Social and Personal Relationships* 10, 175–204.

Rushe, R. H. (1996). Tactics of power and influence in violent marriages. *Dissertation abstracts international: Section B: The Sciences and Engineering* (University of Washington), 57, 1453.

Rydell, R. J., McConnell, A. R., & Bringle, R. G. (2004). Jealousy and commitment: Perceived threat and the effect of relationship alternatives. *Personal Relationships* 11 (December), 451–468.

Sabatelli, R. M., & Pearce, J. (1986). Exploring marital expectations. *Journal of Social and Personal Relationships* 3, 307–321.

Sagrestano, L. M., Heavey, C. L., & Christensen, A. (2006). Individual differences versus social structural approaches to explaining demand–withdrawal and social influence behaviors. In *Sex differences and similarities in communication*, 2d ed. (pp. 379–395), K. Dindia & D. J. Canary (eds.). Mahwah, NJ: Erlbaum.

Sagula, D., & Rice, K. G. (2004). The effectiveness of mindfulness training on the grieving process and emotional well-being of chronic pain patients. *Journal of Clinical Psychology in Medical Settings* 11 (December), 333–342.

Sahlstein, E. M. (2004). Relating at a distance: Negotiating being together and being apart in long-distance relationships. *Journal of Social and Personal Relationships* 21 (October), 689–710.

Samter, W. (2004). Friendship interaction skills across the life span. In *Handbook of communication and social interaction skills* (pp. 637–684), J. O. Greene & B. R. Burleson (eds.). Mahwah, NJ: Lawrence Erlbaum.

Samter, W., & Cupach, W. R. (1998). Friendly fire: Topics variations in conflict among same- and cross-sex friends. *Communication Studies* 49, 121–138.

Sanders, J. A., Wiseman, R. L., & Matz, S. I. (1991). Uncertainty reduction in acquaintance relationships in Ghana and the United States. In *Cross-cultural interpersonal communication*, S. Ting-Toomey & F. Korzenny (eds.). Thousand Oaks, CA: Sage, pp. 79–98.

Sapadin, L. A. (1988). Friendship and gender: Perspectives of professional men and women. *Journal of Social and Personal Relationships* 5, 387–403.

Sarwer, D. B., Kalichman, S. C., Johnson, J. R., Early, J., et al. (1993). Sexual aggression and love styles: An exploratory study. *Archives of Sexual Behavior* 22, 265–275.

Satir, V. (1983). *Conjoint Family Therapy*, 3d ed. Palo Alto, CA: Science and Behavior Books.

Savitsky, K., Epley, N., & Gilovich, T. (2001). Do others judge us as harshly as we think? Overestimating the impact of our failures, shortcomings, and mishaps. *Journal of Personality and Social Psychology* 81 (July), 44–56.

Scandura, T. (1992). Mentorship and career mobility: An empirical investigation. *Journal of Organizational Behavior* 13, 169–174.

Schaap, C., Buunk, B., & Kerkstra, A. (1988). Marital conflict resolution. In *Perspectives on marital interaction*, P. Noller & M. A. Fitzpatrick (eds.). Philadelphia: Multilingual Matters, pp. 203–244.

Schachter, S. (1971). *Emotion, obesity and crime.* New York: Academic Press.

Schegloff, E. (1982). Discourses as an interactional achievement: Some uses of "uh huh" and other things that come between sentences. In *Georgetown University roundtable on language and linguistics*, Deborah Tannen (ed.). Washington, DC: Georgetown University Press, pp. 71–93.

Scheufele, D. A., & Moy, P. (2000). Twenty-five years of the spiral of silence: A conceptual review and empirical outlook. *International Journal of Public Opinion Research* 12 (spring), 3–28.

Schmidt, T. O., & Cornelius, R. R. (1987). Self-disclosure in everyday life. *Journal of Social and Personal Relationships* 4, 365–373.

Schoeneman, T. J., & Rubanowitz, E. E. (1985). Attributions in the advice columns: Actors and observers, causes and reasons. *Personality and Social Psychology Bulletin* 11, 315–325.

Schott, G., & Selwyn, N. (2000). Examining the "male, antisocial" stereotype of high computer users. *Journal of Educational Computing Research* 23, 291–303.

Schrodt, P. (2003). Students' appraisals of instructors as a function of students' perceptions of instructors' aggressive communication. *Communication Education* 52 (April), 106–121.

Schutz, A. (1999). It was your fault! Self-serving biases in autobiographical accounts of conflicts in married couples. *Journal of Social and Personal Relationships* 16, 193–208.

Schwartz, E. (2005). Watch what you say. *InfoWorld* 27 (February 28), 8.

Schwartz, M., and the Task Force on Bias-Free Language of the Association of American University Presses (1995). *Guidelines for bias-free writing.* Bloomington: Indiana University Press.

Scott, M. L., & Lyman, S. M. (1968). Accounts. *American Sociological Review* 33, 46–62.

Seiter, J. S. (2007). Ingratiation and gratuity: The effect of complimenting customers on tipping behavior in restaurants. *Journal of Applied Social Psychology* 37 (March), 478–485.

Seiter, J. S., & Sandry, A. (2003). Pierced for success?: The effects of ear and nose piercing on perceptions of job candidates' credibility, attractiveness, and hirability. *Communication Research Reports* 20 (Fall), 287–298.

Serewicz, M. C. M., & Petronio, S. (2007). Communication privacy management theory. In *Explaining communication: Contemporary theories and exemplars* (pp. 257–274), B. B. Whaley, & W. Samter (eds.). Mahwah, NJ: Erlbaum.

Severin, W. J. & Tankard, J. W., Jr. (2001). *Communication theories: Origins, methods, and uses in the mass media.* Boston: Allyn & Bacon.

Shaw, L. H., & Grant, L. M. (2002). Users divided? Exploring the gender gap in Internet use. *CyberPsychology & Behavior* 5 (December), 517–527.

Sheese, B. E., Brown, E. L, & Graziano, W. G. (2004). Emotional expression in cyberspace: Searching for moderators of the Pennebaker disclosure effect via e-mail. *Health Psychology* 23 (September), 457–464.

Shelton, J. N., & Richeson, J. A. (2005). Intergroup contact and pluralistic ignorance. *Journal of Personality and Social Psychology* 88 (January), 91–107.

Sheppard, J. A., & Strathman, A. J. (1989). Attractiveness and height: The role of stature in dating preferences, frequency of dating, and perceptions of attractiveness. *Personality and Social Psychology* 15, 617–627.

Shibazaki, K., & Brennan, K. A. (1998). When birds of different features flock together: A preliminary comparison of intra-ethnic and inter-ethnic dating relationships. *Journal of Social and Personal Relationships* 15, 248–256.

Shimanoff, S. (1980). *Communication rules: Theory and research.* Thousand Oaks, CA: Sage.

Shirley, J. A., Powers, W. G., & Sawyer, C. R. (2007). Psychologically abusive relationships and self-disclosure orientations. *Human Communication* 10, 289–302.

Short, J., Williams, E., & Christie, B. (1976). *The social psychology of telecommunication.* London: Wiley.

Siavelis, R. L., & Lamke, L. K. (1992). Instrumentalness and expressiveness: Predictors of heterosexual relationship satisfaction. *Sex Roles* 26, 149–159.

Siegert, J. R., & Stamp, G. H. (1994). "Our first big fight" as a milestone in the development of close relationships. *Communication Monographs* 61, 345–360.

Silverman, T. (2001). Expanding community: The Internet and relational theory. *Community, Work and Family* 4, 231–237.

Singelis, T. M. (1994). The measurement of independent and interdependent self-construals. *Personality and Social Psychology Bulletin* 20, 580–591.

Singh, N., & Pereira, A. (2005). *The culturally customized web site.* Oxford, UK: Elsevier Butterworth-Heinemann.

Sizemore, D. S. (2004). Ethnic inclusion and exclusion. *Journal of Contemporary Ethnography* 33 (October), 534–570.

Skinner, M. (2002). In search of feedback. *Executive Excellence* (June), 18.

Slade, M. (1995). We forgot to write a headline. But it's not our fault. *New York Times* (February 19), 5.

Smith, A., & Williams, K. D. (2004). R U There? Ostracism by cell phone text messages. *Group Dynamics* 8 (December), 291–301.

Smith, B. (1996). Care and feeding of the office grapevine. *Management Review* 85 (February), 6.

Smith, C. S. (2002). Beware of green hats in China and other cross-cultural faux pas. *New York Times* (April 30), C11.

Smith, D. (2003, December 2). Doctors cultivate a skill: Listening. *New York Times*, p. 6.

Smith, M. H. (2003). Body adornment: Know the limits. *Nursing Management* 34 (February), 22–23.

Smith, R. (2004). The teaching of communication skills may be misguided. *British Medical Journal* 328 (April 10), 1–2.

Smith, S. M., & Shaffer, D. R. (1991). Celerity and cajolery: Rapid speech may promote or inhibit persuasion through its impact on message elaboration. *Personality and Social Psychology Bulletin* 17 (December), 663–669.

Smith, S. M., & Shaffer, D. R. (1995). Speed of speech and persuasion: Evidence for multiple effects. *Personality and Social Psychology Bulletin* 21 (October), 1051–1060.

Snyder, C. R. (1984). Excuses, excuses. *Psychology Today* 18, 50–55.

Snyder, C. R., Higgins, R. L., and Stucky, R. J. (1983). *Excuses: Masquerades in search of grace.* New York: Wiley.

Snyder, M. (1992). A gender-informed model of couple and family therapy: Relationship enhancement therapy. *Contemporary Family Therapy: An International Journal* 14 (February), 15–31.

Solomon, D. H., & Samp, J. A. (1998). Power and problem appraisal: Perceptual foundations of the chilling effect in dating relationships. *Journal of Social and Personal Relationships* 15, 191–209.

Sommer, K. L., Williams, K. D., Ciarocco, N. J., & Baumeister, R. F. (2001). When silence speaks louder than words: Explorations into the intrapsychic and interpersonal consequences of social ostracism. *Basic and Applied Social Psychology* 23, 225–243.

Sommers, S. (1984). Reported emotions and conventions of emotionality among college students. *Journal of Personality and Social Psychology* 46, 207–215.

Sorenson, P. S., Hawkins, K., & Sorenson, R. L. (1995). Gender, psychological type and conflict style preference. *Management Communication Quarterly* 9, 115–126.

Spencer, T. (1993). A new approach to assessing self-disclosure in conversation. Paper presented at the Annual Convention of the Western Speech Communication Association, Albuquerque, New Mexico.

Spencer, T. (1994). Transforming relationships through everyday talk. In *The Dynamics of Relationships: Vol. 4. Understanding Relationships*, S. Duck (ed.). Thousand Oaks, CA: Sage.

Spett, M. (2004). Expressing negative emotions: Healthy catharsis or sign of pathology? http://www.nj-act.org/article2.html. Accessed May 19, 2008.

Spitzberg, B. H. (1991). Intercultural communication competence. In *Intercultural communication: A reader*, L. A. Samovar & R. E. Porter (eds.). Belmont, CA: Wadsworth, pp. 353–365.

Spitzberg, B. H., & Cupach, W. R. (1989). *Handbook of interpersonal competence research*. New York: Springer-Verlag.

Spitzberg, B. H., & Hecht, M. L. (1984). A component model of relational competence. *Human Communication Research* 10, 575–599.

Sprecher, S. (1987). The effects of self-disclosure given and received on affection for an intimate partner and stability of the relationship. *Journal of Social and Personal Relationships* 4, 115–127.

Sprecher, S. (2001). Equity and social exchange in dating couples: Associations with satisfaction, commitment, and stability. *Journal of Marriage and the Family* 63 (August), 599–613.

Sprecher, S., & Hendrick, S. S. (2004). Self-disclosure in intimate relationships: Associations with individual and relationship characteristics over time. *Journal of Social and Clinical Psychology* 23 (December), 857–877.

Sprecher, S., & Metts, S. (1989). Development of the "Romantic Beliefs Scale" and examination of the effects of gender and gender-role orientation. *Journal of Social and Personal Relationships* 6, 387–411.

Sprecher, S., & Toro-Morn, M. (2002). A study of men and women from different sides of earth to determine if men are from Mars and women are from Venus in their beliefs about love and romantic relationships. *Sex Roles* 46 (March), 131–147.

Stafford, L. (2004). *Maintaining long-distance and cross-residential relationships*. Mahwah, NJ: Erlbaum.

Stafford, L. (2008). Social exchange theories. In *Engaging theories in interpersonal communication: Multiple perspectives* (pp. 377–390), L. A. Baxter & D. O. Braithwaite (eds.). Los Angeles: Sage.

Stafford, L., Kline, S. L., & Dimmick, J. (1999). Home e-mail: Relational maintenance and gratification opportunities. *Journal of Broadcasting and Electronic Media* 43, 659–669.

Stafford, L., & Merolla, A. J. (2007). Idealization, reunions, and stability in long-distance dating relationships. *Journal of Social and Personal Relations* 24, 37–54.

Stein, M. M., & Bowen, M. (2003). Building a customer satisfaction system: Effective listening when the customer speaks. *Journal of Organizational Excellence* 22 (summer), 23–34.

Steiner, C. (1981). *The other side of power*. New York: Grove.

Stephan, W. G., & Stephan, C. W. (1985). Intergroup anxiety. *Journal of Social Issues* 41, 157–175.

Stephen, R., & Zweigenhaft, R. L. (1986). The effect of tipping of a waitress touching male and female customers. *Journal of Social Psychology* 126 (February), 141–142.

Stephens, G. K., & Greer, C. R. (1995). Doing business in Mexico: Understanding cultural differences. *Organizational Dynamics* 24, 39–55.

Sternberg, R. J. (1986). A triangular theory of love. *Psychological Review* 93, 119–135.

Sternberg, R. J. (1988). *The triangle of love: Intimacy, passion, commitment*. New York: Basic Books.

Sternberg, R. J., & Weis, K. (2008). *The new psychology of love*. New Haven, CT: Yale University Press.

Sternglanz, R. W., & DePaulo, B. (2004). Reading nonverbal cues to emotions: The advantages and liabilities of relationship closeness. *Journal of Nonverbal Behavior* 28 (winter), 245–266.

Stewart, L. P., Cooper, P. J., & Stewart, A. D. (with Friedley, S. A.). (2003). *Communication and gender*, 4th ed. Boston: Allyn & Bacon.

Stewart, S. (2006). A pilot study of email in an e-mentoring relationship. *Journal of Telemedicine and Telecare* 12 (October), 83–85.

Strassberg, D. S., & Holty, S. (2003). An experimental study of women's Internet personal ads. *Archives of Sexual Behavior* 32 (June), 253–260.

Strecker, I. (1993). Cultural variations in the concept of "face." *Multilingua* 12, 119–141.

Suler, J. (2004). The online disinhibition effect. *CyberPsychology and Behavior* 7 (June), 321–326.

Sunnafrank, M., & Ramirez, A. (2004). At first sight: Persistent relational effects of get-acquainted conversations. *Journal of Social and Personal Relationships* 21 (June), 361–379.

Sutcliffe, K., Lewton, E., & Rosenthal, M. M. (2004). Communication failures: An insidious contributor to medical mishaps. *Academic Medicine* 79 (February), 186–194.

Sutter, D. L., & Martin, M. M. (1998). Verbal aggression during disengagement of dating relationships. *Communication Research Reports* 15, 318–326.

Tang, S., & Zuo, J. (2000). Dating attitudes and behaviors of American and Chinese college students. *The Social Science Journal* 37 (January), 67–78.

Tannen, D. (1990). *You just don't understand: Women and men in conversation*. New York: Morrow.

Tannen, D. (1994a). *Gender and discourse*. New York: Oxford University Press.

Tannen, D. (1994b). *Talking from 9 to 5*. New York: Morrow.

Taraban, C. B., & Hendrick, C. (1995). Personality perceptions associated with six styles of love. *Journal of Social and Personal Relationships* 12, 453–461.

Tardiff, T. (2001). Learning to say "no" in Chinese. *Early Education and Development* 12, 303–323.

Tata, J. (2000). Toward a theoretical framework of inter-cultural account-giving and account evaluation. *International Journal of Organizational Analysis* 8, 155–178.

Tavris, C. (1989). *Anger: The misunderstood emotion* (2nd ed.). New York: Simon & Schuster.

Teven, J. J., Richmond, V. P., & McCroskey, J. C. (1998). Measuring tolerance for disagreement. *Communication Research Reports* 15, 209–221.

Thelen, M. H., Sherman, M. D., & Borst, T. S. (1998). Fear of intimacy and attachment among rape survivors. *Behavior Modification* 22, 108–116.

Thibaut, J. W., & Kelley, H. H. (1959). *The social psychology of groups.* New York: Wiley. Reissued (1986). New Brunswick, NJ: Transaction Books.

Thomlison, D. (1982). *Toward interpersonal dialogue.* New York: Longman.

Thompson, C. A., & Klopf, D. W. (1991). An analysis of social style among disparate cultures. *Communication Research Reports* 8, 65–72.

Thompson, C. A., Klopf, D. W., & Ishii, S. (1991). A comparison of social style between Japanese and Americans. *Communication Research Reports* 8, 165–172.

Thorne, B., Kramarae, C., & Henley, N. (eds.). (1983). *Language, gender and society.* Rowley, MA: Newbury House.

Tierney, P., & Farmer, S. M. (2004). The Pygmalion process and employee creativity. *Journal of Management* 30 (June), 413–432.

Ting-Toomey, S. (1981). Ethnic identity and close friendship in Chinese-American college students. *International Journal of Intercultural Relations* 5, 383–406.

Ting-Toomey, S. (1985). Toward a theory of conflict and culture. *International and Intercultural Communication Annual* 9, 71–86.

Ting-Toomey, S. (1986). Conflict communication styles in black and white subjective cultures. In *Interethnic communication: Current research,* Y. Y. Kim (ed.). Thousand Oaks, CA: Sage, pp. 75–88.

Tinsley, C. H., & Brett, J. M. (2001). Managing workplace conflict in the United States and Hong Kong. *Organizational Behavior and Human Decision Processes* 85, 360–381.

Tolhuizen, J. H. (1986). Perceiving communication indicators of evolutionary changes in friendship. *Southern Speech Communication Journal* 52, 69–91.

Tolhuizen, J. H. (1989). Communication strategies for intensifying dating relationships: Identification, use, and structure. *Journal of Social and Personal Relationships* 6, 413–434.

Trager, G. L. (1958). Paralanguage: A first approximation. *Studies in Linguistics* 13, 1–12.

Trager, G. L. (1961). The typology of paralanguage. *Anthropological Linguistics* 3, 17–21.

Trower, P. (1981). Social skill disorder. In *Personal Relationships* 3, S. Duck & R. Gilmour (eds.). New York: Academic Press, pp. 97–110.

Tsiantar, D. (2005). The cost of incivility. *Time* (February 14), B5.

Tynes, B. M. (2007). Internet safety gone wild? Sacrificing the educational and psychosocial benefits of online social environments. *Journal of Adolescent Research* 22, 575–584.

Ueleke, W., et al. (1983). Inequity resolving behavior as a response to inequity in a hypothetical marital relationship. *A Quarterly Journal of Human Behavior* 20, 4–8.

Unger, F. L. (2001). Speech directed at able-bodied adults, disabled adults, and disabled adults with speech impairments. *Dissertation Abstracts International: Second B: The Sciences and Engineering,* 62, 1146.

Vainiomaki, T. (2004). Silence as a cultural sign. *Semiotica* 150, 347–361.

Valkenburg, P. M., & Peter, J. (2007). Online communication and adolescent well-being: Testing the stimulation versus the displacement hypothesis. *Journal of Computer-Mediated Communication* 12, article 2. http://jcmc.indiana.edu/vol12/issue4/Valkenburg.html. Accessed May 28, 2008.

VanHyning, M. (1993). *Crossed signals: How to say no to sexual harassment.* Los Angeles: Infotrends Press.

Varma, A., Toh, S. M, & Pichler, S. (2006). Ingratiation in job applications: Impact on selection decisions. *Journal of Managerial Psychology* 21, 200–210.

Veenendall, T. L., & Feinstein, M. C. (1995). *Let's talk about relationships: Cases in study.* Prospect Heights, IL: Waveland Press.

Velting, D. M. (1999). Personality and negative expectations: Trait structure of the Beck Hopelessness Scale. *Personality and Individual Differences* 26, 913–921.

Victor, D. (1992). *International business communication.* New York: HarperCollins.

von Tetzchner, S., & Jensen, K. (1999). Interacting with people who have severe communication problems: Ethical considerations. *International Journal of Disability, Development and Education* 46 (December), 453–462.

Vonk, R. (2002). Self-serving interpretations of flattery: Why ingratiation works. *Journal of Personality and Social Psychology* 82 (April), 515–526.

Voo, J. (2007). How to handle an office romance. http://www.cnn.com/2007/living/worklife/08/29/office.romance/index.html. Accessed May 20, 2008.

Vrij, A., & Mann, S. (2001). Telling and detecting lies in a high-stake situation: The case of a convicted murderer. *Applied Cognitive Psychology,* 15 (March–April), 187–203.

Waddington, K. (2004). Psst—spread the word—gossiping is good for you. *Practice Nurse* 27, 7–10.

Wade, C., & Tavris, C. (2007). *Psychology,* 9th ed. Upper Saddle River, NJ: Prentice-Hall.

Wade, N. (2002). Scent of a man is linked to a woman's selection. *New York Times* (January 22), F2.

Walster, E., Walster, G. W., & Berscheid, E. (1978). *Equity: Theory and research.* Boston: Allyn & Bacon.

Walster, E., Walster, G. W., & Traupmann, J. (1978). Equity and premarital sex. *Journal of Personality and Social Psychology* 36, 82–92.

Walther, J. B. (2008). Social information processing theory. In *Engaging theories in interpersonal communication: Multiple perspectives* (pp. 391–404), L. A. Baxter & D. O. Braithwaite (eds.). Los Angeles: Sage.

Walther, J. B., & Parks, M. R. (2002). Cues filtered out, cues filtered in: Computer-mediated communication and relationships. In *Handbook of interpersonal communication,* (pp. 529–563), M. L. Knapp and J. A. Daly (eds.). Thousand Oaks, CA: Sage.

Walther, J. D. (1992). Interpersonal effects in computer-mediated interaction: A relational perspective. *Communication Research* 19, 52–90.

Wan, C. (2004). The psychology of culture shock. *Asian Journal of Social Psychology* 7 (August), 233–234.

Ward, C., Bochner, S., & Furnham, A. (eds.). (2001). *The psychology of culture shock.* Hove, UK: Routledge.

Ward, S. F. (2003). Lawyers in love. *ABA Journal* 89 (September), 37.

Watzlawick, P. (1977). *How real is real? Confusion, disinformation, communication: An anecdotal introduction to communications theory.* New York: Vintage.

Watzlawick, P. (1978). *The language of change: Elements of therapeutic communication.* New York: Basic Books.

Watzlawick, P., Beavin, J. H., & Jackson, D. D. (1967). *Pragmatics of human communication: A study of interactional patterns, pathologies, and paradoxes.* New York: Norton.

Weathers, M. D., Frank, E. M., & Spell, L. A. (2002). Differences in the communication of affect: Members of the same race versus members of a different race. *Journal of Black Psychology* 28, 66–77.

Weigel, D. J., & Ballard-Reisch, D. S. (1999). Using paired data to test models of relational maintenance and marital quality. *Journal of Social and Personal Relationships* 16, 175–191.

Weinberg, H. L. (1959). *Levels of knowing and existence.* New York: Harper & Row.

Weitzman, P. F. (2001). Young adult women resolving interpersonal conflicts. *Journal of Adult Development* 8, 61–67.

Weitzman, P. F., & Weitzman, E. A. (2000). Interpersonal negotiation strategies in a sample of older women. *Journal of Clinical Geropsychology* 6, 41–51.

Wert, S. R., & Salovey, P. (2004). A social comparison account of gossip. *Review of General Psychology* 8 (June), 122–137.

Wertz, D. C., Sorenson, J. R., & Heeren, T. C. (1988). Can't get no (dis)satisfaction: Professional satisfaction with professional-client encounters. *Work and Occupations* 15, 36–54.

Westwood, R. I., Tang, F. F., & Kirkbride, P. S. (1992). Chinese conflict behavior: Cultural antecedents and behavioral consequences. *Organizational Development Journal* 10, 13–19.

Wheeless, L. R., & Grotz, J. (1977). The measurement of trust and its relationship to self-disclosure. *Human Communication Research* 3, 250–257.

Whitty, M. T. (2003a). Cyber-flirting: Playing at love on the Internet. *Theory and Psychology* 13 (June), 339–357.

Whitty, M. T. (2003b). Logging onto love: An examination of men's and women's flirting behaviour both offline and on the Internet. *Australian Journal of Psychology* 55, 68–72.

Whitty, M., & Gavin, J. (2001). Age/sex/location: Uncovering the social cues in the development of online relationships. *CyberPsychology and Behavior* 4, 623–630.

Wiederman, M. W., & Hurd, C. (1999). Extradyadic involvement during dating. *Journal of Social and Personal Relationships* 16, 265–274.

Wilkins, B. M., & Andersen, P. A. (1991). Gender differences and similarities in management communication: A meta-analysis. *Management Communication Quarterly* 5, 6–35.

Willis, J., & Todorov, A. (2006). First impressions: Making up your mind after a 100-Ms exposure to a face. *Psychological Science* 17 (July), 592–598.

Willson, R., & Branch, R. (2006). *Cognitive behavioural therapy for dummies.* West Sussex, England: Wiley.

Wilson, S. R., & Sabee, C. M. (2003). Explicating communicative competence as a theoretical term. In *Handbook of communication and social interaction skills* (pp. 3–50), J. O. Greene & B. R. Burleson (eds.). Mahwah, NJ: Erlbaum.

Windy, D., & Constantinou, D. (2005). *Assertiveness step by step.* London: Sheldon Press.

Winquist, L. A., Mohr, C. D., & Kenny, D. A. (1998). The female positivity effect in the perception of others. *Journal of Research in Personality* 32, 370–388.

Witcher, S. K. (1999, August 9–15). Chief executives in Asia find listening difficult. *Asian Wall Street Journal Weekly* 21, p. 11.

Wolak, J., Mitchell, K. J., & Finkelhor, D. (2003). Escaping or connecting? Characteristics of youth who form close online relationships. *Journal of Adolescence* 26 (February), 105–119.

Wolpe, J. (1958). *Psychotherapy by reciprocal inhibition.* Stanford, CA: Stanford University Press.

Won-Doornink, M. J. (1985). Self-disclosure and reciprocity in conversation: A cross-national study. *Social Psychology Quarterly* 48, 97–107.

Wood, A. F., & Smith, M. J. (2005). *Online communication: Linking technology, identity, and culture.* Mahwah, NJ: Lawrence Erlbaum.

Wood, J. T. (1994). *Gendered lives: Communication, gender, and culture.* Belmont, CA: Wadsworth.

Woodzicka, A. A., & LaFrance, M. (2005). Working on a smile: Responding to sexual provocation in the workplace. In *Applications of nonverbal communication* (pp. 141–160), R. E. Riggio & R. S. Feldman (eds.). Mahwah, NJ: Erlbaum.

Wrench, J. S., McCroskey, J. C., & Richmond, V. P. (2008). *Human communication in everyday life: Explanations and applications.* Boston: Allyn & Bacon.

Wright, J., & Chung, M. C. (2001). Mastery or mystery? Therapeutic writing: A review of the literature. *British Journal of Guidance and Counseling* 29 (August), 277–291.

Wright, J. W., & Hosman, L. A. (1983). Language style and sex bias in the courtroom: The effects of male and female use of hedges and intensifiers on impression formation. *Southern Speech Communication Journal* 48, 137–152.

Wright, P. H. (1978). Toward a theory of friendship based on a conception of self. *Human Communication Research* 4, 196–207.

Wright, P. H. (1984). Self-referent motivation and the intrinsic quality of friendship. *Journal of Social and Personal Relationships* 1, 115–130.

Wright, P. H. (1988). Interpreting research on gender differences in friendship: A case for moderation and a plea for caution. *Journal of Social and Personal Relationships* 5, 367–373.

Yau-fair Ho, D., Chan, S. F., Peng, S., & Ng, A. K. (2001). The dialogical self: Converging East–West constructions. *Culture and Psychology* 7, 393–408.

Yau-fair Ho, D., Chan, S. F., Peng, S., & Ng, A. K. (2001). The dialogical self: Converging East–West constructions. *Culture and Psychology* 7, 393–408.

Yela, C. (2000). Predictors of and factors related to loving and sexual satisfaction for men and women. *European Review of Applied Psychology* 50, 235–243.

Young, K. S., Griffin-Shelley, E., Cooper, A., O'Mara, J., & Buchanan, J. (2000). Online infidelity: A new dimension in couple relationships with implications for evaluation and treatment. *Sexual Addiction and Compulsivity* 7, 59–74.

Yuki, M., Maddux, W. W., Masuda, T. (2007). Are the windows to the soul the same in the East and West? Cultural differences in using the eyes and mouth as cues to recognize emotions in Japan and the United States. *Journal of Experimental Social Psychology* 43, 303–311.

Zhang, S., & Merolla, A. (2006). Communicating dislike of close friends' romantic partners. *Communication Research Reports* 23(3), 179–186

Zimmer, T. A. (1986). Premarital anxieties. *Journal of Social and Personal Relationships* 3, 149–159.

Zornoza, A., Ripoll, P., & Peiró, J. M. (2002). Conflict management in groups that work in two different communication contexts: Face-to-face and computer-mediated communication. *Small Group Research* 33 (October), 481–508.

Zuckerman, M., Klorman, R., Larrance, D. T., & Spiegel, N. H. (1981). Facial, autonomic, and subjective components of emotion: The facial feedback hypothesis versus the externalizer-internalizer distinction. *Journal of Personality and Social Psychology* 41, 929–944.

Zunin, L. M., & Zunin, H. S. (1991). *The art of condolence: What to write, what to say, what to do at a time of loss.* New York: Harper Perennial.

Zunin, L. M., & Zunin, N. B. (1972). *Contact: The first four minutes.* Los Angeles: Nash.

图书在版编目（CIP）数据

人际传播教程（第十二版）/（美）德维托著；余瑞祥等译. —北京：中国人民大学出版社，2010
（新闻与传播学译丛·国外经典教材系列）
ISBN 978-7-300-12769-9

Ⅰ.①人… Ⅱ.①德… ②余… Ⅲ.①人际交往-传播学-教材 Ⅳ.①C912.1

中国版本图书馆 CIP 数据核字（2010）第 187028 号

新闻与传播学译丛·国外经典教材系列
人际传播教程
（第十二版）
［美］约瑟夫·A·德维托 著
余瑞祥 汪 潇 程国静 张 妍 译
Renji Chuanbo Jiaocheng

出版发行	中国人民大学出版社		
社　　址	北京中关村大街 31 号	邮政编码	100080
电　　话	010 - 62511242（总编室）	010 - 62511770（质管部）	
	010 - 82501766（邮购部）	010 - 62514148（门市部）	
	010 - 62515195（发行公司）	010 - 62515275（盗版举报）	
网　　址	http://www.crup.com.cn		
经　　销	新华书店		
印　　刷	北京七色印务有限公司		
规　　格	215 mm×275 mm　16 开本	版　　次	2011 年 1 月第 1 版
印　　张	27.25 插页 2	印　　次	2020 年 9 月第 4 次印刷
字　　数	616 000	定　　价	88.00 元

Pearson

尊敬的老师：

　　您好！

　　为了确保您及时有效地申请培生整体教学资源，请您务必完整填写如下表格，加盖学院的公章后传真给我们，我们将会在 2～3 个工作日内为您处理。

请填写所需教辅的开课信息：

采用教材			□ 中文版　□ 英文版　□ 双语版
作　者		出版社	
版　次		ISBN	
课程时间	始于　　年　月　日	学生人数	
	止于　　年　月　日	学生年级	□ 专科　　□ 本科 1/2 年级 □ 研究生　□ 本科 3/4 年级

请填写您的个人信息：

学　校			
院系/专业			
姓　名		职　称	□ 助教 □ 讲师 □ 副教授 □ 教授
通信地址/邮编			
手　机		电　话	
传　真			
official email（必填） （eg：×××@ruc. edu. cn）		email （eg：×××@163. com）	
是否愿意接受我们定期的新书讯息通知：　□ 是　　□ 否			

系/院主任：　　　　　（签字）

（系／院办公室章）

年　　月　　日

资源介绍：

——教材、常规教辅（PPT、教师手册、题库等）资源：请访问 www. pearsonhighered. com/educator；　　　　（免费）

——MyLabs/Mastering 系列在线平台：适合老师和学生共同使用；访问需要 Access Code；　　　　　　（付费）

100013　北京市东城区北三环东路 36 号环球贸易中心 D 座 1208 室 100013

Please send this form to：copub. hed@pearson. com

Website：www. pearson. com

出教材学术精品　育人文社科英才

中国人民大学出版社读者信息反馈表

尊敬的读者：

　　感谢您购买和使用中国人民大学出版社的＿＿＿＿＿＿＿＿一书，我们希望通过这张小小的反馈卡来获得您更多的建议和意见，以改进我们的工作，加强我们双方的沟通和联系。我们期待着能为更多的读者提供更多的好书。

　　请您填妥下表后，寄回或传真回复我们，对您的支持我们不胜感激！

1. 您是从何种途径得知本书的：
   ❏书店　❏网上　❏报刊　❏朋友推荐

2. 您为什么决定购买本书：
   ❏工作需要　❏学习参考　❏对本书主题感兴趣
   ❏随便翻翻

3. 您对本书内容的评价是：
   ❏很好　❏好　❏一般　❏差　❏很差

4. 您在阅读本书的过程中有没有发现明显的专业及编校错误，如果有，它们是：＿＿＿＿＿＿＿
   ＿＿＿
   ＿＿＿

5. 您对哪些专业的图书信息比较感兴趣：＿＿＿＿＿＿＿＿＿＿＿＿＿＿＿＿＿＿＿＿＿＿＿
   ＿＿＿

6. 如果方便，请提供您的个人信息，以便于我们和您联系（您的个人资料我们将严格保密）：
   您供职的单位：＿＿＿＿＿＿＿＿＿＿＿＿＿＿＿＿＿＿＿＿＿＿＿＿＿＿＿＿＿＿＿＿
   您教授的课程（教师填写）：＿＿＿＿＿＿＿＿＿＿＿＿＿＿＿＿＿＿＿＿＿＿＿＿＿＿
   您的通信地址：＿＿＿＿＿＿＿＿＿＿＿＿＿＿＿＿＿＿＿＿＿＿＿＿＿＿＿＿＿＿＿＿
   您的电子邮箱：＿＿＿＿＿＿＿＿＿＿＿＿＿＿＿＿＿＿＿＿＿＿＿＿＿＿＿＿＿＿＿＿

请联系我们：

电话：62515637　62515638

传真：62515634

E-mail：gonghx@crup.com.cn

通讯地址：北京市海淀区中关村大街31号　100080

中国人民大学出版社人文分社